掌尚文化

SALUTE & DISCOVERY

致敬与发现

《贵州高等教育史》为 2017 年贵州省区域一流建设培育学科教育学“科学研究”建设项目课题（编号：黔教科研发 [2017]85 号），由铜仁学院高等教育研究中心资助出版。

贵州高等教育史

The History of Guizhou Higher Education

高应达 著

经济管理出版社
ECONOMY & MANAGEMENT PUBLISHING HOUSE

图书在版编目（CIP）数据

贵州高等教育史／高应达著. —北京：经济管理出版社，2020. 10
ISBN 978-7-5096-7374-4

Ⅰ. ①贵…　Ⅱ. ①高…　Ⅲ. ①地方教育—高等教育—教育史—贵州　Ⅳ. ①G649. 287. 3

中国版本图书馆 CIP 数据核字（2020）第 204227 号

组稿编辑：宋　娜
责任编辑：宋　娜　张鹤溶　杜羽茜
责任印制：黄章平
责任校对：王淑卿　陈晓霞

出版发行：经济管理出版社
（北京市海淀区北蜂窝 8 号中雅大厦 A 座 11 层　100038）
网　　址：www. E-mp. com. cn
电　　话：（010）51915602
印　　刷：唐山昊达印刷有限公司
经　　销：新华书店
开　　本：787mm×1092mm/16
印　　张：37. 75
字　　数：872 千字
版　　次：2020 年 12 月第 1 版　　2020 年 12 月第 1 次印刷
书　　号：ISBN 978-7-5096-7374-4
定　　价：388. 00 元

序

习近平同志在2019年1月2日致中国社会科学院中国历史研究院成立的贺信中写道：“历史是一面镜子，鉴古知今，学史明智。重视历史、研究历史、借鉴历史是中华民族5000多年文明史的一个优良传统。当代中国是历史中国的延续和发展。新时代坚持和发展中国特色社会主义，更加需要系统研究中国历史和文化，更加需要深刻把握人类发展历史规律，在对历史的深入思考中汲取智慧、走向未来。”

贵州现代高等教育兴起于民国时期，发展于新中国时期，壮大于改革开放之后。中华人民共和国成立以来，历经几十年的探索，于改革开放后，通过几代人的艰辛探索，逐步构建和形成了具有中国特色社会主义的高等教育制度和体系。客观真实地反映了这段历史，研究其规律，有利于把握住高等教育的历史发展大势，抓住高等教育历史变革的关键和时机，从而奋发有为，锐意进取，把贵州的高等教育推向中国的前列，乃至世界的前列。

我国高等教育的根本任务是培养建设中国特色社会主义事业的多样化的高级专门人才。贵州七十年高等教育发展的历程和经验告诉我们，坚持党对高等教育事业的领导，全面贯彻党的教育方针，履行高校的社会职能，是由我国社会主义教育性质决定的。中华人民共和国成立伊始，在对旧有教育进行根本性改造时，即首先确立了中国共产党在高等学校中的领导地位。正如邓小平同志一再强调的，没有党的领导，就没有安定团结的政治局面；没有党的领导，艰苦奋斗的精神就提倡不起来；没有党的领导，真正的又红又专、特别是有专业知识和专业能力的队伍也建立不起来。有了党的领导，才能使思想政治教育和专业教育真正有机地统一起来，才能培养出真正具有科学、文化、技术和具有建设中国特色社会主义理想的高级专门人才和高素质劳动者。

习近平同志2018年1月5日在学习贯彻党的十九大精神研讨班开班式上的讲话中指出：“中国特色社会主义不是从天上掉下来的，而是在改革开放40年的伟大实践中得来的，是在中华人民共和国成立近70年的持续探索中得来的，是在我们党领导人民进行伟大社会革命97年的实践中得来的，是在近代以来中华民族由衰到盛170多年的历史进程中得来的，是对中华文明5000多年的传承发展中得来的，是党和人民历经千辛万苦、付出各种代价取得的宝贵成果。”

回顾贵州高等教育的发展历史，正是为了更好地办好中国特色社会主义高等教育。高应达教授著的《贵州高等教育史》无疑为总结经验教训，更好地办好贵州的高等教育提供了历史借鉴。

贵州高等教育肇启于明代，历经了数百年的发展。中华人民共和国成立初期，贵州三所高校撑起天下。为彻底改变贵州“一穷二白”的历史，也曾探索“大跃进”式举办高等院校，由于时代局限，不得不退回（仅保留了5所高校）而全力兴办基础教育，这也为后来贵州高等教育发展的突破夯实了基础。

改革开放后，党和政府实施“科教兴黔”之策，坚持师范教育优先发展，扎实推进并稳步提高，让贵州省教育事业从学前教育、义务教育、高中教育到大学教育，以及特殊教育、职业教育和继续教育皆实现了跨越式发展。各级各类教育的长足发展又有力地推动了贵州政治、经济、文化的高速发展。尤应指出，这个时期大力兴办的本科和高职专科院校，既为贵州高等教育大众化和普及化进程做出了重要贡献，亦将在贵州进入小康社会后渐发其功。

《贵州高等教育史》系统梳理了贵州高等教育的发展历史，提出贵州高等教育的发展史就是一部中国特色社会主义高等教育制度与体系探索与形成的发展史。论述了在中国特色社会主义高等教育制度与体系的探索中，重新激发和启动“科学就是生产力”“知识就是力量”这一中华文明原生动力是贵州高等教育成功的关键；坚持遵循规律、尊重科学，坚持以提高质量和优化结构为核心的内涵式发展，坚持开展多样化的改革实践探索，是贵州高等教育发展的宝贵经验；高等教育始终保持与经济社会发展的一致性，满足社会需求和人民需要，是贵州经济、文化腾飞的重要保障。

进行高等教育的历史溯源和因由探析，以达“述往事”“思来者”“鉴古今”“资治理”，应该成为教育者尤其是高等教育研究者的自觉。研究贵州高等教育发展的历史，《贵州高等教育史》不可不说是一部资料翔实、体例规范、论断科学、可供资鉴的史志。该书的出版对于了解贵州高等教育的昨天，把握贵州高等教育的今天，开创贵州高等教育的明天，具有重要的学术价值和现实意义。

“鉴前世之兴衰，考当今之得失。”重视贵州高等教育的历史，研究之、借鉴之，必将有效地推动贵州高等教育迈向全国一流。继往开来，不忘初心，历史可鉴，未来可期。

是为序。

2020年9月20日

前　言

习近平总书记在党的十九大报告中指出，我国“经过长期努力，中国特色社会主义进入了新时代，这是我国发展新的历史方位”，在这个新时代进程中，我国的教育要“加快一流大学和一流学科建设，实现高等教育内涵式发展”，以“培养造就一大批具有国际水平的战略科技人才、科技领军人才、青年科技人才和高水平创新团队”。贵州作为欠发达地区，高等教育也欠发达，为适应新时代的发展，加快贵州政治、经济、文化的建设，与全国一道进入社会主义现代化，迫切需要对贵州高等教育的历史与现状的内涵与特点进行充分的认识与探索，使贵州的高等教育改革符合新时代的要求，构建区域高等教育的特色，为贵州高等教育发展摸清规律、探索路线与政府决策提供依据。同时，构建起一部全面而系统的贵州高等教育史也是新时代的需要。

中国知网上关于高等教育的研究成果不下 45 万篇，其论述集中在高等教育现代化、信息化、改革与发展、教育结构、区域差异、教育公平、教育创新、教育制度、教育管理等方面。站在省级层面全面系统地研究和叙录高等教育史的成果却不多，仅有广东、山西、江苏、浙江、北京等地区有类似的成果，这些成果中多为高校教师完成于 20 世纪八九十年代的教学讲义，有的是网友在博客撰写的内容。在其他层面上也有部分成果，如《青岛高等教育史》《浙江高等师范教育史》和《中国煤炭高等教育史》。综观整个研究成果，专门针对贵州高等教育的研究，主要集中于发展战略、民族高等教育现状、高等教育竞争力、高等教育改革、发展思路、教育公平、大众教育模式、人才培养模式等方面，还有一部分调查研究报告，成果加起来不足 1000 篇，关于贵州高等教育史的研究更是少之又少，且几乎都是关于民国时期，特别是抗战时期内迁大学的研究。在新编《贵州教育年鉴（1949-1984）》《贵州省志·教育志》《贵州省志（1978-2010）·教育》《贵州教育史》《贵州通史》中，虽有专门的章节著录了贵州高等教育的进程与历史，但其存在于数百万字的巨著之中，要了解和认识贵州高等教育历史发展特征，好似大海捞针，更不要说更大量的高等教育史料存在于浩瀚的《贵州年鉴》之中，难以对高等教育做到全面而系统的了解和认识。

特别是近一个世纪以来，贵州高等教育是如何发展起来的，其中有何规律？有何特色？在历史发展进程中又存在怎样的不足？曾面临过怎样的困境？是怎样走出困境的？这些问题都有必要首先从史实上梳理清晰，为认识和理解贵州高等教育的发展历史提供依据，也为学者、专家和后人留下了解、认识和研究贵州高等教育的历史史料。

《贵州高等教育史》力图反映贵州高等教育发展的历史进程，特别是近现代贵州高等教育发展的经验与教训，为贵州高等教育改革提供历史借鉴。

《贵州高等教育史》作为一部史志类专著，从贵州古典教育述说开始，主要叙录贵州高等教育发展的历史脉络。在贵州高等教育发展历史进程中，又主要叙录中华人民共和国成立后贵州高等教育的发展和演变历程，围绕着改革开放后贵州本科院校、师范专科院校和非师范专科（职业）院校以及成人高等教育院校的院系与专业建置、学校环境与办学成果、科研成果以及历年学生数与教职工数展开，也对民国时期、中华人民共和国成立后贵州高等教育的发展改革做了较为详细的叙录，在社会主义高等教育体系与制度的形成与发展方面还做了一定的探讨。

高应达

2020 年 6 月

目　录

第一章
绪　论

第一节　贵州古典高等教育简述

一、贵州古典高等教育发展的萌芽

古代的贵州，由于长期远离华夏文明的中心，其主体居民又多为各自为政的少数民族，其文明程度相对不高，因而在很长一段时间内，其教育始终保持在原始教育阶段，即“生产生活教育”阶段。

汉武帝时期，唐蒙通贵州，设牂牁郡，中原政权势力始入贵州。据明代邵平远《宏简录》记载，汉武帝时司马相如出使西南夷，牂牁“土人盛览从其学，归以授其乡人，文教始开”[①]。尤其是汉武帝“募豪民田南夷，入粟县官，而受钱于都内”[②] 的屯田法，使汉地如龙、傅、尹、董等大姓豪族纷纷进入南夷境内屯田纳粟[③]，客观上使先进的汉文化逐渐传入贵州境内。

东汉桓帝时，毋敛人“尹珍，自以生于荒裔，不知礼义，乃从汝南许慎、应奉受经书、图纬，学成还乡里教授，于是南域始有学焉。珍官至荆州刺史”。[④]

据《贵州省志·教育志》记载，唐时贵州出现了正安州学；南宋高宗绍兴年间，今天的沿河土家族自治县境内建有銮塘书院，播州土官也“择师礼贤”；南宋淳祐年间，播州

① 孔令中. 贵州教育史［M］. 贵阳：贵州教育出版社，2004：15.

② 上海古籍出版社，上海书店编. 二十五史·史记·汉书［M］. 上海：上海古籍出版社，1986：178.

③④ 上海古籍出版社，上海书店编. 二十五史·后汉书·三国志·晋志［M］. 上海：上海古籍出版社，1986：1050.

土官杨粲“乃建学养士”，其子杨价“以取播士请于朝，而岁贡三人”，杨选子杨文在播州建孔子庙。[①] 元代时，《黔记》记载：“黔之学自元始，有顺元路儒学，有蔺州儒学。”[②]

宋元时期，书院与儒学的开办，标志着贵州古典高等教育萌芽的出现，少数民族族众开始重视对高级人才的培养。但这一时期贵州的古典高等教育的兴起主要源于土官的重视。例如杨氏播州从杨粲始至杨文时，“在短短30多年里就出现了8名进士，可见当时播州地区的教育已有了一定的规模”[③]。在土官的重视下，学校教育也有了一定的教育水平，并得到了时人的器重。

二、贵州古典高等教育的典盛

明清时期是贵州古典高等教育兴办的一个高峰时代。明洪武十五年（1382年），位于今安顺的“普定军民府知府者额辞归。上谕：‘王者以天下为家，声教所暨无间远迩，况普定诸郡密迩中国，慕义来朝，深可嘉也！今尔既还，当谕诸酋长，凡有子弟皆令入国学学业，使知君、臣、父、子之道，礼乐教化之事，他日学成而归，可以变其土俗同于中国，岂不美哉！’”洪武十七年（1384年），者额“遣其子吉隆及其营长之子阿黑等十六人入太学”。[④] 这是贵州子弟集体进入古典高等教育学校学习最早的历史记录。洪武二十三年（1390年），“播州、贵州宣慰使司并所属宣抚司官各遣子来朝，请入太学”。[⑤] 洪武二十三年（1390年）六月，“诏赐国子监读书贵州土官子弟程延等夏布袭衣、靴、袜”。[⑥] 七月，位于今威宁的“乌撒军民府土官知府何能遣其北忽山及啰啰生二人请入国子监读书。各赐钞锭”。[⑦] 九月，“乌蒙、芒部二军民府土官遣其子经作、捕驹等，请入国子监读书。赐以衣钞”。[⑧] 洪武时期兴起了一阵贵州少数民族子弟进入国家古典高等教育学校学习的浪潮。

明代，贵州古典高等教育进入一个兴盛时期，最重要的原因是朝廷和地方官府对府州县学以及卫学等各级各类古典高等教育学校的重视和开办，使得贵州本地兴办高等教育学校——书院的生源有了一定的保障。洪武二十五年（1392年），“置贵州宣慰司儒学”。洪武二十八年（1395年）四月，“户部知印张永清言：‘云南、四川诸处边夷之地，民皆啰啰，朝廷与（谕）以世袭土官于三纲五常之道，懵焉莫知。宜设学校以教其子弟。’上然之，谕礼部曰：‘边夷土官皆世袭其职，鲜知礼义，治之则激，纵之则玩，不预教之，何由能化。其云南、四川边夷土官，皆设儒学，选其子孙弟侄之俊秀都以教之，使之知君

---

① 贵州省地方志编纂委员会. 贵州省志·教育志［M］. 贵阳：贵州人民出版社，1990：9；孔令中. 贵州教育史［M］. 贵阳：贵州教育出版社，2004：17-20.

② 北京图书馆古籍出版编辑组. 北京图书馆古籍珍本丛刊43·史部·地理类 黔记［M］. 北京：书目文献出版社，2000：329.

③ 孔令中. 贵州教育史［M］. 贵阳：贵州教育出版社，2004：20.

④ 贵州民族研究所.《明实录》贵州资料辑录［M］. 贵州：贵州人民出版社，1983：36，44.

⑤ 贵州民族研究所.《明实录》贵州资料辑录［M］. 贵州：贵州人民出版社，1983：70.（本书凡涉及古代帝王年号纪年时，皆使用中国传统农历纪年，年月日的文字皆使用汉字表述）

⑥ 贵州民族研究所.《明实录》贵州资料辑录［M］. 贵州：贵州人民出版社，1983：72.

⑦ 贵州民族研究所.《明实录》贵州资料辑录［M］. 贵州：贵州人民出版社，1983：73.

⑧ 贵州民族研究所.《明实录》贵州资料辑录［M］. 贵州：贵州人民出版社，1983：74.

臣、父子之义，而无悖礼争斗之争，亦安边之道也，”① 九月，监察御史裴承祖上言：“四川贵、播二州，湖广思南、思州宣慰使司及所属安抚司、州、县，贵州都指挥使司，平越、龙里、新添、都匀等卫，平浪等长官司诸种苗蛮，不知王化，宜设儒学使之诗书之教，立山川社稷诸坛场，岁时祭祀，使知报本之道。”② 朝廷采纳两人的建议，永乐五年（1407 年）思南、思州等宣慰司学相继开办③。随着明朝政府规定凡土司应袭子弟都必须进入各级儒学学习，不经儒学读书习礼者，不能承袭土司职务④，激发了少数民族子弟进入儒学学习的激情，同时也推动了贵州各级学校的创建与发展。永乐十一年（1413 年）贵州建省后，各府、州、县、卫、司⑤纷纷建立了一批学校，从洪武二十七年（1394 年）至正统十四年（1449 年），贵州共建府学 27 所，至崇祯三年（1630 年），贵州仍有府学 47 所⑥。大量基础学校的创建和兴办，为后来贵州古典高等教育学校——书院的创建奠定了基础。

明代贵州第一所书院草庭书院（又名凤山书院），位于黄平州城北，为兴隆卫人周瑛于弘治元年（1488 年）辞官归里捐资创建。周瑛在草庭书院主讲 10 余年，其所培养的学生中进士者达 29 人。⑦ 贵阳文明书院创建于弘治十八年（1505 年），时任贵州按察使提调学校兼理屯田的毛科，在贵阳忠烈桥西原元顺元路儒学故址修建提学道，于提学道左建文明书院，正德二年（1507 年）竣工。⑧ 毛科及继任者皆讲学于此。正德四年（1509 年）王阳明任文明书院主讲，文明书院声誉大增，成为贵州学术思想中心。

此后，贵州境内相继建立起铜仁府铜江书院［创建于正德二年（1507 年）］，修文龙岗书院［王阳明于正德三年（1508 年）创建］，镇远府紫阳书院［创建于嘉靖九年

---

① 贵州民族研究所.《明实录》贵州资料辑录［M］. 贵州：贵州人民出版社，1983：94.

② 贵州民族研究所.《明实录》贵州资料辑录［M］. 贵州：贵州人民出版社，1983：96.

③ 贵州民族研究所.《明实录》贵州资料辑录［M］. 贵州：贵州人民出版社，1983：131.

④ 洪武时期规定：“土司应袭子弟，悉令入学，渐染风化，以格顽冥。如不入学者，不准承袭。”（参见：二十五史（10）·明史［M］. 上海：上海古籍出版社，1994：875.）弘治时继续强调，“不由儒学读书习礼者，不听承袭。”（参见：贵州民族研究所.《明实录》贵州资料辑录［M］. 贵州：贵州人民出版社，1983：576.）

⑤ 据《贵州教育史》，明代贵州有府学 16 所：安顺府学，始建于贵州建省前，最初名为普定卫学，后改；思南府学，贵州建省前为思南宣慰司学，改土归流后，永乐十三年（1415 年）在田氏废宅创建；思州府学，永乐十一年（1413 年）改为宣慰司学为府学；黎平府学，创建于永乐十一年（1413 年）；镇远府学，创建于永乐十一年（1413 年）；铜仁府学，创建于永乐十二年（1414 年）；石阡府学，创建于永乐十二年（1414 年）；乌罗府学，创建于永乐十二年（1414 年）；新化府学，创建于永乐十二年（1414 年）；遵义府学，原为播州宣慰司学，万历二十九年（1601 年）改为现名；程番府学，创建于成化十二年（1476 年）；贵阳府学，程番府学于万历十四年（1586 年）迁贵阳后改建；都匀府学，原为都匀卫学，创建于宣德八年（1433 年），弘治七年（1494 年）置都匀府，改卫学为府学；乌撒军民府学，创建于永乐十二年（1414 年）；乌蒙府学，创建于宣德八年（1433 年）；平越府学，万历二十九年（1601 年）改平越卫学为府学。有州学 6 所：普安州学，创建于洪武三年（1370 年）；镇宁州学，创建于正德八年（1513 年）；定番州学，原程番府迁至贵阳，程番府改为定番州，府学也迁至贵阳，另设州学；正安州学，创建于万历三十年（1602 年）；黄平州学，创建于万历二十八年（1600 年）；麻哈州学，创建于弘治七年（1494 年）。有县学 11 所、卫学 23 所，以及创建于洪武四年（1371 年）的永宁宣抚司九姓长官司学。全省还建有府医学 8 所（《贵州教育史》只记载了 7 所，没有乌罗府医学，但万历《铜仁府志》记载有乌罗府医学）；司、府阴阳学 11 所。参见：孔令中. 贵州教育史［M］. 贵阳：贵州教育出版社，2004：53-56.

⑥ 贵州省地方志编纂委员会. 贵州省志·教育志［M］. 贵阳：贵州人民出版社，1990：10.

⑦ 孔令中. 贵州教育史［M］. 贵阳：贵州教育出版社，2004：58.

⑧ 孔令中. 贵州教育史［M］. 贵阳：贵州教育出版社，2004：37.

（1530 年）]，贵阳阳明书院［创建于嘉靖十四年（1535 年）]、渔矶书院［创建于嘉靖三十五年（1556 年）]，程番府（后改为贵阳府）中峰书院（创建于弘治年间）、正学书院［创建于嘉靖二十一年（1542 年）]、凤山书院（不详），石阡府明德书院［创建于隆庆六年（1572 年）]、贵定魁山书院（不详），毕节青螺书院（创建于万历年间），都匀府鹤楼书院（创建于嘉靖年间）、南皋书院（创建于万历年间），平越府石碧书院［创建于嘉靖七年（1528 年）]、中峰书院［创建于嘉靖十三年（1534 年）]，黎平府兴文书院（原培龙书院）［创建于嘉靖十三年（1534 年）]、天香书院（创建于嘉靖年间），兴隆卫月潭书院（创建于嘉靖年间），思南府斗魁书院（创建于隆庆年间）、为仁书院（创建于隆庆年间）、中和书院（又名大中书院，创建于隆庆年间），施秉南山书院［创建于嘉靖十五年（1536 年）]、兴文书院［创建于万历二十四年（1596 年）]，清平（今凯里炉山）学孔书院（创建于隆庆年间）、山甫书院（创建于万历年间）等。①

明代贵州创建书院的目的是为科举考试培养储备人才，但更多还是为教化地方。例如时任都御史的徐节为创建铜江书院作记时说，在贵州创建书院目的就是“选民间幼俊与诸生之有志者，延访五经宿儒分教之，以开来学，振风化”，是“为吾道计，为风俗计，为俊学人才计也”②。

明代贵州书院虽然也和全国一样，多以培养科举考试储备人才为主，但也具有古典高等教育的特点。例如前文所列各个书院，基本上以自由讲学为主。其讲学者多为“五经宿儒”，且多为被贬到贵州为官的官员。他们来到贵州后积极创办书院，并成为书院的主讲教师。明代贵州的书院学生，在明代早期，多为外来人口的后代，如屯军后代或移民的后代，本籍土著，即少数民族居民甚少，这是明代早期贵州书院的另一个特点。到明代中后期，方有些许土著民众子弟参与到书院的学习之中。这从播州杨氏土司统治下的黔北地区没有建立一所书院，也可为证。

清初，虽然清政府对书院采取抑制政策，规定“不许别创书院，空谈废业”，但贵州的书院发展却与全国形势相反，进入一个小高潮发展时期，这也许与清政府急于控制和稳定边疆民族地区有关。这一时期，贵州重建了明德书院［位于石阡府，创新于康熙三年（1664 年）]、溥仁书院［创新于康熙四年（1665 年）]、为仁书院［位于思南府，创新于康熙三十年（1691 年）]、阳明书院［创新于康熙四十四年（1705 年）]、秀山书院［位于镇远府，创新于康熙五十三年（1714 年）]、思旸书院［位于思州府，创新于康熙五十三年（1714 年）]；新建了培英书院［位于遵义府，创新于康熙五十四年（1715 年）]、启秀书院［位于遵义府，创新于康熙五十六年（1717 年）]；还在毕节等地设立了建黎书院、鹤山书院、松山书院等。清康熙年间，在贵州总共重建或新建书院达 50 多所，不仅在数量上超过了明代，而且地区分布也更加合理。③ 清政府明确规定，封疆大臣“有化导士子之职，各宜殚心奉行……使书院之设，于士习文风，有裨益而无流弊”④，也

① 贵州省地方志编纂委员会. 贵州省志 · 教育志［M］. 贵阳：贵州人民出版社，1990：10，63-64.
② 万士英，陈以跃 · 万历铜仁府志［M］. 德宏：德宏民族出版社，2013：317.
③ 孔令中. 贵州教育史［M］. 贵阳：贵州教育出版社，2004：101.
④ 孔令中. 贵州教育史［M］. 贵阳：贵州教育出版社，2004：100-101.

是这一时期贵州书院得以发展的重要因素。据孔令中研究，清后期贵州的书院数量多达159所[①]，直至清末新式学堂兴起。

清雍正后期，清政府允许各省设立书院，并规定书院应由官府控制，书院经费也由私人转为官办、半官办，纳书院于官学之道，书院渐渐变成了科举的附庸。除位于省城的少数几所书院还保留有古典高等教育的特点外，其他众多新办或重办的书院基本失去了古典高等教育的特点，只保留下了教化地方或培养初中级人才的作用。特别是在改土归流的黔东南、黔南、黔西南等地设立的一大批地方学校和书院，目的就是通过学校教育达到教化民众，从而加强对少数民族地区的统治。正因如此，贵州在这一时期特别是新开办的书院，其水平根本无法与明代书院相提并论。例如清嘉庆二十年（1815年）创建的位于现德江县城的乐育英才书院、光绪三年（1877年）创建的位于现松桃县乌罗镇的松茂书院[②]等，基本就是一所集启蒙教育和小学教育于一体的基础性教育机构。

清光绪二十七年（1901年），清政府颁发兴学诏书后，贵州书院位于省城的多改为大学堂，其他地方的皆改为中、小学堂。新式学堂的教师和学生也基本来自原来的书院。[③]

第二节　贵州新式高等教育的创办

一、贵阳经世学堂

贵州新式高等教育应以光绪二十三年（1897年）贵州提督学政严修仿张之洞在四川设尊经学堂的办法，对贵阳学古书院进行改革，创办经世学堂为发端。经世学堂从省内外选拔40名高才生，分班授课肄业，课程除经史外，还教授数学课程，部分学生还选修英文。经世学堂的数学课程由严修亲自主讲，并聘请日本人裕福田参加部分数学课程的讲解教学活动，又聘请当时“颇习洋学，通算法”的郭竹居（贵阳人）任教。从经世学堂肄业的学生，大多成为后来省内外各个方面的优秀人才。[④] 可以说，经世学堂不仅是贵州新式学堂的发端，而且在全国同类学校中，也是较早的尝试。在当时的贵州，经世学堂虽未冠以高等学堂之名，却有高等学堂之实。

---

① 孔令中. 贵州教育史［M］. 贵阳：贵州教育出版社，2004：102.

② 见现保存于德江县城王德光家《乐育英才》碑和松桃苗族自治县乌罗镇松茂小学的《纪功碑》。

③ 孔令中. 贵州教育史［M］. 贵阳：贵州教育出版社，2004：299.

④ 孔令中. 贵州教育史［M］. 贵阳：贵州教育出版社，2004：158；贵州省地方志编纂委员会. 贵州省志·教育志［M］. 贵阳：贵州人民出版社，1990：299.

二、贵州大学堂[①]

清光绪二十七年（1901 年），清政府令各省兴办学堂。所有书院，在省城的均改为大学堂，在府、厅、直隶州的均改为中学堂，在州、县的均改为小学堂。第二年，清政府颁发“壬寅学制”，即《钦定学堂章程》，贵州巡抚邓华熙将贵山书院改设为贵州大学堂。

贵州大学堂创办时，委候补道尹嘉诏被任命为学堂监督，并拟订《贵州省城试办大学堂暂行章程》。章程共有 13 条例，即总例、礼仪例、寝兴食息例、讲堂例、饭厅例、门禁例、教习责任例、领班例、接见宾客例、阅报例、开学放学给假例、考课奖资例、功过赏罚例，规定贵州大学堂创办的目的是“总期实事求是，造就通才，兴学育人”，并仿照山东大学堂章程，设置备斋、正斋，等到各府厅州学堂先后建起后，即将两斋废止，只设专斋，以符学制。

由于全省中学堂尚未建立，贵州大学堂的学生由各府州县申送本地高才生，按经义史论进行募考录取。规定“必志趣远大，资性高明，年龄二十岁以下，五经读毕，文理明晰，口音清楚”者，经考试合格进行备斋或正斋暂作附课生学习。待三个月后由监督、教习考察其人品资质，实可教诲者，正式成为大学堂的学生。正额生名额为 120 名，学校供应饭食。另外设备取生 60 名，作为外课生，不住学堂，也不供应饭食。同时还招有外省籍学生 10 名，外省籍学生除必须交纳各类费用外，其他待遇与正额生一样。

贵州大学堂实行学年制，每年两个学期。春季学期一般在正月二十日前后开学，小暑节放暑假；立秋节后秋季学期开学，十二月十五日前放年假。其间孔子诞辰纪念日休息放假。

贵州大学堂学员进入备斋学习者，分为三个班，分别学习英文、法文、日文，兼习经史、文艺、图算等，两年毕业。正斋以学习经史、中外政治、图算、西艺为主，四年毕业。每年课程分春秋两个学期，分班学习。学生每日在课堂学习 6 小时，自习 4 小时。学习过程中有月考、季考和大考，以排列学生学习等次。

贵州大学堂设总理 2 人，监督 2 人，弹压兼文书 1 人，支应 1 人，藏书楼管理员 1 人；正斋设正教习 1 人，中学分教习 2 人，西学分教习 2 人；备斋设洋文教习 3 人，中文教习 1 人；司事夫役 42 人。

由于贵州大学堂初创期条件极其简陋，“高悬高等之名，而无高等之实”。光绪三十年（1904 年），贵州巡抚曹鸿勋将其改为贵州高等学堂；光绪三十一年（1905 年），贵州巡抚林绍年将其降格为高等预备科；光绪三十二年（1906 年），贵州巡抚岑春煊将其改为简易师范学堂，预备科学生 72 名全部转入简易科，主要培养中小学教师，学生学习一年毕业。据《贵州省志·教育志》，简易师范学堂办了三期。

---

① 贵州省地方志编纂委员会. 贵州省志·教育［M］. 贵阳：贵州人民出版社，1990：300，340，370.

三、官立贵州法政学堂①

随着清政府预备立宪的造势，光绪三十二年（1906 年），贵州巡抚庞鸿书奉清朝廷命令，又仿照直隶法政学堂办法，于省会贡院设官立贵州法政学堂，并拟订《贵州法政学堂试办章程》，宗旨是培养预备立宪的人才。章程规定，学堂设提调 1 人，堂长兼教员 1 人，庶务兼检查委员 1 人，会计兼文书委员 1 人，医生 1 人，教员 4 人；另设管书报 1 人，书记 2 人，杂役 21 人，传号 2 人，跟丁 7 人。

法政学堂规定每年招收生员 100 人，分为候补人员班（又称官班）和地方员绅班（又称绅班），各 50 人。官班入学条件为候补贵州省各州县副职及各部门官职的人员，如果没有进职，或已在职但不妨碍上课学习者；绅班入学条件为省内各类举贡生员以及曾经任过或已任地方官职，且具有一定学习基础，性行谨慎厚道者。同时年龄还需在 25~45 岁，且身体强健、素无疾病和不良嗜好，具备以上条件便具备入学报考资格。并规定须由考生亲自到贵州大学堂填写志愿书，以备录取。

生员入学时，需测试作中国政治史事论 1 篇、时务策 1 道，合格者入堂学习。入学后，学堂为学员提供各项费用及服装、伙食、课本等，只有笔墨零用由学员自理。学员入学后，不得无故或借故退学，违背者必须交学费、膳费等，并请学宪分别记过，以示惩处。

官立贵州法政学堂，首届招生一个班，入学员生 80 人，年龄最大者 40 多岁，年龄最小的只有 18 岁。光绪三十二年（1906 年）十二月开学，至次年 6 月，全班只留下了 56 人。

法政学堂课程分主课和补助课。主课讲授会典行政法、法学通论、政治学通论、国法学、宪法、行政法、民法要论、商法要论、刑法总论、国际公法、交涉约章、裁判所构成法、民事诉讼法、刑法各论、经济原理、应用经济学、财政学、罗马法、警察法、监狱学、殖民政策和统计学。补助课讲授世界历史、政治、地理、伦理学、论理学、日文日语、算学和体操。各科教学用书，教员可择取近年学者辑释法政善本进行讲授，如无善本，可自行编纂。每周授课以 30 小时为限。每半年为一学期，两学期为一学年，满两学年毕业。

学员在学期间，每学功课需经临时试验、定期试验两道检测。临时试验由教员将平时所传授内容随时测试，定期试验每两月月底及学期期末和学年年底进行。学年试验不合格者留原班补习，不准升级。第二学年年终试验及格者，分别给予最优等、优等和中等三种等第，发给毕业证书。官班里最优秀的学生，经由提调官员报送学宪官，给出切实评语后，再报抚宪官查证核实。才智过人、学业优异者，给予奖赏并委任官职。绅班最优等者也给予奖励或保送到京师大学堂预科肄业。官、绅两班中等亦酌情予以派遣出任一定的官职，协助地方县官办理新政或派去中学堂，担任法律经济科教员。

---

① 贵州省地方志编纂委员会. 贵州省志·教育［M］. 贵阳：贵州人民出版社，1990：300-303，342，357.

贵州法政学堂所开设的《论理学》，主要是向学生灌输封建礼教以及为人处世的道理。为保证学生在行为上严格遵守礼法，除在日常生活中加以训练外，法政学堂还专门制定了《礼仪条规》，规定学校设恭逢皇太后万寿圣节、皇上万寿圣节、至圣先师孔子诞日等纪念日。在纪念日上，学堂中办事各员，必须整齐衣冠，率领穿戴整齐公服、戴大帽的学生至礼堂行三跪九叩礼。礼毕，办事各员西向，学生排列整齐向各员行三揖礼而散。开学散学时，堂中办事各员要率领学生至礼堂向提调、堂长、监学、教员行一跪三叩礼，向各委员行三揖礼。学生进入课堂时，初见教员须行三揖礼。随时随地见堂中办事各员均需致敬。

1913 年，官立贵州法政学堂改名为贵州公立法政专门学校。

四、公立西南法政学堂和公立宪群法政学堂

在清末宪政时期，贵州先后还设立过公立西南法政学堂和公立宪群法政学堂。

公立西南法政学堂由当时贵州自治学会（同盟会贵州分会）领导人张百麟、张泽民等 11 人于宣统元年（1909 年）五月在福建会馆创办，设有法政别科。聘请吴嘉瑞为监督，宁士谦、钟昌祚、平刚、彭述文、谭璟、钟振声、杨寿篯等先后担任讲授。初创时，备遭留难，后得贵州提学使贺国昌支持，方得发展。官立贵州法政学堂堂长欧阳葆真、教员李培元、钱良骏等到公立西南法政学堂义务讲学。

贵州官立法政学堂与公立西南法政学堂两所法科高等教育学校在校学生数，据《第一次中国教育年鉴》统计，贵州省报教育部备案的两校学生数，清光绪三十三年（1907 年）两校共有 206 名学生，光绪三十四年（1908 年）有 320 名学生，宣统元年（1909 年）有 345 名学生。

宣统二年（1910 年），贵州宪政学会任可澄、华之鸿等创办公立宪群法政学堂。1912 年，公立宪群法政学堂并入贵州私立南明学校法政别科班。①

五、贵州优级师范学校与军警高等教育学校

清光绪三十三年（1907 年），贵州巡抚庞鸿书写信给在贵州的中书唐尔镛、分部郎中华之鸿，并任命其为正、副监督，任可澄为教务长，于省城次南门外雪涯洞丁公祠原贵州师范学堂，开办优级师范选科学堂，宗旨为培养中小学师资，开创了贵州师范高等教育的先河。②

贵州优级师范选科学堂于光绪三十四年（1908 年）正式招生，学制三年③。第一年为预科，第二、第三年分设文、理科。主要招收中学二、三年级的优等生和简明师范毕业生，或举、贡、生、监等。学生入学需填写志愿书并缴纳保证金。学生一律住校，伙食、书籍、制服由学堂供给。首届招生 120 人，第一年预科分甲、乙两班，每班 60 人。预科

---

① 贵州省地方志编纂委员会. 贵州省志 · 教育［M］. 贵阳：贵州人民出版社，1990：302.

② 《贵州通史》编委会. 贵州通史（第 4 卷）：民国时期的贵州［M］. 北京：当代中国出版社，2002：737-738.

③ 《贵州通史》记载，贵州优级师范选科学堂学制为四年。本书依《贵州省志 · 教育志》所载，仍为三年。

讲授国文、伦理、算术、历史、地理、教育、动物、化学、体操、音乐、图画和英文等。二、三年级分科后，文科以中外历史、中外地理、法制、经济、外语（日语）为主要学习课程，理科以数学、物理、化学、外语（英语）为主要学习课程。文理科皆设教育学、体操等课程。教员多由本省学有所长、声誉素著的学者担任，日语由日本人担任。教材主要由教师自行编写讲义，油印分发给学生。学生学习期间，必须参加每年寒暑假前的两次大考和间月一次的小考。

学堂设有正副监督、教务、会计、庶务和医务等职。学堂经费由政府支付，学员待遇按月薪计，教员待遇按钟点计。

贵州优级师范选科学堂只开办一期，光绪三十四年（1908 年）有在校学生数 135 人，最后毕业 100 余人。年龄最大的 40 多岁，最小的 18 岁。① 这些毕业生后来都成了贵州各类新式教育兴办与推动的骨干力量。

据《第一次中国教育年鉴》，清宣统元年（1909 年）贵州报教育部备案的优级师范选科学堂应该有两所。从报备数据分析，两所优级师范学堂只有在校学生 126 人，表明新设的优级师范并未进入运作阶段。②

清末，贵州还开办有贵州武备学堂、高等巡警学堂等高等军事院校。③

贵州武备学堂创建于清光绪二十四年（1898 年），是贵州的第二所新式高等学校。光绪二十四年（1898 年）春，贵州巡抚王毓藻向清廷奏请，准予贵州仿北洋武备学堂章程设立新式军事学校。获准后，王毓藻派贵阳知府严隽熙在贵阳次南门原铸钱局地址兴建校舍，光绪二十五年（1899 年）夏招生入学。学生多为各县保送，或从文武官员子弟中遴选，首批学生 88 名。学生入学后主要学习国文、历史、军事等科目。除国文、历史教员由中国教员承担外，军事科目多由日本军官担任，军事课程和教材全盘照搬日本军校的课程与教材。贵州武备学堂不久停办。光绪二十八年（1902 年）贵州巡抚邓华熙重新开办武备学堂，光绪三十二年（1906 年）又撤销改办为陆军小学堂。陆军小学堂共办了 5 期，毕业学生 500 余人。

贵州新式高等教育兴起后所开办的这些学堂，由于种种原因，特别是政治和经济的原因，往往时开时停，学生入学人数也不足，束缚了贵州高等教育的发展。例如公立西南法政学堂和公立宪群法政学堂，在其创建和发展过程中，发展成为其党派培养干部和党派活动的基地。④

---

① 贵州省地方志编纂委员会. 贵州省志·教育［M］. 贵阳：贵州人民出版社，1990：292.

②③ 贵州省地方志编纂委员会. 贵州省志·教育［M］. 贵阳：贵州人民出版社，1990：302.

④ 贵州省地方志编纂委员会. 贵州省志·教育［M］. 贵阳：贵州人民出版社，1990：303；孔令中. 贵州教育史［M］. 贵阳：贵州教育出版社，2004：159.

第二章
民族危亡之际贵州高等教育的兴起

第一节　抗日战争全面爆发前贵州高等教育的艰难历程

一、贵州公立法政专门学校与贵州大学

辛亥革命后，中华民国临时政府教育部于1912年10月颁布《大学令》，规定“大学以教授高深学术，养成硕学宏材，应国家需求”，废除各地方的高等学堂，而设大学预科。同时颁布《专门学校令》，规定专科为传授专门知识技术、培养专门人才的学校。

清末所设官立贵州法政学堂，依教育部令，于1913年改名为贵州公立法政专门学校。重新修订的学校章程对学生入学资格作了调整，主要招收中学毕业生或同等学力人员；规定学费、学生膳费、课本费由学生自理；学校配备校长，不称堂长；废除提调，增设教务员和管课员。学校依据章程，还拟定了公立法政专门学校职员办事细则7章114条，对教务员、监学、会计员、庶务员、文牍员、管课员的职责范围、工作内容、协作、上班时间等做出了详细规定。

贵州公立法政专门学校开设政治本科、法律本科、法政讲习科、政治经济本科4个专业，同时开设中学实习科和预科。入学学员首先进入中学实习科和预科各修业1年，经考核合格后升入本科深造，本科学习年限为3年。[①]

1913年，贵州公立法政专门学校每学期每位学生收学费预科8元、中学实习科5元、

---

① 贵州省地方志编纂委员会. 贵州省志·教育志［M］. 贵阳：贵州人民出版社，1990：303；孔令中. 贵州教育史［M］. 贵阳：贵州教育出版社，2004：159；《贵州通史》编委会. 贵州通史（第4卷）：民国时期的贵州［M］. 北京：当代中国出版社，2002：358.

本科 12 元。学费收齐后名册金额送缴省财政。

1921 年，校长彭克荷根据社会发展需要、教育制度及当时法令，重新修订学校章程，共 8 章 25 条。明确其办学宗旨为“养成法律政治经济专门人才”，定本科为 4 种，即法律科、法政科、经济科、政治经济科，学制 3 年。把预科一年的学习年限延长至一年半，取消中学实习科。对学生学习课程也作了适当调整，把招生对象定为中学毕业生。

1921 年改革后，贵州公立法政专门学校设研究科，招收本科毕业生入学修业，年限 1~ 3 年，这是贵州高校最早的研究生培养教育。

贵州公立法政专门学校设校长 1 人、教务员 1 人、监学 2 人、文牍员 1 人、会计员 1 人、庶务员 1 人、管理员 1 人，教学人员增至 26 人。职员月薪最高每月 70 元，最低 13 元，教员实行钟点计薪，每小时 1 元。

1917~1923 年，贵州公立法政专门学校共毕业了 329 人，教员从 22 人增至 28 人。学校的毕业生前期多就职于贵州省政法界，后期多在税务部门，1913 年贵州公立法政专科学校更冬后至 1923 年，共毕业 650 人。①

此后，贵州公立法政专门学校虽正常运作，但经常受到军阀侵扰，如贵州著名的教育家龚植三任校长时，校园当时被滇军占作军营，龚植三利用个人名望，与滇军交涉方收回破败不堪的学校，经修葺整理，重新开学。②

1928 年，贵州军阀周西成入主贵州，在贵州第一任教育厅厅长周恭寿的倡议下，撤销贵州公立法政专门学校，成立贵州大学，校址设在南明学校（今贵阳一中）。清光绪三十二年（1906 年）始创的贵州法政学堂，至改办为贵州大学共办学 23 年，成为清末至抗战前期贵州办学时间最长的高等学校，为贵州培养了不少人才。③

贵州大学成立后，周恭寿任校长，陈济舟任教务主任，罗登义、熊绍儒、王万堂先后任学监，杜叔机任舍监，教员多为国内外大专学校回黔学生和省内一些学有所长的知名人士担任。

学校设有法律、政治、经济 3 个专科，另设医学专科、文科预科和理科预科班。后又增加矿业和土木 2 个专科，全校有学生 300 多人。贵州公立法政专门学校撤销后，学生全体转入贵州大学各科，同时还将贵州省农业学校改为贵州大学分校，另招新生。

周西成死后，贵州大学经费没有着落，几至瓦解。经学校校务会努力并得到各方面支持，各科学生坚持到了毕业，由陈济舟、徐孟涵、熊绍儒 3 人继续授课。1930 年冬贵州大学停办。④

贵州大学各专业一律开设军事操、拳术、器械、战术、筑城等军事课，经济科取消数学而传授珠算、公牍课。其用意十分明显，就是为军队培养军医和军需人才。学生毕业后一律录取就职，有的任职于各县，如厘金局长、征收局长、稽核局长，有的还当上了专员。

---

① 《贵州通史》编委会. 贵州通史（第 4 卷）：民国时期的贵州［M］. 北京：当代中国出版社，2001：359.

② 孔令中. 贵州教育史［M］. 贵阳：贵州教育出版社，2004：309.

③ 贵州省地方志编纂委员会. 贵州省志・教育［M］. 贵阳：贵州人民出版社，1990：302-303.

④ 贵州省地方志编纂委员会. 贵州省志・教育［M］. 贵阳：贵州人民出版社，1990：34.

贵州大学停办后，贵州法政专门学校和贵州省农业学校也被撤销，贵州高等教育和职业教育类学校就此消失。在随后的七八年中，贵州省籍就读于全国各地的高校学生屈指可数，如 1930 年仅有 12 人。①

为解决省内高中毕业生升学问题，从 1937 年起，贵州省决定对考取国内专科以上学校的学生，每年定 10 个名额作为公费生，由贵州省政府每年每人发给公费 400 元及报考时和毕业时路费 100 元，并制定《贵州省政府报考国内专科以上学校公费生章程》，对公费生保送程序及毕业后回省服务做出明确规定。同时，还制定了贷费生章程。贷费生名额第一年全省为 50 人，每年递增 50 名，至 200 名止。如在邻省就读贷款金额为 200 元，在其他省市就读贷款金额为 300 元，毕业后回省路费 100 元，所贷款项退学或毕业后分期归还。②

二、贵州其他高等教育机构

国民政府建立后，贵州名义上统一于中央，实际上长期受控于军阀，滇军、川军、湘军都曾进入贵州与贵州军阀争夺地盘。贵州军阀内部也相互争斗不止，致使贵州长期战乱，经济衰退，民不聊生。在军阀统治时期，贵州也曾继续开设或新建过一些类似高等教育的学校和专门班级。

1912 年，将原公立宪群法政学堂并入南明学校特别班。该班学生于清末宣统三年（1911 年）入学，本应于 1913 年 12 月毕业，翌年方经教育部核准学生毕业。③

1915 年，贵州巡按使龙建章报教育部《筹画（划）黔省教育情形》一文提出，贵州矿产丰富，于南明学校“拟于秋间开办采矿冶金一科，养成高等矿学知识人才，以为将来开矿之用”。同年 5 月，教育部批准成立贵州采矿冶金科，然仅招生一届。④

1917 年，据贵州省长公署汇编的“贵州省六年度教育统计表”中所列“高等专门学校”栏，除有贵州公立法政专门学校外，还有一所“公立专门学校”，该校有学生 50 人，教员 6 人，职员 4 人，岁入 3890 元，地址在贵阳公园内。

1921 年 8 月，贵州省长公署批准南明学校增设工业特科班。原因是“该校慨吾黔工业不振，由工界人才缺乏，特自筹款项，添设特科，树作育人之基”，故“应准立案，仰即认真进行，以期发达”。⑤ 南明学校工业特科班学习年限为两年，也仅招生一期。⑥

黔系军阀还曾开设过讲武学校和崇武学堂，时间都不长，后均停办。⑦

---

① 孔令中. 贵州教育史 [M]. 贵阳：贵州教育出版社，2004：288.

② 孔令中. 贵州教育史 [M]. 贵阳：贵州教育出版社，2004：325.

③ 贵州省地方志编纂委员会. 贵州省志·教育 [M]. 贵阳：贵州人民出版社，1990：303.

④ 贵州省地方志编纂委员会. 贵州省志·教育 [M]. 贵阳：贵州人民出版社，1990：303-304；孔令中. 贵州教育史 [M]. 贵阳：贵州教育出版社，2004：287-288.

⑤ 贵州省地方志编纂委员会. 贵州省志·教育 [M]. 贵阳：贵州人民出版社，1990：303.

⑥ 孔令中. 贵州教育史 [M]. 贵阳：贵州教育出版社，2004：287.

⑦《贵州通史》编委会. 贵州通史（第 4 卷）：民国时期的贵州 [M]. 北京：当代中国出版社，2002：362.

第二节　抗日战争时期贵州高等教育的兴起

一、国立贵阳医学院[①]

随着抗日战争全面展开，1937年12月，国民政府教育部委任原北平协和医学院教授、我国著名热带病学专家李宗恩，公共卫生学专家朱间庚和妇婴卫生专家杨崇瑞，于1938年1月于汉口成立筹备委员会，决定成立国立贵阳医学院，并将原拟筹建武昌医学院的16万元经费按七折拨作贵阳医学院的筹办经费。

贵阳医学院筹备委员会在汉口、长沙、西安、重庆、贵阳设招生点，招收和收容从沦陷区逃离出来的医科及护士助产学生，共招学生266人，其中医科224人，医士职业科42人。学生一律免收学费，并对其中70%的学生核发了贷（学）金或其他资助者的资助。

国立贵阳医学院办学经费全部由国库拨付。但在创办之际，贵州省政府决定先将贵阳中山东路王家烈公馆作为医学院办事处，阳明路两广会馆和三圣宫为医学院临时校舍，并将贵阳南郊太慈桥一块空地拨给学校修建校舍，还从省财政拨出部分经费作为成立国立贵阳医学院的援助费用。

1938年3月1日，贵阳医学院于贵阳正式成立并开学。1940年开始建校，1944年部分学生迁入新校舍。

国立贵阳医学院开办仅设医本科和医士职业科。医本科学制六年，开设人文、数理、病理、化学、生物、解剖、生理药理、内科、外科、妇产、公共卫生等课程。1940年医士职业科后改为护士科和助产科，不久又改建为附设高级护士助产士学校。1941年增设卫生工程科，创办门诊部，秋季又创办附属医院，以便于学生课程实践和教学实习。

1942年，国立贵阳医学院有教授9人，副教授8人，讲师8人，助教26人，职员39人，在校学生185人。

1944年冬，日军攻入贵州独山，进逼贵阳。国立贵阳医学院迁至重庆，于歌乐山与内迁的上海医学院合班上课，高级护士助产士学校借中央护士学校教室上课。

抗战期间，贾魁、柳安昌、徐会渊、洪士希、严镜清、浓隽棋、杨济时、秦作梁、杨崇瑞、李瑞麟、高永恩、宋杰、袁印光、程瑞林、李葆真、林绍文、尹觉民、杨铭鼎、王成春、裎维章、杨静波、沈克非、李漪、侯宝璋、杨秀午、郭秉宽、郭一岑、张昌颖、王志均、刘维德等一大批学术造诣高、医术精湛，理论修养与实践经验的知名学者，曾先后在贵阳医学院任教。在教学活动中，他们提出的高标准、严要求教学之道，为国立贵阳医

---

① 贵州省地方志编纂委员会. 贵州省志・教育志［M］. 贵阳：贵州人民出版社，1990：304，327；孔令中. 贵州教育史［M］. 贵阳：贵州教育出版社，2004：326-327；《贵州通史》编委会. 贵州通史（第4卷）：民国时期的贵州［M］. 北京：当代中国出版社，2002：360.

学院留下了治学严谨、训练严格、艰苦朴素的优良学风。

二、国立贵州农工学院与国立贵州大学[①]

1936年，贵州省政府呈请国民政府设立贵州大学，因全面抗日战争爆发，教育部令缓办。1939年贵州省临时参议会通过请设立贵州大学案，教育部指令准许先设立国立贵州农工学院。

1940年，贵州农工学院成立，校址位于贵阳著名风景区花溪，占地2000余亩。首任院长为李书田教授。教员则由校长聘请，有40位教授和副教授来校担任教学工作。1940年3月开学，始设先修班；8月招考农林、农化、农经、土木、矿冶、电机6个系的学生；12月，6个系新招专业学生正式入学上课。

1940年7月，国民政府中央行政院批准以贵州农工学院为基础成立国立贵州大学。1942年，国立贵州大学正式成立。

国立贵州大学下设农工学院、文理学院、法商学院，分设农林、农化、农经、土木、矿冶、电机、中文、外语、史社、数理、化学、政经、法律13个系，校长为张廷休。当年，学校有教职员233人，其中教授46人，副教授15人，讲师31人，助教16人，职员125人，在校学生401人（文学院87人，法商学院86人，农学100人，工学128人）。

1943年，农工学院分为农学院和工学院。工学院二年级以上学生迁往安顺，利用安顺实用职业学校校园开展教学活动，安顺实用职业学校更名为贵州大学附属工业职业学校。同年，法商学院增设工商管理系，土木工程系下设卫生工程组。

1944年7月，国立贵州大学增设文科研究所，工学院和机电工程增设电机专修班。同年冬季，日军攻入黔南独山一带，国立贵州大学师生疏散到遵义开展教学活动。日军撤退后，第二年春，师生迁回花溪本部。工学院也从安顺返回本部。

1945年，史社系更名为历史系，农林系改称农艺系。

抗日战争期间创办的国立贵州大学是当时贵州规模最大、科系比较齐全的综合性大学。到1946年，学校有教师190名，学生1134名。

张廷休任校长期间，先后聘请李法忠、刘行骅为法商学院院长，聘请任泰、张丕介为农学院院长。张廷休还在重庆等地聘请了一大批知名教授担任贵州大学的教学工作。例如，著名地质学家丁道衡（内蒙古白云鄂博大铁矿发现者），古生物学家、地层学家、地质教育家乐森浔，以及著名物理学家张永立、营养学家罗登义、理论物理学家何启智、文学家骞先艾、土木建筑教授葛天回等。其中乐森浔创建了贵州省地质矿产勘测与研究机构，罗登义曾担任贵州农学院院长，丁道衡担任过工学院院长。也有一批贵州籍学者从全国各地回到国立贵州大学担任教学工作，如著名教育家任可澄、刘方岳、田尹亮等。内迁贵州的一大批学者也先后在国立贵州大学兼课或被聘为特约讲座教授。由于这一大批学者

① 贵州省地方志编纂委员会. 贵州省志·教育［M］. 贵阳：贵州人民出版社，1990：304，321；孔令中. 贵州教育史［M］. 贵阳：贵州教育出版社，2004：328-329；《贵州通史》编委会. 贵州通史（第4卷）：民国时期的贵州［M］. 北京：当代中国出版社，2002：359.

在国立贵州大学开展教学活动，一时名师荟萃，使新兴的国立贵州大学很快便具有了较高的学术造诣和办学水平。

至 1945 年，国立贵州大学毕业 2 届学生，271 人。

三、国立贵阳师范学院①

1935 年，红军长征进入贵州，蒋介石乘追击红军的机会，派军队进入贵州，一举结束了贵州军阀对贵州长达 24 年的统治，实现了军政令的统一。1936 年，国民政府在贵州建立起各类教育行政管理机构，并制定教育法规，改变了军阀统治时期的混乱局面。教师队伍渐渐得到充实，学校各项工作逐渐与全国相统一并开展起来。

随着抗日战争的全面展开，1938 年 5 月，贵州成立贵州省战时教育设计委员会，下设学校教育、社会教育、管理养卫联系、生产教育 4 个组，分别拟订并颁布了《变更中小学课程大纲》《贵州省实施教养卫合一计划大纲》《贵州省生产教育计划大纲》等。贵州兴起了一场以中小学教育学校、少数民族小学、民众学校、乡村教育、民族教育、社会教育、民众教育、民众教育馆等形式的全民教育浪潮。

但由于贵州刚刚从军阀统治中走出来，猛然增加的各式教育学校，使师资成为最为迫切的社会需要。虽然从战区流亡到贵州的教师不少，但依然满足不了社会的需要。

1941 年 6 月，国民政府最终同意此前贵州省参议会多次提出筹建一所师范学院的建议，决定创办国立贵阳师范学院。7 月，国民政府聘请王克仁教授为院长，筹办贵阳师范学院，所有经费由国库支付。10 月 20 日，国立贵阳师范学院借贵阳师范学校部分校舍正式开学，迁到贵州的私立大夏大学教育学院和师范专修班学生全部转入国立贵阳师范学院就读。

国立贵阳师范学院设教育、国文、英语、数学 4 个系，学制四年；另设史地、理化 2 个三年制专修科。1942 年，增设体育童子军专修科，创办附属中学和小学，开办先修班。同年，国立贵阳师范学院聘有教授 22 人，副教授 8 人，讲师 10 人，助教 8 人，职员 39 人，在校学生 260 人。1944 年，改史地科为史地系，改理化科为理化系，学制四年。

国立贵阳师范学院建立后，先后到学院担任教学工作的有近代物理学家夏元瑮教授、《红楼梦》翻译家杨宪益教授、莎士比亚剧本翻译家曹沫风教授、南开大学文学院院长陈远教授、著名文学家谢六逸教授等。还有当时如之江大学、大夏大学等许多流亡至贵州各大学的老师，都先后在该校任课或兼课，使国立贵阳师范学院的教学水平和师资力量大增。②

---

① 贵州省地方志编纂委员会. 贵州省志·教育［M］. 贵阳：贵州人民出版社，1990：304，292；孔令中. 贵州教育史［M］. 贵阳：贵州教育出版社，2004：329-330；《贵州通史》编委会. 贵州通史（第 4 卷）：民国时期的贵州［M］. 北京：当代中国出版社，2002：360.

② 关于国立贵阳师范学院各专业系的设置与变化，《贵州教育史》与《贵州通史》的说法有出入。《贵州通史》记载学院建立时便设有“体育童子军科”，第二年改“史地、理化科为系”，而《贵州教育史》认为“童子军科”设于学院成立的第二年，史地和理化改系为 1944 年。本书主要采取《贵州教育史》的说法。

国立贵阳师范学院从 1941 年创建至 1945 年，共毕业 7 届学生，共 57 人。

第三节　内迁贵州高校的变迁

1937 年 7 月 7 日，日军发动卢沟桥事变，中日战争全面爆发，沿海各地教育机关遭日军摧毁，国民政府令各公私立院校向内地搬迁。贵州作为西南大后方的交通枢纽，南北各省先后有私立大夏大学、国立浙江大学、国立交通大学唐山工程学院、国立湘雅医学院、国立中正医学院、华北乡镇学院、私立之江大学工学院贵州分校、国立广西大学、国立桂林师范学院、陆军大学、陆军军医学校、陆军炮兵学校等各类高校迁入贵州开展教学活动。[①] 迁入贵州的高等院校，到 1942 年时，在黔期间共毕业学生 1345 人。[②]

内迁贵州的高等院校，不仅使这些流亡大学得以复课教学，而且其所开展的教育活动、抗日救亡活动和学术研究活动对贵州的教育，以及少数民族民族文化、教育、生活等都产生了极大影响。

除高等院校外，抗日战争期间，在贵州建立的国立贵州师范学校、国立贵阳医学院附设护士助产士学校、中央医院附设护士学校、国立贵州大学附设工业职业学校等，国立、省立各类中等职业教育学校和中、小学教育学校，以及培训机构，不仅在贵州形成了较为完善的教育体系，还为贵州政治、经济、文化等机构造就了大批有用人才，同时也使在黔高校有了生源保障。

一、私立大夏大学[③]

1924 年，厦门大学 300 余名学生与欧元怀、王毓祥等 9 位教授脱离厦门大学，到上海新建学校，得到各方支持，定名为私立大夏大学，“以示光大华夏之意”。私立大夏大学在上海办学期间，便已成为当时中国私立大学中规模较大、师资阵容较强、设备齐全的一所名牌大学，被誉为“东方的哥伦比亚大学”。

1937 年 8 月 13 日，日军进攻上海。私立大夏大学奉令与复旦大学、大同大学、光华大学三所私立学校组成第一联合大学部（又称第一联大）和大学第二联合大学部（又称第二联大）。第一联大以复旦大学为主，第二联大以私立大夏大学为主，后大同大学与光

① 孔令中. 贵州教育史［M］. 贵阳：贵州教育出版社，2004：383；《贵州通史》编委会. 贵州通史（第 4 卷）：民国时期的贵州［M］. 北京：当代中国出版社，2001：360；贵州省地方志编纂委员会. 贵州省志 · 教育志［M］. 贵阳：贵州人民出版社，1990：304.

② 贵州省地方志编纂委员会. 贵州省志 · 教育志［M］. 贵阳：贵州人民出版社，1990：304.

③ 孔令中. 贵州教育史［M］. 贵阳：贵州教育出版社，2004：383-389；贵州省地方志编纂委员会. 贵州省志 · 教育志［M］. 贵阳：贵州人民出版社，1990：304-305，338-339，371，409；《贵州通史》编委会. 贵州通史（第 4 卷）：民国时期的贵州［M］. 北京：当代中国出版社，2002：360；郑登云. 中国高等教育史（上）［M］. 上海：华东师范大学出版社，1994：219-221，258.

华大学因搬迁费无着落退出联大。

第一联大首迁庐山，于 1937 年 11 月 8 日复课。不久，上海、南京沦陷，第一联大师生 500 余人（余散归回家）决定再迁贵阳。第一联大师生乘船至宜昌，然后分三批于 1037 年 12 月底到达重庆。在重庆众多校友和各界人士的建议下，第一联大确定留北碚复旦中学复课，不再迁往贵阳。

以私立大夏大学为主的第二联大，因董事长何应钦、校长王伯群均为贵州人，故第二联大开始便确定迁往贵阳，并得到贵州各界的鼎力支持。私立大夏大学校长王伯群与贵州省主席吴鼎昌协商后，将贵阳次南门外南明河畔原贵州讲武堂作为私立大夏大校临时校址，同时在距贵阳 20 里的花溪购地千亩，作为新建永久校舍之用。1938 年 2 月，联大在贵州铜梓召开第三次行政会议，决定重庆第一联大为复旦大学，贵阳第二联大为私立大夏大学，并报教育部获准。

1941 年 10 月 20 日，私立大夏大学教育学院与专修科整体并入国立贵阳师范学院。次年，国民政府教育部又令私立大夏大学与贵州农工学院合并，更名为国立贵州大学，引起大夏师生强烈抗议，遂止。

1944 年秋，私立大夏大学新校舍建成。入冬时，私立大夏大学正拟迁校，日军进犯贵州，大夏大学只得将师生疏散至赤水县城，于翌年 3 月 12 日在赤水文昌宫正式复课。

1946 年 10 月，抗战胜利后，私立大夏大学迁回上海，与留沪学生临时校舍一道返回中山路旧址复校。1951 年，院系调整并入华东师范大学。

私立大夏大学在筑办学期间，设有文学院、理工学院、教育学院、商学院和法学院。文学院开设有中国文学系、外国语文学系、社会学系、历史学系、新闻学系；理工学院开设有数学系、物理学系、化学系、生物学系、土木工程学系、建筑工程学系；教育学院开设有教育行政学系、教育心理学系、社会教育学系；商学院开设有商学系、会计学系、银行学系、工商管理学系、国际贸易学系；法学院开设有政治学系、法律学系、经济学系 22 个系和师范、教育 2 个专修科。1942 年，受财政部盐务局委托还开办了 2 个盐务专修班。①

学校另设有社会研究部、文史研究室、政治研究室；出版有《新大夏》和《大夏周刊》。

校长为王伯群，副校长为欧元怀，秘书长为王裕凯，教务长吴泽霖、孙元曾，训导长为谢嗣昌、傅启学，总务长为谢觉斋、马荣华、窦觉苍，文学院院长为钟山、谢六逸，理工学院院长为夏元瑮，商学院院长为金企渊，法学院院长为谌志远。私立大夏大学迁往赤水后，因学校经费十分困难，校长王伯群前往重庆向国民政府请求救济，因病去世。欧元怀继任校长，王毓祥任副校长。

私立大夏大学在贵阳办学期间学生与教职工情况如下：

1937 年，在校生 324 人，毕业学生数 129 人，教职员工 75 人。1938 年，在校学生

---

① 关于大夏大学在贵阳时期开设的学科系，郑登云的《中国高等教育史》记载为 15 个系，把数学系和物理系认定为数理学系，把银行学系和会计学系认定为银行会计学系，没有商学系、建筑工程学系、生物学系、商学系。本书主要采取《贵州教育史》的说法。

479 人，毕业学生 176 人（这年 4 月统计有在校生 425 人，其中男生 338 人，女生 87 人）。1939 年，在校学生 576 人，毕业学生 195 人，教职员工 87 人。1940 年，在校学生 569 人，毕业学生 181 人；1941 年，在校学生 535 人，毕业学生 232 人。1942 年，有在校生 627 人（其中文学院 90 人，理学院 50 人，法商学院 437 人，专科 50 人），毕业学生 237 人（其中贵州籍学生 107 人），教师 72 人（教授 37 人，副教授 13 人，讲师 16 人，助教 6 人），职员 36 人。1943 年，在校学生 823 人，毕业学生 230 人。1944 年，在校学生 840 人（后增加到 1450 人），毕业学生 234 人。1945 年，迁赤水后仍有学生 863 人，迁回上海前学生又增加到 1797 名（其中贵州籍学生 105 人）。1937～1945 年，私立大夏大学在贵州共毕业学生 1923 人。①

私立大夏大学迁入贵州时，贵州尚无一所高等院校。其毕业的学生尤显珍贵，加上王伯群、傅启学、欧元怀等教授的个人因素，私立大夏大学在贵州的影响极大。到 20 世纪 90 年代，私立大夏大学校友在贵阳还共同创办起改革开放后贵州省第一所私立大学大夏大学。

郑登云在《中国高等教育史》中引用原私立大夏大学秘书长所写的《抗战中的大夏大学》中的话，这样评价大夏大学对贵州的影响：抗战期间学校迁黔，对贵州教育，尤具绩效，贵州全省的中等学校校长，县教育科、社教机关、民众教育馆的负责人，绝大多数是大夏的毕业生。当时，校长王伯群是贵州兴义人，曾任国民政府交通部长。副校长欧元怀于 1940 年至 1945 年担任贵州省教育厅厅长；训导长傅启学于 1945～1949 年继任教育厅厅长、国民党贵州省党部主任委员。大夏大学教师担任贵州教育部门职务的，如教授梁瓯弟曾先后担任过贵州省教育厅科长、国立贵州师范学校（位于榕江县）校长。其间，大夏大学受贵州教育厅委托，还专门为贵州培训过一批中学教师。大夏大学教师在贵阳和赤水期间，在当地大、中小学校兼课的也不少，这都为贵州的教育做出了重要贡献，也对提高当地学校教学水平起到过一定的作用。

除教育部门外，大夏毕业生在贵州党政机关也占有重要地位，各县国民党党部书记、地方法院院长或推事，多为大夏毕业生。大夏商学院更为贵州培养了不少的银行、国际贸易、商业等方面重要的专业人才。

私立大夏大学搬迁贵州后，许多著名教授也随着学校来到贵阳。在贵阳办学期间，私立大夏大学还到重庆、昆明等地聘请了一批知名教授，如数学、物理、化学教授夏元瑮、陈景琪、谢仲武；政治学教授谌志远、钟路天、葛受元、高承元；经济学教授赵兰坪、金企渊、刘行骅、张伯箴；社会学教授吴泽霖、陆德音、张少微；文学教授谢六逸、李青崖、钟泰；外国语言教授黄奎元、关彩琪、刘行骅夫人（美国人）、保骏迪、张光年；史地教授蒯伯赞、周谷城、梁园东、叶汇、王守城；教育学教授马宗荣、邰爽秋、鲁继珍等。这些学者不仅承担着私立大夏大学的教学工作，有的还兼任了贵州本地大学的课程教

---

① 关于私立大夏大学在贵州期间毕业的学生总数，《贵州教育史》认为有 1576 人，《贵州省志·教育志》在“私立大夏大学”条目下记为毕业生数 450 人，而在《贵州省志·教育志》同条目中所列私立大夏大学在贵州期间的在校生数、毕业生数和教职员数表格中所列历年数据统计，毕业生数应为 1923 人。本书主要采用《贵州省志·教育志》表中所列数据。

学任务，有的在省有关机关兼职。

私立大夏大学在贵州期间还完成了《论民族与宗族》《从民族学在边疆研究上的应用》《贵州边民教育》《贵州宗族名称与来源》等几部专题研究。社会学系教师吴泽霖、陈国均，曾率领社会学系和历史系学生，深入贵州民间开展系统调查研究，历时4年，撰写了50余篇学术论文，于1942年汇集成贵州少数民族研究的开山之作《贵州苗彝研究》一书。其间两人还搜集编纂了贵州第一部少数民族歌谣集《贵州苗族歌谣》。

在大夏群英荟萃的教师中，最突出的是教育家马宗荣和文学家谢六逸。

马宗荣（1895~1944年），贵阳人，毕业于日本东京帝国大学，曾在帝国大学从事教学和研究8年。1928年回国受聘于私立大夏大学，创办社会教育系并任系主任兼图书馆馆长。1935年，任国民政府教育部秘书。1938年辞职回到贵阳，任私立大夏大学总务长兼师范专修科主任。1942年，贵州民族资本家华问渠聘请其任贵阳文通书局编辑所所长，谢六逸为副所长，不久奉命到重庆筹备中央民众教育馆并任馆长。1944年1月病逝于贵阳。其留下的著述主要有《中国古代教育史》《孟子之出处进退观》《王阳明及其思想》《社会事业与社会行政》《社会教育入门》《社会教育原理与社会教育事业》等30余种，300余万字。

谢六逸（1898~1945年），贵阳人，毕业于日本早稻田大学。毕业后回国任商务印书馆编辑，并加入文学研究会，向国人介绍日本及西方文学著作。1930年于复旦大学首创大学新闻教育新闻系，任系主任，讲授《新闻学概论》《实用新闻学》《中国文学史》《文艺思潮》等课程。全面抗战爆发后，谢六逸返回贵阳，任私立大夏大学文学院院长，国立贵州大学建立后兼任国立贵州大学教授，国立贵阳师范学院建立后又兼任中文系主任。1942年，贵州民族资本家华问渠聘其任贵阳文通书局编辑副所长，马宗荣任所长，一生著述约500余部，500万字。1945年8月病逝于贵阳，著名史学家和文学家郭沫若、文学家茅盾、史学家郑振铎、教育学家叶圣陶得知其去世后，皆为其写有悼念文章。

马宗荣和谢六逸任职贵阳文通书局期间，曾出面邀请当时流亡到大后方全国著名学者苏步青、竺可桢、张其昀、蹇先爻等112人任文通书局的编审委员，先后出版了系列大学丛书、教育家文库等书籍数百部，编辑出版《文讯周刊》，郭沫若、茅盾等许多学者皆在该刊发表文章。正是他们的参与，使贵阳文通书局编印的小学教材成为教育部认可的“国定本”教材，与全国著名的中华书局、商务印书馆等齐名。其间谢六逸还与蹇先爻发起“每周文艺社”，创办了《每周文艺》期刊。

二、国立浙江大学①

国立浙江大学前身是光绪二十三年（1897年）建立的杭州求是书院，后改为浙江高

① 孔令中. 贵州教育史［M］. 贵阳：贵州教育出版社，2004：389-399；贵州省地方志编纂委员会. 贵州省志·教育志［M］. 贵阳：贵州人民出版社，1990：304-305，334-336，408-409；《贵州通史》编委会. 贵州通史（第4卷）：民国时期的贵州［M］. 北京：当代中国出版社，2002：360-361；郑登云. 中国高等教育史（上）［M］. 上海：华东师范大学出版社，1994：247.

等学校。1927 年，改立为国立第三中山大学。1928 年更名为国立浙江大学。

全面抗战爆发后，1937 年 11 月，校长竺可桢率随校西迁学生 460 人（原有学生 633 人）和教师往江西建德；1938 年再迁江西吉安，接着再迁泰和，又迁广西宜山。于 1939 年冬，到达贵州遵义。竺可桢夫人病逝于迁校途中。国立浙江大学搬迁前设有文理学院、工学院、农学院 3 个学院 16 个系，进入贵州时发展为文学院、理学院、农学院、工学院、师范学院 5 个学院。

国立浙江大学迁入贵州后，一年级和先修班开始设于贵筑县燕楼区青岩镇，后迁遵义湄潭县永兴场。校总部与文学院、工学院、师范学院文理组设在遵义，农学院、理学院、师范学院理科组设分校于遵义湄潭县城。

1940 年，在校学生约 1200 人。1941 年在校本科生达 1486 人，研究生 13 人，先修班学生 40 人，附中学生 492 人。1942 年，有在校学生 1566 人（其中文学院 130 人，理学院 170 人，工学院 753 人，农学院 271 人，师范学院 214 人，研究生院 28 人）①。自 1939 年迁入贵州到 1942 年已毕业学生 503 人（其中文学院 48 人，理学院 62 人，工学院 244 人，农学院 136 人，师范学院 5 人，研究生院 8 人）；教师 260 人（其中教授 96 人，副教授 30 人，讲师 47 人，助教 89 人），职员 168 人。1946 年浙大迁回杭州前，在校大学生达 2208 人②，同年毕业学生 327 人，有教职员工 480 人。1940 ~ 1946 年，浙江大学在贵州办学期间毕业学生数达 1857 人。

浙江大学在贵州期间设置有：文学院（中国文学系、外国语言学系、史地学系）、理学院（数学系、物理系、化学系、生物系、药学系）、工学院（电机工程学系、化学工程学系、土木工程学系、机械工程学系、航空工程学系）、农学院（农艺学系、园艺学系、农业化学系、植物病虫害学系、蚕桑学系、农经学系）、师范学院（教育学系；文理组——文科组设中文系、历史系、地理系，理科组设数学系、物理系、化学系；心理实验室）。1945 年增设法学院（法律系），1946 年增设医学院。形成 7 个学院 27 个系 1 个心理实验室和教育、生物（1940 年增设）、化学（1939 年增设）、历史、农经（1940 年增设）5 个研究所，成为学科较为齐全的综合性大学。

当时，校长为竺可桢、教务长为张绍林、训导长为费巩、文学院院长为梅光迪、中文系主任为郭秉和、外文系主任为余坤珊、史地系主任为张其昀、理学院院长为原刚复、数学系主任为苏步青、物理系主任为何增禄、化学系主任为卢嘉锡、生物系主任为贝时璋、工学院院长兼电机工程系主任为王国松、化学工程系主任为李寿恒、土木工程系主任为吴钟伟、机械工程系主任为铁修吟、航空工程系主任为范绪箕、农学院院长为卢守耕、农学

---

① 关于 1942 年浙江大学在校生数，《贵州省志·教育》305 页表格中所列各学院的人数与 334 页文字表述的数字有出入。305 页表格中在校学生总数为 1533 人，但表格中所列各学院学生数相加却为 1538 人；而 334 页文字表述中所述学生为总数 1548 人，但各学院学生数之和加上 28 名研究生总人数却只有 1421 人。差异主要在农学院和师范学院不一致，表格中农学院学生数为 271 人，文字为 136 人，相差 135 人；表格中师范生为 214 人，文字为 204 人，相差 10 人。这里各学院学生数以表格所列为准；研究生人数因表格没有列出，以文字所述为准。

② 关于浙江大学这一年的学生数，《贵州省志·教育》在第八篇第五章中第一节记载说："民国三十五年（1946 年）学年度第一学期有注册学生 2028 人，其中男生 1919 人，女生 289 人。"参见：贵州省地方志编纂委员会. 贵州省志·教育 [M]. 贵阳：贵州人民出版社，1990：371.

系主任为肖辅、园艺系主任为吴耕民、农化系主任为罗登义、植物病虫害系主任为陈鸿逵、蚕桑系主任为祝汝佐、农经系主任为雷男、师范学院院长为王进、教育系主任为郑宗海、师院国文系主任为郑奠、史地学系主任为李挚非、师院理化学系主任为朱正元，英语学系、数学系主任分别由余坤珊、苏步青兼任，历史、数学、生物、化学、农经5个研究所主任分别由张其昀、苏步青、贝时璋、雷男等兼任。在浙大任教的全国著名一流教授多达70余人，其中18人为教育部聘请的教授，如著名数学家陈守功，著名物理学家王淦昌，著名生物学家贝时璋、谈家桢、罗宗洛，著名史地学家谭其骧，著名画家丰子恺等。

由于贵州相对落后，条件也非常艰苦，没有电，只能靠桐油灯照明，没有自来水，只能自己去挑，而且物资奇缺。大量人口从沦陷区涌入，更致物价飞涨。浙大师生绝大多数来自沦陷区，生活十分困苦。

但浙江大学仍坚持正常的教学和科研，强调教学与科研并重，并取得了突出成就。在遵义期间，浙江大学成立了文科研究史地部、史地教育研究室、理科研究所数学部、理科研究生物部、工科研究所化学工程学部、农业研究所农业经济学部。当时浙江大学史地系测候所，事实上成为遵义的地方气象站。

浙江大学多数实验是在破庙陋室中完成的。没有电便用人力摇机器、自己动手吹制玻璃用具、用皮老虎鼓风、用酒精蒸气代替煤气、用汽车引擎发电、用油纸代替玻璃建造温室、用竹签代替圆形针、用瓦盆做蒸发皿等。

在简陋的条件下，卢守耕进行了水稻育种和胡麻杂交试验；吴耕民开展了甘薯、西瓜、洋葱等蔬果新种在湄潭的试植和推广以及对胡桃、李、梨等的研究；熊和对植物的无性繁殖、林汝瑶对观赏植物、杨宗珍对豆薯各部的杀虫作用、彭廉与宋祖禅对土壤酸性测定、蔡邦华与彭觉对五倍子、彭锡臣对小麦、李兴光对玉米和棉花、储椒生对榨菜、陈鸿达与杨新美对银耳栽培、葛起兴对茶树病虫害防治、祝汝白对中国桑虫、杨新美对食用菌人工栽培、蔡邦华对西南各省蝗虫与马铃薯蛀虫及稻苞虫防治研究、夏振铎对柞蚕寄生蝇防治、王福冉对蚕丝增长、郑蘅对柞蚕卵物理性研究、吴载德对家蚕补叶饲育、吴文晖与赵明强对遵湄农家经济等研究，都取得了重要的成果。许多成果在试验成功后就地推广，对当地的经济发展产生了重大的影响。

例如浙江大学农学院推广部，先后在湄潭对茶、小麦、油菜、银耳、马铃薯、番茄、甜瓜、洋葱等进行改良或试种。特别是浙大引进浙江等地的先进种茶和制茶技术，在研究的基础上结合湄潭地理气候特点，研发出许多优良的茶叶品种，畅销国内外，使湄潭县成为贵州茶叶的重要生产基地。罗登义发现刺梨富含维生素C，使贵州野生刺梨身份倍增，现已成为贵州省开发绿色食品的重要原料。蔡邦华和唐夏非对五倍子的研究，使五倍子成为工业生产的重要原料，后来遵义第二化工厂以五倍子为原料形成了6个品牌产品，畅销国内。

浙江大学师生在贵州期间取得的研究成果主要有：彭谦明与陈善明的《湄潭的气候》、严世勋与游独新的《湄潭茶树土壤之化学研究》、张孟闻的《湄潭动物志》、严世勋与游独新的《湄潭鱼类考》、白汉卿与甘履登的《草药在湄潭苞谷酒制造上之意义》、唐广生的《湄潭酒药中所含糖化菌之初步分离与研究》、张孟超的《湄潭之五倍子》、胡维平与金孟武的《中国辣椒中之维生命部》和《湄潭二种果树土壤精度与速效磷之研究》等。

浙江大学取得的研究成果还有工学院王国松的电工学、李寿恒的中国煤、钟令希的悬索桥理论和余能定理的应用、钱钟韩的工业自动化、苏起元的萃取理论和工艺的改进、侯毓汾的活性染料等。其中苏步青教授在遵义期间发表的研究成果《射线曲线概论》一书，使我国在微分几何领域处于世界领先地位，发表的《曲线射影概论及多元分子振动光谱与结构》，于 1943 年获国家自然科学一等奖。

关于植物生理的研究也受到了国内外学界的重视，如生物学家罗宗洛的《微量元素及生长素对植物生长的影响》、贝时璋的《丰年鱼之细胞学研究》、江希明的《母蜂、工蜂性细胞染色体之辨导及性别之互变》、谈家桢的《中国西南果蝇之调查及研究》等。

关于物理学的研究也引起了国际学界的极大关注，如物理学家卢鹤绂教授发表的《重原子核之潜能及其利用》《原子能与原子弹》《从铀分裂到原子弹》。

在众多研究成果中，影响较大的还有文学院张其昀主编的《遵义新志》、谭其骧的《中国历史地图集》、竺可桢的《二十八宿起源考》、张荫麟的《中国史纲》、刘之远的《遵义锰矿》、任美锷与施雅风的《遵义地形》、缪钺的《诗词散论》、叶良辅的《地理学研究法》、苏步青的《微分几何》、陈建功的《三角级数》、钱宝综的《金元之际数学的传授》、王淦晶的中微子研究、束显北的相对论研究、卢鹤绂与王谟显的量子力学、何产禄的光学、朱福炘的应力研究、贝时璋的细胞重建研究、罗宗洛的植物生理研究、谈家桢的遗传学研究、张肇骞的植物分类学、王进的中国化学研究、王葆桢的磺胺衍生物的合成研究、张其楷的有机药物研究等。

其中，对遵义矿产资源的研究，发现了遵义团溪锰矿矿源，并展开勘探、采样，经浙江大学化工系化验认定其为高品位锰矿。随后校方向国家资源委员会提交报告，决定对团溪锰进行开采。团溪锰矿成为抗战期间重庆钢铁厂锰原料的主要供应方，后来还形成了国内第一家生产铁合金的企业——遵义铁合金厂。遵义化工厂利用锰原料制作的高锰酸钾曾获国家金奖。

1942~1945 年，中国物理学会曾 4 次在湄潭召开，英国科学史学家李约瑟夫妇应邀参加了 1944 年的年会，并将部分论文带回英国发表。

浙江大学在贵州期间，在教育方面对贵州乃至全国都有很大的影响。两次到过浙大的英国科学家李约瑟将当时贵州的浙大誉为“东方的剑桥”。

浙江大学迁到贵州后，竺可桢立“求是”为校训，并亲率师生实践，重视学生的德育教育，提倡“学生毕业后工作，不求地位之高，不谋报酬之厚，不惮地方之辽远和贫苦，而以自己和学问和技术，为国家作重大贡献”。

浙江大学在录取学生时就重视学生的质量，从严把关。学生入学后，尤其重视学生的基础坚厚、知识广博，而且特别强调把所学知识和理论运用到实践和智能训练中，使学生成为真正的可用人才。

竺可桢还强调学生除了学好专业知识和理论外，还需要文理并重，即“通识”教育。规定理工科学生必须在人文学科方面获得 19 学分方能毕业，文科也要兼学数理知识，成为既有专门知识，又能博学旁通、思想开阔、能担当大任的人才。学校还在高年级开设学术讨论课，学生轮流主讲，师生相互探讨。出版学术刊物，如《浙大学刊》《化工通讯》等20余种，提供给师生发表论著。

浙江大学迁到遵义后，国民政府教育部规定，贵州、广西两省作为浙江大学师范学院的辅导区。浙江大学工学院、农学院负责贵州中等职业教育。浙江大学教育学会、学生自治会和师范学生组成“社教工作队”，开展社会活动，如举办学术讲座、开办民众学校和青年实习班。设立民教阅览室、民众代笔问事处以及民众问题箱，举办各式各类的展览等。1941年4月，浙大在遵义召开教学辅导会，开办教师进修班、星期讲习会，由浙大教授主讲。同时还协助贵州、广西省教育厅视察中等教育学校，编印辅导期刊。1944年还举办了教育函授学校。

在湄潭，浙江大学师生还开展防空、防毒教育和开办职业教育，促进了抗日救亡活动和民主运动的展开。一些师生义务承担起兼任中小学课程的教学任务，在一定程度上缓解了当地师资与资金不足的困难。浙江大学在遵义期间，进入大中小学读书的青年大幅度增加，同时为贵州后来的发展培养储备了不少的人才。

1946年秋，浙江大学回迁杭州。

三、国立交通大学唐山工程学院①

国立交通大学唐山工程学院的前身，是清光绪二十二年（1896年）由北洋官办铁路局创建的山海关北洋铁路官学堂。光绪二十六年（1900年），八国联军侵入北京，学堂停办。光绪三十一年（1905年），在唐山复校，更名为唐山铁路学堂。光绪三十二年（1906年），增设矿科，又名山海关内外路矿学堂。光绪三十四年（1908年），改名邮传部唐山路矿学堂。1912年，中华民国建立，更名为交通部唐山铁路学校。1913年，改称唐山工业专门学校。1921年，再改名为交通大学唐山学校。1922年，更名为交通部唐山大学。1928年2月，改名为唐山交通大学；6月，唐山交通大学改称第二交通大学，不久再改称为交通大学唐山土木工程学院；11月，移归铁道部后，又改称交通大学唐山工程学院。

交通大学唐山工程学院因其办学历史悠久，闻名中外，毕业了一大批优学子。例如美国工程院院士、世界预应力混凝土先生林同炎，水利专家黄万里，铁路建设大师赵祖康、汪菊潜，地质学家方俊，材料科学家周惠山久，仅1933年毕业的土木班就产生了张维、严恺、刘恢先、林同骅四位中美两国院士。

1937年，日军发动全面侵华战争，唐山沦陷。时值暑假，院长孙鸿哲重病住院于北京。危机当前，部分师生共推茅以升为院长，组织学校南迁。1937年11月于湖南湘潭复课。1938年1月，茅以升任代理院长，5月被国民政府教育部正式聘任为院长。这期间，交通大学北平铁道管理学院迁来湘潭，教育部令其并入交通大学唐山工程学院。1938年5日迁湘乡；11月，日军进逼湖南，学校再迁。

---

① 孔令中. 贵州教育史［M］. 贵阳：贵州教育出版社，2004：399-403；贵州省地方志编纂委员会. 贵州省志·教育志［M］. 贵阳：贵州人民出版社，1990：304-305，337，371；《贵州通史》编委会. 贵州通史（第4卷）：民国时期的贵州［M］. 北京：当代中国出版社，2002：361.

经广西桂林、柳州，师生徒步4000余里，于1939年到达贵州平越（今贵州福泉）；2月20日，利用平越初级中学所在地孔庙作为教室和校办公室复课，当地民众让出城厢小学作为学生宿舍，部分民房作为教职工宿舍。不久，在当地民众的帮助下，修建起一所简易图书馆和大小两个操场。

1942年，学校更名为国立交通大学贵州分校，下设唐山工程学院、北平铁道管理学院。胡博渊、罗忠忱、顾宜孙先后担任国立交通大学贵州分校校长。

1944年，日军进犯贵州独山，势逼平越，学校被迫迁往四川璧山（今重庆市璧山区）。抗战胜利后，唐山工程学院独立。

1946年8月，迁回唐山原址办学，更名为国立唐山工学院。后几经改组合并，现为西南交通大学（现位于成都）。

1939年，交大迁到平越时，有教职员工100余人，学生500多人。翌年，学生数仅有411人。1942年，有在校生750人，其中工学院有学生592人，铁道管理系有学生221人；有教职员工106人，其中教授20人，副教授6人，讲师9人，助教12人，职员59人。1939~1946年，共毕业学生874人。

交大设有土木工程、矿冶工程和铁道管理3个系。在贵州复课时，院长为茅以升，教务主任为力学教授罗忠忱，训导主任为教育部派任的郭衡。教师有数学教授黄寿恒、化学教授林炳光、建筑教授林炳贤、英文教授李斐英、冶金教授王均豪、金相学教授王绍瀛、土木教授罗河、铁道管理教授原立猷、许炳汉等。茅以升院长亲自主讲“土壤力学”等专题讲座，并邀请同济大学教授和湘黔铁路局工程师多人到校作报告。

学校设有斐陶斐励学会、力行土木工程学会、矿冶工程学会、铁道管理学会，出版有《土木》《土木副刊》《矿冶通讯》《运输学报》等学术刊物。

交大部分师生还在当地中小学兼任教学工作，并推动当地形成了小学、初中、高中、大学完整的教育体系。

1940年8月，经国民政府教育部批准，在平越开办国立交通大学唐山工程学院中山中学班。1943年交大与贵州省教育厅合办中山同学班，更名为贵州省立平越中学，其教职员多为交大教职员兼任。其间还创办了东亚体育专门学校，为当地学校培养体育教师。据《贵州教育史》，1944年平越中小学在校生比1938年提高了2.4倍。

交大在贵州办学期间，很多毕业生后来成为我国著名的专家学者。例如五一劳动奖章获得者数学教授郭可詹（1940届），桥梁工程教授钱冬生（1940届），中科院院士、物理学家张沛霖（1940届），勘测设计师余畯南（1941届），隧道及地下结构工程教授高渠清（1941届），台湾海基会副会长、建筑专家王章清（1941届），中科院院士、水利与河流动力学家林秉南（1942届），桥梁工程师胡农春（1942届），全美杰出亚裔桥梁建筑专家张馥葵（1942），亚裔工程师杨裕球（1943届），桥梁工程教授劳远昌（1943届），中科院院士、金属学家肖纪美（1943届），水资源保护专家方子云（1943届），画法几何及工程制图教授朱育万（1943届），台湾国际工程公司董事长、建筑专家张溥基（1943届），矿冶工程专家、社会活动家杨纪珂（1944届），结构工程教授路湛沁（1944届），铁道工程及机械化施工教授倪志锵（1944届），经济学家屠钦涛（1945），两弹一星功勋章获得者、航天材料及化工工艺专家姚桐斌（1945届），力学教授黄安基（1945届），结构工程教授黄棠（1945届），中科院院士、金属物理学家陈能宽（1946届），中科院院士、物理冶金学家庄育智（1946届）等。

中国共产党在交大建有地下党支部和中华民族解放先锋队组织。交大在平越办学期间，在地下党支部的领导下，学校的抗日救亡运动蓬勃发展。1940年，中共地下学支部遭到国民党特务破坏，负责人徐大德、李宝汉及来学校视察的中共贵州省委书记邓止戈被捕入狱。交大师生并未妥协，采取办刊物，组织歌咏队、话剧团、街头宣传队等形式，继续开展抗日救亡活动。

四、国立湘雅医学院①

国立湘雅医学院的前身，是1914年由湖南育群学会和美国雅礼会联合在长沙创办的一所新型西式医科大学——湘雅医学专门学校。1924年，更名为湘雅医科大学。大革命时期停办。1929年，湖南育群学会重组湘雅医学院校董会，任命王子玕博士为湘雅医科大学校长，兼湘雅医院院长、湘雅护士学校校长，并确立学制为7年。1931年，更名为私立湘雅医学院。

1937年11月24日，日军轰炸长沙。随即南京陷落，武汉告急，院长张孝骞和校友们不忍将湘雅医学院数十年构建起的设备和人员落入敌手，决定西迁。然而，西迁决策遭到美国雅礼会的强烈反对。美国人认为，湘雅屋顶上漆上美国星条旗就可保护其不遭日军轰炸，即使日军占领长沙，也不会进入中美合办的湘雅医学院。对此，张孝骞予以断然拒绝，决定搬迁，得到了全校师生员工的支持。原定低年级学生随校迁往西南继续学习，高年级学生及湘雅医院留守长沙，协助湖南抗日救护及卫生防疫工作。后教育部与湖南省政府皆令全校迁往广西桂林。

1938年7月，湘雅医学院将首批设备装船运抵衡阳时，广西省政府却提出，抗战胜利后湘雅医学院必须留在桂林，不用返湘。院长张孝骞无法接受，闻说贵阳各医事机关，皆希望湘雅迁筑，当时南京中央医院亦西迁贵阳，新成立的贵阳医学院也急盼湘雅支援，皆表示愿意协助湘雅的临床教学工作。张孝骞赶赴贵阳察访后，决定西迁贵阳。张孝骞返回长沙，租用西南运输处回空车辆，将全校40多吨教学仪器和图书资料等设备经广西运抵贵阳。全校260多名学生、教职员工及其家属，则乘车经湘西前往贵阳。1938年10月11日完成搬迁。1940年，私立湘雅医学院改为国立湘雅医学院。1944年冬，日军进攻贵州黔南，湘雅医学院被迫迁往重庆。1946年迁回长沙。1953年改建为湖南医学院。

湘雅医学院迁到贵阳后，于1938年10月20日正式复课。时有学生120名，学生中半数以上来自敌占区并信仰基督教；有教授14名，副教授5名，讲师15名，助教6名，另有名誉或兼职教师10人。

---

① 孔令中. 贵州教育史［M］. 贵阳：贵州教育出版社，2004：404-405；贵州省地方志编纂委员会. 贵州省志·教育志［M］. 贵阳：贵州人民出版社，1990：304-305，336-337，371；《贵州通史》编委会. 贵州通史（第4卷）：民国时期的贵州［M］. 北京：当代中国出版社，2002：361.

湘雅医学院先在贵阳东山，后在贵阳次南门外石洞坡等地，近半年时间皆是租赁民房和借用贵阳医学院部分空闲教室办公和开展部分教学活动，学生则住在四处民房内。尽管条件十分艰难，湘雅医学院依然把带来的教学设备和实验器具装置起来，开展教学和实验。

1939 年 3 月，湘雅医学院在贵阳南距城 2000 米处租得长沙义园土地（今贵阳市湘雅村），建起三栋两层楼房及附属建筑，医预科和医学院前期教学活动安排于此进行，临床教学则安排在紧邻的中央医院开展。1940 年，在校生数为 256 人。1942 年，有在校学生 177 人。《贵州教育史》则记载 1941~1942 年第二学期的注册学生为 160 名，其中女生 55 名)，教授 10 人，副教授 8 人，讲师 15 人，助教 9 人，职员 41 人。1947 年迁回长沙后，第一学期有在校生 272 人。

在贵州期间，湘雅医学院基础课程开设有生物学、物理学和数学、有机化学、生理学、解剖学、组织学、细菌学、病理学等；临床课程开设有内科学、外科学、儿科学、妇产科学、神经精神病学、热带病学、眼科学、耳鼻喉科学、皮肤病学、公共卫生学、放射科学等。学院要求学生一年级时第一课为新生训练，开展传统教育，主要学习院史和校风；三年级学物理诊断时，开始用英文写病历；四年级时每周 2 次临床教学课，每次由一人用英语报告病历。

在贵州期间，湘雅医学院部分临床医师对贵州的地方病曾开展过研究。可惜学校无资办刊，许多研究成果没有得到发表，也未留传下来。

五、迁入贵州的其他高等学校

（一）乡村建设研究院①

1936 年，美国的洛克菲勒基金会在调查了晏阳初等学者在河北的“定县实验”后，决定资助实施“华北计划”，即通过培养乡村建设人才对农村进行改革的试验向全国推广。

同年，中华平民教育促进会总会在北平成立华北乡村建设协进会，晏阳初被推举为执行委员会主席。委员会决定建立定县、济宁两个实验基地，并在济宁建立乡村建设研究院，下设文化、经济学、社会行政、农业、工程、社会卫生和教育 7 个部，专门培养乡村建设的人才、学生和村民。除平教会（负责“联环的农村改造工作”及“平民文学”）外，还有清华大学（负责工程）、南开大学（负责经济与行政）、燕京大学（负责教育和社会行政）、协和医学院（负责社会卫生）、金陵大学（负责农业）参与了该项计划。南

---

① 关于“乡村建设研究院”名称问题，《贵州省志·教育志》记为“乡镇学院”，《贵州通史》和《贵州教育史》记为“乡政学院”。实际上，当年晏阳初负责的华北乡村建设协进会兴办的类似高等教育的机构只有美国洛氏基金资助的济宁“乡村建设研究院”，目的是培养各方面乡村建设人才的研究生。故本书从原称，称为“乡村建设研究院”。参见：孔令中. 贵州教育史［M］. 贵阳：贵州教育出版社，2004：406；贵州省地方志编纂委员会. 贵州省志·教育志［M］. 贵阳：贵州人民出版社，1990：339；《贵州通史》编委会. 贵州通史（第 4 卷）：民国时期的贵州［M］. 北京：当代中国出版社，2002：362.

开大学经济研究所专门为其制订了两年制研究生培养计划。洛氏基金会则授予在教育、卫生、地方行政、农业、经济学等37个方面获得研究生学位的人才奖学金。1937年，经过两年的学习和实地实践，第一批10名研究生获得了硕士学位；1936年入学的8名研究生也已开始接受这种训练。

1937年日本侵华战争全面爆发，日军炮轰南开大学，“华北计划”几乎崩溃。同年，洛克菲勒基金会决定继续实施其中国计划。除了燕京大学在日战区存在下来以外，南开大学、清华大学、平教会、华北乡建协进会皆迁往中国西南地区。华北乡村建设委员会改名为全国乡村建设委员会，与平教会合作继续其人才培养计划。1938年夏，济宁乡村建设研究院迁到贵州，以定番县（今惠水县）为实验基地；同年9月，再迁重庆北碚。

（二）国立中正医学院①

1937年，国立中正医学院由当时国际著名生理学家林可胜倡议创建于江西南昌，1937年9月正式开学。林可胜认为，当时中国医学教育基本都掌握在外国人手中，有必要用国家力量办一所最好的医学院与之匹敌；同时，国家也应免费为国人提供卫生医疗，以保障生命安全。因此，林可胜以自己在国际和国内的威望，多方奔走，终于实现了这一意愿。

中正医学院开学刚三个月，便遭日机狂轰滥炸，无法正常教学，基建也难以施工。1937年12月，迁江西永新复课。1938年迁云南昆明白龙潭。1940年白龙潭院址被日机轰炸，再迁贵州镇宁。这时，学院已有四个年级四个班的学生在校学习。在镇宁期间，院长王子玕四处奔走，聘请到一批知名教授到校任课，实验设备也颇具规模，学生生活安定、学习勤奋。医学院在县城还设有对外门诊部。

1941年，王子玕去重庆面见蒋介石，遭其训斥后，中正医学院迁回江西永新。后经多次变迁，并入今陆军军医大学（现位于重庆）。

（三）私立之江大学工学院贵州分校②

之江大学源自道光二十五年（1845年）美国基督教长老会在宁波设立的崇信义塾。光绪十一年（1885年）改建为育英书院。宣统三年（1911年）2月，育英书院迁到江干新址，因地处钱塘江弯曲处，更名为之江大学，设文、理两科。1920年，之江大学在美国哥伦比亚注册立案。1930年改名为之江文理学院。翌年，经国民政府教育部批准立案。

---

① 孔令中. 贵州教育史［M］. 贵阳：贵州教育出版社，2004：406；贵州省地方志编纂委员会. 贵州省志·教育志［M］. 贵阳：贵州人民出版社，1990：339；《贵州通史》编委会. 贵州通史（第4卷）：民国时期的贵州［M］. 北京：当代中国出版社，2002：361.

② 孔令中. 贵州教育史［M］. 贵阳：贵州教育出版社，2004：406-407；贵州省地方志编纂委员会. 贵州省志·教育志［M］. 贵阳：贵州人民出版社，1990：339；《贵州通史》编委会. 贵州通史（第4卷）：民国时期的贵州［M］. 北京：当代中国出版社，2002：362；郑登云. 中国高等教育史（上）［M］. 上海：华东师范大学出版社，1994：182，187.

1937 年，抗日战争爆发后，部分系科迁上海和安徽屯溪。1941 年，在上海的系科内迁。1943 年，之江大学工学院迁到贵阳花溪名私立之江大学工学院贵州分校复课，招生 100 余人。1944 年冬，日军攻入贵州独山一带，进逼贵阳。之江大学工学院贵州分校再迁重庆，与东吴大学、沪江大学联合办学，次年复课。1945 年，日本投降后，迁回上海（高年级在上海）和杭州（低年级在杭州）。后经改组，1952 年并入浙江师范大学，后改名杭州大学，1998 年杭州大学并入浙江大学。

（四）国立广西大学①

1928 年，广西大学创建于广西梧州市。1937 年日军空袭梧州，广西大学被迫迁至桂林。1939 年改为国立广西大学。1944 年，日军入侵广西，广西大学先迁广西融县，10 月再迁贵州榕江，12 月 18 日借用榕江县城部分民房作为校舍复课。时有教职员 200 余人，学生 480 余人，设置有法商、理工、农学 3 个学院，14 个系。抗战胜利后，迁回广西。

（五）国立桂林师范学院②

国立桂林学院创建于 1941 年 10 月，起初名为广西省立师范专科学校。1942 年改称广西省立桂林师范学院。翌年 8 月，教育部将广西大学师范专修科并入，定名为国立桂林师范学院。1944 年，日军入侵广西，学院先迁广西至三江，再迁至贵州榕江，次年又迁至贵州平越（今福泉市）。

在平越时，桂林师范学院借用交通大学唐山工程院校舍复课。抗战胜利后，返回桂林。

六、迁入贵州的高等军事院校

（一）陆军大学③

陆军大学的前身是广州黄埔军校，1925 年搬迁至南京，是国民党培养高级军官的最高军事学府。蒋介石长期兼任校长，学校设教育长代行校长职权。1938 年迁至贵州遵义。迁入时有学员四期（班），在遵义又招了一期将官班和一期正则班（16 期），学员约 500 人，职员 200 余人。全校总人数最多时达 2000 余人（包括学员家眷）。

---

① 孔令中．贵州教育史［M］．贵阳：贵州教育出版社，2004：407；贵州省地方志编纂委员会．贵州省志·教育志［M］．贵阳：贵州人民出版社，1990：337－338；《贵州通史》编委会．贵州通史（第 4 卷）：民国时期的贵州［M］．北京：当代中国出版社，2001：362．

② 孔令中．贵州教育史［M］．贵阳：贵州教育出版社，2004：407；《贵州通史》编委会．贵州通史（第 4 卷）：民国时期的贵州［M］．北京：当代中国出版社，2002：362．

③ 孔令中．贵州教育史［M］．贵阳：贵州教育出版社，2004：422－423；《贵州通史》编委会．贵州通史（第 4 卷）：民国时期的贵州［M］．北京：当代中国出版社，2002：362．

国民军事委员会副委员长冯玉祥、参谋长何应钦、八路军驻重庆办事处主任叶剑英等高级将领都曾到遵义陆军大学演讲过。

特别班第1期和第4期、正则班第15期和第16期、参谋班第3期，以及在遵义招收的将官班先后在遵义陆军大学毕业。所有毕业学员必须到重庆举行毕业典礼，听蒋介石训话和点名。

1940年，重庆陆军大学校舍建成，新招正则班第17期到重庆学习。遵义陆军大学本部在正则班第16期毕业后，陆续迁往重庆。①

1949年，大多数教职学员迁到台湾，后改为三军大学。留在重庆的部分教职学员在研究院主任杭鸿志的带领下加入了中国人民解放军西南军事大学高研班学习改造，之后大部分教职学员并入南京军事学院。

（二）陆军炮兵学校②

陆军炮兵学校是一所专门培养陆军炮兵军官的军事专科学校。1931年创建于南京，蒋介石兼任校长。1939年迁入贵州都匀。1944年，日军攻入独山一带，再迁至贵州开阳。1946年迁回南京。现校址为南京炮兵学院。

陆军炮兵学校学生主要由部队保送，条件必须具有高中文化水平，曾在军事院校毕业的初级军官，学制一年。学员在校期间，除学习军事课程外，也要学习数理化课程。

在都匀时，陆军炮兵学校先后举办过高等科2期，学员10余人；普通科4期，学员160余人；短期班4期，学员1200余人。为中央军校训练炮科生14期，4300余人；为防空学校代训学员250余人。这些受过专业训练的炮兵军官，为加强抗日战争的炮兵力量起到了积极作用。

当时陆军炮兵学校的教学人员多数都被都匀的几所中学所借用，兼任中学课程的教学工作，甚至有人干脆辞去陆军炮兵学校的工作到中学担任专职教师。陆军炮兵学校在都匀还创办了一所名为中正中学的子弟学校，设有小学、初中和高中，有学生1000余人，其中部分学生为当地的居民子弟。

（三）陆军军医学校③

陆军军医学校是民国时期我国最高军事医学学府。它以一流的教学设备和教学质量，与北京协和医学院、上海医学院等5所医学院并称中国的五大医学中心。

---

① 陆军大学离开贵州的时间，《贵州教育史》文字表述为“民国三十一年（1942年）”，而同页表格中所列“何时离黔”下却记为“1940”。依据文字叙述中有“1939年至1940年期间，陆大……学员先后毕业”一说，结合同页表格所列离黔时间，故肯定陆军大学离开贵州时间应为1940年。

② 孔令中．贵州教育史［M］．贵阳：贵州教育出版社，2004：425-426.

③ 孔令中．贵州教育史［M］．贵阳：贵州教育出版社，2004：430-431；《贵州通史》编委会．贵州通史（第4卷）：民国时期的贵州［M］．北京：当代中国出版社，2002：362；贵州省地方志编纂委员会．贵州省志·教育志［M］．贵阳：贵州人民出版社，1990：339.

陆军军医学校源自光绪二十八年（1902 年）于天津创办的北洋军医学堂。1912 年，更名为陆军军医学堂，后迁至北京办学。1933 年迁到南京，更名为中央陆军军医学校。1937 年迁往广州。次年，广州告急，又迁至桂林。1938 年，再迁至贵州安顺。抗战胜利后，1946 年迁至上海，改组为国防医学院。1949 年，国民政府将所有设备和教职学员搬迁一空，迁往台北。同年，中华人民共和国人民政府在上海原军医学校校址上创建第二军医大学，现为中国人民解放军海军大学。

抗战期间，陆军军医学校以安顺为本部，在重庆、西安皆建有分校。本部设总务处、教务处和学生总队部，下辖植物研究所、药品制造所、血清疫苗研究所、卫生器材库，以及附属医院。蒋介石兼任校长，另由一名将军衔的医学专家任教育长，代行校长职权。

学校设有研究部、大学部、专科部、职业部。大学部设医科、药科和牙科，共 20 多个系，并开办了牙科医院；职业部主要是中等职业教育。还附设有一个军医预备团。学校设备齐全，教学质量比较高。大学部的教材大部分是外文原著。教师中有不少德、日、美、英等国的留学生；教官除担任教学任务外，还须承担科研任务和到附属医院担任治疗工作。

陆军军医学校的教学活动有三大特点：一是特别重视学术研究。为保证研究成果的发表，学校办有多种学术期刊。二是考试制度和学生学习制度十分严格。三是重视理论与实践的结合。学校不仅设立了附属医院，本身还有规模大、设备齐全的解剖实验室；牙科有牙科医院；药科有药品器械制造研究所，研究所有实验室 31 间；药科生物系有药圃 300 余亩，药品器械制造单位 5 个。

在安顺期间，共毕业中医科学生 5 期，500 余人；药科 5 期，150 余人；牙科学生 100 余人；专科部和职业部毕业学生数百人。药科 5 个制药单位在 1940 年秋至 1942 年秋创收的产值达 300 余万元。

全面抗战时期，除以上军事高等学校迁到贵州外，中华民国海军学校、陆军军官学校第四分校、陆军步兵学校、陆军辎重兵学校、陆军通讯兵学校、防空学校、陆军兽医学校、中央陆地测量学校、军训部军官外语班等也迁入了贵州，迁入贵州的这些学校在贵州办学期间培养了大量的战时急需人才。①

同时，我们也不能忽视，这些内迁大学在贵州重新开课，不仅仅是培养了人才，更为重要的是促进了全国大学教育均衡发展，使少数民族大众接触到先进的知识与文化对社会改造的力量。在少数民族民众主动接受教育、接受科学知识的观念方面发挥了重要作用。

第四节　抗战胜利后贵州高等学校师生的艰苦坚守

抗战胜利后，迁入贵州的各类高等院校于 1946 年先后相继返回原籍。贵州境内只留

① 孔令中. 贵州教育史［M］. 贵阳：贵州教育出版社，2004：430-434.

下了国立贵阳医学院、国立贵州大学和国立贵阳师范学院三所高等院校。

一、国立贵阳医学院[①]

1944 年冬，国立贵阳医学院迁到重庆歌乐山与上海医学院合班上课，医学院护校借中央护校教室上课。教育部令国立贵阳医学院与上海医学院合并，撤销国立贵阳医学院。国立贵阳医学院师生与校友一起展开护校斗争，坚决反对与上海医学院合并。曾任贵州省财政厅长，时任国民政府咨议、农林部长、卫生部长的周诒春也利用个人在国民政府中的威望，极力主张保留国立贵阳医学院。经过各方人士的努力，国民政府终于收回成命，国立贵阳医学院得以继续开办。

1945 年，国立贵阳医学院从重庆迁回贵阳太慈桥。抗战胜利后，外地来黔教师也相继离开，院长李宗恩奉命返回北平接办协和医院又带走部分师生。为了再保国立贵阳医学院，贵州各方面人士展开了对尚未离去的教师慰留活动。李宗恩走后，朱懋根继任院长。1946 年，增设大学先修班。1949 年，中华人民共和国人民政府接管国立贵阳医学院。

1948 年，全校有在校学生 122 人，其中贵州籍学生 28 人。1949 年中华人民共和国人民政府接管该校时，全院在校学生有 136 人，其中本科生 132 人，专科生 4 人，教职员 100 余人。

1938～1949 年，医学院共毕业 16 届学生，毕业 256 人。其中本科生 239 人，专科生 17 人。《贵州教育史》记载：1938～1949 年，医学院医学系共毕业 16 期，毕业 239 人；护士班 15 期，毕业 113 人；助产班 11 期，毕业 44 人；卫生工程专修班 4 期，毕业 17 人；药学专修班 1 期，毕业 4 人；共毕业 417 人。

二、国立贵州大学[②]

1946 年，国立贵州大学设有文学、理学、法商、农学、工学 5 个学院，农林、农化、农经、土木、矿冶、电机、中文、外语、史社、数理、化学、政经、法律、工商管理系、卫生工程系 15 个系，学制均为 4 年。同时设有机电专修班、大学先修班和文科研究所。同年增设地质系。国立贵州大学成为民国期间贵州开办规模最大、科系比较齐全的综合性大学。

---

① 孔令中. 贵州教育史［M］. 贵阳：贵州教育出版社，2004：327-328；《贵州通史》编委会. 贵州通史（第 4 卷）：民国时期的贵州［M］. 北京：当代中国出版社，2002：360；贵州省地方志编纂委员会. 贵州省志·教育志［M］. 贵阳：贵州人民出版社，1990：327-327，371.

② 孔令中. 贵州教育史［M］. 贵阳：贵州教育出版社，2004：329-330；《贵州通史》编委会. 贵州通史（第 4 卷）：民国时期的贵州［M］. 北京：当代中国出版社，2001：359；贵州省地方志编纂委员会. 贵州省志·教育志［M］. 贵阳：贵州人民出版社，1990：293.

1947 年春，国立贵州大学电机专科停止招生。1948 年，政治经济系分设为政治系、经济系。

1949 年，有教师 299 人，其中专任教授 76 人，兼职教授 17 人，专任副教授 37 人，兼职副教授 8 人，讲师 44 人，助教 55 人，特聘教员 2 人；学生 1156 人。

三、国立贵阳师范学院①

1946 年，大夏大学迁回上海，校址拨给贵阳师范学院。同年 9 月，国立贵阳师范学院迁到雪涯路大夏大学校舍。同年，增设大学先修班。1949 年，为加强贵州中等学校教师人才的培养，经贵州省教育厅批准，同意国立贵阳师范学院于该年执行《国立贵阳师范学院三十八年度贵州省各县保送学生办法》。

1949 年，学院有教师 92 人，其中教授 39 人，副教授 16 人，讲师 8 人，助教 16 人，职工 124 人②；学生 489 人。

四、三所高校师生的艰苦坚守③

1945 年抗战胜利后到 1949 年中华人民共和国成立前，是留在贵州的国立贵州大学、国立贵阳师范学院和国立贵阳医学院三所高校发展最为艰难的四年。

首先，解放战争期间，办学经费没有着落。贵州本身落后的经济根本无力支撑高校的正常运行；虽名为国立，但中央财政拨给三所高校的经费受战争影响年年不足，且年年减少。其次，生源不足。抗战中流亡贵州的外省中小学生大量回迁，贵州能送子女上学的家庭本来就少。加上解放战争期间，全国政局再次陷入混乱，物价飞涨，广大人民生活处于极端困难的境地，能上大学的学生更是越来越少。最后，三所高校师资严重不足。抗日战争结束后，大批高校内迁，大量教师随校返回原籍，贵州三所高校师资严重不足。在这极其艰难的时期，留存三所高校的师生，硬是在饥饿贫病的条件下为贵州保住了这三所高等院校。

1946 年 12 月，三所高校联合向国民政府教育部呈文，为解决“贵州高等学校师荒”问题，提出五项建议：“一、请拨专款作为特别补助教员购买书籍杂志费用。二、请财政部、中央银行准由教员无息贷款，自建住宅，定期偿还；另请拨专款由学校租房供教师居住，实报实销。三、新聘教师来校车旅费少，住房困难，请拨补助费给学校，由校长核实报销。四、树人为立国之基，储才为经国之本，……今后请将考送自费或公费留学，分区

① 孔令中. 贵州教育史［M］. 贵阳：贵州教育出版社，2004：328-329；《贵州通史》编委会. 贵州通史（第 4 卷）：民国时期的贵州［M］. 北京：当代中国出版社，2001：359；贵州省地方志编纂委员会. 贵州省志 · 教育［M］. 贵阳：贵州人民出版社，1990：321.

② 《贵州教育史》中职工人数为 124 人，而《贵州省志 · 教育志》中为“职员 58 人，工友 56 人”，只有 114 人。本书主要采用《贵州教育史》中的数据。

③ 贵州省地方志编纂委员会. 贵州省志 · 教育［M］. 贵阳：贵州人民出版社，1990：306.

举行，贵州特许设区，并准由3院校占名额，自行考选保送，出国手续更望便利……五、自国外学成归来之各种专门人才，尤应责令先至后方服务……”

以上材料还反映出在解放战争爆发前，贵州三所高校，不仅无法保障基本的教师待遇，甚至连教师必备书籍杂志都不得不请中央财政拨款。

解放战争爆发后，贵州的广大师生不仅在政治上不可能保障民主权利，而且在工作、生活上也处境艰难，教师缺衣少食，饥寒交迫，生活一天不如一天。1949年，贵州高校师生联合中小学师生兴起了“反饥饿”运动。同年3月底，贵州三所高校举行三院校教授联席会，决议电请教育部调整待遇。4月4日，三院校教授会以物价高涨、生活艰难，特电贵州省政府转中央“要求迅速发送待遇”，并向国民政府提出“一切待遇，均请按照本省政府呈报之实际生活指数以给”“照京沪区配发实物”等项要求，希望政府能在两周内予以解决。教授会还向国民党政府施压，如不获圆满结果，即全体停教，以待社会公断。4月13日，三校联合停教。5月2日，为顾念学生学业复课。

截至1949年11月，三所高校仍还有在校生1747人。

第五节　民国时期贵州高等学校教育制度

一、教学时间与教学组织、课程与教材

（一）教学时间[①]

1913年，贵州南明学校规定，8月1日为学年之始，第二年7月31日为学年之终。一学年有三个学期，1月1日至3月31日为第一学期，4月1日至7月31日为第二学期，8月1日至12月30日为第三学期。暑假为7月30日至9月1日，寒假为1月15日至3月1日，年假为12月30日至1月3日。民国纪念日（10月10日）、孔子诞生纪念日（8月27日）各放假一天。

1929年，国民政府颁布学校学年学期假日规定，1937年教育部做出修正。内容为：学年以8月1日为始，翌年7月31日为终；一学年分为两个学期。第一学期从8月1日至来年1月31日，上课日数为136天；第二学期从2月1日至7月31日，上课日数为135天（闰年为136天）；暑假从6月23日起至8月31日止，专科以上学校以70日为限；寒假，一律从1月18日起到1月30日止。另有春假，为4月1日至4月7日；年假，1月1日至1月3日；纪念假1天，纪念日学校须开展纪念活动和演讲，设有孔子诞生纪念日（8月27日）、国庆纪念日（10月10日）、孙中山总理诞生纪念日（11月12日）、孙中山

---

① 贵州省地方志编纂委员会. 贵州省志·教育［M］. 贵阳：贵州人民出版社，1990：340-341.

总理逝世纪念日（3 月 12 日）、革命先烈纪念日（3 月 29 日）、国民革命军誓师纪念日（8 月 9 日）。另外，本校纪念日放假 2 天。贵州高校均按此规定执行。

（二）教学组织与学分制[①]

民国时期，贵州高校全部采用班级授课制。

1931 年，国民政府公布学分制办法后，贵州高校普遍实行学年学分制。大学生在校四年应修满 132 学分，医学科与法律科另有规定。课外自修科目，学生每周上课 1 学时满 1 学期者为 1 学分；课外自修科目和实习，每周上课 2 学时为 1 学分。

（三）课程与教材

1. 课程[②]

1912 年，南明学校专门部法律科每周授课 36 学时，三年完成，开设宪法、民法、刑法、行政法、国际公法、国际私法、民事诉讼法、刑事诉讼法、法制史、破产法、罗马法、经济及财政、伦理、国文、英语、日语、体操等 18 门课程。

1921 年，贵州法政专门学校每周授课 32 学时，三年完成。法律本科班开设宪法、行政法、罗马法、社会学、刑法、民法、商法、破产法、刑事诉讼法、民事诉讼法、国际公法、国际私法、拟律拟判、法院编制法、财政学、英语 16 门课程。政治本科开设宪法、行政法、国际法、国法学、政治学、政党学、国际公法、外交史、刑法总论、民法概论、商法概论、货币银行论、财政学、统计学、社会学、殖民政策、农林政策、商工政策、社会政策、英语等 21 门课程。经济本科开设宪法、社会学、经济学、货币论、银行论、财政学、财政史、农业政策、工业政策、商业政策、殖民政策、统计学、保险学、簿记学、民法、商品学、商法、商业地理、交易市场论、仓库税关论、行政法、英语等 23 门课程。政治经济本科开设行政法、政治学、社会学、政治史、国际公法、外交史、改服可能论、民法概论、商法概论、经济史、货币论、银行论、财政学、统计学、保险学、簿记学、商业史、农业政策、工业政策、商业政策、交通政策、殖民政策、英语等 24 门课程。

1938 年，教育部先后公布“文、理、法三学院共同必修科目表”“农、工、商等学院的共同科目表”及“文、理、法三学院各学系课程整理办法草案”，贵州境内各高校院系皆遵照执行。其内容主要包括三条整理原则和九点整理要项。

三条整理原则是：一是高校统一标准，先修必修课程，选修课程学校斟酌开设。二是注重基本训练，将文、理、法各科的基本学科定为共同必修科，然后专精一科，以合于由博反约之道，以防学生不因专门的研究而有偏固。三是注重精要科目，力求科目的统一与集中，使学生充分学习一种学科的精要科目，从而达到融会贯通，琐细科目一律去除不开。

---

① 贵州省地方志编纂委员会. 贵州省志 · 教育［M］. 贵阳：贵州人民出版社，1990：340.

② 贵州省地方志编纂委员会. 贵州省志 · 教育［M］. 贵阳：贵州人民出版社，1990：342-345.

九点整理要项：一是全国各大学各院系必修及选修课程，一律由教育部规定范围，参照实际需要，酌量损益。二是大学各学院第一学年注意学习基本科目，不分学系；第二学年分系上课；第三、四学年各院按性质设实用科目，为出校就业做准备。三是将国文、外国文设为基本工具科目，在第一学年年终举行考试。国文须能阅读古文书籍及作文通顺，外国文须能阅读所习学科外国文参考书，方为及格。否则将继续学习，达标后毕业。四是大学采用学年制和学分制，规定教师每周授课 1 学时，学生须每周自习 2 小时，为 2 学分；自习时间较多的科目，授课时间则相应减少。五是除上课外，自习讨论、作业或试验应同时并重；考试除所学教材外，亦应包括讨论、作业和实验材料。六是各科目由教师详细规定自习书目及参考资料，并督令学生按时阅读，学生须有阅读记录。文、法专业学生，每科应研究一种或数种古今名著。课间宜举行讨论，培养学生独立研究精神。七是各科目须确实规定学生作业或实习次数，作业及实习报告教师应按期批改。八是各学系学生除注重平时习作外，应在高年级课程中，规定数种重要科目，指导学生作学科论文。题目由教员指定或核定。九是学生毕业考试应包括院系四年中所学的至少五种重要科目，具体由学校自行规定。

教育部规定的共同科目主要内容有：一是体育为各院系必修课程，不计学分。文学院和师范学院体育不及格者，不予毕业。师范学院四年必须开设体育课程。二是音乐课为师范专业必修课程，不计学分。成绩不及格者，不予毕业。一般师范学院开设一年，女子师范学院开设两年。三是农、工、商等学院，三民主义、军训为必修课程，不计学分。四是医学院暂行科目，仍执行 1935 年之规定。

1940 年，教育部令三民主义课程为 4 学分，于第一学年两学期内完成。1945 年，通令高等院校停开军事课。

贵州各高校文学院开设公共必修科目为三民主义、伦理学、国文、外国文、中国通史、世界通史、哲学概论。选修科目两组，每组中任选一门学习：一组为科学概论、普通数学、普通物理、普通化学、普通生物、普通心理学、普通地质学、地学通论学；另一组为社会科学概论、法学概论、政治学、经济学、社会学。公共科目需修满 50 学分。

理学院必修公共科目为三民主义、伦理学、国文、外国文、中国通史、普通数学或微积分（二选一）。选修科目两组：一组为社会学概论、法学概论、政治学、经济学、社会学，选择一门；另一组为普通物理、普通化学、普通生物学、普通心理学、地学概论，选择两门。公共科目需修满 49~59 学分。

法学院公共必修课程为三民主义、伦理学、国文、外国文、中国通史、世界通史、哲学概论、理哲学。选修课为两组：一组为科学概论、普通数学、普通物理、普通化学、普通生物学、普通心理学、普通地质学、地学概论，选择一门；另一组为法学概论、政治学、经济学、社会学，选择两门。共 55~56 学分。

师范学院公共必修科目为三民主义、伦理学、国文、外国文、中国通史、世界通史，专业必须课程为教育概论、教育心理学、中等教育。选修课程三组，每组中任选一门学习：第一组为社会科学概论、政治学、经济学、社会学、法学概论；第二组为普通数学、普通物理、微积分学、普通化学、普通生物、普通心理学、普通地质学、地学通论；第三组为哲学概论和理哲学。公共科目需修满 70~74 学分。

农学院公共必修科目为国文、外国文、化学、植物学、动物学、地质学、农场实习。选修课程两组：一组为农业概论或农艺（二选一）；另一组为经济学或农业经济（二选一）。公共科目需修满 38~48 学分。

工学院公共必修科目为国文、外国文、数学、物理学、化学、应用力学、材料力学、经济学、投影几何学、工程学、工厂实习、徒手画、初级图案、绘影法、木工。选修课程一组，建筑初测或建筑画（二选一）。公共科目需修满 51 学分。

商学院必修科目为国文、外国文、商业史、经济地理、数学、经济学、法学通论、财政学、会计学。公共科目需修满 48~56 学分。

根据规定，国立贵阳医学院医学本科于 1939 年开设的课程为：一年级三民主义课程每周开 2 课时；一年级至三年级体育及军训课每周开 1 课时，业务课程 21 门；四五年级体育仍为必修课程，每周 2 课时，业务课 15 门。一年级至三年级业务课程主要有（以 1945 年为例）国文、英文、数学、物理、普通化学、生物学、分析化学、伦理学、要机化学、解剖学、生物化学、神经解剖学、胚胎学、心理学、组织学、生理学、药理学、病理学、细菌学、寄生虫学、物理诊断、实验诊断 22 门；四五年级业务课（以 1945 年为例）开设内科学、小儿科学、皮肤科学、花柳病学、精神病学、眼科学、鼻咽喉科学、外科学、实验外科学、矫形外科学、泌尿外科学、放射科、妇科学、产科学、公共卫生学、内科实习、外科实习、妇产科实习、变态心理学 19 门课程。

2. 教材①

民国早期，贵州高等教育学校使用的教材，多为自编教材。1940 年，国民政府教育部成立了大学用书编辑委员会，先后核定出版了 83 种教材，贵州高等学校普遍采用教育部核定出版的大学用书。没有统一教科书的课程，仍然由各校教师自编讲义，有的则选用欧美等国的有关书籍代作教材。

二、教学方法与教学科研

（一）教学方法②

民国早期，高等学校的教学基本上都是老师根据自己的研究方向和成果展开，往往采用注入式教学方法。“五四运动”后，美国的教育方法传入中国，尤其是杜威的“实用主义教育”。在传统的讲解、讲读、讲演方法外，老师积极推行演示法、实验法、实习法等新式教学方法。内迁贵州的各类高校也促进了贵州各类高等学校教学法的大改进。

抗战时期，贵州省内各高等学校的农、工、医、师等院系学生，从第二学期开始，必须到校内外选择合适的场所实习，不参与实习的学生不能毕业。一般来讲，具体的实习程

① 贵州省地方志编纂委员会. 贵州省志·教育［M］. 贵阳：贵州人民出版社，1990：349.

② 贵州省地方志编纂委员会. 贵州省志·教育［M］. 贵阳：贵州人民出版社，1990：350，352-353.

序由各校自行规定，主要实习场所有工厂、农场、医院、中等学校及相关的部门。校外实习的学生，一般安排教授带队，回校时学生则要呈交实习报告。学校则会对在校外实习的学生根据路程，按50%的标准或酌情补助车船费。学生实习科目，学校与实习场地的部门事先联系，以保证学习的实习与所学科目一致；同时实习场所须安排指导人员负责指导学习实习，并安排实习学生的食宿等。实习单位在学生实习结束时，负责指导的人员则须对实习学生出具切实评语，并上报实习部门主管人员复核后，再呈报主管机关，最后分送各校。实习单位同时还要为实习学生出具实习证明书。实习成绩优良者，毕业后优先由实习机关聘用。

当时，浙江大学、交通大学等校理工科学生主要分派到相关的工厂实习；国立贵州大学工学院学生到贵州省公路局实习，农学院的学生在学校办的农场实习；国立贵阳师范学院在附中和其他中学实习；国立贵阳医学院学生在所开办的院属医院实习，第四学年在病房实习内科、外科各4个月，妇产科3个月，第五学年在门诊内科、外科、妇产科各实习3个月，在公共卫生科实习2个月。

（二）教学科研①

1938年1月，国立贵阳医学院院长李宗恩博士带着20余篇论文，参加在越南河内召开的第十次远东热带病学会议，获得会议好评。1940年，国立贵阳医学院教授林绍文被聘请香港政府与香港大学筹建的海洋渔业生物研究所成员；同年于本崇与美国哈佛大学医学院细菌学系和澳大利亚细菌学家巴克、生物学家伯娃尼克合作，成功用化学方法提取红细胞中可与流行性病理发生凝集的成分。国立贵阳医学院教师在国内外刊物上发表论文百余篇，重要的如《黑热病实验性研究与防治》《血吸虫病研究》《贵州人鼻寄生蚂蟥之分类》等，并出版专著如《内分泌学》《贵筑县苗夷卫生状况调查》《生理学》《怀特医学心理学》《护理心理学》等。

国立贵州大学农学院则对惠水、青岩、花溪、贵阳一带的土壤、谷物、蔬菜、农艺、森林、农产品制造、农化、农经等开展了几十个项目的研究工作，并取得了很好的成绩，如“早稻品种比较实验南特号”“小麦品种比较比数”等。国立贵州大学还与军政部门联合创办了各类站厂，如与军政部种马场合办“民马配种站”，与行政院水利委员会合办“水工实验厂”等。

国立贵阳师范学院在建院之初，其教育方针就提出：以新作风培养新校风，以新校风建设新教育。所置各系研究教授，不仅注重课堂教学，同时强调要研究中小学教材教法，提倡学术研究，注重教育实习。在教学过程中，这一方针得到了贯彻。

内迁的其他学校，如浙江大学、大夏大学等在教学科研方面也有自己的特色和贡献。

① 贵州省地方志编纂委员会．贵州省志·教育［M］．贵阳：贵州人民出版社，1990：294，408-409．

三、教学管理与思想政治教育

1. 教学管理①

贵州法政学堂设有监学2人和管理员1人。监学负责学生训育管理等一切事务。贵州法政学堂章程规定，监学每人负责管理2个班的学生，每3日轮流值夜；负责监视学生的各项试验及考察其是否遵照试验规则开展试验；负责对入学新生核对相片，编定座位，并在第一学期随时核查；负责学生请假、旷课等出勤进行登记，记录学生在课堂学习中的表现；负责向校长提呈对学生进行奖惩事宜，并核准执行。管理员则负责日常事务的一般性管理。

抗战时期，贵州境内各类大学，皆设有训导处，置训导长1人（独立学院则置训导主任1人，由教授兼任），负责学生的训育管理。训导处下设生活指导（管理）、课外活动、体育卫生3个组，分别负责学生训育管理方面的具体事务。同时每个学校皆设训导会议，由校长、训导长、教务长、主任导师、全体导师及训导处各组主任为成员组成，校长任主席。训导会议主要讨论一切训导事宜。1947年，教育部取消训导会议，改置训导委员会，由校长、训导长、教务长、总务长、各学院院长组成学校委员会，再聘请3名专任教授参与，每2周讨论一次有关训育事项。民国时期，学校训育人员必须是国民党员，目的就是为了对学生思想倾向进行控制。

1938年，教育部还规定中等以上学校须实行“导师制”，贵州各高校均制订了具体实施方案并贯彻执行。

例如，国立贵阳医学院制定了《导师制施行方案》和《导师守则》。

《导师制施行方案》共5章21条，主要内容有：第一，导师由学校从担任学生课程教学或实习指导的教师中选聘。第二，导师对学生的生活负责指导。第三，导师根据观察和搜集的学生信息和材料，负责学生的操行成绩考核；同时导师还要以训导处制定的项目，登记学生的性行考核和思想考察。第四，学生操行考核成绩分甲乙丙丁四等，每等又分三级。不达丙等者令其退学；每记过一次，核减一等；记过三次者开除学籍；受警告一次核减一级。学生性行不良者，分别给予不同惩戒。第五，学生操行成绩优良者给予奖励。

《导师守则》的主要内容是：第一，学院专任教师皆有充任导师及遵守本守则的义务。第二，导师应以身作则为受导学生之楷模。第三，导师作为学生的生活指导老师，应随时注意其言行思想，务使学生纳入正轨。第四，导师在执行导师制中积极优良者、领导受导学生从事抗战建国工作成就卓著者，学院得斟酌奖励。第五，导师玩忽职守或受刑事处分，或有其他不名誉事有碍以身作则，学校得斟酌处分。第六，每个导师授导学生一般应在10名学生以上。大夏大学则规定10~15个学生。

为鼓励专科以上学校学生学习，1940年，教育部制定了《全国专科以上学校学生学业竞试办法》，规定竞试分为甲、乙、丙三类。甲类竞试国文、外语（英文或法文或德

---

① 贵州省地方志编纂委员会. 贵州省志·教育［M］. 贵阳：贵州人民出版社，1990：351-352，360-361.

文)、数学三科，要求各院校一年级学生自由报考一科至三科。乙类竞试各系科的主要科目，要求各院校二三年级学生自由报考该年级指定科目。丙类竞试毕业论文，要求四年级学生全部参加。

甲、乙两类分初试和复试，每年举行一次。初试由院校主持，复试由教育部主持。甲类以学院为单位，80 人中选出最优者 1 人报送教育部参加竞试，超过 80 人，则增加 1 个名额。乙类以年级为单位，各年级报名 5 人以上者，选拔最优者 1 人参加教育部竞试。如年级报考竞试的学生不足 5 人，应与本系科其他年级合选。丙类由各院校进行初选，以学系为单位，选送本学系本年度毕业论文最优者 1 人，报送教育部参加竞试。

各院校设立学业竞试委员会组织本院校的初试、初选工作。学业竞试委员会由校长、院长、教务长和系主任组成委员；另聘请有关科目的教授为考试委员，负责出题、阅卷、评阅论文等事项。复试由教育部组织，在全国分区进行。甲类每区选出成绩最优者 10 名，参加决胜竞赛；乙类每区选出各系科各年级成绩最优者 1 名，参加最后决胜竞赛；丙类经教育部组织的毕业论文评选委员会在各区选出 30 名参加最后决胜竞试。进入决胜竞试者，教育部都将颁发奖状并公布其姓名。

1940 年，贵州各高校参加第一届全国专科以上学校学业竞试得到决胜资格的甲类 30 人中有 1 人，乙类 59 人中有 9 人，丙类 29 人中有 2 人。第二届时，甲类 32 人中有 6 人，乙类 59 人中有 7 人，丙类 30 人中有 1 人。第三届时，甲类 44 人中有 9 人，乙类 89 人中有 18 人，丙类 33 人中有 4 人。第四届 34 人中有 5 人获得决胜资格。成绩次优者给予奖励的 14 人中有 3 人。

对高校教学管理上，教师一般由校长聘请知名学者或专家担任学校的各课程的教学任务。学校教务长负责审核、检查、监督各学院设置的教学课程及其教学进程和安排。

2. 思想政治品德教育①

民国时期，全国各高等院校的思想政治教育与德育教育，基本是以三民主义为主体，实施“礼、义、廉、耻”和“忠、孝、仁、爱、信、义、和、平”“四维八德”的公民教育。

贵州在创办国立贵州大学时，除继续开设伦理课外，增加了三民主义和军事课。抗日战争时期，三民主义成为省内高校学生必修课程，但不计学分。1941 年，贵州省内各高校执行教育部通令，将三民主义课程定为 4 学分，并在大学第一学年两个学期开设。

国立贵州大学以“建立三民主义与理想主义的人生标准”教育学生，培养学生具有高尚的志愿、坚定的信仰与智仁勇的美德，陶冶学生健全的人格，使之“符合集体生存之条件”，国立贵州大学依据训育纲要“自信信道，自治治人，自育育人，自卫卫国”四大原则，制定了“礼义，廉耻”为共同校训，“坚毅笃实”为学校校训。学校除开设了三民主义等课程外，还有计划地通过“纪念周”，由校长或院长，或训导长，或专门聘请有名望的教授，向学生作时事政策、为人处事、科学技术以及校训等方面的专题讲话。其讲话内容还在学刊上刊登示人。

---

① 贵州省地方志编纂委员会. 贵州省志 · 教育［M］. 贵阳：贵州人民出版社，1990：357-358，363-364，365，368.

例如，国立浙江大学校长竺可桢根据校训“求是”，在一年级新生大学上讲：“校训为求是，实事求是，自易也然。然而言易行难，一旦利害冲突，甚难实行‘求是’精神，近纪科学始祖首推哥白尼、伽利略，以及布鲁诺三氏，除前一人著书外，后二人一秉求是精神，历险如夷，视死如归，以身殉科学……壮哉求是精神！此固非有胆气毅力大勇者不足与言。深冀诸位效之！”

国立贵阳师范学院于 1947 年对学生的思想、品德、智能、体格等修养提出了具体的要求。训导学生“务求其思想纯正，品德高尚，智能优越，体格健全，以期毕业后能担负中等教育之重要任务”；提出每个学生“必须对个人、社会、民族，有深刻之认识，正确的观念。对于三民主义，尤须有精悉之研究及坚强之信仰”“对个人能勤俭、尚整洁，具有不厌不倦之良好习惯”“对社会，热心公益，具有勇于负责和乐于助人之精神。且利用人、地、时、物等因素，以求增加服务之效能”“对民族，必须具有自信、自尊、自立、自强之意志”“对国家，爱护国家，听从命令，发扬真正民主精神，努力实现永久和平”。在学生品德修养方面则提出，做到“明礼、知职、负责、守级”以及“发扬忠孝仁爱信义和平诸美德”“坚定民族至上，国家至上之信念”“阐明不骄、不馁、不淫、不移、不屈之精神”“培养刚毅廉介、大公无私之正气”。

民国时期，贵州各高校对学生进行政治思想品德教育，除学校训导处作为重要的学生思想政治品德教育机构，同时开展导师制以培养学生的思想品德外，主要还有以下形式：一是开设伦理学和三民主义课程。二是建立严格的学生学习、生活管理制度。各院校都制定了较为具体的学习、生活、文体规则，要求学生严格遵守。三是加强和注重道德品质的实践训练，建立起完善的学生操行制度和奖惩办法，如学生操行不及格者，开除学籍或不准毕业。四是要求学生撰写读书札记、日记，每日开展自我反省。抗战期间，各高校还通过学生自治会张贴墙报、举办歌咏戏剧等文艺演出等对学生实施品德人格教育。

例如，国立贵阳师范学院，针对学生个体，重点抓住以下四点展开品德人格教育：一是训导处必须对学生个人及家庭状况进行调查讯问，全面掌握学生情况；二是利用个别谈话和平时观察，了解学生动静与实际情形，并对其行为适当给予指导与鼓励；三是根据学生个人性别性格，引导其正常发展；四是利用表册走查学生一切情态。利用团体活动，从以下六个方面对学生开展教育：一是利用一切集会，举行精神讲话；二是指导学生或分组举行全校讲演会、论文比赛等；三是指导学生分组谈话会、讨论会，参与专题研究，以集思广益，培养学生的民主作风；四是指导学生按自己的兴趣参与各种学术研究会；五是让学生参与各类组织服务团体（如学生指导站、补习学校、社会夜校等），以养成学生的服务精神，学习做事经验；六是组织学生旅行团，定期远足以锻炼身心，增长见闻，同时增进同学及师生间团体生活的兴趣与互助合作的精神。

各高校也特别重视体育、卫生活动对学生养成良好的体质和卫生习惯的作用。国立贵州大学初建时，除体育课程外，还增加了军事操、拳术、器械、战术、筑城等军事内容。抗战时期，大学体育成为不计学分的必修课程，成绩不及格者，不予毕业。各高校在选聘体育老师、增加体育活动场地和设施、开展早操锻炼和各种田径、球类、游泳等方面都做了大量的工作。例如，国立贵阳师范学院每年春季都要举行运动会，以系科为单位，全院学生必须参加。男生每人至少参加两项，女生至少参加一项。师院虽然体育设施简陋，体育场跑道仅有 200 米，高低双杠只有一座，篮球场只有球架一个，但在增强学生体质上起到了良好的作用。学生在校期间参加学校卫生工作也是各高校的一项规定，并将保持学习生活环境的干净整洁作为学生的操行成绩之一。

此外，各高校还配备了医务室或卫生室，有专门的医务人员，负责学生的医务卫生工作。对公共卫生和个人卫生都做了具体要求，并建立了必要的规章制度。同时对学生的作息时间也做了具体的安排，以使学生养成良好的生活卫生习惯。例如，国立贵阳师范学院体育卫生组配有医生、护士各一人，并配有卫生室一个，疗养室三间，身高体重测定器各一件，目力表一份，注射器及急救药品也较为齐全。主要对学生开展体格检查、疾病预防与治疗、饮水消毒、环境卫生、设置痰盂、检查教室与宿舍卫生等。

民国时期，抓青年的政治组织教育，最早进入贵州各类学校的是复兴社组织，1935 年贵州大中学校就有复兴社的活动。翌年，贵州大中学校皆建立起三青团的组织，复兴社并入三青团，并规定在校学生只能参加三青团，其他组织皆为非法组织。三青团成为中等以上学校官办的主要学生政治组织。三青团在当时的大学或较大的省立中等学校皆设有分团，分团下设区队、分队。[①] 1947 年，国民党与三青团合并，三青团员一律转为国民党员。

四、学籍管理与毕业就业

1. 学籍管理[②]

民国时期，贵州高校学生主要来自社会考生或中学毕业生，或以同等学力报考高等学校者。经考试合格录取后，学校拟定名册上报贵州省教育厅，再经贵州教育厅统一报国家教育部备案。

在抗战前，贵州高等学校学生主要来自贵州省内，少数来自云南、广西和湖南。抗战期间，国立贵阳医学院成立时，便在汉口、重庆、西安、长沙、贵阳招收沦陷区失学的医学院学生及护士、助产士等。1941 年，国立贵阳医学院与国立湘雅医学院联合招生全国考生，第二年国立浙江大学、国立贵州大学也加入开展联合招生。国立贵阳师范学院一直是单独招生，入学学生不受年龄限制，不限地域，主要在江西、四川、湖南、云南等地区设考区招收。

在抗战时期，贵州省内各高等学校招收学生，均按教育部统一规定的“呈报学生各项表册格式和呈报时间”办理。每年的 3 月 15 日和 10 月 15 日前，各学校呈报春季和秋季入学新生名册、转学生名册及入学或转学证件至教育部，经教育部审核批准后，就有了正式学籍。

民国前期，学生入学后，贵州法政学堂规定，每学期学生都必须参加临时试验和定期

---

① 贵州省地方志编纂委员会. 贵州省志·教育［M］. 贵阳：贵州人民出版社，1990：495-496.

② 贵州省地方志编纂委员会. 贵州省志·教育［M］. 贵阳：贵州人民出版社，1990：370-371，379-389.

试验。临时试验由教员根据教学内容，随时测试，并记下成绩。定期试验则是在每两月月终时和每学期及每学年结束时举行，主要试验所习各科内容。学年试验不及格者留原班补习，不准升级。

抗战期间，贵州各高等学校依据教育部制定的《专科以上学校学生学业成绩考核办法》，规定在每学期中必须开展一次临时试验，作为学生的平时成绩记入，除此外还把学生的听讲笔记、读书札记、平时练习、实习报告或实验报告等也纳入学生的平时成绩。每学期期末则对本学期教学的各门功课内容进行试验，学生期末试验成绩须报呈教育部备核。学生学期试验成绩在 40~60 分，可给予补考一次的机会；不达 40 分者，不予补考，可令重修；如学生不及格科目达本学期 1/3 以上者，应令留级；不及格科目达 1/2 以上者，则令退学。

贵州各高校除执行教育部的考核办法外，也根据本校特点制定了相关的制度。

如贵州大学《学则》第 39、43、44 条规定，学生学期成绩不及格科目的学分总数，不满该学期学习学分总数 1/3，其不及格科目在 50 分以上者，可予补考一次，补考及格者，皆以 60 分计算；补考不及格者重读。学期成绩不及格科目不满 50 分者，不予补考，直接重读；学生学期成绩不及格科目的学分总数，达到该学期修习科目学分 1/3 以上者，不得补考，次学期修习及格后按 3/4 学分计；学期成绩不及格科目学分达学期修习学分 1/2 以上者，或重读科目两种以上并续读两次仍及格不者，应予退学。

贵州各高等学校为鼓励学生努力学习，也制定了相应的激励措施。例如，1921 年贵州法政专门学校就规定，各班学生考试成绩甲等者，得免次学期学费，毕业成绩为甲等者，酌给奖品。抗战期间，各高校入学学生一律享受公医待遇。1945 年 1 月，废除公医制度，改为公费待遇，学生可以享受全公费或半公费的比率各占 40%，其余 20% 为自费。翌年，公费和半公费占比改为 30%，自费比为 40%。而国立贵阳师范学院全部学生享受公费待遇，且杂费、膳费一律免除。国立贵州大学则规定享受贷金制，即甲等生学校为其负责包干伙食费用，并另发 2 元零用钱（沦陷区一般为甲等）；乙等生则只供伙食（贵州省籍一般为乙等），丙等生则费用自理。此外，国内外个人和团体捐助的奖学金、助学金也多达 10 多种。

1920 年，贵州省还专门制定了《贵州省选派欧美留学办法》，其中就规定，在本省大学本科毕业或国内各大学本科毕业的学生，“学行优异者”，由教育司保荐，经贵州省政府考核，留学（出省、出国）5 年自愿回黔服务 5 年，留学 3 年以上自愿回黔服务 4 年者，由贵州省政府公费（包括治装费、旅费、学费、汇费、医药费、邮电费等）选派到欧美或省外留学。借故违约者，所受省费加倍追赔。1921 年，李光忠考入美国伯明翰大学，熊渭耕考入比利时劳工大学电科专门部；1922 年，周兹绪考入纽约伦斯来实业学校土木工程二年级等皆得到贵州省政府公费资助；1923 年，黔籍学生 27 人到日本留学；1927 年，黔籍在省外、国外留学的学生 41 人（国外 8 人，省外 33 人），经贵州省政府批准核发了补助费。

学生在校期间有休学、转学、借读甚至退学的权利。学生有特殊事故，如生病等，不能坚持学习者，本人可以申请休学，经学校批准后便可。休学一般为一年，一年后学生本人申请便可复学。

民国时期，各高校之间学生可以申请转学或借读。学生在转入时，须呈交修业证明或曾就读高校校长及贵州省行政长官开具的证明书，始准于学期或学年之初插入学校相同班级学习。如果是毕业年份，则不得招收转学生。借读学生，一般由原学校开具证明，并附送原校在校期间各科学习成绩，经教育部核准后，可进入借读学校学习。例如，国立贵阳医学院在1939~1940年，教育部发送到本校借读的学生达20名（实际到校14名）。借读学校对借读生学业成绩于每学期或每学年结束时抄送该生原校登记。借读生在学习一年后，由学校审核其学习成绩，或举行编班考试，一律转为本校学生（高年级除外），原校把其学籍转入本校。

学生退学分自愿退学和勒令退学两种。自愿退学常因特殊缘故，学生不能坚持学业，如生病、家中变故等，可以申请退学。勒令退学，则是学生在校期间因违纪、违法等，以及考试成绩不合格，而由学校做出的一种退学处分。学生在校期间如有违纪、违法等行为，贵州专门法政学校分别给予记过、扣分、停学、退学等处分。抗战期间，基本为警告、记过、退学等处分。前面内容中皆涉及，不再细说。

2. 毕业就业

高等学校学生学习期满后，经教育部核准其毕业资格，然后由学校依照学位授予规定，授予学士学位。例如，国立贵州大学《学则》规定，文、理、商、农、政经各院系应至少修满132学分，法律系至少修满166学分，工学院各学系至少修满142学分，方能毕业。国立浙江大学在贵州期间还授予了8名研究生的硕士学位。

民国时期，高校毕业生就业，主要有委任和聘任两种形式。一般来说，委任、聘任年限从半年到三四年不等。由于国立贵阳医学院因享受全公费学习，一般委任或聘任时间皆长达十年左右。但能够接到委任或聘任的毕业生只是部分学生，其余的则只得自主择业。

第三章
社会主义高等教育的探索

第一节　从接管高校到院系调整

1949 年 10 月 1 日，毛泽东在北京天安门城楼上庄严宣告："中华人民共和国中央人民政府今天成立了。"标志着中国人民新民主主义革命取得了伟大胜利，揭开了中国历史的新篇章。同日，毛泽东发布政府公告，宣布中央人民政府一致决议接受《中国人民政治协商会议共同纲领》（以下简称《共同纲领》）为中央人民政府的施政方针。意味着，《共同纲领》第五章文化教育政策所规定的"中华人民共和国的文化教育为新民主主义的、民族的、科学的、大众的文化教育"成了人民政府教育的主要工作方针，文化教育"应以提高人民文化水平，培养国家建设人才，肃清封建的、买办的、法西斯主义的思想，发展为人民服务的思想"成为人民政府的主要任务。《共同纲领》提出的必须"有计划有步骤地实行普及教育，加强中等教育和高等教育，注重技术教育，加强劳动者的业余教育和在职干部教育，给青年知识分子和旧知识分子以革命的政治教育，以应革命工作和国家建设工作的广泛需要"成为中华人民共和国建立之初各类教育重要的办学方向和理念。

《共同纲领》提倡"爱祖国、爱人民、爱劳动、爱科学、爱护公共财物为中华人民共和国全体公民的公德"，提倡"努力发展自然科学，以服务于工农业和国防的建设"，提倡"用科学的历史观点，研究和解释历史、经济、政治、文化及国际事务"，提倡"文化艺术为人民服务，启发人民的政治觉悟，奖励人民的劳动热情"，为改造旧教育，建设新教育指明了方向、方针与原则。也就是说，人民政权的建立，为教育性质的转变创造了基本条件。

一、人民政权对贵州高校的接管与改造

（一）接管高校

1949 年 11 月 15 日，中国人民解放军进入贵阳，立即接管了国立贵州大学、国立贵阳医学院和国立贵阳师范学院三所高等院校。人民解放军接管国立贵州大学时，除张廷休等一两个校务主持者离开学校外，“全体员工警均安心全力护校，校舍及教学设备，亦均一一完好，毫无损毁”①，故 11 月 17 日国立贵州大学便复了课。

1949 年 11 月 7 日，教育部召开华北及京津高等学校负责人会议，讨论高等教育改造方针。会上，马叙伦提出要坚决执行《共同纲领》规定的任务，有计划有步骤地稳步前进工作；钱俊瑞提出，高等教育改造的方向是一切服务于国家建设，特别是经济建设，在课程改造上加强政治课学习，业务课必须切合建设的需要。贵州认真贯彻落实会议精神，于 1949 年 11 月 25 日成立“贵阳市军事管制委员会”，下设文教接管部。军管会成立后，向各大学派出军代表和联络员，负责执行“暂维现状，逐步改革”的方针，宣传共产党和人民政府的政策，在保持原有教学系统不变、人员不变、课程基本不变的情况下，让原有教师安心教学，以便于教学秩序的快速稳定。②

贵州三所高校随即建立起学校协助接管委员会，同时还成立了学校临时校务管理委员会，学校教职员工和学生则组织起来负责对学校的图书仪器、实验设备、物资财产等进行清点登记，三所高校的教学秩序基本稳定。

当时，在学校临时校务管理委员会领导下，留在学校的学生纷纷成立各类社团展开自助式、讨论式或会议式等学习活动。由于没有新的教材，尽管学生情绪高涨、学习氛围浓厚，依然有很多人不清楚应该学什么、如何学，效果并不理想。

（二）思想改造

1949 年 12 月 23 日至 31 日，教育部召开了中华人民共和国第一次全国教育工作会议。会议提出具体实施《共同纲领》规定的文教政策应采取的工作方针和步骤，并提出：教育必须为国家建设服务，学校必须为工农开门；中华人民共和国的教育是新民主主义的教育，其主要任务是提高人民的文化水平，培养国家建设人才；必须肃清封建的、买办的、法西斯的思想，实行民族的、科学的、大众的教育；其方法是理论与实际一致；其目的是为人民服务。会议同时指出，建设新教育要以其他地区新教育的经验为基础，吸收旧教育某些有用的经验，借助苏联教育建设的先进经验。③ 在这个精神引导下，贵州高校学生自发将学生社团联合起来组成学生联合会，联合会下分若干组，贯彻第一次全国教育工作会

① 贵州省教育厅．西南区贵州省贵州大学高等学校概况调查［A］．贵阳：贵州省档案馆（114-1-79）．
② 余立．中国高等教育史（下）［M］．上海：华东师范大学出版社，1994：7-8，9．
③ 余立．中国高等教育史（下）［M］．上海：华东师范大学出版社，1994：10．

议精神，以“改造我们的学生”为材料，以“自觉讨论，结合思想”为方法，在高校中对大学生的旧式思想进行新民主主义思想改造。①

要办好人民的高等教育，对接管过来的“绝大部分是从资产阶级和小资产阶级，甚至还有从官僚资产阶级、买办阶级和封建地主阶级出身”的高校教师和大部分学生进行新思想改造，是大学改造“特别需要克服的困难”。第一，当时很多大学教师的思想“还保持着非无产阶级成分”，对其进行思想改造“特别困难”。第二，民国时期的大学“并不针对社会的需要培养人才，而是给学生一个资格”，“所学和所用可以毫不相关”，学生只需拥有这个“资格”便可以“进入社会中的特殊阶级”。第三，民国时期的大学教育是从“‘西学’中长成的，脱离了民族基础，移植了片面的西洋文化，结果造就出来的人只会用西洋货，而不会制造‘西洋货’了”，“在技术上成了资本主义国家的推销员”。第四，高校“师生之间，教授和讲助之间，教职之间，职工之间”“一层一层闹进步瞧不起落后，落后向进步侧目而视的情绪”，也是这次思想改造的重点领域。第五，课程改革也必须从思想改造着手。“如果打不通教师的思想，发扬教师的积极性，课程还是改造不了的”。② 进入1950年，全国高校兴起了一场轰轰烈烈的大学改造浪潮。

1950年初的寒假，贵阳市新青工委会主办寒假学团继续加强高校学生的思想改造教育活动，在校学生90%以上参与了学团，未参与的学生则去贵阳各工厂或单位实习。同时，贵州省政府文教部针对高校教师的新思想改造举办了教员训练班，各高校成立了全校性的学习委员会，由军代表协助接管学习委员会，负责领导和组织全校教授会、助教会、职员会、工警会开展学习活动。除工警会由军事联络员直接负责外，教授会、助教会和职员会则分成若干小组进行研究讨论学习。学习内容主要有：第一周，从头学起——改造我们的学习；第二周，社会发展简史；第三周，新民主主义论、论人民民主专政、论联合政府（三大文件）；第四周，业务学习。高校教师通过学习社会发展史、三大文件和时事，以之改造教职工的五大观点（劳动观点、组织观点、群众观点、唯物观点、阶级观点），使之成为中华人民共和国大学教育的重要力量。

当时，贵州高校采取了六步学习法，即第一步“粗读”、第二步“精读”（第一、第二步由学者个别进行）、第三步小组讨论、第四步组长讨论、第五步学委会汇报、第六步大会总结。在小组讨论中特别重视互相辅导、联系思想、发掘和解答问题，校学习委员会巡回视导，组长和各学委负责人把学员的思想问题和疑难问题及时向校学委汇报，把上级的指示传达到每个学员，督促学员作好深入学习准备。在这场新思想改造活动中，劳动观点学习比较彻底，深入人心，其他学习虽然也取得了较好的效果，但仍然存在诸多问题。以贵州大学为例，第一周学习时，大多数教职工不会或不肯结合自己的思想开展学习，“未能如期学好”，不得不“延长了三天的时间，开了两次大规模的座谈会”，最后在军代表的指导下，才有了进步；社会发展史虽然学习比较深入，也因时间仓促，“效果也不圆

① 贵州省教育厅．西南区贵州省贵州大学高等学校概况调查［A］．贵阳：贵州省档案馆（114-1-79）．

② 费孝通．大学的改造［M］．北京：商务印书馆，2017：51-52，55-56．

满”；文件学习的“时间拉长”，业务学习“便只得草率从事了”。[①]

尽管改造不是很彻底，但为了维持高校教育的正常进行，在寒假学习基础和已取得的成效上，贵州高校把在学习中思想比较纯正、身份比较清白的教员遴选出来，成立了新时期的大学共同政治必修科研究会，帮助正在学习中的教职员解决一些比较深入的理论问题，为开学后的师资问题准备解决途径。1950年春季学期开学后，贵州高校取消了原有的三民主义、哲学概论、伦理学和六法全书等课程，主动按新时代大学的要求开设各类政治理论和思想改造理论课程。例如，贵州大学在全校各年级新开设政治课程有辩证唯物主义论与历史唯物主义论；在文法商学院和农经系新开设必修课程政治经济学和新民主主义论；在外语系、政治系、法律系、农经系的一、二年级开设必修课程俄文；在历史系开设必修课程中国近代革命史、世界近代革命史、苏联史、社会发展史，在政经系开设必修课程新民主主义经济建设、中国革命基本问题、中国土地问题与土地改革、劳工政策法令、帝国主义论、共产党宣言、苏联经济建设研究；在法律系开设必修课程新刑法原理、新民法原理、苏联法律研究、马列法律理论、论国家、斯大林关于苏联宪法报告、家族私有财产及国家的起源。同时，对各系所设必修课程也作了调整，以贵州大学为例，原全校一年级必修的国文课程改为文法商学院一年级必修；原全校各系必修的英语课程改为外语系一年级必修，原文法商学院一年级必修课程中外历史通史改为历史系一年级必修。

涉及新思想的政治课程，由于教师缺乏，贵州高校采用大班大课形式，由适合的少数教师授课。例如，贵州大学遴选出六位教师担任全校类似的课程教学，经过一学期的试点，取得了较好效果。[②]

1950年6月召开的第一次全国高等教育会议召开出台了《关于实施高等学校课程改革的决定》，规定中华人民共和国高等学校的宗旨是以理论与实际一致的教育方法，培养具有高度文化水平、掌握现代科学与技术成就、全心全意为人民服务的高级建设人才。在肯定中华人民共和国以来全国高等学校教育改造取得一定成效的同时，提出新时代的课程改革要有计划、有步骤地改革旧教育内容和教学法，真正达到理论与实际相一致。特别要废除在政治上反动的课程，开设新民主主义革命课程，以肃清封建的、买办的、法西斯主义思想，发展为人民服务的思想。[③]

（三）机构改造

人民政权接管贵州高校后，在军代表的指导下，各高校都建立了协助接管委员会，成立学校临时校务管理委员会，接受西南军政委员会文教部领导。1950年3月前后，贵州军事管制委员会为加强对境内高校的管理，决定在境内高等院校成立战时院务临时管理委员会。战时院务临时管理委员会设主任委员1人、副主任委员1人（贵州大学为2人）、委

① 贵州省教育厅．西南区贵州省贵州大学高等学校概况调查［A］．贵阳：贵州省档案馆（114-1-79）．

② 贵州省教育厅．西南区贵州省贵州大学高等学校概况调查［A］．贵阳：贵州省档案馆（114-1-79）；贵州省教育厅．西南区贵州省国立贵阳师范学院概况调查表［A］．贵阳：贵州省档案馆（114-1-79）．

③ 余立．中国高等教育史（下）［M］．上海：华东师范大学出版社，1994：31．

员若干人（贵州大学为 19 人）、办公室秘书 1 人，皆由人民解放军军代表兼任；下设教务、秘书两个处（贵州大学还设有办公室及附属机构电厂二处、农场合作社）。教务处设教务长 1 人，由主任委员兼任；秘书处设秘书长 1 人，由副主任委员兼任。教务处长和秘书长分别主持校务工作。教务处下设注册、出版、生活指导三个组和图书馆。各组和图书馆设主任 1 人，由教师推举教员兼任，每组由若干组员构成。秘书处下设文秘、事务、卫生三个组和会计出纳室，也各设主任 1 人，负责各组室事务。① 贵阳医学院在战时院务管理委员会下设院长室、教务处、总务处、会计室、附设实习医院和附设高级护士职业学校。教务处下设注册、出版、图形制作三个组和图书馆。总务处下设文书、出纳、事务三个组和库房、医生室。② 1952 年 2 月，西南军政委员会将领导的三所贵州高校，委托贵州省文教厅代管，一切重大人事由贵州省文教厅提出，经西南军政委员会文教部批准执行。③

1950 年 6 月，第一次全国高等教育会议拟订并获中央政务院批准的《高等学校暂行规程》规定，大学及专门学院采取校（院长）负责制，大学设校（院）长 1 人，代表学校并领导校（院）务委员会负责全校（院）一切教学、研究及行政事务，率领全校（院）教师、学生、职员、工警开展政治学习，拥有任免教师、职员、工警和批准校（院）务委员会决议的权力。除校（院）长外，另设副校（院）长协助校（院）长工作，下设教务长、总务长、图书馆馆长或主任负责具体事务，设系及系主任负责具体教学工作，系为教学行政的基层组织。校（院）务委员会负责审查各系及各教研级的教学计划、研究计划和工作报告，审查并通过全校（院）的预决算，审核并通过各种重要的制度及章程，决议有关学生重大奖惩事项，议决全校（院）重大兴革事项。④ 贵州各高校渐次根据国家政策，对高校机构进行改革。1952 年 12 月 22 日，西南军政区文教部正式任命康健为贵阳师范学院院长，12 月 26 日任命赵凤岐为贵州大学校长，军代表指导学校管理形式退出贵州省内高校管理体制。⑤

1952 年 3 月，西北局决定在西北大行政区一级机关总党委下成立高教党委，直接统一领导管理西安附近各高校的政治思想工作，兰州、新疆各院校分别委托甘肃、新疆分局领导，西北局做出“关于加强党对高等学校领导的决定”，中共中央也随即对西北局的决定作出“加强党对高等学校领导”的批示⑥。接着，西南军政区成立高教党委，西南地区各高校成立党的组织机构，领导高校的政治工作。贵州高校的第一个中国共产党党组织——

---

① 贵州省教育厅. 西南区贵州省贵州大学高等学校概况调查［A］. 贵阳：贵州省档案馆（114-1-79）.

② 贵州省教育厅. 西南区贵州省国立贵阳师范学院概况调查表［A］. 贵阳：贵州省档案馆（114-1-79）.

③ 贵州省教育厅. 西南军政文教部、贵州省编委、贵州省文教厅关于各级学校编制、增设杨柳的通知、报告、批文［A］. 贵阳：贵州省档案馆（114-1-164）.

④ 余立. 中国高等教育史（下）［M］. 上海：华东师范大学出版社，1994：30.

⑤ 贵州省教育厅. 西南军政委文教部关于招生任务、学生分科、干部任免的通知、指示、批复［A］. 贵阳：贵州省档案馆（114-1-277）.

⑥ 贵州省教育厅. 西南高教届、中共贵州省委、贵州省教育厅关于学校管理问题的通知、批文、电文［A］. 贵阳：贵州省档案馆（114-1-308）.

贵阳医学院党支部成立。[①] 1952 年 6 月，贵阳师范学院中共党支部成立[②]，标志着党对高校的领导制度在贵州高等教育制度中开始形成。

二、高校院系调整

（一）贵州省高等学校的运转与调整

贵州各高校新的机构组建后，1950 年春季学期，各院校对院系、专业及课程进行了有限范围的调整。

1950 年 6 月初，第一次全国高等教育会议召开，讨论了中国高等教育的方针、建设方向和任务等问题。毛泽东同志出席会议，周恩来同志作了讲话。7 月，中华人民共和国政务院批准了会议提出的《高等学校暂行规程》《专科学校暂行规程》《私立高等学校管理暂行办法》《关于实施高等学校课程改革的决定》，并作出了《关于高校领导关系的决定》和《关于改革学制的决定》等，这为中国教育的整顿改革和发展建设提供了重要的依据。

贵阳师范学院原有教育、国文、外语、数学、史地、理化六个系及体育科，奉令将英语系改为外语系，增设俄文专业；体育童子军科改为两年制体育专修科；新设三年制艺术专修科（设音乐、美术两系）；增设研究院；1951 年，将国文系改名为中国语言文学系。[③]贵阳医学院仍设六年制医科系（有 11 科，共 66 名学生）、五年制药学专修科系（后者实仅有第一届所招四年级一个班学生，仅有 1 名学生）和附设高级护士助产职业学校（有三年制护士助产科，6 名学生）。[④] 贵州大学的政治系和经济系合并为政治经济学系[⑤]，1951 年秋，增设作物病虫害系[⑥]。

1951 年 10 月 1 日，政务院颁布《关于教育改革学制的决定》，把工农速成教育和各级各类业余教育放在同其他各种教育同样的地位，并对专业教育设置作出规定。针对高等教育，专门规定了大学、专门学院、专科学校或专修班，都应招收同等学校的毕业生或具有同等学力者，对入学年龄不作统一规定，以利于工农青年接受高等教育；规定大学与技术高校、专门学院、专科学校和专修班具有相等的地位，皆以适应培养大量国家建设人才

---

① 贵州省教育厅. 西南军政委文教部关于招生任务、学生分科、干部任免的通知、指示、批复［A］. 贵阳：贵州省档案馆（114-1-277）.

② 关于贵州高校中共党组织的建立，《贵州教育史》研究认为，1952 年 8 月，贵阳师范学院的康健、朱石林和在贵阳一中工作的朱彤 3 名党员组建了贵州高校的第一个党小组；9 月，贵阳师范学院学生党员任吉麟和职员党员朱林枫组建了贵州高校第一个中共党支部，属贵州省文教厅党部支领导。本书主要采用档案记载时间，认为贵州高校第一个中共党支部成立时间为 1952 年 6 月。参见：贵州省教育厅. 贵州大学、贵阳医学院教学工作、学生实习工作、学生保健工作的总结、计划［A］. 贵阳：贵州省档案馆（114-1-276）.

③ 贵州省教育厅. 西南区贵州省国立贵阳师范学院概况调查表［A］. 贵阳：贵州省档案馆（114-1-79）；贵州省地方志编纂委员会. 贵州省志·教育［M］. 贵阳：贵州人民出版社，1990：293.

④ 贵州省教育厅. 贵阳市国立贵阳医学院概况调查表［A］. 贵阳：贵州省档案馆（114-1-79）.

⑤ 贵州省教育厅. 西南区贵州省贵州大学高等学校概况调查［A］. 贵阳：贵州省档案馆（114-1-79）.

⑥ 贵州省地方志编纂委员会. 贵州省志·教育［M］. 贵阳：贵州人民出版社，1990：323.

为目标，为国家发展工业、农业、交通运输业、医药和国防等专业教育提供有用的人才；强调高等教育应在全面和普通的文化知识教育的基础上给学生以高级的专门教育，为国家培养急需的建设干部和师资。

1952 年，根据教育部、卫生部拟订的高等院校本科各系教学计划（草案），贵阳医学院制订了新的培养方案，内科学系、外科学系、妇产科学系、小儿科学系改为五年制，耳鼻喉科学系、眼科学系、皮肤花柳科学系和口腔科学系改为四年制。① 贵阳师范学院仍设四年制史地系、数学系、外国语文系，改设两年制专修的教育科、中国语文科、体育科，改设一年制专修的数学科、理化科、体育科、艺术科，并举办一年制艺术专修科和半年制艺术训练班、体育训练班，分别进行招生。② 1952 年，贵阳师范学院于本年度第二学期毕业 38 名学生。③

人民政权接管贵州三大高校后到 1953 年初，由于地方事务繁杂，急需人手，贵州省政府及地方各个机关大量抽调教师到各机构协助处理地方事务，严重影响了高校教育体制的正常运转。1953 年，各高校向贵州省教育厅党组请求不要再从学校抽调政工人员，贵州省教育厅厅长批示“技术人员，即由教育部门自行调整，不再调出”④。

（二）全国高校院系调整

为了使我国的高等教育迅速适应国家经济建设需要，1952 年国家对全国高等院校开始进行全面调整。这次全国大范围的院系调整方针是：“以培养工业建设干部和师资为重点，发展专门学院和专科学校，整顿和加强综合性大学。”原则是：基本取消原有系科庞杂的、不能适应培养国家建设干部需要的旧制大学，改造成为培养目标明确的新制大学；为国家建设所迫切需要的系科专业，予以分别集中或独立，建立新的专门学院，使之在师资、设备上更好地发挥潜力，在培养干部的质量上更符合国家建设需要；将原来设置过多、过散的摊子，予以适当集中，以便整顿；条件太差，一时难以加强，不宜继续办下去的学校，予以撤销或归并。这成为中华人民共和国成立后高等教育长期办学的指导方针和原则。⑤

1952 年，川北大学农艺系调入贵州大学农学艺系。1953 年 3 月 5 日，西南军政区教育局急电令贵州省教育厅和贵州大学必须于当月底完成院系调整工作：贵州大学机械、电讯两个系的学生及 9 名教师调入重庆大学，其余留在贵州大学的教师加入土木、矿冶两个

---

① 贵州省教育厅. 教育部、卫生部颁发高等学校医学院本科各学系教学计划（草案）[A]. 贵阳：贵州省档案馆（144-1-136）.

② 贵州省教育厅. 西南军政委文教部关于招生任务、学生分科、干部任免的通知、指示、批复 [A]. 贵阳：贵州省档案馆（114-1-277）；贵州省地方志编纂委员会. 贵州省志·教育 [M]. 贵阳：贵州人民出版社，1990：293.

③ 贵州省教育厅. 贵阳师范学院 1951 年度第二学期应届毕业生人数统计表 [A]. 贵阳：贵州省档案馆（114-1-173）.

④ 贵州省教育厅. 西南高教届、中共贵州省委、贵州省教育厅关于学校管理问题的通知、批文、电文 [A]. 贵阳：贵州省档案馆（114-1-308）.

⑤ 余立. 中国高等教育史（下）[M]. 上海：华东师范大学出版社，1994：36.

系的教学工作；中文、历史两个系的学生及16名教师并入贵阳师范学院同专业进行教学；外文系学生调入四川大学外文系，留下的教师组织起来学习政治与俄文；政治经济系政治组及法律系学生调到西南政法学院学习；政治企业管理系的学生及6名教师调入四川财经学院；植物保护、农桑化学两个系的学生及3名教师调入西南农学院；农化院2名教师调入四川化工学院。另外，贵州大学农化系三、四年级与土木系四年级学生到云南参加橡胶垦殖勘测工作，结束后与西南农学院学生一道返回西南农学院。

1953年，政务院会议通过的《关于修订高等学校领导关系的规定》指出，全国高校（军事学校除外）实施统一领导，凡高等教育部颁布的有关全国高等教育建设计划、招生任务、基本建设任务、财务计划、财务制度、人事制度、教学大纲、生产实习规程，以及其他重要法规、批示或命令，全国高等学校均应执行。同年，高等教育部下达《关于1953年全国高等学校院系调整计划》，撤销贵州大学，之前调整后余下的工学院（原设有土木工程、机电工程、采矿3个专业和机电专修班）、文理学院（原设有中文、外语、历史、数学、化学、地质6个系）、法商学院（原设有政治经济、法律、工商管理3个系）师生分别调入昆明工学院、云南大学、重庆大学和西南师范学院；农学院病虫害系调入西南农学院，仅留下农艺系师生和部分农化系教师在原校内重组，1954年改建为贵州农学院。

这一时期，贵阳师范学院也进行了院系调整。外语、教育等系的学生被调至西南师范学院、昆明师范学院、成都艺术专科学校；进行内部院系调整，在原理化系、历史系的基础上成立物理、化学、历史、地理4个系，形成中文、俄语、历史、地理、数学、物理、化学7个系和中文、历史、教育、数学、物理、化学、艺术、化育8个专修班。截至1953年9月，全院共有学生979人，其中本科377人、专修科602人。①

第二节　贵州民族高等教育学校的创建与发展

一、贵州民族教育概况

贵州最大的两个特点就是山多、民族多。世代居住在贵州的民族有汉族、苗族、布依族、侗族、土家族、彝族、仡佬族、水族、回族、白族、瑶族、壮族、畲族、毛南族、蒙古族、仫佬族、满族、羌族18个民族，而中国的苗族、布依族、侗族、仡佬族和水族人

---

① 贵州省教育厅．西南高教届、中共贵州省委、贵州省教育厅关于学校管理问题的通知、批文、电文［A］．贵阳：贵州省档案馆（114-1-308）；孔令中．贵州教育史［M］．贵阳：贵州教育出版社，2004：455；《贵州通史》编委会．贵州通史（第5卷）：当代的贵州［M］．北京：当代中国出版社，2001：364-365；贵州省地方志编纂委员会．贵州省志·教育［M］．贵阳：贵州人民出版社，1990：307，323.

口主要居住在贵州，占全国同一民族总人口的50%~98%以上。[①]

贵州历史上曾经历过夜郎等郡国并立、经制州县、羁縻州县与藩国并存、土流合治等几大阶段，但学校教育始终没有在各民族中形成。特别是少数民族群体，长期只有语言而没有文字，教育长期保持着最原始的生产生活活动形成的言传身教形式。

明洪武十五年（1382年）11月，普定军民府知府者额进京面见朱元璋，辞归之时，朱元璋对他说："今尔既还，当谕诸酋长，凡有子弟皆令入国学受业，使知君臣父子之道，礼乐教化之事。他日学成而归，可以变其土俗同于中国，岂不美哉!"[②] 洪武十七年（1384年）七月，普定军民府知府者额，"遣其子吉隆及其营长之子阿黑等十六人入太学"，标志着贵州少数民族土官子弟开始接受高等教育。朱元璋认为，"移风善俗，礼为之本，敷训导民，教为之先，故礼教明于朝廷，而后风化达于四海"，把少数民族首领的子弟纳入太学学习作为"安边之道"，"今西南夷土官各遣子弟来朝，求入太学，因其慕羡"，于是命国子监"时允其请。尔等善为训政，俾有成就，庶不负远人慕远之心"[③]。这种对边疆少数民族的"教化"，客观上促进了贵州少数民族接受学校教育的历史进程。

洪武二十八年（1395年）九月，监察御史裴祖上言："四川贵、播二州，湖广思南、思州宣慰使司及所属安抚司、州、县，贵州都指挥使司，平越、龙里、新添、都匀等卫，平浪等长官司诸种苗蛮，不知王化，宜设儒学使知读书之教，立山川社稷诸坛场，岁时祭祀，使知报本之道。"[④] 这道关于在贵州开设学校教育，以达到少数民族民众"王化"的上书，得到朱元璋的同意，兴起了贵州各地创办学校教育的热潮。以至于到后来，土司子弟要承袭父职之时，都必须经过各级儒学受业，否则"不准承袭"土司之职，成了明清时期的定制。

纵观明清两代在少数民族地区实施的学校教育，存在以下两个方面的特征：第一，除少数民族土司子弟能够进入太学接受高等教育外，能够进入学校接受教育的绝大部分少数民族子弟皆只能接受基本的文化学习。第二，尽管少数民族子弟能够进入学校接受教育，但其所学的主要内容以儒家学说为主，基本忽视了本民族文化的教育。明朝在少数民族地区兴办的"社学"，清朝的"义学"，虽有众多的少数民族"俊秀子弟"，"使之入学，一体科举，一体廪贡，以观上国威仪，俾其渐观礼数"，但皆是以儒家文化来"熏陶"少数民族民众的"性情"，以达到"变化其丑类，彰我朝一统车书之盛"[⑤]，虽然客观上推动了少数民族文化素养的提高，但难以算是真正的民族文化教育。

鸦片战争之后，西方列强打开了中国封禁的大门，外国教会也接踵而来并进入贵州。但由于汉族对其信奉者较少，传教者便把注意力转向少数民族。例如清光绪三十年（1904年），中华基督教循道公会英籍传教士柏格里便到贵州威宁石门坎苗族民众中传教，次年创办教会学校光华小学，免费入学，且首创我国男女同校授课先例。光华小学还先后在石

---

① 贵州省地方志编纂委员会. 贵州省志·民族志［M］. 贵阳：贵州民族出版社，2002：1.

② 贵州民族研究所.《明实录》贵州资料辑录［M］. 贵阳：贵州人民出版社，1983：36.

③ 贵州民族研究所.《明实录》贵州资料辑录［M］. 贵阳：贵州人民出版社，1983：74-75.

④ 贵州民族研究所.《明实录》贵州资料辑录［M］. 贵阳：贵州人民出版社，1983：96.

⑤ 贵州省地方志编纂委员会. 贵州省志·教育［M］. 贵阳：贵州人民出版社，1990：453-454.

门坎各地建立起了众多分校，截至 1915 年，在校学生达 400 多人，皆为苗族。到抗日战争期间，被命名为边疆小学，学校发展到 50 多所，学生 2000 余人。1941 年又创办边疆民族中学。到 1949 年，由光华小学毕业的学生多达数千人，升入华西大学、云南大学、中央政治大学、南京金陵神学院、蒙藏学校等大专院校学生多达 30 多人，成为贵州境内区域人口大学生比例最高的地区，达 5 名/万人。[①] 1949 年，贵州全省大学生在校生占总人口比例也仅为 0.9 名/万人[②]。光绪三十二年（1906 年），中华基督教内地会传教士党居仁到安顺苗区传教，并开办苗民义务学校、乐育高等学校，先后从安顺、织金、大定、水城、纳雍等县招收了一批苗族子弟入学读书学经。同时还在苗族村寨兴办苗族义校，在县城兴办教会学校。其中，等堆学校（后名敬一学校，继名普定东坪乡第二中心学校）成为普定、安顺、平坝、织金等县的苗族文化中心。到 1949 年，从等堆学校毕业的学生达 1000 余人（不完全统计），其间升入大学者达 50 余人，大学毕业者 8 人。[③]随着基督教教会势力的发展，教会学校成为贵州少数民族地区重要的教育机构。

不可否认，基督教教会学校在贵州少数民族地区的兴起和取得的成功，客观上推动了少数民族地区文化事业发展和少数民族文化素养的提高，培养了一大批少数民族知识分子，为中华人民共和国在少数民族地区开展民族教育打下了一定的基础。但是，教会学校实施的同样也不是真正的民族教育。尽管英籍传教士柏格里在石门坎建立学校，为了取得当地苗族民众的信任，改着苗装，学说苗语，与苗族民众同吃同住，并结交当地土司和苗族领袖人物，通过兴建教堂、学校、医院，创制苗族文字（“老苗文”），终于使教会在石门坎苗族地区扎下了根，其目的是为其传教打基础，为西方帝国主义势力在中华大地的殖民扩张打基础。在教会学校中，为培养教会势力，其课堂教学每周必须上 2~3 节神学课，主要学习圣经；到高年级时，还要求学生每周背诵一两段经文；16 岁以上的学生必须参加礼拜。[④] 因此，到民国时期，国民政府一度下令取缔教会学校，教会学校一度被要求改建为边疆学校。但因抗日战争的爆发而未能全面实施。中华人民共和国成立后，这些学校才真正进入了民族教育时代。

国家在贵州少数民族地区尝试兴办民族教育，始于 1936 年贵州教育厅在贵阳高坡、黄平、关岭、荔波、台拱（今台江）、八寨（今丹寨）、水城、威宁、安南（今晴隆）、丹江（今丹寨）、定番（今惠水）、罗甸等少数民族聚居区创办的 12 所省立小学，皆命名为“贵州省××初级小学”。次年，这 12 所小学还得到了爱国华侨胡文虎的资助（胡文虎另还资助创建了 8 所新的民族小学）。贵州省地方人士也纷纷加入捐办民族学校行列，如贵州省立水城小学（今纳雍以角民族小学）。抗战期间，国立贵阳师范学校也兴办过村寨教育实验区和山寨小学，如榕江县车江乡寨头区村寨教育实验区，招收实习班及小学班（复式教学）；国立榕江师范学校也通过节省经费，派出教师开办山寨小学，如第一山寨小学（车寨）、第二山寨小学（月寨）等。同年，国民驻军军长杨森在安顺与苗族知识分子杨庆安等人，组织“安顺苗夷文化促进会”，开办第一、第二、第三共三所中华小学及中正

---

①③ 贵州省地方志编纂委员会. 贵州省志·民族志［M］. 贵阳：贵州民族出版社，2002：80.

② 贵州省统计局. 贵州六十年（1949-2009）［M］. 北京：中国统计出版社，2009：

④ 贵州省地方志编纂委员会. 贵州省志·教育［M］. 贵阳：贵州人民出版社，1990：458.

民众学校，专收少数民族子弟（后因杨森调防，皆停办）。

民国时期尝试兴办的民族教育不仅在少数民族学生入学年龄上放宽到20多岁（已婚者也可入学），而且在教学内容上和教学方法上都有了很大改进。这一时期，除按国家统一的教材进行教学外，还规定必须完成以下教育内容：提高国家观念及中华民族意识；提倡国族同源中心理论；认识与崇敬领袖；发扬本民族固有的勤劳、俭朴、忠勇等性格；去除保守苟安等心理。民族学校各方面的条件一般都比其他学校要好，如校舍较好，学校皆建有围墙和花园，校内开辟有足球、篮球、网球、排球、乒乓球、单双杠、铁饼、跳高、跳远等场地和器材，还有铜鼓、军号、脚踏风琴、留声机等音乐器材。省立民族学校学生皆免交学杂费，并免费发放书籍、笔墨、纸砚和作业本，节假日还免费发放如粽子、月饼及民族节日的特殊食品和糖果等。①

民国以前没有专设的民族中学，只在中等学校有少量少数民族学生。据1950年调查，贵州省中学在校少数民族学生仅为1655人，占中学生总数的14.9%。②

1950年12月9日，贵州省人民政府第八次行政会议通过《贵州省人民政府关于少数民族地区工作的指示》，明确了民族工作的具体任务为："培养少数民族干部""发展文化教育""要求省府各部门、各专署、各县均根据以上各项工作指示，拟订实施具体计划和办法，认真落实"。12月29日，西南军政委员会批准了贵州《关于少数民族地区工作的指示》。依据《指示》精神，1951年贵州省文教厅拨出80万斤粮食，在原各地校舍具备的条件下，办理少数民族地区的初级小学20所，一般每校设4个班，每班50人，可容纳儿童4000人。原少数民族地区地方出资的小学，尽量续办；如本地区已有完小，则在完小内酌设少数民族班次，省里酌情在经费上给予补助；改造少数民族地区的私塾学校，主要是教师的思想改造；改革私塾教学内容，废除四书五经等教学课本。贵州省在1950年年初实际开办了民族小学22所，89个班，学生4186人。至1950年下半年，班级增加到109个，学生5222人。到1952年，民族小学增加到72所，学生人数达25860人。到1956年，民族小学增加到267所（《贵州教育史》记载为775所）；1959年增加到1758所。其他完小也采取优惠措施招收少数民族学生入学，少数民族学生入学人数也从1950年的20101人，至1956年时增加到329422人，占小学总数的22.1%；至1959年时更是增加到560778人，占小学生总数的24.1%。到1980年时，贵州省少数民族小学生入学人数达781355人，1987年增加到1999890人，占学生总数的30.55%。③

随着小学的发展，民族中学也纷纷兴起。1951年初，贵州第一所民族中学——惠水民族中学成立。接着黄平县在瓮谷陇设立黄平中学分校，招收少数民族学生，1951年下半年正式开办黄平民族中学和炉山民族中学。1952年，贵州境内兴建民族中学10所，有46个班；1959年增加到33所。民族学生也从1950年的1655人，增加到1959年的23404人，

---

① 贵州省地方志编纂委员会. 贵州省志·教育［M］. 贵阳：贵州人民出版社，1990：459-461.

② 贵州省地方志编纂委员会. 贵州省志·教育［M］. 贵阳：贵州人民出版社，1990：466；贵州省地方志编纂委员会. 贵州省志·民族志［M］. 贵阳：贵州民族出版社，2002：7.

③ 1956年贵州全省少数民族在校学生数，《贵州民族志》第7页的数据为33.17万人。此处数据以《贵州省志·教育》为准。参见：贵州省地方志编纂委员会. 贵州省志·教育［M］. 贵阳：贵州人民出版社，1990：461-463.

占中学生总数的16.77%。1980年，全省少数民族中学入学人数达139459人，1984年增至161052人，1987年增加到265197人，占比26.7%。①

贵州各地的民族中小学，除了按国家规定的课程实行课堂教学外，还根据各地民族聚居的特点，开设了本民族语言文字的教学，即实行双语教学。这时，除石门坎一带原教会学校创制的一种苗文在威宁等地进行双语教学外，1956年5月27日，国家派出100余人组成的少数民族语文工作队来到贵州，帮助苗族、布依族、侗族、水族创制民族文字。同年6月15日，贵州省民族语文指导委员会成立，并在贵阳召开民族语文工作会议。1956年6月31日和11月4日，国家民委委托贵州省人民委员会分别在贵阳召开苗族语文文字问题讨论会和布依族语文问题科学讨论会。1957年，创制的苗文、布依文和侗文方案报经国务院批准，确定以6个点重点试验，于1957年8月先后开学。1957年9月至10月都匀、毕节、凯里、安顺创办了4所民族语文学校，招收学生400人，其中苗文学员245人，布依文学员155人，培养民族语文干部和师资。20世纪60年代后期曾一度中断，1981年贵州恢复了4个民族7种文字的试点工作。1983年8月16日，贵州省民族事务委员会和教育厅发出《关于在民族学校进行民族语教学实验的通知》，使民族文字的实验推广由农村扫盲进入正规学校教学，由单一的民族语教学发展为汉语和民族语的双语教学。1986年，全省共有3535个班实行双语教学，学生多达12万余人，并发行了民族语文小学课本6种。在推行双语教学的教育过程中，也高度注重民族传统文化、历史及风俗习惯教育，如许多学校都开设了民族政策课，学习民族政策，教育学生反对大汉族主义和狭隘民族主义，开展热爱祖国、热爱家乡以及民族团结的学习教育。在各科教学过程中，结合本民族和地区特点补充有关内容，如历史课讲授本民族和家乡的英雄人物及其历史，地理补充本地区的地理特点和主要物产，语文课讲少数民族生活的作品，音乐学习少数民族的民歌、舞蹈和民族乐器，图画学习少数民族的刺绣、蜡染图案等，体育学习民族传统技巧等。教育学生用科学的、发展变化的观点正确对待少数民族的传统、历史、文化及风俗习惯。同时，尊重民族的宗教信仰，从而保证了民族文化和民族传统的继承和发展，并为越来越多的少数民族子女进入高等学校接受高等教育打下了基础。②

二、贵州民族本科高等院校的创办与发展

少数民族子女进入中学学习的稳步发展，也为民族高等教育学校的创办夯实了基础。但民族教育初兴，真正能够进入高等学校学习的少数民族学生人数实在太少。据统计，1950年就读于贵州省各高等学校的少数民族在校生人数共有21人，1951年为38人，

① 1950~1959年贵州少数民族中学入学学生人数为：1950年1655人，1951年2828人，1952年3812人，1953年3915人，1954年3856人，1955年4304人，1956年7970人（《贵州民族志》为7790人），1957年9791人，1958年15728人，1959年23404人。参见：贵州省地方志编纂委员会．贵州省志·教育［M］．贵阳：贵州人民出版社，1990：466.

② 贵州省地方志编纂委员会．贵州省志·教育［M］．贵阳：贵州人民出版社，1990：463-465.

1952年增加到50人，1953年仅有32人。①。

1951年5月，贵州省人民政府根据政务院《培养少数民族干部试行方案》的规定，创办了贵州民族学院，校址选在贵阳花溪。贵州民族学院主要招收少数民族知识青年，培训少数民族干部，以适应贵州少数民族地区民主改革和实行区域自治对干部的急需。创办后首招普通政治班，主要学习马列主义政治理论和国家的政策法令，学制一年至一年半。1953年开始招收少数民族政策研究班、在职少数民族干部政治班、在职少数民族干部文化班，其目的主要是调训少数民族县、区两级干部。1955年，增设大专预科班。1956年，筹建大学专科。同年，贵州省政府分给贵州民族学院一套由德意志民主共和国赠送的35厘米移动式电影放映机。1957年开办师范艺术专修班。1958年创办民族语文系和艺术系。民族语文系设苗语、布依语、侗语等专业，艺术系设音乐、美术专业。同时继续开办在职干部政治班、文化班和预科班，并增设民族语文班和艺术附中。1951~1958年，贵州民族学院共招收苗族、布依族、侗族、彝族、水族、回族、仡佬族、瑶族、壮族、黎族、满族、白族、土家族、汉族等民族学生4585人，毕业3949人，基本都回到了民族地区工作。全省少数民族学生接受高等教育的在校高校学生比重也从1950年的2%升到1956年的40%。②

为对进入贵州民族院的学生加强民族教育，学院专门编写了一部《伟大的中国》教材，以教育学生热爱社会主义祖国。在教育过程中，通过学习民族理论和民族政策，提高学生的认识，树立正确的民族观；通过各种学习环境，利用各种机会，教育汉族学生克服大汉族主义思想，教育少数民族学生克服狭隘的民族主义观念，提倡民族平等、民族团结友爱，互相尊重，互相帮助；尊重民族风俗习惯和宗教信仰，组织学生开展有意义的活动，照顾民族特点，体贴民族感情，教育学生用科学的观点，正确对待少数民族的风俗习惯和宗教信仰问题。生活上对少数民族学生关心照顾。1951年始招生时，学生在校期间实行供给制，生活费用全部由国家负担，学习两年以上的还发给民族服装。1956年后，实行人民助学金制，每一个少数民族学生皆享受人民助学金。③

1959年，贵州民族学院并入贵州大学。1977年4月，恢复贵州民族学院并招生。至此，贵州民族学院进入快速发展时期。2004年，贵州民族学院法学院开始与西南政法大学联合培养刑法学硕士研究生。2006年，经国务院学位委员会第22次会议批准，贵州民族学院成为全国第十批新增硕士学位授予单位，刑法学、经济法学、社会学（含应用社会学、社会治理与社会政策、人类学、民俗学、旅游人类学五个二级学科硕士点）、民族学、中国少数民族语言文学（壮侗语族、苗瑶语族）、概率论与数理统计6个学科、专业拥有硕士研究生教育及硕士学位授予资格。④ 2012年，贵州民族学院更名为贵州民族大学。同

---

① 贵州省教育厅. 贵州省教育厅1953年民族教育工作报告［A］. 贵阳：贵州省档案馆（114-1-426）.

② 贵州省地方志编纂委员会. 贵州省志·教育［M］. 贵阳：贵州人民出版社，1990：473；孔令中. 贵州教育史［M］. 贵阳：贵州教育出版社，2004：469-270.

③ 孔令中. 贵州教育史［M］. 贵阳：贵州教育出版社，2004：469-270；贵州省地方志编纂委员会. 贵州省志·教育［M］. 贵阳：贵州人民出版社，1990：638-639.

④ 罗梅. 获6个专业硕士学位授予权 贵州民族学院办学层次实现新飞跃［EB/OL］.［2006-04-07］. http://news.sohu.com/20060407/n242684679.shtml.

年，获批西南民族地区社会管理博士特殊需求人才培养项目授予权（翌年招生），实现了贵州法学博士研究生招收“零”的突破。2014 年，贵州民族学院外国语学院跨文化交际与翻译（二级学科）、工程硕士（环境工程）、民族法学、社会工作、传媒法学、新闻与传播、艺术新增为硕士学位授权点①；民族学被列为博士建设点。贵州民族学院硕士研究生和博士研究生学位授予权的获得，标志着贵州民族学院民族高等教育层次全面形成。

截至 2019 年，贵州民族学院开设本科专业 74 个；拥有一级学科学术型硕士学位授权点 10 个，专业学位硕士点 17 个，服务国家特殊需求博士项目 1 个；以人文科学、社会科学、工学为主要学科，成为经济学、法学、教育学、文学、历史学、理学、工学、管理学、艺术学 9 个学科相互支撑、协调发展的综合性大学；成为贵州省以本科教育为主体，研究生教育、预科教育、继续教育协调发展的民族高等教育院校。

2000 年 3 月 28 日，黔南民族师范专科学校、黔南教育学院、都匀民族师范学校，经国家教育部和贵州省人民政府批准合并成立普通高等本科层次的民族师范学院——黔南民族师范学院。截至 2019 年，黔南民族师范学院形成以师范性、民族性、地方性、应用型四大特色统筹兼顾，协调发展的；从研究生、本科、少数民族预科、专科、留学生等分层次、分类型教育的；拥有文学与传媒学院、数学与统计学院、计算机与信息学院、教育科学学院等 17 个二级学院和教学单位，开设出 10 个教育硕士招生专业方向，51 个本科专业，隶属于文学、理学、教育学、法学、经济学、历史学、管理学、工学、艺术学、农学等十大学科门类的集实用性、多功能性、民族性与现代化特色于一体的高等院校。

2009 年 3 月，黔西南民族师范高等专科学校正式升格为全日制本科院校，更名为兴义民族师范学院。2019 年，开始与宁波大学、贵州师范大学联合培养研究生并招生。截至 2019 年，学校设 14 个二级学院，开设出 41 个本科专业、7 个专科专业和 1 个少数民族双语预科班，涵盖法学、教育学、文学、历史学、理学、工学、管理学、艺术学和农学 9 大学科门类民族高等师范院校。

三、民族高等专科（职业）学校的创建与发展

1978 年 4 月，国务院正式批准成立黔东南民族师范专科学校、黔南民族师范专科、黔西南民族师范学校三所民族师范专科学校。截至 1987 年，黔东南民族师范专科学校设有政治教育、中文、英语、音乐、美术、数学、物理、化学八个专业，学制三年，并设有预科、民族教育研究所和附属中学；黔南民族师范专科设有中文、数学、物理、化学、英语、政史六个专业，学制三年，另设有二年制党政干部专修班和民族预科班和附属小学；黔西南民族师范学校设有政史、中文、英语、数学、物理、化学、体育七个专业，学制三年，也设有民族预科班。

1983 年，贵阳医学院、贵阳师范学院开办民族预科班。1984 年贵州民族学院恢复开办民族预科班。皆择优录取边远贫困地区的少数民族考生，经一年补习，考试合格后直接

① 《贵州年鉴》编辑部. 贵州年鉴（2015）［M］. 贵阳：贵州年鉴社，2015：429.

升入有关专业学习。黔东南民族师范专科学校的民族预科班学生，全部享受人民助学金，经一年的高中课程补习后，还可报考对口的高等院校；未录取的继续补习一年，再落选者回原籍安排工作，享受中专毕业待遇。

1986 年，黔南民族医药专科学校成立，首次招生 159 人。截至 2019 年，学校成为教育部、卫生部首批“卓越医生教育培养计划”改革试点院校，“国家国防教育特色学校”、国家“节约型公共机构示范单位”、贵州省民族地区基层农村卫生健康人才基地、贵州省民族团结创建示范单位、贵州省安全文明校园和节水型学校。黔南民族医药专科学院设置有医学系、护理系、药学系、医学检验系、医学影像系、社会科学教学部、基础医学部、公共课教学部、高等职业教育与成人继续教育部、两所三甲附属医院（黔南州人民医院和黔南州中医医院）、临床技能实训中心、黔南民族卫校、国家 106 职业鉴定站；开设了临床医学、口腔医学、中医学、护理、助产、药学、中药学、药品生产技术、医学检验技术、医学影像技术、口腔医学技术、药品经营与管理、中医康复技术、护理（中医护理方向）等 16 个专科、中职职业、成人继续教育专业和专业方向的集民族性、区域性和现代性于一体的高等教育院校。

2001 年，贵州省黔东南民族农业学校、黔东南苗族侗族自治州卫生学校（国家级重点中专）、黔东南苗族侗族自治州财贸学校、黔东南苗族侗族自治州民族林业学校四校合并升格组建全日制普通高等职业专科学校——黔东南民族职业技术学院。截至 2019 年，黔东南民族职业技术学院设置 10 个系，开设出生物与环境工程系：园艺技术、农产品加工与质量检测、林业技术、园林技术、畜牧兽医；建筑工程系：建筑工程技术、工程造价、建筑装饰工程技术；物联网技术系：物联网应用技术、电子信息工程技术、计算机应用技术、汽车检测与维修技术、汽车营销与服务、移动互联应用技术；旅游与商务管理系：旅游管理、酒店管理、电子商务、烹调工艺与营养、学前教育；民族文化创意产业系（民艺学院）：服装设计与工艺、工艺美术品设计；财经系：财务管理、会计、审计；临床医学系：临床医学（含定向培养）、康复治疗技术、医学影像技术；口腔医学系：口腔医学、口腔医学技术；护理系：护理、助产；医药技术系：药学、医学检验技术、食品加工技术、药品生产技术 36 个高职专业招生，成为集职业性、民族性、综合性、应用型、开放型、创新型于一体的高等职业院校。

2001 年 8 月，经贵州省政府批准，黔南民族行政管理学校（国家级重点中专）、黔南民族财政学校（省级重点中专）、黔南民族农业学校、黔南民族工业学校四所中专学校合并升格组建综合性全日制高等职业院校——黔南民族职业技术学院。截至 2019 年，黔南民族职业技术学院形成设有管理系、会计系、大数据与电子商务系（黔南互联网营销学院）、现代山地农业工程系、汽车工程系、旅游与茶产业系（都匀毛尖茶学院）、建筑工程与设计系等专业院系，开设会计、财务管理、建筑工程技术、建筑室内设计、大数据技术与应用、电子商务、汽车检测与维修技术、新能源汽车技术、旅游管理、人力资源管理、畜牧兽医、农产品加工与质量检测等 28 个专业，承担着贵州省外派劳务培训、全省第一批“八大员”培训、贵州省文化厅批准的“都匀毛尖茶手工茶制作”非遗传承人培训、黔南会计电算化人员培训、黔南电子商务人员培训、黔南直招士官培养任务的集红色文化传承育人、职业技能操守育人、传统文化滋养育人、民族文化和谐育人、军旅文化纪律育人、生态文化山水育人、典型事迹引导育人，开展高、中等职业技术学历教育，同时举办成人教育与职业技能培训的民族职业高等院校。

2004 年 1 月，经贵州省政府批准，黔西南州农业学校、水电学校、农机化学校、财贸学校、卫生学校五所中专学校合并升格组建全日制普通高等职业学院——黔西南民族职业技术学院。截至 2019 年，学校形成设置有生物工程系、机械与电子工程系、水利电力工程系、商务系、医药系、护理系、保安系、山地旅游系八个教学系及继续教育培训部、黔西南民族中等职业学校，开出了畜牧兽医、计算机网络技术、电力系统自动化技术、会计、药学、护理等 23 个高职专业的凸显出高、中职教育、成人教育、技师教育，技能、行业、农村劳动力培训等协调发展的技术型、技能型人才培养的民族性与现代化高度结合的高等职业教育院校。

2014 年 3 月，经贵州省政府批准，贵定师范学校升格组建成立全日制公办普通高等专科学校——黔南民族幼儿师范高等专科学校。截至 2019 年，学校形成了设置有学前教育系、基础教育系、艺术系、体育健康管理系、公共课教学部、中专部（贵定师范）六个教学单位；开设出早期教育、学前教育、语文教育、数学教育、英语教育、体育教育、旅游管理、音乐教育、美术教育、美术、舞蹈表演、音乐表演等十余个三年制专科专业，学前教育一个五年制专科专业，学前教育一个中专专业的，以教育育人、管理育人、实践育人为宗旨的培养合格中小学、幼儿园教师的，集民族性、现代性于一体的高职职业院校。

四、贵州民族高等教育发展的阶段性标志

世居贵州的 18 个少数民族，民族语言各异，相互交流都存在很大的困难。少数民族的文化教育程度相对不高，进入学校享受文化学习的机会较少，明清时期兴起的学校教育皆是以儒家文化来“熏陶”少数民族民众的“性情”，以利于统治而非民族繁荣进步，虽然客观上推动了少数民族文化的提高，但不能算是真正的民族教育。基督教教会学校在贵州少数民族地区兴办学校教育，客观上推动了少数民族地区文化事业发展和少数民族文化素养的提高，培养了一批少数民族知识分子，为中华人民共和国在少数民族地区开展民族教育打下了一定的基础。但教会学校同样也不是真正的民族教育，其目的更是别有用心。中华人民共和国成立后，在中国共产党的领导下，贵州少数民族民族教育进入了兴盛时期，特别是改革开放后，贵州全境不仅全面实行了义务教育，而且民族高等教育也得到了切实的推行和发展。

1950 年，贵州民族学院成立，标志着贵州民族高等教育的兴起。

改革开放后，黔东南民族师范专科学校、黔南民族师范专科、黔西南民族师范学校和黔南民族医药专科学校成立，标志着贵州民族高等教育从单一的培养民族干部向普及少数民族文化和改变少数民族缺医少药现状转变。

2000 年黔南民族师范学院和 2009 年兴义民族师范学院成立标志着贵州民族教育从普及民族文化向提高少数民族文化转变。

成立于 21 世纪的黔南民族职业技术学院、黔东南民族职业技术学院、黔西南民族职业技术学院标志着贵州民族教育从提升少数民族文化向全面提升少数民族职业技术转变，是少数民族从传统职业方向转变到现代高科技职业领域的重要节点。

2014 年黔南民族幼儿师范高等专科学校的成立，以及贵州民族学院、黔南民族师范学院和兴义民族师范学院博士、硕士研究生的全面开招（或联合培养），标志着贵州民族教育正式完整地构建起了幼儿教育、小学教育、中学教育、专科教育、本科教育、研究生教育的民族教育体系。

第三节　贵州工学院的创办

一、创办贵州工学院的时机

1957 年，毛泽东提出："我们的教育方针，应该使受教育者，在德育、智育、体育几方面都得到发展，成为有社会主义觉悟的有文化的劳动者。"

1958 年 5 月，中共第八次全国代表大会通过了"鼓足干劲、力争上游、多快好省地建设社会主义"的总路线。同年 8 月，中共中央政治局召开扩大会议，决定在农村建立"人民公社"，会后仅一个多月时间，就基本实现了扩大农村的"人民公社化"。为了贯彻执行毛泽东提出的教育方针，全国各地都加快了探索社会主义教育发展的道路，教育"大跃进"局面形成。

贵州教育战线上广大干部和老师，群情振奋、干劲十足，在这教育"大跃进"运动中，以"尽快改变贵州'一穷二白'的面貌"为口号，不顾教育的发展规律，透支国民经济能力，同时采用高指标，甚至虚报浮夸式兴办了过多不符合省情的学校。但其中也有不少学校是贵州经济建设所必需的，并为后来贵州的各项事业做出了贡献。其中最突出的就是贵州工学院。

1958 年 1 月 7 日，贵州省人民委员会在给国务院的报告中提出：为了适应贵州省今后工农业生产建设事业发展的需要，加速对高级人才的培养，提出贵州将在第二个五年计划期间新建贵州工学院。同年 3 月，中共贵州省委书记周林在中共中央召开的成都会议上，汇报说"贵州资源丰富，科学技术落后，是全国现有几个未办工科大学的省份之一，急需创办一所工学院，培养贵州急需的工程技术人才"。中央领导人表示赞同。

这样，在"大跃进"中，贵州本着自力更生、勤俭建校的原则，在极为艰难的条件下，不仅重新办起了贵州大学，而且新建了数十所高等院校，其中贵州工学院更是发展成为贵州最重要的工业人才培养基地。①

---

① 孔令中. 贵州教育史 [M]. 贵阳：贵州教育出版社，2004：473，480.

二、贵州工学院的创建

1958年3月19日，贵州省人民委员会第二十九次会议决定，成立贵州工学院筹备委员会。筹备委员会由秦天真担任筹备委员会主任，立即开始筹备工作。贵州省政府将湘雅村原贵阳医学院旧校舍拨给贵州工学院作为临时校舍，选定贵阳市西南郊蔡家关作为永久校址。①

在筹备过程中，为解决师资问题，贵州省委行文各直厅局和各高等学校，要“不惜血本抽调较好的教学和行政工作人员大力支援工学院”，一个月内完成了从贵阳师范学院、贵州农学院和贵州省教师进修学校10余名教授、讲师和助教的调动工作。同时与重庆大学、重庆建筑工程学院、成都工学院、四川大学、昆明工学院等洽谈商调教师，也得到了支持和帮助，但这些学校提出了一个条件，即要搭配“右派”。时任筹备主任秦天真明确回答：“只要是可以上课的、有本事的教授，‘右派’也要。”这样一次性从这些院校选调了化工、机械、电机、采矿、建筑、水利等专业和数学等二三十名教授、副教授，还有一批讲师、助教，其中多数皆是“右派”甚或“极右派”。这期间，教育部也在全国部分重点高等院校的毕业生中分配了52名毕业生，支援贵州工学院。北京矿业学院、昆明工学院也选派了几名教师到贵州工学院工作。贵州工学院云集了如地质工程师罗绳武、交通工程师熊胤笃、水电工程师陈梦麟、矿山工程师汪福涛、原贵州省工业研究所副所长葛天回教授，以及苏麟江、朱学范和水利工程方面的王毓泰，地质学方面的高平、周德忠，物理学方面的熊其仁，化工方面的胡嗣仁等著名教授，成立了地质、采矿、冶金、机电、化工、土建6个系12个专业，学制四年。

1958年9月，贵州工学院首届招生，入学新生720名。贵州工学院当年筹办，当年招生、上课，也符合了当时“大跃进”的形势。1959年，增设铁道系；形成了一支229人的教职工队伍（其中教师127人）。

贵州工学院开学后第三天，即1958年9月19日，中共中央、国务院发布关于教育工作的指示，提出“教育为无产阶级政治服务，教育与生产劳动相结合”的方针，并提出，为了实现这个方针，教育必须由党来领导。同年，贵州工学院党委正式成立，贵州工学院实行党委领导下的院务委员会负责制，秦天真任院长和党委书记。

秦天真在全校“建校劳动誓师大会”动员讲话中强调：“要自力更生建校，开展教育大革命，走教学、科研、生产劳动三结合的道路。”这个办学方向得到了时任教育部部长杨秀峰的肯定。经过全校师生三年的努力，蔡家关新校园建设初具规模，两幢各5200平方米的学生宿舍、两幢各2000平方米的教师宿舍建了起来，师生还参加了建筑公司承建的两幢教学楼、学生大饭厅、教职工饭厅、实验工厂、图书馆、运动场、游泳池、路道等的建设。这期间，教学与科研工作也取得了一定的成果，学生成绩良好率达70%以上，并

---

① 贵州省地方志编纂委员会. 贵州省志·教育［M］. 贵阳：贵州人民出版社，1990：473；孔令中. 贵州教育史［M］. 贵阳：贵州教育出版社，2004：325.

做出了一批重要的科研成果。1959年3月，全院上报并被列入省科研项目达56项，其中“贵州古地理编制图”等被列为贵州省重点科研项目。

1960年11月30日《人民日报》发表《贵州工学院创业记》，12月1日《光明日报》发表《艰苦奋斗，勇破难关——贵州工学院创建家业》的专访报道，还刊发《新建高等学校完全能够大搞科学研究》的社论，肯定了贵州工学院在特别艰苦条件下的创业精神和实行两个“三结合”的实践经验，对贵州工学院的发展与改革起到了积极作用。贵州工学院的创业精神也激励着其自身的发展，使其发展成为贵州省重点工业大学，同时为贵州的建设培养了一大批人才。

1961年，机电系分为机械和电机两个系，土建系停止招生。同年，贵州机械学院和贵州省地质、交通、水利、城建等学校的大专部分并入贵州工学院。①

第四节　“大跃进”中的高等专科学校

一、本科院校专科班与贵州高等专科学校12年规划

早在1952年11月，贵阳师范学院就提出了在学校开办的艺术科基础上筹办贵州艺术专科学校的初步计划。② 为了加快人才培养，适应社会经济发展的需求，贵阳师范学院不仅招收本科学生，而且一开始就专门招收专科班，设某某科，以急国家发展之所需。到1956年，贵阳师范学院就已经形成较为完整的专科教学体系，设有中语科、历史科、地理科、数学科、物理科、化学科、体育科、音乐科、图画科等专业班，有在校专科学生435人。同年，贵阳师范学院规划到1962年或1963年时专科学生数要达到5400人。③

1956年，应贵州省政府和贵州省教育厅的要求，为保障贵州建设发展和人才储备的需要，贵阳师范学院负责规划了《贵州省现有高师及今后十二年内新建高师规划》，除原有的贵阳师范学院于当年增设生物科外的，计划在全省于1959年设置遵义师范学院；1965年设置都匀师范专科学院和贵阳体育师范学校；1966年设置镇远（或铜仁）师范专科学校。这些学校计划设置语文、历史、数学、物理科等专业学科。

贵州农学院当时只有一个专业，即农学系专业，有学生301人。规划到1963年时，增设畜牧学系、农经学系、造林专业、植物保护专业、兽医专业、土壤优化专业、果树蔬

① 孔令中. 贵州教育史［M］. 贵阳：贵州教育出版社，2004：473，481-484；贵州省地方志编纂委员会. 贵州省志·教育［M］. 贵阳：贵州人民出版社，1990：325-326.

② 贵州省教育厅. 贵阳师范学院年终总结及筹办艺术专科学校的初步计划［A］. 贵阳：贵州省档案馆（114-1-170）.

③ 贵州省教育厅. 贵阳师范学院、贵州农学院、贵州民族学院关于教学改革的工作规划和教育事业规划［A］. 贵阳：贵州省档案馆（8-1-7）.

菜专业8个专业，并同时开设农学、农经、畜牧、造林函授学习部和特别农学班，每年增设一个。

贵州民族学院制订的《贵州民族学院十二年教育事业规划（1956-1967）草案》计划在第二、第三个五年计划中，开办本科系，使其从干部培训“逐步过渡到正规化的兄弟民族的高等学院”。1956年，贵州民族学院试办预科，招生80名，学制两年，计划毕业后升入本科学习，“争取到1960年时本科解决生源问题，停招预科”。①

这些规划比较切合贵州当时经济发展的趋势，布局也较合理。

1956年，贵州工业厅创办第一所成人高等学校——贵州省职工高等学校，后改名为贵阳业余工学院，由贵州省教育厅领导，其招生工作每年经报批后单独进行，学员由主办单位选拔推荐。

二、专科学校的涌现

自“鼓足干劲，力争上游，多快好省地建设社会主义”全国总路线提出后，1958年9月，中共中央、国务院发布《关于教育工作的指示》，提出，国家办学与厂矿、企业、农业合作社并举，全日制教育与半工半读、业余教育并举，免费教育与不免费教育并举等方针。在这样的历史背景下，贵州出现了地区、部门、厂矿企业大办高等教育的“教育革命”浪潮。

到1958年底，贵州不仅重新开办了综合性大学贵州大学、贵州唯一的工业人才培养基地贵州工学院，以及贵州财经学院等本科院校，而且还成立了30余所高等专科学校和2个专科班，使贵州高校数量从原来的3所增加到近40所，在校学生也由上年的3642人增加到6939人，教职工由上年的1267人增加到2489人，学生数与教职工数都比上年增加近一倍。②

1958年，贵阳体育专科学校提前成立并正式招生，开启了贵州高等教育专科学校成立的大门。不久，黔南自治州高等专科学校成立，其工业专科4个专业在全省招收学员300名，农业专科2个专业招收150名学生。③ 安顺医学专科学校在全省招收50名新生，修业2年④。同年，兴仁县与兴义县合办了1所师范专科学校，有学生37人。

贵州各地、州、市以及省级各部门、企业、厂矿兴办的各类专科学校纷纷成立，其中专科学校除前文所列学校外，还有：贵阳师范专科学校、贵州省建筑工程专科学校、贵阳水电专科学校、贵阳林业专科学校、贵阳畜牧兽医专科学校、贵阳农业专科学校、贵阳财经专科学校、贵阳医学专科学校、贵州机械学院（1959年成立，后更名为贵阳业余工学院、贵阳工业专科学校）、贵阳铁道学院、贵阳工业学校附设专科班、贵阳农业专科班、

---

① 贵州省教育厅. 贵阳师范学院、贵州农学院、贵州民族学院关于教学改革的工作规划和教育事业规划［A］. 贵阳：贵州省档案馆（8-1-7）.

② 孔令中. 贵州教育史［M］. 贵阳：贵州教育出版社，2004：473，479.

③ 贵州省招收考试院. 贵州教育考试史［M］. 贵阳：贵州教育出版社，2012：249，251.

④ 贵州省招收考试院. 贵州教育考试史［M］. 贵阳：贵州教育出版社，2012：249，250.

遵义师范专科学校、遵义医学专科学校、遵义农业专科学校、遵义工业专科学校、遵义财经专科学校、都匀师范专科学校（后更名为黔南民族师范专科学校）、安顺师范专科学校、安顺农业专科学校、毕节师范专科学校、铜仁师范专科学校、铜仁专区医学专科学校、黔东南师范专科学校、黔南州高等专科学校、镇远师专、黔东南大学。

1959年，贵州省根据教育部《关于1959年高等学校招考新生的规定》及贵州省委的指示，制定了《贵州省1959年高等学校招生简章》，除本科外，专科招生的学校有：贵阳体育专科学校体育专业招50人，贵阳工业学校附设专科班电机科招50人，贵阳师范专科学校数理和文史两科各招25人，遵义师范专科学校文史科招50人，安顺师范专科学校、铜仁师范专科学校和黔东南师范专科学校各招50人，毕节师范专科学校数理科招50人，黔南师范专科学校文史科招50人。为解决中小学师资问题，铜仁师范专科学校还开办了一年制教师进修班，1959年在铜仁专署区招收新生100名。当年贵州省招录高等院校学生达3500人（其中100人为省外各高校录取）。同年成立并招生的专科学校还有：贵州水利电力学院（后更名为贵州水利电力专科学校）。

这一时期各类学校皆出现了只讲数量、不讲质量的做法，同时导致了学制的混乱。尤为严重的是，当时还出现了学生自己编著教材自己用，考试是学生以小组讨论的形式进行，最后由学生来评定最后成绩，导致考试制度的混乱、教育质量的低下，严重影响了贵州教育的正常发展。①

1959年5月，贵州省教育厅发布《关于整顿我省新建高等学校的意见》，提出：第一，大专学校应有一定的规格，招收新生应具有高中文化水平。第二，现有大专学校中，不够高中文化水平的学生应分别处理：只有初中文化的，可在原校附设中等专业学校（班）学习或者转入当地中等专业学校、普通中学学习；只有高小文化水平的，可在原校附设初级职业学校学习。第三，如学校无法开班则可转入当地其他专科学校学习，或委托外地同类性质的专科学校代训。第四，省级各部门兴办的大专学校请省委各主管部门负责整顿，各地区兴办的大专学校由各地、州、市委负责整顿，并要求经过这次整顿后，所培养的学生应符合国家规格的人才。还特别提出：医专实行三年制，工专、农专实行两年制，师专一般实行两年制（少数班次也可实行一年制）；大专学校一般应为全日制，个别工专、农专如果实行半日制，则应将学习期延长到三年；各专科学校应执行国家规定的教学计划，教材要相当于大专学校水平；一年制师专的课程，应以研究初中教材、教法为主，并注意适当提高；各大专学校应采取有效措施，积极配备、培养、提高师资，改善教学设备，加强基本建设，努力创造条件，提高教学质量。

1959年6月25日，贵州省委、省人委下发《关于整顿1958年省级各部门和各专、州、市新建高等学校的通知》，决定贵州省建筑工程专科学校、贵阳水电专科学校、贵阳林业专科学校、贵阳畜牧兽医专科学校、贵阳农业专科学校于当年一律停办；贵阳财经专科学校改办为中等专科学校，更名为贵阳财贸学校。1959年8月，贵州省人大常委会批转省高教委员会、省教育厅《〈关于整顿各地和省级各部门所办高等学校的意见〉的报告》，

---

① 贵州省招收考试院. 贵州教育考试史［M］. 贵阳：贵州教育出版社，2012：249，252-253，255.

决定：贵州政法学院暂不对外招生；贵州财经学院、贵阳体育专科学校，各专、州、市所办的师范专科学校，即贵阳师范专科学校、遵义师范专科学校、铜仁师范专科学校、都匀师范专科学校、镇远师范专科学校、毕业师范专科学校、安顺师范专科学校，一律保留；贵阳工业学校改建为贵阳工业专科学校，贵阳医学专科学校并入遵义医学专科学校，贵阳农业专科班并入遵义农业专科学校；其他各地区、各部门所办的专科学校或专科班一律停办。这样，贵州在“教育革命”的“大跃进”中仓促兴办的高等专科学校，减少了22所，只保留了15所和两个专科班。

1960年，贵州省又新成立了贵州冶金职业技术学院（后更名为贵州理工职业技术学院）、贵州煤炭工业学院、贵州地质学院三个专科学校。

三、专科学校的归宿

1959年，贵阳财经专科学校改建为贵阳财贸学校；贵阳农业专科班并入遵义农业专科学校；贵阳林业专科学校、贵阳畜牧兽医专科学校、贵阳水电专科学校、贵州省建筑工程专科学校停办；铜仁专区医学专科学校被撤销；1959年，遵义工业专科学校（部分资源）并入贵阳工业专科学校后被撤销；贵阳师范专科学校创建后不久（约1959年）停办。

1961年，遵义师范专科学校、都匀师范专科学校、黔东南师范专科学校、黔南州高等专科学校皆改建为本地区中学教师进修学校；遵义农业专科学校、遵义财经专科学校、贵州冶金职业技术学院（贵州理工职业技术学院）、贵州煤炭工业学院（1960年北京煤炭工业学院中专部水文地质、钻探工程专业并入贵州省煤矿学校创建贵州煤炭工业学院）停办；贵阳工业学校附设专科班被撤销；贵州地质学院、贵阳铁道学院并入贵州工学院；贵阳体育专科学校并入贵阳师范学院；贵州水利电力学院部分专业改建为贵州省水利电力学校，部分专业并入贵州工学院。

1962年，毕节师范专科学校、铜仁师范专科学校改建为本地区中学教师进修学校，安顺师范专科学校停办。1963年，遵义医学专科学校被撤销。

1956年贵阳业余工学院创建；1958年贵阳业余工学院并入贵阳工业学校，升格为贵阳工业专科学校；1958年贵阳工业学校升格为贵阳工业专科学校；1959年黔东南大学（1958年建）工业专科的建筑、化工和机械3个科，以及遵义工业专科学校（1958年建）部分资源并入贵阳工业专科学校；1960年贵阳工业专科学校（合成石油、合成氨二年制专科）并入贵州工学院；1961年贵州机械学院并入贵州工学院。

1958年黔东南大学创建。1959年改建为黔东南师范专科学校（原黔东南大学工业专科建筑、化工和机械3个科并入贵阳工业专科学校；原黔东南大学医专医疗科部分专业并入黔东南卫生学校；黔东南大学医专医疗科部分专业并入遵义医学专科学校）；1961年改建为黔东南苗族侗族自治州中学教师进修学校。

1956年贵州职工高等工业学校创建，1958年升格为贵阳业余工学院，1964年贵阳业余工学院中文专业并入贵州省函授学院，1970年撤销。

1958年贵阳医学专科学校创建。1954年秋，为适应工农业发展对卫生教育的需要，将贵州省卫生学校医士科分出，在市东路建立贵阳医士学校。1958 年，贵阳医士学校改为贵阳医学专科学校，其中公卫医士、医士专业的学生转到第二卫校，有部分中专学生下放到各地区卫校。1961 年，撤销专科建制。①

1961 年，中共贵州省委和贵州省人委召开全省教育工作会议，对全省各级各类教育事业进行调整。1962 年 7 月，中共贵州省委批转贵州省教育厅党组《关于进一步调整教育事业和精简学校教职工的方案》，方案中对不够条件的中专戴帽升格为大专的，一律恢复中专；各地、州、市新办师专停止招生，办到学生毕业为止；其他新办专科学校进行合并。全省高校于 1962 年被压缩为 5 所，仅保留了贵州大学、贵阳师范学院、贵州工学院、贵州农学院、贵阳医学院 5 所高校。② 专科学校昙花一现，匆匆退场。

第五节　贵州八大院校与大连医学院迁入遵义

一、贵州八大院校

（一）贵阳师范学院

中华人民共和国成立初期，贵州的 3 所高等学校，有 6 个院、23 个系和 3 个科，不设专业。有计划地按专业培养人才，全国是从 1952 年开始的。根据国家建设对人才的需要，按照贵州的实际情况，结合学校师资、设备等条件设置了专业。

贵阳师范学院创建于 1941 年，是当时全国八所国立师范学院之一。1953 年，贵阳师范学院设置的专业有：中文、历史、数学、物理、化学、外语、地理 7 个系 7 个专业。另设中文、历史、数学、物理、化学、教育、艺术、体育 8 个专科。1954 年停办教育科，增设地理科。1955 年停办历史科和物理科。1956 年停办化学科，增设生物科，并将艺术科调到贵州民族学院。1957 年停办中文科、数学科、地理科。1958 年生物科改为生物系，并将体育科单独成立为贵阳体育专科学校。1960 年增设政教系，招收四年制本科和一年制专科各一个班。是年，创办函授师范学院，开设语文、数学、物理、化学 4 个专业，当年招生 300 名，学制四年。1962 年，贵阳体育专科学校整体并回贵阳师范学院体育系。1965 年，师院有汉语言文学、历史、数学、物理、化学、地理、生物、政治教育、体育、俄语 10 个专业。1977 年恢复本科四年制招生。

贵阳师范学院除了教学场地和楼堂馆所外，在中华人民共和国成立后，一些必备的教学设备也在不断增加。

---

① 贵阳护理职业学院历史沿革，参见：http：//www. gynvc. edu. cn/xygk/yg. htm.

② 贵州省地方志编纂委员会. 贵州省志 · 教育 ［M］. 贵阳：贵州人民出版社，1990：308-309.

1950年，贵阳师范学院外语系开始在教学中使用音响设备；艺术系成立时，音乐专业在教学中曾用手摇唱机（留声机）上课。1952年，贵阳师范学院艺术系购进第一台雅西卡120照相机，首用于台江县参加苗族节日活动，搜集苗族服饰、衣纹图案等，同时也用于教学。1953年，学院又购进德国蔡司厂生产的禄来考德双镜头120照相机，物理系、地理系从上海购置实物反射式幻灯机、反射透射两用幻灯机，艺术科美术专业购进苏制135反射幻灯机和世界名画、风景、历史人物等方面的玻璃质幻灯片用于教学。1954年，音乐专业购进美制组合电唱机和钢丝录音机；1955年地理系购进捷克式135莱卡相机，专为学生野外实习和《地理教具制作和地理摄影》课使用，后120、135各型相机增加到七八台；同年，艺术系还购进苏联、捷克的密纹唱片和三速电唱机，用于教学和名家作品欣赏。1956年，贵州省政府分给贵阳师范学院一套由德意志民主共和国赠送的35厘米移动式电影放映机。1959年，外语系组建语音室一间，先后设兼职管理员及专职教辅员各一人，开始电化教学。当时语音室的设备有：留声机6台，电唱机2台，幻灯机1台，扩大机2台及俄语唱片、录音带等。

在“文革”期间，贵阳师范学院的师生仍翻山越岭，到农村、工厂进行社会调查，为办好学院搜集各种资料。地理系部分师生和贵州农学院林学系一起，对毕业地区、黔南自治州进行科学考察，写出了一批科学考察报告。生物系部分师生为了编写《贵州动物志》和《贵州植物志》，也进行了大量的调查研究工作，完成了《贵州省兽类名录》《梵净山地区中、大型兽类调查报告》《松桃、江口、印江三县兽类资源的评价及其利用》等论文。①

（二）贵州农学院

贵州农学院的前身是1941年成立的国立贵州农工学院，当时设有农林、农化、农经、土木、矿冶、机电6个系。1942年改建为国立贵州大学，增设文理、法商两个学院。1943年，贵州大学农工学院分置为农学院和工学院。1950年秋，贵州大学农学院增设病虫害系。1952年，川北大学农艺系调入贵州大学农学院农艺系。1953年全国院系调整，贵州大学被撤销。原贵州大学文理学院，法商学院、工学院分别调入贵阳师范学院、云南大学、昆明工学院、重庆大学、四川大学、西南政法学院、四川财经学院等学校；农学院的农经系、农化系、病虫害系，调入西南农学院，农艺系仍留在花溪原校址。

1954年，农艺系改名农学系并扩建成贵州农学院。贵州农学院组建时只有一个农学专业，有教师41人，房屋面积1.7万多平方米。1956年增设畜牧专业。1958年增设果树蔬菜、林学、农业生产机械化、兽医、土壤农化5个专业。1960年，增设植物保护、农机设计制造、植物生理生化和农业物理4个专业，还附设有三年制农业中专学校（设有农学科和畜牧科）。1961年，经调整和贯彻《高教十六条》精神，土壤农化、农业物理、植物生

① 贵州省地方志编纂委员会. 贵州省志·教育［M］. 贵阳：贵州人民出版社，1990：293；孔令中. 贵州教育史［M］. 贵阳：贵州教育出版社，2004：510-511，638-639，643；《贵州教育志》编纂办公室. 贵州教育年鉴（1949-1984）［M］. 贵阳：贵州人民出版社，1986：99.

理生化及农机专业停止招生；农机设计制造停办，其学生调整到贵州工学院机械系学习。同时，把本院的农业机械化、土壤农化、植物生理生化和农业物理 4 个专业的二年级学生分别转入本院其他专业学习。到 1965 年时，共有教师 268 人，其中教授 4 人，副教授 16 人，讲师 33 人，教员 9 人，助教 206 人；开设有农学、植物保护、果树蔬菜、畜牧、兽医、林学 6 个专业。①

1966 年停止招生。1972 年秋，农学、植物保护、果树蔬菜、畜牧兽医、林业 4 个专业开始招收三年制学生。1973 年，恢复农机系农业生产机械化专业，招收三年制学生。1977 年恢复本科四年制招生。

贵州农学院建立之后，有 150 位教师参加教材编写工作，共编出教材 42 门。在实验条件十分困难的情况下，各专业教师想方设法为学生开出了实验课，耐心辅导学生学习。在科研上，1971 年在平坝县，不少教师同农民结合，组织科研小组，进行小苗育秧，土法生产和使用“九二〇”农药、5406 菌肥等科学实验项目 45 项；举办农业新技术学习班，为生产队培养技术人员，帮助生产队推广良种，防治家畜疾病，修理拖拉机、农具等。1972~1974 年，全院共开展科研 23 项，全国重点及省重点项目 13 项 33 个课题。其中有 14 项 23 个课题取得了阶段性成果。1974 年，贵州农学院在绥阳县、尚嵇教学点的师生和农民组合进行了 20 多项科学试验，试种“三田”（种子田、丰产田、试验田）近 300 亩，推广双季稻，取得了明显的成效。1975 年制定了《贵州农学院科学研究重点项目 10 年规划》，对中央、省及学校的 24 个重大课题的研究规划，作出了有价值的论证和安排。

“文革”期间，贵州农学院还坚决抵制“迁校”，有力地保全了学校的设备与财产，学校没有造成太大的损失，为恢复高考后的办学作出了保障。②

（三）贵阳医学院

1950 年，贵阳医学院增设医疗专业（学制五年）。1951 年，增设外专科和妇专科（学制三年）。1958 年，增设祖国医学系、儿科系、卫生系（皆为学制五年）。1960 年，增设生物物理系和化学、物理、生物专业师资班。同年，创办业余医学院，设成人学历医疗专业。成人本科学制三年，专科学制一年；当年招生成人本科生 120 名，函授专科生 120 名③。1961 年后，儿科系、卫生系、生物物理系和化学、物理、生物专业师资班先后停办。1965 年，贵阳医学院祖国医学系分出，与贵阳中医医院、贵州省中医研究所、贵州省卫生厅干部进修学校合并成立贵阳中医学院。④

1972 年，开始招收三年制医学专业。1973 年，增设药学系药学专业（学制三年）。1977 年，恢复医学类本科正常学制招生。

---

①② 贵州省地方志编纂委员会. 贵州省志·教育［M］. 贵阳：贵州人民出版社，1990：323-325；孔令中. 贵州教育史［M］. 贵阳：贵州教育出版社，2004：509-510；《贵州教育志》编纂办公室. 贵州教育年鉴（1949-1984）［M］. 贵阳：贵州人民出版社，1986：99.

③ 《贵州教育志》编纂办公室. 贵州教育年鉴（1949-1984）［M］. 贵阳：贵州人民出版社，1986：158.

④ 贵州省地方志编纂委员会. 贵州省志·教育［M］. 贵阳：贵州人民出版社，1990：328，463-464；《贵州教育志》编纂办公室. 贵州教育年鉴（1949-1984）［M］. 贵阳：贵州人民出版社，1986：99.

中华人民共和国成立初期，贵州医学院除基础教学条件外，胚胎教研组和病理教研组开始使用照相机拍摄制作幻灯片。1954 年，购进 16 毫米电影放映机，首次在贵州高校中将电影引入教学领域。1958 年，教授杜卓民制作的彩色幻灯片和彩色图谱在全国医药卫生技术革新交流会成果展览中获奖。据统计，1958~1966 年贵州医学院教学、科研仪器设备投资达 91 万元，购置仪器仪备 2160 台（件）。①

（四）贵阳中医学院

1965 年 7 月，贵阳中医学院成立，院址设在贵阳市东路 8 号，只设有中医系中医 1 个专业，另设有中专性质的中药班。“文革”期间主要招收工农兵学员，学制三年。② 1977 年恢复医学类本科正常学制招生。

（五）贵州工学院

贵州工学院于 1958 年初开始筹建，当年 9 月 27 日正式开学。贵州工学院设立了地质、采矿、冶金、机电、化工、土建 6 个系，开设了地质测量与找矿、矿产地质及勘探、采煤、有色金属开采、钢铁冶金、有色金属冶金、机械制造工艺、发电厂电力网及电力系统、无机物工学、基本有机合成、工业及民用建筑、水利工程及道路工程 12 个专业。

1959 年，增设铁道系铁路运输专业。1961 年，机电系分为机械和电机两个系，土建系停止招生。同年，原贵州机械学院和贵州省地质、交通、水利、城建等校的大专部分并入后，学院专业设置与在校学生激增，形成了地质系（地质矿产勘查专业、水文地质与工程地质专业）、采矿系（采矿工程专业、矿业机械专业）、冶金系（有色金属冶金专业、金属材料与热处理专业、钢铁冶金专业）、机械系（机械制造工艺与设备专业、铸造专业）、电机系（工业电气自动化专业、电力系统及其自动化专业）、化工系（无机化工专业、有机化工专业、化工设备与机械专业、硅酸盐工程专业）、土建系（水利水电工程建筑专业、工业与民用建筑工程专业）、轻工系（食品工程专业）、干训部、工业管理工程专业（干部专修科）8 个系、1 个干训部、19 个专业。

1965 年，开设有地质矿产普查及勘探、采矿、有色金属、冶金、发电厂电力网及电力系统、电机制造、机械制造工艺及其设备、基本有机合成、无机物工学 8 个专业。③

1977 年，恢复本科正常学制招生。

（六）贵州大学

1958 年 7 月，贵州省委决定在贵阳师范学院的基础上重新建立贵州大学，同时保留贵阳师范学院。贵州大学移址花溪原贵州民族学院校园内，撤销贵州民族学院学校并将其并

① 《贵州教育志》编纂办公室. 贵州教育年鉴（1949-1984）［M］. 贵阳：贵州人民出版社，1986：106.

② 贵州省地方志编纂委员会. 贵州省志·教育［M］. 贵阳：贵州人民出版社，1990：329.

③ 《贵州教育志》编纂办公室. 贵州教育年鉴（1949-1984）［M］. 贵阳：贵州人民出版社，1986：99，109.

入贵州大学。

贵州大学于1958年秋正式开学，入学新生721人。开设中文、外语、历史、地理、数学、物理、化学、生物8个系9个专业。贵州大学移址花溪时，共有教职工330人。其中教授11人，副教授7人，讲师18人，教员29人，助教71人；艺术系教师65人，教辅人员33人，党政干部和工人99人。

1962年，外语系俄语专业并入贵阳师范学院，贵阳师范学院英语专业并入贵州外语系。1964年，贵州大学艺术系和艺术系附属中学调整到贵州省艺术（戏曲）学校，成立贵州省艺术学校。1965年，学校设有汉语言文学、历史、数学、物理、化学、英语、音乐、美术8个专业。

“文革”期间，贵州大学在极为困难的情况下，办起了哲学系、子弟中学、无线电厂、化工厂、计算站、印刷厂和农场，增建校舍275平方米，还创办了《贵州大学学报》。截至1965年，贵州大学开设有汉语言文学、历史、数学、物理、化学、英语、音乐、美术8个专业。

1972年增设哲学系。同年开始招收三年制工农兵学员。截至1976年，在校党委和全校教职工的努力下，为国家培养了近2000人的各类人才。①

在20世纪50年代至60年代初，贵州大学艺术系教师柴祖荫把在贵州民族学院时期开始制作幻灯片进行教学带进贵州大学艺术系，推动了贵州大学电化教学。柴祖荫先后制作了500余幅中外美术史教学幻灯片，但在“文革”中全部被毁。

（七）贵州财经学院

贵州财经学院成立于1958年9月，当时是以贵州省财经干部学校为基础发展起来的，校址位于贵阳市河滨公园北侧。

贵州财经学院建校初期设有贸易经济、会计、计划统计、财政金融四个系，学制四年。1959年停止招生进行整顿。1960年增设政治经济系，加上贸易经济和财政金融共3个系继续招生。1961年恢复财经干部学校。“文革”期间，贵州财经学院被撤销，学院教学设备损失殆尽。1978年，贵州重建贵州财经学院，当年参加全国统一招生，11月14日正式开学。②

（八）贵州民族学院

1950年，贵州三所高等院校中仅有少数民族大学生21人，占学生总数的2%；1956年增加到126人，占学生总数的4%。中华人民共和国成立后，贵州少数民族地区民族干部和少数民族专业人才培养主要依靠的是贵州民族学院。

---

① 贵州省地方志编纂委员会. 贵州省志·教育［M］. 贵阳：贵州人民出版社，1990：333，473；孔令中. 贵州教育史［M］. 贵阳：贵州教育出版社，2004：473，479，322，509，643，680；《贵州教育志》编纂办公室. 贵州教育年鉴（1949-1984）［M］. 贵阳：贵州人民出版社，1986：99.

② 贵州省地方志编纂委员会. 贵州省志·教育［M］. 贵阳：贵州人民出版社，1990：332.

1951~1959 年，民族学院共招生 4585 人，涵盖了当时贵州 26 个民族，少数民族学生占 89%，工农成分学生占 79%。毕业生大部分分配在贵州及四川、湖南、广西、云南等省的民族地区工作，且多数都成为了中国共产党在民族地区的骨干，为少数民族地区经济、文化的发展做出了很大贡献。其中，还有不少毕业生走上了省、地、州、县领导岗位，带领着少数民族地区群众走上了改变家乡落后面貌的道路。

1959 年，学校有教职工 318 人。其中，副教授 2 人，讲师 13 人，助教 12 人，教员 112 人；院级干部 1 人，正副处级干部 10 人，正副科级干部 15 人，一般干部 103 人；工勤人员 50 人。学校设有校办公室、人事处（下设人事科、学生科、保卫科）、教务处（下设教务科、教材设备科）、总务处（下设行政事务科、膳食科、财务科、医务所）。

同年，贵州大学移址贵州民族学院，贵州民族学院并入贵州大学。

1964 年，贵州省委、省政府决定恢复贵州民族学院，并成立了筹备组。后因“文革”开始，筹备工作停止。1973 年，贵州省委和贵州省革命委员会再次决定恢复贵州民族学院。1974 年 6 月，报经国务院批准，重新组建筹备组。1977 年 4 月，筹备组借用贵阳市郊龙洞堡原省委统战部政治学校的两幢房屋做临时校舍，招收了政治系第一届少数民族干部进修班，学生 156 人，学制一年。同年 12 月，参加全国高等学校统一招生，设有中文、政治两个系的本科专业，共录取学生 85 人。

贵州民族学院的最终定型，标志着贵州在中华人民共和国成立后 30 年间社会主义高等教育学校教育模式的自我探索基本完成。[①]

因以上这些学校皆位于贵阳，在恢复高考招生后被俗称为贵州八大院校。

二、大连医学院迁入遵义

1965 年，国务院决定将大连医学院迁到贵州遵义，并改名为遵义医学院。同年 5 月，大连医学院正式迁入遵义，内迁总人数 2636 人，其中学院职工 432 人，附院职工 359 人，学生 429 人，其余为职工家属。

大连医学院于 1947 年 2 月创建于大连市，直属旅大行政联合办事处，由曾任华东军区卫生部负责人、时任大连市卫生局局长王布君兼任院长。学生主要是中国人民解放军军人，同时在大连等地招生少数本地学生。学生入学后全部实行供给制，毕业后分配到部队当军医。

1947 年 4 月，大连医学院改名为关东医学院。1948 年底，中共中央东北局决定将关东医学院并入新成立的大连大学，称大连大学医学院。原新四军卫生部长、医学专家沈其震任医学院院长。1949 年 1 月首次招收高中毕业生。

1950 年 7 月，撤销大连大学，大连大学医学院恢复为独立的大连医学院。随后，大连医学院逐渐形成具有本科、研究生、进修班、附属中级卫校和 3 所附属医院的高等医学院。1955 年，解剖、生理、生化、药理等专业开始招收研究生（1957 年未招生）。

① 贵州省地方志编纂委员会. 贵州省志·教育［M］. 贵阳：贵州人民出版社，1990：473.

1965 年，大连医学院迁入遵义后，受“文化大革命”的冲击，许多研究被迫停止。1971 年才逐步恢复了一些研究。

1974 年，遵义医学院生物教研室伍律教授任主编，负责完成贵州省科委组织编写的《贵州动物志》。从 1974 年开始，伍律教授带领团队深入全省 40 多个县进行野外考察，共发现爬行类新种 2 个，两栖类新种 1 个，鱼类新种 11 个，建起了贵州当时最大的鱼类研究室，并出版了《贵州爬行类志》《贵州两栖类志》《贵州脊椎动物分布名录》，还参与了《贵州鸟类志》等的编写工作。

遵义医学院病理研究室肿瘤研究组于 1976 年开展实验肿瘤和免疫学研究，建立起了鼠肝癌（H615）、肺癌（P615）、乳腺癌（ca759、ca763）、淋巴细胞性白血病（L759、L7710、L10、L73、L7711、L797）等 16 株小鼠可移植性肿瘤模型，占全国已建立的瘤株的 25%。肿瘤研究组还利用这些模型进行有关文库确认免疫学、抗癌药的筛选工作，并发表论文 30 余篇，获国家级、省级科技成果奖 11 项。1976 年以来，这些瘤株已先后被上海、云南、四川、辽宁、河南等省（市）的 20 多个科研和医疗单位引去用于做肿瘤实验研究。①

第六节　成人高等教育

一、职工高等教育

（一）贵阳业余工学院

1956 年，贵州省工业厅创办贵州省职工高等工业学校，后改名为贵阳业余工学院，业务由贵州省教育厅领导，每年拨款 5 万元，为该校经费。

开办初期，由贵州省工业厅厅长兼任院长，专职教职员工由开办时的 4 人，逐渐配备到 24 人。学制为六年半本科，也曾试行过四年半学制。每年招生经报批后单独进行。

贵阳业余工学院设有机械制造工艺及设备、发电厂电力网及电力系统、化学工程、电机与电器制造专业。1959 年增设文科中文专业；1964 年中文专业移至贵州函授学院，同时成立夜校部。

贵阳业余工学院从 1956 年开始招生，到 1966 年停止办学，先后招收贵阳地区企事业单位生产或工作骨干千余人入学，中级技术人员占多数，学员多具有了高中或中专、中技毕业学历。学院还曾为具有初中毕业文化程度的老工人兴办过特别班、预科班、单科班，招收选科生学习单门课程。

---

① 孔令中. 贵州教育史［M］. 贵阳：贵州教育出版社，2004：330-331.

1964年，工科在校生有500余人，学员全部利用业余时间学习，不少职工能持之以恒，并能取得合格成绩。学院累计取得毕业证书的学员达300余人（含文科）。这些学员有的成为贵阳地区职工中的骨干，有的担任了省、市级领导工作，有的晋升为副总工程师和工程师，并有不少学员在生产和工作中做出了显著的成绩。例如，扬守岳、苏超民、董晋就曾获得全国科技大会奖；1966年毕业的陆江把所学知识运用到儿科临床和保健中，撰写了《捏脊各法》，在《贵阳中医学院学报》发表，还先后发表过学术论文13篇，其中《蚯蚓糖浆治疗小儿流行性腮腺炎效果报告》被收入《中医大辞典》，《开胃清热佳品——折耳根》一文，荣获贵州省第一届优秀科普作品一等奖。

贵阳业余工学院于1959年出席全国文教、卫生、体育先进单位和个人表彰大会，并被授予“先进单位”奖状，贵州省也为其颁发了奖旗。“文革”期间，贵阳业余工学院被迫停课，1970年撤销。贵阳业余工学院的设备、图书、人员移交贵州工学院，学籍档案材料被强行销毁。1979年，贵州省教育厅决定为在贵阳业余工学院学习过的学员办理善后工作，补发毕业或肄业证书。1984年教育部下达文件，承认原贵阳业余工学院及其学员的学历。①

（二）半工（农）半读学校与“七二一”工人大学

1. 半工（农）半读学校

早在1958年5月30日，刘少奇同志在中共中央政治局扩大会议上提出，我们国家应该有两种教育制度和劳动制度同时并行：一种是现行的全日制学校制度，一种是半工半读学校制度。同年9月，中共中央、国务院发布的《关于教育工作的指示》提出，“全国将有三类主要的学校：全日制学校、半工半读学校、各种形式的业余学校。用大量发展业余的文体技术学校、半工半读学校的形式来普及教育”。1964年七八月间，刘少奇同志再次提出，建议各省、市、自治区每个大城市都着手试办半工半读学校，五年后初步总结，十年后推广。之后，贵州兴起大办半工（农）半读学校的高潮。1965年1月12日，贵州省委批转省文教办公室、省教育厅党组《关于贵州省1965年半工（农）半读学术的试点计划（草案）》，明确规定，半工（农）半读学校是正规学校，要逐步成为社会主义教育的主体，今后一般不发展中等以上全日制学校，新开办的中等以上学校都办为半工（农）半读学校。贵州省还成立了省领导小组，下设办公室，要求各级教育部门都应设立专职人员或专门机构，有一位负责人分管此项工作。在此形势下，贵州先后办起了一所半工半读工业师范专科学校和一所半农半读师范专科学校，在校学生有325人，其中“社来社去”学生81人；试办半工（农）半读模式的全日制高校，有贵州工学院机械制造专业1个班学生41人，贵州农学院逐学专业5个班学生118人。截至1965年底，半工（农）半读在校大学生达484人。②

2. “七二一”工人大学

1968年7月22日，《人民日报》刊登《文汇报》记者、新华社记者的调查报告——

① 贵州省地方志编纂委员会. 贵州省志·教育［M］. 贵阳：贵州人民出版社，1990：433-434.

② 孔令中. 贵州教育史［M］. 贵阳：贵州教育出版社，2004：490-491.

《从上海机床厂看培养工程技术人员的道路》，《人民日报》在编者按语中引述了毛泽东主席于 7 月 21 日的指示："大学还是要办的，我这主要说的是理工科大学还要办，但学制在缩短，教育要革命，要无产阶级政治挂帅，走上海机床厂从工人中培养技术人员的道路。要从有实践经验的工人农民中间选拔学生，到学校学几年以后，又回到生产实践中去。"该指示简称"七·二一"指示。根据毛泽东的指示，贵州于 1975 年办起了一批"七·二一"工人大学。

贵州长七砂轮厂、贵阳耐火材料厂、贵阳矿山机械厂、贵阳柴油机厂、红旗钢铁厂、水城铁厂、贵州迎春矿等单位创办了"七·二一"工人大学，并于 1975 年开学，招收了一批有实践经验的工人入学。办学形式有全日制、半日制、半工半读，以业余为主。学制比较短，专业设置一般与本厂生产的实际需要对口。教师由工人、干部和技术人员担任，以工人业余教师为主。虽然"七·二一"工人大学在办学思想和办学形式上都带有不少极"左"的政治色彩，但对提高工人的文化素质和业务技术水平还是起到了一定的作用。后来，这些学校中有部分学校演化为职工成人学校。①

二、成人函授高等教育

1958 年，贵州教育厅印发《贵州省关于函授师范学校（师范学校函授部）业余师范学校若干问题的规定（草案）试行办法》，规定师范学校函授部，主要招收乡村小学教师（包括工农业余小学教师、幼儿园、教养员）；民族地区师范学校函授部还应注意吸收民族教师。师范学校函授部初级师范班修业四年，师范班修业五年，学习时间为每周六小时。贵阳师范学院于 1960 年春开始附设函授师范学校，设有中国语文、数学、物理、化学四科，修业年限为四年，主要招收全省全日制中学和中等专业学校在职教师，历史清楚，有培养前途，具有两年制专科毕业或同等学力，参加工作一年以上，身体健康能长期坚持学习，自愿申请报考并经服务学校领导批准者，均可报考。当年春招生 300 名。师范函授部配备教职员一人，义务辅导员则根据需要提请主管教育行政部门批准后聘任。

1960 年 3 月，贵阳医学院开设业余医学院，设医疗专业，修业年限三年，同时招收函授专科学员。在中级卫生学校毕业后工作三年以上或具有同等学力技术水平、政治思想进步、工作积极、身体健康、能坚持学习者，并持有所在机关党组织或当地党委的介绍证明函件的，皆可报考；函授专科的只限招收贵阳市郊区和贵州省内各专（州）县（市）在职卫生干部。当年医疗专业招生 100 人，函授专科招生 120 人。其中内科、外科、妇产科三个专业各招生 20 人；儿科、五官科、皮肤性病科、中医科、放射科、精神神经病科六个专业各招生 10 人。

1964 年 5 月，贵州教育厅发出《关于建立贵州函授学院、函授站的通知》，贵州省成立函授学院，规定各专、州、市设立函授站，各县设立函授分站，由贵州省文教（教育）

---

① 孔令中. 贵州教育史［M］. 贵阳：贵州教育出版社，2004：502-503；贵州省地方志编纂委员会. 贵州省志·教育［M］. 贵阳：贵州人民出版社，1990：434.

局长兼任站长，配备兼职干部一人负责函授分站的组织管理工作，聘请全日制中学条件适当的语文、数学教师为兼职教师。函授分站所需经费由各地业余教育经费中解决。

1966 年 1 月，贵州教育厅在贵阳召开全省函授教育会议，研究了高等函授教育发展的有关问题，并决定在 1966 年秋，贵州函授学院在全省范围内举办农村中学教师语文、数学两科函授。鉴于贵州的农村中学分散，交通又不便利，3 月 31 日贵州省教育厅再次发出《关于建立函授学院函授分站的通知》，要求各地州市县于当年 5 月底以前，将函授分站建全起来，以利工作开展。6 月 7 日，贵州省教育厅向省人民委员会递交了《关于成立贵州函授学院的请求报告》，明确贵州函授学院设中国语文、数学、英语、俄语、农学五个专业，计划招生 1100 人，教职工按编制比例配备 55 人。所需经费和编制，在省内教育事业计划内调剂解决。

“文革”开始后，函授高等教育停办。1983 年后才恢复。[①]

三、贵州省政法干部学校

1958 年，贵州省政法干部学校升格为本科院校，更名为贵州政法学院。1959 年 8 月省政府对贵州高校进行调整时决定当年暂不对外招生。1973 年复校，并更名为贵州省政法干部学校。

第七节　社会主义高等教育发展道路的探索

一、学习苏联模式

经 1953 年院系调整后，贵阳师范学院、贵阳医学院和贵州农学院三所高校根据政务院发布的《关于修订高等学校领导关系的决定》，开始系统学习苏联教育教学经验，认真组织学习部颁教学计划、教学大纲，根据学校的实际情况，展开教学改革，并各自拟定教学实施方案。同时派出青年骨干教师到中国人民大学、北京大学等高等院校进修学习。特别是 1956 年苏联专家、高等教育部顾问叶尔绍夫在对贵阳农学院视察时，对教研职责、教学、科研与生产的关系、编写教材、师资队伍建设、学生撰写论文、教学设备等方面所提出的建议，对当时贵州高校的建设发展起到了积极的推动作用。[②]

在人才培养上，各校普遍按专业培养人才，使人才培养同国民经济、国家建设事业对口。文理医科一般按一级、二级学科设专业，工科则分得更细，不少专业按工艺、装备、

① 贵州省地方志编纂委员会. 贵州省志・教育［M］. 贵阳：贵州人民出版社，1990：439-440.

② 贵州省地方志编纂委员会. 贵州省志・教育［M］. 贵阳：贵州人民出版社，1990：307.

产品、行业设立专业。其最大的优点就是学生毕业后工作能对口，适应当时经济社会的发展，但缺点是专业面较为狭窄，影响其后劲。

在统一教学计划上，早在 1952 年底教育部就下达了试行全国统一教学计划，提出“为了祖国大规模经济建设与文化建设的到来，有计划地培养各种建设人才，彻底改革旧教育，制定全国高等学校各专业统一的教学计划，就成为高等教育改革的中心环节之一”。但这个统一的教学计划，基本上也是引进苏联高等学校同型专业的教学计划，苏联实行五年制，而国内普遍实行的是四年制，故在完成教学任务上存在很大的困难。1955 年 5 月，国务院召开全国文教工作会议，决定高等工业学校的学制改四年为五年，其他大学普遍在 1956 年毕业时延长一年毕业。

在教材使用上，普遍编译苏联教材，特别是一二年级基础课程教材。仅 1953 年全国就组织教师译出工科为主的苏联各科课程教学大纲 700 种，教材 300 种。这些教材大部分具有一定的质量，但也有不少教材内容庞杂，不符合中国国情。

在教学方法和教学制度上也普遍采用苏联的模式。例如，课堂讲授、课堂讨论、课堂练习、习题课、实验课、辅导、答疑、质疑、认识学习、生产实习、学年论文、毕业论文、课程设计、毕业设计、四级计分制、口试制、考试考查、教学日历、教学指导书、教师教学工作量和工作日制度等，全套照搬。还把苏联“六节一贯制”也搬了过来，将师生的教学活动从上午起六节课连续编排，打乱了我国的生活习惯。1954 年全国停止“六节一贯制”，1957 年停止教师教学工作量和工作日制度等办法。这些苏联模式的实施，使我国传统的按系科招生、学分制、选课制、淘汰制等人才培养上较为灵活、有效的制度都被取消。

在教学组织上，普遍设立教研组，即把课程性质相近的教师组织到同一教研组里，对从事教学、科研、实验室工作，培养研究生和师资，发挥了较为积极的作用。教研组后来发展成为我国高校的一个重要基层组织。[①]

二、贵州高等教育发展道路的探索

1956 年 4 月，毛泽东在《论十大关系》中在论述学习外国时指出：“我们的方针是，一切民族、一切国家的长处都要学。……但是，必须有分析有批判地学，不能盲目地学，不能一切照抄，机械搬用。他们的短处、缺点，当然不要学。”“对于苏联和其他社会主义国家的经验，也应当采取这样的态度。”1957 年 2 月，毛泽东提出，我们的教育方针，应该使受教育者在德育、智育、体育几方面都得到发展，成为有社会主义觉悟的有文化的劳动者。这为后来建立我国自己的社会主义高等教育制度以及高校教育自身的发展起到了引领作用。

为了探索社会主义教育发展的道路，广大教育战线的干部与教师怀着极大的热情，兴起了一场探索中国社会主义高等教育发展道路的浪潮。

---

① 余立. 中国高等教育史（下）［M］. 上海：华东师范大学出版社，1994：48-50.

（一）确立了中国共产党对高校的领导地位

中华人民共和国建立后，旧有体制下的高等教育已经不再适应国家经济发展的需求。为了保障高等教育的方向与国家的迫切需求相适应，对高校的体制进行改造，建立新的适应国家经济发展的高校体制，已成为当时高校发展的首要任务。在这一过程中，中国共产党对高校的领导起到了至关重要的作用。

贵州高校在军代表的指导下及时建立接管委员会，成立临时校务管理委员会，接受西南军政委员会文教部领导。1950 年 3 月前后，贵州军事管制委员会为加强对境内高校的管理，决定在境内高等院校成立战时院务临时管理委员会。战时院务临时管理委员会设主任委员一人、副主任委员一人（贵州大学为两人）、委员若干人（贵州大学为 19 人）、办公室秘书一人，皆由人民解放军军代表兼任；下设教务、秘书两个处（贵州大学还设有办公室及附属机构电厂二处、农场合作社）。教务处长和秘书长分别主持校务工作。教务处下设注册、出版、生活指导三个组和图书馆。秘书处下设文秘、事务、卫生三个组和会计出纳室。

1952 年 2 月，贵州高校交由贵州省文教厅代管，一切重大人事由贵州省文教厅提出，经西南军政委员会文教部批准执行。

1950 年 6 月，国家决定大学及专门学院采取校（院）长负责制，校（院）长代表学校并领导校（院）务委员会负责全校（院）一切教学、研究及行政事务。校（院）务委员会负责审查教学计划、研究计划和工作报告，审查并通过全校（院）的预决算，审核并通过各种重要的制度及章程，决议有关学生重大奖惩事项，议决全校（院）重大兴革事项。贵州各高校渐次对各自机构进行改革。

1952 年上半年，中共中央做出“加强党对高等学校领导”的批示。接着，西南军政区也成立高教党委，西南区各高校成立党的组织机构，领导高校的政治工作。1952 年底，军代表指导学校方式退出贵州省内高校管理体制，党对高校的领导制度正式形成。

党对高校的领导地位的确立，保证了中华人民共和国高等教育正确的发展方向和人才培养的目的。从 1950 年起，中共党员开始到高校与军代表一起指导高校的工作。随后，各高校先后建立党支部。党的基层组织在高校的建立，保证了在中华人民共和国成立之初，党对高校的指导作用。随着知识分子对中国共产党的认识加深，不断有知识分子加入中国共产党，从而为确保党在高校基层组织中的产生打下了基础。在各级党组织的领导下，贵州各高校对高校课程进行改造，开展思想政治理论学习，促使广大师生积极向共产党组织靠拢，为高校建设发展打下了基础。1956 年 7 月，中共贵州省委批准贵阳师范学院、贵阳医学院、贵州农学院建立党委会，确立了党在贵州高校中的领导地位。

（二）知识分子劳动观念的形成

1949 年 9 月 29 日，《中国人民政治协商会议共同纲领》规定，“人民政府的文化教育工作，应以提高人民文化水平，培养国家建设人才，……发展为人民服务的思想为主要任务”；提出必须“有计划有步骤地实行普及教育，加强中等教育和高等教育。注重技术教育，加强劳动者的业余教育和在职干部教育，给青年知识分子和旧知识分子以革命的政治教育，以应革命工作和国家建设工作的广泛需要”①。1954 年，国家更是在《宪法》中规定“中华人民共和国公民有受教育的权利。国家设立并且逐步扩大各种学校和其他文化教育机关，以保证人民享受这种权利”。这条法律适应了中国全社会向工业时代转型的人才需求变化，可谓与时俱进。

1950 年 6 月，中华人民共和国召开了第一次全国高等教育会议，提出高等教育必须以理论与实际相一致的方法，培养具有高度文化水平、掌握现代科学和技术成就的、全心全意为人民服务的、高级的国家建设人才。同时还指出要吸收工农干部和工农青年进高等学校，以培养工农出身的新型知识分子，加入国家建设行列。

1951 年，毛泽东指出对各类知识分子的思想改造“是我国各方面彻底实现民主改革和逐步实现工业化的重要条件之一”，也就是说，中国走向工业文明时代，知识分子传统思想的现代转型是必要的条件之一。在工业文明时代，教育的目的就是让每一个公民都成为有知识的劳动者，使“教育能够直接为年轻人从事各种职业做准备”,②即培养国家建设者。

1957 年，毛泽东明确提出：“我们的教育方针，应该使受教育者，在德育、智育、体育几方面都得到发展，成为有社会主义觉悟的有文化的劳动者。”1958 年 9 月 19 日，中共中央、国务院发布关于教育工作的指示，提出“教育为无产阶级政治服务，教育与生产劳动相结合”的方针。

在这场探索社会主义教育发展的道路进程中，贵州工学院正式把劳动列入正式课程，院长秦天真在全校的“建校劳动誓师大会”的动员讲话中强调，要自力更生建校，开展教育大革命，走教学、科研、生产劳动三结合的道路。经过全校师生三年的努力，全校师生皆参与了工学院新校区蔡家关学生宿舍、教师宿舍、教学楼、学生大饭厅、教职工饭厅、实验工厂、图书馆、运动场、游泳池、路道等建设劳动。

1958 年，贵州省各高校贯彻教育与生产劳动相结合的方针，普遍开办工厂、农场，组织知识分子参加工农业生产劳动和其他义务劳动。1959 年，中共贵州省委批转教育厅党组《关于全日制各级各类学校的教学、生产劳动和生活安排问题的规定》，规定学校生产劳动时间为每年 60~90 天，两年专科学校或专修班为 30~45 天。

1959 年，根据中共贵州省委指示，贵阳医学院 1958~1959 学年，全校学生平均每人一年参加劳动时间达 90 天；贵州农学院普遍组织师生种试验田，并组织 700 余名师生编成三个生产大队到学院农场开展科研、生产相结合的勤工俭学活动。贵州农学院的农学、畜牧、兽医、林学四个专业大部分师生和部分党政干部 847 人，分别下放到贵阳郊区和威宁、赫章、大方、锦屏等县农村与农民同吃同住同劳动，一面参加生产劳动，学习生产技能，一面结合下放地区生产特点进行现场教学，并开展科学研究，历时五个多月。贵州大

---

① 郑登云．中国高等教育史（上）［M］．上海：华东师范大学出版社，1994：7-8.

② ［美］劳伦斯·维赛．美国现代大学的崛起［M］．栾鸾，译．北京：北京大学出版社，2015：61.

学、贵州工学院、贵阳师范学院等也同样组织师生参加工农劳动和到工厂农村开展现场教学。

在当时的形势下，由于过分强调学校办工厂，学生参加生产劳动，忽视了基础理论课的教学，也严重影响了正常的教学秩序，影响了高等教育的质量。1962 年，根据《高教六十条》，规定大学生劳动应结合专业来进行，每年不超过一个月。各高校师生参加劳动和社会活动过多的现象，才得到一定程度的遏制。

但贵州农学院根据自身学校专业的特点，1964 年，在贵阳花溪以样板田为基地，组织农学、蔬菜等专业三四年级学生 520 余人，在老师的指导下轮流到生产队进行实习。这一年学校组建的八个样板田基地生产队的粮食平均产量比往年增产 170%。翌年，贵州农学院继续组织农学专业三四年级学生和植保专业四年级学生 30 余人参加样板田劳动。①

中华人民共和国成立后的社会主义高等教育探索，虽然走过一段曲折的道路，但知识分子劳动观念培养和知识分子劳动制度的探索，为改革开放后形成制度性的教学见习制度，以及实习制度的全面形成和完善打下了基础。

1978 年 3 月，邓小平在全国科学大会上强调“科学技术是生产力”这一重要观点，并指出为社会主义服务的脑力劳动者是劳动人民的一部分，从此人民思想得到大解放，知识和知识分子高度受到重视，这一具有深远意义的伟大历史转向为中国工业文明的腾飞奠定了坚实的思想基础。

改革开放后，中国的高等教育步入了快速发展期，知识分子是劳动者观念的探索还在某种程度上破除了中国几千年来“劳心者治人，劳力者治于人”的传统观念，为中国走进工业文明和信息化时代提供了内在动力。

（三）创办校办工厂，加强实践教学

贵州各高等学校为了改善办学条件，还尝试了学校办工厂，开展半工半读、勤工俭学，把生产劳动列为正式课程等；实行教学、科研、生产劳动相结合，加强实践性教学环节等方式办学。客观来说，这为兴办我国自己的社会主义高等教育、加强理论联系实际的高等教育办学积累了一些经验。

（四）半工半读（半农半读）

1964 年，刘少奇提出社会主义社会要有两种劳动制度和两种教育制度。1965 年下半年，贵州省新建了半工半读师范专科学校和半农半读师范专科学校各一所，在校学生 325 人（包括“社来社去”学生 81 人），同时在全日制高等学校少数专业中试行半工半读。当时试行半工半读的专业有：贵州工学院的械制造专业，学生 41 人；贵州农学院的农学专业，学生 118 人。②

---

① 贵州省地方志编纂委员会. 贵州省志·教育［M］. 贵阳：贵州人民出版社，1990：353.

② 《贵州教育志》编纂办公室. 贵州教育年鉴（1949-1984）［M］. 贵阳：贵州人民出版社，1986：94.

（五）“工农兵学员”

1972年，贵州省高校开始招收三年制的“工农兵学员”。1975年，贵州省各高校如贵阳医学院、贵州农学院、贵州中医学院等纷纷到各地（州）、县开办分校。1972~1976年，全省共招收“工农兵学员”14153人，共毕业学生12298人（其中6723人是1965年以前入学的）。“文革”期间，贵州高等教育的发展数量少、质量差，出现了人才青黄不接的局面。①

第八节　社会主义高等教育管理与制度初步形成

一、教学时间与教学组织、课程与教材

1. 教学组织

1953年全国高等学校院系调整后，贵州省内三所高校实行学年学期制，取消了学年学分制。班级授课制经多年实践和改进，编班授课更为恰当。一般每班由40~50人组成，英语、体育等专业每班由20~30人组成。除按班级授课外，有时也采用年级大班制授课。②

2. 教学时间

20世纪50年代，学生在校学习时间一般为9个月，分为两个学期。每年9月1日为学年之始，翌年8月31日为学年之终。第一学期从9月1日到次年2月，第二学期从3月1日起至8月。每年放寒暑假共40天。1959年5月，中共贵州省委批转教育厅党组《关于全日制各级各类学校的教学、生产劳动和生活安排问题的规定》，高等学校平均每年教学时间（包括周日假日在内）为235~265天，两年制专科学校或专修班，则为280~295天；学生学习时间为每天8~9小时（包含自习）；学生每周应有6~8小时的政治理论和时事政策的学习。1962年，根据《高教六十条》，规定每年应有8个月以上时间用于教学；每周至多安排一个半天和一个晚上进行形势教育、政治活动、党团组织生活和班级活动。“文革”期间，教学年限缩短，学习时间减少，受政治运动冲击，整个教学工作一片混乱。③ 贵州省内高校从1966年至1971年停止了招生。1972年，贵州各高校试点招收“工农兵学员”，学制缩短为两至三年。④

---

① 《贵州教育志》编纂办公室. 贵州教育年鉴（1949-1984）［M］. 贵阳：贵州人民出版社，1986：94-95.

② 贵州省地方志编纂委员会. 贵州省志·教育［M］. 贵阳：贵州人民出版社，1990：340.

③ 贵州省地方志编纂委员会. 贵州省志·教育［M］. 贵阳：贵州人民出版社，1990：341.

④ 孔令中. 贵州教育史［M］. 贵阳：贵州教育出版社，2004：499.

3. 课程与教材

1949 年人民政权接管贵州高校后，首先取消了国民党“党义”课，随后，贵州高校根据政务院《关于实施高等学校课程改革的决定》和《关于学制改革的决定》等精神，依照每学期实际授课时间不超过 18 周，学生每周学习时间不超过 50 学时，课外活动每周不超过 6 学时的规定，来安排教学课程和开展教学活动。贵阳师范学院、贵州大学、贵阳医学院皆分别成立了教学改革委员会，各系建立了教学改革小组，研究院系的课程设置，制订教学计划，草拟教学大纲，并分别提出废除、停开、续开及新增开课程，报有关领导部门批准执行。贵州大学提出的改革方案的特点有：自然科学方面的课程变动小，社会科学和文科的课程变动大，政经系、法律系的课程变动达 80%~90%。全校废除的课程有：党义、宪法、伦理学、政治学、法学概论、行政学等约 20 门；停开的课程有：农村社会学、政治哲学、政治心理学等 10 余门；继续开的课程有：审计学、现代经济思想、农村经济学、市场学、农具学、农村金融、农村调查等 20 多门；新增开设的课程有：社会发展史、新民主主义论、政治经济学、马列主义哲学、米丘林遗传学、中国土地问题与土地改革、计划经济学等约 30 门；外国语停开英语，改开俄语。其他两所高校课程变化大体与贵州大学相同。续开课程教材使用原教材，新增课程主要由教师自编讲义。

1952~1954 年，高教部陆续颁发了文科、理科、工科、农业、师范等各科专业教学计划，卫生部也于 1954 年颁布了高等医疗、儿科、卫生、口腔、药学等专业教学计划。贵州省各高校严格按照国家规定的学制、专业设置、教学计划和教学大纲执行。贵州农学院农学专业开设了 36 门课程，贵阳医学院医疗专业开设了 34 门课程，贵阳师范学院中文系开设了 18 门课程。其教材多直接使用翻译出版的苏联高等学校的理科教材和国家教育部组织国内专家教授编写的文科教材。

1958~1962 年，贵阳师范学院不再开设教育课程和部分基础课程；贵州农学院农学系、畜牧系不再开设基础课程无机化学理论，农机系将物理学并入电工学、电热学、理论力学。

1962 年各院校在学习贯彻《高教六十条》过程中，进一步明确了学校的培养目标，修订了各专业教学计划，恢复了在教学中不适当的“砍、压、并”的课程，此后，贵州高等教育课程设置相对稳定了下来。教材基本使用全国统编教材。例如贵州农学院，据 1962 年统计，全院共开设 160 余门课，有 137 门课程使用教育部推荐的统编教材，有 23 门课程使用自编教材，自编教材还编写了补充教材。贵阳师范学院在 1961~1962 学年开出的 145 门课程中，71 门（文科 8 门，理科 63 门）采用教育部推荐的统编教材，24 门采用兄弟院校教材，44 门采用自编教材，只有英语语法、体育、游泳、武术、劳动、政治思想教育 6 门课程无教材。“文革”兴起后，贵州三所高校于 1966 年皆停止了招生。

1972 年，贵州省各高校开始招收“工农兵”学员，学制三年，各专业课程设置大幅度减少。例如贵州农学院，学员入学后，要求 5 个月时间补习文化课，学员达到初中毕业实际文化水平后才正式学习大学课程。但实际上，学员在校期间总学习时数仅有 1500 学时，而这 1500 学时的学习，政治课占 20%，学军占 5%，学工占 5%，业务课仅占 70%。业务课程的学习在校学习时间只有 2/3，其余的 1/3，则要求学生到教学点上边实践边学习，而且学员每周还要参加劳动半天。在招收工农兵学员期间，各高校各专业课程设置，除政治课、军体课、劳动课外，业务课程大都只开出了 11~12 门。政治课程以阶级斗争为主课，以毛泽东的著作作为基本教材，把理论学习和实际阶级斗争紧密结合起来开展教学。劳动课程主要是学工、学农，参加工农业集体生产劳动。军事课学习毛泽东主义人民战争思想，进行集中军事训练，学习"三防"和战伤救护，开展军事体育活动。这期间的教材使用比较凌乱。

1974 年大连医学院整体搬迁至贵州遵义，改名为遵义医学院，除了政治课程（占 20%）、劳动课（占 5%）、军体课（占 5%）外，专业课程主要开设有：英语、医用理化基础、医用人体学（解剖、组胚、生理、生化）、疾病学基础微生物、病理解剖及病理生理学总论、诊断学基础（理、化及放射诊断）、中医学（包括新医学）、新药学（中药、草药、西药）、卫生防疫学（流行病、传染病、寄生虫和卫生学等）、内科防治学（包括部分皮肤病）、外科防治学、妇产科防治学、五官科防治学 12 门课程。

二、教学方法与教学科研

1949~1951 年，贵州各高校主要延续中华民国期间的讲解、讲读、讲演、演示、实验、实习等的方法。1952 年开始学习苏联教育经验，组建起各学科教学研究室（组），开展教学研究。例如，贵州农学院建立了体育、外语、政治、遗传育种、作物、植物与园艺、土壤肥料、动物、农业经济、物理与气象、植物生理与化学 11 个教研室。教研室负责执行专业学者计划，开设各门功课，开展教学研究，交流教学经验，改进教学方法等。

贵州各高校的主要科研活动也是围绕教学展开，最重要的是编写讲义和教学参考资料。贵阳师范学院主要是面对中学开展教学科研。张汝舟教授等 23 人编写的各科讲义，1957 年参加了教育部主办的高等院校讲义流动展览。在此期间，张汝舟教授还编写完成了《简明中国语法》，周润初教授编写完成了《轨迹与作图》等。贵州农学院于 1956 年建立科学研究室，要求在保证完成教学任务的前提下，大力开展科学研究。例如作物教研室教师主持试验《水稻需水量试验研究》，获得了贵州省不同地区水稻生育期水分需求量的全部数据，既创造了经济价值，又补充了课堂教学知识；黄威廉完成了《贵阳附近木本植物的初步调查研究》。贵阳医学院于 1956 年成立学术委员会和科学研究委员会，主要围绕改进教学，提高教学质量开展活动。

1958 年，贵州高校科学研究主要遵循中央教育部提出的教学、生产劳动、科学研究三结合的原则展开活动。贵阳师范学院编写并修订了《贵州史》讲义，承担了贵州省科研重点项目中的编制《1∶100 万黔南喀斯特分区图》，参加了"中国科学院西南地区综合考察队贵州农业水利分队"的考察工作，承担了贵州省"1963~1972 年山地利用与水土保持科学技术发展规划"项目中的"贵州省山地植被特征、类型、演替及合理利用途径的研究"工作。

贵州农学院关于猪喘气病的研究成果，受到国家的重视和同行专家的好评，被收入《家畜传染病》一书；1964 年，贵州农学院指导的花溪 8 个生产大队的科学试验田粮食亩产量达 483.7 千克，平均产量比往年同期增长 17.9%；翌年亩产量又上升到 531.3 千克。

贵州工学院自 1958 年建立后，先后完成了省级重点项目“贵州古地理编制图”“圆柱形薄壳结构方法的研究”等。贵州工学院在选择科研项目时，注重解决生产中的关键技术，如采矿完成了“八十条巷道通风电子计算机”，冶金系研究了白云石作转炉炉衬并创造了连续吹炼 132 炉的纪录。

贵阳医学院出版了科研专著 10 部，发表有影响的论文 60 余篇。

由于这个时期受到劳动时间过多及一些中老年学者被排斥的影响，这些科学研究项目的落实与完成，皆在一定程度上受到了影响，同时研究中还产生了虚报浮夸等现象。

“文革”时期，高等学校的科研工作受到了严重的摧残和破坏，但广大师生在极为艰难的条件下仍坚持从事科研。1971 年贵州农学院在贵州省平坝县建立 16 个科研小组，与农民一起试验土法生产和使用 920 农药；1972~1974 年，全院开展科学研究达 23 项，中期属全国或省重点的 13 项，如“速生用材料树种的良种选育及丰产技术的研究”“贵州黑猪新品种的培育”“贵州黄鸡的培育”等；1974 年贵州农学院在贵州绥阳、尚稽教学点的教师与农民结合“三田”（种子田、试验田、丰产田）近 300 亩，推广双季稻，改造低产田取得了明显的成效。贵阳师范学院化学系师生研制出了“高效低毒农药”；生物系师生在大量进行的调查研究基础上，完成了《贵州兽名进录》的编撰，以及《关于梵净山自然保护区的概况》等论文和专著；数学系师生到工厂农村推广“优选法”取得了显著效果。①

三、教学管理与思想政治教育

（一）教学行政组织与管理

1. 教学行政组织

1952 年 12 月 22 日，西南军政区文教部正式任命康健为贵阳师范学院院长，12 月 26 日任命赵风岐为贵州大学校长，军代表指导学校管理形式退出贵州省内高校管理体制。②贵州各个大学逐渐采用校（院）长负责制。大学设校长一人，专门学院设院长一人，并设副校（院）长一至两人，正副教务长、总务长各一人负责全校各方面的工作。校（院）下设教学系，为教学行政的基层组织，设系主任一人，受教务长领导；设图书馆长一人，并组建起教师工会组织负责保障教师的生活与福利。校（院）建立校（院）务委员会，由校（院）长、副校（院）长、正副教务长、总务长、图书馆长、各系主任、工会代表、学生会代表组成，负责对全校（院）重大决策的审议和决议。校（院）长任校（院）委员会主席。

---

① 贵州省地方志编纂委员会. 贵州省志·教育［M］. 贵阳：贵州人民出版社，1990：409-410.

② 贵州省教育厅. 西南军政委文教部关于招生任务、学生分科、干部任免的通知、指示、批复［A］. 贵阳：贵州省档案馆（114-1-277）.

1957 年，全国高等学校实行党委领导下的校（院）长负责制。1961 年 9 月，《中华人民共和国教育部直属高等学校工作条例（草案）》颁布，规定：高等学校实行党委领导下的以校长为首的校务委员会负责制。贵州高校设校长一人，副校长若干人。根据学校工作需要，设教务长和总务长各一人，分管教学和总务工作。各高校设校务委员会，由正副校长、党委书记、教务长、总务长、系主任、若干教授和其他必要人员组成。正副校长担任校务委员会正副主任。各系设正主任一人，副系主任若干人。教研室按一门或几门课程设置教学研究组织，设教研主任一人，副主任若干人（基本上都为一人）。

"文革"时期，学校的组织机构皆被撤销，另成立"革命委员会"作为学校的领导机构，各级学校革命委员会设主任一人，副主任若干人；下设政工组、教育革命组、后勤组等作为办事机构。①

2. 高校管理体系

1949~1958 年，贵州各高校直接受教育部和西南文教部领导。1958 年，贵州省人民委员会决定成立贵州高等教育委员会，协助贵州省人民委员会统一管理全省高等学校及贵州民族学院。1959 年初，撤销贵州高等教育委员会，改由贵州教育厅领导和管理。

1961 年 4 月 28 日，贵州省人民委员会发布《关于全省国家办的全日制各类学校的若干管理权限的规定》，其中对高等学校的规定有：高等学校的教育事业谋划，由省根据中央下达的指标确定，各高校必须切实保证完成；高等学校的建立停办和规模，须经省审查同意，报中央有关部门批准执行；高等学校的培养目标和专业设置、课程设置，须经省审查同意，并报请中央有关部门批准执行；高等学校的学制，须经省审查同意，并报中央有关部门批准执行；高等学校的教学计划、教学大纲和教材，应按中央教育部门和中央有关部门的规定执行，不得擅自变动，自编的教学大纲和教材，须经省级有关部门审查批准后方可使用；省属高等学校寒暑假由省有关部门确定；地方专科学校寒暑假由各专、州、市教育部门确定；省属高等学校、各地师范专科学校教师、其他专科学校基础课教师的配备与调动，由省级教育行政部门负责；专业课教师由省级有关部门负责；高等学校毕业生就业由中央统一分配。②

此后，贵州高等教育的发展和培养方法与模式，基本上按这一规定执行，仅有一些小小的变动。贵州省《关于全省国家办的全日制各类学校的若干管理权限的规定》的发布，标志着贵州高等教育从建校到学生毕业就业等培训模式的初期探索基本完成，成为后来贵州高等教育办学的基本模式。

（二）思想政治教育

1. 大学生思想政治教育的组织与管理

1949 年，人民政权在接管贵州各个高校过程中，由学校军代表负责对学生进行思想政治教育和道德品质教育。1952 年，贵州高校逐渐建立起中国共产党学校党支部后，这一工

---

① 贵州省地方志编纂委员会. 贵州省志·教育［M］. 贵阳：贵州人民出版社，1990：494-495.

② 贵州省地方志编纂委员会. 贵州省志·教育［M］. 贵阳：贵州人民出版社，1990：488-491.

作由学校党支部负责领导管理。1956 年各校建立中共党委后，由党委宣传部领导和管理，并配备专门人员负责学生思想政治工作，同时建立起了马列主义研究室，对学生开展系统的政治理论教育。1957 年，贵州贵州省高校根据毛泽东主席《关于正确处理人民内部矛盾的问题》一文的精神，高校的党、团、行政、教师成为大学生思想政治教育的重要力量。“文革”中，以阶级斗争为纲，思想政治教育走向极端，脱离了思想政治教育的正轨。粉碎“四人帮”后，贵州省各高校恢复党委和党委办事机构，学生思想政治教育工作仍由党委宣传部负责，并开始配备学生工作干部。①

2. 大学生思想政治教育的内容

中华人民共和国成立后，对高等学校大学生的思想教育和品德教育的内容的探索，主要体现在以下三个方面：

第一，政治理论教育方面。1950～1952 年，贵州高校开设的政治理论课程主要有新民主主义论、辩证唯物论与历史唯物论（包括社会发展简史）、政治经济学、“文教政策法令”等。1950 春季学期开学后，贵州高校全面取消原有的三民主义、哲学概论、伦理学和六法全书等课程，全面按新时代大学的要求开设各类政治理论和思想改造理论课程。例如，贵州大学在全校各年级皆新开政治课程辩证唯物主义论与历史唯物主义论，在文法商学院和农经系新开设必修课程政治经济学和新民主主义论，在历史系开设必修课程中国近代革命史、世界近代革命史、苏联史、社会发展史，在政经系开设必修课程新民主主义经济建设、中国革命基本问题、中国土地问题与土地改革、劳工政策法令、帝国主义论、共产党宣言、苏联经济建设研究，在法律系开设必修课程马列法律理论、论国家、斯大林关于苏联宪法报告、家族私有财产及国家的起源。

涉及新思想的政治课程，由于教师的缺乏，贵州高校则采用大班大课形式，由适合的少数教师担任。例如，贵州大学遴选出六位教师担任全校类似的课程教学，经过一学期的试点，取得了较好效果。②

1952 年秋，贵阳师范学院院长康健亲自担任政治讲主讲，并主持制定了 1952～1953 学年贵阳师范学院《政治课教学计划大纲》（以下简称《大纲》）。《大纲》提出，政治课教学的目的是“阐明马列主义、毛泽东思想的科学性和革命性，激发爱国主义和国际主义，批判非无产阶级思想，明确人民教师在祖国建设中的崇高地位和光荣任务——做马、恩、列、斯、毛泽东的好学生，做人民的师表”，要求“以联系群众联系实际”的方法教政治课。《大纲》明确规定开设的政治理论课程为：第一学年《新民主主义论》；第二学年《实践论》《矛盾论》；第三学年《毛泽东选集》；第四学年《联共（布）党史简明课程》。同时规定新生进校的第一学期讲授“不懂马列主义就不能做人民教师”“劳动群众创造历史”“中国革命和中国共产党”“中国共产党三十年历史”和“共产党员八个条件”五个单元；第二学期讲授“中国革命是世界革命的一部分”“人民民主专政”“经济高潮与文化高潮”三个单元。全学年共 162 学时，其中讲授 77 学时，课堂作业 85 学时。《大

---

① 贵州省地方志编纂委员会. 贵州省志・教育［M］. 贵阳：贵州人民出版社，1990：361-362.

② 贵州省教育厅. 西南区贵州省贵州大学高等学校概况调查［A］. 贵阳：贵州省档案馆（114-1-79）；贵州省教育厅. 西南区贵州省国立贵阳师范学院概况调查表［A］. 贵阳：贵州省档案馆（114-1-79）.

纲》上报西南军政委员会文教部后，受到高度重视，于1952年10月通报西南区各高校，作为各高校撰写政治课程教学计划的重要参考。西南军政委员会还强调，由院长亲自领导并撰写计划，并担任政治课主讲的做法，值得各高校仿效。

1953年院系调整后，各高校正式开设马列主义基础理论、政治经济学、辩证唯物论与历史唯物论等课程。1957年后，有的学校一度停开马列主义理论课程，改为在各年级开设社会主义教育课程，以毛泽东《关于正确处理人民内部矛盾的问题》为教学内容。1962年，在执行《高教六十条》过程中，恢复开设《中共党史》《哲学》《政治经济学》等政治理论课程。

第二，时事政策教育方面。人民政权接管贵州高校后，十分注重学生的时事政策教育。1950年8月，在抗美援朝运动中，贵州三所高校师生报名参军参干非常踊跃，经学校保送，领导批准，当年贵州大学、贵阳医学院、贵阳师范学院数千名同学获准参加军干校。1951年，各高校组织大学生到农村参加土地改革运动。1953年后，主要学习国家过渡时期的总路线、总任务，加强爱国主义教育、劳动教育和自觉纪律教育。1958年后，重点宣传和学习“三面红旗”（总路线、“大跃进”、人民公社）。1963~1964年，根据上级指示，各高校兴起开展组织学生分期分批参加农村社会主义教育活动。

第三，道德品质教育方面。1950年初的寒假期间，贵阳市新青工委会主办寒假学团加强高校学生的思想改造教育活动，90%的在校学生参加了学团，未参加的学生则去到贵阳各工厂或单位实习。①

《中国人民政治协商会议共同纲领》规定：“提倡爱祖国、爱人民、爱劳动、爱科学、爱护公共财物为中华人民共和国全体国民的公德。”“五爱”教育成为当时高校学生品德教育的重要内容，以培养大学生爱劳动、守纪律、团结互助、努力学习科学知识的优良品德。抗美援朝战争期间涌现的黄继光、邱少云等英雄事迹，成为当时高等教育学生品德培养的重要学习内容。毛泽东在1963年题词“向雷锋同志学习”后，“学雷锋，见行动”和“为祖国而学习”成为大学生的思想行动指南。之后，相继开展向王杰、焦裕禄等英雄人物的学习，成为大学生重要的思想方向，收到了培根助本的功效，激励着大学生努力学习，为国奋斗的激情。② 特别是破除“学而优则仕”和“劳心者治人，劳力者治于人”，树立为人民服务和为中华崛起而奋斗的理念，起到了振聋发聩的功效，为改革开放时代培养社会主义高素质劳动者打下了观念基础。

四、学籍管理与毕业就业

（一）招生

1950年暑期，贵州大学、贵阳师范学院和贵阳医学院举行联合招生，主要招收对象依

① 贵州省教育厅. 西南区贵州省贵州大学高等学校概况调查［A］. 贵阳：贵州省档案馆（114-1-79）.

② 贵州省地方志编纂委员会. 贵州省志 · 教育［M］. 贵阳：贵州人民出版社，1990：360.

据教育部《招生规定》的“关于报考资格，凡志愿为人民服务，身体健康，具备下列条件之一者，均可报名：①曾在公私立高级中学毕业，有毕业证书或升学证明者；②曾在后期师范毕业，有毕业证书及毕业后服务满两年之证件者；③曾在公私立高级职业学校或中等技术学校毕业，有毕业证书及毕业后服务满两之证件者；④凡具有高级中学毕业的同行学力，并有县以上人民政府或市人民政府教育机关证明，或县以上工会、解放军团以上政治机关之证明者”进行。由于贵州生源不足，当年招生有湖南、广西、四川三省学生至贵阳报考。1950 年贵州大学录取新生 196 人，其中，中文系 6 人，外语系 3 人，历史系 3 人，数学系 3 人，化学系 4 人，地质系 11 人，政经系 12 人，法律系 5 人，工管系 14 人，农艺系 29 人，家化系 31 人，家经系 5 人，土木系 21 人，矿冶系 15 人，机电系 34 人。贵阳师范学院录取新生 67 人，其中，教育系 16 人，国文系 7 人，外语系 5 人，史地系 5 人，理化系 6 人，体育科 2 人，音乐组 12 人，美术组 10 人。贵阳医学院录取新生 49 人。[①]

1951 年，贵州省三所高校参加西南大行政区范围内统一招生。1952 年，参加全国统一招生。根据中央指示，贵州省成立了高等学校招生工作委员会分会，具体组织办理省内考生的报名、考试、政治审查、健康检查、评卷、录取等工作。1958 年，贵州省根据中央规定成立高等学校招生委员会，统一组织领导本省的招生工作。

贵州省高校招生在执行全国统一的招生措施中，根据本省实际，采取了以下几种措施：一是增设考点。1951~1955 年，贵州省只在贵阳设有高考考点。1956 年起，增设遵义、毕节、安顺、赤水、兴义、都匀、铜仁、镇远 8 个分考点。二是扩大考生来源。贵州在 1960 年（包括当年）以前，每年应届高中毕业生都满足不了高考招生的需要，需到四川、湖南、江苏、上海、云南等省（市）招收部分学生，另外就是动员小学教师、在职干部、转业军人以及部分成绩优秀的中专毕业生报考高等院校。三是于 1957 年开始着重招收本省考生。这是因为“我省现有高校（医、农、师范）的性质是为地方培养干部，被录取的外地学生不能全部到校，到校的学生也有不少人不安心学习，即令读到毕业，他们也不愿在贵州工作，即令勉强服从分配，到工作岗位也长期不安心，要求调回原籍”。故而 1957 年贵州教育厅向贵州省人民委员会报告，提出贵州高校着重招收本省的学生更为恰当。当年，教育部也同意贵州单独招生，目的就是着重招收本省考生。1957 年，除农学院外，其他高校都完成了招生计划。四是向工农开门，充分照顾华侨和少数民族。在招收工作中，强调向工农开门，因而贵州高等学校中的工农成分的新生比例逐年增加。1958 年达 38%，1959 年为 41%，以后一直在增加。1961 年，贵州高校开始对华侨、少数民族学生、学生干部采取与其他考生同行成绩优先录取政策。仅当年就录取华侨学生 45 人，占报考侨生总数的 75%。当年，中央民院及其分院在贵州录取的新生，除一人为汉族外，均为少数民族学生。[②]

1966~1971 年，贵州省内高校停止了招生。1970 年，按照中共中央、国务院批转《北京大学、清华大学关于招生（试点）的请示报告》要求，确定工农兵学员的任务是

---

① 贵州省招生考试院. 贵州教育考试史［M］. 贵阳：贵州教育出版社，2012：230.

② 贵州省地方志编纂委员会. 贵州省志·教育［M］. 贵阳：贵州人民出版社，1990：371-372，495-496.

“上大学、管大学、用毛泽东思想改造大学”。贵州各高校1972年试点恢复招生时，采用由工人、农民和解放军战士“自愿报名，群众推荐，领导批准，学校复审”的方式，不参与文化考试，以保证大学接受教育的是真正的无产阶级分子，即高校只招收“工农兵学员”，并把学制缩短为2~3年。贵州农学院实行“三来三去”（社来社去、厂来厂去、哪来哪去）；贵阳医学院和贵阳师范学院也部分实行“三来三去”。到1976年，贵州全省各高校共招收工农兵学员14153人。这种招生办法，由于学生文化参差不齐，给教学带来了很大困难，降低了高等学校的教学质量。①

1977年，贵州结合本省实情，组织实施中央制定的全国高等学校统一招生的有关规定，才使招生制度走上正轨。

（二）学生待遇

人民政权接管贵州高校后，贵州省人民政府特厘定贵州省高等学校学生人民助学金制度，并责成各高校成立“学生人民助学金评议委员会”，负责对在校学生进行人民助学金评定工作，以解决贵州各高校学生在校期间的学生、生活困难。1951年高校人民助学金分为甲、乙、丙三等，甲等为大米70斤，乙等为50斤，丙等为30斤。贵阳师范学院所有学生皆能享受人民助学金，贵州大学与贵阳医学院60%的学生能够获得人民助学金。1951年贵州民族学院成立，其学生全部享受人民助学金。

1957年7月，贵州省政府作出《调整人民助学金预算指标》。1958年3月，又制发《贵州高等学校人助金开支标准暂行规定的通知》，翌年4月再次批转贵州省教育厅《关于解决国家办的全日制高等学校学生供给问题的意见》，对学生人民助学金的补助面及金额皆有调整和提高。1962年，各大学的人民助学金补助面减少，贵阳师范学院为80%，贵州大学为60%，其余为40%。但由小学教师、转业军人或在职干部进入大学学习，则均享受带薪学习待遇，直至毕业。

1972~1976年，各高校从工人、农民（包括知识分子）和军人中招收的工农兵学员，其所需的费用，由工厂、农村、总队或机关供给。1977年恢复统一招生后，贵州高等学校全面恢复人民助学金制度。其中师范与民族学院学生全部享受人民助学金。②

（三）学籍与毕业就业③

教育部1950年8月颁布的《高等学校暂行规程》规定，全国高等院校入学条件为年满17岁，身体健康，在高级中学或同等学校毕业或有同等学力，经入学考试合格，按时到校注册便取得学籍。贵州各高校执行《高等学校暂行规程》的规定。

1951年，贵州各高校执行教育部的通知，废除学生入学保证书制度和取得殷实店铺的

① 孔令中. 贵州教育史［M］. 贵阳：贵州教育出版社，2004：499；贵州省地方志编纂委员会. 贵州省志·教育志［M］. 贵阳：贵州人民出版社，1990：372.

② 贵州省地方志编纂委员会. 贵州省志·教育［M］. 贵阳：贵州人民出版社，1990：371-375；贵州省招收考试院. 贵州教育考试史［M］. 贵阳：贵州教育出版社，2012：266.

③ 贵州省地方志编纂委员会. 贵州省志·教育［M］. 贵阳：贵州人民出版社，1990：379-382.

保证人制度。1952 年暑期开始，各高校间停止招收转学生的考试。

学生取得学籍后，在校期间，除了参加正常的学习和劳动外，每学期或学年结束时，每个学生都要按照教学计划进行考试或考查，考试考查科目由各院校自行安排。对学生的成绩按优秀、良好、及格、不及格或百分制评定。试行学分制的按学分制执行。学生的考试考查列入学生档案。如果学生自学某一门课程，经过考试达到教学计划要求的，可以免修该门课程。每学年学完教学计划规定的课程，经过考试、考查，成绩及格者，准予升级；成绩不及格者，经过补考仍有两门主要科目不及格者，应当留级。学生成绩特别优秀的学生，经过考核达到跳级水平的，允许跳级，达到大学毕业水平的，可以提前毕业。

高校学生在校期间，因病经医疗单位诊断，认为必须休学或需长时间治疗，或因其他特殊原因，必须休学的，经学校批准可以休学。休学时间以一年为限。学生休学期间，仍享受公费医疗，在当地医院就诊。学生休学期满后，可于学期或学年开始前申请复学。复学的学生，原则上随原专业下届学生学习。如学生在校期间患有精神病、癫痫病、麻风病等，应予退学。退学学生如原为在职职工，则退回原单位，其他则退回父母所在地。

高等学校在校生一般不得转学，如无正当理由也不得转专业。如果个别学生因某种特殊疾病或重大缺陷，经医疗单位检查证明，不能在原专业学习，但尚能在其他专业或其他学校继续学习的，可转入其他专业或其他学校适当年级学习，但普通高校不能转入重点高校，专科学生不得转入本科，毕业班学生不得转学。须转入其他学校或其他专业的，经转出学校与转入学校联系同意后，由学校分别报主管部门批准执行。

在学生在校期间，政治思想、学业、锻炼身体等方面表现优秀的，予以表扬和奖励。表扬和奖励的方式有：口头表扬，发给奖状、证书、奖章、奖品及设置不同等级的奖学金。如犯有不良行为的，则分别给予批评教育或纪律处分，其方式为：警告、严重警告、记过、留校察看、勒令退学、开除学籍。受留校察看处分的学生，一年内有显著进步表现的，可解除察看；经教育不改者，令其退学。如果学生思想反动、品质恶劣、道德败坏，或者是流氓、阿飞，经教育不改者，应开除学籍。

如果学生在高校期间，完成了每学年进行的一次小结，毕业时的全面鉴定，学完教学计划规定的全部课程考核及格者，皆准予毕业，并发给毕业证书。课程不及格的可补考一次，补考及格的发给毕业证书。补考不及格者发给修业证书，工作期间，可继续申请补考，及格者补发毕业证书。高等学校的毕业生，必须服从国家统一分配。对不服从分配，经反复教育无效者，或逾期三个月不去分配单位报到者，取消其毕业分配资格。

第四章
改革开放后贵州高等教育的建设与发展（上）

第一节　中央对知识分子政策的“拨乱反正”

一、重启中华文明绵延不断的内在动力

中国是一个自古就高度重视知识在社会、国家建设与发展中所发挥的作用与功能的国度。知识分子对社会责任的高度自觉，让知识与文化成为了中国古代文明发展重要的内在动力。改革开放之初中央对知识分子的重新定位，无疑让中国的原生内在动力得到了重生。

1. 中国知识阶层的形成

在中国古代，知识分子发端于春秋战国时期的“士”。士，在春秋以前是贵族中的最低阶层，他们有一定数量的“食田”，受过礼、乐、射、御、书、数六艺教育，能文能武，有参与政治的权利，也是国家军事力量的中坚。他们常依附于宗族群体，尚未成为一个独立的社会阶层。他们在社会中的身份常为巫、祝、史、卜等为王室掌管典籍文献及天文历法、医药学、历史、预卜等专门知识的中国早期的知识分子，并世代承袭。

西周时的学术、教育与宗教、祭祀有密切的关系，由负责宗庙祭祀、记事和文书管理的祝、宗、卜、史掌管。周王室负责这类事务的官员不下千人。各诸侯国也设有祝、宗、卜、史之职官。

春秋时期，社会政治体制和经济关系发生了深刻的变化。诸侯国之间连绵不断的兼并战争，各国内部愈演愈烈的宗族倾轧，导致了大批宗族和宗族国家的消亡。随着宗族政治的土崩瓦解，失去宗族依托的贵族大批地沦落为士，士人队伍迅速扩大，脱离了原来的贵

族等级序列成为一个独立的社会阶层。

他们中的许多成员在这次历史大动荡中跌入庶民的世界，在失去封土、爵位、官职的窘况下，他们虽不如平民胼手胝足维持生计，但是可以把出卖智力作为新的谋生手段。于是，这些原本在宫廷中专掌典册、身通六艺之士纵然出走，流落民间；他们所掌握的文化也被传播、普及，把原来集中于周王室和宋、鲁的文化逐渐扩散。在他们的教育培养下，庶民中又产生出新一代文武之士，与他们一同构成了一个新的士阶层。他们即是中国最早的知识阶层。

2. 知识分子治理国家的产生及在古代中国的变迁

进入战国时期，新兴的士人空前活跃，这些文化素养较高的知识分子没有任何人身依附关系，行动自由，思想开放，成为各国统治者争相招揽的对象。他们凭借知识和才干，或为理想而奔走四方，或为生计而周游列国，都是入仕干政的最佳人选，从而形成了一支庞大的充满活力的官僚后备军。

同时，随着血缘宗族关系的瓦解，以及民间聚徒讲学的兴起，士的定义及范围也发生了巨大的变化。士在战国时期还成为关于个人能力和人格的称谓，不受国家、宗族、经济地位、政治地位的限制。一般普通人家的子弟，通过学习文化和武艺，也可以上升为士。例如，当时著名的政治家苏秦、张仪、范雎、李斯等人，都是由平民上升为士的，最后成为有作为的政治家。

平民通过努力与奋斗大量进入士阶层，扩大了士的范围，成为士阶层进一步发展的活力。因而战国时期的士，人数最多，品类最杂，上至将相，下至鸡鸣狗盗之徒，都可称为士。

随着士阶层对于自身人格的独立有了比较清醒的认识和追求，他们可以傲然藐视王侯。士阶层的发展及其独立，自由意识的觉醒，追求思想的自由和精神的享受，使思想上的独立精神得到了增长，形成了以天下、民生为己任的独立责任意识倾向，这种以天下、民生为己任的人格取向后来成了千百年来中国知识分子人格的基础。

虽然知识分子可以傲视王侯，追求思想自由和精神的独立，但要实现以天下、民生为己任，从而达到兼济天下的抱负，却不得不依靠君王，参与到国家的政务之中。于是孔子便提出了“学而优则仕”“君子之仕也，行其义也”，以达到“兼济天下”“为生民立命”等终极目标。《左传·襄公九年》曰：“君子劳心，小人劳力，先王之制也。”孟子所提出的“劳心者治人，劳力者治于人”正式指出了体力劳动与脑力劳动的差别，辨明了劳心者统治劳力者的社会格局，从而在知识分子中形成了“劳心者治人，劳力者治于人”追求政治理想的范式，到汉武帝时期董仲舒提出的“独尊儒术”的全社会模式的完成，最终演化为智识者治天下的体制。

如果说秦汉之前国家的重要职位主要还由贵族世袭担任，但伴随秦汉之大一统以后，封建贵族社会逐渐崩解，特别是科举选士的逐渐确立，国家的重要官职基本由知识分子出任；社会政治管理之职责，基本亦只能由通晓儒家经典的知识分子担当。这样，基于“学而优则仕”的社会政治信念，中国最早在世界上建立了一套较为系统的文官政治架构，使教育与政治得以无缝对接，由此受教化的知识分子的才能被充分纳于政治，进而又使政治之构造得以优化提升。知识分子则通过纳于仕，从而以达其所追求的“导之以德，齐之以礼”“为生民立命”“兼济天下”“治国、平天下”理想社会。

3. 知识分子治理天下观念在近现代中国的转型

农耕文明时代的社会理想，主要是以体力劳动为主的农业劳作技能的世代传承为基础的。工业文明时代的兴起，全面打破了传统社会生存技能的方式，传统的靠体力或世代相传的生存技能已经不能满足社会发展的需要。

在工业文明时代，教育必须满足两个条件：首先是无阶级的教育；其次是培养各种各类的有知识和技术的劳动者，即“教育能够直接为年轻人从事各种职业做准备”①，培养国家建设者。

然而，中国不是主动的，而是在西方帝国主义的铁蹄践踏的屈辱中踏上工业时代的台阶。在1840年后坎坎坷坷100年工业强国的历史探索中，如破除帝制思想、转型农耕经济等皆是探索性尝试，且在一定程度上取得了成功。但由于“劳心者治人，劳力者治于人”的观念受国家政治、经济因素的制约没有能够及时转变，导致探索长期在黑暗中进行，没有获得根本性突破。

国民党统治时期的高等教育，虽然“达到了中国近代资产阶级高等教育发展的顶峰”，但其并不是“由于政府重视战后国家建设人才之教育”，所以国民政府也只是“必须培养为其服务的知识分子”，而不是国家的建设者。从学生的毕业去向看，由于当时中国工业落后，国家又急需知识分子参加到国家的管理之中，特别是日本帝国主义对中国的侵略，使广大知识分子不得不参与到各类军事特需人才行列之中。在长期的战乱中，国民党急需大量有技术、有知识的高级人才，导致其高等教育无法突破“劳心者治人，劳力者治于人”的思想，无法向培养国家的建设者和劳动者转型。

中国共产党在土地革命时期，随着根据地的发展与扩大，各根据地根据自身的需要，纷纷创办干部培训班，并在此基础上，创办了共产党自己的大学，由于时代所急需，高校教育的主要目的仍是培养共产党的高级干部。到抗战期间及后来，中国共产党创办的大学虽然开始向根据地建设方向发展，如山东抗日根据地创建的滨海建国学院、淮北苏皖抗日根据地创立的江淮大学，但在当时的条件下，从这些大学出来的学生，最后也只能满足当时抗战和解放战争的需要走向政府和军事等急需的职能岗位。②迫于时代的条件，当时中国共产党创建的高等教育，仍然无法向培养国家的建设者和劳动者顺利转型。

国共两党在民国时期的高等教育探索，不仅没有突破“劳心者治人，劳力者治于人”的传统观念，反而有强化传统观念的趋势。也就是说，在国民党统治时期，虽然中国的工业在孱弱的环境中有所发展，也急需大量的高级技术和管理人才，却不得不让位于战争与政治。

中华人民共和国建立后，国家进入全面建设和发展时期，但当时的中国一贫如洗，4亿民众中超过90%的人处于完全文盲阶段，少有人能够进入“知识分子”行列。国家建

---

① ［美］劳伦斯·维赛. 美国现代大学的崛起［M］. 栾鸾，译. 北京：北京大学出版社，2015：61.

② 郑登云. 中国高等教育史（上）［M］. 上海：华东师范大学出版社，1994：228-274，287-298.

设急需的各类人才，“一才难得”，加之对庞大中国的进行治理也急需人才，人才缺口更是庞大。尽管中国共产党接管了中国大陆所有的高等学校，但国家各类人才缺口在短时期内却难以达到平衡。

1949 年 9 月 29 日，《中国人民政治协商会议共同纲领》规定“人民政府的文化教育工作，应以提高人民文化水平，培养国家建设人才，……发展为人民服务的思想为主要任务”，提出必须“有计划有步骤地实行普及教育，加强中等教育和高等教育，注重技术教育，加强劳动者的业余教育和在职干部教育，给青年知识分子和旧知识分子以革命的政治教育，以应革命工作和国家建设工作的广泛需要”①。1954 年，国家更是在《宪法》中规定了“中华人民共和国公民有受教育的权利。国家设立并且逐步扩大各种学校和其他文化教育机关，以保证人民享受这种权利”，把公民的受教育权以法律的形式保障下来。这条规定适应了中国全社会向工业时代转型的人才需求变化，可谓与时俱进。

1950 年 6 月，教育部召开了第一次全国高等教育会议，提出高等教育必须以理论与实际相一致的方法，培养具有高度文化水平、掌握现代科学和技术成就的、全心全意为人民服务的、高级的国家建设人才。同时还指出要吸收工农干部和工农青年进高等学校，以培养工农出身的新型知识分子，加入国家建设行列。理论与实际相结合，开始模糊“劳心”与“劳力”的界限，为工业文明的发展打开了空间。

随后，文化教育战线的知识分子开展自我教育和自我改造运动，主动适应国家建设发展的需要，树立起爱国主义思想和为人民服务思想。

1951 年，毛泽东指出对各类知识分子的思想改造，“是我国各方面彻底实现民主改革和逐步实现工业化的重要条件之一”。毛泽东意识到，中国走向工业文明时代，知识分子传统思想的现代转型是必要的条件之一。1954 年 5 月，中国教育工会全国委员会主席吴玉章提出：“我们的教育工作者是社会主义建设中的一支劳动大军——脑力劳动者，是光荣的工人阶级的一部分。”这是中华人民共和国由知识分子为主体构成的国家机关因应时代变迁，首次明确知识分子是“脑力劳动者”观念，并肯定其为“工人阶级的一部分”。表明了在当时的环境中，知识分子对自身的认识与定位，以期从政治上解决知识分子的地位问题。但这个问题，由于受“左”的思想影响，没有得到中央的肯定。

1956 年我国社会主义改造基本完成后，转入全面的大规模社会主义建设之中，开始探索中国自己的建设社会主义道路。

1961 年，《教育部直属高等学校暂行工作条例（草案）》指出，正确执行党的知识分子政策，团结一切可以团结的知识分子，调动一切积极因素，为社会主义的高等教育事业服务。同时强调，高等学校的中共党委会，是学校工作的核心，对学校工作实行统一领导。②

1962 年 3 月，周恩来同志在科技工作会议和文艺工作会议上首次肯定了我国知识分子的绝大多数已经属于劳动人民的知识分子，而不是属于资产阶级的知识分子。陈毅则宣布

---

① 郑登云．中国高等教育史（上）［M］．上海：华东师范大学出版社，1994：7-8.

② 郑登云．中国高等教育史（上）［M］．上海：华东师范大学出版社，1994：71，73.

给广大知识分子"脱帽"（脱"资产阶级"知识分子之帽），"加冕"（加"劳动人民"知识分子之冕）。[①]

经过多年社会主义道路的探索，其中对知识分子在国家建设中所发挥的作用基本都作出了肯定，但对知识分子的阶级和政治定性却长期停留在"可以争取、团结的对象"这一观念上。中国走向工业文明时代最为迫切的对知识分子的需求观念并没有在全社会中成长起来，反而是传统的"劳心者治人，劳力者治于人"的观念发挥着主导功能。最终由于领导人的误判，导致了十年"文化大革命"的发生，一度让中国初现的工业文明道路的探索出现倒退。

4. 改革开放重启了中国社会原生内在动力——科学知识是历史发展动力

1976 年 10 月，"文化大革命"结束。但直到 1978 年 12 月，中共十一届三中全会的召开，中国社会主义工业文明发展的道路才走上正轨。邓小平同志《解放思想，实事求是，团结一致向前看》重要讲话明确指出，要实现现代化，必须依靠实事求是，这是无产阶级世界观的基础，是马克思主义的思想基础；要恢复实事求是的传统，就必须解放思想，克服党内由于各种原因而形成的思想僵化状态。他尖锐地指出："不打破思想僵化，不大大解放干部和群众的思想，四个现代化就没有希望。"[②] 1978 年 3 月，邓小平在全国科学大会上强调"科学技术是生产力"这一重要观点，并指出为社会主义服务的脑力劳动者是劳动人民中的一部分，从此人民思想得到大解放，知识和知识分子重新受到重视，"劳心"与"劳力"得以共生，并高度融合。这一具有深远意义的伟大历史转折为中国工业文明腾飞奠定了坚实的思想基础。

改革开放后，中国的高等教育步入了快速发展期，"劳心者治人，劳力者治于人"的传统观念正在与时俱进地向全民受教育者转型，即在工业文明时代，每一个人的生活和生存技能，必须是掌握一定的知识和技能。这种转型的渐进式成功，无疑已经重新启动了中华文明绵延不断的内在动力。

二、落实党的知识分子政策

1977~1978 年，贵州各类教育部门通过座谈会、召开师生大会以及教育工作会议、学习邓小平在全国教育工作会议上的讲话，从思想上进行拨乱反正，清理"左"倾错误的影响，否定"两个估计"的错误论断，充分肯定中华人民共和国成立后 17 年的教育工作，肯定知识分子是工人阶级的一部分，在教育战线贯彻"解放思想、实事求是"的马克思主义思想路线，激起了贵州教育工作者满腔的热情，参加到真理标准问题的文化市场热潮之中。通过联系实际批判极"左"思想在教育方面的表现，正本清源，把"四人帮"颠倒的是非匡正过来，解放了人们的思想，逐步扫除了落实知识分子政策的障碍。

---

① 郑登云．中国高等教育史（上）［M］．上海：华东师范大学出版社，1994：88.

② 邓小平．邓小平文选（第二卷）［M］．北京：人民出版社，1994：133.

1982年，中共贵州省委发布《中共贵州省委关于对知识分子工作进行一次检查的通知》，全面展开在“肃反”“反右”“四清”“文革”四个时期对知识分子造成的冤假错案和有申诉的案件进行调查处理。高等院校成立了专门落实知识分子政策的领导小组和办公室，对四个时期以及之前的历史老案认真进行复查，仅贵州大学、贵州农学院、贵阳医学院、贵州工学院、贵州民族学院，共给1567人落实了政策。① 使众多在历史上受冤假错案影响的知识分子得到一一平反：对不实材料进行清理登记，清退和销毁，彻底把知识分子从历史中解放出来；对扣发工资的补发工资，生活困难的进行生活补助，对去世的补开追悼会并对其遗属进行抚恤，对失去工作的安排工作，对开除党籍的恢复党籍，对受到党纪、政纪和其他处分的作出改正决定，对在冤假错案中受到株连的亲属也作了适当处理。经过一系列的拨乱反正工作，不仅提高了领导的认识水平，而且改进了领导干部的工作作风，改善了党群关系，调动了知识分子的积极性，尤其是激发了知识分子忠诚党的教育事业情感，特别是恢复高考招生后，众多的高校知识分子全身心投入到为建设社会主义现代化中国培养人才的历史进程之中。

三、恢复高等学校招生考试

1977年8月8日，邓小平在主持召开的全国科学和教育工作座谈会上指出，“我们国家要赶上世界先进水平，从何着手呢？我想从科学和教育着手”“今年就要下决心恢复从高中毕业生中直接招考学生，不要再搞群众推荐。从高中直接招生，我看可能是早出人才、早出成果的一个好办法”。8月13日，教育部根据邓小平的指示精神，召开了第二次全国高等学校招生工作会议。10月5日，中共中央政治局通过了教育部起草的招生文件，国务院也批准了《关于1977年高等学校招生工作意见》和《关于高等学校招收研究生的意见》两个招生工作文件，宣布当年立即恢复高考招生。②

《关于1977年高等学校招生工作意见》（以下简称《意见》）中批判了“四人帮”的干扰破坏“使招收新生的质量逐年下降”，破坏了“工人阶级知识分子队伍的建设”，造成了“各条战线科技人员青黄不接的严重状况”，拖了“四个现代化的后腿”后，明确提出：“要采取强有力的措施，切实把优秀青少年选拔上来。要实行两条腿走路的方针，广开财路；要坚持自愿报名，认真进行文化考试，择优录取。快出人才，早出结果，加速完成‘建立无产阶级知识分子的队伍’的重大战略任务，为在本世纪末把我国建设成为伟大的社会主义现代化强国做出贡献。”

在这次招生对象条件中，只提出了三条要求：第一条是政治历史清楚，拥护中国共产党，热爱社会主义，热爱劳动，遵守革命纪律，决心为革命而学习；第二条是具有高中毕业或相当于高中毕业的文化水平（在校高中学生，成绩特别优良，可自己申请，由学校介绍，参加报考）；第三条是身体健康。此外，《意见》还规定“凡是工人、农民、上山下

① 孔令中. 贵州教育史［M］. 贵阳：贵州教育出版社，2004：515.

② 贵州省招生考试院. 贵州教育考试史［M］. 贵阳：贵州教育出版社，2012：280.

乡和回乡知识青年（包括按政策留城而尚未分配工作的）、复员军人、干部和应届高中毕业生，年龄在 20 岁左右，未婚”的可以自愿报考；“实践经验比较丰富并钻石有成绩或确有专长的”，年龄在 30 岁以内的，不限婚否，也可自愿报考；并特别提出要“注意招收”1966 届、1967 届两届高中毕业生。

在招生办法上采取“自愿报名—地市初选—统一考试—学校录取”四步走程序。为保证国家重要建设人才的需要，优先保证全国重点院校学生录取。在招生办法上，《意见》还特别提出对长期工作在广大乡村的赤脚医生、民办教师和农业科技积极分子的注意，“医学院在注意招生表现好的赤脚医生”，“师范学院要注意招收表现好的民办教师”，“农学院要注意招生表现好的农业科技积极分子”。此次招生办法对少数民族考生和女学生还提出了特别要求，“要注意招生少数民族学生，文化程度可行当放宽，但入汉语授课院校要具有一定的汉语听写能力”，“要注意招生女学生”；同时，“要注意招收一定数量”自愿报考的港澳台和归国华侨青年。另外，还对解放军干部、战士报考方法、艺术体育类院校的招生方法等都作了相应的说明。①

贵州省根据中央的精神，于 1977 年 8 月酝酿成立招生委员会，制定了《贵州省 1977 年招生工作实施办法》，确定 11 月下旬至 12 月 5 日为全省报名的初选考试时间。1977 年 12 月 15 日，全省 20 多万青年走进考场，65111 人参加了高考，6898 人走进了高校课堂。当年，全国有 57 万青年报名参加了高考。②

特别是取消考生家庭出身和政治面貌条件的限制，尤其具有划时代意义。正是这两个条件的取消，“知识改变命运”成为时代的最强音，使全国各阶级、各民族的青少年都有了通过高考进入高校学习报国的希望，激起了千百万学子知识报国的决心。

对贵州来说，1977 年考试制度的恢复，意义更为重大，成为改变贵州落后状况的最为关键的切入点：从此贵州省教育事业进入跨越式发展阶段，高考制度推动了全省各民族幼儿教育、义务教育、高中教育、大学教育，以及特殊教育的跨越式发展；各类教育的发展所取得的可喜成绩及其为各行各业输送的大量优秀人才，又推动贵州政治、经济、文化进入高速发展阶段。

四、贵州九所本科院校恢复

1977 年 12 月，贵州大学、贵阳师范学院、贵阳医学院、贵阳中医学院、遵义医学院、贵州民族学院、贵州农学院、贵州工学院八所本科院校参加全国高等学校统一招生，实行学位制度③，各地州市专科大专班也相继招生，当年计划本专科招生数为 3700 人，最后实际招生数为 4923 人。④

① 贵州省招生考试院. 贵州教育考试史［M］. 贵阳：贵州教育出版社，2012：281-282.

② 孔令中. 贵州教育史［M］. 贵阳：贵州教育出版社，2004：516-517.

③ 贵州省地方志编纂委员会. 贵州省志（1978-2010）·教育［M］. 贵阳：贵州人民出版社，2017：11，13.

④ 贵州省一九七七年高等学校招生工作录取统计表［A］. 铜仁：铜仁市档案馆（75-1-92）.

1978 年，重建贵州财经学院①并招生，此后各地州市师范专科学校相继恢复，当年中央下达给贵州的本专科招生指标数为 3900 人，经研究后本专科招生增加到 5760 人。② 同年，贵州大学、贵州农学院、贵阳医学院、贵阳中医学院、遵义医学院、贵州工学院六所高等院校开始招收研究生，六所院校 23 个专业当年共招收研究生 58 名，成为贵州高校首批招收研究生的学校。1981 年 11 月，贵州工学院、贵阳医学院、遵义医学院、贵阳中医学院被国务院批准为全国首批硕士学位授予单位。当时被批准的硕士学位授权点为：贵州工学院的矿床学、水工结构工程；贵阳医学院的医学生物学与医学遗传学、寄生虫学、病理解剖学、内科学；遵义医学院的生理学、生物化学、病理生理学、病理解剖学、药理学、内科学（心血管、呼吸）、外科学（心血管）、妇产科学；贵阳中医学院的伤害学、金匮要略、温病。③

1980 年，中共贵州省委决定将贵州省文教办公室改为省政府高等教育办公室，负责领导全省九所高等院校④，同时贵州省政府批转贵州省高教办、省教育厅《关于将全省师专、大专班和电大由教育厅转到高教办统一管理的请示报告》⑤，对全省各类高等教育进行统一管理。

高校恢复招生标志着社会主义高等教育全面培养国家建设人才的机制得到了全面恢复，同时标志着贵州高等教育进入了新的发展时期。

1977 年贵州民族学院的重建招生；1983 年，兴义师范专科学校更名为黔西南民族师范专科学校；1985 年黔南师范专科学校改建为黔南民族师范专科学校；同年黔南民族医学专科学校的创建，使民族高等教育也进入了快速发展阶段。

第二节　普通高等院校

一、本科院校

1978 年，贵州省有贵州大学、贵阳师范学院、贵阳医学院、遵义医学院、贵州财经学院、贵州民族学院、贵州农学院、贵州工学院九所普通本科院校。

1985 年，贵阳师范学院更名为贵州师范大学。

1992 年，贵州建筑专科学校并入贵州工学院。

1996 年，贵州工学院更名为贵州工业大学。

---

①③　贵州省地方志编纂委员会．贵州省志（1978-2010）·教育［M］．贵阳：贵州人民出版社，2017：11，13.

②　中央下达贵州省高等学校招生指标分配方案（讨论稿）［A］．铜仁：铜仁市档案馆（75-1-92）.

④　贵州省地方志编纂委员会．贵州省志（1978-2010）·教育［M］．贵阳：贵州人民出版社，2017：299.

⑤　贵州省地方志编纂委员会．贵州省志（1978-2010）·教育［M］．贵阳：贵州人民出版社，2017：14.

1997 年，贵州大学、贵州农学院、贵州艺术高等专科学校、贵州省农业干部管理学院四校合并重组新的贵州大学。同时，贵州省艺术学校并入新的贵州大学。

2000 年，贵州工业大学、贵州省经济管理干部学院两校合并重组新的贵州工业大学，同时，贵阳煤炭工业学校并入新贵州工业大学；黔南民族师范高等专科学校、黔南教育学院、都匀民族师范学校合并组建黔南民族师范学院。

2001 年，遵义师范高等专科学校改建为遵义师范学院；经贵州省政府批准，成立贵州大学科技学院、贵州工业大学国际合作学院、贵州师范大学求是学院、贵阳中医学院时珍学院、贵州财经学院商务学院、贵州民族大学人文科技学院、贵阳医学院神奇民族医药学院、遵义医学院科技学院。

2004 年，贵州大学、贵州工业大学两校合并组建新的贵州大学；贵阳师范高等专科学校、贵阳金筑大学合并组建贵阳学院。同年，贵州工业大学国际合作学院更名为贵州大学明德学院，遵义医学院科技学院改名为遵义医学院医学与科技学院。

2005 年，经教育部批准，毕节师范高等专科学校、毕节教育学院合并组建毕节学院。

2006 年，经教育部批准，铜仁师范高等专科学校改建为铜仁学院；安顺师范高等专科学校改建为安顺学院；黔东南民族师范高等专科学校改建为凯里学院。同年，贵州省确定贵州大学、贵州师范大学、贵阳医学院为省级重点建设高等院校；确定贵阳中医学院、遵义医学院、贵州财经学院、贵州民族学院为省级重点支持建设高等院校。

2009 年，经教育部批准，六盘水师范高等专科学校改建为六盘水师范学院；兴义民族师范高等专科学校改建为兴义民族师范学院；贵州教育学院改建为普通本科院校贵州师范学院。

2013 年，成立贵州理工学院。

2014 年，毕节学院更名为贵州工程应用技术学院。

2015 年，贵州商业专科学校升格改建为贵州商学院。

2017 年，成立我国第一所围绕酿酒产业链培养应用型人才的非营利性高等教育院校茅台学院；以贵州警官职业学院为基础成立贵州警官职业学院。

截至 2017 年，贵州省已拥有 21 所普通本科高等教育院校和八所普通本科高等教育独立院校，共 29 所本科院校。

二、师范专科学校

1977 年，贵阳师范学院黔东南师范专科大专班、贵阳师范学院兴义大专班、贵阳师范学院铜仁大专班、贵阳师范学院安顺大专班、贵阳师范学院毕节大专班、贵阳师范学院贵阳大专班、贵阳师范学院遵义大专班、贵阳师范学院黔南大专班招生。

1978 年，在贵阳师范学院凯里大专班的基础上成立黔东南民族师范专科学校；在贵阳师范学院兴义大专班的基础上成立兴义师范专科学校；在贵阳师范学院铜仁大专班的基础上成立铜仁师范专科学校；在贵阳师范学院遵义大专班的基础上成立遵义师范专科学校；在贵阳师范学院黔南大专班的基础上成立黔南民族师范专科学校。

1980 年，在贵阳师范学院安顺大专班的基础上成立安顺师范专科学校。

1981 年，在贵阳师范学院毕节大专班的基础上成立毕节师范专科学校。

1983 年，黔西南师范专科学校更名为黔西南民族师范专科学校。

1985 年，在贵阳师范学院贵阳大专班的基础上成立贵阳师范专科学校；以贵阳师范学院六盘水大专班为基础成立六盘水师范专科学校。截至 1985 年，全省九所地（州、市）级地方性师范专科学校全部建成，成为地区初级中学教师培养的重要高等院校。

1993 年，黔东南民族师范专科学校更名为黔东南民族师范高等专科学校；铜仁师范专科学校更名为铜仁师范高等专科学校；安顺师范专科学校更名为安顺师范高等专科学校；六盘水师范专科学校更名为六盘水师范高等专科学校；毕节师范专科学校更名为毕节师范高等专科学校；贵阳师范专科学校更名为贵阳师范高等专科学校；黔南民族师范专科学校更名为黔南民族师范高等专科学校。

1998 年，黔西南民族师范专科学校更名为黔西南民族师范高等专科学校；遵义师范专科学校更名为遵义师范高等专科学校。

2000 年，黔南民族师范高等专科学校、黔南教育学院、都匀民族师范学校合并组建黔南民族师范学院。

2001 年，遵义师范高等专科学校升格改建为遵义师范学院。

2004 年，贵阳师范高等专科学校、贵阳金筑大学合并组建贵阳学院。

2005 年，毕节师范高等专科学校、毕节教育学院合并升格组建毕节学院。

2006 年，铜仁师范高等专科学校升格改建为铜仁学院；安顺师范高等专科学校升格改建为安顺学院；黔东南民族师范高等专科学校升格改建为凯里学院。

2009 年，六盘水师范高等专科学校升格改建为六盘水师范学院；兴义民族师范高等专科学校升格改建为兴义民族师范学院。

2014 年，毕节学院更名为贵州工程应用技术学院。

师范专科院校升建为本科院校后，只有遵义师范学院、六盘水师范学院、兴义民族师范学院继续开展师范高等教育。其他学校皆逐渐从师范院校向综合性和应用型普通本科院校转型。

三、非师范专科（职业）院校

1983 年，贵州人民大学成立。

1984 年，金筑大学成立。

1985 年，黔南民族医学专科学校、贵州建筑专科学校、贵州艺术专科学校相继成立。

1987 年，贵州商业专科学校成立。

在改革开放前 20 年间，贵州仅成立了六所非师范职业专科学校。在这六所专科学校中，贵州建筑专科学校于 1993 年并入贵州工学院，贵州艺术专科学校于 1997 年并入贵州大学。截至 1999 年，仅存 5 所非师范高等专科学校。

1997 年 3 月 6 日至 24 日，贵州省教委组织开展全省职业教育“百校”调研。调研后，形成《贵州省职业教育调研报告（地区类）》和《贵州省中等专业教育情况调研报告》①。

1999年，中共中央、国务院发布《关于深化教育改革全面推进素质教育的决定》，提出高等职业教育是高等教育的重要组成部分。要大力发展高等职业教育，培养一大批具有必要的理论知识和较强实践能力，生产、建设、管理、服务第一线和农村急需的专门人才。现有的职业大学、独立设置的成人高校和部分高等专科学校要通过改革、改组和改制，逐步调整为职业技术学院（或职业学院）。支持本科高等学校举办或与企业合作举办职业技术学院（或职业学院）。省、自治区、直辖市人民政府在对当地教育资源的统筹下，可以举办综合性、社区性的职业技术学院（或职业学院）。经国务院授权，把发展高等职业教育和大部分高等专科教育的权力以及责任交给省级人民政府，省级人民政府依法管理职业技术学院（或职业学院）和高等专科学校。高等职业教育（包括高等专科学校）的招生计划改由省级人民政府制订，其招生考试事宜由省级人民政府自行确定。进一步解放思想、转变观念，积极鼓励和支持社会力量以多种形式办学，满足人民群众日益增长的教育需求，形成以政府办学为主体、公办学校和民办学校共同发展的格局。凡符合国家有关法律法规的办学形式，均可大胆试验。在发展民办教育方面迈出更大的步伐。鼓励社会力量以各种方式举办高中阶段和高等职业教育。经国家教育行政主管部门批准，可以举办民办普通高等学校。

职业教育要增强专业的适用性，开发和编写体现新知识、新技术、新工艺和新方法的具有职业教育特色的课程及教材。② 积极发展高等职业教育，是提高国民科技文化素质，推迟就业以及发展国民经济的迫切要求。对于学历高等职业教育，除对现有高等专科学校、职业大学和独立设置的成人高校进行改革、改组和改制，并选择部分符合条件的中专改办（简称“三改一补”）之外，部分本科院校可以设立高等职业技术学院，基本不搞新建。建设示范性职业技术学院。发展非学历高等职业教育，主要进行职业资格证书教育。高等职业教育必须面向地区经济建设和社会发展，培养生产、服务、管理第一线需要的实用人才，真正办出特色。主动培养农村现代化需要的各类人才。要通过试点逐步把高等职业教育方面的责权放给省级人民政府和学校。普通高中毕业生除进入普通高校外，多数应接受多种形式的高等职业教育。③

在《关于深化教育改革全面推进素质教育的决定》精神的推动下，2001年12月，贵州省教育厅召开首次高等职业教育教学工作会。会议总结交流了举办高等职业教育的经验，分析了高等职业教育发展面临的形势和任务，研究了进一步规范高等职业教学管理工作，并就加强教学工作的管理、专业设置管理办法制订实施性教学计划的指导意见、办学水平评价方案、专业教学改革与建设五个重要文件进行了讨论。

---

① 贵州省地方志编纂委员会. 贵州省志（1978-2010）·教育［M］. 贵阳：贵州人民出版社，2017：40.

② 中共中央国务院关于深化教育改革全面推进素质教育的决定［EB/OL］.［1999-06-13］. http://old. moe. gov. cn/publicfiles/business/htmlfiles/moe/moe_ 177/200407/2478. html.

③ 面向21世纪教育振兴行动计划（全文）［EB/OL］.［1998-12-24］. http://old. moe. gov. cn/publicfiles/business/ht-mlfiles/moe/s6986/200407/2487. html.

同年，贵州省教育厅成立“贵州省高等职业教育教学指导委员会”，其主要职责是：分析贵州经济建设、社会发展以及西部大开发对贵州省高等技术应用性人才的需求；探讨全省高等职业教育的培养目标、人才培养模式、教学要求、专业设置、课程开发、师资队伍建设、现代化技术运用及实验、实习、实训基地等方面的改革与建设；参与教育教学评估，督导检查工作；参与高等职业教育科研成果论文、论著的选优评奖；为贵州高等职业教育的改革和发展提供咨询和制定政策的依据；承办贵州省教育厅交办的相关工作。①

截至 2002 年底，全省有独立设置的高等职业技术学院（职业学院）14 所（其中民办职业学院一所：贵州鸿源管理工程职业学院；包括 20 世纪建立的黔南民族医学专科学校），较 2001 年增加四所。这些学校分别是：

2000 年，成立贵州航天职业技术学院、贵州交通职业技术学院、贵州电子信息职业技术学院、贵州警官职业学院、贵州冶金职业技术学院（后更名为贵州理工职业技术学院）。

2001 年，成立遵义职业技术学院、贵州鸿源管理工程职业学院、黔南民族职业技术学院、安顺职业技术学院。

2002 年，成立贵州科技工程职业学院、贵州电力职业技术学院、六盘水职业技术学院、铜仁职业技术学院。

截至 2002 年，另有普通本科高等学校设置的职业技术学院（二级学院）四所，举办高等职业教育的普通高等学校四所，12 所国家级重点中等职业学校举办五年制高等职业教育，41 所省级重点中等职业学校与高等职业院校联合举办“3+2”形式的高等职业教育班。当年，全省高等职业教育实际招生 9329 人（不含“3+2”形式高职），比 2001 年增加 2620 人，高职在校生达 21000 人，比 2001 年增加 8300 人。②

同年，贵州批准贵州交通职业技术学院的工程机械专业，贵州电子信息职业技术学院的计算机应用专业和通信工程专业，贵州警官职业学院的司法文秘专业，贵州航天职业技术学院的模具设计与制造专业，贵州科技工程职业学院的现代分析测试技术专业和化学工程与工艺专业，贵州电力职业技术学院的发电厂及电力系统专业和热能与动力工程专业，贵州大学职业技术学院的财务会计专业 10 个专业为第二批高等职业教育省级示范专业。

贵州省教委首次批准贵州电力职业技术子院、贵州交通职业技术学院、贵州科技工程技术学院、黔南民族职业技术学院、黔东南民族职业技术学院、铜仁职业技术学院、安顺职业技术学院七所高等职业院校举办成人高等教育。③

国家教育部批准贵州省交通职业技术学院为国家重点建设职业技术学院，贵州商业高等专科学校的市场营销专业、贵州电子信息职业技术学院的模具设计与制造专业为第一批国家高职高专精品专业，贵州商业高等专科学校的商贸管理运作实训基地为国家高职高专学生实训（师资培训）基地建设项目筹建基地。

是年，贵州首次开展高职院校教学工作检查。贵州省教育厅专门成立了以分管副厅

① 《贵州年鉴》编辑部．贵州年鉴（2002）［M］．贵阳：贵州年鉴社，2002：334.
② 《贵州年鉴》编辑部．贵州年鉴（2003）［M］．贵阳：贵州年鉴社，2003：373.
③ 《贵州年鉴》编辑部．贵州年鉴（2003）［M］．贵阳：贵州年鉴社，2003：376.

长为组长的工作领导小组，并组织三个专家组分别对贵州科技工程职业技术学院、贵州交通职业技术学院、贵州航天技术学院、贵州电力职业技术学院、贵州电子信息职业技术学院、贵州警官职业学院六所高职院校教学工作进行实地检查评价，内容包括：学校办学定位及发展思路；学校教学工作的地位；教学管理情况：师资队伍建设；专业与实践基地建设；学风与教学效果。从检查结果来看，上述六所院校的教学管理情况良好。同年，贵州省教育厅批准贵州科技工程职业技术学院、贵州电力职业学院试行学分制弹性学制。①

2003 年 2 月下旬，贵州省教育厅在贵阳召开“全省职业教育教学改革暨教材建设研讨会”。会议期间，教育部有关负责人到会指导，展示规范教材数千余种②。是年 11 月下旬，贵州省教育厅在贵州电力职业学院举办“首届贵州高校职业教育论坛”，并评聘优秀论文 26 篇；12 月 5 日，贵州省教育厅批准贵州交通职业技术学院、贵州电力职业学院、贵州省经济贸易学校、贵州省电子工业学校、贵州省畜牧兽医学校为贵州省第一批职教师资培训基地③。

2004 年，成立黔西南民族职业技术学院、贵州轻工职业技术学院。同年，贵州理工职业技术学院并入贵州师范大学。

是年，高等职业技术学院校舍建筑总面积达 106 万平方米，教学仪器设备总值 9000 万元。贵州航天职业技术学院、贵州电子信息职业技术学院、贵州机械工业学校三所院校被推荐为中央财政支付的数控实训基地。④

当年 12 月 23 日至 24 日，时任教育部部长周济考察贵州现代远程教育和职业教育工作。⑤

2006 年，成立贵阳护理职业学院、遵义医药高等专科学校。同年贵州鸿源管理工程职业学院改制为贵州省第一所民办高校，更名为贵州亚泰职业学院⑥。同年 6 月贵州纽约教育发展有限公司成立。

2007 年，成立贵阳职业技术学院。

2008 年，毕节职业技术学院。同年 8 月贵州庆伟教育集团成立。

2009 年，成立贵州盛华职业学院；贵州科技工程职业学院更名为贵州工业职业技术学院。

截至 2009 年，全省建成高等职业技术学院 19 所，中等职业技术学校 313 所（其中技工学校 58 所），职业技术培训机构 1.3 万个。组建了电子技术、旅游、建设、交通与汽车、计算机及网络技术、农业工程 6 个职业教育办学集团，涵盖学校及企业百余所，实现了重点带动、资源共享优势互补、共同发展的高等职业教育全新的模式。投入省级财政职

① 《贵州年鉴》编辑部. 贵州年鉴（2003）［M］. 贵阳：贵州年鉴社，2003：377.
② 贵州省地方志编纂委员会. 贵州省志（1978-2010）·教育［M］. 贵阳：贵州人民出版社，2017：50.
③ 贵州省地方志编纂委员会. 贵州省志（1978-2010）·教育［M］. 贵阳：贵州人民出版社，2017：51.
④ 《贵州年鉴》编辑部. 贵州年鉴（2005）［M］. 贵阳：贵州年鉴社，2005：287.
⑤ 贵州省地方志编纂委员会. 贵州省志（1978-2010）·教育［M］. 贵阳：贵州人民出版社，2017：53.
⑥ 贵州省地方志编纂委员会. 贵州省志（1978-2010）·教育［M］. 贵阳：贵州人民出版社，2017：55.

教专项资金 8000 万元，建设 37 个县级职教中心、10 个实训基地、9 所重点院校、7 所高职学院、4 个省属中职学校。同时争取了中央财政投入全省职业院校建设资金近亿元，全省各市（州、地）、县投入职业教育基础能力建设资金也持续增长。全省各级职业院校大力推进校企结合、工学结合、半工半读办学模式，大力推进联合办学，多层次、多形式、多规格适应经济发展的办学体系进一步完善。①

高等职业学院招生 5.88 万人，在校生 13 万人，中等职业学校招生 20.9 万人，在校生 42.2 万人。各级职业院校和职教系统开展劳动力转移培训和农民实用技术培训近 300 万人次。②2009 年 5 月至 6 月，贵州省举办全省职业院校技能大赛，有 91 所职业院校组队，695 名选手参加了计算机应用技术、数控技术、电子电工、汽车运用与维修、建筑工程 5 个专业 18 个工种比赛。此后，选拔 61 名优秀选手参加全国 9 个专业类别 24 项竞赛，获大赛一等奖 1 人，二等奖 1 人，三等奖 8 人，以及团体赛一、二、三等奖各 1 个。

2009 年，铜仁职业技术学院、贵州省工业职业技术学院、贵州电子信息职业技术学院被列为省级示范性高职学院建设行列。③

2010 年，成立贵州工商职业学院。同年贵州三联教育集团成立。

是年，贵州交通职业技术学院顺利通过国家级示范性高职院校项目建设验收；铜仁职业技术院被列入国家骨干高职院校建设项目；④ 贵州交通职业技术学院、铜仁职业技术学院、贵州商业高等专科学校、黔东南民族职业技术学院、安顺职业技术学院、贵州工业职业技术学院、贵州轻工职业技术学院、贵州电力职业技术学院、遵义医药高等专科学校、遵义职业技术学院、贵州电子信息职业技术学院、贵州航天职业技术学院、黔南民族医学高等专科学校在教育厅对贵州省 16 所高职高专院校思想政治教育工作进行评估中被评为优秀；黔西南民族职业技术学院、黔南民族职业技术学院、六盘水职业技术学院在教育厅对贵州省 16 所高职高专院校思想政治教育工作进行评估中被评为良好。⑤

2012 年，成立贵阳幼儿师范高等专科学校、铜仁幼儿师范高等专科学校。

2013 年 5 月，贵州机械装备制造米子职业教育集团、贵州现代制造业职业教育集团成立。

2014 年，成立黔南民族幼儿师范高等专科学校、毕节医学高等专科学校、贵州建设职业技术学院。同年，贵州亚泰职业学院改制更名为贵州城市职业学院。

2015 年，成立贵州建设职业技术学院、贵州工程职业学院、毕节幼儿师范高等专科学校、贵州农业职业学院。同年，贵州商业高等专科学校升格为全日制本科学校，更名为贵州商学院。同年 8 月贵州思瑞教育集团成立。

2016 年，成立贵州水利水电职业技术学院、贵州电子商务职业技术学院、贵州应用技术职业学院、贵州应用技术职业学院、贵州航空职业技术学院。同年，贵州警察学院升格改建为全日制本科职业学院，更名为贵州警察学院。

---

①② 《贵州年鉴》编辑部. 贵州年鉴（2010）[M]. 贵阳：贵州年鉴社，2010：355.
③ 《贵州年鉴》编辑部. 贵州年鉴（2010）[M]. 贵阳：贵州年鉴社，2010：357.
④ 《贵州年鉴》编辑部. 贵州年鉴（2011）[M]. 贵阳：贵州年鉴社，2011：389.
⑤ 《贵州年鉴》编辑部. 贵州年鉴（2011）[M]. 贵阳：贵州年鉴社，2011：391.

2017年，成立贵州航空职业技术学院、贵州装备制造职业学院、贵州食品工程职业学院、贵州经贸职业技术学院、贵州护理职业技术学院。2017年贵州现代幼教集团成立。

2018年，成立六盘水幼儿师范高等专科学校、毕节工业职业技术学院。

2018年贵州酿酒产业职业教育集团成立。

截至2018年底，全省有高职高专院校43所，在校生34.47万人。仅在贵阳的职业院校就面向14个深度贫困县、20个极贫乡镇招收全免费精准脱贫班招收6057人。全省职业院校面向贫困地区精准脱贫班招收1万余人。贵州省职业院校在各类比赛中，获全国职业院校技能大赛一等奖5个，贵州建设职业技术学院杨颖老师在全国职业院校技能大赛教学能力赛项获所在组别的一等奖第一名；在四年一次的国家级教学成果奖评审活动中，贵州交通职业技术学院、铜仁职业技术学院等5所职业院校共获8个二等奖；在两年一次的第六届黄炎培职业教育奖评审活动中，贵州交通技师学院、贵州建设职业技术学院获优秀学校奖3个；铜仁职业技术学院、贵州电子信息职业技术学院、贵州轻工职业技术学院等8所院校入选教育部等组织评选的“全国创新创业典型高校50强”“全国高等职业院校国际影响力50强”“全国高等职业院校服务贡献50强”“全国职业院校实习管理50强”“全国高职高专院校竞争力排行100强”；贵州护理职业技术学院获第三批全国现代学徒制试点单位。

全省共立项产教融合基地、职教扶贫基地、创新创业基地、现代学徒制试点、优质高职学校、骨干（示范）专业、大师名师工作室等353个，其中黔南民族职业技术学院、贵州盛华职业学院等4所高职院校获省级优质高职立项。职业院校通过项目建设引领，加强内涵建设，推进人才培养模式改革创新，深化产教融合，校企合作，提升教育教学水平和师资队伍质量，向全省输送技术技能人才高职毕业生，就业率达92%以上。

第三节　成人高等教育

一、贵州成人高等教育发展概述

改革开放后，成人学历补偿教育与各行各业职工的技能培训成为贵州成人高等教育的重要方面，改革开放之初成人教育学院、职工业余高校和干部管理学院的兴起，成为成人接受高等教育的重要保证。

1949~1979年，贵州普通高校培养的所有毕业生总和为48189人，而仅1980年贵州所有普通中学（高中、初中）的专任教师数就达51950人①。也就是说，把贵州高等学校30年间所培养的各专业学生，一个不漏地安排到中学任教，也不能满足中学对教师的需

① 贵州省统计局. 贵州六十年（1949-2009）[M]. 北京：中国统计出版社，2009：433，431.

求。当然这本身就是不可能的。当时的初中教师学历合格率仅为 17%，高中也只有 52%[①]，大量不符合中学教师学历资格的人员担任着中学各门课程的教学任务。

为了适应改革开放后社会经济的发展，提高中学教师的教学能力与水平，以及各行各业职工的技能与学历，成为贵州当时最为紧迫的任务。高等教育中的成人教育学院的兴起与广播电视大学的开办，成为“补偿”和提升中学教师学历和教学水平及教学能力的重要手段，也是成人学历补偿教育和职工技能培训的重要方式。

1989 年，贵州省首次对成人高等教育应届本科毕业生授予学士学位。同年，有 22 人成为全省通过成人高等教育形式培养的首批学士[②]。

为加强对成人高等院校教育的管理和经验的推广，1990 年 3 月 20 日至 22 日，在贵阳举办了贵州省职工教育研究会第二届会员大会[③]。同年 10 月 4 日至 6 日，省教委在贵阳召开“贵州省成人高等教育工作会议”，时任贵州省副省长龚永贤在会上作《关于成人高等教育治理整顿工作的意见》讲话[④]。

1991 年 9 月 23 日至 27 日，国家教委成人教育司在安顺召开“全国成人高教座谈会”，新疆、青海、甘肃、陕西、云南、贵州、成都、重庆、西安等省、市教委（教育厅）成人高教负责人与会[⑤]。

1992 年 4 月 1 日，贵州省职工教育管理委员会办公室制定《关于开展职工教育管理干部岗位培训意见》，开始对全省职教干部开展有计划、有步骤的岗位培训[⑥]；同年 5 月 29 日，贵州省职工教育委员会、省乡镇企业局在贵阳联合召开全省小型企业、乡镇企业职工教育教育会议[⑦]；9 月 12 日至 16 日，在贵阳召开职工教育工作联席会第二次会议[⑧]。是年，贵州省在 1987 年成人高校调整的基础上，再次调整成人高校，贵州计划管理学院与贵州财经学院合并；铜仁教育学院与铜仁师范高等专科学校合并，安顺教育学院与安顺师范高等专科学校合并。成人高校减少 3 所，仍有 17 所。在校学生 10514 人（含教育学院），专任教师 1349 人，比上年分别减少 730 人和 187 人。当年，全省有职工高等教育学校 18 所，成人高校录取新生 8988 人，比上年增加 1272 人，增长 16.5%。[⑨]

1999 年 5 月 27 日，贵州省政府在贵阳召开全省职业教育工作会议。会上，贵州省政府做出了《省人民政府关于加快职业教育改革和发展的决定》[⑩]。同年，全省成人高校有贵州铝厂职工大学、贵阳职工业余大学、航天部贵州职工大学（遵义）、贵州航空工业职工大学、贵州省电子工业职工大学（都匀）、贵州机械工业业余大学 6 所职工高等院校，1 所贵州省广播电视大学，贵州教育学院、毕节教育学院、黔南教育学院、黔东南教育学院

① 孔令中. 贵州教育史［M］. 贵阳：贵州教育出版社，2004：554，553.
② 贵州省地方志编纂委员会. 贵州省志（1978-2010）·教育［M］. 贵阳：贵州人民出版社，2017：28.
③ 贵州省地方志编纂委员会. 贵州省志（1978-2010）·教育［M］. 贵阳：贵州人民出版社，2017：29.
④ 贵州省地方志编纂委员会. 贵州省志（1978-2010）·教育［M］. 贵阳：贵州人民出版社，2017：30.
⑤ 贵州省地方志编纂委员会. 贵州省志（1978-2010）·教育［M］. 贵阳：贵州人民出版社，2017：32.
⑥⑦ 贵州省地方志编纂委员会. 贵州省志（1978-2010）·教育［M］. 贵阳：贵州人民出版社，2017：33.
⑧ 贵州省地方志编纂委员会. 贵州省志（1978-2010）·教育［M］. 贵阳：贵州人民出版社，2017：34.
⑨ 《贵州年鉴》编辑部. 贵州年鉴（1993）［M］. 贵阳：贵州年鉴社，1993：481，485.
⑩ 贵州省地方志编纂委员会. 贵州省志（1978-2010）·教育［M］. 贵阳：贵州人民出版社，2017：43.

4 所教育学院，贵州省政法管理干部学院、贵州经济管理干部、贵州省公安干部学院 3 所干部学院，另还有 8 所可以举办函授、夜大学教育的普通高校。当年，全省成人高等学历教育计划招生 12920 人，比上年增加 100 人；在校学生有 43022 人，其中 14 所成人高校（含教育学院）在校学生为 27851 人（教育学院为 6243 人），普通高校为 15171 人。成人高校教职工有 1714 人，专任教师 973 人，其中教授 14 人，副教授 231 人，讲师 448 人。

2000 年，贵州省制定、调整成人高校收费标准：成人高等教育全脱产本科标准各专业为 1200~3500 元/学年，体育、艺术类为 3000~4000 元/学年；全脱产专科标准各专业为 1000~3000 元/学年，体育、艺术类 3000~4000 元/学年；成人高等教育函授本科标准为 900~1750 元/学年；专科标准为 800~1500 元/学年；体育、艺术类本（专）科为 1500~2000 元/学年；成人高等教育夜大（业余）本科标准为 1200~2450 元/学年；专科标准为 1100~2100 元/学年；体育、艺术类本（专）标准为 2100~2800 元/学年；广播电视大学本科标准为 1400~2500 元/学年；专科标准为 1100~2400 元/生学年，体育、艺术类本（专）科标准为 2200~3200 元/学年。[①] 是年，成人高等教育在校生 61967 人，其中，10 所成人高等学校（含教育学院 3 所）在校学生 30909 人（含教育学院 10318 人），还包括普通高等学校中招收的成人在校学生 31058 人。[②]

2001 年 12 月，贵州省教育厅召开贵州省首次高等职业教育教学工作会。总结交流高等职业教育的经验，分析高等职业教育发展面临的形势与任务，研究进一步规范高等职业教育的教学管理[③]。同年，贵州省教育厅成立“贵州省高等职业教育教学指导委员会”专家组织[④]，负责对全省的高等职业教育教学提供建议与决策咨询。从此，贵州省成人高等学校教育进入了重要的转型时代。当年，贵州省成人高等教育在校生 82648 人，其中，7 所成人高等学校（含教育学院 3 所）共有在校学生 31337 人（含教育学院 15275 人），还包括普通高等学校招收的成人在校学生 51311 人。[⑤]

2002 年，贵州出台《贵州省授予成人高等教育本科毕业生学士学位工作实施细则》，组织部署成人高等学校毕业生申请学位的有关工作。[⑥] 是年，贵州省教育厅首次批准贵州电力职业技术子院、贵州交通职业技术学院、贵州科技工程职业学院、黔南民族职业技术学院、黔东南民族职业技术学院、铜仁职业技术学院、安顺职业技术学院 7 所高等职业院校举办成人高等教育。[⑦]

当年，成人高校招生实现了远程网上录取和现场局域网录取。省外院校 100 所，其中通过现场局域网录取 35 所，通过远程网录取 65 所；省内院校 31 所，其中，通过现场局域网录取 7 所，通过远程网录取 24 所。录取人数为 64380 人，投入资金 200 余万元。成人

---

① 《贵州年鉴》编辑部. 贵州年鉴（2001）[M]. 贵阳：贵州年鉴社，2001：327.

② 《贵州年鉴》编辑部. 贵州年鉴（2001）[M]. 贵阳：贵州年鉴社，2001：324.

③④ 贵州省地方志编纂委员会. 贵州省志（1978—2010）· 教育 [M]. 贵阳：贵州人民出版社，2017：48.

⑤ 《贵州年鉴》编辑部. 贵州年鉴（2002）[M]. 贵阳：贵州年鉴社，2002：321.

⑥ 《贵州年鉴》编辑部. 贵州年鉴（2003）[M]. 贵阳：贵州年鉴社，2003：363.

⑦ 《贵州年鉴》编辑部. 贵州年鉴（2003）[M]. 贵阳：贵州年鉴社，2003：376.

招生办公室比往年节约资金约 15 万元。网上录取的做法，提高了录取服务意识和质量，缩短录取时间一个多月。[①]

2004 年，贵州省成人高等教育在校生 104089 人，其中 7 所成人高等学校（含教育学院 3 所）在校学生 20718 人（含教育学院 13144 人），普通高等学校中招收的成人在校学生 83371 人。[②]

2005 年，贵州省成人高等教育在校生 114055 人，其中，6 所成人高等学校（含教育学院 2 所）在校学生 22731 人（含教育学院 15524 人），普通高等学校中招收的成人在校学生 91324 人。[③]

2005 年，成人高校招生计划数 48789 人，报考数 45634 人，录取总人数为 39554 人。其中，高升专 20439 人，高升本 2912 人，专升本 16203 人。成高生源大幅度减少，招生计划比报名人数多出 3155 人，录取只完成了计划总数的 81. 1%。[④]

2007 年，全省成人高等教育在校生 89554 人，其中，5 所成人高等学校（含教育学院 1 所）在校生 19133 人（含教育学院 14402 人），普通高等学校成人在校生 70421 人。[⑤] 普通高校成人学历教育成了贵州成人高等教育的主体。

2007 年，全省报考总人数 47780 人，比上年增加 5198 人，增长 12. 2%。成人高校招生总计划数为 38079 人，比上年减少 3453 人，减少 8. 3%；共录取 39839 人，完成计划数的 104. 6%，超计划 1760 人。成人高校招生全面实行网上报名，取得成功。同时，加大评卷工作的管理力度，在贵州教育学院建立了“贵州省成人高考评卷基地”。[⑥]

2008 年，全省成人高等教育在校生 87963 人，其中，5 所成人高等学校（含教育学院 1 所）在校生 17617 人（含教育学院 12629 人），普通高等学校成人在校生 70346 人。[⑦]

2008 年，全省报考总人数 38698 人，成人高校招生总计划数为 37540 人，分别比上年减少 9082 人、539 人，减幅分别为 19. 0%、1. 4%；共录取 35466 人，完成计划总数的 94. 5%。对网上报名系统进行了二次开发；严格选聘评卷教师，充分发挥评卷基地的作用，加大评卷工作的管理力度。[⑧]

2009 年，全省成人高等教育在校生 86209 人。其中，4 所成人高等学校在校生 5612 人，普通高等学校中成人在校生 80597 人。[⑨]

2009 年，全省成人高校招生报考总人数 40093 人，较上年增加 1395 人，增长率 3. 6%，共录取 34064 人，录取率 85%。[⑩]

---

① 《贵州年鉴》编辑部. 贵州年鉴（2003）[M]. 贵阳：贵州年鉴社，2003：380.
② 《贵州年鉴》编辑部. 贵州年鉴（2005）[M]. 贵阳：贵州年鉴社，2005：275.
③ 《贵州年鉴》编辑部. 贵州年鉴（2006）[M]. 贵阳：贵州年鉴社，2006：283.
④ 《贵州年鉴》编辑部. 贵州年鉴（2006）[M]. 贵阳：贵州年鉴社，2006：293.
⑤ 《贵州年鉴》编辑部. 贵州年鉴（2008）[M]. 贵阳：贵州年鉴社，2008：333.
⑥ 《贵州年鉴》编辑部. 贵州年鉴（2008）[M]. 贵阳：贵州年鉴社，2008：344.
⑦ 《贵州年鉴》编辑部. 贵州年鉴（2009）[M]. 贵阳：贵州年鉴社，2009：349.
⑧ 《贵州年鉴》编辑部. 贵州年鉴（2009）[M]. 贵阳：贵州年鉴社，2009：359.
⑨ 《贵州年鉴》编辑部. 贵州年鉴（2010）[M]. 贵阳：贵州年鉴社，2010：349.
⑩ 《贵州年鉴》编辑部. 贵州年鉴（2010）[M]. 贵阳：贵州年鉴社，2010：359.

2010年，全省成人高等教育在校生86630人。其中，4所成人高等学校在校生5827人，普通高等学校成人在校生80803人。[①]

2010年，全省报考成人高校总人数46630人，较上年增加7366人，增长率18.8%，录取36575人，录取率78.4%。[②]

2011年，全省成人高等教育，在校生79615人。其中，4所成人高等学校在校生6064人，另有普通高等学校成人在校生73551人。[③]

2018年，成人高考报名人数共计61971人，其中，专科起点升本科考生36502人，高中起点升本科考生1720人，高中起点升专科考生23447人，免试生302人；共录取考生48295人，其中本科录取28855人，专科录取19440人，录取率77.93%。

此后，成人高校除贵州铝厂职工大学、贵州广播电视大学外，普通高校成为成人学历教育的主要阵地。成人高等教育学校，在改革开放后近40年里，为贵州培养了大量的专业人才，为贵州经济社会的发展做出了巨大的贡献，也基本完成了贵州各行各业人才的"学历补偿"教育和专业技能提升的培训。在21世纪初，随着贵州经济的发展，成人高校基本成功进行了教育转型，以提升其为社会服务的功能。

二、教育学院

1978年11月1日，中共贵州省委确定成立贵州教育学院，主要开展中学教师短期培训，以提升中学教师的业务能力。

1979年，贵州广播大学成立，当年招生授课。同时，在全省开办了500多个教学班，在贵阳等地州市和企业建立了13个工作站，建立了铜仁分校、省直属分校。[④]

1982年，贵州省政府批准贵阳师范学院开办中文本科函授班（学制五年），翌年正式招生，全省共招收1300多人。1984年，贵阳师范学院又开办政教专科函授班（学制三年），仅在遵义和贵阳两地招生，有学员408人。[⑤]

由于贵州广播电视大学面向全社会所有企事业单位，虽有中学教师参与，但其补充也只是杯水车薪，无法解决中学教师学历的要求。贵阳师范学院函授本专科，仅从其招收人数来看，很难在一定时期内解决贵州省对中学教师的紧迫需求。通过成人教育学院专门提升中学教师学历从而解决中学师资的学历和职业技能成为当下的大事。

1984年，贵州省委、省政府正式批准教育学院在全省中小学教师中通过全省考试招生。当年招生的有中文、数学两个专业，各招收50名学生，成为贵州省成人高等师范专科升本科"学历补偿"教育的试行者。[⑥]

---

① 《贵州年鉴》编辑部．贵州年鉴（2011）［M］．贵阳：贵州年鉴社，2011：384.
② 《贵州年鉴》编辑部．贵州年鉴（2011）［M］．贵阳：贵州年鉴社，2011：392.
③ 《贵州年鉴》编辑部．贵州年鉴（2011）［M］．贵阳：贵州年鉴社，2011：410.
④ 贵州省地方志编纂委员会．贵州省志·教育［M］．贵阳：贵州人民出版社，1990：337.
⑤ 贵州省地方志编纂委员会．贵州省志·教育［M］．贵阳：贵州人民出版社，1990：338.
⑥ 贵州省地方志编纂委员会．贵州省志·教育［M］．贵阳：贵州人民出版社，2017：337.

为提升中学教师非专科学历，贵州各地州市纷纷把教师进修学校改建为提升中学教师的非专科学历的重要培养学校，从此走上学历教育（学制两年）为主、短期培训为辅的成人教育道路。所有教育学院于1984年皆在教育部备案。

1983年，铜仁地区教师进修学校改建为两年制的铜仁教育学院，安顺地区中学教师进修学校升格为安顺教育学院，创建遵义教育学院，毕节地区教师进修学校升格为毕节教育学院；1984年11月12日，黔南州教育学院成立①；1985年，贵阳市教师进修学院改建为贵阳教育进修学院，黔东南州创建黔东南州教育学院。仅六盘水和黔西南州未办成教育学院②。

1989年4月5日至8日，贵州省全省教育学院院长第三次联系会在毕节市召开③；1990年4月20日至22日，贵州省教委在贵州教育学院召开“贵州省教育学院院长第四次联席会”，传达全国部分省市中小学校长培训工作座谈会和全国部分教育学院院长会有关精神，并就各教育学院如何更好地开展师训、干训工作，端正办学方向适应教育学院工作重点的转移等问题作讨论和交流；讨论修改贵州省教委制定的《关于加强全省中、小学校长培训工作的意见（讨论稿）》和《贵州省关于加强中小学教师管理工作的意见》④。

在贵州省委、省政府的高度重视下，贵州形成了省教育学院主要培训高中教师，地州市教育学院主要培训初中教师的学历高等教育模式。截至1987年，省地两级教育学院共有教职工1231人，其中专任教师为679人。截至1986年初，省地两级教育学院离职进修班本科生224人，专科2744人，短期培训1711人。短短两年为贵州在职培训了1万余人，同时还培训了行政干部班794人。⑤

经过省教育学院系统培训和短期培训的学员，相当一部分人担任了中学校长、教导主任和教研组长。大多数学员成为贵州省教育战线的领导骨干和教学骨干，受到各级教育部门和学校的好评。其中数学系82级学员柯华，应邀参加了莫斯科国际模糊数学科研讨论会；有的学员毕业后还考取了出国进修生。⑥

各地州市教育学院为提升全省初级中学教师学历做出了最大的贡献。例如铜仁教育学院，十余年间，前后共开出过政治、语文、数学、物理、化学、英语、音乐、生物、地理、历史10个专业的学历教育，培训在职教师2755人，专科函授145人，中学校长班两期53人。⑦

经教育学院、广播电视大学和成人自学考试“三沟通”模式对中学教师非专科以上学历的提升培养，截至1988年，全省高级中学高级教师1896人中有一级教师4102人；初中高级教师1075人中有一级教师11152人。1992年，高中教师学历合格率达到64.5%，初中为71.6%；2000年，初中教师学历合格率已经达到83%。⑧

---

① 贵州省地方志编纂委员会. 贵州省志（1978-2010）·教育［M］. 贵阳：贵州人民出版社，2017：20.

②⑤⑥ 贵州省地方志编纂委员会. 贵州省志·教育志［M］. 贵阳：贵州人民出版社，1990：567.

③ 贵州省地方志编纂委员会. 贵州省志（1978-2010）·教育［M］. 贵阳：贵州人民出版社，2017：27.

④ 贵州省地方志编纂委员会. 贵州省志（1978-2010）·教育［M］. 贵阳：贵州人民出版社，2017：29.

⑦ 参见：贵州铜仁师范高等专科学校校庆纪念册（1920年1月至1998年4月）。

⑧ 孔令中. 贵州教育史［M］. 贵阳：贵州教育出版社，2004：554-555.

在增强贵州省地方高校的办学有基本实力后，教育学院已基本完成了中学教师学历培训的历程，进入转型时期，其基本归宿皆为与地方专科院校合并，以适应全省社会经济发展的需求。

1993 年，铜仁教育学院并入铜仁师范专科学校，安顺教育学院并入安顺师范专科学校；1998 年，贵阳教育进修学院并入贵阳师范高等专科学校，遵义教育学院并入遵义师范高等专科学校；2000 年，黔南教育学院与黔南民族师范高等专科学校合并组建黔南民族师范学院；2002 年黔东南州教育学院停止招生，贵州广播电视大学黔东南州分校并入（合署）黔东南州教育学院，2007 年黔东南州教育学院撤销；2005 年毕节教育学院与毕节高等师范专科学校、毕节师范学校合并升格为毕节学院。2001 年，贵阳市职工大学并入贵州教育学院；2005 年，经贵州省教育厅批准，开始招收普通专科学生，向全日制普通高校转型；2009 年经国家教育部批准，改制为普通高等本科院校并更名为贵州师范学院，同年 9 月开始招收全日制普通本科学生。

至此，贵州省为提升中学教师学历的高等教育模式——教育学院完成了其应有的使命，走上了为贵州培养普通高等院校人才的发展方向。

三、职工业余高等教育院校

1982 年 2 月 20 日，贵州省职工教育委员会，省教育厅、省劳动局、省总工会、团省委发出《关于切实做好青壮年职工文化、技术补课工作的联合通知》；3 月 10 日至 16 日，在贵阳召开全省职工教育工作会议，讨论制定贵州省职工教育“六五”规划，研究部署 1982 年全省职工教育工作；6 月，贵州省委批复省委组织部、省高教办《关于在贵州工学院、贵州农学院和贵州大学建立干训部的报告》[①]。这些政策与措施的相继出台，推动了贵州职工成人业余高等教育的发展。

1982 年，省政府批准贵阳师范学院开办中文本科函授班（学制五年），标志着贵州省普通高等院校开办成人教育的开始。贵阳师范学院中文系于 1982 年派出教师到遵义、黔南、黔东南、安顺、水城等地联系设立函授站，得到各地、州、市、县的支持和欢迎。1983 年，贵阳师范学院中文本科函授正式招生，全省有 6540 余人报名，经过考试录取了 1300 多人。后来，贵阳师范学院逐渐开办了政教、历史、数学、物理等专业系院的函授生，学制三年或五年，有函授生 2745 人。贵阳医学院于 1985 年开始正式招生中医专业函授学生，有 142 名。[②] 截至 1986 年，贵州普通高等各大院校共兴办起干部专修科 19 个、函授部 2 个、进修部 1 个[③]。

贵州职工业余高等教育在改革开放时期的开办，最早可追溯到 1978 年 1 月贵阳市中学教师业余大学的开办。当时贵阳各个中学有 2000 多名非大专以上学业的中学教师报名参加学习。1979 年贵州广播电视大学成立并招生。

---

① 贵州省地方志编纂委员会. 贵州省志（1978-2010）·教育［M］. 贵阳：贵州人民出版社，2017：16.

② 贵州省地方志编纂委员会. 贵州省志（1978-2010）·教育［M］. 贵阳：贵州人民出版社，2017：338，332.

③《贵州年鉴》编辑部. 贵州年鉴（1987）［M］. 贵阳：贵州人民出版社，1987：595.

1980年，贵州铝厂职工大学、贵阳市职工业余大学、都匀083基地职工电子工业学院（1998年083基地职工大学更名为贵州省电子工业职工大学）三所职工高等专科院校的成立，是贵州省职工业余高等教育全面展开的标志。①

贵阳市职工业余大学于1980年6月正式成立。1982年，学校花费8.6万元，建立起一个电子学生实验室，购置设备86台（件）。1984年，贵阳市政府财政局拨款补助该校购买了一套微型电子计算机设备以供教学和管理使用。此外，学校又添置了制图教具108件，金工教具34件，建筑测量仪器27件，电视机8台，收录机4台，绘图板300块，图书资料6000册。

1980~1985年，都匀083基地职工电子工业学院、安顺虹山轴承厂职工大学（1896年更名为贵州机械工业职工大学）、贵州航空工业职工大学相继成立；安顺凌云公司、平坝黎阳公司也相继创办了职工业余高等教育专科学校；1984年3月，经济管理刊授联合大学贵州分校在贵阳成立。

1987年，贵州省教委对职工高校进行调整，只保留了贵州铝厂职工大学、贵阳市职工业余大学、航天部贵州职工大学、贵州航空工业职工大学、都匀083基础电子职工学院和贵州机械工业职工大学。

1988年11月23日，职工高等学校教学成果展览在贵州铝厂职工大学开幕。展出成果中，获经济效益的厂级革新项目72项，获地区一级奖或认可的15项，获省级奖11项，国家级奖7项。这些项目已投入生产，年产值可达1.5亿元左右。②

1989年，各厂矿、公司等厂长、经理对各自的职工实行职工培训承包责任制（向各厅厅长签订培训承包合同），当年共完成职工高等教育培训29568人。

20世纪末21世纪初，随着中国高等教育的发展，职工受教育程度得到了快速提升，新职工中受中、高等教育人数比例不断提高，成人职工高等院校在完成贵州各行各业职工学历补偿教育和学历提升的使命后，基本上也走上了转型改建为普通职业高等院校的道路。

四、干部管理学院

1949年12月至1951年1月，中国人民解放军军政大学五分校及新属一、二总队先后在贵州招收在职干部进修，至1952年共招收学员6000余名。

1950年，贵州举办了文艺新闻干部、商业干部、青年干部训练班，地、县相应成立干部学校；7月1日，中共贵州省委党校成立，各地（州、市）也相应成立地（市、州）委党校，各县委党校也相继建立。

1951年1月，贵州革命干部学校成立，在贵阳招收学员377名；2月，贵州人民政府行政干部学校成立；7月，贵州革命干部学校与贵州人民政府行政干部学校合并，成立西

① 《贵州教育志》编纂办公室．贵州教育年鉴（1949-1984）［M］．贵阳：贵州人民出版社，1986：157.

② 《贵州年鉴》编辑部．贵州年鉴（1989）［M］．贵阳：贵州人民出版社，1989：515.

南军政委员会革命大学贵阳分校，陈曾固任校长，招收三期共 2800 名学员。1952 年下半年停办。

1951 年，贵州省政府制订了工农干部文化实习教育计划和《贵州省开展在职干部业余文化教育实施办法》，要求从 1951 年起，全省各机关、团体都应该重点开办干部文化补习学校，争取在二三年内，使在职干部分别达到初小、高小和初中文化程度。贵州省文化厅成立"在职干部业余文化教育委员会"，负责计划研究，建立开展干部业余文化教育的一切重大事项。干部业余文化教育以学习文化为主，分初级、中级和高级三种班，学习时间 1~2 年，每学期 20 周，不设寒暑假，学员完成全部课程并及格者，发给与普通学校毕业文凭相同效力的毕业证书。在 20 世纪 50 年代，干部文化教育成为当时成人教育的重点，工人、农民干部的扫盲文化教育和提升文化水平与能力又是干部教育中的重点。1955 年 3 月，全省在职干部共 75240 人，其中文盲、半文盲达 5100 人，初小文化水平 4546 人，高小文化水平 16345 人，初中文化水平 32449 人，高中文化水平 13347 人，大学文化水平仅有 3453 人。在全省的干部中，文化水平低、文化教育基础薄弱，故而 20 世纪 50 年代的干部教育不得不以加强文化基础教育为主要方向。

"文化大革命"开始后，干部文化教育受到冲击而停办。

1980 年和 1982 年，中共中央和国务院先后发文，强调要加强干部教育，使干部教育经常化、正规化、制度化，以适应新形势发展的需要。同时对干部提出革命化、年轻化、知识化、专业化的"四化"要求。有关单位采取积极措施多层次、多规格、多类型办学，中共党校和各个高校皆积极参与到干部教育行列之中。当时省、地（市、州）、县 97 所党校，贵州大学、贵州工学院、贵州民族学院、贵州人民大学、贵州财经学院、贵阳市教师进修学院都担负起了干部培训任务。

1984 年 4 月，贵州农业管理干部学院正式创建，成为了贵州专门培训农业管理干部的第一所成人高等专科院校。接着，贵州省经济管理干部学院创建。翌年，贵州省公安干部学校升格为贵州公安管理干部学院，贵州省政法干部学校升格为贵州省政法管理干部学院。1986 年 10 月 25 日，贵州省计划管理干部学院成立，设置有计划、统计、税收、审计、价格、经济信息 7 个专业，当年招收两年制专科和电大在校学生 239 人，开办了两期审计干部培训班和地县计委主任研讨班，培训在职干部 167 人；有教职工 130 人，其中教师 70 人，另聘请有兼职、客座教授和副教授 10 人。①

1984 年，贵州省招生委员会规定：凡招收学制两年以上，培养目标为大学专科或本科毕业水平，并已纳入国家成人高等教育招生计划的贵州广播电视大学举办的党政管理干部基础专修科、贵州农业管理干部学院、普通高校举办的干部专修科、函授部等，都应纳入全省 1984 年成人高等学校招生统一考试。国务院各部委所属成人高等学校，或由有关部委委托普通高校举办的干部专修科，凡面向贵州某一部门或地区招生，招收学制两年以上，培养目标为大学专科或本科毕业水平，除已征得教育部同意单独组织招生考试以外，也应参加全省统一招生考试。考试年龄、工龄等条件，根据各学校、专业和培养目标的不

---

① 《贵州年鉴》编辑部. 贵州年鉴（1987）[M]. 贵阳：贵州人民出版社，1987：624.

同要求，由有关部门或学校，分别作出规定。招生对象，均由组织推荐；或由本人申请，组织批准，方可报考。考试科目理工农医类（含体育）为语文、政治、数学、物理、化学五科；文科类（含政法、外语、艺术）为语文、政治、历史、地理四科；财经类为语文、政治、历史、地理、数学五科，共三大类。

经过近20年的干部年轻化、知识化的逐渐实现，专门培养和提升干部文化水平与学历的干部管理学院逐步让位于普通高校，完成了其历史使命。到21世纪初，干部管理学院全部被普通高校合并或改建为普通高等职业院校。

五、函授高等教育

1983年，贵阳师范学院招收中文专业五年制本科函授学员，标志着贵州函授高等教育的恢复，当年录取1155人。翌年，政教系招收三年制专科函授生426人。

1984年，成人高等学校实行全省统一招收考试。

1985年，贵阳师范学院更名贵州师范大学后，中文专业招收五年制本科函授生269名，政教专业招收三年制专科函授生125人，历史专业招收五年制本科函授生157人，物理系招收三年制本科函授生216人。同年，贵阳中医学院招收第一届中医专业函授生216人。

1987年，贵州省还出台了优秀函授专科毕业生直接升入函授本科班学习的政策。①

1990年，贵州省教委首次批准向函授大学本科毕业生授予学士学位②。

1991年，全省有贵州大学、贵阳中医学院、贵州工业大学、贵州师范大学、贵州财经学院五所普通高校开办函授、夜大学，开出专业44个，其有本、专科学生5300余人。

1997年，国家教委重新公布具有举办函授、夜大学资格的普通高等学校名单，贵州省有：贵州大学（函授本、专科，夜大学专科）；贵州工业大学（函授本、专科，夜大学本、专科）；贵阳中医学院（函授专科）；贵州师范大学（函授本、专科）；贵州财经学院（函授本、专科，夜大学本、专科）；遵义医学院（函授专科、夜大学专科）；贵州商业专科学校（函授专科）。③

是年，西南财经大学、江西财经大学、南京经济学院、重庆商学院、安徽财贸学校、南昌水利水电专科学校、中国保险管理干部学院、南京人口管理干部学院和贵州工业大学九所普通（成人）高校在贵州设立了10个函授站。④ 教育部批准贵阳职工大学、贵州政法管理干部学院、贵州航天职工大学三所成人高校兴办高等职业教育班。

1996~1997年，贵州省教委组织成人高校评估工作队，对全省成人高校进行了评估。在评估的基础上，国家教委重新公布在全国具有举办函授、夜大学资格的普通高校名单，贵州大学、贵州财经学院、贵州工业大学具有举办函授本、专科和夜大学专科的资格，贵

① 《贵州年鉴》编辑部.贵州年鉴（1988）[M].贵阳：贵州人民出版社，1988：641.

② 贵州省地方志编纂委员会.贵州省志（1978-2010）·教育[M].贵阳：贵州人民出版社，2017：31.

③ 《贵州年鉴》编辑部.贵州年鉴（1988）[M].贵阳：贵州人民出版社，1988：427.

④ 《贵州年鉴》编辑部.贵州年鉴（1988）[M].贵阳：贵州人民出版社，1988：428.

州师范大学（原贵阳师范学院）具有举办函授本、专科的资格，贵阳中医学院具有举办函授专科的资格，遵义医学院具有举办函授专科和夜大学专科的资格。

1999 年，经国家教委批准，贵州师范大学可以举办夜大本、专科教育，黔南民族医药高等专科学校可以举办临床医学夜大专科教育、卫生事业管理函授专科教育，安顺师范专科学校可以举办汉语言文学、数学教育、思想政治教育三个专业的函授、夜大专科教育；贵阳职工大学、贵州政法管理干部学院、贵州航天职工大学（遵义）和贵州广播电视大学四所成人高校试办高等职业教育班。经贵州省教委批准，30 所省内外院校 200 余个专业可以在贵州举办第二专业学历教育。

随着我国高等教育体系和教育层次结构的逐步完善，师资和职工“学历补偿”式的函授高等教育已经逐步转型为成人自学考试等形式。

进入 21 世纪，以初、高中招生为起点的普通职业院校成为各行各业获得具有职业技术水平和专业技能人才的重要渠道。

六、高等教育自学考试

改革开放后，追求知识与文化成为社会的时尚。在教育资源相当紧缺的条件下，为了让更多的青年、职工、干部获取丰富的文化知识，在“四化”建设中奉献每个人的才能，国家打开了自学考试的大门。

1983 年，贵州省政府决定，成立贵州省高等教育自学考试委员会，由中国科学院学部委员贵州省副省长徐采栋任主任委员，设副主任委员 11 人，委员 28 人。

1984 年 3 月，举办全省第一次高教教育自学考试，10 月举办第二次高等教育自学考试。第一次高教教育自学考试科目有哲学、政治经济学两门，双科合格者 944 人，单科合格者 3471 人。第二次高等教育自学考试科目为中文（写作、文学概论）、英语（现代汉语与写作、文学概论）、会计（写作基础、会计原理）、党政干部基础（写作基础、中国革命史）四个专业，参加考试者达 4971 人，其中年龄最大者为 70 岁，最小者 15 岁，有 6 名地师级干部和 77 名县团级干部参考，共 5337 人获单科合格证书。

1984 年，贵州省高等教育自学考试办公室创办不定期的《贵州自学考试报》，着重宣传高教自学考试的方针、政策；介绍有关专业考试的计划和具体的规定；选登开考课程的试题和答案要点；介绍部分自学经验和指导自学的文章。

1985 年，全省高等教育自学考试开考中文、党政干部基础课、英语、会计、法律五个专业 15 门课程，参考人数达 7061 人，计 17424 科次，单科合格 9065 科次；10 月，增考统计专业，共六个专业 19 门课程，参考 25596 科次，单科合格 13981 科次。1985 年，自学考试改革考试方式，为建立题库做准备：先由主考学校为每门课程命题相同水平和质量的五套试题，临考前再指定一名同课程的讲师或副教授对该课程的试题进行重新组合，形成正式考试试题和备用试题；建立健全考试规章制度；为考生编印了 30 门自学考试课程的考试大纲，制作了 18 期自学考试报。同年，开展省际外语考试协作。

1986 年，自学考试专业增加到 12 个，新增工业与民用建筑、医学检验、价格学、护理、财税、工商行政管理。1986 年上半年报考人数 17127 人，参考 15133 人，计 34521 科次，单科合格 13825 科次；下半年报考 27117 人，参考 19352 人，计 42157 科次，单科合格 16526 科次。1986 年 9 月 13 日至 17 日，云、贵、川、藏、桂五省（区）党政干部基础科专业在贵阳召开效益协作会议，通过了《协会会议纪要》。纪要决定各省（区）实行统一的考试计划；同步安排各年考试科目；除全国自学考试指定的教材外，统一编写教材和考试大纲。贵州负责《法学概论自学考试大纲》《形式逻辑自学考试大纲》《文学概论自学考试大纲》《国际政治自学考试大纲》《自然科学基础知识自学考试大纲》《中国近代史自学考试大纲》《行政管理自学考试大纲》七部大纲的编写。

1987 年，高等自学考试开考本科阶段课程考试。经全国高等教育自学考试委员会批准，统计、人口管理两个专业试行专业合格证书。至此，全省形成了单科合格证、学历证书、专业合格证三种自学考试证书制度的自学考试体系，高等教育、中等专业教育的双层自学教育层次，举办本科、专科、中专三种成人学历自学考试。是年，全省有 59008 人报考 142605 科次，单科合格 31542 科次。同年，贵州省自考办还请广东省自考办帮助完成了日语翻译专业计划规定课程考试，委托代考考试点工作。

1988 年，国务院颁布《高等教育自学考试暂行条例》，对自学考试的性质、任务、地位、机构、开考专业、考试办法、考籍管理、社会助学、经费、毕业生使用等内容作出了规定。同年，贵州省自考办"按经典测验理论"原理、计算方法，对部分课程的试题做出了量化测算。

1989 年，大中专共计开考 19 个专业、138 门课程，报考 70117 人次，实考 54963 人次，发单科合格证 34405 张，专科毕业 883 人，本科毕业 8 人。同年，贵州为全国高等教育自学考试命题大专部分 280 套，中专 45 套；建立全国标准题库课程五门，建立西南题库课程五门，完成 10 余门教材大纲的编写。

截至 1993 年，全省开考本科、专科两个层次共 41 个专业，其中专科段专业 35 个，本科段专业 6 个。1984~1993 年，在省内 9 个地（州、市）组织了 20 次统一考试，接纳 859871 人（次）报考，发单科合格证 288279 张，7051 人获国家颁发的大专毕业证书，165 人获国家颁发的本科毕业证，851 人获专业证书。①

1994 年，是贵州实行自学考试制度 11 年来，开考专业和报考人数最多、规模最大的一年，比 1993 年翻了一番，全年共组织大、中型考试 6 次。面向社会开考 80 个专业，其中本科 18 个，专科 56 个，中专 6 个；报考科次达 24 万，其中本科 0.6 万，专科 20.4 万，中专 3 万；共有 57 人获本科毕业证书，2097 人获专科毕业证书，1825 人获中专毕业证书。②

是年，进一步明确自学考试为经济建设服务，为有志于自学成才的公民服务，主动适应市场经济需求，加速专门人才培养步伐的指导思想。开考急需人才的应用型、实用型和服务型专业。当年，新开考计算机及应用、计算机信息、管理、会计电算化、国际贸易、

① 《贵州年鉴》编辑部. 贵州年鉴（1994）[M]. 贵阳：贵州年鉴社，1994：486.

② 《贵州年鉴》编辑部. 贵州年鉴（1995）[M]. 贵阳：贵州年鉴社，1995：497.

市场营销、经济法、商贸英语、基建投资及预算、现代文秘、旅游管理、酒店管理、工民建、农学、行政管理、体育教育、音乐教育、美术教育、工艺美术、师范教育等40余个新专业。①

1995年，成人高等教育自学考试获得本科毕业证书243人，大专毕业证书7046人。②

1997年，共组织4次自学考试，开考44个专业，其中，本科5个，大专30个，中专9个；共接纳133090人报考298138科次，其中，本科10116人报考21984科次，大专113794人报考251616科次，中专9180人报考24538科次；全年共有4783人毕业，其中，本科毕业生99人，专科毕业生4112人，中专毕业生572人。③

1998年，贵州省高等（中等）教育自学考试社会助学机构检查评估组成立，首批向14所具有办学资格的社会助学机构，颁发了《中华人民共和国社会力量办学许可证》。它们是：贵州大学高等教育社会助学中心、贵州师范大学自学考试辅导中心、贵州工业大学自学考试助学中心、贵阳医学院成人培训中心、贵州省中医药教育培训中心、贵州财经学院成人教育培训中心、贵州民族学院自学考试助学部、贵州教育学院社会助学培训中心、贵州广播电视大学高等教育社会助学中心、贵阳市金筑大学培训中心、贵州现代商贸专修学院、民办贵州大夏高等职业技术学院、贵州省统计高等教育目学考试助学中心、贵州省农科专业自学考试辅导中心。④

是年，自学考试共设置专业47个，其中，本科12个，专科31个，中专4个；报名人数137656人次，报考288845科次；毕业人数7346人，其中，本科218人，专科6385人，中专743人；全年计算机等级考试共约有4000人报考7500科次，1200人合格。⑤

1999年，贵州省共组织4次自学考试，共设置专业60个，其中，本科17个、专科35个、中专8个；报名人数146768人，报考375864科次；毕业生人数6110人，其中本科115人，专科4895人，中专1100人。⑥ 同年，贵州省重新核查公布了全省成人高教31所院校440个专业。贵州商业高等专科学校获准举办高等教育自学考试社会助学班。⑦

2001年，自学考试开考专业57个。其中本科22个，专科35个。1月报考人数20462人，报考科次47270科次；4月报考人数115410人，报考科次320881科次；7月报考人数17868人，报考科次38778科次；10月报考人数98991人，报考科次257674科次。毕业生人数共7060人，其中本科910人，专科6150人。⑧

2002年，自学考试开考专业63个，其中本科23个，专科40个。上半年（1月、4月）报考人数94180人，报考科次229567科次，合格人数51689人；下半年（7月、10月）报考人数96869人，报考科次233486科次，合格人数49622人。共有毕业生8372人，

---

①② 《贵州年鉴》编辑部. 贵州年鉴（1995）［M］. 贵阳：贵州年鉴社，1995：501.
③ 《贵州年鉴》编辑部. 贵州年鉴（1998）［M］. 贵阳：贵州年鉴社，1998：428.
④ 《贵州年鉴》编辑部. 贵州年鉴（1999）［M］. 贵阳：贵州年鉴社，1999：408.
⑤ 《贵州年鉴》编辑部. 贵州年鉴（1999）［M］. 贵阳：贵州年鉴社，1999：409.
⑥ 《贵州年鉴》编辑部. 贵州年鉴（2000）［M］. 贵阳：贵州年鉴社，2000：358.
⑦ 《贵州年鉴》编辑部. 贵州年鉴（2000）［M］. 贵阳：贵州年鉴社，2000：357.
⑧ 《贵州年鉴》编辑部. 贵州年鉴（2002）［M］. 贵阳：贵州年鉴社，2002：337.

其中本科生855人，专科毕业生7517人。①

2004年，自学考试共设置专业53个，其中本科29个，专科24个，完成了235门课程732套试卷的命题、审核、录入工作。分别在1月、4月、7月、10月组织了4次考试，报考总数为149929人，共计报考337959科次。全年共毕业考生9526人，其中本科1795人，专科7731人。②

2005年，自学考试共设置专业55个，其中本科28个，专科27个，完成了282门课程821套试卷的命题、审校任务。分别在1月、4月、7月、10月、12月组织了5次考试，报考总数146810人，共计报考357665科次。全年共审核、办理毕业生11641人，其中本科2848人，专科8793人。同时组织指导实施实践环节考核约2000人次，审核办理毕业论文指导申报2900人。全年办理免考共452人，共计约2000科次。

2007年，自学考试共设置专业59个，其中本科35个，专科24个，比上年增加7个专业，完成了103门课程397套试卷的命题、审校工作，分别在1月、4月、10月组织了3次考试，考生总数67030人，共计报考161391科次。③ 全年共审核、办理毕业证书4715人，其中专科1749人，本科2966人，审核办理了1014人、1122科次免考，组织完成了51个专业、6249人次的课程实验实践环节、毕业论文答辩考核和成绩发布工作。④是年4月，贵州省高等教育自学考试考务考籍质量管理工作顺利通过教育部评审。⑤当年，贵州教育学院、贵州轻工职业技术学院、铜仁职业技术学院、贵州电子信息职业技术学院开展了与自考本科衔接工作，对近300门全国统考试卷质量进行定量分析评估；开展以“适应终身教育，满足多样化需求”为主题的高等教育自学考试宣传周活动。

2008年，自学考试共设置专业60个，其中本科39个，专科21个，比上年增加7个专业，完成了130门课程456套试卷的命题、审校工作，分别在1月、4月、7月、10月组织了4次考试。考生总数88351人，共计报考215898科次，分别较上年增加21321人和54507科次。全年共审核、办理毕业证书7592人，其中专科3620人，本科3972人，审核办理了4767人、11193科次免考，组织完成了19个专业、48门课程、5109科次的课程实验实践环节、毕业论文答辩考核和成绩发布工作。⑥

是年，开展高等教育自学考试与职业教育的衔接沟通的改革工作，在12所高职院校开展高职专科与自考本科衔接沟通的改革工作，共有考生4556人。同时，加大自学考试信息化管理改革力度，进一步规范加强考务管理。⑦

2009年，自学考试共设置专业62个，其中本科40个，专科22个，比上年增加2个专业，完成了152门课程557套试卷的命题、审校工作，分别在1月、4月、7月、10月组织了4次考试。考生总数102982人次、报考272340科次，分别较上年增加19210人次、54920科次。全年共审核、办理毕业证书7778人，其中专科2244人，本科5534人。审核

---

① 《贵州年鉴》编辑部．贵州年鉴（2003）［M］．贵阳：贵州年鉴社，2003：380.

② 《贵州年鉴》编辑部．贵州年鉴（2005）［M］．贵阳：贵州年鉴社，2005：292.

③④⑤ 《贵州年鉴》编辑部．贵州年鉴（2008）［M］．贵阳：贵州年鉴社，2008：344.

⑥⑦ 《贵州年鉴》编辑部．贵州年鉴（2009）［M］．贵阳：贵州年鉴社，2009：359.

办理了 9129 科次免考，组织完成了 20 个专业 3837 科次的实践环节考试工作。①

2010 年，自学考试共设置专业 78 个，其中本科 51 个，专科 27 个，完成了 208 门课程 720 套试卷的命题、审校工作，分别在 1 月、4 月、7 月、10 月组织了 4 次考试。考生总数 114279 人次、报考 302963 科次，分别较上年增加 19970 人次、30363 科次。全年共审核、办理毕业证书 7551 人，其中专科 1155 人、本科 6396 人；审核办理了 11927 科次免考，组织完成了 20 个专业、6458 科次的实践环节考试工作。②

是年，有 28 所院校开展了高职高专教育与自考本科衔接的试点工作，衔接开考专业 51 个；在 3 所学校开展了中职教育与自考专科衔接的试点工作，衔接开考专业 9 个。③

2011 年，自学考试共设置专业 79 个，其中本科 51 个，专科 28 个，完成了 264 门程 820 套试题的命题、审校工作，分别在 1 月、4 月、7 月、10 月组织了 4 次考试，考生总数 122881 人次，报考 303068 科次，分别较 2010 年增加 8602 人次、20261 科次。全年共审核、办理毕业证书 9802 人，其中专科 1627 人，本科 8175 人。审核办理了 12777 科次免考，组织完成了 31 个专业合计 118 个科目的实践环节考试工作。④

是年，有 33 所院校开展了高职高专教育与自考本科衔接的试点工作，衔接开考专业 63 个。在 4 所院校开展了中职教育与自考专科衔接的试点工作，衔接开考专业 11 个。⑤

2012 年，全省开考专业 79 个，其中，新开考 3 个专业。向全国考办申报获批开考 12 个专业，其中专科 5 个，独立本科 7 个。全年 126415 人次报考统考课程 300885 科次，2 万多人报考衔接课程 54385 科次。组织完成 4 次共计 300885 份试卷的评阅、登分建档和成绩发布工作，47 个专业、81 门课程、15399 科次的实践环节考核工作，9359 人的毕业论文答辩工作，审定办理免考课程 16369 科次。共有 9149 名（专、本科）考生毕业。⑥

2013 年，自学考试开考专业 85 个，其中，专科 26 个，本科 59 个；新开考专业 6 个。全年累计报考 127367 人次，报考 307079 科次，其中统考课程报考 104234 人次，报考 234219 科次；衔接课程报考 15984 人次，报考 53853 科次；实践考核报考 7149 人次，报考 19007 科次。办理免考 6933 人、16672 科次；论文评审 8573 人；毕业审核办证 8966 人，其中专科 1625 人，本科 7341 人。全年共审核、注册、登记助学机构 26 个，其中有 6 个助学机构为省级学习服务中心，全省参加助学考生 3.9 万余人。⑦

2014 年，自学考试全年开考专业 86 个，其中专科 26 个，本科 60 个，总开考专业数比上年增加 1 个。报考人数 69228 人，报考 171632 科次，办理免考 16097 人、36335 科次；毕业审核办证 8852 人。同年，对主考学校申请开考的新专业进行认真调研和论证，新开考工程管理等 4 个专业，向全国考办申报并获批铁路运输管理等 4 个新专业；对报考人数较少、失去发展前景的应用电子技术等 7 个专业停止接纳新生，停考国际贸易等 3 个

① 《贵州年鉴》编辑部. 贵州年鉴（2010）[M]. 贵阳：贵州年鉴社，2010：359.

②③ 《贵州年鉴》编辑部. 贵州年鉴（2011）[M]. 贵阳：贵州年鉴社，2011：292.

④⑤ 《贵州年鉴》编辑部. 贵州年鉴（2012）[M]. 贵阳：贵州年鉴社，2012：421.

⑥ 《贵州年鉴》编辑部. 贵州年鉴（2013）[M]. 贵阳：贵州年鉴社，2013：373.

⑦ 《贵州年鉴》编辑部. 贵州年鉴（2014）[M]. 贵阳：贵州年鉴社，2014：356.

专业。自学考试管理系统建设完成并投入使用，提高了自学考试信息化管理水平。[①]

2015年，全省自学考试全年开考专业81个，其中，专科25个，本科56个，总开考专业数比上年减少3个；报考人数66608人，报考150179科次，办理免考31000人、67813科次；毕业审核办证12604人。

2016年，全省高等教育自学考试全年开考专业75个，其中专科23个，本科52个；全年报考132608人次，290582科次；毕业审核办证17201人。其中专科7669人，本科9532人。[②] 是年，对全省自学考试开考专业进行了梳理，停考了酒店管理等11个不适宜社会需求的专业，生源萎缩的物流管理等3个专业停止接纳新生。新开考电子商务（独立本科段）专业，以满足“大数据”建设对人才的需求。

2017年，全省自学考试全年开考专业71个，其中，专科21个，本科50个。全年报考84697人次、195496科次。全年毕业审核办证15460人，其中本科9936人，专科5524人。同年，继续推动自学考试与中职、高职衔接试点工作，停考了11个专业，对生源萎缩的3个专业停止接纳新生。当年，修订学前教育专业考试计划。[③]

2018年，自学考试全年开考专业70个，其中，专科22个，本科48个；全年统考报考115603人次，报考280505科次；命题187门558套；全年毕业审核办证18860人，其中本科12598人，专科6262人。开展网络助学课程学业综合评价试点工作；实现自学考试网上报名收费；按教育部考试中心统一部署，逐步推进全省专业计划的调整工作，停考专业12个。

七、广播电视大学

1979年3月10日，建立贵州广播电视大学，9月开始授课，为广大的职工青年开辟了一个接受高等教育全新的渠道。

1983年，学校编写了12册共90多万字的学生《补习资料》，发行25万册《教学辅导材料》，复制和发行录音磁带近15万盘，组织了10万人次的闭路视听教学；完成了中央广播电视大学出题的招生及各学期考试试卷共39万多份。是年，在全省9个地（州、市）、35个县开办了500多个教学班，建立起贵阳、遵义、安顺、毕节、黔西南、黔南、黔东南、六盘水、〇六一、〇八三、〇一一、凌云、黎阳13个电大工作站和铜仁分校、省直电大直属学校，形成了全省电视教学网。

从1979年贵州广播电视大学开办到1984年，仅五年时间，共招收学员24423人，其中全科生16182人，单、双科生8241人，同时为12096人提供了自学视听条件；毕业理、工类学员2431人，肄业498人；单、双科结业4864人；编辑出版了32期《贵州电大通讯》，2期《贵州电大》“党政版”和“语文版”，5期活页资料，4张单页资料，共计35万字。

① 《贵州年鉴》编辑部. 贵州年鉴（2015）[M]. 贵阳：贵州年鉴社，2015：433.

② 《贵州年鉴》编辑部. 贵州年鉴（2017）[M]. 贵阳：贵州年鉴社，2017：514.

③ 《贵州年鉴》编辑部. 贵州年鉴（2018）[M]. 贵阳：贵州年鉴社，2018：530.

1985 年，经贵州省政府批准，再建贵州广播电视大学省建筑工程总公司分校、工商银行省分行分校、贵阳铁路分局分校。全省共有 5 个电大分校、13 个电大工作站，并增设了中文师范专业、文秘专业、档案专业、新闻专业、图书专业、工商管理专业、史地专业、教育行政管理专业、法律专业，开出教学班 466 个，在校生达 13223 人，自学视听生 2291 人。同年，受中央广播电视大学委托，举办全国电大系统校长讲习班；聘请了英国开放大学原副校长、数学教授拉尔夫·史密斯，英国开放大学名誉博士、原 BBC 教育广播节目总负责人唐纳德·格拉腾，伦敦商学院高级讲师菲利浦·劳，分别担任贵州广播电视大学的名誉教授、顾问和高级讲师。

1986 年，贵州广播电视大学黔东南州工作站更名为贵州广播电视大学黔东南州分校。

1998 年，贵州广播电视大学获准举办高等职业教育班。①

2008 年，贵州广播电视大学创办贵州职业技术学院，实行“两块牌子、一套班子”的管理模式开展教学和管理工作。

2016 年，贵州广播电视大学开始招收留学生。

2018 年，贵州广播电视大学除本部所置开放教育学院、继续教育学院、远程教育学院、贵州省干部在线学习学院等学院外，还设有贵阳分校、遵义分校、安顺分校、黔南分校、黔东南分校、黔西南分校、毕节分校、铜仁分校、六盘水分校、水钢分校，另在贵州省内设有 87 个工作站，覆盖了全省的远程教育体系。

截至 2018 年，贵州广播电视大学设有开放本科（专科起点）专业 20 个：金融学、法学、小学教育、学前教育（学前教师教育方向、幼儿园管理方向）、广告学（含设计与制作方向）、英语（师资培养方向）、汉语言文学（含师范方向）、数学与应用数学、计算机科学与技术、水利水电工程、工商管理、会计学、物流管理、市场营销、财务管理、公共事业管理（卫生事业管理方向、学校管理方向）、行政管理、护理学、机械设计制造及其自动化、土木工程。“一村一”本科专业 1 个：园艺。开放专科专业 43 个：证券与期货、金融管理、投资与理财、保险、小学教育、学前教育、英语（师资培养方向、经济贸易方向、国际旅游方向）、汉语言文学、文秘、传播与策划、广告设计与制作、汽车运用与维修技术、汽车营销与服务、计算机网络技术（网络管理方向、网页设计方向）、计算机信息管理、数字媒体艺术设计、道路桥梁工程技术、工程造价、水利水电工程管理、药学、会计、电子商务、物流管理、公共事务管理（学校及社会教育管理方向）、行政管理、物业管理、社会工作（老年方向）、旅游管理、酒店管理、室内艺术设计、城市轨道交通运营管理、药品经营与管理、人力资源管理、老年服务与管理、市场营销（行业营销方向、营销与策划方向、市场开发与营销方向）、数控技术、模具设计与制造、机电一体化技术、法律事务、护理、工商企业管理、建筑工程技术、建设工程管理。“一村一”专科专业 11 个：设施农业与装备、园艺技术、茶树栽培与茶叶加工、作物生产技术、休闲农业、林业技术、园林技术、畜牧兽医（含畜牧方向）、农业经济管理、行政管理（村镇管理方向）、工商企业管理（乡镇企业管理方向）。新型产业工人培养和发展助力计划专业 8 个：计算

① 《贵州年鉴》编辑部. 贵州年鉴（1999）［M］. 贵阳：贵州年鉴社，1999：409.

机信息管理、计算机网络技术（网络管理方向、网页设计方向）、煤矿安全技术与管理、采矿工程、数控技术、电气自动化技术、物流管理、数字媒体艺术设计。

贵州广播电视大学成为贵州人民接受高等教育学历补偿的重要渠道，现在其功能依然不变。

第四节　高等教育改革

一、教学计划与学分制

贵州高等教育恢复初期，基本沿袭1978年前的教学模式。在教学计划安排上，除少数专业为三年制（体育类）或者五年制（医学类）外，本科专业一般为四年制。

1982年下半年和1984年上半年，贵阳师范学院两次提出了关于修改教学计划的意见，正式把“军事训练”“共产主义思想品德”“文献检索和利用”等课程纳入教学计划。

1985年，贵州农学院在85级新生试行学年学分制，并制定了《学年学分制教学方案（试行）》《学年学分制试行办法》《学年学分制选修、免修课程暂行规定》。各系部也制订了各专业的教学实施计划。学年学分制规定，除兽医专业为150分外，学校各专业均为145学分；自选课程学分不能代替必修课和指定选修课程的学分；智育课学分不能代替德育课学分；学生修满教学计划规定的总学分方能毕业。为了区别学生成绩的优劣，还专门规定了学分“积点制”，即按学生成绩（百分制）档转换为5级积点，60分以下为零积点。

1986年，贵阳医学院提出5个有关教学改革的方案，包括精简教学内容、缩减教学时数（减少总学时10%~20%）、增加学生自习时间、改进教学方法、运用电化教学、改革考试制度、加强教学实习基地建设等。

1988年，贵州省教委召开贵州省高等教育工作会议，主要目的就是为了解决提高高等教育质量这一重要问题，同时研究试行校长负责制、开展教师教学优秀成果评选、加快教学改革、优化高等教育内部结构、扩大高校办学自主权等问题，以期深化高等教育改革。

1989年，贵州师范大学对教学计划进行了进一步调整，规定各专业学制为四年，总周数为208周，教学和科研训练约占总周数的72%，教育实习约占总周数的4%，各专业的课程分为必修课和选修课两大类。其中必修课为公共必修课和专业必修课，公共必修课包括政治理论课、思想教育课、教育课、公共外语课和公共体育课。

1991年，全省高等学校继续重视教学内容和教学方法的改革，狠抓提高教学质量。各高等师范专科学校进行了主辅修教学试验，以主动适应社会对人才培养的需要。①

① 《贵州年鉴》编辑部．贵州年鉴（1992）[M]．贵阳：贵州人民出版社，1992：458.

1992年，贵州省教委还组织制订、颁发了《贵州省三年制师范高等专科学校政治教育等十个专业教学计划》，规定从1993年开始执行。教学计划明确了师专的培养目标和培养规格，强调对师专学生的教师素质的培养和对基本功的要求。课程设置上以德育为首，突出主干课，保证基础课，加强对学生能力的培养，充分体现心理学、教育学和中学各科教材教法课的重要地位，设置了教师职业能力训练课；加强教学实践环节，把教育见习与教材教法课有机结合，强调教育见习、实习、专业实习的重要性；建立健全生产劳动、军事训练、社会调查和社会服务的各项制度。为适应社会主义市场经济和加快改革开放的需要，培养一专多能的合格的初级中学教师，教学计划对课程设置作了调整。全部学科课程分为三大块：公共必修课、专业必修课（含教师职业能力训练课）和辅修（选修）课。前两块由贵州省教委统一设置，后一块各校可根据自己的情况结合当地的需要安排课程。①

是年，贵州省高等学校面对社会主义市场经济对人才需求的前景，从学校的办学实际出发，纷纷挖掘潜力，主动调整专业结构，经贵州省教委组织专家论证后，共有10多所高校新增的52个专业获准设立，其中有26个专业为试办专业。②

当年5月，贵州省职工教育委员会、贵州省乡镇企业局在贵阳联合召开全省小型企业、乡镇企业职工教育教育会议③；9月21日，贵州省政府办公厅印发了《〈省直高等学校科技开发校办企业现场经验会纪要〉的通知》，贵州省政府同意择取一系列政策措施推动全省高校科技开发与校办产业。④

1994年，贵州大学理科专业、贵州工学院开始在新生中试行学分制。将公共选修课整合为“教师教育类”“人文社会类”“科学技术类”“体育类”和“艺术类”五大块；将实践环节作为必修课开设，并加强课内实践教学内容；加大外语、计算机应用基础、公共体育、公共政治课的改革，以期全面提高学生的基础素质。贵州省教委于1994年1月及6月先后对各师专开设的马克思主义哲学、中国近现代史、法律基础、现代汉语、综合英语、数学分析、力学、无机化学、植物学、植物学与实验、基本乐理、技法理论、田径（理论）13门必修课程进行统考，为师专标准化建设的“软件”建设打下基础。⑤

是年，在近两年各校已增设大批应用型专业的基础上，经贵州省教委批准，全省普通和成人高校新增专业和办学形式77个。⑥贵州省制定加强大学外语课程建设的制度，规定从1995年入学新生算起，修大学外语的本科生，水平不达三级的，原则上不授学士学位，鼓励学生通过大学外语四、六级考试。⑦

1998年12月22日至23日，贵州省教委在贵阳召开普通高校教育思想、教育观念讨论会，聘请北京理工大学高教研究所所长杨式武教授和北京轻工业大学副校长胡恩明教授向全省普通高校300余名干部就转变教育思想和更新教育观念作专题报告。通过全省上下

① 《贵州年鉴》编辑部. 贵州年鉴（1993）［M］. 贵阳：贵州人民出版社，1993：468.
② 《贵州年鉴》编辑部. 贵州年鉴（1993）［M］. 贵阳：贵州人民出版社，1993：469.
③ 贵州省地方志编纂委员会. 贵州省志（1978-2010）·教育［M］. 贵阳：贵州人民出版社，2017：33.
④ 《贵州年鉴》编辑部. 贵州年鉴（1993）［M］. 贵阳：贵州人民出版社，1993：467.
⑤⑥⑦ 《贵州年鉴》编辑部. 贵州年鉴（1995）［M］. 贵阳：贵州年鉴社，1995：485.

共同讨论和学习，各普通高校达成以下共识：[①] 一是人才培养是立校之本，要把教学工作置于中心地位。二是培养目标要具备基础扎实、知识面宽、能力强、素质高四个特点。三是摒弃过去重知识轻能力、重科学轻文化、重书本轻实践的培养模式，代之以知识能力、素质的和谐统一。四是重视学生创造能力的培养，全面提高学生素质。五是抓住修订和拓宽专业目录的时机，制订好本、专科生和研究生的培养计划。六是加大教学方法改革力度，促进教学手段的现代化。

是年，经教育部批准，贵阳职工大学、贵州政法管理干部管理学院、贵州航空工业职工大学、贵州广播电视大学获 1998 年举办高等职业教育班的资格。[②]

1999 年，贵州民族学院在法学、数学与应用数学 2 个专业的新生中开展学分制试点工作。翌年在全校全面推行学分制。

是年，贵州省教委根据教育部有关精神制定《贵州省普通高等学校教学总学时及课程结构比例的指导性方案》，主要内容包括：

教学总学时：本科五年制 3100~3500 学时，本科四年制 2600~2800 学时，专科三年制 1800~2000 学时，专科两年制 1500 学时。课程结构：必修课占 65%~75%；选修课占 25%~35%。专科专业总学时中，实践性环节学时比例为 40%左右。教学计划于 1999 年 6 月底全部修订完毕，1999 级新生已全面执行新的教学计划。其主要特点是：更加注重全面提高素质，加强文化素质教育；重新整合课程，各类课程达到整体优化；注重加强和拓宽基础；重视学生创新精神和创新能力的培养；注重学生优势个性发展；课外教育活动更加完善。[③]

当年 12 月 8 日，省政府批准正式实施“贵州省计算机教育工程”。同年 12 月 28 日，贵州有线电视台与贵州大学联合建成连通中国教育、科技计算机网和国际互联网的贵州大学校园网开通。[④]

2002 年，在贵州大学、贵州师范大学开展学分制试点工作，对课程开设与学分计算、学习年限、课程选修与免复修、辅修、成绩考核、毕业、结业、肄业等方面做出了规定。

2004 年，贵州师范大学开始试行学分制管理。《贵州师范大学 2004 年本科教学计划》规定，文科类毕业最低学分为 174 学分，理工类毕业最低学分为 180 学分。学分计算办法为：课程教学（包括课堂讲授、实验、上机、教学实习、讲座与实践）原则上每 18 学时计 1 个学分；讲座与实践环节中以周计的集中实践活动，每周计 1 个学分；毕业论文（设计）不少于 6 周，计 6 个学分；教育实习 8 周、专业实习 6~8 周，均计 8 个学分。课程体系包括公共必修课、公共选修课、专业必修课、专业选修课、实践环节。

2005 年，全国高校普遍推广和普及学分制。贵州省内高校也纷纷出台相应的学分制规定。在学分制中，课程一般规定为必修课、限选课、自选课三大类。必修课包括公共必修

---

① 《贵州年鉴》编辑部. 贵州年鉴（1999）[M]. 贵阳：贵州年鉴社，1999：398.

② 《贵州年鉴》编辑部. 贵州年鉴（1999）[M]. 贵阳：贵州年鉴社，1999：409.

③ 《贵州年鉴》编辑部. 贵州年鉴（2000）[M]. 贵阳：贵州年鉴社，2000：349.

④ 贵州省地方志编纂委员会. 贵州省志（1978-2010）·教育［M］. 贵阳：贵州人民出版社，2017：44.

课程、学科基础课程、专业主干课程，学生必须完成所有课程的学习任务，方能获得相应的学分数；限选课程包括部分基础课和主干课，学生可在本专业或相近专业内的几个模块课程中选修，并达到规定的学分数；自选课程是根据学生自身的兴趣和爱好，以及对未来职业的规划，在全校各院各专业开出的选修课程选择修满规定的学分数。同时，学生在校期间除修满教学计划规定的各类学分外，各种学校几乎都还规定有理工科、艺术类学生应取得不少于5个及以上人文选修课程学分，文科学生应取得不少于5个及以上自然科学选修课程的学分，方能毕业，以期培养理工科学生的人文精神和文科学生的科学精神。

例如，《遵义医学院学分制实施细则》规定在本科生中普遍试行学分制，并对学习年限、课程与学分、成绩考核等皆作出详细的规定。规定临床医学、法医学、麻醉学、医学影像学、口腔医学、医学检验等专业学习年限为五年；公共事业管理、药物制剂、药品检验、生物工程、护理、英语、社会体育、信息与计算机科学等专业学习年限为四年。允许学生在校修业年限在标准基础上延长两年，毕业时其学制按标准学年年限计。学生保留入学资格、休学、保留学籍，以及试读期限包含在修业年限内。学生在毕业前须完成全部必修课程的修读任务，包括公共课、基础课、专业基础课和专业课，以取得必修课学分；必须完成规定的限选课程学分和自选课程学分；允许学习成绩优良的学生申请并经批准后免听某些课程，即不跟班上课，但需完成教师布置的作业，参加课程实践和期末考试。免听课程每个学生每个学期不得超过2门，思想政治理论课、体育课及实践性强的课程不得免修或免听。对完成辅修其他专业并达到专业辅修要求的学生，发给辅修专业证书。对辅修跨学科门类专业且符合学位授予条件的学生可另外授予相应的学位。

2007年，贵阳医学院决定从2008年开始在新生中选择小专业启动学分制。

2008年，贵州师范大学制定《贵州师范大学关于修订2007级、2008级本科教学计划意见》，将课程教学分为两大类：必修课和选修课。必修课包括公共必修课、专业必修课（师范专业、非师范专业）及实践环节；选修课包括专业选修课、公共选修课。学制规定为四年，可在3~6年完成；人文社会科学专业毕业需修满155~175学分，理工农类需修满165~185学分，各专业可根据专业特点、课程内容及结构，确定本专业所需总学分；人文社会科学专业实践教学环节原则上不少于总学分的15%，理工农类专业的原则不少于总学分的25%；选修课学分可在30~50学分间浮动；各学院可根据专业特点规定选修课的学分，其中公共选修课学分调整为8~16学分，专业选修课学分为14~42学分。

2009年，贵州大学全面实施完全学分制，出台了《贵州大学本科生学分制选课管理暂行办法》《贵州大学学分制学籍管理暂行规定》，并修订了《2009版专业培养方案》，构建起“通识教育”与“专业教育”相互融合、“平台+模块”的专业培养方案。“平台”课程主要体现了宽口径、厚基础的教育理念，保证人才培养的基本规格和全面发展的共性要求；“模块”课程用于实现专业方向的分流，为学生修改发展和主动适应人才市场的需求提供选择的空间，鼓励学生跨学科、跨专业学习。

二、新世纪的高校改革

1998年，贵州省教委制订《贵州省高等教育面向21世纪教学内容与课程体系改革计划》及其实施意见。总体目标是转变教学思想、更新教育观念、改革人才培养模式，实现教学内容、课程体系、教学方法和教学手段现代化，形成和建立有中国特色社会主义高等教育的教学内容和课程体系。同时成立贵州省面向21世纪教学计划指导委员会，下达《贵州省"面向21世纪教学改革计划"立项项目通知》,① 制定《立项开题工作的意见》和《教改计划实施细则》，确立教改项目37个以推动全省高校教改工作。同年，贵州大学获得国家级教改项目立项19个，省级87个；贵师范大学获得省级教改立项21个；遵义医学院获省级教改项目27个。

是年，制订《贵州省高等医学院校临床教学基地评审方案》及《评审指标体系》，并在对遵义医学院附属医院进行试评审和修改指标体系的基础上，于11月起，分期分批开始对全省各高等医学院校临床教学基地进行评审。评审主要原则是"以评促建、以评促改、评建结合、重在提高"，推进医院与高等院校合作，保证临床教学质量，加强高等医学院校学生实践动手能力的培养。②

1999年5月27日，贵州省政府在贵阳召开全省职业教育工作会议。会上贵州省政府作出了《省人民政府关于加快职业教育改革和发展的决定》③。

2000年，教育部下发《关于实施"新世纪高等教育教学改革工程"的通知》，贵州省结合省情，制订了《贵州省高等教育面向21世纪教学内容和课程体系改革计划》和《贵州省新世纪高等教育教学改革工程》，明确"新世纪高等教育教学改革工程"的内容为：高等学校本科教育改革和实践，应将素质教育渗透到专业教育之中，让学生尽早参与到科学研究和社会生产活动之中，普遍提高大学生的人文素质、科学素质、创新精神和创业、实践能力；加强高校中青年骨干教师培训；加强高校基础教学实验室改造和建设；启动"基础课实验教学示范中心建设项目"以改善基础实验室条件，推进实验室教学改革等。

是年，贵阳医学院根据国家和贵州省文件精神，撰写了"宽口径、厚基础、强能力、求创新"的医学人才培养新体系的新教学计划，把培养计划设计为基本素质与能力、基础理论与技能、专业基础与技能、专业知识、综合能力、选修单元六个模块。

是年3月，贵州省政府学位委员会及贵州省政府学位委员会办公室成立④。

是年4月20日，清华大学与贵州工业大学在北京签订共建贵州工业大学CIMS工程技术（现代集成制造技术）中心协议⑤。

当年5月，国务院授权贵州省人民政府审批高等职业技术学院，贵州航天职业技术学

①② 《贵州年鉴》编辑部．贵州年鉴（1999）［M］．贵阳：贵州年鉴社，1999：399.

③ 贵州省地方志编纂委员会．贵州省志（1978-2010）·教育［M］．贵阳：贵州人民出版社，2017：43.

④⑤ 贵州省地方志编纂委员会．贵州省志（1978-2010）·教育［M］．贵阳：贵州人民出版社，2017：44.

院和贵州冶金职业技术学院是贵州省政府获授权后首次批准成立的两所高等职业院校[①]。

2001年，贵州省教育厅组织专家对第一批37个教改立项项目进行中期检查，结果17个被评为“好”，9个为“一般”，10个为“达到检查要求”，一个因出国进修未参与。同时对各高校新申报的121个项目进行了资格审查和评审，批准了27个项目作为省级第二批贵州省高等教育“面向21世纪教学内容和课程体系改革计划”项目。

是年2月，贵州省教育国际交流中心在贵州省博物馆举办“贵州省首届国际教育展”。英国、美国、新西兰、澳大利亚、马来西亚、新加坡、瑞士、法国、加拿大等10多个国家近20家教育机构参展，近3000人前往参加咨询[②]。

2002年，贵州大学、贵州工业大学等高校与北京大学、清华大学和浙江大学等10所国家现代远程教育试点高校开展校外远程教育。[③] 贵州省教育厅组织省属10所普通本科高校争取到国家“西部高校计算机校园网建设工程”项目专项经费6250万元，并多次召开10所项目高校校领导和网络中心负责人会议，传达贯彻国家有关会议精神，安排布置项目建设工作，还与贵州省计委一道成立项目建设工作领导小组和办公室，挑选有关专家组建由国家教育部批准设立的贵州省项目建设专家组，制定《贵州省西部高校校园网建设工程项目实施细则》。各项目高校也按要求成立项目管理办公室，并在省项目工作领导小组的领导和专家组的具体指导下，严格按照国家管理办法和省的实施细则所规定的方法程序和要求，进行项目招投标和建设工程的施工。经过该项目的建设，10所项目高校校园网网络环境得到很大的改善。校园网网络主干由原来的100M左右升级到1000M，校园网覆盖率由原来的25%左右提高到75%左右，学校教学、科研条件和公共服务体系建设得到很大加强，有力地带动了全省教育信息化前进的步伐。[④]

是年，召开了贵州省高等教育工作会议，讨论中共贵州省委、贵州省人民政府《关于加快高等教育改革与发展的意见》，提出加快贵州高等教育改革与发展的政策措施；成立贵州省“211工程”（面向21世纪，建成100所重点高等院校及一批重点学科）建设领导小组，制订了《贵州大学进入“211工程”计划》。

当年，贵州省开展研究生、大学生优秀毕业论文毕业设计评选活动，组织全省高校数学建模和电子设计竞赛，培养学生的创新意识和实践能力。[⑤]

是年2月21日，贵州国际合作学院在贵阳成立。该院与加拿大、英国、新西兰、法国等国家一些知名院校和教育机构合作，引进国际先进教学理念、教学方法和教学手段[⑥]。

2003年，贵州省科技厅、贵州省教育厅、贵州工业大学联合申报“贵州省网络教育示范系统”项目，经国家科技部单项批复后，正式在贵州开始实施[⑦]。

是年12月8日，贵州省教育厅邀请澳大利亚科学院院士、澳大利亚2003年世纪勋章

① 贵州省地方志编纂委员会. 贵州省志（1978-2010）·教育［M］. 贵阳：贵州人民出版社，2017：45.

② 贵州省地方志编纂委员会. 贵州省志（1978-2010）·教育［M］. 贵阳：贵州人民出版社，2017：46.

③⑤《贵州年鉴》编辑部. 贵州年鉴（2003）［M］. 贵阳：贵州年鉴社，2003：363.

④《贵州年鉴》编辑部. 贵州年鉴（2003）［M］. 贵阳：贵州年鉴社，2003：368.

⑥ 贵州省地方志编纂委员会. 贵州省志（1978-2010）·教育［M］. 贵阳：贵州人民出版社，2017：48.

⑦ 贵州省地方志编纂委员会. 贵州省志（1978-2010）·教育［M］. 贵阳：贵州人民出版社，2017：51-52.

获得者、国际超分子化学知名专家 L. F. Lindoy 教授，澳大利亚联邦科学与工业研究组织澳籍华人卫钢教授一行 4 人专程来筑，在贵州师范进行为期两周的学术交流活动；① 贵州省教育厅邀请美国西北理工大学校长、美籍华人、物理学博士谢佐齐教授，美国西北理工大学工程学院院长 Pochanghsu、商学院院长 Pauljensen 教授一行 4 人，来黔进行学术交流活动②。

2004 年，为了进一步转变教育思想，改变人才培养模式，推进素质教育，形成一批具有导向示范作用的教学改革成果，贵州省教育厅组织实施了第三批“高等学校面向 21 世纪教学内容和课程体系改革计划”项目。此次“教改计划”着重抓好那些影响面大、有实质性成效的改革项目，特别是结合基础教育课程改革对师范类高等院校人才培养模式的要求以及新兴学科和交叉学科的发展，对主要专业或专业群进行教学内容和课程体系的整体优化改革，制订新的教学计划或教学方案，并进行必要的教改试验。

是年 9 月 23 日至 24 日，贵州省教育厅、贵州省人民政府学位委员会办公室在清镇组织召开了全省第一次较高层次、较大规模的学位与研究生教育工作会议，全省普通本科高校校长、分管校长，研究生处处长和部分管理人员参加了会议。会议对全省学位与研究生教育工作进行了全面总结和经验交流，对准备下发的加强研究生教有管理的相关文件《贵州省教育厅贵州省人民政府学位委员会关于加强和改进学位与研究生教育工作的意见》《贵州省关于加强硕士研究生培养工作暂行规定》《贵州省学位与研究生教育学会章程》《贵州省硕士学位授权点及研究生教育评估指标体系》进行了深入讨论，统一了思想，提高了认识，理清了工作思路。

根据《贵州省高等学校精品课程建设工作实施办法》，按照“一流教师队伍、一流教学内容、一流教学方法、一流教材和一流教学管理”的要求，贵州省教育厅继续遴选了 15 门课程作为省级精品课程。教育厅要求各校在经费投入、人员保证、管理机制等各个方面不断创新，保证精品课程的可持续发展，做到向精品要质量、向精品要发展，以精品推动整个学校学科专业课程建设的改革与发展。

举办了全省《大学英语课程教学要求（试行）》培训、研讨班，推动教师转变大学英语教育教学思想、改进教学方法和手段、树立正确的教学检测观，充分利用四六级考试分析指导教学。

中共贵州省委高校工委开展了首次高校优秀辅导员评比表彰工作，评选表彰优秀辅导员 56 人，以推动高校学生管理工作的改革。

当年，贵州省教育厅还对六盘水职院、铜仁职院、遵义职院开展了教学工作检查；贵州警官职业学院、贵州航天职业技术学院、贵州交通职业技术学院进行了基础课实验室评估；贵州航天职业技术学院、贵州电子信息职业技术学院、贵州机械工业学校三所院校经过评估、论证后被推荐为中央财政支付的数控实训基地。

2005 年，贵州省教育厅组织开展首批高校哲学社会科学学术带头人评选工作。同年 9 月，贵州大学李建军、郑黔玉、李治邦，贵州师范大学龚振黔，贵州财经学院曾羽，贵州

①② 贵州省地方志编纂委员会. 贵州省志（1978-2010）·教育［M］. 贵阳：贵州人民出版社，2017：51.

民族学院白明政、王芳恒，黔南民族师范学院蔡永生，贵阳学院刘国华被评为全省首批高校哲学社会科学学术带头人。

是年，贵州省科技厅、贵州省教育厅、贵州工业大学联合申报“贵州省网络教育示范系统”项目，经国家科技部单项批复后，正式在贵州开始实施①。

2007 年，贵州省教育厅在全省高校启动“质量工程”项目建设，内容包括：一是专业结构调整与专业认证，设立专业预测系统，建设特色专业点，制定专业标准和认证；二是课程、教材建设与资源共享，推进国家精品课程建设，实施“万种教材建设项目”，推进网络教育资源共享平台建设；三是实践教学和人才创新实验区，资助大学生竞赛活动；四是教学团队与高水平教师队伍建设，加强教学团队建设，推动双语教学课程建设，评选教学名师；五是教学评估与教学状态基本数据公布；六是对口支援西部地区高校。当年共评选出 44 项“质量工程”项目，43 个省级本科示范专业，9 个省级实验教学中心，其中贵州财经学院经济管理实验教学示范中心成为贵州省第一个被教育部、财政部批准的国家级实验教学示范中心。

为贯彻落实《国务院办公厅关于加强民办高校规范管理引导民办高等教育健康发展的通知》精神，贵州结合全省实际，制定了《民办高校督导专员制度（试行）》，规定凡在贵州省依法批准设立的民办普通高等学校（含独立学院）均要实行民办高校督导专员制度。

是年 4 月，贵州省教育厅、贵州省委教育工委制定并正式印发了《贵州省普通高等学校思想政治教育工作评估指标体系及标准（试行）》，对学校思想政治教育工作和思想政治教育工作者两个方面分两级指标 68 项量化标准制定了评估体系。

2008 年，贵州省教育厅评选的贵州省教学质量与教学改革工程项目有贵州大学章迪成《管理工艺学学科构建》等 75 项，省级高校示范本科专业有贵州大学的材料成形及控制工程、电子科学与技术、自动化、数学与应用数学、法学、生物技术、冶金工程，贵州师范大学的生物科学、英语、旅游管理、生物技术、化学、音乐学、美术学，贵阳医学院的口腔医学、护理学、医学影像学，贵州民族学院的民族学、汉语言文学、体育教育、美术学，贵阳中医学院的护理专业、药物制剂、制药工程，遵义医学院的药物制剂、护理学，贵州财经学院的信息管理与管理系统、财政学、人力资源管理、旅游管理、财务管理，黔南民族师范学院的体育教育，遵义师范学院的生物科学 33 个专业。

是年 7 月 26 日至 8 月 1 日，外交部、教育部、贵州省政府联合主办的“中国—东盟教育交流周”系列活动在贵阳举行。会议讨论通过《贵阳声明》，21 所中国大学和 16 所东盟各国大学签订了 50 多个双边合作协议②。

2009 年，贵州省教育厅制定《关于进一步加强全省高等学校教学工作的意见》。同年，贵州省高校有 8 个专业获评为国家级特色专业，2 个教学团队获评为国家级教学团队，双语教学示范课程获评为国家级示范课程，1 项国家级教学成果二等奖。

---

① 贵州省地方志编纂委员会. 贵州省志（1978-2010）· 教育［M］. 贵阳：贵州人民出版社，2017：51-52.

② 贵州省地方志编纂委员会. 贵州省志（1978-2010）· 教育［M］. 贵阳：贵州人民出版社，2017：57.

是年1月7日，时任贵州省长林树森到贵阳市花溪区部分省属高校新校区选址地调研，强调要通过系统的制度安排，统筹组织好各类资金，为教育跨越式发展提供保障①。

当年8月5日至9日，外交部、教育部、贵州省政府联合主办，贵州省教育厅、贵州大学承办的第二届“中国—东盟教育交流周活动”开幕。来自东盟10国27所高校的代表和国内43所高校代表，及教育部、外交部官员，贵州、福建、广东、云南、广西教育厅负责人等，共300人参加了本届活动。15所东盟大学与26所中国大学签署了80份校际合作协议。贵州省9所大学与东盟国家签订了45份校际合作协议②。

2010年，贵州省高校申报立项的省级教学改革重点项目15项。

是年11月25日至26日，全省教育工作会议在贵阳召开。会议强调，要深入贯彻落实全国教育工作会议精神，举全省之力，用两个五年的时间把贵州的教育搞上去，力争达到全国平均水平。时任贵州省委书记、贵州省人大常委会主任栗战书强调，要解决认识问题，要牢固树立“富民必先强教，兴黔必先兴教”的思想③。

同年8月3日至8日，“中国—东盟教育部长圆桌会议”暨“第三届中国—东盟教育交流周”在贵阳花溪举行。时任中共中央政治局委员、国务委员刘延东出席开幕式，会见出席会议的东盟10国教育部长，并发表《携手共建中国—东盟互联互通的人文之桥》主旨演讲。会议通过《中国—东盟教育部长圆桌会议贵阳声明》④。

2011年，贵州省设立教学名师、教学团队、特色专业和教改项目，设省直高校组和地区高校组分类进行指导。专家组在完成走访、随堂听课（对拟参评的省级名师），深度访谈、实地考察、网上评审、集中讨论等程序基础上进行遴选，共选出省级教学名师15名、教学团队15个、特色专业17个和教改项目20个，共资助经费350万元。

贵州省教育厅下发《关于评选省级示范性高等职业院校的通知》，决定在2009年的基础上，再评选一批省级示范性高等职业院校，从而带动全省高等职业教育加快发展。

2012年，贵州省出台《关于实施普通高校本科专业预警及退出机制的意见》，对社会认同度不高，社会需求量明显下降、师资队伍薄弱，毕业生就业率较低（就业率排名倒数前十名）且布点较多的部分专业列入预警专业名单，并调减预警专业的招生计划。对连续三次列入预警名单的专业，除个别特殊专业外，将实行退出机制，停止招生。

是年，贵州省在贵州大学、贵州师范大学、贵阳医学院、贵州民族大学四所高校开展向社会公布“本科教学质量报告”试点工作，以便广泛接受社会对高等教育质量的监督和评价。

当年，为抢抓新一轮高等教育改革创新发展的重大历史机遇，推动高校发展方式转变，贵州省大力实施“高等学校创新能力提升计划”（简称“2011计划”），研究制定贵州省高等学校创新能力提升计划实施方案，批准组建了“贵州省西南作物病虫害持续控制2011协同创新中心”“贵州省中药民族药2011协同创新中心”，并向教育部推荐申报2012

---

① 贵州省地方志编纂委员会. 贵州省志（1978-2010）·教育［M］. 贵阳：贵州人民出版社，2017：59.
② 贵州省地方志编纂委员会. 贵州省志（1978-2010）·教育［M］. 贵阳：贵州人民出版社，2017：58-59.
③ 贵州省地方志编纂委员会. 贵州省志（1978-2010）·教育［M］. 贵阳：贵州人民出版社，2017：61.
④ 贵州省地方志编纂委员会. 贵州省志（1978-2010）·教育［M］. 贵阳：贵州人民出版社，2017：60.

年度国家“2011 协同创新中心”。

为加快现代职业教育体系建设，贵州省于 2012 年开始探索贯通“中职—高职—本科”升学立交桥，选择师资、设备等条件相对较为成熟的贵州交通职业技术学院和铜仁职业技术学院与贵州大学试点联合开办应用型本科学历教育，从 2012 年秋季学期开始招收应用型本科学生。

2013 年 9 月 24 日，贵州制定的《2013 年贵州省教育改革发展研究十大课题招标公告》在《中国教育报》《贵州日报》等媒体和贵州省教育厅政务网面向全国发布。截至投标受理日期，共收到 33 个省内外有关高校、中小学校及教育科研机构报送的标书 57 份。经资质审查、通讯评审、现场答辩和评审委员会审定，确定华东师范大学张东海等 10 名研究人员为 2013 年贵州省教育改革发展研究十大课题中标人。其中“贵州高校工学专业‘卓越工程师’培养机制与路径研究”和“贵州普通本科高校学生学习质量评估研究”两个课题被列入 2013 年贵州省教育改革发展研究十大课题之一。①

2014 年，贵州省召开全省慕课与资源共享研讨会，以慕课改革为切入点，进一步推动贵州省高校课程改革，加快推进高等教育优质资源共享，为大学生提供全新的知识传播方式和学习方式，更好地服务学生。研讨会上，贵州大学、贵州财经大学、贵阳中医学院就近年来学校开展慕课技术的推广和使用作了讨论交流。截至 2014 年，全省已有贵州大学、贵州民族大学等 13 所高校使用北京超星尔雅教育科技有限公司的网络课程，课程数量总计 338 门，使用学生人数约 50000 人，学生网络课程学习平均通过率超过 80%。各校使用较多的课程有：口才艺术与社交礼仪、中华诗词之美、国学智慧、音乐鉴赏、从爱因斯坦到霍金的宇宙等。

当年，贵州教育厅下发《省教育厅关于进一步加强高等学校教学评价工作的意见》，以促进社会参与高等学校人才培养和评价、监督高等学校本科教学质量；下发《省教育厅关于进一步加强学生社会实践和科技实践的意见》，以加强学生社会实践和科技实践，全面推进素质教育，增强学生社会责任感、创新精神、实践能力和法律意识；制定下发《贵州省教育厅关于开展普通高等学校本科教学工作审核评估的通知》；公布《贵州省普通高等学校本科教学工作审核评估实施办法》《贵州省普通高等学校本科教学工作审核评估指标体系》《贵州省普通高等学校本科教学工作审核评估专家人校考察工作程序》《贵州省普通本科高等学校审核评估建议时间》。是年 12 月 8 日至 9 日组织专家对贵州民族大学文学院和理学院开展普通高等学校本科教学工作审核评估试点工作。

2014 年，贵州省高校被教育部列入首批区域高校科技评价改革试点十省（市）之一。②

2015 年，贵州省委、省政府印发《贵州省教育综合改革方案》。该《方案》坚持问题导向，聚焦制约教育事业科学发展的体制机制改革，确定了 11 个方面 81 项改革任务，横向涉及学前教育、义务教育、普通高中教育、职业教育、高等教育、特殊教育、民族教

① 《贵州年鉴》编辑部. 贵州年鉴（2014）[M]. 贵阳：贵州年鉴社，2014：347.
② 《贵州年鉴》编辑部. 贵州年鉴（2015）[M]. 贵阳：贵州年鉴社，2015：429.

育、民办教育、家庭教育、终身教育等各级各类教育，纵向涵盖人才培养模式、办学机制、管理体制和保障机制四大领域。

同年，贵州省人大常委会颁布施行《贵州省职业教育条例》，这是2014年全国职业教育工作会议后全国率先出台的首部地方职业教育法规，为贵州省紧跟现代职业教育新形势，把职业教育进一步纳入规范化法制化轨道，全面提高劳动者素质，促进就业，服务经济社会发展提供了坚强的法制保障。

贵州省委、省政府出台了《中共贵州省委贵州省人民政府关于支持高校加快改革发展的意见》。该意见以转变政府职能、简政放权、激发办学活力为切入点，以提高人才培养质量为目标，以制度创新为突破口，突出加强部门协同，确保放权到位，力求全面推动贵州高等教育健康发展。该意见的主要内容为：支持高校深化治理体系和治理能力改革，支持高校开展教育教学改革，支持高校开展科学研究改革，支持高校推进考试招生制度改革，支持民办高校做优做强，支持高校开放合作办学，支持高校增强服务地方发展能力，改善高校发展环境。

当年，贵州省教育厅、省学位委员会对2009年以前立项建设的24个省级重点学科开展了合格评估，共有23个省级重点学科通过了合格评估，1个省级重点学科（贵州大学汉语言文字学）限期整改，期限为2年。重点建设了一批与贵州支柱产业、高新技术产业发展密切相关的重点学科。共遴选新增省级特色重点学科12个，省级重点学科12个，省级重点支持学科15个，10个省级重点学科全部通过了中期检查。截至2015年底，贵州高校共建有国家重点学科3个（含培育学科2个）、省级特色重点学科61个、省级重点学科44个、省级重点支持学科38个（针对市州本科高校设立）。

同年，贵州省教育厅、省学位委员会共遴选建设首批贵州省研究生精品课程7门；首批贵州省专业学位课程案例库21个；第三批贵州省专业学位研究生工作站10个；第五批贵州省研究生教育教学改革重点课题15项。同年，评选出贵州省首批研究生教学成果奖19项，贵州省第二批优秀博士生导师5人，贵州省第二批优秀硕士生导师22人。

2016年4月15日至16日，贵州省在贵州工程应用技术学院召开全省地方普通本科高校转型发展座谈会，首批推进贵州工程应用技术学院、铜仁学院、遵义师范学院、黔南民族师范学院、六盘水师范学院、凯里学院等普通本科高校转型试点；指导部分试点高校编制产教融合工程—应用型高校建设工程规划。

为全面贯彻落实国务院《统筹推进世界一流大学和一流学科建设总体方案》文件精神，贵州省教育厅印发《贵州省教育厅大力推进区域内一流大学和一流学科建设的实施意见》，大力推进区域内一流大学和一流学科、专业建设，全面提升贵州省高等教育综合实力和竞争力。贵州省财政厅下发2016年大力推进区域内一流大学、一流学科建设中央专项补助资金预算10500万元，其中一流大学建设预算6000万元，一流学科建设预算4500万元。

贵州省教育厅继续组织开展省级本科教学工程建设项目推荐工作，印发了《关于开展2016年度省级本科教学工程建设项目推荐工作的通知》，组织各普通本科高校自主规划、设计本校的本科教学质量工程建设项目，自主论证、选定项目类别及各类别项目数。是年，省级本科教学工程共立项 270 项；同时组织全省高校对 2014 年以前未结题的 167 个“贵州省教学内容和课程体系改革项目”进行结题。

当年，全省新增第八批省级重点学科 13 个、第六批省级重点支持学科 11 个，并对 2014 年立项建设的 27 个省级重点学科开展了中期检查；遴选出首届研究生导师工作室 11 个、研究生工作站 10 家、专业学位研究生课程案例库 15 个、研究生教育教学改革重点课题 15 项、首届研究生科研基金立项课题 15 项；完成研究生教育创新计划项目中期检查、结题验收工作。

同年 11 月至 12 月，贵州省评估专家组正式对贵州财经大学、贵州医科大学、贵阳中医学院、遵义医学院、贵州大学五所高校，围绕办学定位、教学理念、人才培养、师资队伍建设、学科专业发展、专业结构调整第二课堂、实践教学、教学资源、学风建设、课堂教学、学生指导服务体系、大学文化建设、教学质量管理制度和管理队伍建设等方面开展本科教学工作审核评估后，专家组反馈了个人意见和建议，并针对各校提出了整改方案。①

2017 年，贵州省教育厅、省编委办、省发展改革委、省财政厅、省人力资源社会保障厅联合出台《贵州省深化高等教育领域简政放权放管结合优化服务改革的实施办法》，印发《省人民政府关于统筹推进一流大学和一流学科建设的意见》。同年 4 月 26 日，贵州省教育厅在贵州医科大学召开“双一流”建设工作会议。会上评选并立项建设一流大学重点建设项目（含培育）209 个，其中一流专业 44 个，一流平台 25 个，一流师资团队 40 个，一流课程 100 个，从 2017 年中央支持地方高校改革发展资金预算中安排 0.69 亿元支持省属高校一流大学重点项目建设，目标是以专业、平台、师资、课程为主要抓手，全面提升高校人才培养质量。9 月 13 日、15 日，组织专家对各普通本科高校一流大学建设规划及卓越人才教育培养计划等工作进行调研检查。11 月 29 日，在茅台学院组织全省普通本科高校召开贵州省 2017 年一流大学建设年度工作会。

2017 年，贵州大学、贵州民族大学、贵州财经大学 3 家试点高校上报研究生课程改革总结报告。在全省兴起鼓励高校加强研究生不同培养阶段课程的整合、衔接氛围，针对学术型与专业型研究生课程体系存在的问题，结合其不同的培养目标，对学位公共课、学位基础课及专业选修课进行调整，初步建立了学术学位和专业学位的分类型的课程体系，增加了学科前沿课程的课程教学。

截至 2017 年底，全省国家级创新创业示范校增加至 4 所，分别为贵州师范大学、贵州理工学院、贵州大学、贵州财经大学。创新创业教育持续深化。评选 1280 项省级大学生创新创业训练计划项目，获评国家级大学生创新创业训练计划 483 项；建立省级大学生创新创业教育导师库，遴选首批创新创业教育导师近千名，其中 92 名入选全国万名优秀创新创业导师人才库。

2018 年，贵州省制订印发《全省高校助推农村产业革命工作方案》，组织召开全省高校服务农村产业革命工作部署会并进行工作部署。召开贵州高校助推脱贫攻坚现场观摩暨

---

① 《贵州年鉴》编辑部. 贵州年鉴（2017）[M]. 贵阳：贵州年鉴社，2017：508.

服务农村产业革命工作推进会，总结工作成效，交流工作经验，拓宽工作思路，推动高校服务脱贫攻坚向纵深发展。是年，贵州省有9所高校与有关企业、贫困县乡村代表签订项目合作协议。

贵州省委办公厅、省政府办公厅印发《关于做好新时期教育对外开放工作的实施意见》《关于加强和改进中外人文交流工作的若干意见》。是年，通过教育部国家留学基金委评审，贵州共录取公派出国留学人员120人；继续实施贵州“千人海外留学计划”，选拔推荐1162名高校在校大学生分别赴海外交流学习。

是年12月，贵州省全省教育大会在贵阳召开。会议明确了当前和今后一个时期贵州教育工作总体要求，确立贵州教育“三步走”战略目标，印发《贵州省推进教育现代化建设特色教育强省实施纲要（2018-2027）》《关于切实加强全省教育系统党的建设工作的意见》《关于加强新时代教师队伍建设的实施意见》等文件，开启了贵州省教育现代化发展的新征程。

第五节 高校管理

一、高校管理制度改革

1980年9月10日，贵州省教育厅下发《关于师范专科学校评定教师职称的通知》①。

1984年，为了更好地发挥地方办学积极性，《中共贵州省委、贵州人民政府关于推进教育体制改革的决定》规定贵州省高等学校的管理体制为：本科院校由省管理；师专由省、地（市）两级共管，以地（市）为主，其他专科学校由地、州、市或省主管部门管理。

1986年5月，贵州省高等学校教师职称评审委员会、贵州省教育委员会教师职称改革工作领导小组建立②。同年12月，贵州省政府批准首次用自筹经费选派16名学生和2名研究生出国留学，同时还批准出国攻读博士学位研究生6名、出国进修人员20名③。

1987年1月5日至7日，贵州省高等教育学会成立，召开了第一届学术年会④。

1988年5月26日至28日，贵州省教委召开“贵州省高等教育工作会议”，研究深化高等教育改革，试行校长负责制、开展教师教学优秀成果奖评选、加快教学改革、优化高等教育内部机构、扩大高校办学自主权等问题。⑤ 同年3月和9月，贵州省委批准贵州农学院、遵义医学院试行院长负责制，内容主要是：校（院）长全面负责，党委保证监督，

① 贵州省地方志编纂委员会. 贵州省志（1978-2010）·教育［M］. 贵阳：贵州人民出版社，2017：14.
② 贵州省地方志编纂委员会. 贵州省志（1978-2010）·教育［M］. 贵阳：贵州人民出版社，2017：22.
③④ 贵州省地方志编纂委员会. 贵州省志（1978-2010）·教育［M］. 贵阳：贵州人民出版社，2017：23.
⑤ 贵州省地方志编纂委员会. 贵州省志（1978-2010）·教育［M］. 贵阳：贵州人民出版社，2017：25.

全校师生员工参与民主管理，以校（院）长全面负责为中心。为搞好这一改革，贵州省委组织部和贵州省教委根据国家教委的推荐，于1988年10月中旬组织贵州农学院、遵义医学院和准备试行校长负责制的安顺师范专科学校的校（院）长和党委书记，到上海市和浙江省考察实行高等学校校长负责制的做法和经验。①

是年8月22日至24日，贵州省教委与贵州省司法厅在贵阳联合召开首次“高等学校法制教育工作会”②。

当年10月27日，贵州省委决定成立省委派出机构——中共贵州省委高等院校工作委员会（以下简称“省委高校工委”），对省属高校实行政治领导；同时决定成立中国共产党贵州省纪律检查委员会高等院校工作委员会，该委员会受中共贵州省纪律检查委员会和省委高校工委双重领导；撤销贵州省教委党组和贵州省纪委驻省教委纪检组。③

1989年11月，经贵州省政府批准，贵州省公安厅、贵阳市公安局、遵义市公安局审查同意，先后在贵州大学、贵州工学院、贵州师范大学、贵州农学院、贵州民族学院、贵州财经学院、贵阳医学院、遵义医学院、贵阳中医学院设立公安派出所，加强高等学校的治安保卫工作。④

1992年，贵州省教委成立贵州省高等教育咨询委员会，任吉麟任主任委员，张向阳任副主任委员，刘振业等14人为成员⑤。

1993年，贵州省委、省政府在贵阳召开全省高等教育工作会议暨高等学校党建工作会议，发布了《关于改革和发展我省高等教育的决定》⑥。

是年10月9日至14日，中南、西南地区高校基建第四次研讨会在贵阳召开，豫、鄂、湘、桂、滇、川、黔等省、自治区高等学校代表与会，会议就加快高校住房、改善教工居住条件、稳定教师队伍等课题进行研讨；⑦ 10月21日至23日，贵州省首次教育督导经验交流暨研讨会在凯里市召开，各市（州、地）教育系统有关负责人和部分县、学校代表与会⑧；11月1日至5日，国家教委、语委检查组抽查黔东南民族师范专科学校和贵阳高等师范专科学校普及普通话工作。

1996年7月30日至8月1日，贵州省政府在凯里市召开全省教职工住房建设经验交流会，贵州省政府、省计委、省建委、省财政厅的领导，各地、州、市分管教育的专员、州长、市长与会。凯里、贵定等9个县（市）作经验介绍，参观凯里市“教师新村”和黔东南师专教师住宅⑨。

1997年12月，贵州大学常务副校长李坚石在澳大利亚举行的亚太大学联盟第二次会

---

① 《贵州年鉴》编辑部. 贵州年鉴（1989）［M］. 贵阳：贵州人民出版社，1989：501-502.

② 贵州省地方志编纂委员会. 贵州省志（1978-2010）·教育［M］. 贵阳：贵州人民出版社，2017：25.

③ 贵州省地方志编纂委员会. 贵州省志（1978-2010）·教育［M］. 贵阳：贵州人民出版社，2017：216.

④ 贵州省地方志编纂委员会. 贵州省志（1978-2010）·教育［M］. 贵阳：贵州人民出版社，2017：28.

⑤ 贵州省地方志编纂委员会. 贵州省志（1978-2010）·教育［M］. 贵阳：贵州人民出版社，2017：35.

⑥⑧ 贵州省地方志编纂委员会. 贵州省志（1978-2010）·教育［M］. 贵阳：贵州人民出版社，2017：36.

⑦ 贵州省地方志编纂委员会. 贵州省志（1978-2010）·教育［M］. 贵阳：贵州人民出版社，2017：39.

⑨ 贵州省地方志编纂委员会. 贵州省志（1978-2010）·教育［M］. 贵阳：贵州人民出版社，2017：40.

员大学及第五次理事会上，被理事会推举为亚太大学联盟第二副主席并获大会通过①。

1998 年，召开贵州省第一次高校科研工作会，制定《加强贵州省高等学校科研工作的意见》《贵州省高等学校科学技术 1999 年-2003 年工作计划》，修订《贵州省教育委员会科学研究项目管理办法》；明确今后高校科研工作的总体目标和任务。② 同年，贵州省教委根据国家教委《关于实施〈社会力量办学条例〉若干问题的意见》，结合实际，制定了《贵州省实施〈社会力量办学条例的意见〉（试行）》。③

当年，贵州省高等（中等）教育自学考试社会助学机构检查评估组成立，首批向 14 所具有办学资格的社会助学机构，颁发了《中华人民共和国社会力量办学许可证》，它们是：贵州大学高等教育社会助学中心、贵州师范大学自学考试辅导中心、贵州工业大学自学考试助学中心、贵阳医学院成人培训中心、贵州省中医药教育培训中心、贵州财经学院成人教育培训中心、贵州民族学院自学考试助学部、贵州教育学院社会助学培训中心、贵州广播电视大学高等教育社会助学中心、贵阳市金筑大学培训中心、贵州现代商贸专修学院、民办贵州大夏高等职业技术学院、贵州省统计高等教育自学考试助学中心、贵州省农科专业自学考试辅导中心。④

是年 3 月 25 日，贵州省教委在贵州大学召开高校实验室工作研究会。会上，罗道文等 8 人被授予"贵州省实验室工作专家"称号，江德俊等 21 人被授予"贵州省实验室优秀工作者"称号。⑤ 贵州省卫生厅、贵州省教委、贵州省中医药管理局联合成立贵州省高等医学院临床教学基地评审领导小组、专家组及办公室，制订《贵州省高等医学院校临床教学基地评审方案》及《评审指标体系》⑥。7 月，贵州省教委全省高校大学外语教学工作会，制定了《关于加强贵州普通高等学校大学外语教学工作的若干意见》⑦。同年，12 月 24 日至 25 日，贵州省在遵义医学院召开深入开展普通高校教学工作检查工作现场会，并对各级教学管理人员开展《教学管理要点》培训，促进教学管理的规范化、制度化。⑧

当年 6 月，为了响应李岚清同志关于加强学校艺术教育的号召，提高大学生音乐鉴赏能力，贵州省教委邀请贵州省歌舞团到各高校进行"学生专场交响音乐会"巡回演出。⑨ 10 月 26 日，贵州大学承办的亚太大学联盟理事会暨学习与分享论坛在贵阳举行。会议讨论的热点是高校教育国际化是世界教育发展的大趋势、如何培养世界型人才⑩。

是年夏，部分地区相继发生急性肠道传染病等疫情。贵州省教委发出紧急通知，要求各级教育行政部门及学校高度重视传染病防治工作，增强防病意识，采取有效措施，改善学校卫生条件，加强食堂管理等，并到学校进行实地考察和指导，有效地预防和控制了传染病在学校的发生发展。⑪

1999 年，贵州省教委遵照教育部《关于开展普通高等学校图书馆评估工作意见》，对

---

① 贵州省地方志编纂委员会. 贵州省志（1978-2010）·教育［M］. 贵阳：贵州人民出版社，2017：41.

② 《贵州年鉴》编辑部. 贵州年鉴（1999）［M］. 贵阳：贵州年鉴社，1999：400.

③ 《贵州年鉴》编辑部. 贵州年鉴（1999）［M］. 贵阳：贵州年鉴社，1999：409.

④ 《贵州年鉴》编辑部. 贵州年鉴（1999）［M］. 贵阳：贵州年鉴社，1999：408.

⑤⑥⑦⑩ 贵州省地方志编纂委员会. 贵州省志（1978-2010）·教育［M］. 贵阳：贵州人民出版社，2017：42.

⑧ 《贵州年鉴》编辑部. 贵州年鉴（1999）［M］. 贵阳：贵州年鉴社，1999：398.

⑨⑪ 《贵州年鉴》编辑部. 贵州年鉴（1999）［M］. 贵阳：贵州年鉴社，1999：411.

全省 8 所本科高校、2 所成人高校、6 所专科学校的办馆条件、办馆水平、办馆效益进行检测后，认定贵州师范大学、贵州大学、遵义师范专科学校、铜仁师范专科学校、贵州商业专科学校 5 所高校的图书馆为优级图书馆①；贵州工业大学、贵阳医学院、贵阳中医学院、贵州民族学院、贵州财经学院、贵州教育学院、贵州广播电视大学、安顺师范专科学校 8 所学校图书馆为良级图书馆，贵阳师范专科学校图书馆为中级图书馆；贵阳金筑大学图书馆鉴于条件尚不成熟，暂缓通过。②

1999 年，贵州省政府常务会议通过《贵州省学校体育工作规定》，10 月 1 日起施行。《规定》对学校体育工作的组织机构和管理，体育课教学、课外体育活动、课外体育训练与竞赛，体育教师，场地器材设备和经费等方面都作了具体的规定和要求。这是贵州以地方政府规章形式规范学校体育工作，推进实施素质教育的立法之一，受到了教育部的肯定和表扬。③

1999 年 11 月 23 日至 27 日，贵州省教委组团出席在菲律宾马尼拉召开的亚太大学联盟第四次会员大学。会上，贵州大学常务副校长李坚石当选为亚太大学联盟第一副主席④。

2000 年，本着以评促建、以评促教和以评促改的宗旨，贵州省教育厅对贵阳师范专科学校、铜仁师范专科学校、黔东南师范专科学校、黔西南师范专科学校、毕节师范专科学校、安顺师范专科学校 6 所师范高等专科学校进行了以教学为中心的办学水平评估。通过评估，各校查找优势与不足，进一步明确了今后的发展思路；校际间加强了交流学习，不同程度地促进了自身建设。⑤

2001 年，为适应全省基础教育改革与发展需要，顺应师范教育改革的趋势，充分利用现有学校教育资源，优势互补，加快专科层次小学教师培养步伐，贵州省教育厅促成贵阳师范学校等 15 所中师与贵州师范大学等 8 所师范高等院校联合，试办“3+2”学制师范专科试点班培养专科层次小学教师，并制定下发了《“3+2”学制师范专科试点班 8 个专业教学计划及部分用书目录（试行）》。“3+2”学制师范专科试点班于当年秋季开始招生。⑥

是年 12 月，贵州教育厅第一次召开了规模较大的全省高等职业教育教学工作会。会议总结交流了举办高等职业教育的经验，分析了高等职业教育发展面临的形势和任务，研究了进一步规范高等职业教学管理工作，并就加强教学工作的管理、专业设置管理办法制订实施性教学计划的指导意见、办学水平评价方案、专业教学改革与建设 5 个重要文件进行了讨论。⑦ 贵州省教育厅成立贵州省高等职业教育教学指导委员会，专门负责分析贵州经济建设、社会发展以及西部大开发对贵州省高等技术应用性人才的需求；探讨全省高等职业教育的培养目标、人才培养模式、教学要求、专业设置、课程开发、师资队伍建设、

---

①④ 贵州省地方志编纂委员会. 贵州省志（1978-2010）· 教育［M］. 贵阳：贵州人民出版社，2017：44.
② 《贵州年鉴》编辑部. 贵州年鉴（2000）［M］. 贵阳：贵州年鉴社，2000：350.
③ 《贵州年鉴》编辑部. 贵州年鉴（2000）［M］. 贵阳：贵州年鉴社，2000：359.
⑤ 《贵州年鉴》编辑部. 贵州年鉴（2001）［M］. 贵阳：贵州年鉴社，2001：339.
⑥ 《贵州年鉴》编辑部. 贵州年鉴（2002）［M］. 贵阳：贵州年鉴社，2002：336.
⑦ 《贵州年鉴》编辑部. 贵州年鉴（2002）［M］. 贵阳：贵州年鉴社，2002：334.

现代化技术运用及实验、实习、实训基地等方面的改革与建设；参与教育教学评估，督导检查工作；参与高等职业教育科研成果论文、论著的选优评奖；为贵州高等职业教育的改革和发展提供咨询和制定政策的依据；承办贵州省教育厅交办的相关工作。①

2001 年，贵州省教育厅组织有关专家研制开发了贵州省高等院校专家库管理系统，并于是年 11 月建立贵州省高等院校副高以上职称专家管理库，此管理库现包含副高以上职称 2575 位专家的有关情况。② 贵州省教育厅成立了高校图书情报工作指导委员会，在已评估 16 所高校图书馆的基础上，并再次开展对 6 所高校图书馆的评估。经过评估，黔南民族师范学院、黔南民族医学高等专科学校、黔东南民族师范高等专科学校、六盘水师范高等专科学校、毕节师范高等专科学校、黔西南民族师范高等专科学校图书馆通过了省级评估。③

当年 10 月 23 日至 24 日，亚太大学联盟第四次代表大会在贵阳举行。来自美国、法国、日本、韩国、新西兰等国家和中国台湾、澳门地区的大学、教育界代表及国内教育部门、大学的 30 多位代表，就“面向亚太地区高校的高质量教育”展开对话。贵州大学李坚石教授被推选为新任亚太大学联盟主席。④

2002 年，贵州省委、省政府发布《关于加强高等教育改革与发展的意见》；⑤ 出台了《贵州省授予成人高等教育本科毕业生学士学位工作实施细则》，组织部署成人高等学校毕业生申请学位的有关工作；⑥ 制定《普通本科高等学校教学质量检查标准》，对部分高校教学质量进行了检查；⑦根据《教师法》《教师资格条例》和《高等学校教师培训规程》，贵州省教育厅制定并下发了《关于加强我省高校青年教师岗前培训的通知》，明确规定凡补充到贵州高校的青年教师必须参加岗前培训，参加培训的考试考核结果记入个人业务档案，并作为教师职务聘任、教师资格认定的必备条件之一。

是年，贵州省教育厅发文将原“‘3+2’学制师范专科班”更名为“五年一贯制师范专科班”。批准毕节师范学校等 5 所中师与当地师专联办五年制师范专科班。成立了贵州省五年一贯制师范专科学教指导委员会；组织修订并颁发《贵州省五年制师范专科班 8 个专业教学计划（修订稿）》及用书目录。同年 11 月，贵州省指导委员会对贵定师范学校等 3 所学校的五年制专科班教学工作进行了检查。⑧

贵州师范大学、贵州工业大学、贵州大学、贵州财经学院、遵义师范学院、贵阳医学院、贵阳中医学院、遵义医学院、贵州民族学院、黔南民族师范学院完成了后勤实体的规范分离，实现了体制和运行机制改革的第一目标。⑨

当年，为了贯彻教育部《高等学校基础课教学实验室评估办法和标准》，贵州省教育厅组织对全省 22 所高等学校基础课教学实验室进行了评估。据统计，22 所高校投入资金

---

① 《贵州年鉴》编辑部. 贵州年鉴（2002）[M]. 贵阳：贵州年鉴社，2002：334.

②③ 《贵州年鉴》编辑部. 贵州年鉴（2002）[M]. 贵阳：贵州年鉴社，2002：328.

④ 贵州省地方志编纂委员会. 贵州省志（1978-2010）·教育 [M]. 贵阳：贵州人民出版社，2017：47.

⑤ 贵州省地方志编纂委员会. 贵州省志（1978-2010）·教育 [M]. 贵阳：贵州人民出版社，2017：49.

⑥⑦ 《贵州年鉴》编辑部. 贵州年鉴（2003）[M]. 贵阳：贵州年鉴社，2003：363.

⑧ 《贵州年鉴》编辑部. 贵州年鉴（2003）[M]. 贵阳：贵州年鉴社，2003：379.

⑨ 《贵州年鉴》编辑部. 贵州年鉴（2003）[M]. 贵阳：贵州年鉴社，2003：368.

18737 万元，验收合格实验室 97 个。[①] 贵州省高等院校继续开展专业评审活动，决定高校需优先发展高新技术类学科专业、应用型学科专业和交叉学科专业，增强专业设置的针对性、灵活性。[②]

同年，贵州省高校师资培训中心先后在六盘水、贵阳、安顺、遵义、黔东南举办 6 期高校青年教师岗前培训班，培训教师 1000 余名。[③]开展现代信息技术及教育、计算机辅助教学、多媒体课件、现代远程教育管理等方面的在职人员的培养、培训，基本形成了一支有一定素质和能力的教育信息化队伍。[④]

同年 5 月 30 日，贵州省委决定面向全国公开选拔 22 名高等学校领导干部[⑤]。

当年 8 月 2 日，贵州省政府召开全省大专院校校园及周边治安秩序整治工作会议，会上贵州省政府与省直 10 所高校及贵阳、遵义市政府分别签订整治任务责任书。为了保证整治工作落到实处，多次邀请相关部门深入高校调研，召开现场办公会等，帮助学校解决急需解决的难点问题。同年 9 月，贵州省教育厅会同有关部门对省直高校校园及周边治安秩序整治情况进行检查。经各级政府与各高校相互协调配合，采取切实可行的措施，解决了一些长期困扰高校治安工作问题。

2004 年 6 月，为加强民办学校与教育行政部门之间的联系和沟通，维护民办学校的合法权益，促进民办教育事业持续健康发展，成立了贵州省教育学会民办教育委员会，制定了《贵州省教育学会民办教育委员会章程》，创办了《贵州省教育学会民办教育委员会会刊》。同年 9 月 6 日，成立贵州省教育学会民办教育委员会下属的民办教育专家评估委员会，拟定了《贵州省申办民办普通高等学校评估方案及实施意见》《贵州省民办学校、幼儿园评估工作实施办法》《贵州省民办幼儿园评估方案实施细则》《贵州省民办中小学评估方案实施细则》，并开展了相关的评估、调研活动。[⑥]

是年，贵州省制订了《贵州省普通高等学校图书馆自动化建设评估方案》[⑦]；贵州省教育厅决定从 2004 年起，拟用 5 年时间对全省高等学校专业实验室进行一次全面评估；[⑧]贵州省教育厅制定了《贵州省高等学校科研工作评价指导体系》《贵州硕士学位授权点及研究生教育评估指标体系》[⑨]。

当年 5 月 21 日，由贵州省教育厅及省内高校 24 名校级领导组成的“赴英高级教育行政管理培训项目”培训团，赴英国开展为期 3 周的教育行政管理培训[⑩]；11 月，贵州省教育厅、省卫生厅联合组成检查组，在省、地、县卫生监督部门的支持和配合下，对全省 9 个市（州、地）60 所大专院校、中小学、幼儿园的 102 个食堂的食品卫生安全工作进行了检查。[⑪]

---

①③ 《贵州年鉴》编辑部. 贵州年鉴（2003）[M]. 贵阳：贵州年鉴社，2003：367.

② 《贵州年鉴》编辑部. 贵州年鉴（2003）[M]. 贵阳：贵州年鉴社，2003：363.

④ 《贵州年鉴》编辑部. 贵州年鉴（2003）[M]. 贵阳：贵州年鉴社，2003：364.

⑤ 贵州省地方志编纂委员会. 贵州省志（1978-2010）· 教育 [M]. 贵阳：贵州人民出版社，2017：49.

⑥⑦ 《贵州年鉴》编辑部. 贵州年鉴（2005）[M]. 贵阳：贵州年鉴社，2005：280.

⑧ 《贵州年鉴》编辑部. 贵州年鉴（2005）[M]. 贵阳：贵州年鉴社，2005：282.

⑨ 贵州省地方志编纂委员会. 贵州省志（1978-2010）· 教育 [M]. 贵阳：贵州人民出版社，2017：53.

⑩ 贵州省地方志编纂委员会. 贵州省志（1978-2010）· 教育 [M]. 贵阳：贵州人民出版社，2017：52.

⑪ 贵州省地方志编纂委员会. 贵州省志（1978-2010）· 教育 [M]. 贵阳：贵州人民出版社，2017：53.

2007年，贵州省为贯彻落实《国务院办公厅关于加强民办高校规范管理引导民办高等教育健康发展的通知》精神，结合实际，制定了《民办高校督导专员制度（试行）》，规定凡在贵州省依法批准设立的民办普通高等学校（含独立学院）均要实行民办高校督导专员制度。①

是年，贵州省教育厅会同省委宣传部、省新闻出版局、省广电局等单位研究制定下发《贵州省民办学校招生广告（简章）备案管理办法》，规定从当年起，各类媒体不得刊发未经教育审批机关备案的招生广告和简章；民办普通高校（含高职）、民办非学历高等教育机构、独立学院、中外合作办学发布的招生简章和广告时均须到贵州省教育厅备案；民办教育机构发布的招生简章和广告必须与备案内容一致，必须载明学校名称办学地点、办学性质、招生类型、学历层次学习年限收费项目和标准退费办法招生人数证书类别及其颁发办法等。②

同年，贵州省在贵州大学建立了贵州省高等学校干部教育培训中心，以全省高校的处级干部、处级后备干部科级干部、党支部书记为主要培训对象，进一步提高高校干部队伍建设水平。③

2010年，贵阳医学院艾仕恩、贵州师范大学吕建、贵州民族学院李雪如、贵州财经学院张志康、遵义医学院陈玲、安顺学院周健、凯里学院胡丹丹、贵阳中医学院贾桃、贵州工业职业技术学院雷华林、铜仁职业技术学院魏云10名师生荣获第二届贵州省高校“感动校园十大人物”称号。④

2011年，继续实施“高等院校教学质量与教育改革工程”，加大对市（州）高等院校的扶持力度。主要方式为：设立教学名师、教学团队、特色专业和教改项目，采取以省直高校组和地区高校组进行分类指导方式。当年共选出省级教学名师15名、教学团队15个、特色专业17个和教改项目20个，资助经费总计350万元。

2012年，贵州省教育厅制订下发了《贵州省高等学校章程制定工作方案》（以下简称《方案》），全面启动了全省高校章程制定工作。《方案》明确了高校章程制定工作的重大意义、高校章程内容要求及制定程序，提出到2015年底全省高校必须完成各自章程制定工作。贵州省教育厅将从2013年1月1日起，开始受理省直高校章程审核；从2014年1月1日起，开始受理市（州）所属本科高校及独立学院的章程审核；自2015年1月1日起开始受理民办高校及高职院校章程审核。⑤

是年，贵州省教育厅发布《关于实施普通高校本科专业预警及退出机制的意见》，对社会认同度不高、社会需求量明显下降、师资队伍薄弱、毕业生就业率较低（就业率排名倒数前十名）且布点较多的部分专业列入预警专业名单，并调减预警专业的招生计划。对

① 《贵州年鉴》编辑部. 贵州年鉴（2008）［M］. 贵阳：贵州年鉴社，2008：337.
② 《贵州年鉴》编辑部. 贵州年鉴（2008）［M］. 贵阳：贵州年鉴社，2008：334.
③ 《贵州年鉴》编辑部. 贵州年鉴（2010）［M］. 贵阳：贵州年鉴社，2010：353.
④ 《贵州年鉴》编辑部. 贵州年鉴（2011）［M］. 贵阳：贵州年鉴社，2011：387.
⑤ 《贵州年鉴》编辑部. 贵州年鉴（2013）［M］. 贵阳：贵州年鉴社，2013：364.

连续 3 次列入预警名单的专业，除个别特殊专业外，将实行退出机制，停止招生。①

当年，在贵州大学、贵州师范大学、贵阳医学院、贵州民族大学 4 所高校开展向社会公布“本科教学质量报告”试点工作，广泛接受社会对高等教育质量的监督和评价。②

2015 年 10 月至 12 月，根据《教育部关于普通高等学校本科教学评估工作的意见》《教育部办公厅关于开展普通高等学校本科教学工作合格评估的通知》和《普通高等学校本科教学工作合格评估实施办法》精神，六盘水师范学院、安顺学院、贵州师范学院、兴义民族师范学院 4 所高校分别接受了教育部本科合格预评估；教育部专家组对 4 所学校本科教学工作进行了全面考察和了解，并从办学思路与领导作用、教师队伍、教学条件与利用、专业与课程建设、质量管理、学风建设与学生指导、教学质量 7 个方面对学校本科教学工作给出了具体的意见和建议，希望学校通过一定时间的整改，完善本科教学工作。③

2015 年普通本科高校增列学士学位授权专业审核由各校学位评定委员会按照程序自行组织开展。同时，贵州省学位委员会、贵州省教育厅组织省内专家对各独立学院开展了增列学士学位授权专业进行审核，共遴选新增学士学位授权专业 50 个。④

当年，贵州省全面放开民办教育收费，出台《贵州省规范民办教育收费行为暂行规定》，从适用范围、收费依据、收费项目、收费程序、退费标准、监管职责等方面规范了民办教育收费管理事宜，改变以往由价格主管部门核定收费标准的模式，实行由民办教育学校自主定价，强化了行政主管部门对民办教育收费行为事中事后的监管职责。⑤

2016 年，贵州省政府办公厅印发《贵州省深化高校创新创业教育改革实施方案》，并要求各高校根据省政府及学校的具体情况制订本校的实施方案。贵州省教育厅决定从以下几个方面大力推进创新创业教育改革：一是做好政策设计，引领高校开展创新创业教育，构建创新创业人才培养体系。二是印发《省教育厅关于建立贵州省大学生创新创业教育导师库的通知》，加强师资队伍和教学团队建设，打造一支高水平导师队伍。三是以项目为载体，以经费为保障，积极推动校、省、国家级大学生创新创业教育计划实施。2015 年，共立项省级大学生创新创业训练计划 649 项，获批国家级大学生创新创业训练计划 260 项。四是加强理论研究和经验交流。五是全面加强大学生创新创业教学平台建设，为大学生打造全方位创新创业支撑平台。六是鼓励支持创新创业实践，把创新创业实践作为创新创业教育的重要延伸。七是注重部门联动，积极营造创新创业的环境氛围。八是强化组织管理，创新管理模式，为大学生创新创业教育提供保障。九是组织了“建行杯”贵州省第二届“互联网+”大学生创新创业大赛，并推荐参加全国总决赛。2015 年，贵州省创新创业获国家银奖 1 项，国家铜奖 6 项。⑥

2015 年，贵州省教育厅印发《省教育厅关于加强高校科技成果转移转化的指导意见》，提出了加快高校科技体制机制改革、推进成果转移转化的“十八条”政策措施。

---

①② 《贵州年鉴》编辑部. 贵州年鉴（2013）[M]. 贵阳：贵州年鉴社，2013：368.

③ 《贵州年鉴》编辑部. 贵州年鉴（2016）[M]. 贵阳：贵州年鉴社，2016：489.

④ 《贵州年鉴》编辑部. 贵州年鉴（2016）[M]. 贵阳：贵州年鉴社，2016：490.

⑤ 《贵州年鉴》编辑部. 贵州年鉴（2016）[M]. 贵阳：贵州年鉴社，2016：494.

⑥ 《贵州年鉴》编辑部. 贵州年鉴（2017）[M]. 贵阳：贵州年鉴社，2017：508.

是年11月至12月，正式对贵州财经大学、贵州医科大学、贵阳中医学院、遵义医学院、贵州大学5所高校的办学定位、教学理念、人才培养、师资队伍建设、学科专业发展、专业结构调整、第二课堂实践教学、教学资源、学风建设、课堂教学、学生指导服务体系、大学文化建设、教学质量管理制度和管理队伍建设等方面的本科教学工作进行审核评估。

当年，贵州省高校首个“易班”网络平台落户贵州理工学院。①

2017年，开展贵州民族大学、黔南民族师范学院、遵义师范学院、贵阳学院本科教学审核评估工作和遵义医学院审核评估整改工作；组织专家赴铜仁学院开展本科教学审核评估专题培训；印发了《贵州省教育厅关于报送本科教学工作审核评估整改工作情况的通知》，对各高校审核评估整改情况进行摸底，督促各高校切实将审核评估各项要求落到实处，推动工作出实效。

2018年，贵州省教育厅组织召开全省高校服务农村产业革命工作部署会并进行工作部署，并制订印发了《全省高校助推农村产业革命工作方案》。2018年，有9所高校与有关企业、贫困县乡村代表签订项目合作协议；召开贵州高校助推脱贫攻坚现场观摩暨服务农村产业革命工作推进会，总结工作成效，交流工作经验，拓宽工作思路，推动高校服务脱贫攻坚向纵深发展。

二、党政与教辅服务机构

改革开放后，在中国特色社会主义高等教育体制中，在高等院校机构设置中形成了中国共产党组织系统、高校行政组织系统，一般称为党群部门、教学部门和教辅部门。贵州所有高等院校实行的是中国共产党党委领导下的校长负责制。

贵州各高等院校皆设置有中国共产党组织委员会（党委），设党委成员若干负责学校重大事务和政策决策。设党委设党委书记1人负责党的全面工作，设副书记若干协助书记负责党的事务工作，设纪检委员1人。如果高校校长（院长）为中共党员，一般兼任党委副书记，自然为党委委员之一；如果校长为非中共党员，一般列席党委会议。党委下一般以专业院系和职能部门为单位建若干党支部，设支部书记1人，委员3人。如果高校有二级学院，一般增建党委派出组织——党总支委，设党总支书记1人，副书记1人，委员3人，下设党务科。

党委下一般设置党委办公室、组织部、宣传部、纪律检查委员会（纪检书记）、统战部、工会、团委等；办公室及各部委下设科室，负责具体的党建工作。

高校一般设校长1人负责全校教学行政工作，设副校长若干人协助校长负责全校各类事务工作。

校长下一般设置校长办公室、二级院系若干、人事处、发展规划处、教务处、学生处、招生就业处、学生资助管理中心、财务处、保卫处等机构，各处室下设科室负责本处室具体事务管理和服务。二级学院一般下设综合办公室、学生科、教务科、团总支等，以

① 《贵州年鉴》编辑部. 贵州年鉴（2017）[M]. 贵阳：贵州年鉴社，2017：510.

及各专业系科室若干，负责教学与学生管理工作。

学校教学与服务部门一般设有图书馆、总务（后勤）处、档案馆、学报编辑部等。

私立大学一般设董事会和中共党委共同管理学校，由董事会聘请校长 1 人、协助校长工作的副校长若干人具体负责学校各项工作的开展。

下面以 2019 年贵州大学和私立贵州工商职业学院为例介绍我国高等院校的机构设置。

贵州大学党群部门设有：党委办公室（与校长办公室合署）下设综合科、秘书科、信息科、机要保密科、对外事务科、政策研究室、信访维稳办、法律顾问室（法律事务科）、督查室、院士事务科。组织部下设综合科、组织科、干部工作科、干部监督科、人才科、党校教务科。宣传部下设综合科、思想理论教育科、宣传科、网络宣传科校园文化建设科。统战部设办公室、党派科。纪委设监察室、综合科。武装部（与学生处合署）下设国防教育科。机关党委下设综合科、机关党建科。离退休党工委下设综合科、离休一科、离休二科。工会下设综合部、组织部、民主管理部、女工部、文体部、财务部、福利部、青工部。团委下设办公室、组织部、宣传部、文体与素质拓展部、科技实践部。

贵州大学行政部门设有：校长办公室（与党委办公室合署）。人事处下设综合科、人事科、工资福利科、社会保障科、人才引进科、人才校流中心、干部人事档案管理科。发展规划处。教务处下设综合管理科、教学管理与研究科、资源管理科、学籍管理科、课程与考务科、实践教学科、教务信息维护科、教材管理科、创新创业科。学生工作部（学生处）（武装部合署）下设设综合科、思想政治教育科、学生科、国防教育科；学校心理健康教育咨询中心、国家大学生文化素质教育基地归属学生工作部。教师工作处下设综合科、职称科、师资科、博士后工作管理科。招生就业处下设综合科、就业市场科、就业指导科、信息管理科、招生科。学生资助管理中心下设综合科、社会捐助科、助学管理科、助学贷款科。研究生工作部下设学生科、思政科。研究生院下设院办公室、学生科、思政科、招生办公室、培养科、专业学位管理科、学位办公室、学科建设办公室。科学技术研究院下设综合管理科、计划项目管理科、产学研合作管理科、成果管理科。哲学社会科学研究院下设综合科（办公室）、项目管理科、成果管理科。财务处下设综合科、财务管理科、会计监督科、会计核算科、资金管理科、房建基金科、后勤财务科。审计处下设财务审计科、工程审计科、综合审计科。资产管理处下设综合科、产权管理科、资产管理科、房产办、公房管理科、采购招标科。实验室与设备管理处下设实验室管理科、设备管理科、实验室安全技术科、综合管理科。基建处下设综合科、项目管理科、施工管理科维修管理科、预决算科。对外合作处下设校地合作科、校际合作科、校友事务与基金发展科。国际交流与合作处下设综合办公室、国际交流科、外教与留学生工作科、出国管理科。后勤管理处下设办公室、督察室、人力资源中心、校园服务管理中心、能源管理中心、信息中心、饮食服务中心、学生宿舍管理中心、园林绿化中心、物业服务中心、会议服务中心、交通保障运营中心、水电中心。保卫处下设综合科、西校区保卫科、东校区保卫科、南校区保卫科、政保科、消防科、户籍科、视频监控中心。离退休工作处下设综合科、离休一科、离休二科。南校区管理处。

贵州大学二级学院设有：阳明学院、外国语学院、文学与传媒学院、哲学与社会发展学院、历史与民族文化学院、法学院、音乐学院、美术学院、管理学院、经济学院、公共管理学院、旅游与文化产业学院、体育学院、马克思主义学院、生命科学学院、大数据与信息工程学院、物理学院、电气工程学院、计算机科学与技术学院、建筑与城市规划学院、机械工程学院、化学与化工学院、土木工程学院、资源与环境工程学院、材料与冶金学院、农学院、矿业学院、动物科学学院、酿酒与食品工程学院、国际教育学院、科技学院、药学院、明德学院、继续教育学院、烟草学院、人武学院、医学院、茶学院。

贵州大学直属部门设有：评估中心（高教研究所）、图书馆、网络与信息化管理中心、档案馆、教学实验农场、贵州大学科技园、工程训练中心、贵州大学勘察设计研究院、后勤管理处、资产经营管理办公室、贵州大学学报编辑部、贵州大学出版社、校医院、附中。

贵州大学直属科研机构设有：精细化工研究开发中心、贵州大学空间结构研究中心、喀斯特环境与地质灾害防治教育部重点实验室、教育部现代制造技术重点实验室、教育部西南药用生物资源工程研究中心、贵州省农业生物工程重点实验室、贵州省森林资源与环境研究中心、中国文化书院、中国喀斯特地区乡村振兴研究院、东盟研究院、遵义红色文化研究院、贵州大学先进技术研究院、新农村发展研究院、贵州省大数据产业发展应用研究院。

贵州工商职业学院学校机构设置如图 4-1 所示。

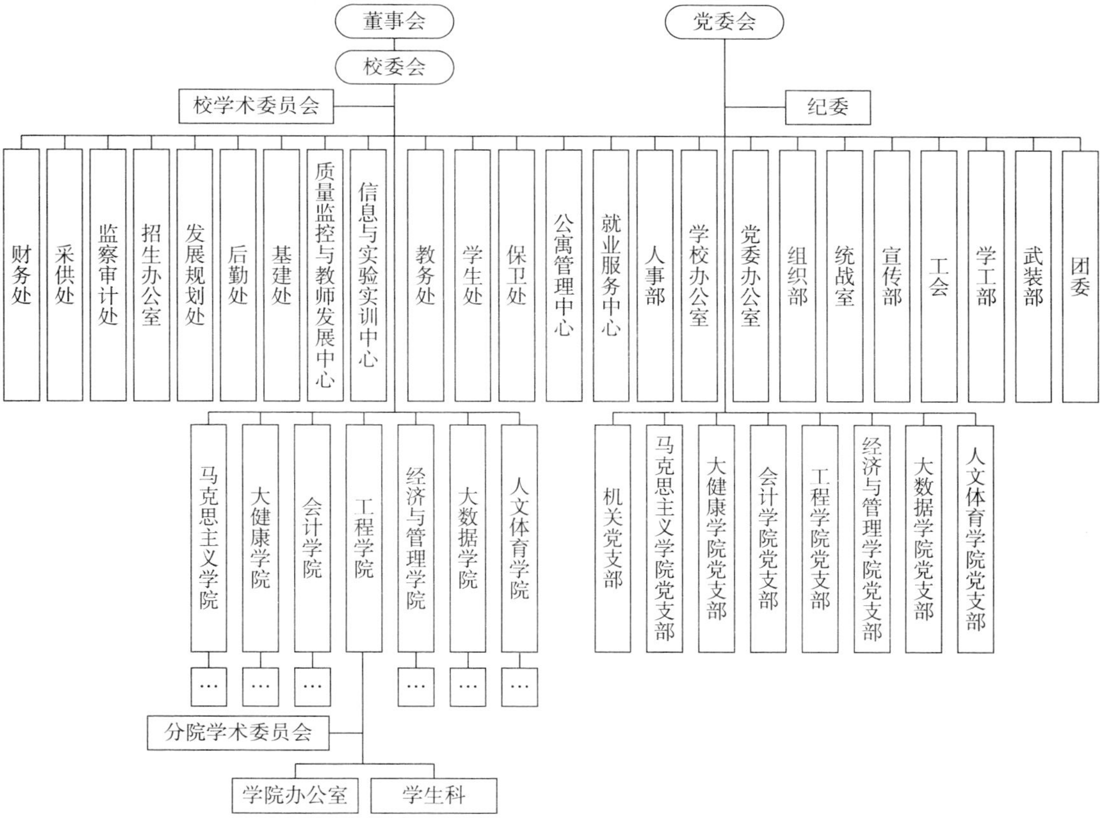

图 4-1　贵州工商职业学院学校机构设置

第五章
改革开放后贵州高等教育的建设与发展（下）

第一节　招生、学生管理和就业

一、招生

1977 年 8 月，贵州省招生委员会成立，制定公布了《贵州省 1977 年高等学校招生简单》《贵州省 1977 年招生工作实施办法》，对当年的招生对象、报考条件、考试科目、报名办法、考试办法等做出了明确规定，确定 1977 年 12 月 5 日为全省高考报名时间，12 月 15 日至 17 日为统一考试时间。是年，全省报考高等院校 65111 人，其中文科考生 21281 人（工人 3937 人，“上山下乡”知识青年 9095 人，回乡知识青年 6916 人，其他为社会、农村青年），理科考生 40006 人（工人 8928 人，上山下乡知识青年 9095 人，回乡知识青年 7861 人，其他为社会、农村青年）；省内普通高校录取新生 2902 人，外省高校在贵州录取新生 1549 人。

1980 年，贵州省成人招生改由贵州省招生委员会下设的贵州省成人招生办公室（成招办）负责，贵州省自学考试（包括职高、成高）及管理改由贵州省高等教育自学考试委员会办公室（自考办）负责。

根据 1983 年全国招生工作会议精神，贵州省着重研究打开人才通向农村道路等方面的改革精神，于当年召开全省高校和中专招生工作会。会议决定，省属农、医、师院大部分实行定向招生；各地区师专，实行就地培养、就地分配原则，并制定招收委托培养生工作的招生办法和毕业分配办法；规定“定向生可以降低 10～25 分录取，各地区师专实行就地培养、就地分配的办法”“定向生必须签订合同，保证毕业后按合同到分配到定向地点工作，不信守合同的，按合同规定给予处罚”。[①] 为鼓励定向生努力学习，还规定一定比例的优秀学生可以在全省范围内择优分配。是年，全省参加签订定向合同录取本科院校的新生有 1061 人。

1984 年，贵州省开始招收委托培养生，当年录取代培生 341 人；[②] 定向录取新生 3520 人。同年，实行招收计划内自费生试点工作。1984 年，两所自费走读、毕业后国家不包分配的专科学校贵州省职业大学和贵阳市金筑大学共录取新生 225 人，超计划 12.5%完成招生任务。

当年，贵州省高校还录取了 19 名生活能自理、不影响所报专业学习的残疾考生。[③]

1985 年，贵州省开始在全省重点中学招收保送生，并制订了具体实施方案。

1987 年，国家教委公布《全国高校招生暂行条例》。当年，贵州农学院、贵阳中医学开始实行单独招收办法，即实行单位报名、单独招收具有两年以上实践经验的农村高中毕业生。考生均需参加全国统一高考，但学校单独划线、单独录取（遵义医学院在 20 世纪 90 年代也实行单独招收农村高中毕业生的办法，对口学习农村医学专业，毕业后回农村医疗卫生服务机构工作）。截至 1987 年，贵州全省定向招收的学生达 17000 多人。

1988 年，改革委托培养招生办法。在招生计划未公布之前，对委托培养合同进行审查，对不符合国家规定的委托合同，提请学校和单位修改或取消。在录取过程中，始终贯彻国家教委对工作或生活条件比较艰苦的单位实行划定招生范围和降分的照顾原则。当年，全省共录取委托培养学生 916 人。[④]

1989 年，国家教委发布《关于改革全国高校招生考试及录取新生办法的意见》，对高考的科目设置、新生录取办法作了相应的调整，规定必考科目为语文、数学，选考科目为政治、外语、化学、生物、历史、地理。考生根据国家教委编排的不同考试科目组，依据自己的兴趣爱好和希望考取的高校及高校的专业，选择自己的考试科目组（即“四组四科”）。自 1994 年起，贵州省高考全部按新的考试科目设置组织考试。

是年，贵州普通高校招生工作几项照顾政策主要是：一是继续坚持对少数民族考生实行降分照顾录取的政策。对贵阳、遵义、安顺三个市少数民族考生仍降 10 分照顾，对其他地、县少数民族考生降 20 分照顾。共录取少数民族考生 3454 人，占录取新生总数的 29%。二是对三个民族自治州所属各县和各民族自治县连续工作满 15 年以上的汉族干部和公办中学教师子女实行照顾政策，共录取此类考生 94 人。三是对残疾考生照顾录取，仍然实行上一年的原则，录取 37 名残疾考生。四是归侨考生、华侨子女、归侨子女和台湾籍考生，其总分低于省最低录取控制分数线 10 分以内的，可提供档案，由学校择优录取，上线的上述考生共 25 人，全部被录取。五是对地区级以上优秀学生干部、三好学生、体育尖子等，均按国家规定给予照顾，共录取 902 人。

1990 年，贵州省高考在国内首次使用“一题多卡”方式进行考试。

1991 年，贵州省已对全部本科院校专业设置进行了清理和整顿，在安排招生计划时，

---

① 贵州省地方志编纂委员会. 贵州省志（1978-2010）·教育［M］. 贵阳：贵州人民出版社，2017：217.

②③《贵州教育志》编纂办公室. 贵州教育年鉴（1949-1984）［M］. 贵阳：贵州人民出版社，1986：103.

④《贵州年鉴》编辑部. 贵州年鉴（1989）［M］. 贵阳：贵州人民出版社，1989：517.

注重压缩长线专业，增加短线专业；支持拓宽知识面的措施，实行按系招生试点，根据社会对人才的需要灵活确定专门化方向。①

1993 年，贵州与湖南、云南、海南、北京等省（市）试行“两组五科”（“3+2”）方案，高考分为文理两组，每组考五科。具体为：文理两组皆考语文、数学、外语三科，文科组加考政治、历史两科，理科组加考物理、化学两科。

1994 年，贵州省实行高校招生计划体制改革，由“双轨制”逐渐向“并轨制”转变，即把从 20 世纪 80 年代开始实行的公费生和自费生实行不同的缴费标准和录取政策以及就业分配政策，转向高校招生不再分公费和自费，全部高校录取学生皆需缴纳学费上学，也不再有计划外招生指标。

1996 年，贵州工业大学、贵州大学、贵州省艺术专科学校三所院校试行“并轨”招生。

1997 年，全省高校全部实行“并轨”招生。

1998 年，教育部提出在高考科目中设置综合科目（文科综合、理科综合）和“3+X”高考科目设置方案。

1999 年，全国扩大高校招生。贵州省除省内扩大招生比例外，省外招生比例也得到增加，为本省考生到省外高校接受高等教育增加了机会，也为省外学生就读贵州的高等院校创造了条件，增加了省内外高校学生的交流，同时也间接推动了省内高校的教学改革。是年，调整后的全省普通高等学历教育计划招生 27220 人，比原计划增加了 8620 人，增长 46.3%，实际完成 27137 人。

当年，贵州省高职开始招生。高职生源主要来自普通高中毕业生、“三校”（中专、技工、职业高中）学校毕业生（对口升学）、初中毕业生三类学校。高中和“三校生”学制三年，初中生学制五年，实行统考统招和计划招生。

2000 年，贵州除体育、艺术类考生外，全部试行高校招生网上远程或现场局域网录取工作。是年，网上共录取新生 42000 余人，参与院校 339 所，远程录取新生 886 人，远程录取院校 34 所（其中“211 工程”院校 23 所，第二本科院校 9 所，提前批次 1 所，专科批次 1 所）。翌年，网上远程录取院校 233 所（招收院校共 362 所），远程录取新生 28485 人，录取比例为 53.8%。是年后，高校新生录取进入逐步实现全部网上远程录取。

2000 年，高职招生院校 8 所，招生专业 43 个，招收人数 3772 名（其中 1∶3 招收中职生 4242 名）；开始举办“五年一贯制”和“3+2”形式的高等职业教育人才培养模式。

“五年一贯制”又称“初中起点大专教育”，是指具有五年制大专班招生资格的高等院校招收参加中考的初中毕业生进入高校学习，学制五年。前三年主要学习语文、数学、英语等文化课程和相关专业课程；第四年开设大学专科层次的公共课和专业课，最后半年安排学生顶岗实习。学习期间，前三年按照中等职业教育管理办法进行管理，后两年纳入高等教育管理范畴。修满学业后颁发国家《普通高等学校毕业证书（专科）》。毕业生还具有继续享受本科及以上教育的资格。

---

① 《贵州年鉴》编辑部. 贵州年鉴（1992）[M]. 贵阳：贵州人民出版社，1992：458.

“3+2”是指中专院校与大专院校联合招收初中起点的大专班，学生入学后，在中专学校完成三年学习后，再到大专院校完成两年的专科课程学习。修满学业后颁发国家《普通高等学校毕业证书（专科）》。毕业生同样具有继续享受本科及以上教育的资格。

当年，贵州省招办、省成招办、省自考办合并组建为贵州省招生考试中心（招考中心），专门负责普通和成人高校的本科生、研究生的招生、考试、录取工作。

2001 年，取消高考生的年龄和婚姻限制，同意具有各类中等教育学历的考生报考普通高等院校或高职院校，实行参加全国奥赛获奖考的加分政策。贵州成立八所省内二级独立院校，按照新的教学与资金运行机制进行招生。

是年，全省 53000 人（含民族预科，不含“五年一贯制”大专和省外对等招生）步入高校接受高等教育，其中本科 27500 人，专科 25500（高职 10257 人），录取率为 74.6%。

2002 年，贵州在继广西之后率先在全国开始试行高考英语学科网上评卷。

2003 年，全国高考时间由原来的 7 月 7 日至 9 日，提前到 6 月 7 日至 9 日。

2004 年，贵州实现全部高考科目网上评卷。从试卷扫描、分类、传输到试卷修改、统分等环节全部采用计算机操作。

是年，全省高职院校 15 所，举办高等职业教育的普通高校八所，高、中职联合举办“3+2”人才培养模式基本形成。当年高职招收 1.7 万人，在校生 3.75 万人，为普通高等学校在校生数的 20.8%。

2005 年，贵州省招生考试中心发布《贵州省 2005 年全省高校“阳光招生”实施方案》，要求高考工作从招生宣传、报名、填报志愿、考试、评卷、录取全过程实现公开、透明；强调招生工作纪律“六不准”：不准违反有关招生规定；不准徇私舞弊、弄虚作假；不准采取任何方式影响、干扰招生工作正常秩序；不准参与、协助任何中介机构或个人组织的非法招生活动；不准索取或接受考生及家长的现金、人价证券；不准以任何理由向考生收取与招生录取挂钩的任何费用。

2006 年，省内外 1018 所高校在贵州招生 85487 人，录取率为 42.14%。其中本科 47278 人，专科 38209 人；理工类 48085 人，文史类 29632 人，体育类 1570 人，艺术类 3621 人；少数民族考生录取人数为 35634 名；保送生 21 名。

是年，香港、澳门高校首次在贵州招生，有 56 名贵州新生进入两地 10 所高校学习，其中香港 15 名，澳门 41 名。

2006 年，中国矿业大学、华北科技大学在贵州采用贵州自主命题，学校单独招生的办法，共录取新生 70 名。

2007 年，省内外 1059 所（省外 1015 所，省内含独立学院共 44 所）高校在贵州共招收了 98261 名新生，录取率为 44.7%。其中本科生为 54719 人，专科为 43642 人；理工类 56840 人，文史类 32624 人，体育类 1717 人，艺术类 4812 人；中职单报高职 2268 人；男生 54289 人，女生 43972 人；汉族 57531 人，少数民族 40730 人；应届 53693 人，往届 44568 人；城镇 41397 人，农村 56882 人；中共党员 326 人，共青团员 87808 人；高中保送生 22 人，中师保送生 19 人，中职推优生 986 人；录取五年一贯制（专科）学生 1700

人；中期选拔录取专升本学生 882 人（理科 429 人、文科 348 人、艺术类 74 人，体育类 31 人）。

是年，贵州省招生考试中心更名为贵州省考生考试院。

2010 年，省内外 1502 所高校（省内含独立院校共 47 所，省外 1502 所）在贵州共录取新生 166111 人，录取率为 72.95%。其中本科生 89305 人，专科 76806 人；理工类 82381 人，文史类 66149 人，体育类 2295 人，艺术类 10486 人，中职单报高职 4800 人；应届 109402 人；往届 56709 人；城镇 60267 人，农村 105844 人；中共党员 874 人，共青团员 138301 人。

是年，新增铜仁学院招收免费师范定向生。

2011 年，新增毕节学院、凯里学院招收免费师范定向生。① 在贵阳医学院、遵义医学院招收免费医学定向生的基础上，新增贵阳中医学院、铜仁职业技术学院招收免费医学定向生。②在贵州交通职业技术学院单独招收试点的基础上，新增铜仁职业技术学院开展单独招生改革试点工作。③

2012 年，教育部首次将贵州省纳入边境省份特例，贵州大学获批中国政府奖学金自主招生（外国留学生）计划 20 名。同年，贵州财经大学与英国爱丁堡龙比亚大学合作举办金融学专业本科教育项目纳入国家普高招生计划，每期招收 50 人，实现贵州省本科阶段中外合作办学零的突破。④

2013 年，贵州师范大学成为中国政府奖学金来华留学生资格院校。⑤

截至 2013 年，贵州大学、贵州师范大学、贵州民族大学、贵州财经大学、贵阳医学院、贵州师范学院、遵义师范学院、铜仁学院、凯里学院、黔南民族师范学院、贵阳职业技术学院、铜仁职业技术学院 12 所高校开展招收留学生工作，共招收 565 名来黔留学生，同比增长 71.2%，招收高校数同比增长 50%。

2014 年，贵州民族大学获批成为全省第三所具有招生中国政府奖学金来华留学生资格院校。

2015 年，根据贵州经济发展急需的大数据、大健康等建设需求，贵州整理出 10 个急需专业上报教育部。⑥

2015 年，贵州省高考推进实施 10 项改革：一是推进贫困地区定向、农村学生单独招生和地方农村学生三个专项计划招生工作。二是改进高考报名工作。使用二代身份证识别仪采集考生报名信息，确保考生信息的真实性和准确性。三是推进艺术类专业全省统考工作。全省艺术类各专业考试全部实行统一考试。四是加强和完善英语口语计算机智能考试工作。优化考试流程，规范考试管理。五是完善和规范自主招生。完善自主招生办法，规范自主招生程序，调整自主招生考试时间。六是完善平行志愿投档办法。增加文理科类平行志愿数量，本科平行志愿增加至 6 个，专科平行志愿增加至 8 个。体育类专业和少数民

①②③ 《贵州年鉴》编辑部. 贵州年鉴（2012）[M]. 贵阳：贵州年鉴社，2012：421.

④ 《贵州年鉴》编辑部. 贵州年鉴（2013）[M]. 贵阳：贵州年鉴社，2013：364.

⑤ 《贵州年鉴》编辑部. 贵州年鉴（2014）[M]. 贵阳：贵州年鉴社，2014：348.

⑥ 《贵州年鉴》编辑部. 贵州年鉴（2016）[M]. 贵阳：贵州年鉴社，2016：489.

族预科招生实行平行志愿投档，增加考生选择机会。七是减少和规范高考加分。全国性加分项目按照国家政策保留五项；地方性加分项目保留农村独生子女户女孩和二女结扎户女孩考生、见义勇为及其子女考生两项政策照顾，取消的政策照顾项目于2015年实行过渡办法。八是开展高职院校多渠道招生多元录取模式。通过单独考试招生、中职单报高职、自主选拔招生、中职推优、“五年一贯制”、“3+2”分段制、注册入学试点、贫困地区专项计划等方式，拓宽高职院校招生渠道。九是进一步完善和规范民汉双语预科考试招生办法，增加招生院校，扩大招生规模。十是调整录取批次。按照国务院《关于深化考试招生制度改革的实施意见》（国发〔2014〕35号）关于改革录取批次的要求，为发挥高校办学优势，调整和整合了录取批次。①

2016年4月6日，贵州省政府印发经教育部审核备案的《贵州省深化考试招生制度改革实施方案》（以下简称《实施方案》）。《实施方案》提出了促进升学考试和入学机会公平、改革考试形式和内容、改革招生录取机制、改革监督管理机制、统筹高考综合改革五个方面的改革任务。明确2018年6月底以前制定贵州省高考综合改革方案，并从当年秋季入学的高中一年级学生（含2021年参加高考考生）开始实施。《实施方案》提出从是年起，在省直高校招生计划中，划定不低于3%的比例，专项用于贫困、农村和民族地区考生。②

是年，全省高考招生工作采用以下新举措：一是合并文史类理工类、体育类的二本、三本录取批次，将原来在三本批次招生的院校并入二本批次招生。二是实施省内高职（专科）院校分类考试招生试点工作，实行“文化素质+职业技能”评价录取。三是加大民汉双语考试招生工作力度，扩大民汉双语预科班招生院校、招生计划及生源范围，新增双语民族班招生，双语招生范围为全省民族、贫困地区的72个县（市、区、特区）。四是推进国家专项计划、高校专项计划和地方专项计划三个专项计划招生工作。按教育部要求，划分实施区域，严格报考条件，加强资格审查。五是艺术类各专业全部实行集中统考，美术类实行平行志愿投档。③

2018年，全国2013所普通高校（省外高校1943所，省内高校70所，比上年增加33所）在贵州共录取考生384937人，录取率为87.14%，录取人数增加3384人。其中，录取理工类181408人，文史类93289人，体育类4195人，艺术类17088人，高职（专科）分类招生88957人［中职单报高职考生5775人，省内高职（专科）院校分类招生71458人，省外高职（专科）院校单招177人，“五年制一贯制”录取6070人，高职“3+2”录取5477人］。

是年，贵州普通高考艺术类招生实施平行志愿改革，艺术类高职（专科）院校和使用贵州省艺术统考成绩的本科院校全部实行平行志愿投档；继续推进高职（专科）分类招生改革，省内高职（专科）院校通过分类招生录取88780人，达到省内高职（专科）院校录取总数的54.84%，超过省内高职（专科）招生计划数一半，较2017年（48.57%）同期

① 《贵州年鉴》编辑部. 贵州年鉴（2016）［M］. 贵阳：贵州年鉴社，2016：495.
② 《贵州年鉴》编辑部. 贵州年鉴（2017）［M］. 贵阳：贵州年鉴社，2017：502.
③ 《贵州年鉴》编辑部. 贵州年鉴（2017）［M］. 贵阳：贵州年鉴社，2017：514.

上升 6.27 个百分点。

二、学生管理

1978 年，贵州省高校管理工作主要依据教育部颁布的《高等学校学生学籍管理暂行规定》和《高等学校学生学籍管理的暂行规定的补充通知》，再由各高校结合本校具体情况制定实施细则进行管理。

1983 年，教育部颁布《全日制全国高校学生学籍管理办法》，这成为贵州高校对学生进行管理的重要文件。1983 年起，贵州在高等学校一二年级学生中组织进行军事训练。训练内容主要有：一是学习军兵种一般常识，即进行人民战争思想战略形势和军队条令条例有关内容的教育；二是学习三防知识和一般战术原则，即进行队列训练和步枪射击训练；三是进行一次步枪实弹射击。①

1991 年 3 月，贵州省教委根据国家教委颁发的《普通高等学校学生管理规定》制定下发了《贵州省普通高等学校学生学籍管理细则（试行）》，② 各学校也制定了本校相应的实施细则。

是年 6 月，贵州省委高校工委、贵州省教委联合颁发了《贵州省高校学生宿舍管理工作条例》。该条例共 11 条，要求各高校党政领导切实加强思想政治教育，严格学生宿舍的管理工作，发挥学生宿舍的综合功能，把学生宿舍建设成为加强两个文明建设，反对资产阶级自由化的阵地，以培养良好的校风，优化（含净化精神环境）育人环境，发挥环境育人的作用，将学生宿舍建设成为文明、整洁、优美、安全、安全的育人环境。③

2002 年 9 月，贵州省制定印发了《贵州省普通高校学生学籍管理有关问题的暂行规定》，在学生入学与注册、课程考核与成绩记载、转专业与转学、休学与复学或退学、奖励与处分、毕（结）业等方面均作出明确和规范的规定，并从 2002 年 10 月起实行。④ 贵州省教育厅和贵州省民族宗教事务委员会联合制定《关于在我省各级各类学校开展民族民间文化教育的实践意见》⑤。

是年初，贵州省教育厅会同贵州省禁毒委下发了《关于组织各级禁毒委成员单位深入全省大中学校开展毒品预防教育活动的通知》，为各校确定了联系单位。3 月，贵州省教育厅同省直高校签订了禁毒责任书。“6·26”国际禁毒日，组织贵阳地区师生 2000 余名参加贵州省禁毒委召开的公开宣判和焚烧毒品大会及万人拒毒签名活动。10 月至 11 月，贵州省教育厅会同少年禁毒办公室组织“珍爱生命，拒绝毒品”禁毒宣传展板，到贵阳地区 15 所大中专学校进行巡回展出。⑥

---

① 贵州省高教办. 关于高等学校军事训练问题的通知［A］. 铜仁：铜仁学院档案馆（57-1-140）.

② 《贵州年鉴》编辑部. 贵州年鉴（1992）［M］. 贵阳：贵州人民出版社，1992：458.

③ 《贵州年鉴》编辑部. 贵州年鉴（1992）［M］. 贵阳：贵州人民出版社，1992：459.

④ 《贵州年鉴》编辑部. 贵州年鉴（2003）［M］. 贵阳：贵州年鉴社，2003：363.

⑤ 贵州省地方志编纂委员会. 贵州省志（1978-2010）·教育［M］. 贵阳：贵州人民出版社，2017：50.

⑥ 《贵州年鉴》编辑部. 贵州年鉴（2003）［M］. 贵阳：贵州年鉴社，2003：362.

当年，贵州省教育厅首次开展普通本科高校应届毕业生省级优秀毕业论文（设计）评选工作。①

是年6月底7月初，贵州省教育厅展开对高校学生宗教状况调研，形成《贵州省教育厅（高校工委）关于大学生宗教状况的调研报告》，及时报送教育部和贵州省委。②

2004年11月，为推进学校加强校园文化建设，营造安全、文明、健康的教育教学环境，贵州省社会治安综合治理委员会、贵州省教育厅、贵州省公安厅联合印发《关于深入开展安全文明校园创建活动的实施意见》，明确了全省安全文明校园创建活动的总体目标，并围绕创建活动的主要内容、组织领导与协调配合、工作原则及要求、创建活动检查验收和评比表彰等内容，对安全文明校园创建活动涉及的相关工作提出了意见，推动全省安全文明校园创建活动全面开展。③

2005年，教育部颁布《全国高校学生管理规定》《高等学校学生行为准则》，贵州省教育厅对全省各高校管理规定的修订工作进行了全面的动员、培训、部署和指导，要求高校系统清理、修订本校有关学生管理规定，完善本校学生管理制度，细化管理职责，按"一个主体管理规定，若干管理细则"（"1+X"模式）的模式制定本校学生管理规定，完成本校学生管理新规定的制作工作。同时，召开贯彻落实《全国高校学生管理规定》工作会议，提出各高校要从学生的权利与义务、学籍管理、奖励处分、校园秩序等多个方面对高校学生管理作出具体规定，并与国家《教育法》《高等教育法》等有关法规承接，做到逐条与相关法律"接轨"。会议还强调学生管理的制度化与人性特征，着重体现学生权益的保护和学生权利的主张，体现"育人为本"的教育原则，维护学生合法权益。

2007年9月26日，贵州省教育厅在贵州师范大学白云校区举行首次全省高校突发公共事件应急演练。贵州师范大学4000多名新生参加演练。整个演练包括安全知识教育、防暴疏散演练、学生公寓火灾疏散演练、演练总结会等内容。④

是年，贵州省完成普通、成人高等教育毕业生学历证书电子注册110930人；新生学籍信息均在中国高等教育学生信息网、贵州教育网、各普通高校校园网三级网上予以公布，供新生本人查询和核对。⑤

2009年，贵州省完成普电成人高等教育毕业生学历证书电子注册97887人；所有新生的学籍信息均在中国高等教育学生信息网、各普通高校校园二级网上予以公布，供新生本人查询和核对，新生查询率达到了100%。⑥

2010年4月27日，全省学校食品安全与传染病防控工作会议暨培训会议在贵阳召开，贵州省疾病防控中心有关专家在会上对参会人员进行了食品安全与传染病防控知识培训⑦。

2013年，贵州制定下发《贵州省普通高等学校学分制管理办法（试行）》，推动贵州

① 《贵州年鉴》编辑部. 贵州年鉴（2003）[M]. 贵阳：贵州年鉴社，2003：368.
② 《贵州年鉴》编辑部. 贵州年鉴（2005）[M]. 贵阳：贵州年鉴社，2005：283.
③ 《贵州年鉴》编辑部. 贵州年鉴（2005）[M]. 贵阳：贵州年鉴社，2005：280.
④⑤ 《贵州年鉴》编辑部. 贵州年鉴（2008）[M]. 贵阳：贵州年鉴社，2008：339.
⑥ 《贵州年鉴》编辑部. 贵州年鉴（2010）[M]. 贵阳：贵州年鉴社，2010：355.
⑦ 贵州省地方志编纂委员会. 贵州省志（1978-2010）·教育 [M]. 贵阳：贵州人民出版社，2017：59.

省普通高校积极实行学分制管理。①

2018 年，开展“一站式”学生事务服务中心推广建设和检查验收，印发《全省普通高校“一站式”学生事务服务中心推广建设暨第四批检查验收情况通报》。全省 52 所普通高校“一站式”学生事务服务中心满足验收指标要求，达到合格标准。

三、政治思想教育

贵州各高校在加强学生政治教育方面，除安排的政治理论课程学习外，也辅以各种各样的政治思想教育组织活动来展开。

1979 年，全省本科高校分别开设了中国共产党党史、哲学、政治经济学三门课程，专科开设 1~2 门政治理论课，以加强学生的政治思想教育。

1980 年，贵州高校增加中国近现代史教学内容，把中共党史教学和近现代史教学结合起来。同时，有计划、有步骤地组织宣讲、学习、讨论和解答中共中央《关于建国以来党的若干历史问题的决议》《关于经济改革的决定》《关于教育体制改革的决定》等。

1981 年，贵州省高教办召开全省高等学校思想政治工作会议，讨论新时期学生思想政治教育的要求、措施，交流经验。

1982 年，贵州农学院建立德育教研室，在学生中开设德育课；贵阳师范学院在各系开设品德课。

1983 年，贵阳医学院建立德育教研室。

1986 年，贵州高校将中共党史课改为中国革命史课。贵州省教育厅组织九所高校老师编写《中国革命史简编》教材。

1988 年 8 月 22 日至 24 日，贵州省教委与省司法厅在贵阳联合召开首次“高等学校法制教育工作会”②。

1989 年，全省高校开展坚持四项基本原则，反对资产阶级自由化的思想政治和法制教育活动。

1991 年，在高校中调整充实马克思主义理论课的教学内容和重点，在《中国革命史》教材中着重进行“没有共产党就没有新中国，只有社会主义新中国才能救中国”的教育。在高校学生中开展坚持社会主义道路专题教育，开展大学生思想状况调查，讲授和学习《马克思主义原理》《大学思想品德修养》《中国革命史》《关于社会主义若干问题学习纲要》《社会主义能够救中国》《坚持社会主义道路》等课程。

是年 3 月 20 日，贵州省高等院校优秀思想工作者表彰大会在贵州师范大学召开。贵州省委组织部、省委宣传部、省委高校工委、省教委、省教育工会授予张小贤等 57 人“贵州省高等院校优秀思想政治工作者”称号。③

1992 年，全省高等学校思想政治教育研究年会在贵阳召开，年会以“社会主义市场

---

① 《贵州年鉴》编辑部. 贵州年鉴（2014）［M］. 贵阳：贵州年鉴社，2014：352.

② 贵州省地方志编纂委员会. 贵州省志（1978-2010）·教育［M］. 贵阳：贵州人民出版社，2017：25.

③ 贵州省地方志编纂委员会. 贵州省志（1978-2010）·教育［M］. 贵阳：贵州人民出版社，2017：31.

经济与高校思想政治教育改革”为主题，收到论文37篇，评选优秀论文29篇。

是年1月25日，贵州省教委发出《关于贯彻〈贵州省高等学校开展法制宣传教育的第二个五年规划〉的通知》。各高校根据通知要求，在加强大学生法制教育时采取了以下六个措施：①

一是安排学习计划。以深入学习《宪法》为核心，学习《行政诉讼法》《义务教育法》《集会游行示威法》《国旗法》《国徽法》《民族区域自治法》《贵州省计划生育试行条例》《贵州省未成年人保护条例》《贵州省禁止赌博暂行条例》《普通高等学校学生管理规定》等法律、法规，并结合不同科类、专业选学有关法律、法规。

二是在认真总结“一五”普法经验的基础上，从1992年开始，前三年着重学习基本法律、法规，1995年考核验收，总结推广经验，宣传表彰先进典型。

三是加强《法律基础》课建设。规定《法律基础》为大学生公共必修课，必须列入教学计划。各校根据不同科类、层次、学制等特点，分别拟定相应的教学计划，制定教学大纲，规定教学时数（最低不得少于30学时、最高安排到46学时），以保证完成教学重点内容的课堂讲授和教学效果。

四是组织编写《法律基础教程》教材、《法规汇编》教学参考书。

五是加强法制教育师资队伍建设。贵州省教委于1992年8月中旬举办普通高校《法律基础》课师资培训班，学习、研究新教材，重点搞好青年教师岗倍培训。

六是注意理论联系实际和坚持学法用法相结合原则，做到同党的基本路线教育，理想、人生观者教育，同爱国主义、集体主义、国情、省情教育密切密切配合；加强高校社会主义精神文明建设，同深化高教改革、从严治校、加强管理、培养优良学风密切配合，创造法制教育环境、开辟法制教育渠道。各校还运用大学生喜闻乐见的形式开展法制宣传教育。

1997年，贵州省教委对全省普通高校马克思主义理论课和思想品德课教学工作取得突出成绩的64名优秀教师给予表彰，并颁发荣誉证书。②

1999年6月15日，贵州省教委、贵州省军区、贵州省全民国防教育委员会联合在贵州大学召开全省高校国防教育工作会，会议议决：第一，必须保持高校武装部的稳定。任何地区、任何单位不得擅自撤并高校基层武装工作机构，凡武装部已被撤并的，要尽快恢复。暂不能成立武装部的学校要先成立军事教研室。第二，加强武装部的管理，提高专职武装干部的素质。要把政治上强、业务上精懂军事的干部选拔到武装部的领导岗位上来。第三，重申高等院校的学生在就学期间，必须接受基本军事训练，军训是高等学校的一门必修课。③

1999年5月9日，贵阳数千大学生高举反对霸权主义巨大的标语，按公安部门指定的线路上街游行，强烈抗议以美国为首的北约悍然轰炸我国驻南斯拉夫大使馆的血腥暴行。④

---

① 《贵州年鉴》编辑部. 贵州年鉴（1993）[M]. 贵阳：贵州人民出版社，1993：467-468.

② 贵州省地方志编纂委员会. 贵州省志（1978-2010）·教育[M]. 贵阳：贵州人民出版社，2017：41.

③ 《贵州年鉴》编辑部. 贵州年鉴（2000）[M]. 贵阳：贵州年鉴社，2000：359.

④ 贵州省地方志编纂委员会. 贵州省志（1978-2010）·教育[M]. 贵阳：贵州人民出版社，2017：43.

2000 年 9 月 25 日至 26 日，贵州省委组织部、省委宣传部、省委高校工委联合召开第七次全省高校党建工作会议。会上，印发《贯彻落实教育部党组〈关于进一步加强高等学校思想政治工作队伍建设的若干意见〉的意见》[①]。

2001 年 2 月 28 日，贵州省教育厅、省委高校工委召开全省教育系统校园拒绝邪教活动动员大会，并进行校园拒绝邪教活动签名仪式，5000 余人参加签名[②]。

2002 年 6 月 25 日，贵州省教育厅与贵州省公安厅举行共建社会主义精神文明协议签字仪式，分别就“三反”（反滋扰、反勒索、反两抢）、“三防”（防黄赌毒渗透、防盗窃、防治安火灾事故）、“三净化”（净化校园治安环境、净化校园文化环境、净化学生心灵）和“三教育”（法制教育、安全教育、科普教育）、“三制度”（警校联系制度、社区参与制度、指导检查制度）、“三创建”（创建家长学校、创建绿色学校、创建文明学校）等内容，开展共建活动。[③]

当年 12 月 10 日，贵州省委高校工委、贵州省教育厅主办的《思想政治教育研究》正式创刊。[④]

2004 年，贵州省教育厅制定《贵州省普通高校“两课”建设评估方案（试行）》，于 2003 年 11 月至 2004 年 5 月组织专家分批对本科高校三年来“两课”建设进行评估。贵州民族学院、贵阳医学院、贵州师范大学、贵州大学四所学校被评为“贵州省普通本科高校两课建设优秀单位”；贵州财经学院、遵义医学院、原贵州工业大学、黔南民族师范学院、贵阳中医学院、遵义师范学院被评为“贵州省普通本科高校两课建设合格单位”。[⑤]

2006 年 6 月 15 日，贵州省教育厅在贵州大学建立贵州省高等学校辅导员培训中心[⑥]。同时，举办首期高校辅导员培训班，培训辅导员、班主任 75 名；开展高校优秀辅导员评选，授予 62 名教师“高校优秀辅导员称号”。

2007 年 4 月，贵州省教育厅、贵州省委教育工委制定并正式印发了《贵州省普通高等学校思想政治教育工作评估指标体系及标准（试行）》，针对学校思想政治教育工作和针对思想政治教育工作者两个方面分两级指标 68 项量化标准制定了评估体系。[⑦]

2007 年，贵州省委教育工委、贵州省教育厅决定从秋季开始，在全省高校普遍开设“贵州省情”课，目的是培养大学生认识贵州、了解贵州和宣传贵州，培养大学生热爱家乡、建设家乡的思想感情和信念。[⑧] 2007 年 8 月，在贵阳举办全省高校“贵州省情”课教师培训班，对全省高校“贵州省情”任课教师 170 余人进行了重点培训。

2009 年 11 月，贵州省教育厅（贵州省委教育工委）组织开展第一批普通本科高校思想政治教育工作评估。

---

① 贵州省地方志编纂委员会. 贵州省志（1978–2010）·教育［M］. 贵阳：贵州人民出版社，2017：45.
② 贵州省地方志编纂委员会. 贵州省志（1978–2010）·教育［M］. 贵阳：贵州人民出版社，2017：46.
③ 贵州省地方志编纂委员会. 贵州省志（1978–2010）·教育［M］. 贵阳：贵州人民出版社，2017：49.
④ 贵州省地方志编纂委员会. 贵州省志（1978–2010）·教育［M］. 贵阳：贵州人民出版社，2017：50.
⑤《贵州年鉴》编辑部. 贵州年鉴（2005）［M］. 贵阳：贵州年鉴社，2005：282.
⑥ 贵州省地方志编纂委员会. 贵州省志（1978–2010）·教育［M］. 贵阳：贵州人民出版社，2017：54.
⑦《贵州年鉴》编辑部. 贵州年鉴（2008）［M］. 贵阳：贵州年鉴社，2008：337.
⑧《贵州年鉴》编辑部. 贵州年鉴（2008）［M］. 贵阳：贵州年鉴社，2008：339.

2010年4~5月，贵州省教育厅组织对全省16所高职高专院校思想政治教育工作进行评估①。同年10月13日，全省加强和改进大学生思想政治教育工作座谈会在贵阳召开。

2015年，在全省高校开展大学生思想政治理论课“精彩课件”评选工作，评选出一等奖9名、二等奖17名、三等奖29名。组织全省高校思政课骨干教师60名、思政部负责人40名参加教育部的培训；组织从事大学生思想政治教育工作的62名处级干部到武汉大学参加培训；开展第二届高校辅导员职业能力大赛，评选出一等奖10名、二等奖15名、三等奖24名和单项奖5名。②

2015年，贵州省教育厅组织专家对贵州理工学院、贵阳幼儿师范高等专科学校、铜仁幼儿师范高等专科学校、贵州盛华职业学院、贵州工商职业学院等部分高校大学生思想政治教育工作进行检查评估。③

2016年，贵州省教育厅同贵州省委宣传部联合开展重点马克思主义学院遴选和建设工作，第一批遴选了贵州大学、贵州师范大学、贵州民族大学、贵州财经大学、遵义师范学院，并资助每校40万元建设经费。④ 同时，开展全省高校思想政治理论课“精彩教案”评选。全省共评选出一等奖13项（集体6项，个人7项）、二等奖18项（集体2项，个人16项）、三等奖28项（集体4项，个人24项）。⑤

是年，通过材料审核、实地考察、现场答辩等多种方式首次在全省各级各类学校中进行国防教育特色学校的遴选推荐工作。最终遴选出贵州大学等7所学校获列为全国国防教育特色学校，贵州民族大学等10所学校被列为省级国防教育特色学校。⑥

2017年，为构建“互联网+大思政”格局，坚持“学生在哪儿，思政工作去哪儿”思路，适应新形势下思政工作的重点，“因事而化、因时而进、因势而新”，全省高校全面推进“易班”平台建设工作，通过开发网络思想政治教育新资源新空间，把“易班”建设成为集思想教育、教务教学、生活服务、文化娱乐为一体的大学生网络互动平台，促进各校学生网络互动社区和主题教育网站建设。是年，本科高校实现全覆盖，2018年重点建设高职高专院校。⑦

是年10月，组织9个专家组对全省27所本科高校思想政治教育工作进行进校检查，贵州大学、贵州师范大学、贵州民族大学、贵州财经大学、贵州医科大学、贵阳中医学院、遵义医学院、贵州师范学院、贵州理工学院9所高校为优秀等次；贵州商学院、贵阳学院遵义师范学院、安顺学院、凯里学院、六盘水师范学院、黔南民族师范学院、贵州大学科技学院、贵州师范大学求是学院9所高校为良好等次；铜仁学院、贵州工程应用技术学院、兴义民族师范学院、贵州大学明德学院、贵州民族大学人文科技学院、贵州财经大学商务学院、贵州医科大学神奇民族医药学院、遵义医学院医学科技学院、贵阳中医学院时珍学院9所高校为合格等次。

---

① 贵州省地方志编纂委员会. 贵州省志（1978-2010）·教育［M］. 贵阳：贵州人民出版社，2017：59.

②③《贵州年鉴》编辑部. 贵州年鉴（2016）［M］. 贵阳：贵州年鉴社，2016：490.

④⑤《贵州年鉴》编辑部. 贵州年鉴（2017）［M］. 贵阳：贵州年鉴社，2017：510.

⑥《贵州年鉴》编辑部. 贵州年鉴（2017）［M］. 贵阳：贵州年鉴社，2017：502.

⑦《贵州年鉴》编辑部. 贵州年鉴（2018）［M］. 贵阳：贵州年鉴社，2018：527.

2018 年，在全省高校开展“学习新思想千万师生同上一堂课活动”，把深入学习宣传习近平新时代中国特色社会主义思想引向高潮，举行 108 场授课，近 10 万名师生到授课现场聆听授课。通过录播、广播、网络平台实现全省师生全覆盖，教育引导全省广大师生用习近平新时代中国特色社会主义思想武装头脑、指导实践、推动工作。

是年 3 月 9 日至 11 日，在贵州师范大学求是学院举办第五届全省高校辅导员职业能力大赛，62 所高校的 73 位辅导员经过笔试（基础知识测试、网文写作）、主题班会、案例分析、主题演讲、谈心谈话五个环节两个阶段，最终决出一等奖 10 名、二等奖 10 名、三等奖 53 名。同年，在教育部举行的“我心中的思政课——第二届全国高校学生微电影展示”活动中，贵州选送的 10 部微电影作品全部获奖：特等奖 2 名（全国设 5 名），一等奖 1 名（全国设 10 名），二等奖 1 名，三等奖 2 名，优秀奖 4 名。贵州省教育厅与北京市教委、四川省教育厅一起获组织奖。

是年 4 月，贵州省教育厅与贵州省军区战备建设局共同印发《关于深化学生军事训练改革的实施意见（试行）》，以贯彻落实国务院办公厅、中央军委办公厅《关于深化学生军事训练改革的意见》精神。同年 7 月，与贵州省军区战备建设局联合下发《关于探索民兵预备役人员开展学生军训组织实施办法的通知》，在全省开展“探索民兵预备役人员开展学生军训组织实施办法”的探索与运用，解决学生军训难的瓶颈问题，推动全省学生军训改革任务的落地实施，在全国探索出一条军训实施的新途径。

当年，全省高校学生工作会议在贵州民族大学召开。此次会议的主题是深入学习贯彻党的十九大精神，“政治上要有高度、理论上要有深度、实践上要有广度、情感上要有温度、保障上要有力度”，以开创新时代高校学生工作新局面。

四、学生待遇

（一）助（奖、贷）学金

1983 年，贵州省发布《贵州省普通高等学校本、专科和中等专业学校学生人民助学金实施办法》，规定师范、体育（含体育专业）、农林和民族院校（包括普通高校中附设的少数民族及护士助产艺术等专业班）按学生人数的 100%发放；煤炭（包括矿机）矿业、地质（包括水文地质、工程地质）、石油院校（单设专业）按学生人数的 80%发放；其他院校按学生人数的 60%发放；使用范围包括学生伙食补助和伙食费以外的困难补助。人民助学金的标准为：本、专科一般学生为 21. 5 元；工龄满 5 年不满 7 年的四类地区为 32. 5 元，五类地区为 34 元；工龄超过 7 年的四类地区为 37. 5 元，五类地区为 39 元。以上标准每人扣留 2 元作为学生困难补助（包括临时困难补助和实物补助）和特殊专业学生的伙食补助。在校学生和少数民族学生在生活上有特殊困难者，每月另列困难补助 4 元；体育、航海、戏曲、杂质、管乐专业和刑警学校的学生，不论是否享受人民助学金，皆加发 40%以内的专业伙食补助费，普通高校四类地区每人每月 7. 6 元，一类地区 7. 8 元。非 100%享受助学金的学校与专业，需如实填报《学生家庭经济收入情况表》，详细说明家庭成员的全部固定收入，并经家长所在单位或农村人民公社和城市街道办事处签证后交给学校。学校根据本校人民助学金的经费和本校学生的家庭经济情况每年评定一次。在评定时，归侨青年、华侨子女、归侨子女和台湾籍青年，在同行条件下优先照顾。学生因病休学保留学籍者，原享受的助学金的生活补助照发，专业伙食补助停发。新生入学时，经检查因病休学者，不享受助学金和专业伙食补助费。

统招生入学后，1987 年前 100%享受国家供给的人民助学金，在校期间以菜票和饭票形式平均发给每个学生（一般为 10 个月，寒暑假不享受）。

1987 年后，人民助学金改称奖学金，不再平均发放。国家给学生的拨款分为专业奖学金和生活补贴费两个部分，按学生的德智体综合量化成绩分等级按月发放。一般分为五等，以班级为单位，比例为：一等 6%，二等 14%，三等 50%，四等 20%，五等 10%；金额标准为：一等 75 元，二等 60 元，三等 48 元，四等 40 元，五等 30 元。后随着国家经济的发展，金额有增加。奖学金评定程序为：首先，班主任组织班委会、团支部，根据学生德智体综合量化成绩和学校相关规定，初步评出等级，并在班上公示征求意见；其次，交系务委员会审核；最后，报学校审定后公布，按月发放。学生成绩单科第一名者或在某方面做出突出成就者，可评给单项奖学金，一次性发放。

学生在校期间，如家庭确实贫困或其他原因致贫者，学校给予规定内的贫困助学金或实物支助（被子、衣物等），一次性发放。

1997 年 7 月，青岛市教委与贵州省教委签订协议书，设立“1997 年青岛市帮扶贵州省铜仁、安顺地区大中专学生专项奖学金”，扶助安顺、铜仁地区各 40 万元，资助 1997 年由本地考入地区建设急需的专业、毕业后回本地区工作的品学兼优的中专、大专、本科特困生（家庭收入在地区贫困线及以下）。受援中专生占 60%左右，每人提供 750 元；专科生占 25%左右，每人提供 850 元；本科生占 15%左右，每人提供 1100 元。两地受到支助的特困生各有 150 人。

2002 年，全省有 30 所普通高校开展国家助学贷款工作，共有 18459 人申请，申请金额 6429. 77 万元。经办银行审批贷款人数为 12901 人，审批合同金额为 4140. 01 万元，分别为申请数的 69. 89% 和 64. 39%。贫困学生实际获得贷款人数为 12360 人，获贷金额 3478. 72 万元，分别为申请数的 66. 96%和 54. 10%，是 2001 年的 3 倍多。香港实业家计佑铭先生资助贵州品学兼优特困大学生的助学资金评审工作，从 2002 年起改由学校评选，资助对象为 2002 年贵州省籍考入省内外本科大学的品学兼优且家境贫寒的特困大学生共 80 名，每人资助 4000 元，名额分配给贵州 10 所本科院校和在省外 4 所高等学校（四川大学、中南大学、重庆大学和武汉理工大学）就读的贵州籍学生。香港（贵州）联谊会会长邓廷琮先生为资助贵州品学兼优特困大学生顺利完成学业提供教育基金，2002 年资助省内高校 18 名（贵州大学 9 名、贵州师范大学 5 名，贵州财经学院 4 名）和省外院校 8 名贵州籍学生（武汉大学 3 名、北方交通大学 3 名、吉林大学 2 名），资助金额为省内院校每人 2500 元、省外院校每人 4000 元。

2004 年，国家财政部下达贵州省 2004 年度国家奖学金 567 名指标（其中，一等奖学金名额 126 名，每人 6000 元；二等奖学金 441 名，每人 4000 元），按 2003 年在校生人数比例分给 34 所普通高校，有 567 名贫困大学生享受了国家奖学金共计 252 万元。香港实业家计佑铭先生资助贵州品学兼优特困大学生的工作，从 2000 年至 2004 年已执行了 5 年，资助对象为贵州省籍每年考入省内外本科院校的品学兼优且家境贫寒的特困大学生 80 名，每人资助 4000 元。2004 年名额配给贵州 10 所本科院校和省外 4 所高等学校（西安电子科技大学、南昌大学、哈尔滨工业大学、中国地质大学）就读的贵州籍学生。香港（贵州）联谊会会长邓廷琮先生为资助贵州品学兼优特困大学生顺利完成学业提供教育基金，从 2001 年到 2004 年已执行了 4 年，共资助贫困大学生 90 名（其中省外本科院校学生 30 名，省内本科院校学生 60 名），资助金额省外院校每人每年 4000 元，省内院校每人每年 2500 元。美国福特基金会向贵州高校赠款 20 万美元，用于高校贫困学生个人能力奖励，其中贵州师范大学 12 万美元，贵州民族学院 6 万美元，黔南民族师范学院 2 万美元。

当年，首次开展了生源地国家助学贷款工作，2156 名考取省内外大学的贫困新生获得资助，7000 多名贫困新生通过绿色通道进入高校学习；全年获得贷款的学生人数首次突破 2 万人，获得贷款学生占在校生比例为 12. 3% ；全省全年申请国家助学贷款贫困学生人数达 22338 人，申请金额达 8621. 43 万元；已审批贷款人数 21692 人，审批金额 7761. 28 万元；实际发放贷款 20560 人，发放金额达 6904. 8 万元；获财政部教育部奖励资金 1000 万元。

自开展国家助学贷款工作以来，贵州全省累计共有 58811 人次获得国家助学贷款资助达 17403. 9 万元，累计共支付省直高校国家助学贷款财政贴息资金 711 万元。

2005 年，贵州省获美国福特基金会提高高校贫困生脱困能力二期项目赠款 108 万元人民币，这是贵州省获得的第四个福特基金会教育赠款项目。“十五”期间，共获得福特基金会教育赠款项目 4 个，赠款 1015. 77 万元。

从 2005 年起，贵州省财政每年拨专项经费 600 万元设立“高等学校困难学生助学奖学专项资金”，奖励 2000 名品学兼优的贫困家庭学生；中央政府出资设立国家助学奖学金，分配给贵州省普通高等学校的国家助学金 1558 万元、国家奖学金 220 万元，共计 1778 万元。全省 33 所普通高等学校共评选出国家助学奖学金获得人选 10935 人。其中获国家助学金 10384 人，每人 1500 元；获国家奖学金 551 人，每人 4000 元。2005 年，全省共有 125 名大学生获西部助学工程资助，资助金额每人每年 5000 元。

香港实业家计佑铭先生为资助贵州籍省内外就读品学兼优特困大学生完成学业，从 2000 年至 2005 年共捐赠人民币 200 万元。2005 年资助省属 11 所本科院校和省外 4 所重点院校贵州籍品学兼优的特困新生共计 103 名，每人获 4000 元资助金，共 41. 2 万元。

省内 30 所高校按新机制全面开展国家助学贷款工作，新学期通过国家助学贷款“绿色通道”顺利入学的贫困新生 9810 人，占新生人数的 16. 3%；全省高校有 29304 名贫困生获得国家助学贷款，金额达 9664. 96 万元，获贷学生占在校生的 15. 11%，为全国最高。贵州省首批进入最后还款期的 379 名国家助学贷款毕业生清还贷款 96. 5 万元，人数还款率与资金还款率为 96. 83% 和 97. 49%，居全国首位。2005 年贵州省获财政部、教育部奖励资金 1400 万元。

2007 年，贵州省成功实现了全省普通高校国家助学贷款由商业银行发放为国家政策性银行——国家开发银行贵州省分行发放的转行工作，彻底从政策层面解决了国家助学贷款发放难的问题；管理机制上引进了河南省国家助学贷款信息管理系统，建立了全省贷款管理信息系统；建立了以贵州省教育厅为管理平台、以各高校为操作平台的国家助学贷款两级管理模式；建立了科学的国家助学贷款风险防范激励机制，从管理制度上进行了彻底改革，全省普通高校获贷人数、放贷金额再创历史新高，共 33619 人获贷 1.5 亿元。全省从开办国家助学贷款以来累计发放 5.85 亿元，共有 9.94 万人（15 万人次）受益。

同年，贵州省共有 32.72 万名家庭经济困难学生获国家助学金资助 2.64 亿元，其中普通高校共 61976 人获助 6197.6 万元，受资助面达高校在校生的 25%；首次对普通高校品学兼优的家庭经济困难学生进行国家励志奖学金资助，全省共有 7846 名学生获助 1961.5 万元；中央财政下达给贵州省普通高等学校国家奖学金 352.8 万元，用于资助普通高等学校中特别优秀的大学生，全省普通高等学校共评选出国家奖学金获奖人选 441 人，每人奖励 8000 元。

2009 年，香港省善真堂捐助贵州高校家庭经济困难学生资金 45 万元，贵州大学、贵阳中医学院、贵州民族学院共计 300 名学生受助，人均资助金额 1500 元。同年，贵州省教育厅配合省有关部门落实中央惠民政策，与省属高校签订责任书，将全省大学生纳入城镇居民基本医疗保险范围，2009 级大学新生顺利参保。①

2010 年，贵州省有 19.44 万人次的高校家庭经济困难学生获国家奖助学金和国家助学贷款资助，金额达 8.17 亿元。

同年，香港省善真堂捐资 60 万元人民币，资助贵州大学、贵州民族学院、贵阳中医学院、贵州师范学院各 100 名品学兼优的经济困难本科学生，每生受助 1500 元。

2012 年，全年各级各类资助资金达 34.97 亿元，资助学生 23821 人次。首次推行研究生、学前教育资助政策；首次实现 95%的中职学生全免费。全年共发放国家助学贷款 8.55 亿元，16 万学生受益，再创历史新高。

从 2015 年秋季学期开始，向就读普通高中、中职学校、普通高校本专科（含高职）的贵州省户籍农村建档立卡贫困户子女提供扶贫专项助学金，免（补助）学费、住宿费、教科书费等资助。是年，全省投入 53.79 亿元，资助各级各类学生 323.70 万人次，比上一年分别增加 6.63 亿元和 13.86 万人次。其中，资助高校学生 41.44 万人次，资助资金 20.64 亿元。

2016 年，制订出台了《贵州省教育精准脱贫规划方案（2016-2020 年）》，提出：第一，以学生资助兜底线、以职业教育为突破、以改善条件为基础、以提高质量为目标、以教育公平为根本，实施学生精准资助惠民计划、职业教育脱贫富民计划、办学条件扩容改善计划、教育信息化推广计划、教师队伍素质提升计划、农村和贫困地区招生倾斜计划、教育对口帮扶计划、特殊困难群体关爱计划等教育精准脱贫八大计划，建立起全领域、全学段、全覆盖的教育精准脱贫体系。第二，全省全面实施教育精准扶贫学生资助政策，助

① 《贵州年鉴》编辑部. 贵州年鉴（2010）[M]. 贵阳：贵州年鉴社，2010：353.

推全省脱贫攻坚。向就读普通高中、中职学校、普通高校本专科（含高职）的本省户籍农村建档立卡贫困户子女提供扶贫专项助学金，免（补助）学费、住宿费、教科书费等资助项目。2015~2016 学年投入资助资金 10.12 亿元，资助学生 31.70 万人。其中资助普通高中学生 18.64 万人，资金 4.89 亿元；资助中职学校学生 3.13 万人，资金 0.59 亿元；资助普通高校本专科（高职）学生 9.93 万人，资金 4.64 亿元。第三，启动实施“省属院校帮百村”精准扶贫行动。2016 年 3 月 31 日，贵州省人民政府召开“省属院校帮百村”精准扶贫行动动员部署大会，贵州省教育厅、贵州省扶贫办联合制订《“省属院校帮百村”精准扶贫行动实施方案》，推动 45 所省属院校帮扶 100 多个贫困村，推进教育、产业、科技、商贸、就业、捐助等多种形式帮扶，增强贫困村发展后劲，助推加快脱贫进程。第四，精准帮扶威宁自治县石门乡教育发展。制订《省教育厅帮扶威宁自治县石门乡教育发展工作方案》《省教育厅帮扶威宁自治县石门乡教育发展三年工作计划（2015－2017 年）》，指导编制《石门乡学校布局调整规划》，硬件软件帮扶双管齐下，项目资金根据需求单列核定、专门安排，重点倾斜、集中攻坚，全面改善办学条件，着力提升师资水平，助推石门乡教育加快发展。

2017 年，全省学生资助（含营养改善计划）资金继 2016 年突破百亿元大关后，2017 年再创新高，达到 117.96 亿元，资助学生达 919 万人次，分别比上年增加 15.5 亿元、162 万人次。其中，普通高校投入资金（含生源地信用助学贷款）43.09 亿元，资助学生 153.78 万人次。

2017 年，贵州省通过国家开发银行发放生源地信用助学贷款近 23 亿元，贷款学生近 36 万人，比 2016 年分别增加 4.5 亿元、6 万人。

2017 年，贵州省 57 个县首次实行生源地信用助学贷款电子合同，电子合同累计受理量达 21.9 万份。为推动生源地信用助学贷款的开展，在普通高校举办主题为“资助十年伴我成长践行诚信筑梦未来”的助学贷款诚信教育活动，以广播剧大赛为载体，在贵州交通广播电台播出，覆盖学生听众群体 48 万余人。

2017 年，贵州省建设教育精准扶贫系统。系统通过调用贵州省扶贫办“扶贫云”的数据接口，以扶贫部门确认的贫困人口数据为基准，与学籍数据、高考招生录取数据进行碰撞、对比及关联性分析，供校方提前掌握本校入学贫困学生名单，实现扶贫对象精准识别。系统采用饼状图、柱状图等方式直观展示贫困学生区域分布、少数民族贫困学生占比、省内外就学情况和资助资金发放等数据，全面跟踪并分析教育扶贫过程和结果，有利于进一步推进教育扶贫工作公平、科学、有序、有效开展，推进大扶贫、大数据深度融合，为教育精准扶贫提供数据与决策支持，提升教育治理能力。该系统入选教育部教育管理信息中心 2017 年教育管理信息化应用优秀案例。①

2018 年，贵州各地各校结合实际积极探索和实践“校农结合”的创新做法，先后形成了黔西南州“贫困户+合作社+配送中心+学校”模式、西秀区“贫困户+合作社+购销平台+学校”模式、贵州民族大学“菜园子直通菜篮子”模式、黔南民族师范学院“定点

① 《贵州年鉴》编辑部. 贵州年鉴（2018）[M]. 贵阳：贵州年鉴社，2018：519.

采购、产业培扶、基地建设、示范引领”模式等多种工作模式，加快助推贫困农户增收致富。花溪大学城部分高校开设贫困地区“校农结合”直销馆及线上电商销售平台，实现以销定产，进而形成线下体验、线上销售格局，有效推动农村产业结构调整。贵州省教育厅印发《关于进一步全面深化“校农结合”助推脱贫攻坚的意见》《关于做好 2018 年秋季学期“校农结合”农产品采购工作的通知》，统筹规划推进全省“校农结合”工作，重点关注深度贫困地区，不断提高本地农产品采购率。2018 年，全省学校食堂累计采购农产品 69. 82 万吨，金额 47. 25 亿元。其中采购本省贫困户生产的常用农产品 46. 09 万吨，金额 30. 32 亿元，采购贫困地区农产品量占总采购量的66%，带动省内近4000 个种植养殖基地实现创新绿色发展，促进 170 万亩土地产业结构调整，带动 10 万余户 42 万余人贫困人口增收，覆盖带动近百万群众发展生产，有力助推了贫困地区农业结构调整，加快推动农村产业革命进程，初步实现“一仗多赢”的局面。

当年，全省投入各级各类学生资助和营养改善计划资金 120. 61 亿元，比 2017 年增长 2. 65 亿元，惠及学生 908 万人次。其中，普通高校（含生源地信用助学贷款）投入资金 50. 82 亿元，资助学生 166. 19 万人。通过国家开发银行贵州分行发放生源地信用助学贷款 27. 91 亿元，贷款资助学生 41. 09 万人，比 2017 年分别增长 4. 93 亿元和 5. 17 万人。

（二）学生交费

1990 年，对新入学的本、专科学生（包括委托培养学生）、自费生实行收取学杂费的制度。主要内容为：第一，收费标准。①本专科生学杂费，每生每学年 100 元。住校生住宿费，每生每学年 20 元。对师范院校招收的师范专业学生免收学杂费和住宿费。对农学院、民族学院招收的本、专科学生和其他院校招收的定向到贵州省 31 个贫困县的定向生以及矿业、地质、石油、水利等艰苦专业中的定向生免收学杂费，但要收取住宿费。②自费生按规定交纳学杂费和住宿费外，还应交纳培养费。每生每学年，工科医科的本科生 1300 元，专科生 1100 元；农林理科、体育科类的本科生 1100 元，专科生 900 元；文科的本科生 900 元，专科生 800 元。自费生医疗费由本人自理。第二，减免。对家庭经济确有困难的学生，可以酌情减免学杂费。减免学杂费的人数，按应交费学生的 10%以内控制。减免金额，按应收费总额的 5%以内控制。减免期限为一年。期满后，应根据学生家庭经济变化情况重新确定。[①]

1992 年，贵州省对普通高等学校各项收费项目和标准进行了调整：第一，学杂费。不分学校、科类，每生每学年为 200 ~ 300 元。由学校确定。第二，住宿费。在每生每学年 60 元的标准范围内，由学校确定。第三，自费生培养费。按本科生每生每学年 1500 ~ 2000 元，专科生 1000 ~ 1500 元的幅度，由学校确定。第四，委托培养生培养费。按每生每学年本科生 2000 ~ 2500 元、专科生 1500 ~ 2000 元的幅度，由学校确定。自费生和委培生交培养费后，不再交纳学杂费。第五，函授、夜大学学生费用。①学费。理工农医类：函授 300 元；夜大学 400 元；文法财经类：函授 200 元，夜大学 300 元。②实验实习费。理工

① 《贵州年鉴》编辑部. 贵州年鉴（1989）[M]. 贵阳：贵州年鉴社，1989：470.

农医类 150 元；文法财经类 100 元。第六，成人高等学校培养费，在每生每学年 1200~1500 元的幅度内，由学校确定。

2002 年，贵州省物价局、贵州省教育厅、贵州省财政厅制定了《贵州省高等学校学生公寓收费管理办法》。该办法根据全省经济发展水平及学生承受能力，按照补偿公寓合理成本，体现按质论价的原则，分别对不同类型的学生公寓核定了相应档次的住宿费标准，最高档次为每生每学年 1200 元。①

2014 年，贵州省发改委、贵州省财政厅、贵州省教育厅联合下发《关于调整我省普通高等学校学费标准等有关事项的通知》，对全省本专科专业学费标准进行规范和调整，规定一般本科专业平均学费标准 4170 元，一般高职高专学费标准 3500 元。完成各高校学费标准的备案工作，并于 2014 年秋季学期起实施新收费标准。按规定，放开民办高等学校收费标准。

2016 年，贵州省发改委、贵州省财政厅、贵州省教育厅联合印发《关于印发贵州省高等学校学生公寓收费管理办法的通知》，制定贵州省高等学校各类学生公寓收费的最高标准，规范了学生公寓收费的审批、公示等程序，进一步完善贵州省高等学校学生公寓收费管理。同年 6 月 12 日，贵州省发改委、贵州省财政厅、贵州省教育厅联合印发《关于规范高等学校自费来华留学生收费事宜的通知》，明确贵州省高等学校自费来华留学生的收费项目及标准等，规范全省高等学校自费来华留学生收费事宜。同年 9 月 14 日，贵州省发改委、贵州省财政厅、贵州省教育厅联合印发《关于在我省部分高校开展学分制收费试点的通知》，正式在贵州大学、贵州工程应用技术学院、遵义师范学院三所普通高校试点学分制收费工作，推动实施部分高校学分制收费试点。

（三）学生奖惩

所有在校学生，成绩和表现优秀者有资格参与评选当年的国家奖学金、国家励志奖学金和学校设置的各类奖学金，并有资格参评当年省、市、校、系五个级别的三好生、优秀学生干部，省、市、校、系五个级别的团组织优秀团员、优秀团干，全省高校、本校三个级别的优秀大学毕业生。

2018 年，贵州省共评选表彰普通高等学校优秀毕业生 5145 人、普通高等学校三好学生 1448 名、优秀学生干部 512 名、先进班集体 226 个，还出版了《追逐梦想 2018 · 贵州省百名优秀大学毕业生选编》。

学生在校期间，如果有不遵守国家法律法令、校规校纪、打架斗殴、酗酒闹事等，有违法乱纪行为，或学习不努力、成绩不合格者，学校严格以国家《大学生学籍管理条例》与贵州省及学校的有关规定依法进行处罚。处罚分为开除学籍、留校察看、记过、严重警告、警告，其处罚决定文件归入学生档案。学校对受处罚的学生，在毕业时依《大学生管理条例》之规条决定是否颁给毕业证书或肄业证书。

---

① 《贵州年鉴》编辑部. 贵州年鉴（2003）[M]. 贵阳：贵州年鉴社，2003：368-369.

五、学生活动与校园文化

改革开放后，贵州高等学校高度重视精神文明建设，成立了精神文明领导小组，利用学校广播、校报、墙报、宣传栏、专题讲座等形式，开展社会主义、集体主义、爱国主义和树立科学的世界观、人生观、价值观，对学生进行精神文明宣传教育，使学生有一个相对安静的学习环境。为促进学生的身心健康发展，各高校一般每年皆要举办校运会、篮球、排球、足球、羽毛球、乒乓球、越野、棋牌、文艺、绘画、歌咏、郊游、参观考察等活动及比赛，以丰富大学生生活，增加学生体质，提高社会实践能力。

1988 年，贵州省委宣传部、省教委、团省委于暑期联合举办大学生“省情与改革”社会实践调查征文活动。全省 10 多所大专院校近万名师生深入基层、深入农业生产第一线进行社会调查，写出 1000 余份调查报告。经评选，贵州农学院和贵州师范大学获征文活动先进集体，40 余名学生获奖，部分获奖调查报告刊载于 1988 年 10 月 19 日的《贵州日报》①。

贵州高校校园文化建设肇起于 1990 年的铜仁师范高等专科学校校园文化。铜仁师范高等专科学校在多年的校园文化建设中逐步形成了具有特色的校园文化建设基本理论和实践模式，并在理论与实践结合中产生了明显成效，在领导与群众结合、理论与实践结合（“两结合”）探索过程中，校园文化逐步形成了“一个目标、一个核心、六项任务、五项原则、三个为主”的理论构架和实践模式。“一个目标”是指开阔视野，扩充知识，增长才干。这是校长牧邦喆根据学校的师范性质和培养“合格+特长”人才目标，与校园文化建设实践总结得出来的，得到全校师生的认可。“一个核心”是指培养“团结、勤奋、求实、创新”的校园精神，树立良好校风和学风。“六项内容”是指思想、职业、学术、环境、社团、休闲六大文化建设。“五项原则”是指坚持校园文化的广义性、思想性、师范性、学术性、趣味性，故又称“五性原则”。“五项原则”是校园文化的规范，是校园文化始终沿着正确的道路健康发展的保证。“三个为主”是指坚持在学校党委和行政领导下以工会和团委为主；校园文化建设的活动形式，坚持以社团活动为主；校园文化建设的具体实施，坚持以学生为主体。

1991 年 5 月 3 日，贵州省委宣传部、省高校工委、省教委、团省委主办，团省委、省学联承办的“贵州省首届大学生校园文化活动月”开幕式暨大型集体舞蹈比赛，在贵州体育馆举行。各界青年 6000 余人参加开幕式，省属 12 所高校千余名学生表演大型集体舞蹈。同年，贵州省大学生女子队，在首届全国大学生“应氏杯”围棋赛上获团体第三名②。

1992 年 12 月 9 日，贵州省教委召开全省教育工作总结与表彰会。会上向获国家级与省级高等学校体育课程评估优秀学校、全国高校学生军训工作先进单位和在全国中

① 贵州省地方志编纂委员会. 贵州省志（1978-2010）·教育［M］. 贵阳：贵州人民出版社，2017：26.

② 贵州省地方志编纂委员会. 贵州省志（1978-2010）·教育［M］. 贵阳：贵州人民出版社，2017：32.

学生田径运动会、全国大学应氏杯围棋赛、全国第四届大学生运动会中为贵州争得荣誉的教练员、运动员，以及45年教龄的全国优秀体育教师杜化居教授和宋国栋教授颁奖。[①]

1993年6月13日，贵阳市万余名大、中、小学生及教师在六广门体育场参加支持北京申办奥运大型集会，会后进行万人跑步活动。[②]

1994年5月1日至4日，贵州省大学生田径运动会在贵州农学院举行。19所高校28支代表531名运动员参加比赛[③]。同年7月18日至27日，贵州省代表队在第四届全国大学生“应氏杯”围棋赛上，男女队均获团体亚军，贵州大学刘鲲鹏获男子个人第二名[④]。

1995年8月，贵州省代表队在第五届全国大学生“应氏杯”围棋赛上，女队获集体第二名，男队集体第四名，贵州大学刘鲲鹏获男子个人第一名，胡枷获女子个人第五名[⑤]。

1996年，在国家教委组织的首届大学生文艺汇演中，贵州选送的两个节目获三等奖和优秀创作奖。[⑥]

1997年7月，派出6名队员赴上海复旦大学参加第七届全国大学生“应氏杯”围棋赛，贵州省代表队获女子团体第三名，男子团体第四名。[⑦] 同年，为鼓励先进，提高学校体育运动竞技水平，贵州省教委表彰参加1996年第五届全国大学生运动会、1997年第七届全国大学生“应氏杯”围棋赛取得优秀成绩的集体和个人。授予贵州财经学院“课余体育训练先进单位”称号，授予贵州财经学院陈云集、贵阳医学院杨嘉鸿、贵州工业大学龙后超等教师“学校课余体育训练优秀教练员”称号。[⑧]

1998年11月28日，贵州省教委、省体委、省广播电视厅、共青团省委联合举办“为祖国而锻炼，健康地奔向21世纪”为主题的象征性长跑活动在贵州大学举办启动仪式。贵州省委、省政府、省政协及四家主办单位的领导和万余名大中小学生代表参加启动仪式[⑨]。同年7月，贵州省代表队在第八届全国大学生“应氏杯”围棋赛上，男女队均获集体第四名[⑩]。

1999年5月，在贵州大学举行十八届全省大学生田径运动会，设39个比赛项，共有16所高校、361名运动员参加。毕节师范高等专科学校、遵义医学院、贵州大学分别获团体总分前三名。[⑪] 同年，贵州省教委、省委宣传部、省文化厅、省广电厅、团省委联合举办“99贵州省大学生艺术节”。各高校数万名大学生开展了系列讲座、文艺汇演、黑板报、书画摄影作品展等多种形式的艺术活动。9月30日，贵州省教委组织了大学生艺术节

① 贵州省地方志编纂委员会. 贵州省志（1978-2010）·教育［M］. 贵阳：贵州人民出版社，2017：34.

② 贵州省地方志编纂委员会. 贵州省志（1978-2010）·教育［M］. 贵阳：贵州人民出版社，2017：35.

③④ 贵州省地方志编纂委员会. 贵州省志（1978-2010）·教育［M］. 贵阳：贵州人民出版社，2017：37.

⑤ 贵州省地方志编纂委员会. 贵州省志（1978-2010）·教育［M］. 贵阳：贵州人民出版社，2017：39.

⑥《贵州年鉴》编辑部. 贵州年鉴（2001）［M］. 贵阳：贵州年鉴社，2001：341.

⑦⑧《贵州年鉴》编辑部. 贵州年鉴（1988）［M］. 贵阳：贵州年鉴社，1998：428.

⑨ 贵州省地方志编纂委员会. 贵州省志（1978-2010）·教育［M］. 贵阳：贵州人民出版社，2017：42-43.

⑩ 贵州省地方志编纂委员会. 贵州省志（1978-2010）·教育［M］. 贵阳：贵州人民出版社，2017：42.

⑪《贵州年鉴》编辑部. 贵州年鉴（2000）［M］. 贵阳：贵州年鉴社，2000：359.

文艺演出。艺术节期间，还举办了大学生书画展。[①] 10月，教育部、国家体育总局召开“全国学校体育卫生工作经验交流会”，贵州黔南民族师范高等专科学校体育系等11个先进集体及郝菊等14名先进个人在会上受到表彰[②]。

2000年5月19日至21日，全省大学生中长跑、竞走比赛在贵州大学举行，8个学校组队参赛，贵州师范大学、毕节师范高等专科学校、贵州大学分别获团体前三名[③]。同年9月3日至11日，贵州省组队参加第六届全国大学生运动会田径和武术项目比赛，田径队夺得3分。遵义医学院和毕节师范高等专科学校被评为贯彻《学校体育工作条例》优秀学校，受到教育部表彰[④]。

2001年4月，贵州省委宣传部、省教育厅、省文化厅、省广播电视局、团省委在贵州省高等学校开展为期2个月的大学生艺术歌曲演唱比赛活动。[⑤]

2000年12月，贵州知识产权局、贵州省教育厅、《贵州日报》社联合举办了贵州省首届“大自然杯”专利知识竞赛活动。贵阳医学院、贵州大学、贵州工业大学、贵州师范大学、贵阳中医学院、遵义医学院、贵州财经学院、贵州民族学院、贵州商业专科学校9所高校的大学生和科技管理人员5000余人参加竞赛，成为本届竞赛的主体，并在215名获奖者中占一半以上。[⑥]

是年，贵州省10所高校30个队参加全国“2000网易杯全国大学生数学建模竞赛”，贵州赛区按照全国统一时间于9月26日至29日在各赛点举行。按照全国组委会的评奖标准，依据贵州省教育厅高教处、赛区组委会共同制定的《数学建模竞资贵州赛区评奖原则》，赛区组委会组织专家组对参赛论文进行评阅，共评出贵州赛区一等奖5名，二等奖6名，成功参赛奖17名。全国组委会还评出贵州赛区获全国二等奖2名。[⑦]

当年，贵州省全面推行大、中、小学生《体育合格标准》，并制定了验收制度，以保证学生每天1小时的体育活动时间。[⑧]

2001年，贵州省委宣传部、贵州省教育厅、贵州省文化厅、贵州省广播电视局、贵州团省委根据上级有关精神，于2001年4~6月在贵州省高等学校开展了大学生艺术歌曲演唱比赛活动，并于6月26日举行了“美的旋律献给党”——庆祝建党80周年贵州省大学生艺术歌曲演唱比赛颁奖晚会。贵阳医学院、贵州财经学院和贵州大学分别获业余组、专业组优秀大合唱奖；贵州大学、贵州师范大学和贵州财经学院、贵州工业大学分别获全国决赛专业组、业余组三等奖。[⑨]

2002年，根据全国大学生数学建模竞赛组委会的要求，贵州省教育厅和贵州省数学学会组织在普通高等院校中开展大学生数学建模竞赛。此次竞赛参赛队达80余个，并实现了全国一等奖零的突破。

---

① 《贵州年鉴》编辑部. 贵州年鉴（2000）[M]. 贵阳：贵州年鉴社，2000：359.
② 贵州省地方志编纂委员会. 贵州省志（1978-2010）·教育[M]. 贵阳：贵州人民出版社，2017：44.
③④ 贵州省地方志编纂委员会. 贵州省志（1978-2010）·教育[M]. 贵阳：贵州人民出版社，2017：45.
⑤ 贵州省地方志编纂委员会. 贵州省志（1978-2010）·教育[M]. 贵阳：贵州人民出版社，2017：46.
⑥⑦ 《贵州年鉴》编辑部. 贵州年鉴（2001）[M]. 贵阳：贵州年鉴社，2001：332.
⑧ 《贵州年鉴》编辑部. 贵州年鉴（2001）[M]. 贵阳：贵州年鉴社，2001：340-341.
⑨ 《贵州年鉴》编辑部. 贵州年鉴（2002）[M]. 贵阳：贵州年鉴社，2002：339.

2004 年 3~11 月，贵州省教育厅举办“首届大、中、小学生合唱节”，在全省各级各类学校开展学生合唱活动①。同年 8 月 26 日至 9 月 6 日，贵州组队参加全国第七届大学生运动会。在田径、武术、定向越野、健美操等项目比赛中，获定向越野团体总分第七名、三级跳远第七名；选送的 12 篇高校体育科研论文有 3 篇获优秀奖。②

是年 11 月，贵州省社会治安综合治理委员会、贵州省教育厅、贵州省公安厅联合印发《关于深入开展安全文明校园创建活动的实施意见》，明确了全省安全文明校园创建活动的总体目标，并围绕创建活动的主要内容、组织领导与协调配合、工作原则及要求、创建活动检查验收和评比表彰等内容，对安全文明校园创建活动涉及的相关工作提出了意见，推动全省安全文明校园创建活动全面开展。③

2005 年，贵州省教育厅组织开展贵州省第一届大学生艺术展演。展演期间与贵州省文联、贵州省戏剧家协会、贵州省朗诵协会等单位联合举办“弘扬民族精神、肩负神圣使命”文化系列之“青春五月花”名篇名段校园行活动。在全国展演活动中，贵州省教育厅荣获教育部全国第一届大学生艺术展演活动组织奖，贵州师范大学、贵州大学、贵阳医学院、铜仁师范高等专科学校、毕节学院获教育部全国第一届大学生艺术展演活动学校优秀组织奖；选送作品获得一等奖 7 个，二等奖 22 个，三等奖 32 个。④

2006 年 2 月 10 日，贵州省大学生运动会在贵阳举行。运动会设田径、游泳、篮球、排球、足球、乒乓球、羽毛球、武术、健美操、定向越野、跆拳道 11 个大项、147 年小项，共 19 个代表队（41 所高校）的 3680 名运动员、教练员、裁判员参加。⑤ 同年 5 月，贵州省教育厅、贵州省委教育工委举办“多彩贵州 · 闪亮青春”联通新势力 2006 年全省大学生校园文化活动月。⑥

2008 年，贵州省组队参加由教育部主办的全国第二届大学生艺术展演活动，在此次活动中贵州共获得各类奖项 82 个，其中艺术作品奖 30 个，艺术表演奖 9 个，优秀组织奖 6 个，校长风采奖 15 个，科技论文奖 22 个。贵州大学艺术学院的群舞《水姑娘》被选入南京参加现场展演，并获得艺术表演类舞蹈节目现场展演专业组一等奖。

2010 年 7 月 18 日至 8 月 9 日，贵州省举办大学生运动会。运动会设田径、游泳、篮球、排球、足球、乒乓球、羽毛球、武术、健美操等 12 个大项、178 个小项。全省 39 所普通高校均组团参赛，运动员达 4000 多人。其间，还举办了教育科学论文报告会、体育摄影比赛和大学生体育征文比赛。⑦

同年 9~12 月，贵州省教育厅、体育局、卫生厅、科技厅、财政厅等厅委（局）分别在贵阳、黔南、黔东南、黔西南、铜仁、毕节 6 个市（州、地）和贵州大学、贵州师范大学、贵阳医学院等高校进行第六次全省学生体质健康调研工作，完成 2.2 万名汉族、苗

---

①② 贵州省地方志编纂委员会. 贵州省志（1978-2010）· 教育［M］. 贵阳：贵州人民出版社，2017：52.

③《贵州年鉴》编辑部. 贵州年鉴（2005）［M］. 贵阳：贵州年鉴社，2005：280.

④《贵州年鉴》编辑部. 贵州年鉴（2006）［M］. 贵阳：贵州年鉴社，2006：293.

⑤⑥ 贵州省地方志编纂委员会. 贵州省志（1978-2010）· 教育［M］. 贵阳：贵州人民出版社，2017：54.

⑦ 贵州省地方志编纂委员会. 贵州省志（1978-2010）· 教育［M］. 贵阳：贵州人民出版社，2017：60.

族、侗族、布依族、水族学生的体质健康状况检测。①

2013 年，贵州省积极开展广告艺术、电子设计、工业设计、机械创新、创新论坛等 8 项大学生学科竞赛活动，锻炼和培养学生的创新实践能力和团队协作精神。②

2015 年，加强大学生艺术文化培养。贵州省教育厅组团赴天津参加全国第四届大学生艺术展演，由于活动组织得力，贵州省教育厅获教育部颁发的优秀组织奖；组织高雅艺术进校园活动，完成中央歌剧院、国家话剧院在贵州省高校的 8 场演出，邀请专家到贵州 6 所高校讲学；启动全省高校新校区建设摄影活动，选派专家到各地拍摄新校区建设成就。③

2015 年，举办开展第十届“多彩校园 · 闪亮青春”大学生校园文化活动月，围绕“加快建设社会主义法治国家、培育和弘扬社会主义核心价值观、传承中华优秀传统文化”等主题，组织开展了感动校园 10 大人物、《宪法》知识竞赛、爱国主义经典名篇吟唱巡演等 11 个方面的活动。全省高校共开展各类活动 4000 余场（次），参与师生 200 多万人（次），各校平均参与率超过 90%。配合中国人民抗日战争暨世界反法西斯战争胜利 70 周年纪念活动，打造“我只有一个中国——民族存亡关头的爱国主义经典名篇吟唱”晚会，将社会主义核心价值观宣传、爱国主义教育、优秀传统文化教育和高雅文化进校园等内容有机结合，并在省直高校巡演，深受师生喜欢，在社会上得到了赞誉。本次活动评选了贵阳医学院校史馆等 8 个“贵州省优秀校园文化育人基地”、凯里学院合唱团等 7 个“贵州省优秀校园文艺团队”称号以及“贵州省优秀校园文化活动”一、二、三等奖及优秀奖。组织贵州大学、贵州师范大学艺术学院参加 2015“多彩贵州”纪念中国人民抗日战争暨世界反法西斯战争胜利 70 周年合唱大赛，贵州大学获比赛奖一等奖，贵州师范大学获比赛奖三等奖，贵州省教育厅（贵州省教育委）获组织奖三等奖。④

同年，开展知识产权进校园活动，组织高校约 2800 名大学生参加全国知识产权主题竞赛活动。⑤

2016 年，贵州省开展第十一届“多彩校园 · 闪亮青春”校园文化月活动。校园文化活动月围绕庆祝建党 95 周年和纪念长征胜利 80 周年、培育和践行社会主义核心价值观、传承中华优秀传统文化等主题，以丰富多彩的形式，展现当代大学生健康向上、立志成才的精神面貌和青春风采。组织开展了庆祝建党 95 周年和纪念长征胜利 80 周年知识竞赛（含抢答赛和网络知识竞赛），“文明在行动”征文、演讲比赛，贵州省民族山寨风景写生创作大赛，贵州省高校广播台（站）特色（经典）栏目评比，“十佳社团”评选，校园心理情景剧大赛，大学生民族旅游形象大使评选 9 项主体活动。在这次文化活动月中，各高校共提交稿件（作品）3 万余件，举办活动 2000 余场（次），参赛选手达到 60 万余人次。活动中，在学校推荐、专家评审和公示的基础上，评选了 5 个“贵州省优秀校园文化育人

① 贵州省地方志编纂委员会. 贵州省志（1978-2010）· 教育［M］. 贵阳：贵州人民出版社，2017：61.
② 《贵州年鉴》编辑部. 贵州年鉴（2014）［M］. 贵阳：贵州年鉴社，2014：352.
③ 《贵州年鉴》编辑部. 贵州年鉴（2016）［M］. 贵阳：贵州年鉴社，2016：482.
④ 《贵州年鉴》编辑部. 贵州年鉴（2016）［M］. 贵阳：贵州年鉴社，2016：492.
⑤ 《贵州年鉴》编辑部. 贵州年鉴（2017）［M］. 贵阳：贵州年鉴社，2017：515.

基地”：贵州大学校史陈列馆、贵州医科大学生命科学馆、六盘水师范学院校史馆、贵州省林业学校生态纪念馆、贵阳市第三中学《图说贵阳》展馆；10 个“贵州省优秀校园文艺团队”：贵州民族大学歌舞团、贵阳学院大学生艺术团、黔南民族师范学院墨焰话剧社、安顺职业技术学院大学生艺术团、务川中学校园艺术团、丹寨民族高级中学云上民族艺术团、望谟民族中学“丢糖包”表演队、花溪区第四小学彝族歌舞艺术团、义龙试验区顶效铁路小学校园龙狮队、台江县城关三小文艺团队；35 项活动分获“贵州省优秀校园文化活动”一、二、三等奖。同时还对第二届优秀校园文化育人基地贵州师范大学、贵州医科大学、贵州工程应用技术学院、贵州交通职业技术学院、凯里四中进行了复查。[①]

是年，贵州省教育厅联合贵州省体育局、贵州省卫生计生委、贵州省民宗委、贵州省科技厅、贵州省财政厅于 2014 年起开展全省学生体质与健康调研工作，共完成汉族、苗族、布依族、水族 20800 名学生的体质与健康调研样本分析，正式发布《贵州省学生体质与健康调研结果公告》，为监测全省学生体质健康状况提供了可靠依据。[②]

当年 5 月，邀请教育部艺术教育委员会委员兼副秘书长郭声健教授到贵州师范学院、贵州师范大学、贵州财经大学讲学，邀请第二炮兵政治部文工团创作室朱践为副主任到贵州大学、贵阳学院、贵州民族大学讲学；6 月，组织中央民族歌舞团到贵州民族大学、贵州医科大学、贵州广播电视大学、安顺学院演出；12 月组织中央芭蕾舞团到贵阳中医学院、贵阳幼儿师范高等专科学校、贵州工程应用技术学院、遵义师范学院演出。[③]

2016 年 12 月 30 日，贵州省人民政府办公厅印发《关于全面加强和改进学校美育工作的实施意见》，实施意见总结了“十二五”期间全省学校美育工作的经验，对下一步学校美育工作全方位进行部署，尤其是对各地配齐师资、开足课程、教育部门配备专门人员、地方政府加大投入等方面进行了明确要求，把推进学生乐团建设、开展高雅艺术进校园活动等促进学校美育工作的有效措施进行了固化。

2017 年，举办全省第十二届“多彩校园 · 闪亮青春”校园文化月活动。此次校园文化月活动以“关注党的十九大，深入学习贯彻习近平总书记系列重要讲话精神和治国理政新理念新思路新战略”为主题，开展了 16 个全省性的活动，累计吸引了全省大学生 260 余万人次参与，共评选出先进集体 22 个，先进个人 46 名；各分项活动共评选出先进单位 210 个、先进个人 736 人次。活动有五大特点：一是“时”，体现时代特征；二是“新”，充分发挥“互联网+”的新思维、新手段；三是“活”，紧贴学生，活动鲜活；四是“丰”，活动丰富多彩，彰显各校特色；五是“长”，突破了原来“一个月”的时间概念，从年初至年尾，历时近一年。

是年，贵州省高校组团参加第十三届全国学生运动会，贵州代表团共获 3 枚铜牌，3 个第四名，1 个第五名，4 个第六名，3 个第七名，8 个第八名，取得总分 63 分，创历届最好成绩。[④] 同年 5 月 5 日，举办“建行杯”贵州省第三届“互联网+”大学生创新创业

① 《贵州年鉴》编辑部. 贵州年鉴（2017）[M]. 贵阳：贵州年鉴社，2017：503-504.
② 《贵州年鉴》编辑部. 贵州年鉴（2017）[M]. 贵阳：贵州年鉴社，2017：501.
③ 《贵州年鉴》编辑部. 贵州年鉴（2017）[M]. 贵阳：贵州年鉴社，2017：502.
④ 《贵州年鉴》编辑部. 贵州年鉴（2018）[M]. 贵阳：贵州年鉴社，2018：517.

大赛启动会议暨高校大学生创新创业类优秀作品展。本次活动共遴选出省赛金奖 4 项、银奖 8 项、铜奖 12 项，获国赛银奖 1 项、铜奖 9 项。

2016 年 11 月至 2017 年 12 月，举办全省第五届大学生艺术展演。本届活动以“理想与信念”为主题，坚持立德树人，以社会主义核心价值观为导向，以学校为基础，面向全省高校学生，共收到全省高校报来艺术表演类节目、艺术作品类作品、艺术实践工作坊和艺术教育科研论文 1100 余件；组织高雅艺术进校园活动，接待高雅艺术进校园活动国家级演出 8 场，组织省级演出 13 场，接待全国艺术教育专家讲学团赴贵州高校讲学 7 场，贵州大学、贵州建设职业技术学院等高校和贵阳市教育局等教育行政部门，邀请专业院团在本地本校开展高雅艺术进校园活动；开展戏曲进校园工作，与贵州省委宣传部等 6 家单位联合印发《贵州省“戏曲进校园”工作落实方案》，安排省级演出 13 场；组织申报中华优秀文化艺术传承学校，遴选出贵州大学附属中学等 30 所学校推荐至教育部参加评审；与省文明办、多彩贵州文产集团联合举办“多彩贵州 · 多彩的你”贵州素质教育成果展，共收到来自全省各地优秀作品 5021 件，其中有效作品 3786 件。①

2018 年，贵州举办第十三届“多彩校园 · 闪亮青春”大学生校园文化活动月。此次活动覆盖全省 70 所高校，近 43 万师生参与本次活动，参与率超过 60%。共开展“青春思辨 · 低碳发展”全省大学生辩论赛、“新时代 · 青年说”60 秒微视频演讲大赛、“请抬头——听我来讲思政课”全省大学生讲思政课风采展示大赛等 18 个分项目。经过各高校初赛，共有近 15 万师生进入省级复赛和决赛。在各项活动的开展中，根据学生的展现情况和学校的组织情况，评选出最佳风采奖、最佳创意奖、最佳原创奖、最有潜力奖、最受观众喜爱奖、最具特色奖、优秀组织奖等多种奖项，评选出先进集体 10~15 个，表彰在活动中表现特别突出的教师 40 余名。

是年，举办“建行杯”贵州省“互联网+”大学生创新创业成果展暨创新创业教育教学改革总结会、2018 年“互联网+”大学生创新创业大赛启动仪式，总结交流贵州“互联网+”大学生创新创业大赛经验，展示历届大赛优秀成果。举办贵州省“青年红色筑梦之旅”活动的启动仪式，以“科技小分队”“健康小分队”“教育小分队”“法治小分队”“十九大宣讲小分队”等形式，走进遵义革命老区、农村地区，接受思想洗礼学习革命精神、传承红色基因，将高校的智力技术和项目资源辐射到广大农村地区，推动创新创业教育与思想政治教育相融合，创新创业实践与乡村振兴战略精准扶贫脱贫相结合。

是年 6 月 20 日至 24 日，贵州省大学生运动会在贵州医科大学南校区体育馆举行。运动会由贵州大学、贵州师范大学、贵州医科大学、贵州理工学院、贵州建设职业技术学院、贵州工业职业技术学院、贵州装备制造职业学院 9 所高校承办，贵州省学生体育协会协办。运动会设田径、篮球、足球乒乓球、羽毛球 5 个大项，分甲、乙两个组别，共有 65 所高校的 4500 余名运动员参加比赛。

---

①《贵州年鉴》编辑部. 贵州年鉴（2018）[M]. 贵阳：贵州年鉴社，2018：517.

六、毕业与就业

（一）证书与学历学籍

1977 年，贵州恢复高考后，根据《中华人民共和国学位条例暂行实施办法》，学生在校期间完成了规定的学习课程，德、智、体合格且没有重大错误和不良表现者，分别颁发毕业证书和学士学位证书；专科只发毕业证书，不授学位。学士学位证书的格式由教育部制定。贵州首届本科毕业生于 1981 年毕业，各高校为毕业生颁发了毕业证书和学位证书。

1984 年，教育部、国务院学位委员会联合发出《关于实行高等学校本科毕业生与学士学位合一证书和通知》，教育部不再统一负责制毕业证书，全国各高校均使用各校新设计的证书，于 1985 届毕业生毕业时使用。

1988 年，贵州省教委、贵州省招生委员会联合发出的《关于加强各类高等学校颁发毕业证书管理和对毕业证书实行验印制通知》规定，经国家教委和贵州省政府批准建立的高等学校，经国家批准招生的专业，列入国家年度招生计划，参加全省统一考试，经贵州省招生委员会批准，由学校录取，具有正式学籍以及完成教学计划，德、智、体考核合格，准予毕业的高等学校毕业生，可以由各高校颁发毕业证书，加盖“贵州省高等学校毕业证书验印专用章”钢印，国家承认其学历。不具备上述条件者，一律不得颁发高等学校毕业证书，更不得加盖验印章，国家不承认其学历。是年，全省各类高等学校毕业证书实行验印制，由贵州省教委统一验印。

1989 年，全省 23 所普通高等学校报验 7494 份毕业证书（含成人高教 711 份），通过验印 7469 份（含成人高教 704 份），未通过 25 份（含成人高教 7 份）。验印制的实行，有效地制止了滥发文凭，促进了教学质量的提高，维护了高等学校的声誉。①

1991 年，国家教委、国务院学位委员会联会发出《关于全国高等学校本科毕业证书与学士学位证书分开制发的通知》，但规定毕业证书仍由各高校自行印制。

1993 年，教育部颁发《普通高等教育学历证书管理暂行规定》及其实施细则。规定全国高校、电视大学普通毕（结）业学生，统一使用由国家教育委员会制作的学历文凭，分毕业证书和结业证书两种，含博士、硕士、本科、专科、电大普通班五类学生；学历文凭需经省级教育行政部门验印后，国家才承认其学历。

2001 年，教育部制定《高等教育学历证书电子注册管理暂行规定》，从 2001 届毕业生开始，实行学历证书电子注册，高等教育学历证书注册工作由国家、省（自治区、直辖市）、学校或其他教育机构三级管理，教育部授权各省、自治区、直辖市教育行政部门实施学历证书注册工作。高校或其他教育机构负责印制、填写、颁发毕（结）业证书，毕（结）业证书号即为注册号，使用阿拉伯数字，统一规范为 17 位。教育部对经注册的证书进行审核、备案，经审核、备案后的学历证书国家方予承认和保护。根据教育部的统一部

---

① 《贵州年鉴》编辑部. 贵州年鉴（1990）[M]. 贵阳：贵州年鉴社，1990：448.

署，贵州从2001年起停止实施高等教育学历证书验证、验印制度，改为统一执行教育部规定的高等教育学历证书电子注册制度。贵州省教育厅对24所普通高校（培养单位）毕业的博士生6人、硕士生221人、本科生5599人、专科生9294人，以及26所成人高校本科生1199人、专科生13931人进行了学历证书电子注册。贵州省2001届高等教育毕业生的毕（结）业情况已进入国家高等教育学历证书电子档案数据库运转。当年12月20日，教育部公布了“中国大学生网”网址，高等教育毕业生学历信息可供社会查询。①

2002年，贵州省教育厅建立学历证书认定制度，明确学历证书认定程序，规范学历文凭认定工作，使用专门的“学历文凭查验证明书”，启用“贵州省教育厅学籍学历管理专用章”。

是年9月，贵州毕业生就业信息网初步建成，该网立足贵州，面向全国，为高校、毕业生和用人单位牵线搭桥，努力疏通毕业生就业供需渠道。网站信息主要内容有：毕业生就业方针政策，贵州培养的研究生、本专科生和中专毕业生数据，用人单位需求信息，各校各专业毕业生就业状况，毕业生就业指导和服务以及毕业生档案和学历查询等。②

2007年，教育部颁发《全国高校新生学籍电子注册暂行办法》，从是年新生开始，实行新生学籍电子注册制度。学籍电子注册与学历证书电子注册相衔接，经过学籍电子注册的学生获得的毕业证书才能进行学历证书电子注册。

2008年，教育部印发《关于全国高校学生学年电子注册的通知》，从2008年开始，加强对高校本、专科学生学籍变动如转学、转专业、休学、复学、跳级、留级、降级、重修、退学、死亡、取消学籍等管理。

2010年，新生学籍注册对象扩大到普通高等教育研究生。

2011年，全省共完成普通、成人高等教育毕业生学历证书电子注册113174人。普通高等教育共计87255人，其中博士研究生42人，硕士研究生3242人，本科毕业生38076人，专科（高职）毕业生45895人；成人高等教育共25919人，其中本科毕业生15021人，专科毕业生10898人；在校普通本专科生344100人；新生网上查询率达到了100%。

2012年，按照教育部统一部署，贵州省学位办对全省独立学院学士学位授予单位和专业开展评审，全省8所独立学院均顺利通过评审，首次独立颁发学士学位证，2012届毕业生共10217人。③

（二）就业

1977年，按国务院规定，贵州省高校毕业生实行国家统一分配政策。20世纪80年代，贵州采取毕业分配计划由上而下的办法制定。

1981年，贵州实行“统一计划，综合平衡”的分配制度，根据贵州省情编制毕业生分配计划时要做到“统筹安排，合理分配”，即重点分配轻纺、农林、能源、交通运输、

① 《贵州年鉴》编辑部．贵州年鉴（2002）［M］．贵阳：贵州年鉴社，2002：329．
② 《贵州年鉴》编辑部．贵州年鉴（2003）［M］．贵阳：贵州年鉴社，2003：380．
③ 《贵州年鉴》编辑部．贵州年鉴（2013）［M］．贵阳：贵州年鉴社，2013：373．

建工、建材、高等院校、重点中小学、重点科研单位以及专业人才比较薄弱的部门和地区，着重加强基层，充实第一线；贯彻专业对口、学用一致的原则进行分配。为了鼓励毕业生到集体所有制单位就业，凡分配到集体所有制单位的毕业生，应按国家干部管理，其工资待遇不得低于国家规定的毕业生工作待遇。对不能毕业的结业生，回到入学前所在地区分配部门安排适当工作，其工作待遇比国家规定的普通高校毕业生工资标准低一级。同时，强调毕业要自觉服从国家分配，到艰苦的地方去，到祖国最需要的地方去。

1982 年，贵州省提出五点分配要求：一是对生产第一线，特别是农业和轻纺工业的科技力量和专业人才，要尽可能予以加强，要动员和鼓励毕业生到生产第一线去工作；二是要注意安排农业生产和农村建设需要的科技力量和专业人才；三是对边远地区、少数民族地区和经济文化发展较慢的地区，应尽可能多分配一些毕业生；四是根据需要分配一定数量的毕业生到集体所有制单位；五是师范毕业生必须分配到教育战线。

从 1983 年开始，贵阳医学院附属医院、贵阳中医学院第一附属医院和第二附属医院、遵义医学院附属医院、贵州省人民医院、贵州省防疫站 6 个单位实行“优才优分”试点，即学校在分配毕业生时，必须将品学兼优的毕业生分到上述单位，确保上述单位教学与科研的需要；同时，对省外重点院校分来贵州的毕业生，只要学得好的，尽可能分配到高等院校、科研机关、重点单位和重要的工作部门。对省内院校留校补充师资的毕业生，择优选留，统一调配。

1984 年，贵州省先在贵阳中医学院进行“供需见面”试点，由学校根据用人单位意见提出初步分配方案，纳入全省分配计划，然后由学校将毕业生直接派遣到用人单位，打破了毕业分配计划集中过多、统一得过死的分配局面。翌年，“供需见面”措施经验在全省高校推广。

1987 年，定向毕业生 2000 多人，已按政策规定和合同直接分配到定向的县或地区工作。

1988 年，贵州省逐步把竞争机制引入高校毕业生分配工作之中；进一步将分配工作放开、搞活；进一步下放权力，调动学校、用人单位的积极性。通过形式多种多样的“供需见面”活动，加强用人单位与高校之间的联系，做到互通信息，让高校与用人单位能实事求是地反映和了解毕业生的情况和使用意向，协商落实毕业生调配方案。在这次毕业生分配改革中，贵州省将自下而上、自上而下相结合，制定出毕业分配办法。随后，贵州逐步缩小自上而下制订分配计划的比例，从而扩大了学校的自主权。本科院校毕业生的分配计划由院校与用人单位协商，提出初步分配建议计划；面向全省招生的专科学校，由主管部门与用人单位协商，提出初步分配建议计划；师专由地、州、市制订分配计划。上述建议计划，经综合平衡后，就形成了全省的分配计划。

20 世纪 90 年代，学生就业仍以国家统一分配为主，凡取得毕业资格，只要服从国家要求，国家给予安排工作。但这个时期，贵州省毕业生“双向选择”的分配方法也成为一种重要的就业方式。“双向选择”是指用人单位通过各种形式与毕业生直接见面洽谈，学生也可以通过多种途径与用人单位直接面谈落实工作单位。确定单位后，毕业和用人单位签订就业协议书，经学校和毕业就业主管部门同意后，即形成就业方案。“双向选择”有五种方式：一是集中统一的“双向选择”洽谈会。例如1994年1月30日，来自省内外高校的94届部分毕业生和省内300多家企事业单位工作人员在贵阳参加全省大中专毕业生“供需见面暨双向选择信息交流会”①；1998年2月13日，贵州省教委、贵州省人事厅举办省外高校毕业生“供需见面、双向选择”就业洽谈会在贵阳举行。贵州省在外省高校就读的4600多名本、专科毕业生及研究生与近300家用人单位见面洽谈。② 二是用人单位分别到高校直接选择录用毕业生，校、系有针对性地组织相应的毕业生与用人单位见面洽谈，落实工作岗位。三是校系毕业生就业工作机构牵线搭桥，将掌握的毕业生需求信息和毕业生情况，向用人单位推荐介绍；同时向毕业生推荐介绍用人单位，经双方同意确认后列入就业方案。四是毕业生自荐。五是毕业生通过学校推荐后，毕业生与用人单位经过信函往来落实就业单位。

1994年，贵州省进一步明确规定：国家任务招生计划的毕业生，原则上仍由国家负责在一定范围内安排就业，实行“供需见面”和一定范围内的“双向选择”办法，落实就业方案；委托和定向培养的学生按合同就业；自费生“自主择业”。凡在规定时间内通过“双向选择”落实就业单位的毕业生，国家负责派遣；在规定时间内，未落实就业单位的毕业生，可回到家庭所在地，由当地毕业生就业部门帮助推荐就业。大学生毕业后由国家分配工作开始逐步向学生自主择业过渡。

1995~2000年，每年寒暑假期间，贵州省教育厅皆邀请各有关用人单位，在指定地点，公开选择、录用毕业生。毕业生根据自己的择业范围、就业意愿及主观条件，对照用人单位的录取条件，有目的、有针对性地与用人单位洽谈协商，在双方自愿的基础上，签订就业协议。一般每次招聘的单位均在200~300家，参加应聘的学生保持在10000人左右。

2001年，贵州省政府发布《关于深化我省毕业就业制度改革的意见》，明确提出改革的指导思想是：有利于毕业择业，拓宽毕业就业渠道，为毕业生自主择业创造更宽松的环境；有利于推进高校教育教学工作的改革和发展，促进学校的招生、培养工作主动适应经济社会发展的需要；有利于人才资源的合理配置，使毕业生为实施“科教兴黔”和西部大开发战略发挥更大的作用。明确改革的目标是：建立集教育、管理、指导和服务等功能于一体的毕业生就业市场和服务体系，为毕业和用人单位提供全方位、高质量、方便快捷的信息服务、咨询服务、指导服务、培训服务；面向市场不断拓宽毕业生就业渠道，充分利用计算机和网络技术开拓毕业生就业市场，用信息化带动就业指导的专业化，实现毕业生就业指导和就业服务水平的全面提高，最终实现“双向选择”、不包分配、竞争上岗、择优录用的毕业生就业制度的改革目标。

是年11月27日至12月19日，贵州省教育厅等有关部门组织对贵州工业大学、贵州师范大学、贵阳中医学院、贵州财经学院、遵义医学院、贵州大学、贵州民族学院进行毕业生就业工作省级评估，8所院校均为优良等级单位③。

---

① 贵州省地方志编纂委员会. 贵州省志（1978-2010）·教育［M］. 贵阳：贵州人民出版社，2017：36.

② 贵州省地方志编纂委员会. 贵州省志（1978-2010）·教育［M］. 贵阳：贵州人民出版社，2017：41-42.

③ 贵州省地方志编纂委员会. 贵州省志（1978-2010）·教育［M］. 贵阳：贵州人民出版社，2017：48.

2002年，贵州省人民政府决定成立贵州省普通高校毕业生就业工作领导小组，由分管副省长任组长，成员有贵州省教育厅、贵州省人事厅、贵州省编办、贵州省计委、贵州省财政厅、贵州省劳动保障厅、贵州省公安厅等有关部门的负责人。领导小组下设办公室（位于贵州省教育厅），主要负责协调和办理毕业生就业的日常工作。① 是年10月17日至18日，贵州省大、中专毕业生就业指导中心组织举办全省大、中专学校毕业生就业工作人员培训班，培训省各高等院校、省属中专学校、各市（州、地）教育局从事毕业生就业工作人员②。

当年，对毕业离校时未落实就业单位的毕业生，经本人申请、学校同意，双方签订《贵州省普通高校未就业毕业生保存户口和档案协议书》，其户口、档案可在原就读学校存放两年，待落实就业单位后，学校将其户口、档案转至其工作单位所在地；超过两年仍未就业的毕业生，其户口迁回入学前户籍所在地，档案转至入学前所在地政府人事部门所属的人才交流中心，也可依本人意愿，在毕业时学校将其户口转至入学前户籍所在地（入学前户籍是农村的，进入当地的非农业户口）。③

2003年1月20日，贵州省毕业生就业信息网正式开通④。

2004年11月18日，全国大学生就业指导卫星网在贵州财经学院开通，贵州省高校毕业生实现就业指导课远程网络教育⑤。

2007年，继续贯彻落实中共中央办公厅、国务院办公厅《关于引导和鼓励高校毕业生面向基层就业的意见》精神。同年，完成"基层选调生"350人，"西部志愿者计划"1260人，"一村一名大学生计划"2000人，"三支一扶计划"1000人。⑥ 截至2007年9月1日，全省毕业生就业人数45610人，就业率为70.12%。其中，本科生就业率为74.94%，专科生就业率为66.86%，研究生就业率为61.45%。⑦

2009年，贵州省面向社会公开招聘录用了7012名大学毕业生到威宁等36个"两基"攻坚国家扶贫开发工作重点县乡（镇）的农村小学和初中任教，其中国家"特岗计划"教师3894人，县"特岗计划"教师318人，一定程度上解决了全省农村教师数量不足、质量不高的问题。⑧ 同年，在贵阳举行"千企万岗"高校毕业生招聘会，吸引49128人次进场，12521人达成就业意向⑨。

2011年，贵州省普通高校毕业87150人（含省外函办），比2010年增加9241人，增幅为11.86%。截至2011年9月1日，全省高校毕业生初次就业率为80.94%，首次突破80%，比2010年同期增长1.16%，就业人数增加8378人。同年，贵州省共有教育部直属

---

① 《贵州年鉴》编辑部. 贵州年鉴（2003）［M］. 贵阳：贵州年鉴社，2003：380.
② 贵州省地方志编纂委员会. 贵州省志（1978-2010）·教育［M］. 贵阳：贵州人民出版社，2017：49.
③ 《贵州年鉴》编辑部. 贵州年鉴（2003）［M］. 贵阳：贵州年鉴社，2003：381.
④ 贵州省地方志编纂委员会. 贵州省志（1978-2010）·教育［M］. 贵阳：贵州人民出版社，2017：50.
⑤ 贵州省地方志编纂委员会. 贵州省志（1978-2010）·教育［M］. 贵阳：贵州人民出版社，2017：53.
⑥⑦ 《贵州年鉴》编辑部. 贵州年鉴（2008）［M］. 贵阳：贵州年鉴社，2008：344.
⑧ 《贵州年鉴》编辑部. 贵州年鉴（2010）［M］. 贵阳：贵州年鉴社，2010：358.
⑨ 贵州省地方志编纂委员会. 贵州省志（1978-2010）·教育［M］. 贵阳：贵州人民出版社，2017：58.

师范大学免费师范毕业生 466 人，就业率为 100%。

2012 年，贵州省争取中央财政支持，继续实施国家“农村义务教育阶段学校教师特设岗位计划”，并参照该项计划模式，同时实施了县级“农村义务教育阶段学校教师特设岗位计划”。通过笔试、面试、体检、培训、签订聘任合同等程序，面向社会公开招聘录用了 11003 名大学毕业生到威宁等 62 个边远贫困县的农村小学和初中任教，其中国家“特岗计划”教师 7554 人，县“特岗计划”教师 3449 人。①

2013 年，全省面向社会公开招聘录用了 14056 名大学毕业生到威宁等 70 个边远贫困县的农村小学和初中任教，其中国家“特岗计划”教师 11099 人；县“特岗计划”教师 2957 人。②

2014 年，全省实施“国培计划”“特岗教师计划”和“免费师范生计划”，在 70 余个县共招聘特岗教师 12095 人，通过“国培计划”培训农村教师 71827 人，“免费师范生计划”招生 483 人。③

2014 年，全省面向社会公开招聘录用 12095 名大学毕业生到全省 70 余个边远贫困县的农村中小学任教，其中国家“特岗计划”教师 10100 人，地方“特岗计划”教师 1995 人。④

2015 年，贵州省首次实现了“特岗计划”实施范围全省全覆盖。全省共有 80 个县（市、区、特区）实施了“特岗计划”，共招聘特岗教师 8748 人，其中国家级特岗教师 7459 人，地方特岗教师 1289 人。同年 6 月 8 日，贵州省“特岗计划”工作在教育部乡村教师支持计划新闻发布会上作经验交流发言。⑤

2016 年，“特岗计划”实施范围在全省 88 个县（市、区、特区）全覆盖的基础上，将新成立的贵安新区、遵义市新蒲新区、黔西南州义龙试验区和毕节市金海湖新区等经济开发区纳入“特岗计划”实施范围。全年共招聘特岗教师 9373 人，其中国家级特岗教师 7050 人，地方特岗教师 2323 人，并参照国家“特岗计划”实施模式，利用地方“特岗计划”招聘乡村幼儿园教师 2323 人。⑥

2017 年，全省共有普通高等学校毕业生 155864 人，其中研究生 4888 人，本科生 75819 人，专科（高职）生 75157 人。截至 2017 年 8 月 31 日，毕业生初次就业率为 90.89%；教育部直属师范大学免费师范毕业生 506 人，就业率为 100%。⑦

2018 年，全省共有普通高等学校毕业生 167120 人，其中研究生 5207 人，本科生 70226 人，专科（高职）生 91687 人；研究生初次就业率为 67.41%，本科毕业生初次就业率为 87.36%，专科（高职）毕业生初次就业率为 91.86%；教育部直属师范大学免费师范毕业生 586 人，就业率为 97.6%。毕业生初次就业率高于全国平均水平。⑧

---

① 《贵州年鉴》编辑部. 贵州年鉴（2013）[M]. 贵阳：贵州年鉴社，2013：371.
② 《贵州年鉴》编辑部. 贵州年鉴（2014）[M]. 贵阳：贵州年鉴社，2014：355.
③④ 《贵州年鉴》编辑部. 贵州年鉴（2015）[M]. 贵阳：贵州年鉴社，2015：430.
⑤ 《贵州年鉴》编辑部. 贵州年鉴（2016）[M]. 贵阳：贵州年鉴社，2016：494.
⑥ 《贵州年鉴》编辑部. 贵州年鉴（2017）[M]. 贵阳：贵州年鉴社，2017：513.
⑦ 《贵州年鉴》编辑部. 贵州年鉴（2018）[M]. 贵阳：贵州年鉴社，2018：523.
⑧ 《贵州年鉴》编辑部. 贵州年鉴（2019）[M]. 贵阳：贵州年鉴社，2019：537.

第二节　教学与科研建设

一、专业建设

1978年，贵州省教育厅、贵州省计委对贵阳师范学院所设专业进行了系统的调查和必要的调整，同时根据贵州省经济发展情况，增设了一些专业。1983年，恢复艺术专业招生，1985年，恢复俄语专业招生。

1984年，全省高校共设有81个专业，9个本科院校所设专业累计达160个。其中，贵州民族学院开设有苗语、布依语、侗语、彝语4个少数民族语言专业，贵州大学设有日语、应用数学、电子计算机3个软件专业，贵州大学物理系开设有无线电电子学专业，金筑大学也开设有电子计算机软件专业；各地州市专科院校和教育学院主要围绕培养中学各门课程的专业教师设置专业；贵州工学院、贵阳医学院、贵州财经学院则围绕相关的领域开设专业；贵州广播电视大学则依据社会经济发展的程度开设社会需要的如经济、理工、语文、党政干部等本、专科电大、函授和业余专业，更多为补偿性成人高等学历教育。本科院校也多开设成人学历补偿性高等教育专业。

1985年，贵州大学有8个系，开设有14个专业；贵州工学院有8个系，开设有19个专业；贵州农学院有6个系，开设有10个专业；贵阳医学院有2个系，开设有2个专业；遵义医学院有2个系，开设有2个专业；贵州师范大学有12个系，开设有14个专业；贵州财经学院有4个系，开设有6个专业；新建的贵州建筑专科学校，开设有工业与民用建筑1个专业；新建的贵州艺术专科学校，开设有音乐、美术2个专业；新建的黔南民族医学专科学校，开设有医学专业（当年未招生）；遵义师范专科学校有7个科，开设有7个专业和党政干部专修科；铜仁师范专科学校有7个科，开设有7个专业；毕节师范专科学校有6个科，开设有6个专业；黔东南民族师范专科学校有7个科，开设有8个专业和民族预科班；黔南民族师范专科学校有6个科，开设有6个专业和党政干部专修科、民族预科班；黔西南民族师范专科学校有7个科，开设有7个专业和民族预科班；新建的贵阳师范专科学校有6个科，开设有6个专业和体育、艺术、党政干部3个专修科；新建的六盘水师范专科学校有5个科，开设有5个专业和中学教师进修部；金筑大学开设有秘书档案班、商业企业管理班；贵州人民大学开办有行政管理班、中文班、英语班、法律班。

1986年，贵州9所本科院校共设置49个系、78个专业、12个专修科。同年，贵州民族学院新增法律专业（学制四年）经济管理专修科（学制两年）；贵阳医学院新增检验专业（学制五年）；贵州工学院新增发酵工程专业（学制四年），贵州财经学院新增会计专业（学制四年）；贵州大学新增国民经济管理专修科（学制两年）；贵阳中医学院新增针灸、骨伤2个专业（学制五年）；贵州农学院新增农产品贮藏与加工专业（学制四年）。

1987 年，全省 9 所本科院校共设置 50 个系、81 个专业、23 个专修科，只增加了 3 个新专业：贵州大学的新闻学专业，贵州工学院的公路与城市道路专业，贵州农学院的农产品同期与加工专业；11 个专修科：贵州大学的音乐、美术，贵州工学院的机电职业师资、科技英语、热能工程、电力系统及其自动化，贵阳医学院的口腔、医学，遵义医学院的卫生管理，贵州农学院的牧草与饲料。同年，贵州工学院开办夜大函授部，招收本、科科学员 78 名；贵州师范大学、贵州财经学院、贵州农学院增设函授专科。

1992 年，全省高校专业大调整，20 多所高校申请增设专业，种类有 30 多种，获批准的新增专业达 52 个。其中，贵州大学申报的公共关系与经营销售、商贸英语，六盘水师范专科学校申报的煤化工，铜仁师范专科学校的烟草等专业，紧密结合了社会经济建设发展的需要。在被批准的 52 个专业中，有 26 个为试办专业，即要求其在未来两年内进一步充实专业办学条件，同时做到社会需求调查，看其是否符合社会经济发展的需要。这种试办专业的开展，是我国社会主义高等教育体系与制度从国家计划型招生向市场需求调节型招生的一种尝试，为后来各院校的专业规划和发展打下了基础，尤其为 21 世纪贵州职业教育的快速发展做出了探索。

1994 年，贵州省教委在 1993 年的改革试点基础上，专门对贵州省本专科高等院校的专业设置，提出了要稳定本科专业、适应发展、均衡生产教育的改革方向，即本科主要拓宽专业面，更新教学内容，提高教学质量，控制本科专业的增设；对专科专业可根据当地经济建设的需要及本校师资设备条件，适当增设短线、缺门、急需人才的专科专业；各校对专业设置实行总量控制，但要调整专业服务面，拓宽专业内容，并依据学校的学科性质和类别及所承担的本专科教学任务核定专业设置的数量，确保教学质量；规定每个专业每年的招生人数不能超过 60 人，也不能低于 46 人。

1995 年，对全省高校专业，实施专业“有上有下”、专业预警机制，即淘汰落后于社会的专业，对社会需求不大的专业进行省级预警。

1998 年，根据教育部颁布的《普通高等学校本科专业设置规定》，全省新增本科专业 8 个，其中 2 个是国家控制布点、从严审批的专业。对一些办学条件差，质量无保证，毕业生供大于求的专业进行调减。全省普通高校本科专业教由原 119 种调整为 103 种（不含 1998 年新增专业）。①

1998 年，贵州省教委制订《贵州省师范高等专科学校十四个专业三年制教学计划》，于 9 月在各师专施行。省教委批准黔南、遵义、安顺 3 所师专的音乐教育、美术教育、体育教育专业由两年制改为三年制。同年 10 月，贵州省高校专业设置评议委员会、贵州省教委审批贵州教育学院、安顺师专等 6 所师范高等院校设置小学教育、计算机科学教育等 12 个新专业，将于 1999 年秋季开始招生。②

1999 年，新增本科专业 41 个，全省专业数达 153 个，其中高新技术领域，如信息、生命、新能源、新材料、环境、管理等专业达 17 个，新增专业比例达 41%；新增社会工

---

① 《贵州年鉴》编辑部. 贵州年鉴（1999）[M]. 贵阳：贵州年鉴社，1999：401.

② 《贵州年鉴》编辑部. 贵州年鉴（1999）[M]. 贵阳：贵州年鉴社，1999：405.

作、工程管理、国际经济与贸易、管理科学、生物技术、材料化学、环境科学、城市规划、草业科学、园林、水土保持与荒漠化防治、水产养殖、图书馆学、人力资源管理、教育技术学、资源环境与城乡管理、经济学、给水排水工程、测绘工程、制药工程、农村区域发展 21 个密切与经济社会发展相适应的专业。这也是贵州财经学院和贵州民族学院多年来首次新增专业。专科院校新增电子商务、资产评估与普通攻击、金融与证券投资、商法、科技教育、农业技术等 16 种 22 个农业技术、复读机技术、应用电子技术、经济学方面的专业。

2000 年 11 月，贵州省教育厅从省直高校及省有部门抽调各学科 81 名专家、教授，组成经济学、法学、理学、工学、医学等 9 个专家组，对全省高校新增的 57 个本科专业进行全面评估。

2001 年，全省高等职业技术学校开展专业教学改革试点。

2002 年，批准贵州交通职业技术学院的工程枢机专业，贵州电子信息职业学院的计算机应用、通信工程专业，贵州警官职业学院的司法文秘专业，贵州航天职业技术学院的模具设计与制造专业，贵州科技工程职业学院的现代分析测试技术、化学工程与工艺专业，贵州电力职业技术学院的发电厂及电力系统、热能与动力工程专业，贵州大学职业技术学院的财务会计专业 10 个专业为全省第二批高等职业教育省级示范专业。

同年，贵州省开展高等院校专业评审活动，优先发展高新技术类学科专业、应用型学科专业和交叉学科专业，增强专业设置的针对性、灵活性。①

2008 年，贵州大学汉语言文学、电子科学与技术专业，贵阳医学院药学专业、遵义医学院麻醉学专业，贵阳中医学院针灸学专业，贵州师范大学思想政治教育专业，贵州财经学院会计学专业，贵州民族学院社会学专业成为国家第三批高等学校特色专业建设点。

2009 年，遵义医学院医学与科技学院临床医学成为国家级特色专业，社会体育专业成为贵州省级特色专业建设点；铜仁职业技术学院药品生产技术专业成为省级重点示范专业，旅游管理成为贵州省省级重点专业。同年，贵州大学绿色农药与有害生物治理工程、贵州优势磷矿资源综合利用及深加工、西南喀斯特资源环境与地质灾害防治、现代制造技术、新一代电子信息功能材料及器件、复杂系统的控制优化与可靠性、高原山地畜牧学、民族区域发展学 8 个学科建设项目启动。

2010 年，贵州财经学院工程管理、贵阳学院生物工程 2 个专业获批国家特色专业建设点，贵州交通职业技术学院建筑工程技术专业成为国家示范专业。

2011 年，贵州民族大学法学学科成为贵州省特色重点学科，并成为教育部第四批特色专业建设点；铜仁职业技术学院医学检验技术专业成为中央财政支持高等职业学校建设发展专业；贵州财经学院统计学、遵义医学院公共事业管理、遵义师范学院汉语言文学、贵阳学院汽车服务工程、铜仁学院农村区域发展专业和应用物理学专业、安顺学院特殊教育专业、贵州商业专科学校电子商务专业成为省级特色专业；黔南民族医学高等专科学校临床学专业（全科医学方向）被列为“贵州省高等学校教学质量与教学改革工程项目”特

---

① 《贵州年鉴》编辑部. 贵州年鉴（2003）[M]. 贵阳：贵州年鉴社，2003：363.

色专业建设项目。

同年，针对2010年12月召开的2011年招生计划暨专业调整供需对接会中部门及企业与会代表提出人才需求和应增设与贵州省重点产业发展和结构调整相适应的专业，进一步加强高校教材、课程体系建设等的建议，引导各高校在认真分析行业和企业需求的基础上，做好2011年招生专业和计划调整工作。贵州制定出台了《贵州省高等学校学科建设发展"十二五"规划》《关于加强普通高等学校本科专业结构调整的意见》《贵州省高等教育十二五规划》《关于聘请省直有关部门领导和专家定期到高等学校授课或讲座的通知》《关于成立新一届贵州省高等院校学科发展与专业建设指导委员会的通知》等系列文件，引导各高等院校牢固树立教学工作中心意识，进一步加强内涵建设，创新人才培养模式。①

2011年，召开贵州省高等院校学科专业结构调整通报会，重点通报贵州省高等院校学科专业结构未来重点调整领域和方向，强调建立高校专业设置退出机制；成立由企业、行业、高校和科研单位学科专业领域和管理领域优秀专家组成新一轮"学科发展与专业设置专家委员会"，指导高校学科专业设置、建设和管理全过程；聘请省直有关部门领导和专家定期到高等学校授课或讲座，对高校教学科研工作进行指导，以推动学校学术队伍建设和人才培养工作。②

2012年，贵州大学采矿工程、机械设计制造自动化本科专业2个学科专业首次进入教育部卓越工程师教育培养计划；遵义医科大学临床医学专业获国家级第一批"专业综合改革试点"项目；黔南民族医学高等专科学校临床医学专业被列为中央财政支持立项建设项目；贵州民族学院民族学被列为省级示范性本科专业；贵州财经学院财务管理、贵州医科大学护理学、贵州中医药大学护理学、遵义医科大学临床检验、贵阳学院法学本科专业获批贵州省级特色专业；贵阳学院国际经济与贸易专业成为省级专业综合改革试点项目；铜仁学院野生动植物资源保护与利用被获列为省级重点学科，民族文化遗产学获批第三批省级重点支持学科。

2013年，贵州大学机械设计制造及其自动化专业获批为国家卓越工程师培养计划试点专业；贵州医科大学临床医学专业获批国家级"专业综合改革试点"单位；遵义医科大学临床护理被列为国家临床重点专科；铜仁职业技术学院药品生产技术专业国家骨干示范校重点建设专业、医学检验技术专业被列为中央财政支持的国家级重点专业；遵义医科大学公共事业管理专业、贵阳学院电子信息科学与技术专业成为省级专业综合改革试点专业；贵阳学院法学专业、贵州工程应用技术学院人力资源管理专业被贵州省教育厅批准进入首批"卓越经管人才教育培养计划"专业；贵州航天职业技术学院模具专业被评为省级示范专业。

2014年，贵州师范大学心理学、贵州民族大学民族学被评为省级特色重点学科；贵阳学院科学教育、凯里学院学前教育专业成为贵州省省级专业综合改革试点专业；贵阳学院教育学被列为贵州省重点支持学科，物流管理成为省级专业综合改革试点项目，电子商务

---

①② 《贵州年鉴》编辑部. 贵州年鉴（2012）[M]. 贵阳：贵州年鉴社，2012：417.

成为省级卓越人才培养项目。黔东南民族职业技术学院药学专业获中央财政专款500万经费支持建立贵州省民族医药专业实训基地；铜仁职业技术学院旅游管理专业成为省级高技能人才培养基地重点专业。

同年，贵州省下发《关于进一步加强普通高等学校本科专业及专业方向建设的通知》《关于报送高等学校2014年专业招生计划的通知》，要求进一步优化普通高校本科专业结构，提高人才培养质量，使高等学校的人才培养能够更好地为经济和社会发展。

2015年，铜仁职业技术学院康复治疗技术专业群被列为贵州省高等职业院校第一批重点推进建设专业群。同年，为进一步优化高等学校专业结构，按照教育部、国家卫计委、国家中医药管理局《关于规范医学类专业办学的通知》要求，对全省医学院校医学专业办学情况进行了统计、规范；结合近年全省本科专业建设和结构调整情况、各专业就业情况下发了《2015年普通高校本科专业预警的通知》，将布点过多、连续两年就业率排名较低的艺术设计学等6个专业进行公布；同时根据贵州经济发展急需的大数据、大健康等建设需求，整理出10个急需专业上报教育部。①

2015年5月，贵州省教育厅与教育部高等教育评估中心联合举办全省普通本科高校教学基本状况数据采集暨审核式评估工作培训会。对省外6所高校、贵州省27所高校分管教学领导及人员进行培训，为全面推进高校本科评估建设工作提供有力保障；同时推荐27位专家作为第二批普通高校本科教学工作院校评估专家人选，并获教育部批准。同年12月，贵州师范大学作为贵州省首家试点高校，接受了本科教学审核评估。专家组按照普通高等学校本科教学工作审核评估工作程序及要求，在前期材料审读及评议的基础上，通过实地走访、深度访谈、听课看课、小型座谈、调阅试卷及毕业论文（设计）等方式，对学校本科教学工作进行全面考察，帮助学校查找了存在的问题，提出了进一步改进教学工作、规范教学管理专业、提高教学质量的意见和建议。②

2016年，黔东南民族职业技术学院护理专业（老年护理方向）被教育部、民政部、国家卫生计生委确定为首批全国职业院校养老服务类专业示范点；遵义医学院助产学专业成为全国首批助产学本科招生专业；贵阳学院旅游管理专业、贵州工程应用技术学院采矿工程专业建设成为省级专业综合改革项目；凯里学院物理学专业被列为贵州省卓越中学物理教师教育培养计划建设项目；贵州商学院电子商务专业被列为省级教改建设专业；黔南民族医学专科学校临床医学专业成为省级骨干专业；黔南民族职业技术学院会计专业被列为中央财政重点支持建设的专业；贵州轻工职业技术学院物流专业获批为贵州省高等职业教育人才培养质量提升工程骨干专业建设项目。

2017年，贵州交通职业技术学院城市轨道交通运营管理专业成为全国高水平示范性专业；贵州大学采矿工程专业成为为贵州省一流专业建设点；贵州师范大学地理科学专业、贵州民族大学法学专业和社会学专业、贵州中医药大学年护理学专业成为省一流专业建设项目；贵州师范大学心理学专业成为贵州省一流专业培育项目；贵阳学院材料科学与工程专业、贵阳学院生态学专业、贵阳学院电子信息科学与技术专业成为省一流建设培育专

①② 《贵州年鉴》编辑部. 贵州年鉴（2016）[M]. 贵阳：贵州年鉴社，2016：489.

业；贵阳学院汽车服务工程实验实训教学中心获省级一流平台培育项目；贵阳学院电子信息科学与技术专业成为ISEC项目（国际学术课程互认）专业；黔东南民族职业技术学院建筑室内设计专业获批贵州省骨干立项专业、建筑室内设计专业获批为贵州省现代学徒制立项试点专业；铜仁职业技术学院药品质量与安全专业被列为省级制药技术重点专业群重点建设专业，会计专业成为省级骨干专业；贵州轻工职业技术学院物流专业获批为贵州省高等职业教育人才培养质量提升工程现代物流重点专业群项目。

是年，全省新增专业布点共计59个，主要服务于与全省发展战略密切相关的大扶贫、大数据、大健康、大生态、大旅游等产业，其中新增服务大数据产业的本科专业8个，服务大健康产业的本科专业12个，服务大生态、大旅游产业的本科专业9个。截至2017年底，全省专业设置涵盖了除军事学以外的12个学科门类，设置专业种数249种，本科专业布点达到1145个。继续贯彻落实《省教育厅关于实施普通高校本科专业预警及退出机制的意见》，全省共公布本科预警专业5个。

2018年，贵州民族学院中国语言文学被增列为省级区域一流建设学科；遵义医科大学临床检验成为省级重点专科培育项目。

2019年，贵州师范大学人文地理与城乡规划专业、地理信息科学专业成为贵州省“一流专业”建设项目；贵州商学院电子商务专业被列为国家“双万计划”省级一流建设专业；遵义师范学院历史学专业成为贵州省一流专业。

二、课程设置与教材

（一）基础课程

1977~1984年是贵州高校各专业课程设置为适应国家经济建设与发展进行改革、调整和初步完善时期。

1979年，贵州省教育厅为省内师范专科学校制订了英语、中文、物理、数学等专业的教学计划。

中文专业开设的课程有中共党史、哲学、体育、心理学、教育学、中学语文、教学法、逻辑学、现代汉语、古代汉语、写作、文学概论、中国现代文学、中国古代文学、外国文学，每周28学时，共1428学时。

数学专业开设的课程有哲学、体育、心理学、教育学、中学数学、教学法、解析几何、数学分析、高等代数、普通物理、概率统计、逻辑代数及电子计算，每周20学时，共1416学时。

物理专业开设的课程有哲学、体育、心理学、教育学、中学物理、教学法、解析几何、数学分析、力学、分子物理及热学、电磁及电工学、光学、原子物理学、无线电、理论力学、物理实验、近代物理、讲座，每周22学时，共1398学时。

化学专业开设的课程有哲学、教育学、心理学、中学化学、教材分析、无机化学、有机化学、分析化学、物理化学、高等数学、普通物理，每周14学时，共1238学时。

贵阳师范学院依据教育部 1980 年 5 月颁布的理科专业教学计划和 1981 年 4 月颁布的文科各专业教学计划，对学校各专业进行调整：各专业课程分为专业课和选修课两大类，必修课分为公共必修课和专业必修课。

1985 年，贵州农学院将原教学计划总时数由 3000 学时减少到 2600 学时，规定基础课只能占总学时的 42%左右，选修课占总学时的 15%以上。同年，贵阳中医学院中医专业由原开设的 28 门课程增加到 33 门；遵义医学院由 23 门增加到 33 门，并增加选修课程 11 门。贵州师范大学中文系汉语言文学专业开设的课程有：中共党史、哲学、政治经济学、外国语、体育、心理学、教育学、中学语文教法、现代汉语、语言学概论、古代汉语、写作、文学概论、中国现代文学（包括当代）、中国古代文学、外国文学、美学、逻辑学 18 门课程，共 2429 学时；数学系数学专业开设：中共党史、哲学、政治经济学、外国语、体育、心理学、教育学、中学数学教材教法、解析几何、数学分析、高等代数、高等几何、常微分方程、复变函数、与泛函分析、理论力学、计算数学、概率论、几代数学、拓扑学 22 门，共 2641 学时。

1989 年，贵州对高考英语学科试行标准化考试。①

1990 年，全省各高校军事课纳入大学生必修课程，统一安排一定课时上课。

1993 年，贵州省教委要求各高校把政治理论课、外语课、计算机科学课等课程设置放在优先地位。同年，贵州省教委主持制订全省高等师范专科学校统一教学计划，要求各院校注重课程建设，组织规划教学课程。当年，铜仁师范高等专科学校根据贵州省教委制订的三年制师专各专业教学计划，结合学校实际，制定的专业必修和选修课程为：

政治教育专业开设马克思主义哲学、政治经济学、科学社会主义、马克思主义原著选读、中共党史、国际共运史、中国社会主义建设、道德概论、法学概论、写作概论、变通逻辑、哲学中的自然科学、当代世界政治经济和国际关系、中国通史、世界通史、政治老师职业技能训练等必修课程，以及行政管理基础、思想政治教育原理纲要 2 门选修课程。

汉语言文学专业开设中国古代文学、中国现代文学、中国当代文学、外国文学、文学概论、古代汉语、现代汉语、写作、中学语文教学法、中学教材分析、逻辑、语文教师职业技能训练等必修课程，以及美学 1 门选修课程。

英语专业开设综合英语、阅读、听力、口语、写作、实用英语语音、实用英语语法、中国英语教学法、中学英语教材讲授、英美概况、英美文学、翻译基本理论与实践、英语教师职业技能训练等必修课程。

数学专业开设解析几何、高等代数、数学分析、初等代数研究、初等几何研究、中国数学教材教法、复变函数、常微分方程、普通物理、概率与数理统计、计算机算法语言、几何基础、初等数学系列讲座、数学教师职业技能训练等必修课程，以及初等数论、数学史、计算机方向、初等数学方向、基础数学方向等选修课程。

物理专业开设力学、热学、电磁学、光学、原子物理、理论力学、普通物理实验、电工学与实验、电子技术基础与实践、中学物理教材教法与实验、解析几何、数学分析、计

---

① 《贵州年鉴》编辑部. 贵州年鉴（1990）[M]. 贵阳：贵州人民出版社，1990：464.

算机算法语言、物理教师职业技能训练等必修课程，家用电器原理及维修、收录机原理及维修、电视机原理及维修、摄影基础、机械制图、物理学史、近代物理、物理教学方法等选修课程。

化学专业开设无机化学、无机化学实验、有机化学、有机化学实验、分析化学与实验、物理化学与实验、化学工艺学、中学化学教材教法与实验、高等数学、普通物理实验、计算机语言、化学教师职业技能训练等必修课程。

1994 年，贵州工学院、贵州大学理科、贵州广播电视大学从 94 级新生开始试行学分制。同年，全省理科 13 门课程实行统一考试，为师专标准化课程建设奠定了基础；贵阳师范学院试行“3+1”培养模式，即在本科生中，用三年时间进行本专业的基础知识、基础理论、基本技能的培养和训练，最后一年时间可以不按同一模式开展教学。课程教学时数为：文科周学时平均不超过 18 学时，总学时不超过 2700 学时；理科周学时平均不超过 20 学时，总学时不超过 2900 学时。政治课、德育课、大学外语课、公共体育课、计算机基础课、军事理论课、大学语文课、文理渗透课、理科的数学课和物理课等基础素质教育课，占总学时的 30%~35%左右；专业课、专业主干课、专业选修课等专业素质教育课，不低于总学时的 50%；基础教育学、基础心理学、学科教育学类课程、中学教育概况、中学生心理学、教育统计、应用教育技术、“三字一话”等教育科学素质课，文科占 15%左右，理科占 20%左右。每学年上课 40 周，寒假 4~6 周，暑假 5~7 周。公共课上课和复习考试按 18 周安排，专业课上课和考试按 20 周安排。

当年，贵州省教委规定从 1995 年新生起，修读英语的本科生，英语水平不达三级者，原则上不授予学士学位。贵州省财政在安排“八五”教育经费中的教学设备专款时，向大学外语教学倾斜。

1995 年，贵州农学院修订《贵州农学院教学计划》，并制定了《修订（制定）教学计划的原则意见》和《修订原则》，发布了《贵州农学院教学计划的实施意见》。该计划除拓宽了专业知识面外，还增加了人文素质教育课程如人文科学、经济管理等课程，同时还面向全校各专业试办经济管理、计算机辅修制专科专业，供有余力的学生修读。

1998 年，贵州省教委制订《贵州省普通高等教育面向 21 世纪教学内容和课程体系改革计划》，其中第一批面向 21 世纪教学内容和课程体系改革计划，覆盖了文、法、财经、理、工、农医的相关学科和专业。内容包括：研究 21 世纪对人才知识能力和素质结构的要求，转变思想观念，改革人才培养模式；研究和改革各专业或专业群的人才培养目标和规格；研究和改革主要专业的教学计划和课程结构；研究改期基础课程、主要课程的教学内容和体系。教改立项的特点主要有以下几个方面：一是强调实践性，注重实践效果，且这种效果要有利于其他学校参考和借鉴，便于在其他高校推广；二是注重实实在在的成果，将支持的重点放在具有实践成果并经过内容、体系、方法改革所形成的教材、CAI 课件以及部分教改方案、培养方案及少量研究报告等具体成果上；三是强调水平高、特色鲜明；四是专项经费保证。

同年，贵州省教委印发《贵州省普通高等教育教学总学时及课程结构比例的指导方案（试行）》，要求各高校课程设计应体现学科发展的最新趋势和专业特色；要求构建融会贯通、紧密配合、有机联系的课程体系；要求课程设计有利于进一步推进教学内容、教学方法的改革；优化课程结构、加强课外指导。该方案对普通高校本科教育的总学时和课程结构做了规定：本科五年 3300~3500 个学时，本科四年，总学时中不包括实习、军训、毕业论文等环节的课时；课程结构分为必修课和选修课，比例为 65%~75%、35%~25%，选修课中既定选修课与做生意课的比例为 4∶3；在必修课中，公共基础课约占 38%，专业基础课约占 43%，专业课约占 49%。

1998 年，贵州师范大学根据贵州省教委的文件精神制定了《贵州师范大学关于开设选修课的意见》，要求公共选修课均有一定的知识性、趣味性和系统性；教学大纲力求体现时代特征和适当考虑不同专业的知识结构，并不断充实新的教学成果和教学内容。全校开设文学赏析、书法艺术、音乐鉴赏、心理卫生、环境与发展、口才与交际、英语会话、英汉翻译、健身体育、公共关系、健康教育等 12 门公共选修课。每门课程授课时数为 36 学时，利用每学期第 4~15 周的周六上午授课。贵州师范大学还下发了《规范和加强我校学生“形势与政策”课程建设的意见》《关于开设文化素质教育选修课的意见》等，提出为使文化素质修行课规范化、系统化，学校将在原有公选课基础上，逐步开出涵盖中外文化历史、哲学、法学、文学艺术、自然科学和知识方面相对稳定的高质量的素质教育系列选修课。随后，贵州师范大学先后开设出书法艺术、人文地理学等文化素质教育选修课。

同年，贵州省教委制订并下发《贵州省师范高等专科学校三年制各专业教学计划（试行）》，将师范专科学校的课程分为公共课程、学科课程、教育课程、特色课程、实践课程、劳动课程六大类，并将学校的“培养规格”贯穿在整个演化教学改革和强化素质教育全过程中。铜仁师范高等专科学校于当年一年级开始实施这一教学计划，并在二三年级也贯彻了新计划精神，制订出了具有学校特色的课程和活动计划。

铜仁师范高等专科学校各专业开设的特色课程如下所示：政教专业开设中国通史、世界通史、毛泽东思想概论、省情区情、公共关系、中学政治辅导；政史专业开设毛泽东思想概论、地方史、省情区情、中国传统文化、公共关系、中国政史课辅导；中文系开设铜仁地方方言调查、地方志研究、梵净山人文研究；英语专业开设视听说、翻译理论与实践、英语国家文学作品选读；数学专业开设中学数学解题法、计算机辅助教育、数据库；物理专业开设物理学史、近代物理、家用电器、电视机原理及维修；生化专业开设化学与社会、环境化学、遗传学；体育专业开设基本操、体育游戏、学校卫生学、康复体育、体育社会学、健康教育学；音乐专业开设铜管乐器、电子琴；美术专业开设壁画、雕塑。

各年级开设的活动课程主要包括：一年级开设音乐、美术活动课程各一学期；二年级学生可自主选择报名编班参加篮球、排球、足球、乒乓球、羽毛球、武术、健美操、舞蹈、二胡、笛子、民乐、小提琴、手风琴、军乐、围棋、中国象棋、桥牌、新闻采访与写作、英语会话等活动；三年级同样为学生自主报名编班参加摄影技术、家电维修、食用菌栽培、盆景、生活化学实验、收音机组装、小手艺、口才训练、书法、实用粘接技术、公关礼仪、汉语速记、合唱团、舞蹈团、篮球队、足球队、管弦乐团、电教设备与应用。

2003 年，教育部下发《关于启动高等学校教学质量与教学改革工程精品课程建设工作的通知》《关于印发〈国家精品课程建设工作实施办法〉的通知》，决定在全国高等学校中启动高等学校教学质量与教学改革工程精品课程建设工作，逐步建立学校、省、国家三级精品课程体系。每年评选一次，检查不合格者，取消已获得的“国家精品课程”荣誉称号。

2003 年，贵州省制定《贵州省高等学校精品课程建设工作实施办法》，计划用五年时间，在高校中重点建设 50 门左右的精品课程。当年，贵州工业大学陈伦军负责的液气压传动与控制、吴浩烈负责的电机与拖动，贵阳中医学院许红负责的生理学和朱祝生负责中医基础学，贵阳医学院李建华负责的人体寄生虫，遵义医学院孙万邦负责的免疫学、孙安盛负责的药理学，贵州警官职业学院喻莉娟负责的公文写作 8 门课程被评为贵州首批省级“精品课程”。

贵州师范大学率先在省内开展精品课程建设。2003～2008 年，共建设了 4 批精品课程，形成了省级精品课程 20 门，校级精品课程 66 门。2009 年，还派出教师 17 人参加教育部高教司春季精品课程师资培训班。

2006 年，全省高校普通开设思想教育修养与法律基础课程。

2007 年，贵州省教工委、贵州省教育厅决定在全省高校普通开设贵州省情课程，是年 8 月在贵阳举办全省高校省情课程教师培训。

是后，贵州高校课程建设，公共课基本形成了以马克思主义基本原理、毛泽东思想和中国特色社会主义理论体系概论、思想道德修养与法律基础、形势与政策、贵州省情教育、中国近现代史、中共党史、大学英语、体育与师范专业的心理学、教育学等必修课程为主，以及由教师个人（群）专攻而开设的特色公共选修课程的课程体系。专业课则基本形成了以专业核心课程、专业骨干课程、专业基础课程、专业拓展课程为主，以及由教师个人（群）专攻开设的专业特色选修课的课程体系。

2015 年，贵州师范大学、贵州财经大学、贵阳医学院、贵阳中医学院 4 所高校间实行课程互选、学分互认、图书互借工作。一是课程互选在花溪大学城 2013 级学生中进行，首次开设 8 门课程共 16 个班级。第一批互选课程名单已录入贵州省高校课程互选管理系统，学生可在管理系统上查阅各高校课程信息、管理规定，并在网上申报选课。二是学生除了学习本校课程外，还可通过跨校课程互选，学习其他高校的相关课程，经考试（考核）合格后取得相应学分，并转换为本校学分，该学分计入学生总学分。同时，本校课程学分也为其他高校所互认。三是各校图书馆资源也实现全面共享，全省 19 所高校签署图书互借协议，办理集体互借图书借书证，从 2014 年 7 月起，各高校间开展图书互借工作。图书由各高校统一借到本校图书馆后，再供全校师生阅览和借阅。[①]

（二）政治课程

20 世纪 80 年代，为培养具有爱国、爱岗、敬业、热爱生活的合格国家建设人才，贵州高校开设中国近现代史课程，与中共党史结合授课。同时，还把时事政策教育列入教学

---

① 《贵州年鉴》编辑部. 贵州年鉴（2015）[M]. 贵阳：贵州年鉴社，2015：428.

计划，增设形势与政策必修课程。这门课程主要针对时代的发达的重大事件开展教学，重点是国家的方针政策和党的重大决议，如《关于建国以来党的若干历史问题的决议》《关于经济改革的决定》《关于教育体制改革的决定》等。

1982 年，贵阳师范学院、贵州农学院、贵阳医学院、贵州工学院建立德育教研室，负责为学生开设德育和思想品德课。

1986 年，贵州民族学院在相关系和专业增设民族理论与民族政策课程。

进入 20 世纪 90 年代，贵州高校在学生中开展坚持社会主义道路的专题教育，展开专门的大学生状况调查，同时开设马克思主义原理、中国革命史、关于社会主义若干问题学习题纲、坚持社会主义道路等课程。

1997 年，贵州省教委组建形势与政策课程研究组，举办高校形势与政策课程专兼职教师培训讲座。

1998 年，贵州高校普遍开设邓小平理论概论课程，贵州省教委、贵州省委高工委专门对讲授本课程的教师进行了集中培训。

1999 年，由贵州省教委、贵州省委高校工委组织编写的马克思主义哲学原理、马克思主义政治经济学原理、毛泽东思想概论、邓小平理论概论、当代世界经济与政治等课程正式列入政治课教程。

进入 21 世纪后，贵州省教育厅制订《贵州省普通高校“两课”建设评估方案（试行）》，要求各高校以评估方案为标准，加强“两课”（马克思主义理论课、思想品德课）建设。

2002 年，贵州省教育厅举办全省“两课”骨干教师培训班，对全省 32 所高校的“两课”骨干教师 100 余人进行培训，并组织专家深入学校进行“两课”教育教学实效性调查研究，形成了《贵州高校“两课”教育教学实效性调研报告》。

2003 年，高校把“三个代表”重要思想作为两课的重要内容，开设了邓小平理论和“三个代表”重要思想概论课程。

2008 年，科学发展观纳入高校“两课”教学内容之中。

2010 年，贵州省教育厅对贵州商业高等专科学校等 16 所高职高专院校思想政治教育工作进行了评估，其中贵州交通职业技术学院、铜仁职业技术学院、贵州商业高等专科学校、黔东南民族职业技术学院、安顺职业技术学院、贵州工业职业技术学院、贵州轻工职业技术学院、贵州电力职业技术学院、遵义医药高等专科学校、遵义职业技术学院、贵州电子信息职业技术学院、贵州航天职业技术学院、黔南民族医学高等专科学校被评为优秀，黔西南民族职业技术学院、黔南民族职业技术学院、六盘水职业技术学院被评为良好。

2018 年，习近平新时代中国特色社会主义理论纳入“两课”教学内容之中。

贵州高校在普遍开设“两课”的同时，长期坚持不懈地开设贵州省情课也成为贵州高校课程的一大特色，贵州省教育厅也始终保持着对省情教育的授课教师进行培训。

是年，全省开展高校“两课”检查评估，贵州高校全部达到合格及以上标准。

（三）教材

1977 年，高等教育恢复后，贵州高校教材主要有以下几种：一是选用国家统编教材；二是借用省内外其他高校教材；三是贵州省教育管理部门组织编写的教材；四是高校自编教材。

1978 年，贵州大学、贵阳医学院和遵义医学院有自编教材 10 部。

截至 1982 年，贵州省高教办编写出师专中文科《古代文学》《古代汉语》《文学概论》教学大纲。

1990 年，贵州教育厅编写出思想政治理论课教材《马克思主义原理》《大学生思想品德修养》及修订了贵州省教委、贵州省高工委编写的《中国革命史》。

截至 1991 年，贵州大学、贵阳医学院、遵义医学院三所高校自编教材达 63 部。翌年，贵阳师范高等专科学校开始使用自编教材。

1997 年，黔南民族师范学院开始使用自编教材。

1998 年，贵州省教委、贵州省高工委编写的《邓小平理论概论（试用本）》出版。

1999 年，贵州省教委、贵州省高工委编写的《马克思主义哲学原理》《马克思主义政治经济学原理》《毛泽东思想概论》《邓小平理论概论》《当代世界经济与政治》出版。

2000 年，贵州财经学院开始使用自编教材。

2001 年，贵州省教育厅编写的《大学生体育与健康》出版。

2002 年，安顺师范高等专科学校开始使用自编教材。

2005 年，贵阳中医学院、铜仁师范高等专科学校、兴义民族师范高等专科学校开始使用自编教材。

2007 年，贵州省教工委、贵州教育厅编写的《贵州省情教程》出版。

2008 年，六盘水师范高等专科学校、贵州师范学院开始使用自编教材。

截至 2010 年，贵州省各高校累计使用自编教材达 499 种。

三、教学实践

（一）教育教学实习

大学生在学习期间，参与实验室实验以及到具体工作岗位见习和实习是中国高等教育的必要学习阶段，其目的是让学生走上工作岗位后熟悉自己的工作范围与工作任务，以便尽快进入正常的工作状态，早在 20 世纪 50 年代便形成了制度。

改革开放后，贵州省高等院校恢复后，也恢复和建立起了各个院校、各个专业的实验室、见习、实习一套较为完整的学习和教学模式。由于各院校的方式差异较大，这里只对有一些普遍性或具有特色的方式进行简要介绍。

1980 年，贵阳医学院将 1977 级医学专业的教学计划由四年调整为五年，其中业务课四年，毕业实习一年；贵阳师范学院规定各系实习安排为六周时间。

1982 年，贵阳医学院将药学专业毕业实习调整为 20 周，包括药房、药厂生产实习和毕业专题实习。

1984 年，贵阳师范学院将实习学生分别派回入学前所在地区的中学实习，交由实习学校领导管理。这种分散实习，使每个实习学校的实习生不超过 6 人，实习生课堂实践机会增多。

1988~1990 年，贵州师范大学在部分系实施“顶岗实习”为主要内容的教育实习改革，即由实习生顶替实习学校任课教师承担的教学任务，被顶替的教师则安排到贵州师范大学相关专业脱产学习或培训一个学期。此方式被贵州各个中学所采纳，成为中学提升在职教师业务和水平的重要方法，并扩大到如请产假的女教师范围，同时也被各类师范学校所采纳。

1992 年后，铜仁师范高等专科学校以定向县为单位混合编队的方法开展学校教育实习，即把全校实习生组为若干实习队，以专业为小组，每个队按专业相近度兼容搭配安排实习指导教师，定向安排到各区各县（市）中学实习。

学生实习成绩分为教学工作、教育管理、个人表现三个方面，比例分别为 60%、30%、10%。每个方面分别制定有具体的评分标准和各自的评分考评项目。

学生教学实习成绩教学工作考评项目分为：①钻研教材，了解学生，5 分。考核内容为认真钻研教学大纲和教材，明确本学科的教学体系和基本教学内容，了解学生的学习态度、纪律和学生原有知识基础。②编写教案，准备教具和仪器，5 分。考核内容从教材和学生的实际出发，处理教材合理，教学过程设计恰当，目的明确，教案完整、规范，使用教具、图表和仪器的作用明确。③预教，5 分。考核内容为预教认真，虚心听取意见，不断提高预教质量。④教学内容，25 分。考核内容为内容正确，逻辑严密，重点突出，重视“三基”教学和能力培养。⑤教学方法，25 分。考核内容为运用教学原则灵活，教法适当，启发诱导，因材施教，充分调动学生的学习积极性，激发学生动脑、动口、动手、生动活泼地获取知识。⑥教学语言、板书及教态、仪表，20 分。考核内容为语言准确、清晰、快慢适度；板书布局合理，字迹工整，无错别字；教态自然、举止庄重，服装整洁、朴实、大方。⑦作业辅导，15 分。考核内容为作业适度，批阅细心，收发及时，辅导主动、耐心、得法。

学生教学实习成绩教育管理考评项目分为：①了解学生，制订计划，10 分。考核内容为了解学生的思想、学习、身体健康和组织纪律等情况，要求在实习期间认识所实习班级的全部学生；班主任工作计划完整规范，目的明确，内容充实，措施具体可行。②工作态度，10 分。考核内容为对班主任工作认识明确，态度端正，认真负责，主动完成各项任务。③组织管理，40 分。考核内容为具有组织学生、教育学生、管理班级纪律和开展课外活动的能力，效果较好；关于处理班级日常工作。④教育方法，30 分。考核内容为以多种形式深入了解学生、研究学生、教育学生，从学生实际出发，因材施教，做好个别教育工作。⑤以身作则，为有师表，10 分。考核内容为师德高尚，坚持原则，严于律己，平等待人，关心学生，言行一致。

学生教学实习成绩个人表现考评项目分为：①实习态度，25 分。考核内容为实习目的明确，态度端正，工作积极，认真负责，服从分配。②思想作风，25 分。考核内容为尊重领导，尊重老师；团结友爱，关心集体；坚持原则，实事求是。③组织纪律，50 分。考核内容为严格遵守实习学校和实习队的各项规章制度：实习期间，一律不准请假，如有特殊情况，请假一次（以一次活动或半天计）扣 10 分；参加规定的活动迟到一次扣 20 分，三次扣 50 分；上课迟到一次扣 50 分，两次扣 50 分；无故不参加规定的活动一次扣 50 分，两次扣 50 分，旷课一节扣 50 分；如果旷课两节或无故不参加规定活动达三次者，上课迟到达三次者，参加规定活动迟到达四次者，请假超过实习时间 1/3 者，严重违反组织纪律千万恶劣影响者，返校听候处理。

铜仁师范高等专科学校教育教学实习分两个阶段：见习阶段和实习阶段。见习场所主要为师专附中和铜仁城区及周边中学。实习场所除附中和铜仁城区中学外，铜仁各县区所在地的中学，皆为学生实习的主要场所。

每届学生实习前，学校要制订全校学生的实习方案，各专业则要根据专业实习大纲制订出具体的专业实习计划，学生要制订个人实习计划。

学生见习一般安排在每届毕业之前第五学期到中学见习一周；在校开展 4~6 周的实习前试教活动。试教活动采用专人教师责任指导制，指导学生完成教案、讲稿的撰写，教具、器材制作与准备、课堂教学实操、班级管理工作等环节；同期开展三笔字（粉笔、硬笔、毛笔）和普通话过关考试。试教工作经班、系、学校三级验收合格方许其参加第六学期的实习。

师专学生实习时间共六周。学生在进驻实习学校后，除师专派出的指导教师外，实习学校会为每个实习学生安排一名专业课程和班主任工作指导教师。进校第一周，学生仍为见习阶段，学生除随堂听指导教师的课程教学外，需完成教案、讲稿的撰写，试教，批改中学生作业，指导和督促中学生学习，家访，协助管理班级等实习任务。课程专业指导教师将根据学生第一、第二周的见习进步情况，安排学生进入 4~5 周的课堂教学阶段。这期间实习学生除参与教学活动外，还需参与实习学校各项活动和学生管理等。实习结束后，实习指导教师、班主任指导教师和实习学校将会根据实习学生的表现和进步情况给出实习成绩和鉴定材料。

学生实习返校后，各实习队开展实习经验总结与交流，学校在各队总结的基础上，召集全校（或按文理分科）召开实习总结大会，交流实习经验，表彰优秀实习生和优秀实习指导教师。

1994 年，六盘水师范高等专科学校煤化工专业和应用电子技术（两年制）专业，规定第四学期安排生产实习和毕业设计，并举行毕业论文答辩。1995 年，明确师范专业教育实践为八周（其中见习、实习各一周）、社会实践（生产劳动和军事训练）四周。具体比例为：公共课程约 575 学时，占 25%左右；学科课程 920~1150 学时，占 40%~50%，教课课程约 345 学时，占 15%左右；特设课程 230~460 学时，占 10%~20%；活动课程每周 2 学时，每个学生至少要参加一项活动。

1998 年，贵州民族学院规定，学生实习内容主要以毕业实习为主，并集中实习。

2001 年，遵义师范学院规定，实践教学环节包括实验教学、教育实习、野外实习、社会实践、军事训练、毕业论文（毕业设计）、学生教师职业技能训练等教学活动。其中教育实习由校内试教、中学教材过关考试和实习三部分组成。学生通过校内试教、教材过关考试后方能实习。规定一年级学生的硬笔、毛笔、粉笔三笔字和普通话过关率需达 60%以上，二年级达 90%以上，三年级重点放在试教、说课上，四年级则结合毕业论文写作和实习后的体会尝试进行教学研究。

2004 年，遵义医学院派遣临床医学毕业班学生 23 名到铜仁地区人民医院 10 个科室，每科实习 1 个月。学生在进入岗位实习前，需进行岗前培训，并安排大讲座 8 次，定期安排教学查房、科室小讲座，不定期进行临床技能操作培训及出科考试。出科考试合格便可转入下一科室实习。

2005 年，遵义师范学院制定《遵义师范学院教育实习大纲》等一系列文件，进一步规范和明确学生实习、实训工作与任务。这项措施为贵州新进的专升本院校所采纳。

2006 年，贵阳中医学院制定学生管理规定、学生临床实习管理办法、教学查房制度、临床小讲座制度等实习规范性文件。

2008 年，贵州师范大学要求人文社会科学类专业的实践教学环节，原则上不少于总学分的 15%，理工类专业不少于 25%，师范专业不低于 8 周计 8 学分。

是年，铜仁学院规定以学生实习所在县的实习学校为单位成立实习队，设队长 1 人，副队长 1~3 人。10 人以上的实习队按专业分组，设组长 1 人，定在每学年第二学期的开学初进行。本科生在高、初中实习，时间为 8 周。专科生在初中实习，时间为 6 周。具体进入实习学校的时间由各校开学时间而定。但要求实习生必须先到实习所在地的教育局报到，由教育局直接安排实习生到实习学校实习。在实习阶段，学生进入实习学校后第一周为见习周，然后进入课堂教学实习。课堂教学实习时间专科为 4 周，本科为 6 周，每个学生课堂实践教学不得少于 5 个课时，实习班主任 1 周。学生在校期间需完成各个专业规定的学生实习前的如三笔字、普通话、试讲、教案和讲稿设计、板书设计等验收合格后，方具备参加实习的资格。

贵州财经学院规定，专业实习必须采取集中实习的方式，毕业实习采取与学生就业相联系的分散实习为主的方式。专业实习安排在第六学期的第 18 周至第 23 周进行，为期 6 周；毕业实习安排在第八学期的第 3 周至第 10 周进行，为期 8 周。

2010 年，贵阳学院规定，人文社会科学类专业的实验、实习、实践和毕业论文（设计）等各实践教学环节累计学分（学时）不低于总学分（学时）的 20%（师专时为 15%），理工类专业不低于总学分（学时）的 30%（师专时为 25%），毕业时间不少于 12 周。此后，贵州省所有师范专业毕业实习皆统一实习时间不少于 12 周。

2014 年，贵州省投入经费 1100 万元。启动大学生科技创新创业扶持计划，通过面向社会征集运营企业，同时整合大学科技园、孵化器和科技资源服务平台共同扶持大学生创业，引导社会投入 3000 多万元。通过模式创新，构建“政府引导、企业投资、各方参与、资源整合、开放共享、优势互补”的大学生创业工作格局。①

① 《贵州年鉴》编辑部. 贵州年鉴（2015）[M]. 贵阳：贵州年鉴社，2015：437.

2015年，继续推动贵州师范大学、贵州财经大学、贵州医科大学、贵阳中医学院四所省属普通本科高校间实行课程互选、学分互认、图书互借工作。在原有选课的基础上，将课程互选推广到2013、2014、2015三个年级，1万余名学生参加了课程学习，并取得课程学分。[①]

2016年，铜仁学院把毕业实习安排从第八学期调到第七学期进行，实习时间也从12周调整为实习一个完整的学期。其他与实践教学有关的相应学习与实践内容随即调整。

截至2019年，各高校皆制定或修订有本校的《学生实习实训大纲》。

（二）实习基地

学生实习环境建设在贵州各高校都得到了高度重视。例如贵州农学院从高考招生后至1986年，所建教学实验场有耕地1500亩，果园62亩，鱼塘16亩。[②] 1989年，省教委决定拨款30万元（分3年拨完）给贵州农学院农场，拟将教学科研实验基地扩建成教学、科研、生活产品基地。

截至2000年，贵阳医学院在省内各地州市建立有学生实习基地，并皆建有学生实习宿舍，以保证实习生生活和学习。2001年，贵州民族学院把实习基地从贵阳市内扩展到省内其他地州市。2003年，贵阳医学院建起37个实习基地，其中医学类专业14个（教学医院8个，实习医院6个），护理类专业8个，药学类专业15个。2005年，六盘水师范高等专科学校建有实习基地39个。2006年，贵州大学开展首批校内外基地清理，确认了109个实习实践基地。2008年，贵州大学公布了第二批实习基地98个。2009年，铜仁学院建立起三类实践基地：一是师范类教育实习基地，包括教学实习、班主任工作实习、教育调查、教育教学改革试验等；二是非师范类专业实习基地，包括专业见习、生产实习、毕业实习、课程实习等；三是各专业或学生团体所需社会实践基地，包括社会调查、社会体验、思想政治教育等。

2010年，贵州大学增设实习基地11个，贵州财经学院新建实习基地7个，六盘水师范高等专科学校新增实习基地24个。

是年后，无论是老牌院校还是新建院校，各高校皆建起了与专业适应的全校性或专业性的实习基地，以保障学生教学实践的需要。

截至2019年，创建于2017年的贵州警察学院就建有52个校内实验实训场所和34个校外教学实习实训基地；创建于2017年的茅台学院建有实习实训基地34个；创建于2015年的贵州商学院建有校外实习基地97个；创建于1986年的黔南民族医学专科学校建有教学实习基地82个。21世纪后新建的职业院校其建立的实习实训基地则更为众多，如贵州职业技术学院建有校内实训基地19个，校外实习实训基地220个；铜仁职业技术学院建有198个实训基地；黔南民族职业技术学院建有国家、省级、院级生物技术工程、护理、药学、助产、电力系统自动化技术等校内实训基地50个，校外实训基地67个；毕节幼儿

① 《贵州年鉴》编辑部. 贵州年鉴（2016）[M]. 贵阳：贵州年鉴社，2016：489.

② 贵州省地方志编纂委员会. 贵州省志·教育 [M]. 贵阳：贵州人民出版社，1990：325.

师范高等专科学校建有校外实习基地 120 个。

（三）毕业论文（设计）

1981 年，贵州省高校毕业论文（设计）工作恢复，部分高校在毕业准备工作中就对学生毕业论文（设计）的选题、内容、指导、时间安排、经费预算以及成绩评定做出了相应的规定。

1984 年，贵阳师范学院发布《关于做好 80 级学生毕业准备工作的通知》，对毕业论文（设计）从选题、内容、指导、时间安排、经费预算，以及成绩评定皆作出了规定。

1987 年，遵义医学院卫生管理系对招收的三年制专科生要求撰写毕业论文。

从恢复高考招生到 20 世纪 90 年代是贵州省高校毕业论文（设计）逐步规范阶段。

1999 年，贵州民族学院制定《贵州民族学院关于加强本科生“毕业论文”“毕业设计”工作的若干意见（试行）》，标志着贵州高校毕业论文进入规范化探索阶段。

2002 年，贵州师范大学制定《贵州师范大学本科毕业论文（设计）管理规程》，规定毕业论文（设计）的选题应符合本专业培养目标和教学要求，并要具有一定的综合性和开拓性；题目的难度和分量应适当；毕业论文（设计）的指导工作，各院（系）应作统一安排，配备具有讲师以上职称的教师担任指导工作，每位教师指导学生人数不超过 8 名；毕业论文的篇幅，理科论文不低于 3000 字，其他论文不低于 5000 字；毕业论文可按优秀、良好、中等、及格、不及格五个等级评定。同年，贵州财经学院制定《贵州财经学院本科生毕业论文（设计）管理规定》。

是年，贵州省教育厅首次开展普通本科高校应届毕业生省级优秀毕业论文（设计）评选工作。评选按照“科学公正、注重创新、严格筛选、宁缺毋滥”的原则进行，对高校推荐的 59 篇学士论文进行评选，共评出一等奖 8 篇，二等奖 18 篇，三等奖 23 篇。这次评选成果，有效地推动了贵州本科毕业论文（设计）规范化进程。翌年，贵州大学对在校内学生毕业论文（设计）进行评选，共评出 54 篇优秀毕业论文（设计）。

2002 年，遵义师范学院制定了《遵义师范学院本科生写作学年论文、制作课程设计及 CAI 课件的有关规定》《遵义师范学院普通本科生毕业论文（设计）工作暂行管理办法》。

2006 年，贵州大学制定《贵州大学本科毕业论文（设计）管理办法》《贵州大学本科优秀毕业论文（设计）评选办法》，要求各专业都要进行毕业论文（设计）工作。工学类专业毕业论文（设计）字数不少于 1.5 万字，农学类不少于 1 万字，理学类不少于 0.8 万字，经管类不少于 0.6 万字，语言文学类不少于 0.5 万字，艺术类不少于 0.4 万字。设计类专业毕业设计应附设计图纸、计算机程序、设计说明书等；研究类专题应附实验原始记录及报告、数据处理及相关模型、计算机程序或调研报告、读书笔记等支撑材料。阅读中外文献资料，理工农类专业不得少于 10 篇，其他专业不得少于 15 篇，文献综述不少于 0.3 万字。

同年，贵阳中医学院制定《贵阳中医学院本科毕业论文规程》；贵州财经学院修订《贵州财经学院本科生毕业论文（设计）管理规定》。

2007 年，遵义医学院制定《遵义医学院本科生毕业论文设计管理办法》及《遵义医学院本科优秀毕业论文（设计）及优秀指导教师评选办法》。

2008 年后，全省本科高校纷纷以前面所列高校的本科生毕业论文（设计）为模板，纷纷制定或修订出本院校的《本科生毕业论文（设计）管理办法》及《本科生优秀毕业论文（设计）及优秀指导教师评选办法》，使贵州高校本科毕业论文（设计）形成了选题、内容、指导、时间安排、经费预算、论文评审、答辩、评优一个完整的规范模式，有效推动了学生实践学习能力的提高。

2009 年，贵州大学增加了对学生论文的中期检查程序。

2015 年后，各校逐渐开始对学生毕业论文进行网上查重，以保证毕业论文的质量；对重复率高的论文责令学生重写或修改，并对指导教师做出相应的警告；各校专门组织毕业论文抽查小组对各专业的优秀毕业论文进行抽查，以杜绝论文的抄袭现象。

四、教学与科研实验室

1978 年，贵州高校实验室数量不多，试验设备陈旧落后，除贵州大学、贵州师范大学外，全省具备开设实验课程条件的高校不多，实验课开出率较低。当年遵义师范专科学校建有化学、生物、物理 3 个教学实验室，每实验室配备 1～3 个实验间；铜仁师范高等专科学校化学系设有化学科学实验室，物理系设有力学和电子线路实验室；黔西南师范高等专科学校建有物理实验室及生物实验室；黔东南民族师范高等专科学校设置有物理实验室，共 12 个分室。

1979 年，铜仁师范高等专科学校建起无机化学实验室、有机化学实验室、分析化学实验室、物理化学实验室及中学物理演示实验室。

1980 年，铜仁师范高等专科学校建起热学实验室。

1981 年，铜仁师范高等专科学校建起电磁学、光学、原子物理实验室。

1982 年，贵阳职工大学建起电子学生实验室 1 个，设备 86 台（件），价值 8.6 万元。

1984 年，贵州民族学院建起物理实验室。同年，贵州广播电视大学拥有装备好的 17 个学科实验室，仪器设备价值达 716 万元。

1985 年，贵州民族学院建有力学、热学、光学、电磁学、近代物理实验室；贵州农学院建有生化营养教研室、刺梨研究所、麦作研究室、森林生态研究室、光合生理与遗传研究室、病原真菌研究室、植物细胞工程研究室；贵阳教师进修学院建有物理实验室 2 间，化学实验室 2 间，语言实验室 1 间。同年，贵州师范高等专科学校实验室工作会议在遵义师范高等专科学校召开，着重研究配备仪器设备，加强实验技术队伍建设。贵阳师范学院也召开实验室工作会议，总结交流经验，研究加强实验室建设的措施。截至 1985 年，全省高等院校实验室技术人员共 328 人，仪器设备价值 3000 多万元。当年，贵州大学建有实验室 1492 平方米。

1987 年，黔东南民族师范高等专科学校建有化学实验室、基础物理实验室、基础生物实验室、计算机实验中心室；铜仁师范高等专科学校建有电工学实验室；贵阳职工大学建有电工实验室、电子实验室、物理实验室。截至 1987 年，贵州农学院建有农业昆虫学实验室。

1988 年，铜仁师范高等专科学校数学系设计算机实验室，随后两年内又建立钳工实验室、家电维修实验室；贵阳中医学院建立实验针灸实验室。

1992 年，铜仁师范高等专科学校建立化学科实验室，并在与铜仁教育学院化学科实验室、生物科实验室合并后新建生化实验室、动物学实验室、植物学实验室、人体解剖遗传生理学实验室、基础生化实验室。

1993 年，贵州教育学院建有计算机、基础物理、电子技术应用、基础化学、自然地理、GIS 与遥感、信息技术等 23 个实验室。

1994 年，贵州省政府和贵州省财政厅拨出 562. 8 万元仪器设备专款，其中用于本科院校共计 417. 8 万元（1994 年执行数：贵州大学 52 万元，贵阳农学院 63. 5 万元，贵州民族学院 49 万元，贵州工学院 53 万元，贵阳中医学院 32. 9 万元，贵阳财经院 14. 5 万元，贵阳医学院 59. 4 万元，贵州师范大学 39. 3 万元，遵义医学院 53. 9 万元）；用于师范专科学校共计 145 万元（1994 年执行数：黔西南民族师范高等专科学校 18. 9 万元，黔南民族师范高等专科学校 19 万元，黔东南民族师范高等专科学校 19 万元，贵阳师范高等专科学校 15 万元，遵义师范高等专科学校 18. 5 万元，毕节师范高等专科学校 18. 9 万元，安顺师范高等专科学校 18. 8 万元）。

1995 年，贵阳中医学院建立计算机实验室。同年，贵州省教委制订《贵州省全省高校教学总课时及课程机构比例的指导性方案（试行）》规定，本专科专业在总学时中实践性环节学时比例为 40%左右，按照公共基础课、专业课、实践课三类划分课程结构，以 3∶3∶4 的比例安排；各高校要根据自身情况制定相应的实验教学管理举措与办法，提高综合性、设计性实验比例，扩大实验室开放度，实施大学生科研训练和创新性试验计划，并相继建立教学实验室。

1996 年，贵阳中医学院建设语音实验室，并在内科诊断教研室购置心脏物理诊断模拟人。

1997 年，贵阳中医学院从每年的自筹资金中投入 100 万元设备经费，用于改善实验教学条件。

1998 年，黔西南民族师范高等专科学校建立计算机实验室。同年，贵州工学院利用世行贷款扩充了计算中心和 CAD（计算机辅助设计）实验室。

1999 年，遵义师范高等专科学校建立计算机实验室；贵阳中医学院建立护理技能实验室；遵义医学院建立形态学、机能学、计算机实验室；贵州民族学院建立计算机应用基础实验室。

2000 年，贵州大学建立省级重点实验室——高性能计算化学重点实验室；贵阳医学院——医学分子生物学重点实验室。

2001 年，贵州大学建立省级重点实验室——发酵工程与生物制药重点实验室和省级重点生化中试基地——生化工程中心；贵阳中医学院建立生理实验室、中药制剂实验室两个一级科研实验室以及中医鉴定实验室、植物化学实验室、中药药理实验室、中药药剂实验室、内分泌实验室、中医药微量元素实验室、骨伤研究实验室、民族医药基础研究室、民族医药开发研究室九个中医药二级科研实验室；贵州民族学院所建的物理实验室、语言实验室获省级基础实验室评估合格；贵州教育学院通过了贵州省教育厅省级基础课教学实验室合格评估。

2002 年，贵州大学绿色农药与农业生物工程实验室被确定为教育部重点实验室，实现贵州省国家部委重点实验室零的突破①；贵州大学建立省级重点实验室——农业生物工程重点实验室；贵阳医学院对涉及全校公共基础和专业基础课的 20 多个实验室进行整合重组，成立了计算机实验中心、外语语言实验中心、理化实验中心、多媒体机能实验室、多媒体形态学实验室、临床医学技能实验中心、护理学技能实验室七个“双基实验室”；遵义医学院建立人体解剖实验室、微生物与免疫学实验室、机能实验室和省级重点实验室——细胞工程重点实验室。

2003 年，贵州大学建立绿色农药与农业生物工程重点实验室（省部共建）、喀斯特环境与地质灾害防治重点实验室（省级重点实验室）；遵义医学院建立基础药理重点实验室（省级重点实验室）。

2004 年，贵州大学建立结构工程重点实验室、现代制造技术重点实验室、光电子技术及应用重点实验室、微纳电子与软件技术重点实验室四个省级重点实验室；遵义师范学院提升改造普通化学、普通生物、普通物理、计算机实验室；贵州航天职业技术学院通过了贵州省教育厅“双基实验室”评估。同年，中央下达给贵州省共建资金 800 万元，加上省配套资金 250 万元，重点用于建设贵州大学网络平台的基础实验室及贵州师范大学大学外语网络教育实验室。② 截至 2004 年，贵州工学院在办学期间，曾建有发酵工程与生物制药、喀斯特环境及地质灾害防治、网络化制造 3 个省级重点实验室以及三个国家重大科技项目博士后工作站；还建有 66 个实验室，实验室内配备有电子计算机、万能矿相偏光摄影显微镜、原子吸收分光光度计、气相色谱仪等多种实验仪器设备。

当年，根据教育部《高等学校专业实验室评估标准》和贵州省教育厅办公室《关于转发〈高等学校专业实验室评估标准〉的通知》的要求，为推动高等学校努力改善专业实验室设施、环境，理顺专业实验室管理体制，加强专业实验室队伍建设，健全专业实验室规章制度，强化专业实验教学改革，达到以评促建、以评促改、以评促管、以评促用的目的，贵州省教育厅决定从 2004 年起，拟用五年时间对全省高等学校专业实验室进行一次全面评估。

2005 年，贵州大学建立博弈、决策与控制系统重点实验室（省级）；遵义师范学院建立心理实验室。

2006 年，贵州大学建立山地农业病虫害重点实验室（省级）、材料结构与强度重点实验室（省级）；贵阳中医学院建立心理、临床技能实验室，同期整合全校的实验室，形成了基础医学形态、基础医学功能、中医、药学基础、制剂、生药实验室。同年，遵义职业技术学院通过了贵州省教育厅高职院校基础课教学实验室评估。

---

① 贵州省地方志编纂委员会. 贵州省志（1978–2010）·教育［M］. 贵阳：贵州人民出版社，2017：51.
② 《贵州年鉴》编辑部. 贵州年鉴（2005）［M］. 贵阳：贵州年鉴社，2005：279.

2007 年，贵州大学现代制造技术实验室被列为教育部与贵州省共建重点实验室；贵州师范大学信息与计算机科学实验室获批为贵州省重点实验室。同年，贵州大学建立大环化学及超分子化学重点实验室（省级）；贵阳医学院国家级毒性检测实验中心获得五个省部级论证的检测资质，可开展农药、化学品、消毒产品等毒性鉴定、健康相关产品理化检测以及法医毒物分析鉴定，并成立贵州省中药生药学重点实验室（省级）；遵义医学院建立诊断学、外科手术等 17 个实验室，同时成立实验教学管理中心；毕节师范高等专科学校建分子生物学、化工、硬件基础、多媒体技术、英语语言、网络多媒体实验室，投入经费 375.967 万元。

2008 年，贵州大学建立生物质化学利用工程实验室（省级）、动物遗传育种与繁殖重点实验室（省级重点）、非金属矿产资源综合利用重点实验室（省级重点）；贵州师范大学建立智能与控制技术省级工程实验室；贵州财经学院建立经济系统仿真省级重点实验室；毕节学院建立数据库及自信系统、材料力学、测量学、建筑材料、土力学、网络工程等实验室，投入经费 563.45 万元。

2009 年，贵州大学建立生物资源综合利用国家地方联合工程实验室、高原山地动物遗传育种与系列省部共建教育部重点实验室、中药材繁育与种植工程省级实验室；贵州师范大学建立山地资源与环境遥感应用省级重点实验室；贵阳医学院建立民族药中药开发应用工程研究中心教育部工程中心、药物制剂省级重点实验室、分子生物学省级重点实验室、贵州中药、民族药炮制研究平台；国家中医药管理局在贵阳中医学院第一附属医院成立苗医药治疗慢性疼痛重点研究室；毕节学院建立艺术设计、嵌入式系统、矿井通风与安全、矿山岩石力学、矿井瓦斯防治、数学建模、运动生理、特殊教育实验室；凯里学院建立地理科学、计算机专业、体育实验室；贵阳中医学院医学专业新增临床技能实践课、护理专业新增护理技能实践课，医学专业设置毕业前技能考核。截至 2009 年，贵州师范大学建有贵州省山地环境信息系统与生态环境保护重点实验室。

2010 年，贵州大学建立烟草品质研究省级重点实验室、电力系统智能化省级重点实验室、植物分子育种工程研究中心；贵州师范大学建成国内第一个喀斯特山地生态环境省部共建国家重点实验室培育基地；贵阳医学院建成干细胞应用技术工程实验室，贵阳医学院实验室（中心）数量达 95 个；遵义医学院教学实验室数量达 19 个（其中一个为国家级示范教学中心）；贵阳中医学院建成 14 个实验室；遵义师范学院建赤水河流域生物与环境可持续发展实验室、黔北特色资源实验室（省级重点实验室）、应用电化学研究所；毕节学院建矿山数字模拟、矿山机电、物探、信息安全、演示物理、土壤地理、经济管理基础、广播电视新闻、汉语语音、微格教学等实验室，投入资金 1017.43 万元。

截至 2010 年，贵州大学建成 97 个实验室，总面积达 56662 平方米；贵州民族学院有实验用房 20625 平方米（不含独立学院实验室），建成贵州省模式识别与智能系统一个省级重点实验室，现代传播和教育技术实验教学示范中心、法学与民主法制教学实训中心、民族文化实验实训中心三个省级教学示范中心和 73 个基础及专业实验室；贵阳学院建成 23 个实验室；毕节学院建成 54 个实验室；遵义师范学院拥有 8 个实验室。

2011 年，贵州大学省部共建的教育部现代制造技术重点实验室通过教育部验收。同年，铜仁学院梵净山特色动植物资源实验室、贵阳学院有害生物控制实验室获批为省级重点实验室。

2012年，铜仁学院材料制备新技术与应用实验室、贵阳学院生物多样性实验室获批为省级重点实验室。同年，中央财政下达专项补助资金3000万元，用于建设贵州大学计算机基础实验室、生物基础公共实验共享平台、公共外语语言教学实验室、西南作物病虫害持续控制科研平台，以及校园网与教育云平台、现代图书馆资源与环境建设等方面。[①]

2013年，贵州大学建设贵州省先进计算与医疗信息服务工程实验室。同年，获建省级院士工作站。2013年，黔南民族师范学院牙舟陶艺重点实验室成功申报为贵州省教育厅重点实验室建设项目。

2015年，贵州大学获批建设贵州省公共大数据重点实验室。

2016年，贵阳学院科学与教育实验室获批为省级实验教学示范中心；铜仁学院锰系新能源材料实验室新增为省级特色重点实验室。

2017年，贵州大学建设贵州省智能医学影像分析与精准诊断重点实验室。

2018年，铜仁职院中兽药开放实验室获批为国家民委重点实验室。

截至2019年[②]，贵州大学建有国家工程技术研究中心（共建）1个、国家重点实验室培育基地1个、国家地方联合工程研究中心（工程实验室）5个、教育部重点实验室（中心）6个、国土资源部重点实验室1个。

贵州师范大学建有国家级实验教学示范中心2个、国家级教育综合实验实训示范中心1个、省级教师教学发展示范中心1个、省级实验教学示范中心5个；还建有国家工程技术研究中心1个、国家地方联合工程实验室1个、省部共建国家重点实验室培育基地1个、国家遥感中心（贵州分部）1个、省级重点实验室7个、省级工程实验室6个。

贵州民族大学建有省级重点实验室1个，贵州省教育厅特色重点实验室4个、贵州省高校工程技术研究中心1个，省级实验教学示范中心4个。国家级经济管理虚拟仿真实验教学中心1个，国家级人才培养模式创新实验区1个；省级实验教学示范中心3个，省级大学科技园1个，纳入省级众创空间管理的众创空间1个；2个贵州省一流大学一流平台建设（培育）项目，4个贵州省一流大学师资团队建设（培育）项目，3个贵州省一流大学课程建设（培育）项目，5个省级教学团队，13门省级精品课程。

贵州财经大学建有省级重点实验室4个、省级工程研究中心1个。

贵州医科大学建有药用植物功效与利用国家重点实验室（省部共建），环境污染与疾病监控教育部重点实验室、地方病与少数民族性疾病实验室2个教育部重点实验室，国家级实验教学示范中心2个；省级实验教学示范中心7个、国家地方联合工程实验室2个、省级重点实验室4个。

贵州中医药大学建有国家级实验教学示范中心1个、省级实验教学示范中心4个、国医大师工作室（站）5个、全国名中医工作室3个、全国名老中医药专家传承工作室20个、贵州省民族民间医（药）师传承工作室1个。

---

① 《贵州年鉴》编辑部. 贵州年鉴（2013）[M]. 贵阳：贵州年鉴社，2013：368.

② 此部分因全省高校实验室到2019年时建立较多，这里只列举省部级以上的实验室。

遵义医学院建有教育部虚拟医学仿真实验教学中心、贵州省基础医学实验教学示范中心（涵盖3个独立实验室：形态学、机能学、微生物学和免疫学实验室）、电子显微镜中心、贵州省免疫分子工程中心、贵州省仿制药物工程研究中心、贵州省高等学校绿色制药工程研究中心、贵州省中药民族药2011协同创新中心；中央财政支持地方高校重点实验室、贵州省生物催化与特色民族药合成国际合作联合实验室。

黔民族师范学院建有牙舟陶艺省级重点实验室1个。

遵义师范学院建有省级特色重点实验室3个。

贵州师范学院建有贵州省纳米材料模拟与计算省级重点实验室。

兴义民族师范学院建有省级特色重点实验室1个。

六盘水师范学院建有贵州省煤炭资源清洁高效利用科研实验平台、贵州省矿山压力与岩层控制工程研究中心、贵州省矿山装备数字化技术工程研究中心、贵州省煤系固体废弃物资源化利用特色重点实验室、贵州省特色农业种质资源开发与利用重点实验室。

贵阳学院建有贵州省高校特色重点实验室5个、实验教学示范中心6个。

贵州工程应用技术学院建有省级特色重点实验室3个。

铜仁学院建有贵州省计算机实验教学示范中心1个，材料制备新技术与应用实验室、梵净山特色动植物资源实验室、锰系新能源材料实验室新增为省级特色重点实验室。

安顺学院建有省级特色重点实验室1个。

贵州理工学院建有贵州省电力大数据重点实验室、贵州省轻金属材料制备技术重点实验室2个省级重点实验室；磷煤资源清洁高效利用特色重点实验室、岩溶工程地质与隐伏矿产资源特色重点实验室、能源化学特色重点实验室3个贵州省普通高校特色重点实验室；流程性工业新过程工程研究中心、氟硅材料工程技术研究中心、农业大数据工程研究中心、新医药微控工程研究中心、无人机应急减灾信息化工程研究中心5个贵州省普通高等学校工程研究中心。

贵州商学院建有1个省级特色重点实验室，2个省级工程研究中心。

黔南民族医学高等专科学校建有省级实验室4个。

铜仁职业技术学院建有国家民委重点实验室中兽药开放实验室。

遵义医药高等专科学校建有国家级中药生药Ⅱ级实验室。

五、教学与科研基地

1977年，遵义医学院恢复院属科学研究所。

1979年，贵阳医学院与贵州省卫生厅在原肿瘤防治研究办公室的基础上，筹建了贵州省肿瘤研究所。1980年成立时有副教授、副研究员、副主任医师5人，助理研究员4人，其他人员17人，下设肿瘤免疫、肿瘤生化、肿瘤细胞病理、肿瘤临床研究等5个研究室。

1984年，贵阳中医学院建立骨伤科研究所和中药微量元素研究所；贵阳医学院建老年医学研究所。同年，贵阳医学院接管贵州省昆虫学会、贵州省动物学会、贵州省微生物学会；卫生部确定中医学院为全国重点骨伤科培训基地之一。

1986 年，贵州大学建立社会学研究所。

1987 年，贵州财经大学建立经济研究室、经济情报室、人口理论研究室；贵州大学建立人口研究中心。

1988 年，国家仪器药品监督管理局在贵阳中医学院第一附属医院成立药物临床试验基地。同年，贵州大学建立贵州省 CAD 应用工程技术中心，并被贵州省科技厅列为省级工程中心；贵州师范大学建立蜡染艺术研究所、教育科学研究所、历史研究所、马克思主义理论教育研究所。

1993 年，贵阳中医学院骨伤科研究所被卫生部定为全国骨伤科医师教学进修基地。

2000 年，贵州大学、贵州师范大学成为贵州省第一批贵州省大学生文化素质教育基地。

2001 年，贵阳中医学院建立民族医药基础研究室、民族医药开发研究室。

2002 年，贵州大学建立省级制造业信息化生产力促进中心；遵义医学院经贵州省卫生厅批准建立贵州省医疗美容专业培训基地。

2003 年，贵州大学建立材料技术创新基地（省级创新基地），成立贵州省人口与可持续发展研究所；贵州首个高等学校人文社会科学研究基地欠发达地区经济研究中心在贵州财经学院成立①。是年，师大地理研究所、生物研究所撤销；贵阳医学院组织工程与干细胞实验中心建成使用。

2004 年，贵州大学中华传统文化与贵州地域文化研究中心和人口、社会、法制研究中心，贵州师范大学文学·教育与文化传播研究基地被确定为贵州省高校人文社会科学研究建设基地②；成立省级人文社科基地中华传统文化与贵州地域文化研究中心；贵州民族学院的贵州世居民族研究中心被确定为贵州省高校人文社会科学研究基地，体育与健康学院为贵州省少数民族传统体育训练基地；贵州财经学院欠发达地区经济发展研究中心被确定为贵州省高校人文社会科学研究建设基地；贵州省教育厅在贵阳医学院公共卫生学院建立贵州省预防艾滋病健康教育师资培训基地。③

2005 年，贵州大学建有机电装备工程技术研究中心（省级）、可行性工程研究中心（省级）、激光技术应用工程中心（省级）、智能控制工程研究中心（省级）。截至 2005 年，贵阳中医学院建有中医基础所、中药研究所、民族医药研究所、微量元素研究所、实验动物研究所、中医骨伤研究所、血液研究所、中医临床第一研究所和第二研究所、中医药信息资料研究所。

2006 年，贵州大学建立的西南药用生物资源工程研究中心被教育部批准为省部共建重点实验中心。同年，贵州大学与贵航集团红林机械有限公司联合组建成立贵州省智能控制工程研究中心（英特利公司）。

2007 年，贵州大学与贵州省地质矿产勘查开发局联合组建的贵州省喀斯特石漠化防治工程技术中心成立；贵州大学空间结构研究中心成立；贵州大学与贵州省中国科学院天然产物化学重点实验室合作成立“贵州大学药学院”；贵州大学与贵阳市人民政府联合成立

---

① 贵州省地方志编纂委员会. 贵州省志（1978-2010）·教育［M］. 贵阳：贵州人民出版社，2017：50.

② 贵州省地方志编纂委员会. 贵州省志（1978-2010）·教育［M］. 贵阳：贵州人民出版社，2017：53.

③《贵州年鉴》编辑部. 贵州年鉴（2005）［M］. 贵阳：贵州年鉴社，2005：291.

贵阳研究院。同年，贵州大学被确定为贵州省第一个国家大学生文化素质教育基地；贵州大学、贵州师范大学、贵阳医学院被确定为贵州省首批研究生教育创新示范基地；贵州财经学院中国西部现代化发展研究中心获批为贵州省高等学校人文社会科学研究基地。

2008 年，贵州大学被科技部列为贵州省首家国际科技合作基地。同年，贵州大学现代制造技术学科，贵州师范大学贵州省智能计算与控制技术工程实验室、信息与计算科学成为贵州省现代制造技术重点学科人才基地；贵州大学建有农药学和农业生物工程创新基地。同年，师大贵州省智能计算与控制技术工程实验室被列为贵州省重点学科人才培养基地；国家天文台—贵州大学天文联合研究中心在贵州大学成立；国家科技局部在贵州大学建立国际科技合作基地；安顺学院建有贵州省屯堡文化研究中心；遵义医学院成为贵州省少数民族体育基地；毕节学院体育系成为贵州省少数民族传统体育项目训练基地。

2009 年，贵州民族学院民主法治研究生教育创新基地被批准为省级研究生教育创新基地；贵阳医学院被认定为国家国际科技合作基地；贵州财经学院应用经济学学科获批为贵州省应用经济学研究生教育创新基地；贵阳中医学院被科技部评为“国家中药现代化科技产业基地建设优秀单位”。

2010 年，贵阳医学院建立教育部民族药中药开发应用工程研究中心；贵阳中医学院与复方中药国家工程中心、贵州苗药药业共建贵州省民族药经皮给药制剂工程技术中心，与贵州百灵企业集团共建民族药（中药）新药发现及评价国家工程技术中心；贵州大学、浙江大学与湄潭县联合建立湄潭新农村建设研究院；安顺学院建立安顺实验室区发展研究中心；六盘水师范学院体育学院获批贵州省国家一级社会指导员资格培训基地。

2011 年，贵州师范大学建成国内第一个喀斯特山地生态环境省部共建国家重点实验室培育基地；遵义医学院体育学院被授予贵州省社会体育指导员一级培训基地；遵义师范学院音乐与舞蹈学院被国家教育部批准为全国高等学校红色经典艺术教育示范基地；毕节学院体育学院成为贵州省一级社会体育指导员培训基地。

2012 年，贵州大学法学院被中央政法委和教育部联合批准为全国首批卓越法律人才教育培养基地；贵州大学入选应用型、复合型法律职业人才教育培养基地和贵州省城镇化人才培训基地；贵州财经学院被批准为贵州省委、省政府重点建设的贵州省经济管理人才培养基地、贵州省金融人才培训基地；铜仁学院梵净山自然文化遗产资源保护与开发利用基础被列为省级高校产学研基地。

2013 年，贵州大学—贵阳市中级人民法院法学教育实践基地（中心）被确定为国家级大学生校外实践教育基地，这是贵州省首次获批国家级大学生校外实践教育基地；贵州民族大学—贵州宏宇健康集团药学实践教育基地被列为教育部本科教学工程建设项目；贵阳医学院细胞工程生物医药技术国家地方联合工程实验室被贵州省卫生厅批准为“贵州省干细胞库”，并获准建立国家干细胞工程技术研究中心贵州省分中心；铜仁学院武陵民族文化研究中心被批准为贵州省高校人文社会科学研究基地；铜仁学院武陵山野菜引种繁殖基础、锰矿资源利用基础获批贵州省高校产学研基地。

2014 年，黔南民族师范学院预科教育学院被贵州省教育厅和贵州省民族宗教事务委员会授为“贵州省民族预科教育基地”；铜仁学院获批国家民委民族理论政策研究基地。

2015 年，贵州科学院与贵州医科大学合作共建食品安全与云技术应用教学基地；贵阳中医学院建省级专业技术人员继续教育基地——贵州中医药健康养生产业人才培训基地。

2016 年，兴义民族师范学院与教育部普通高等学校人文社会科学重点研究基地西南大学西南民族教育与心理研究中心合作成立了兴义民族师范学院田野考察工作站。

2017 年，由贵州师范大学牵头建设的中国南方喀斯特生态环境学科创新引智基地成功入选全国高等学校学科创新引智计划，实现零的突破。[①] 贵州民族大学美术学院被文化部、教育部批准为非遗传承人群国培基地；遵义医学院获批国家卫计委首批临床检验医师规范化培训基地。

2018 年，贵州师范大学心理学被批准为贵州省人文社科示范基地。

2019 年，贵州民族大学贵州地方法治智库获批为贵州省人文社科示范基地；兴义民族师范学院与教育部普通高等学校人文社会科学重点研究基地北京师范大学教师教育研究中心共建西南民族地区教师教育研究中心。

截至 2019 年，贵州师范大学建有国家级众创空间 1 个，省级院士工作站、省级 2011 协同创新中心、省级重点实验室、省级高校人文社科基地、省级人才基地等省部级科研平台等 24 个；省级大学生创业示范中心 2 个，省级实验教学示范中心 1 个；省级贵州省非物质文化遗产传承人群培训基地 1 个、省级贵州非物质文化遗产研究中心 1 个。贵阳学院建有国家级大学生实习实践基地 2 个；省级大学科技园 1 个、省级教师发展中心 1 个、省级专业技术人员继续教育基地 1 个；国家级国家专利保护重点联系基地 1 个、国家级中国专利保护协会贵州研究基地 1 个、国家级科技企业孵化器 1 个；教育部国别和区域研究中心备案基地 1 个、省级高校人文社科研究基地 1 个、产学研基地 6 个；省级工程技术中心 1 个、省级协同创新中心 2 个、实验教学示范中心 6 个、工程技术中心 4 个。安顺学院建有省级院士工作站 1 个、省级 2011 协同创新中心 1 个、省级人文社科研究基地 1 个、省级少数民族传统体育项目训练基地；省级国家职业技能鉴定所 1 个、省级特殊教育师资培训中心 1 个、省教育厅工程中心 1 个；省级社科研究机构 1 个、省级学会 1 个。凯里学院建有特色重点实验室 2 个、实验教学示范中心 3 个、协同创新中心 1 个、人文社科研究基地 1 个、院士工作站 1 个、民族古籍研究基地 1 个、民汉双语服务基地 1 个；另还建有黔东南侗学重点研究基地和州级智库黔东南发展研究院；是教育部·凤凰卫视集团首批“高校数字媒体产教融合创新应用示范基地项目”学校。贵州理工学院建有省级人才基地 2 个：贵州省绿色过程工程人才基地、贵州省地质资源与地质工程人才基地；贵州省普通高等学校工程研究中心 5 个：流程性工业新过程工程研究中心、氟硅材料工程技术研究中心、农业大数据工程研究中心、新医药微控工程研究中心、无人机应急减灾信息化工程研究中心；国家级众创空间（健康智造众创空间）1 个；贵州省贵州理工学院院士工作站 1 个；贵州省特种功能材料 2011 协同创新中心 1 个；还建有贵州省大健康医药产业技术研究院（与乌当区人民政府共建）、贵州省智慧旅游产业发展研究院、贵州省“互联网+”产业技术研究院等教学科研平台。贵州商学院建有贵州省现代商贸物流人才省级基地 1 个，贵州

① 《贵州年鉴》编辑部. 贵州年鉴（2018）[M]. 贵阳：贵州年鉴社，2018：526.

省第四批专业技术人员继续教育省级基地 1 个。

第三节 研究生教育

一、招生

中华人民共和国成立后至改革开放前夕，贵州省内高校均未招收过研究生。

1978 年 3 月，贵州大学、贵州工学院、贵州农学院、遵义医学院、贵阳医学院、贵阳师范学院 6 所院校开始招收研究生。各校按国家统一规定，于当年共招收研究生 58 名。

1979 年，贵阳中医学院开始招收研究生，并开办中医研究生班。当年农学院招收 7 名研究生，遵义医学院招收 2 名研究生，贵阳中医学院招收 7 名研究生，共招收 16 名研究生。

1980 年，贵州师范学院招收 3 名研究生。

1981 年，贵州师范学院招收 1 名研究生，贵州工学院招收 4 名研究生，贵阳中医学院招收 4 名研究生，共招收 9 名研究生。

1982 年，贵州师范学院招收 3 名研究生，贵州工学院招收 13 名研究生，贵阳医学院招收 3 名研究生，遵义医学院招收 10 名研究生，贵阳中医学院招收 3 名研究生，共招收 30 名研究生。

1983 年，贵州大学招收 5 名研究生，贵州师范学院招收 5 名研究生，贵州工学院招收 13 名研究生，贵阳医学院招收 1 名研究生，遵义医学院招收 3 名研究生，贵阳中医学院招收 3 名研究生，共招收 30 名研究生。

1984 年，贵州大学招收 2 名研究生，贵州师范学院招收 4 名研究生，贵州工学院招收 16 名研究生，贵州农学院招收 7 名研究生，贵阳医学院招收 3 名研究生，贵阳中医学院招收 8 名研究生，共招收 40 名研究生。

1985 年，贵州大学招收 17 名研究生，贵州师范大学招收 18 名研究生，贵州工学院招收 22 名研究生，贵州农学院招收 19 名研究生，贵阳医学院招收 25 名研究生，贵阳中医学院招收 6 名研究生，遵义医学院招收 4 名研究生，共招收 111 名研究生。

1986 年，共招收 105 名研究生①。截至 1986 年，贵州大学、贵州师范大学、贵州工学院、贵州农学院、贵阳医学院、贵阳中医学院、遵义医学院 7 所院校有研究生指导教师 144 人，有在校研究生 271 人（比 1985 年的 207 人增加 64 人，增长 30.9%）。贵州省自 1978 年招收研究生以来，招生数平均每年以 10%的速度递增，共招收研究生 419 名，已毕

① 关于 1986 年招收研究生数量，《贵州省志 · 教育》的数据为 105 人，没有详细列举各校招生情况，而在《贵州省志（1978-2010） · 教育》中，该数据为 121 人。本书主要采用《贵州省志 · 教育》的数据。

业 144 名。[①]

1987 年，全省高校招收研究生 83 人，共有在校硕士研究生 315 人。为帮助贵州发展高等教育，国家教委还安排全国重点大学为贵州高等学校定向招收研究生，计划 32 名，实际落实 56 名。

1988 年，全省各高校有在校研究生 262 人，比上年少 53 人；毕业 223 人。

1989 年，国家下达给贵州省招收研究生计划 115 名，通过全国统一考试，实际录取 28 名。当年，毕业研究生 206 人。

1990 年，报考硕士研究生的在职考生 527 人，第一志愿报考省内招生单位的只有 21 人。贵州 9 所高等院校共推荐应届生 58 人，录取 33 人；国家下达给贵州的研究生招生计划 31 人，录取 31 人（其中应届生 18 人，在职人员 13 人）；毕业 237 人。

1991 年，全省报考研究生共计 916 人，其中省内院校应届毕业生推荐报考 314 人，报考省内院校的考生 171 人；国家下达贵州的硕士研究生招生计划 32 人，实际录取 33 人；贵州考生报考省外招生院校或单位被录取的新生，据不完全统计有 53 人；毕业研究生 147 人。

1992 年，贵州省内高校共录取研究生 60 人[②]，毕业 127 人；全省报考研究生共 970 人，报考省内院校的考生只有 246 人。

1993 年，贵州省研究生培养单位 8 个，毕业生 38 人，招生 86 人，在校生 196 人（博士研究生 38 人，硕士研究生 158 人）。[③] 全省共有 880 人报考硕士研究生，其中报考省内院校的考生 206 人；省内 9 所招生单位共录取研究生 84 人。[④]

1994 年，贵州省有研究生培养单位 8 个，毕业生 37 人，招生 102 人，在校生 258 人（博士研究生 43 人，硕士研究生 215 人）；[⑤] 研究生毕业 51 名（含省外院校）。[⑥] 贵州省硕士研究生招生工作仍采取推荐免试、推荐报考和单独招生 3 种形式。全省报考研究生共 815 人，通过参加统招生考试，德智体全面考核，择优录取 91 名硕士研究生（不包括推荐免试和单独招生数）。[⑦]

1995 年，研究生培养单位 8 个，毕业研究生 71 人（不含省外毕业生 9 人），招生 91 人；在校研究生 277 人（博士研究生 33 人，硕士研究生 244 人）；[⑧] 全省报考研究生 994 人，录取硕士生 119 人（含省外）。[⑨]

1997 年，研究生培养单位 7 个，招生 224 人，在校学生 453 人（博士研究生 29 人，

① 《贵州年鉴》编辑部. 贵州年鉴（1987）［M］. 贵阳：贵州人民出版社，1987：607.
② 《贵州年鉴》编辑部. 贵州年鉴（1993）［M］. 贵阳：贵州人民出版社，1993：484.
③ 《贵州年鉴》编辑部. 贵州年鉴（1994）［M］. 贵阳：贵州年鉴社，1994：465.
④ 《贵州年鉴》编辑部. 贵州年鉴（1994）［M］. 贵阳：贵州年鉴社，1994：486.
⑤ 《贵州年鉴》编辑部. 贵州年鉴（1995）［M］. 贵阳：贵州年鉴社，1995：470.
⑥⑦ 《贵州年鉴》编辑部. 贵州年鉴（1995）［M］. 贵阳：贵州年鉴社，1995：502.
⑧ 《贵州年鉴》编辑部. 贵州年鉴（1996）［M］. 贵阳：贵州年鉴社，1996：466.
⑨ 《贵州年鉴》编辑部. 贵州年鉴（1996）［M］. 贵阳：贵州年鉴社，1996：488.

硕士研究生424人），比上年增加120人[①]；毕业硕士研究生91人，比上年增加9人；[②] 全省毕业研究生120人（含省外）。[③]

1998年，研究生招生234人，在校学生588人（博士研究生29人，硕士研究生559人）；[④] 毕业研究生191人。[⑤]

1999年，研究生招生单位8个，招收硕士研究生309人（不包括省外9人），其中贵州大学、贵州工业大学贵阳医学院共推荐优秀本科毕业生免试硕士研究生54人；毕业研究生149人；[⑥] 有在校学生768人（博士研究生35人，硕士研究生733人），比上年增加180人。[⑦]

2000年，研究生培养单位7个，招生458人，在校学生1002人（博士研究生46人，硕士研究生956人），比上年增加234人；毕业研究生218人（不包括省外3人）。[⑧]

2001年，研究生招生659人，在校学生1418人（博士研究生60人，硕士研究生1358人）；毕业研究生231人（省属220人）。[⑨] 当年，国家下达给贵州研究生招生计划449人，全省报名人数2676人，8个硕士招生单位共招收硕士生644人，超额完成计划195人。贵州大学、贵阳医学院、贵州工业大学共推荐优秀本科毕业免试生61人。此外，北京师范大学还为贵州单独定向培养高层次师资计划50人，实际共录取定向研究生27人。[⑩]

2002年，研究生培养单位7个，招生851人（不含省外24人），在校学生1973人（博士研究生79人，硕士研究生1894人）；毕业研究生303人。

2003年，毕业硕士研究生421人。

2004年，研究生培养单位7个，招生2165人，在校学生4457人（博士研究生152人，硕士研究生4305人）；毕业研究生640人（硕士研究生635人，博士研究生5人）。全省通过统招考试录取的硕士研究生2136人，较2003年增加了719人，增长率为50.74%。贵州大学、贵阳医学院录取博士研究生26人，省外院校录取博士研究生3人。[⑪]

2005年，研究生培养单位7个，毕业研究生834人（硕士研究生796人，博士研究生38人），招生2584人，在校研究生6168人（博士研究生193人，硕士研究生5975人），比上年增加1711人。全省硕士研究生招生报名人数为8628人，较上年增加406人，增长17.53%。贵州大学、贵阳医学院录取博士研究生32人。[⑫]

---

① 《贵州年鉴》编辑部. 贵州年鉴（1998）[M]. 贵阳：贵州人民出版社，1998：413.
② 《贵州年鉴》编辑部. 贵州年鉴（1988）[M]. 贵阳：贵州人民出版社，1998：417.
③ 《贵州年鉴》编辑部. 贵州年鉴（1988）[M]. 贵阳：贵州人民出版社，1998：428.
④ 《贵州年鉴》编辑部. 贵州年鉴（1999）[M]. 贵阳：贵州年鉴社，1999：393.
⑤ 《贵州年鉴》编辑部. 贵州年鉴（1999）[M]. 贵阳：贵州年鉴社，1999：409.
⑥ 《贵州年鉴》编辑部. 贵州年鉴（2000）[M]. 贵阳：贵州年鉴社，2000：358.
⑦ 《贵州年鉴》编辑部. 贵州年鉴（2000）[M]. 贵阳：贵州年鉴社，2000：342.
⑧ 《贵州年鉴》编辑部. 贵州年鉴（2001）[M]. 贵阳：贵州年鉴社，2001：324.
⑨ 《贵州年鉴》编辑部. 贵州年鉴（2002）[M]. 贵阳：贵州年鉴社，2002：321-322，338.
⑩ 《贵州年鉴》编辑部. 贵州年鉴（2002）[M]. 贵阳：贵州年鉴社，2002：337.
⑪ 《贵州年鉴》编辑部. 贵州年鉴（2005）[M]. 贵阳：贵州年鉴社，2005：176，275，292.
⑫ 《贵州年鉴》编辑部. 贵州年鉴（2006）[M]. 贵阳：贵州年鉴社，2006：193，282，283.

2007年，研究生培养单位8个，招生3017人，在校生8366人（博士研究生262人，硕士研究生8104人），比上年增加858人；毕业研究生2013人（不含省外67人）。[①] 全省硕士研究生招生报名人数为10486人，比上年增加627人，增长6.36%。省内各研究生招生单位共录取硕士研究生2996人，较上年增加170人，增长6.02%；博士研究生共录取90人，其中贵州大学录取43人、贵阳医学院录取9人、中国科学院地球化学研究所录取38人。[②]

2008年，研究生培养单位8个，录取硕士研究生3352人，录取博士研究生93人，[③] 毕业2458人，在校生9083人（博士研究生294人，硕士研究生8789人）。全省硕士研究生招生报名人数为9576人。

2009年，招生硕士研究生3972人，博士研究生100人，在校生10169人（博士研究生324人，硕士研究生9845人）。毕业研究生2706人。[④] 全省硕士研究生报考人数为10346人。

2010年，录取硕士研究生4327人，在校生11406人（博士研究生282人，硕士研究生11124人），比上年增加1237人。[⑤]

2011年，黔南民族师范学院获教育硕士培养试点单位。当年，研究生培养单位8个，硕士研究生招生4347人，博士研究生招生70人，在校生12436人（博士研究生271人，硕士研究生12165人）。[⑥] 全省硕士研究生招生报考人数为13636人，录取了4504人，较2010年增加177人，增长率为4.09%。[⑦]

2012年，贵州省高等教育研究生培养单位9个，招生4769人，在校生13344人（博士研究生307人，硕士研究生13037人），毕业3820人。[⑧] 全省硕士研究生招生报考人数为15002人，录取4916人，较2011年增加412人，增长率为9.15%；博士研究生录取90人，较2011年增加18人。[⑨] 全省各高校共引进博士研究生665人，其中全职引进298人，柔性引进367人。[⑩]

2013年，研究生培养单位9个，招生4937人，在校生14057人（博士研究生340人，硕士研究生13717人），毕业4093人（包括省外高校）。[⑪]

2014年，研究生培养单位8个，招生5097人，在校生14667人（博士研究生410人，硕士研究生14257人）。毕业研究生4396人，在校研究生14667人。[⑫] 全省硕士研究生考

---

① 《贵州年鉴》编辑部. 贵州年鉴（2008）[M]. 贵阳：贵州年鉴社，2008：333-334.
② 《贵州年鉴》编辑部. 贵州年鉴（2008）[M]. 贵阳：贵州年鉴社，2008：344.
③ 《贵州年鉴》编辑部. 贵州年鉴（2009）[M]. 贵阳：贵州年鉴社，2009：359.
④ 《贵州年鉴》编辑部. 贵州年鉴（2010）[M]. 贵阳：贵州年鉴社，2010：349，350.
⑤ 《贵州年鉴》编辑部. 贵州年鉴（2011）[M]. 贵阳：贵州年鉴社，2011：384.
⑥ 《贵州年鉴》编辑部. 贵州年鉴（2011）[M]. 贵阳：贵州年鉴社，2011：416-417.
⑦ 《贵州年鉴》编辑部. 贵州年鉴（2012）[M]. 贵阳：贵州年鉴社，2012：421.
⑧ 《贵州年鉴》编辑部. 贵州年鉴（2013）[M]. 贵阳：贵州年鉴社，2013：362-363.
⑨ 《贵州年鉴》编辑部. 贵州年鉴（2013）[M]. 贵阳：贵州年鉴社，2013：373.
⑩ 《贵州年鉴》编辑部. 贵州年鉴（2013）[M]. 贵阳：贵州年鉴社，2013：365.
⑪ 《贵州年鉴》编辑部. 贵州年鉴（2014）[M]. 贵阳：贵州年鉴社，2014：345-346.
⑫ 《贵州年鉴》编辑部. 贵州年鉴（2015）[M]. 贵阳：贵州年鉴社，2015：419-420.

试报名人数为17216人，录取5326人，比上年增加263人；博士研究生共录取120人，增加21人。[①]

2015年，研究生培养单位8个，招生5407人，在校生15484人（博士研究生496人，硕士研究生14988人），毕业研究生4538人。[②] 全省硕士研究生考试报考人数为17020人，录取了5525人；博士研究生共录取138人。[③]

2016年，研究生培养单位8个，招生5736人（博士研究生171人，硕士研究生5565人），在校生16448人（博士研究生611人，硕士研究生15837人），毕业研究生4728人。[④] 同年，黔南民族师范学院招学科教学（语文）、学科教学（数学）、学科教学（化学）、学科教学（生物）、学科教学（英语）、学科教学（体育）、学前教育7个方向的全日制教育硕士专业学位研究生50名；并与广州大学联合招收美术艺术硕士、计算机技术工程硕士、化学工程工程硕士、体育教学体育硕士、社会体育指导体育硕士共10名。

2017年，研究生培养单位9个，招生7117人（博士研究生215人，硕士研究生6902人），在校生18591人（博士研究生750人，硕士研究生17841人），毕业研究生4929人。[⑤] 全省硕士研究生报考人数28269人，录取7090人，增加了1324人；博士研究生共录取218人，增加了46人。[⑥]

2018年，研究生培养单位9个；全省硕士研究生报名人数37392人，共录取硕士研究生7662人，比上年增加572人；博士研究生共录取283人，增加65人。有在校生20946，毕业研究生5361人。

二、培养制度

1984年，贵州工学院开始实行本科优秀生免试入学研究生制度。当年，贵州工学院地质矿产勘查专业毕业生陈桑明，由系推荐，经院长批准，成为第一个免试录取的研究生。

1987年，硕士学位研究生学制3年；在职硕士学位研究生学制4年。

1991年，硕士生招生工作仍采取推荐免试、推荐报考和单独招生3种形式。

1994年3月，美国奥克兰大学校长代表团访问贵州，与贵州省教委就相互派学者讲学、进修及联合培养硕士研究生等项目签订协议[⑦]。

1997年，开展在职人员以同等学力申报硕士学位工作，改变硕士研究生教育形式的单

---

① 《贵州年鉴》编辑部. 贵州年鉴（2015）［M］. 贵阳：贵州年鉴社，2015：419，432.

② 《贵州年鉴》编辑部. 贵州年鉴（2016）［M］. 贵阳：贵州年鉴社，2016：179，480.

③ 《贵州年鉴》编辑部. 贵州年鉴（2016）［M］. 贵阳：贵州年鉴社，2016：495.

④ 《贵州年鉴》编辑部. 贵州年鉴（2017）［M］. 贵阳：贵州年鉴社，2017：499-500.

⑤ 《贵州年鉴》编辑部. 贵州年鉴（2018）［M］. 贵阳：贵州年鉴社，2018：518.

⑥ 《贵州年鉴》编辑部. 贵州年鉴（2018）［M］. 贵阳：贵州年鉴社，2018：530.

⑦ 贵州省地方志编纂委员会. 贵州省志（1978-2010）·教育［M］. 贵阳：贵州人民出版社，2017：37.

一局面。①

1999 年，经专家复评、审议，贵州省评估合格硕士学位授权点有：贵大植物学；贵州工业大学水工结构工程学；医学院耳鼻咽喉科学、针灸推拿学；遵义医学院内科学·呼吸系统、妇产科学、生理学。以上由专家重新评估合格的硕士学位授权点可继续行使学位授予权。②

2001 年 8 月至 9 月，贵州省学位办组织有关专家对全省研究生课程进修班进行质量专核评估。这次考评工作是以随机抽查与重点考核相结合的方式，由接受考评的单位按考核评估内容进行自查并写出报告，再通过实地听、查、看、访、议的形式进行。当年，考评单位有贵州教育学院、贵州省社科院、贵州师范大学。考评结果为合格，贵州省学位办将考评结果通过新闻媒体向社会公布。③

2002 年，贵州大学农药学和计算机专业首次招收博士研究生 7 名。④ 同年，贵州省制定博士单位、博士点、硕士单位、硕士点评估指标体系，并组织 60 余名专家、分 8 个学科组对申报的 8 个单位、93 个点进行评估。贵州省教育厅从高校发展专项资金中拿出 500 万元对条件较好的博士点和硕士单位进行重点支持。⑤ 同年，贵州省教育厅和贵州省学位委员会下发了《关于评选省级优秀毕业论文和毕业设计的通知》后，又制定了《贵州省普通高等院校硕士毕业生省级优秀论文评选办法》，从论文的科学性、创造性、效益性 3 个方面，从选题、观点、结论、论证、学术创新、方法创新效益综合评价 6 个角度，制定评选标准，并成立了贵州省普通高等学校 2002 年硕士优秀毕业生论文评审专家组。专家组分为 4 个大学科，对全省高校推荐的优秀硕士论文进行了评审、讨论、投票，共评出一等奖 3 个，二等奖 11 个，三等奖 13 个，对获奖作者及指导教师给予了奖励。⑥

2004 年，贵州省教育厅、贵州省政府学位委员会办公室联合下发了《关于加强和改进学位与研究生教育工作的意见》《贵州省关于加强硕士研究生培养工作暂行规定》《贵州省学位与研究生教育学会章程》《贵州省硕士学位授权点及研究生教育评估指标体系》等文件。⑦

是年 9 月 23 日至 24 日，贵州省教育厅、贵州省政府学位委员会办公室在清镇组织召开全省第一次学位与研究生教育工作会议，会议对全省学位与研究生教育工作进行经验交流和讨论⑧。

2005 年，贵州省启动少数民族高层次骨干人才培养计划，拟在 5 年内培养 2000 余名少数民族硕士生和博士生。⑨ 该计划是教育部、财政部、国家发改委国家民委、人事部联

---

① 《贵州年鉴》编辑部. 贵州年鉴（1998）［M］. 贵阳：贵州年鉴社，1998：417.
② 《贵州年鉴》编辑部. 贵州年鉴（2000）［M］. 贵阳：贵州年鉴社，2000：350.
③ 《贵州年鉴》编辑部. 贵州年鉴（2002）［M］. 贵阳：贵州年鉴社，2002：328.
④ 《贵州年鉴》编辑部. 贵州年鉴（2003）［M］. 贵阳：贵州年鉴社，2003：356-357，379.
⑤ 《贵州年鉴》编辑部. 贵州年鉴（2003）［M］. 贵阳：贵州年鉴社，2003：363.
⑥ 《贵州年鉴》编辑部. 贵州年鉴（2003）［M］. 贵阳：贵州年鉴社，2003：368.
⑦ 《贵州年鉴》编辑部. 贵州年鉴（2005）［M］. 贵阳：贵州年鉴社，2005：282.
⑧ 贵州省地方志编纂委员会. 贵州省志（1978-2010）·教育［M］. 贵阳：贵州人民出版社，2017：52.
⑨ 《贵州年鉴》编辑部. 贵州年鉴（2006）［M］. 贵阳：贵州年鉴社，2006：291.

合实施的人才培养计划，旨在为西部大开发培养高层次本土人才，为西部发展提供智力支持。此后两年贵州省完成计划数皆居全国前列。

2007 年，为加强全省研究生创新能力培养，进一步提高培养质量，贵州省学位办决定在相关高校分期分批建立研究生教育创新基地，并确定贵州大学、贵州师范大学、贵阳医学院为贵州省首批研究生教育创新示范基地。① 是年，完成 2008 年 1077 名报考该计划硕士研究生和 226 名博士研究生报名资格审查工作，并与 163 名拟录取为少数民族高层次骨干人才培养计划非在职硕士、博士考生签订了《定向培养协议书》。②

2009 年，贵州省制订《贵州省 2008－2015 年新增博士学位授予单位立项建设规划》。同年，贵州师范大学被确定为“贵州省新增博士学位立项建设单位”，制订了《贵州师范大学博士授权立项建设单位规划》，并按时向国务院学位办上报省、校两级建设规划。③

2015 年，为积极推动各研究生培养单位进一步加强与各实习基地、相关行业企业交流与合作，开展跨学科、跨单位团队式的联合培养，加大案例教学与实践教学的比例，增强研究生创新能力、实践能力和职业能力，贵州省教育厅、贵州省学位委员会共遴选建设首批贵州省研究生精品课程 7 门；首批贵州省专业学位课程案例库 21 个；第三批贵州省专业学位研究生工作站 10 个；第五批贵州省研究生教育教学改革重点课题 15 项。同时，为营造尊师重教良好氛围，进一步激发广大导师开拓创新、努力工作的积极性，争当学高为师、身正为范的楷模，共评选出首批贵州省研究生教学成果奖 19 项，贵州省第二批优秀博士生导师 5 人，贵州省第二批优秀硕士生导师 22 人。④

同年，为加快建设以培养单位质量保证为主体，教育行政部门监管为引导，学术组织、行业部门和社会机构积极参与的学位与研究生教育质量监控体系建设，贵州省采取以下措施全力推动硕士学位论文抽检工作制度化和常态化：第一，贵州省教育厅、贵州省学位委员会委托教育部学位与研究生教育发展中心对全省 246 篇抽检硕士学位论文进行了通讯评议，同时聘请省内高校相关专家进行论文复评，最终评议结果为：合格学位论文 237 篇，被认定为“存在问题学位论文”9 篇，占总抽检论文数的 3.66%。同时对 2014 年论文抽检中 3 位专家评议意见均为“优秀”的论文指导教师给予了“贵州省硕士论文抽检优秀指导教师”称号。第二，进一步强化研究生教育质量常态化监控，在省级研究生教育质量信息平台上发布各研究生培养单位《学位与研究生教育质量 2015 年度报告》，全面接受社会监督。第三，主办贵州省第二届“硕博论坛”。贵州省“硕博论坛”是省级研究生质量监控体系的重要内容，是全省影响范围最广、号召力最强的研究生学术交流平台。2015 年 12 月，贵州省第二届“硕博论坛”开幕式在贵州大学举行，著名文化学者、北京师范大学博士生导师于丹教授应邀担任本届论坛的开幕主讲嘉宾，共 4000 余名师生参加。论坛分名师讲坛、优秀主讲人遴选和优秀论文评选等多个阶段，设立理工类、农林类、政法

---

① 《贵州年鉴》编辑部. 贵州年鉴（2008）[M]. 贵阳：贵州年鉴社，2008：337.
② 《贵州年鉴》编辑部. 贵州年鉴（2008）[M]. 贵阳：贵州年鉴社，2008：342.
③ 《贵州年鉴》编辑部. 贵州年鉴（2010）[M]. 贵阳：贵州年鉴社，2010：353.
④ 《贵州年鉴》编辑部. 贵州年鉴（2016）[M]. 贵阳：贵州年鉴社，2016：490.

教育类、财经管理类、外语类、人文艺术类、医学类7个分论坛，共评选出98名“优秀主讲人”和360篇优秀学术论文。①

2016年，开展全省博士硕士学位授权学科和专业学位授权类别动态调整工作；同时着力实施省级重点学科计划和研究生教育创新计划。同年，全省共增列第八批省级重点学科13个，第六批省级重点支持学科11个，并对2014年立项建设的27个省级重点学科开展了中期检查；遴选出首届研究生导师工作室11个、研究生工作站10家、专业学位研究生课程案例库15个、研究生教育教学改革重点课题15项、首届研究生科研基金立项课题15项，并完成了研究生教育创新计划项目中期检查、结题验收工作。②

2017年11月，根据《国务院教学督导委员会办公室关于做好2017年硕士学位论文抽检工作的通知》精神，贵州省学位办下发了关于开展2016～2017学年度硕士学位论文抽检工作的通知，并委托第三方通讯评议，对全省8家单位（7家研究生培养单位和黔南民族师范学院）5346篇论文（学术型2566篇，专业型2780篇）按不低于5%的比例进行随机抽检，共抽检论文269篇，其中，合格学位论文265篇，占总抽检论文数的98.51%；被认定为“存在问题”学位论文4篇，占总抽检论文数的1.49%。③

2017年，贵州师范大学马克思主义理论、中国语言文学、数学和地理学4个博士学位授权一级学科通过教育部专项评估。④

2018年，贵州大学、贵州民族大学、贵州财经大学3家试点高校上报研究生课程改革总结报告：高校应加强研究生不同培养阶段课程的整合、衔接，针对学术型与专业型研究生课程体系存在的问题，结合不同的培养目标，对学位公共课和学位基础课及专业选修课进行调整，初步建立了学术学位和专业学位的分类型的课程体系，增加学科前沿课程的课程教学。

三、学位授予与专业学位点

1986年，新增贵州大学、贵州师范大学为硕士学位授予单位。同年7月，国家学位委员会批准贵州高等学校设置硕士研究生的学科、专业点21个：贵州大学汉语史、基础数学；贵州师范大学辩证唯物主义和历史唯物主义、普通心理学、自然地理学；贵州工学院的采矿工程；贵州农学院的动物遗传育种；贵阳医学院的人体解剖学、微生物学与免疫学、药理学、外科学（骨科）、针灸学、妇产科学、耳鼻咽喉科学、神经病学、放射诊断学；贵阳中医学院的“各家”学说、中医内科学、针灸学、中医骨伤科学、中药学。截至1986年，全省高等学校有硕士学位授予单位8个，有硕士学位授予权的学科、专业39个。⑤

1987年，经国家教委批准，贵州高等学校招收攻读硕士学位研究生的院校和学科有：

① 《贵州年鉴》编辑部. 贵州年鉴（2016）［M］. 贵阳：贵州年鉴社，2016：490.

② 《贵州年鉴》编辑部. 贵州年鉴（2017）［M］. 贵阳：贵州年鉴社，2017：510.

③④ 《贵州年鉴》编辑部. 贵州年鉴（2018）［M］. 贵阳：贵州年鉴社，2018：526.

⑤ 《贵州年鉴》编辑部. 贵州年鉴（1987）［M］. 贵阳：贵州年鉴社，1987：607.

贵州大学基础数学、理论物理、物理化学，汉语史、中国古代史、辩证唯物主义和历史唯物主义，英语语言文学；贵州师范大学辩证唯物主义和历史唯物主义、普通心理学、世界上古史、世界中古史、中国近现代史、物理化学、植物学、基础数学、中国古代史、现代汉语、体育教学理论与方法、自然地理学；贵州工学院采矿工程、分析化学、物理化学、机械制造、理论电工、电力系统及其自动化、有色金属冶金、水工结构工程、结构工程；贵州农学院作物栽培与耕作学、植物生理生化、植物遗传育种、土壤学、动物遗传育种、作物营养与施肥、农业气象学、昆虫学、农业微生物学、果树学、草原科学、造林学、植物病理学；贵阳医学院的人体解剖学、组织胚胎学、微生物与免疫学、人体寄生虫学、生理学、病理解剖学、药理学、病理生理学、环境卫生学、劳动卫生与职业病学、针灸学、内科学、骨外科学、普通外科学、妇产科学、神经病学、耳鼻咽喉科学、皮肤病学、放射诊断学；贵阳中医学院的各家学说、金匮要略、中医内科学、中医骨伤科学、中医儿科学、中医妇科学、中医学；遵义医学院的人体解剖学、病理解剖学、卫生学、生理学、外科学。①

1993 年，经国务院学位委员会批准，贵州大学、贵州工学院、贵州农学院、贵阳医学院等共新增 9 个硕士学位授予点：贵州大学人口学、中国古代文学、英语语言文学、计算机科学理论；贵州工学院固体力学；贵州农学院作物栽培学与耕作学、土壤学、农业经济及管理；贵阳医学院环境卫生学。至此，全省已有 60 个专业具有硕士学位授予权。②

1994 年，贵州大学硕士点基础数学专业、贵州师范大学硕士点马克思主义哲学专业，顺利通过国家教委、国务院学位委员会第二批硕士点评估。③

1999 年，贵州拟建增列基础数学、微生物学、动物学、病原生物学、分子生物学、中医骨伤科学、数学教育（课程与教学论）为博士点；拟建增列机械设计制造及自动化、控制理论与控制工程、企业管理、数学与应用数学为硕士点。④

2000 年，经国务院学位委员会批准，贵州大学获得了博士学位授予资格，其计算机软件与管理和农药学两个专业具有博士学位授予权，从而结束了贵州无博士点的历史；贵阳医学院和遵义医学院获得了临床医学专业硕士学位授予权；遵义医学院获得了口腔医学专业学位授予权。当年，全省新增硕士点 45 个（国务院批准新增 21 个、批准贵州自主审核新增 24 个）。⑤

2002 年，贵州省高等教育研究生培养单位 7 个，招生 875 人（省属高校录取 851 人），在校学生 1973 人（博士生 79 人，硕士生 1894 人），比上年增加 555 人。毕业研究生 303 人。贵州大学农药学和计算机专业首次招收博士生 7 名。⑥

2004 年，贵州省有高校 41 所，博士单位 2 个，博士点 5 个；硕士单位 7 个，硕士点

① 《贵州年鉴》编辑部. 贵州年鉴（1988）[M]. 贵阳：贵州人民出版社，1988：628.
② 《贵州年鉴》编辑部. 贵州年鉴（1994）[M]. 贵阳：贵州年鉴社，1994：471，473.
③ 《贵州年鉴》编辑部. 贵州年鉴（1995）[M]. 贵阳：贵州年鉴社，1995：484.
④ 《贵州年鉴》编辑部. 贵州年鉴（2000）[M]. 贵阳：贵州年鉴社，2000：349.
⑤ 《贵州年鉴》编辑部. 贵州年鉴（2001）[M]. 贵阳：贵州年鉴社，2001：329，331.
⑥ 《贵州年鉴》编辑部. 贵州年鉴（2003）[M]. 贵阳：贵州年鉴社，2003：356，357，379.

155 个。①

2005 年，在国务院学位委员会第十次学位授权审核申报工作中贵州省新增硕士学位授予单位 1 个（贵州民族学院）、新增（增列）博士学位授权一级学科点 1 个、博士学位授权学科点 3 个、硕士学位授权一级学科点 19 个、硕士学位授权学科点 65 个。至此，全省累计有博士学位授予单位 2 个、硕士学位授予单位 7 个、博士学位授权一级学科点 1 个、博士学位授权点 8 个、硕士学位授权一级学科点 19 个、硕士学位授权学科点 210 个。②

2009 年 7 月 17 日，贵州省首个医学博士后流动站在贵州省人民医院挂牌③。

2010 年，经国务院学位委员会第二十八次学位委员会审议批准，全省新获得博士学位授权一级学科共 7 个，其中贵州大学 6 个（含 1 个建设学科）、贵阳医学院 1 个；硕士学位授权一级学科 52 个，其中贵州大学 20 个、贵州师范大学 11 个、贵阳医学院 5 个、遵义医学院 4 个、贵阳中医学院 2 个、贵州财经学院 5 个、贵州民族学院 5 个。④

2011 年，贵州省有博士授予单位 2 个，硕士授予单位 7 个，一级学科博士学位授权点 10 个，硕士学位授权点 89 个。

2014 年，经国务院学位委员会批准，7 家研究生培养单位共调整和新增硕士专业学位授权点 17 个（含调整 1 个），其中，贵阳中医学院：护理、公共管理；遵义医学院：护理、公共管理；贵阳医学院：体育、应用心理；贵州财经大学：会计、翻译；贵州民族大学：新闻与传播、艺术、工程硕士（环境工程）；贵州师范大学：旅游管理、体育；贵州大学：风景园林、金融、汉语国际教育、工程硕士（动力工程）。⑤ 至此，贵州省硕士专业学位授权点由原来的 25 个增至 42 个，授权类别由原来的 18 种增至 26 种，其中汉语国际教育、体育、应用心理、新闻与传播、风景园林、护理、会计、旅游管理 8 类硕士专业授权点填补了贵州省高校空白。

2016 年，全省学位授予单位主动撤销学位点共 10 个，其中硕士学位授权学科 7 个，硕士专业学位授权点 3 个；学位授予单位自主增列学位点 6 个，其中硕士学位授权一级学科 2 个，硕士专业学位授权类别 4 个，贵州省学位委员会统筹增列硕士专业学位授权点 1 个。⑥

2016 年，黔南民族师范学院拟招学科教学（语文）、学科教学（数学）、学科教学（化学）、学科教学（生物）、学科教学（英语）、学科教学（体育）、学前教育 7 个方向的全日制教育硕士专业学位研究生 50 名；并与广州大学联合招收美术艺术硕士、计算机技术工程硕士、化学工程工程硕士、体育教学体育硕士、社会体育指导体育硕士共 10 名。

---

① 《贵州年鉴》编辑部. 贵州年鉴（2005）[M]. 贵阳：贵州年鉴社，2005：280.

② 《贵州年鉴》编辑部. 贵州年鉴（2006）[M]. 贵阳：贵州年鉴社，2006：287.

③ 贵州省地方志编纂委员会. 贵州省志（1978-2010）·教育 [M]. 贵阳：贵州人民出版社，2017：58.

④ 《贵州年鉴》编辑部. 贵州年鉴（2011）[M]. 贵阳：贵州年鉴社，2011：387，389.

⑤ 《贵州年鉴》编辑部. 贵州年鉴（2015）[M]. 贵阳：贵州年鉴社，2015：429.

⑥ 《贵州年鉴》编辑部. 贵州年鉴（2017）[M]. 贵阳：贵州年鉴社，2017：510.

2016 年，贵州师范学院、六盘水师范学院、安顺学院、凯里学院、铜仁学院、兴义民族师范学院入选贵州省“十三五”硕士学位授予立项建设单位。①

2017 年，全省增列贵州财经大学、贵阳学院 2 家博士、硕士学位授予单位。增列博士硕士学位授权点 57 个，其中博士学位授权一级学科点 13 个、博士专业学位授权点 1 个、硕士学位授权一级学科点 21 个、专业学位硕士授权点 22 个。截至 2017 年，贵州博士学位授权体系在原有的理学、工学、农学、医学法学、文学学科门类基础上，又增加了哲学、经济学教育学、管理学学科门类，扩展到 10 大学科门类（历史学、艺术学、军事学除外）。截至 2017 年底，全省共有研究生培养单位 8 家，其中，博士学位授予单位 4 家，硕士学位授予单位 4 家。博士学位授权点 28 个。硕士学位授权一级学科 109 个，覆盖 72 个一级学科。专业学位硕士授权点 63 个，专业学位类别 32 种；学士学位授予单位 27 家，包括 18 家普通本科高校、8 家独立学院和中国航天科工集团公司 061 基地。②

第四节　省（国家）级重点（一流）学科与高校经费

一、省（国家）级重点（一流）学科

（一）省级

1992 年 11 月，贵州省政府批准全省高校第一批重点学科 11 个，分别是：贵州大学化学、计算机学科与技术，贵州农学院植物生理生化、造林生态，贵州工学院电力系统自动化、采矿工程，贵州师范大学的自然地理学，贵阳医学院的病理学与病理生物学，贵阳中医学院的中药学，贵州民族学院的民族学，遵义医学院的药理学。同年，贵州省教育厅对省属 11 个重点学科所需教学仪器设备进行了充实。

1996 年，贵州省教委在政策和资金上对省属重点学科实行财政与师资倾斜政策。

1998 年，贵州省教育厅制定《贵州省高校省级重点学科建设的意见》和《贵州省高校省级重点学科专项经费管理办法》，并部署第二批省级重点学科申报工作任务。

2000 年，贵州省遴选出第二批 13 个省级重点学科，分别是：贵州大学基础数学、微生物学、动物学，贵州工业大学机械设计制造及自动化、控制理论与控制工程，贵州师范大学数学教育，贵州财经学院企业管理，贵州民族学院数学与应用数学 · 课程与教学论、法学，贵阳医学院病原生物学，遵义医学院分子生物学，贵阳中医学院中医骨伤科学、中医基础理论。

---

① 《贵州年鉴》编辑部. 贵州年鉴（2017）［M］. 贵阳：贵州年鉴社，2017：510.

② 《贵州年鉴》编辑部. 贵州年鉴（2018）［M］. 贵阳：贵州年鉴社，2018：525.

截至2000年，在省级重点学科建设的推动下，各高等院校也相继建立起各自的校级重点学科，形成建设学科群、选拔和培养学科带头人、建设学术梯队的高校建设的新风气。

2001年，贵州省教育厅对全省首批省级重点学科的学科现状、经费来源、使用情况、完成省部级以上科研项目及重大科研成果、出版的学术专著（译著）、统编教材、公开发表的论文、建立的“科教”基地、参加的国内外学术会议、今后的建设与发展规划进行全面评估。贵州大学的植物生理化、造林学、化学、计算机理论与技术，贵州工业大学的电力系统自动化，贵阳医学院的病理学，贵阳中医学院的中药学，遵义医学院的药理学被评为优秀学科；贵州师范大学的自然地理学、贵州工业大学的采矿工程、贵州民族学院的民族学被评为合格学科。同年，贵阳医学院人体解剖与组织胚胎学学科被批准为贵州省省级重点学科。

是年10月29日至11月2日，贵州省教育厅组织专家对全省高校第一批11个省级重点学科进行评估①。

2002年，贵州民族学院法学学科、贵阳医学院生物化学与分子生物学被批准为省级重点学科。

截至2004年，贵州工业大学在办学期间，曾建有机械制造及自动化、控制理论与控制工程、电力系统及其自动化、采矿工程、矿物学岩石学矿床学、结构工程、计算机科学与技术7个省级重点学科。

2006年，贵州师范大学人文地理学、贵州民族学院社会学、贵州财经学院统计学、贵阳中医学院针灸推拿学科被评为贵州省级重点学科。同年，贵阳医学院列入省属重点大学。

2007年5月，贵州民族学院列入省属重点大学。

2009年6月5日，通过国家“211工程”部际协调办评审的贵州大学绿色农药与有害生物治理工程、贵州优势磷矿资源综合利用及深加工、西南喀斯特资源环境与地质灾害防治、现代制造技术、新一代电子信息功能材料及器件、复杂系统的控制优化与可靠性、高原山地畜牧学、民族区域发展学8个学科建设项目启动②。同年，铜仁学院凝聚态物理学科、贵阳学院生态学获批为省级重点支持学科。

2011年，贵州师范大学地理学、贵州民族学院法学、贵州财经学院应用经济学学科入选为省级特色重点学科；遵义师范学院中国语言文学、安顺学院特殊教育学被列为贵州省第一批特色重点学科。

2012年，贵州大学矿业工程一级学科、贵州师范大学马克思主义理论、贵州财经大学统计学学科遴选为省级特色重点学科；贵州民族大学西南民族地区社会管理博士特殊需求人才培养项目成为省级重点学科。

2013年，铜仁学院野生动植物保护与利用学科被批准为省级重点学科。

---

① 贵州省地方志编纂委员会. 贵州省志（1978-2010）·教育［M］. 贵阳：贵州人民出版社，2017：47.

② 贵州省地方志编纂委员会. 贵州省志（1978-2010）·教育［M］. 贵阳：贵州人民出版社，2017：58.

2014 年，贵州师范大学心理学成为贵州省重点学科；贵州民族大学民族学、遵义医学院免疫学获贵州省特色重点学科；贵州财经大学公共管理一级学科被列为贵州重点建设特色学科；贵阳学院教育学、铜仁学院职业技术教育获批为省级重点支持学科；铜仁学院民族文化遗产学、凯里学院旅游管理学科被列为贵州省重点学科。

2014 年，教育部、农业部、国家林业局下发《关于批准第一批卓越农林人才教育培养计划改革试点项目的通知》，贵州大学、铜仁学院入选第一批卓越农林人才教育培养计划项目试点高校，其中贵州大学获得拔尖创新型、复合应用型试点项目各 1 项，铜仁学院获得实用技能型试点项目 1 项。①

2015 年，贵州财经大学马克思主义理论、贵阳学院材料科学和生态学获批为省级重点学科；遵义医学院基础医学学科、药学学科双双成为省级特色重点学科；贵阳学院应用经济学、铜仁学院凝聚态物理获批为省级重点建设学科；铜仁学院应用化学和教育学、凯里学院设计学、遵义师范学院马克思主义理论一级学科、六盘水师范学院植物学和动物学获批为省级重点支持学科。

2016 年，贵州大学机械工程一级学科获批为贵州省特色重点学科；贵州师范大学计算机科学与技术学科、遵义师范学院、铜仁学院民族文化遗产学中国史学科成为省级重点学科；贵阳学院信息与通信工程和采矿工程、凯里学院音乐学、贵州商学院工商管理学科被列为省级重点支持学科；贵州工程应用技术学院矿业工程一级学科增列为省级重点建设学科。同年，遵义师范学院马克思主义学院被贵州省委宣传部、贵州省教育厅批准遴选为贵州省高校马克思主义重点学院。

2017 年，贵州师范大学地理与环境科学学院与喀斯特研究院联合申报地理学为贵州省国内一流学科并获批准；贵州民族大学法学和社会学、遵医药学和麻醉学入选贵州省国内一流建设学科。黔南民族师范学院中国语言文学和数学（一级学科）、贵阳学院生态学、铜仁学院教育学获批省级区域内一流建设培育学科；铜仁学院农村区域发展专业成为贵州省一流师资团队培育项目；贵州商学院马克思主义学院获批为贵州省“双一流”课程建设群项目立项；铜仁学院林学被列为省级重点一级学科。同年，贵州师范学院获批省级一流大学建设项目建设单位。

2018 年，贵州大学计算机科学与技术一级学科、贵州师范大学马克思主义理论学科获批贵州省区域一流建设学科；贵州师范大学心理学、贵州民族大学中国语言文学、贵州财经大学应用经济学学科和马克思主义理论获批为贵州省区域内一流建设学科。遵义医学院临床检验获批省级重点专科培育项目；贵阳学院教育学被列为贵州省重点学科。

截至 2019 年，贵州理工大学已建立有材料科学与工程 1 个省区域内一流建设培育学科，材料科学与工程、地质资源与地质工程 2 个省级重点学科，航空宇航科学与技术学科 1 个省级特色重点培育学科，管理科学与工程、计算机应用技术、机械制造及其自动化 3 个学科省级重点支持学科，电力系统及其自动化、化学工艺 2 个省级重点支持培育学科。

---

① 《贵州年鉴》编辑部. 贵州年鉴（2015）[M]. 贵阳：贵州年鉴社，2015：428.

（二）国家级

2007 年，贵州大学农药学被教育部批准为国家级重点学科，实现贵州高校没有国家级重点学科零的突破。① 贵阳中医学院中药学（民族药学）新增为国家重点（培育）学科（贵州省高校此前仅有 1 个国家重点学科）；② 遵义医学院药理学学科获批成为国家重点培育学科。

2013 年，遵义医学院临床护理被列为国家临床重点专科。

2017 年，贵州大学植物保护学科被列为国家“世界一流建设学科”。③

二、高校经费④

1986 年，全省高等教育经费为 5383.12 万元，占全省教育经费支出总额的 12.80%。在高等教育经费支出总数中，工资、补助工资、职工福利费、离休退休费和学生人民助学金为 2429.01 万元，占高教经费支出总数的 45.12%。高教事业基建投资 2959.13 万元，占全省教育事业基建投资总额的 32.05%。

1987 年，高等教育经费为 6463.84 万元，占全省教育总经费的 14.26%。

1988 年，高等教育经费为 6905.1 万元，占 12.88%。其中人员经费为 3347.9 万元，占高等教育经费的 48.48%；公用经费为 3557.2 万元，占高等教育经费的 51.52%。

1989 年，高等教育事业费为 7963.6 万元，占全省教育事业总经费的 14.24%。其中，人员经费为 3908.2 万元，占 49.08%；公用经费为 4055.4 万元，占 50.92%。

1991 年，全省高等教育事业费（含普通本、专科院校及电大、短期职大、教育学院）为 9415 万元，占总支出的 13.4%。其中，人员经费为 4952 万元，占高等教育费的 52.60%；公用经费为 4463 万元，占高等教育费的 47.40%。高等教育事业费比上年增加 345.8 万元，增长 3.81%。

1992 年，高等教育事业费为 10699.4 万元，占事业费总支出的 12.34%。其中，人员经费为 6061.7 万元，占高等教育费的 56.65%；公用经费为 4637.7 万元，占高等教育费的 43.35%。实际支出中，高等教育事业费增加 1254.4 万元，增长 13.64%。

1993 年，高等教育事业费为 10805 万元，占事业费总支出的 11.42%。其中，人员经费为 6294 万元，占 58.25%；公用经费为 4511 万元，占 41.75%。实际支出中，高等教育事业费增加 105.6 万元，增长 0.99%。

1994 年，高等教育事业费实际支出为 13768.5 万元，占事业费总支出的 10.88%，比上年下降 0.54 个百分点。其中，人员经费占 67.5%；公用经费占 32.5%。普通高校生均经费为 3925 元，比上年增加 238.84 元，增长 6.48%；普通高校生均公用费为 1245.1 元，

① 《贵州年鉴》编辑部. 贵州年鉴（2008）[M]. 贵阳：贵州年鉴社，2008：337.
② 《贵州年鉴》编辑部. 贵州年鉴（2013）[M]. 贵阳：贵州年鉴社，2013：368.
③ 《贵州年鉴》编辑部. 贵州年鉴（2018）[M]. 贵阳：贵州年鉴社，2018：525.
④ 本部分数据皆源自历年《贵州年鉴》。

比上年增加 34. 32 元，增长 29. 82%。

1995 年，高等教育事业费实际支出为 16686 万元，占事业费总支出的 11. 65%，比上年上升 0. 77 个百分点，其中人员经费占 67. 17%，公用经费占 32. 83%。普通高校生均经费为 4256. 14 元，比上年增加 331. 14 元，增长 8. 44%；普通高校生均公用费为 1397. 44 元，比上年增加 152. 34 元，增长 12. 24%。

1997 年，人员经费占高等教育费的 67. 29%；公用经费占高等教育费的 32. 71%。普通高校生均经费为 4867. 54 元，比上年增长 8. 74%；普通高校生均公用费为 1591. 94 元，比上年增长 1. 89%。

1998 年，全省高等教育事业费中，普通高校人员经费占高等教育费的 63. 31%；公用经费占高等教育费的 36. 69%。普通高校生均经费为 4789 元，比上年减少 1. 61%；普通高校生均公用费为 1716 元，比上年增长 7. 79%。

2000 年，人员经费占高等教育费的 87. 92%；公用经费占高等教育费的 12. 08%。普通高校生均经费为 5752 元，比上年减少 17. 04%；普通高校生均公用费为 2533 元，比上年增长 11. 99%。

2001 年，人员经费占高等教育费的 82. 78%，公用经费占高等教育费的 17. 22%。普通高校生均经费为 2124. 57 元；普通高校生均公用费为 408. 10 元。

2002 年，人员经费占高等教育费的 77. 25%，公用经费占高等教育费的 22. 75%。普通高校生均经费为 3201. 67 元，普通高校生均公用费为 726. 58 元。

2004 年，人员经费占高等教育费的 78. 84%，公用经费占高等教育费的 21. 16%。普通高校生均经费为 3288. 05 元，普通高校生均公用费为 725. 52 元。

2005 年，贵州省高等学校安排 32098. 6 万元，比上年增加 13527. 6 万元，增长 72. 84%；实际完成 58120 万元，比上年增加 26034 万元，增长 81. 14%。全年高等教育新增固定资产投资 176913. 7 万元，使用率为 123. 62%。

2007 年，贵州省高等教育实际完成投资 7. 70 亿元，比上年减少 8307 万元，降低 10%。省属高校及事业单位资产总额清查数为 49. 10 亿元，其中固定资产账面原值 24. 16 亿元，净值 24. 16 亿元，经清理后固定资产余额 24. 57 亿元。

2008 年，普通高校生均预算内教育事业费 5243. 47 元，增长 5. 69%，普通高校生均公用经费 1157. 96 元，增长 18. 07%。

2009 年，普通高校生均经费 6834. 87 元，增长 30. 35%，普通高职高专生 4763. 48 元，增长 19. 30%；普通高校生均公用经费 2609. 70 元，增长 125. 37%，普通高职高专生均公用经费 1187. 41 元，增长 58. 39%。

2010 年，全省教育经费总收入 366. 90 亿元，比上年增长 18. 81%。其中国家财政性教育经费 313. 71 亿元，增长 16. 58%；民办学校投入经费 1. 59 亿元，增长 103. 85%；社会捐赠办学经费 0. 68 亿元，增长 19. 30%；事业收入 45. 33 亿元，增长 25. 78%；其他收入 5. 60 亿元，增长 33. 33%。全省财政预算内教育经费拨款 295. 42 亿元，比上年增长 15. 52%；财政经常性收入 407. 45 亿元，比上年增长 15. 04%。

2011 年，普通高校生均预算内教育事业费 10140. 61 元，比上年的 8823. 65 元增加

1316. 96 元，增长 14. 93%，其中普通本科高校生均预算内教育事业费 12786. 95 元，比上年的 10579. 86 元增加 2207. 09 元，增长 20. 86%；生均预算内公用经费总体上有所增加，普通高校生均公用经费 4330. 00 元，比上年的 4161. 00 元增加 169 元，增长 4. 06%，其中普通本科高校生均预算内公用经费 6176. 10 元，比上年的 5429. 48 元增加 746. 62 元，增长 13. 75%。

2012 年，普通高校生均预算内教育事业费 12005. 79 元，比上年增长 18. 39%，其中普通本科高校生均预算内教育事业费 13786. 72 元，比上年增长 7. 82%；生均公用经费 4754. 65 元，比上年增长 9. 81%。其中普通本科高校生均预算内公用经费 5488. 33 元，比上年减少 11. 14%。

2013 年，省教育经费总收入 679. 98 亿元，比上年的 600. 04 亿元增加 79. 94 亿元，增长 13. 32%。其中，国家财政性教育经费 595. 41 亿元，比上年的 529. 80 亿元增加 65. 61 亿元，增长 12. 38%，占教育经费总收入的 87. 56%；公共财政预算教育经费 551. 23 亿元，比上年的 493. 07 亿元增加 58. 16 亿元，增长 11. 80%；公共财政预算教育事业费拨款 511. 26 亿元，比上年的 466. 07 亿元增加 45. 19 亿元，增长 9. 70%。各级政府征收用于教育的税费 43. 11 亿元，比上年的 35. 54 亿元增长 7. 57 亿元，增长 21. 30%。民办学校举办者投入经费 2. 54 亿元，比上年的 4. 26 亿元减少了 1. 72 亿元，降低 40. 38%。社会捐赠办学经费 1. 06 亿元，比上年的 0. 6 亿元增加 0. 46 亿元，增长 76. 67%。事业收入 67. 86 亿元，比上年的 58. 84 亿元增加 9. 02 亿元，增长 15. 33%。其他收入 13. 11 亿元，比上年的 6. 53 亿元增加 6. 58 亿元，增长 100. 77%。

2015 年，全省普通高校生均公共财政预算教育事业费支出 15414. 17 元，增长 17. 72%，生均公共财政预算公用经费支出 7233. 90 元，增长 18. 85%。

2016 年，全省普通高等学校生均公共财政预算教育事业费支出 15586. 11 元，比上年增长 1. 12%；普通高等学校生均公共财政预算公用经费支出 5200. 02 元，比上年降低 28. 12%。

2017 年，全省教育经费总投入 1250. 37 亿元，比上年增长 20. 81%。其中，国家财政性教育经费 980. 60 亿元，增长 9. 88%，占教育总投入的 78. 43%。公共财政预算安排的教育经费 971. 00 亿元，增长 10. 53%。政府性基金预算安排的教育经费 6. 09 亿元，降低 45. 17%。民办学校中举办者投入经费 7. 81 亿元，增长 74. 33%。捐赠收入 0. 84 亿元，降低 6. 79%。事业收入 121. 04 亿元，增长 12. 78%。其他教育经费 140. 08 亿元，增长368. 49%。①

2017 年，普通高等学校生均公共财政预算教育事业费支出 17781. 19 元，增长 14. 08%，普通高等学校生均公共财政预算公用经费支出 6542. 64 元，增长 25. 82%。

2018 年，全省教育经费总投入 1275. 16 亿元，比上年增长 1. 98%。其中，国家财政性教育经费 1073. 12 亿元，增长 9. 44%，占教育总投入的 84. 16%。一般公共预算安排的教育经费 1062. 99 亿元，增长 9. 47%。政府性基金预算安排的教育经费 6. 69 亿元，增长 9. 71%。民办学校中举办者投入经费 4. 96 亿元，比上年减少 36. 55%。捐赠收入 0. 72 亿元，减少 14. 59%。事业收入 139. 50 亿元，增长 15. 25%。其他教育经费 56. 86 亿元，减少 59. 41%。

---

① 《贵州年鉴》编辑部. 贵州年鉴（2018）［M］. 贵阳：贵州年鉴社，2018：516.

第六章

改革开放后贵州本科院校的建设与发展（上）

第一节 贵州大学

一、院系与专业设置

1953 年，在全国院系调整中，贵州大学被撤销。1958 年中共贵州省委重建贵州大学。1959 年，贵州民族学院并入贵州大学，迁入花溪校址。1972 年增设哲学系，同年招收三年制学生。

1977 年，恢复四年制招生。当年，贵州大学招生指标为 300 名（汉语言文学 50 名、英语 40 名、历史 50 名、计算机 30 名、应用数学 30 名、数学 30 名、分析化学 30 名、哲学 40 名），实际录取 406 名。①

1978 年，中央下达给贵州大学的招生指标为 400 名。②

1978~1984 年，有数学、外语、物理、中文 4 个系的 9 个学科相继招收硕士研究生。1980 年，创办《贵州大学校刊》（内部发行），1984 年创办《科技情报》。

1984 年，有在校研究生 26 人③，毕业成绩合格者授予学位。增设大学师资班，中央下达给学校的招生指标为 35 名。④同年，设有中文系（汉语言文学专业）、历史系（历史学专业）、哲学系（哲学专业）、法律系（法学专业）、外语系（英语专业、日语专业）、数学系（数学专业、应用数学专业、计算机软件专业）、物理系（物理专业、无线电电子

① 贵州省一九七七年高等学校招生工作录取统计表［A］. 铜仁：铜仁市档案馆（75-1-92）.

②④ 中央下达贵州省高等学校招生指标分配方案［A］. 铜仁：铜仁市档案馆（75-1-91）.

③《贵州教育志》编纂办公室. 贵州教育年鉴（1949-1984）［M］. 贵阳：贵州人民出版社，1986：108.

学专业、半导体物理与器件专业）、化学系（化学专业、分析化学专业）8 个系 14 个专业。此外，还设有学制两年政工干部专修科、理化实验技术专修科。1984 年，受国家烟草专卖局委托，面向云、贵、川、鄂、鲁等省招收半年制、一年制和两年制烟草专修班，同时招收烟草专业硕士研究生。

1986 年，设有 8 个系 14 个专业，3 个专修科。中文系设有汉语言文学专业；历史系设有历史学专业；哲学系设有哲学专业；法律系设有法律学专业；外语系设有英语、日语专业；数学系设有数学、应用数学、电子计算机科学专业；物理系设有物理学、无线电电子学、半导体物理与器件专业；化学系设有化学、分析化学专业，以上专业学制均为四年。理化实验技术专修科、政工干部专修科及新增设国民经济管理专修科学制均为两年。另外正在筹建学制四年的新闻学专业。① 同年被国务院批准为全国第三批硕士学位授予单位。

1987 年，社会科学教育从哲学系析出成立社科部。贵州省教委确定贵州大学为培养高水平运动员的试点单位，并于当年开始招生。② 同年，中文系新增新闻学专业、行政管理专业。

1988 年，全校设有 12 个系 25 个专业：中国语言文学系（汉语言文学、新闻）、历史学系（历史）、哲学系（哲学）、法律系（法学）、外国语言文学系（英语、日语）、经济学系（国民经济管理专科、企业管理专科）、数学系（数学、应用数学）、物理系（物理、电子学与信息系统、半导体物理与器件、电子技术专科、物理实验专修班）、化学系（化学、应用化学、生物化学、化学实验专修班）、计算机科学系（计算机软件、计算机应用专科）、管理科学系（政治管理专科、行政管理）、图书馆学系（图书馆学专科）。

1989 年，经教育部批准，开始招收烟草专业本科生；同年举办茶学成人大专班。

1992 年，增设旅游系，增开设计专业、公共关系与经营销售专业、商贸英语专业③。同年，计算机科学与技术学科、采矿工程学科成为首批省级重点学科。

1993 年，贵州大学人口学、中国古代文学、英语语言文学、计算机科学理论获得硕士学位授予权。④ 同年，增设社会工作专业；三年制茶叶经济贸易专业开始招生。

1994 年，贵州大学基础数学专业顺利通过国家教委、国务院学位委员会第二批硕士点评估。⑤是年，从 94 级新生起，贵州大学理科本科生试行学分制。⑥

1995 年，获计算机软件与理论硕士授予权。

1997 年，贵州农学院并入贵州大学，原农学院畜牧兽医系更名为生物技术学院动物科学系；民商法获批为贵州省首个法学硕士点；恢复招收高水平运动员。

1998 年 4 月，贵州省政府批准组建理工学院、农学院、人文学院、生物技术学院、艺术学院和职业技术学院六个二级学院，实行校、院、系三级管理⑦；获计算机应用技术硕

---

① 《贵州年鉴》编辑部. 贵州年鉴（1987）［M］. 贵阳：贵州人民出版社，1987：604.

② 《贵州年鉴》编辑部. 贵州年鉴（1988）［M］. 贵阳：贵州人民出版社，1988：650.

③ 《贵州年鉴》编辑部. 贵州年鉴（1993）［M］. 贵阳：贵州人民出版社，1993：469.

④ 《贵州年鉴》编辑部. 贵州年鉴（1994）［M］. 贵阳：贵州年鉴社，1994：471，473.

⑤⑥ 《贵州年鉴》编辑部. 贵州年鉴（1995）［M］. 贵阳：贵州年鉴社，1995：484.

⑦ 《贵州年鉴》编辑部. 贵州年鉴（1999）［M］. 贵阳：贵州年鉴社，1999：401；贵州省地方志编纂委员会. 贵州省志（1978-2010）·教育［M］. 贵阳：贵州人民出版社，2017：42.

士授予权；教育部取消烟草专业，原农学院所设烟草专业并入贵州大学后以农学专业烟草专门化方向进行招生。

1999 年，增设通信工程本科专业；植物学被评为合格硕士学位授权点[①]；贵州省教委审核批准基础数学、微生物学、动物学为第二批省级重点建设学科[②]。

2000 年，获得计算机软件与管理、农药学 2 个专业博士学位授予权，结束了贵州无博士点的历史。[③] 2000 年 4 月 22 日，贵州首个工程硕士研究生班在贵州大学开课。[④]

2001 年 12 月，创建人民武装学院。

2002 年，增设光电信息科学与工程本科专业；农药学和计算机专业首次招收博士生 7 名。[⑤] 同年，动物科学系改建为动物科学学院；财务会计专业获批为第二批高等职业教育省级示范专业。[⑥]

2003 年，获通信与信息系统硕士授予权和软件工程、计算机技术 2 个工程硕士授予权。同年，贵州大学旅游系与法国佩皮昂大学联合举办旅游管理专业（旅法方向）“3+1”国际校际交流项目。

2004 年 8 月 17 日，经教育部批准，贵州省委、省政府决定在原贵州大学、原贵州工业大学的基础上新建贵州大学。同年，获计算机软件与理论高校在职师资硕士授予权；获法律硕士专业学位授权点和法学一级学科硕士授予权；建立机械工程项目博士后工作站。

2004 年，以原中文系、历史系、哲学系组建人文学院；原贵州大学、贵州工业大学相近学科专业成立管理学院、生命科学学院；贵州大学和贵州工业大学相关专业合并组建经济学院；贵州大学社科部与贵州工业大学社科部合并组建马列主义教学部；贵州工业大学机械工程和自动化学院与贵州大学工程技术系合并组建机械工程学院；贵州工业大学土木建筑工程学院与贵州大学建筑工程系合并组建土木建筑工程学院。

2005 年，获机械制造及其自动化二级学科博士学位授权点，信号与信息系统硕士授予权，机械工程、计算机科学与技术 2 个一级学科硕士授予权；同时面向高校教师招收思想政治教育专业硕士。2005 年 1 月，贵州首个公共管理硕士专业学位点通过国家评审[⑦]；10 月，国家对外汉语领导小组办公室批准在贵大设立对外汉语教学能力考试考点。[⑧] 同年，美术学院雕塑系成立。

2006 年，新闻专业从中文系分出，组建人文学院新闻系。同年，旅游与文化产业学院成立（与人文学院合署），旅游管理硕士学位授权点获得批准；增设文化产业管理专业。

2007 年，农药学被教育部批准为国家级重点学科，实现贵州高校国家级重点学科零的

① 《贵州年鉴》编辑部. 贵州年鉴（2000）[M]. 贵阳：贵州年鉴社，2000：350.
② 《贵州年鉴》编辑部. 贵州年鉴（2000）[M]. 贵阳：贵州年鉴社，2000：349.
③ 《贵州年鉴》编辑部. 贵州年鉴（2001）[M]. 贵阳：贵州年鉴社，2001：329.
④ 贵州省地方志编纂委员会. 贵州省志（1978-2010）·教育 [M]. 贵阳：贵州人民出版社，2017：44.
⑤ 《贵州年鉴》编辑部. 贵州年鉴（2003）[M]. 贵阳：贵州年鉴社，2003：379.
⑥ 《贵州年鉴》编辑部. 贵州年鉴（2003）[M]. 贵阳：贵州年鉴社，2003：376.
⑦ 贵州省地方志编纂委员会. 贵州省志（1978-2010）·教育 [M]. 贵阳：贵州人民出版社，2017：53.
⑧ 《贵州年鉴》编辑部. 贵州年鉴（2006）[M]. 贵阳：贵州年鉴社，2006：289.

突破[①]；采矿工程专业获批为教育部二类特色专业建设点；在农学院园艺专业增设茶叶方向。

2008年，矿物加工工程专业获批为贵州省特色专业建设点；机械设计制造及其自动化专业成为教育部特色专业；始招茶叶方向本科生。同年，贵大被列为接受中国政府奖学金来华留学生就读院校，9月录取30名留学生，标志着贵州省首次接受外国留学生在黔进行本科、硕士和博士研究生高层次学历教育学习。[②]

2009年，获建计算机科学与技术博士后流动站。同年8月，管理学院获中国第二批EMBA（高级管理人员工商硕士）办学资格[③]。同年12月21日，生物学和计算机科学与技术博士后流动站揭牌[④]。

2010年，机械工程一级学科获批博士学位授权点，信息与通信工程、中国语言文学、设计学获批一级学科硕士学位授权点。

2011年，计算机软件与理论二级学科博士点升格为软件工程一级学科博士点。同年，招收首批东盟博士研究生。

2012年，建立机械工程博士后科研流动站；材料科学与工程被增列为一级学科博士学位授权点；[⑤] 始招茶学本科专业学生。同年，贵大入选应用型、复合型法律职业人才教育培养基地；采矿工程、机械设计制造自动化两个本科专业首次进入教育部卓越工程师教育培养计划；[⑥] 采矿工程专业获批为教育部卓越工程师教育培养计划建设点；矿业工程一级学科获批为贵州省首批特色重点学科；法学院被中央政法委和教育部联合批准为全国首批卓越法律人才教育培养基地。当年，教育部首次将贵州省纳入边境省份特例，贵州大学获批中国政府奖学金自主招生（外国留学生）计划20名；贵州大学与加拿大魁北克大学合作举办项目管理硕士学位教育项目有效期延至2013年，并增加自主招生计划28.58%。[⑦]

2013年，马列部更名为马克思主义学院；成立公共管理学院、旅游与文化产业学院；原土木建筑工程学院分建为土木工程学院、建筑与城市规划学院。同年，教育部批准贵大设置烟草特设本科专业；美术学院增设数字媒体系，下设动画、摄影2个专业；贵州省首批专业硕士研究生工作站之一——贵州大学计算机控制技术专业硕士研究生工作站成立；机械设计制造及其自动化专业获批为国家卓越工程师培养计划试点专业。

2014年，电子信息学院更名为大数据与信息工程学院，下设电子科学系、信息与通信工程系、大数据科学与工程系；风景园林、金融、汉语国际教育、动力工程经国务院学位委员会批准，新增为硕士专业学位授权点。[⑧] 是年，撤销人民武装学院人武指挥系。此前，人民武装学院已经撤销的专科专业有电子信息工程技术、计算机网络技术、金融保险、会计电算化、汽车技术服务与营销、建筑工程技术、矿井通风与安全、矿山机电等专业。

---

① 《贵州年鉴》编辑部．贵州年鉴（2008）［M］．贵阳：贵州年鉴社，2008：337.

② 《贵州年鉴》编辑部．贵州年鉴（2009）［M］．贵阳：贵州年鉴社，2009：353.

③④ 贵州省地方志编纂委员会．贵州省志（1978-2010）·教育［M］．贵阳：贵州人民出版社，2017：59.

⑤ 《贵州年鉴》编辑部．贵州年鉴（2013）［M］．贵阳：贵州年鉴社，2013：368.

⑥ 《贵州年鉴》编辑部．贵州年鉴（2013）［M］．贵阳：贵州年鉴社，2013：367.

⑦ 《贵州年鉴》编辑部．贵州年鉴（2013）［M］．贵阳：贵州年鉴社，2013：364.

⑧ 《贵州年鉴》编辑部．贵州年鉴（2015）［M］．贵阳：贵州年鉴社，2015：429.

2015 年，获批组建贵州省云计算与大数据专业硕士研究生工作站。

2016 年，获批烟草学硕士授权权；机械工程一级学科获批为贵州省特色重点学科。是年 5 月，贵州大学人文学院中文系与新闻系重组为文学与传媒学院，艺术学院拆分为音乐学院和美术学院；重组成立数学与统计学院、物理学院；创建医学院。

2017 年，植物保护学科被列为国家世界一流建设学科；[①] 采矿工程专业获批为贵州省一流专业建设点。同年，烟草硕士研究生开始招生。

2018 年，土木工程学院获批一级学科博士学位授权点，实现了贵州省法学学科博士学位培养零的突破；计算机科学与技术一级学科获批为贵州省区域一流建设学科。同年，贵州大学旅游与文化产业学院和英国林肯大学联合举办旅游管理专业（国际旅游管理）中外合作办学项目，并于 2019 年 4 月正式获教育部批准招生。

2019 年，贵州大学设置有以下学院和专业：

阳明学院：承担大学生通识教育课程。

文学与传媒学院：设有中文、新闻 2 个系；汉语言文学、新闻学 2 个专业；文学硕士学位授权点，新闻学专业硕士点；文艺学、语言及应用语言学、汉语言文字学、中国古典文献学、中国古代文学、中国现当代文学、比较文学与世界文学、新闻学 8 个学术硕士点。

历史与民族文化学院：设有历史学专业；中国史、民族学 2 个一级学科硕士点。

音乐学院：设有音乐、戏剧、舞蹈 3 个系和公共文化教学基础部；作曲与作曲技术理论、音乐表演、音乐学、表演、戏剧影视导演、播音与主持艺术、舞蹈学、舞蹈表演 8 个专业；艺术学理论、音乐与舞蹈学、戏剧与影视学 3 个一级学科硕士学位授权点和艺术专业学位硕士授权点。

管理学院：设有工商管理、人力资源管理、市场营销、工业工程、会计学、财务管理六个专业；管理科学与工程一级学科博士点，工业工程与管理二级学科博士点；管理科学与工程一级学科硕士点，企业管理二级学科硕士点，工业工程、物流管理、工商管理、高级管理人员工商管理专业 4 个硕士点。

公共管理学院：设有行政管理、劳动与社会保障、城市管理、土地资源管理、政治学与行政学、社会工作 6 个专业；社会管理工程博士学位授权点；公共管理一级学科（含行政管理、社会保障、公共政策、土地资源管理 4 个学科方向）、政治学理论、社会学、人口学 4 个硕士学位授权点；公共管理和社会工作 2 个专业学位硕士点。

体育学院：设有体育教育、休闲体育 2 个专业；体育硕士点。

生命科学学院：设有生物科学、生物技术、生态学 3 个专业；生物技术及应用、农业资源与环境、农业保护技术 3 个成人教育专业；生物学一级学科博士授权点，下设植物学、生理学、微生物学、遗传学、细胞生物学、生物化学与分子生物学和应用生物技术 7 个二级学科博士点；生态学一级学科博士点；生物学和生态学一级学科硕士点，下设植物学、生理学、微生物学、遗传学、发育生物学、细胞生物学、生物化学与分子生物学、生

① 《贵州年鉴》编辑部. 贵州年鉴（2018）[M]. 贵阳：贵州年鉴社，2018：525.

物物理学、生态学以及环境科学等二级学科学术型硕士点；生物工程硕士全日制专业学位硕士点；生物工程专业在职硕士办学点。

大数据与信息工程学院：设有电子科学、信息与通信工程、大数据科学与工程3个系；电子科学与技术、电子信息科学与技术、通信工程、电子信息工程、信息管理与信息系统、物联网工程6个专业；电子科学与技术博士后流动站；电子科学与技术一级学科博士点；物理电子学、电磁场与微波技术、微电子学与固体电子学、电路与系统4个二级学科博士点；电子科学与技术一级学科硕士点；物理电子学、电磁场与微波技术、微电子学与固体电子学、电路与系统4个二级学科硕士点；信息与通信工程一级学科硕士点；通信与信息系统、信号与信息处理2个二级学科硕士点；电子与通信工程、集成电路工程2个专业硕士点。

电气工程学院：设有电气工程及其自动化、自动化、测控技术与仪器、能源与动力工程4个专业；电力电子装备与系统二级学科博士点；电气工程、控制科学与工程2个一级学科工学硕士点；控制理论与控制工程、电力系统及其自动化、电力电子装备与系统、检测技术与自动化装置、电力电子与电力传动5个二级工学硕士点；电气工程领域、控制工程和能源与动力工程3个一级学科专业硕士点。

建筑与城市规划学院：设有建筑学（五年制）、城乡规划（五年制）2个专业。

化学与化工学院：设有化学、应用化学、材料化学、化学生物学、化学工程与工艺、能源化学工程、过程装备与控制工程、无机非金属材料工程8个专业；化学一级学科博士学位点，材料化学工程二级学科博士学位点；化学、化学工程与技术2个一级学科硕士学位点，材料学硕士学位点；化学工程专业硕士学位点。

资源与环境工程学院：设有地球科学、地质工程、环境科学与工程系、水文与地下水工程4个系；资源勘查工程、勘察技术与工程、水文与水资源工程、环境科学、环境工程、地理信息科学6个专业；地质学一级学科博士学位点和博士后科研流动站；地质学、地质资源与地质工程、环境科学与工程3个一级学科硕士学位点（下设12个二级学科硕士学位点）；地质工程、环境工程2个专业硕士学位点。

农学院：设有农学、园艺、植物保护、农业资源与环境4个系；农学、中草药栽培与鉴定、园艺、农业资源与环境、植物保护5个专业；博士后流动站2个；一级学科博士点2个，二级学科博士点7个；一级学科硕士点4个；二级学科硕士点11个；农业硕士点2个。

动物科学学院：设有动物科学、动物医学、水产科学、草业科学4个系；动物医学、草业科学、水产养殖、动物科学4个专业；畜牧学、兽医学、草学3个一级学科硕士学位点；动物遗传育种与繁殖、动物营养与饲料科学、特种经济动物饲养、水产养殖学、基础兽医学、预防兽医学、临床兽医学、农艺与种业8个二级学科硕士学位点；专业硕士学位点2个。

烟草学院：设有烟草专业；烟草硕士点。

医学院：设有护理学专业；社会医学与卫生事业管理硕士点；生物医学、医学信息工程2个硕士点和2个博士点。

外国语学院：设有英语语言文学、日语、商务英语、翻译4个系和欧亚语言教研室、大学外语教学部；英语语言文学、日语语言文学、翻译、商务英语4个专业，英语、日语、俄语、法语、德语、韩语、西班牙语7个语种课程；外国语言文学一级学科硕士点（下设英语语言文学、语言学及应用语言学、日本语言文学3个二级学科点）；翻译专业学位硕士点；汉语国际教育专业学位硕士点。

哲学与社会发展学院：设有哲学专业；哲学一级学科硕士点（下设马克思主义哲学、中国哲学、外国哲学、伦理学、逻辑学、美学、宗教学、科学技术哲学8个二级学科点）；马克思主义哲学、中国哲学、外国哲学、美学4个一级学科博士点。

法学院：设有法学专业；法学一级学科硕士点（下设10个二级学科硕士点）；法律专业硕士点。

美术学院：设有绘画、设计、雕塑、数字媒体4个系；绘画、雕塑、摄影、动画、视觉传达设计、环境设计、产品设计、服装与服饰设计8个专业；美术学、设计学、艺术学理论3个一级学科硕士点；美术、艺术设计、雕塑3个专业学位硕士点。

经济学院：设有经济学、财政学、金融学、国际经济与贸易4个专业；计量经济学二级学科博士点；应用经济学、统计学2个一级学科硕士点；金融专业硕士点；国民经济学、区域经济学、财政学、产业经济学、国际贸易学、劳动经济学、数量经济学、金融学8个二级学科硕士点。

旅游与文化产业学院：设有旅游管理、文化产业管理2个专业；旅游管理硕士点。

马克思主义学院：设有马克思主义基本原理、马克思主义中国化研究、思想政治教育、中国近现代史基本问题研究4个硕士点；另设有长征文化研究院。

数学与统计学院：设有数学、统计学2个系和公共数学教学部、预科生；数学与应用数学、信息与计算科学、统计学3个专业和预科（民族卓越班）；数学一级学科博士点和博士后科研流动站；基础数学、应用数学、运筹学与控制论、数学物理4个二级学科博士点；统计专业硕士学位点。

物理学院：设有物理学（含射电天文方向）、光电信息科学与工程2个专业；数学物理、光电物理技术、软凝聚态物理、非平衡态相变4个博士点；物理学一级学科硕士点（下设理论物理、凝聚态物理、光学、理论与实测天体物理4个二级学科点）。

计算机科学与技术学院：设有计算机科学、网络空间安全2个系和大学生计算机基础教学中心；计算机科学与技术、信息安全、网络工程、软件工程、数字媒体技术、空间信息与数字技术6个专业；计算机科学与技术博士后流动站；软件工程一级学科博士点；计算机科学与技术、软件工程2个一级学科硕士点；计算机技术、软件工程2个专业型硕士点；贵州省计算机控制技术专业硕士研究生工作站、贵州省云计算与大数据专业2个专业硕士研究生工作站；计算机技术、软件工程2个在职工程硕士点。

机械工程学院：设有机械制造、机电工程、机械设计、车辆工程、机电信息工程、材料成型、农机、工业设计8个系；机械设计制造及其自动化（含机械制造工程、机械电子工程、车辆工程、工程机械、机电传动与控制、机电信息工程6个方向）、材料成形及控制工程（含铸造工程、模具设计及制造2个方向）、农业机械化及其自动化、工业设计

（含产品设计、视觉传达设计 2 个方向）4 个专业；机械工程一级学科博士点（下设机械制造及其自动化、机械电子工程、机械设计及理论、材料与结构强度、工业工程与管理 5 个学科方向）和博士后科研流动站及硕士点；设计学一级学科硕士点；机械工程、工业设计工程、工程管理 3 个专业硕士点。

土木工程学院：设有建筑工程、道路工程、基础与岩土工程、桥梁与隧道工程、水利水电工程、给水排水工程、建筑环境与能源应用工程、城市地下空间工程 8 个专业；土木工程一级学科博士点；土木工程一级学科硕士点（含 6 个二级学科硕士点）；水工结构工程专业硕士点；建筑与土木工程领域工程硕士点。

材料与冶金学院：设有材料科学与工程、冶金工程、材料物理、高分子材料与工程、新能源科学与工程 5 个专业；材料科学与工程一级学科博士点；材料学、材料物理与化学、材料加工工程 3 个二级学科博士点；材料科学与工程、冶金工程 2 个一级学科硕士点；材料学、材料加工工程、材料物理与化学、有色金属冶金、冶金物理化学、钢铁冶金 6 个二级学科硕士点；冶金工程、材料工程 2 个工程领域硕士点。

矿业学院：设有采矿工程、矿物加工工程、矿物资源工程、安全工程、测绘工程 5 个专业；矿物资源学、材料学、材料加工工程 3 个二级学科博士点；矿业工程、安全科学与工程、测绘科学与技术 3 个一级学科硕士点（下设采矿工程、矿物加工工程、矿物资源开发与利用、安全科学、安全技术、安全系统工程、摄影测量与遥感、大地测量学与测量工程、地图制图学与地理信息工程 9 个二级学科点）；矿业工程专业硕士点。

酿酒与食品工程学院：设有酿酒工程、生物工程、食品科学与工程、食品质量与安全 4 个专业；生物技术、微生物学 2 个二级学科博士点；微生物学、生物化工 2 个二级学科硕士点。

林学院：设有林学、园林、水土保持与荒漠化防治、森林保护 4 个专业；林学一级学科博士后流动站；林学和生态学 2 个一级学科博士点；林学、生态学、风景园林 3 个一级学科硕士点（下设 10 个二级学科点）；林学、风景园林 2 个专业硕士点。

药学院：药学、制药工程 2 个专业；药物化学、制药工程 2 个硕士点。

继续教育学院：设有项目管理硕士点，主要负责成人高等教育、高等教育自学考试助学等成人学历教育工作。

人民武装学院：设有语言文学、信息工程、国防教育、国防社会、国防体育、旅游管理 6 个系；思想政治教育、教育技术学、电子商务、物流管理 4 个专业。负责学校专升本类汉语言文学、计算机科学与技术、电子信息科学与技术、英语、旅游管理等专业教学与管理。

茶学院：设有茶生物学、茶叶工程、茶文化 3 个系；茶学本科专业；茶学专业学术硕士点，农艺与种业、生物工程 2 个专业硕士点。

国际教育学院：负责外国留学生招生及管理和对外汉语教学的教育教学。

贵州大学还设有科技学院、明德学院等，共 40 个学院；涵盖了文学、历史学、哲学、理学、工学、农学、医学、经济学、管理学、法学、教育学及艺术学 12 大类 100 多个专业。

二、学校环境与办学成果

1984 年，启用世界银行贷款购买先进实验设备。截至 1984 年，贵州大学共有 196 名教师被派出进修。①

1985 年，建立人口研究中心、贵州大学社会科学研究所，成立电子计算机站。② 截至 1985 年，学校有教室 10535 平方米，实验室 1492 平方米，学生宿舍 12591 平方米，各类建筑面积总计 72194 平方米。学校图书馆和各系资料室藏书 90 余万册，订有中外期刊 2549 种。附设有电视大学教学班、幼儿园、中学、小学、卫生所等。③另建有化工厂、无线电厂、印刷厂。

1986 年 10 月 28 日，贵州大学与美国奥克兰大学建立校际合作关系签字仪式在贵州大学举行；贵州大学等七所高校分别从美国、加拿大、英国、日本、新西兰等国聘请 18 位外国文教专家和外籍教师来校任教。④

截至 1986 年，学校校舍面积增加到 110000 平方米，图书馆藏书约 100 万册；教学实验设备价值 2000 多万元。

1990 年 5 月 23 日至 26 日，贵州大学 9 名运动员在贵州师范大学举行的贵州省第十六届大学生田径运动会上打破省级纪录，获团体总分第一名⑤。

1991 年 6 月至 7 月，贵州大学和贵州师范大学与美国阿拉巴马大学联合为贵州中学英语教师举办为期一个月的暑期培训班，参加培训人员逾百人。⑥

1992 年，贵州大学在贯彻《贵州省高等学校体育课程评估评优方案》检查评估中，被贵州省教委评为省级优秀学校。⑦ 同年，贵州大学被评为全国学生军训工作先进单位⑧。

1994 年，贵州大学刘鲲鹏在全国第四届大学生“应氏杯”围棋赛上获男子个人第二名⑨。翌年刘鲲鹏获男子个人第一名、胡枷获女子个人第五名⑩。

1995 年，全国“211 工程”正式启动。

1996 年 5 月 25 日，贵州省委常委会议决定，将贵州大学、贵州农学院、贵州艺术高等专科学校、贵州省农业管理干部学院合并，组建贵州联合大学，并作为省重点大学建设，加大投入，创造条件，争取使贵州联合大学能够“挤进”国家“211 工程”系列。

1997 年，经国家教委批准，撤销贵州农学院、贵州大学、贵州艺术高等专科学校、贵州农业管理干部学院建制，合组新的贵州大学⑪。

---

① 《贵州教育志》编纂办公室. 贵州教育年鉴（1949-1984）[M]. 贵阳：贵州人民出版社，1986：105.
②③ 《贵州教育志》编纂办公室. 贵州教育年鉴（1949-1984）[M]. 贵阳：贵州人民出版社，1986：108.
④ 贵州省地方志编纂委员会. 贵州省志（1978-2010）·教育 [M]. 贵阳：贵州人民出版社，2017：22-23.
⑤ 贵州省地方志编纂委员会. 贵州省志（1978-2010）·教育 [M]. 贵阳：贵州人民出版社，2017：29.
⑥ 《贵州年鉴》编辑部. 贵州年鉴（1992）[M]. 贵阳：贵州人民出版社，1992：457.
⑦⑧ 《贵州年鉴》编辑部. 贵州年鉴（1993）[M]. 贵阳：贵州人民出版社，1993：486.
⑨ 贵州省地方志编纂委员会. 贵州省志（1978-2010）·教育 [M]. 贵阳：贵州人民出版社，2017：37.
⑩ 贵州省地方志编纂委员会. 贵州省志（1978-2010）·教育 [M]. 贵阳：贵州人民出版社，2017：39.
⑪ 贵州省地方志编纂委员会. 贵州省志（1978-2010）·教育 [M]. 贵阳：贵州人民出版社，2017：41.

是年6月4日，贵州省委正式行文四校合并，并任命刘朝正为党委书记兼贵州省教委党组成员，李坚石、赵明仁、高万能为党委副书记。7月29日，贵州省政府任命徐采栋为校长，罗登义、李祥任名誉校长，李坚石任常务副校长，许乐仁、薛赛凤、修耀华、张世俊任副校长。8月成立贵州省“211工程”建设领导小组。贵州省政府为贵州大学安排2.1亿元专项资金，用于学科、师资队伍、校内公共服务体系和设施等方面建设。贵州省委、省政府有关领导和厅、局负责人专门为贵州大学“211工程”多次到学校检查和指导工作，及时研究和解决学校面临的困难与问题；教育部和中央领导也表示关心和支持。

新组建的贵州大学，占地4677亩，校舍面积382051平方米；拥有硕士学位授予点19个，省级重点学科4个；有教职工2660人，其中专任教师1031人（其中正副教授316人，高职比为30.64%），在校生6417人；形成涵盖哲学、经济学、法学、文学、史学、理学、工学、农学、管理等学科的一所综合性大学。①

1999年，增设基础数学、微生物学、动物学为省级重点学科。是年12月8日，贵州省政府批准贵州大学实施贵州省计算机教育工程；12月28日，贵州有线电视台与贵州大学联合建成连通中国教育、科技计算机网和国际互联网的贵州大学校园网②。同年，贵州大学图书馆在贵州省教委开展的普通高等学校图书馆评估工作中被评为优等图书馆。③翌年，图书馆建设项目获国债资金1500万元。④

2000年，贵州大学成为第一批贵州省大学生文化素质教育基地。⑤ 贵州大学、贵州工业大学等高校与北京大学、清华大学和浙江大学等10所国家现代远程教育试点高校开展校外远程教育。⑥ 同年，贵州大学被贵州省政府评为1999~2002年度红旗文明单位。⑦ 2000年12月，贵州大学艺术学院被教育部授予全国学校艺术教育工作先进单位。⑧

2001年2月23日，时任教育部部长陈至立到贵州大学考察，认为贵州应该有一所重点建设的学校，这才符合国家西部大开发的总体性原则，并提出让教育部与贵州省委、省政府共同建设贵州大学，创造条件使贵大尽早进入“211工程”。同年，贵州大学被列为教育部西部省区重点扶持大学之一，并确定浙江大学对口支援贵州大学。

2002年，增汉语言文字学、微电子学与固体电子学、作物遗传育种、农业经济管理四个省级重点学科。至此，贵州大学拥有11个省级重点学科，开始凸显出学科的特色和优势。同年，绿色生物工程、喀斯特山地农业生物学、微纳信息系统、传统文化与贵州地域文化、复杂系统的分析控制与决策等，被列为贵州省“十五”“211工程”重点学科建设项目。

是年3月，李岚清到贵州大学考察，专门听取了学校领导关于争进“211工程”建设情况汇报。李岚清指出：“按照每个省（区、市）重点扶持一所高校的思路，国家重点支

---

① 《贵州年鉴》编辑部．贵州年鉴（1998）［M］．贵阳：贵州年鉴社，1998：417-418.

②③ 贵州省地方志编纂委员会．贵州省志（1978-2010）·教育［M］．贵阳：贵州人民出版社，2017：44.

④ 《贵州年鉴》编辑部．贵州年鉴（2001）［M］．贵阳：贵州年鉴社，2001：327.

⑤ 《贵州年鉴》编辑部．贵州年鉴（2001）［M］．贵阳：贵州年鉴社，2001：332.

⑥ 《贵州年鉴》编辑部．贵州年鉴（2003）［M］．贵阳：贵州年鉴社，2003：363.

⑦ 《贵州年鉴》编辑部．贵州年鉴（2003）［M］．贵阳：贵州年鉴社，2003：73.

⑧ 《贵州年鉴》编辑部．贵州年鉴（2001）［M］．贵阳：贵州年鉴社，2001：341.

持贵州大学建设，要下决心把贵州大学办成贵州省基础科研和应用科技人才的重要培养基地。”

2003 年 11 月 29 日，教育部批准贵州大学绿色农药与农业生物工程实验室为教育部重点实验室，实现了贵州省国家部委重点实验室零的突破①。

是年，贵州省委、省政府将力争使贵州大学进入国家“211 工程”建设列入贵州省政府 2003 年要实现的工作目标和重点工作。

是年 6 月，贵州大学完成《贵州大学“十五”“211 工程”建设项目可行性研究报告》《贵州大学“十五”“211 工程”建设子项目论证报告》，并修订了《贵州大学“十五”建设计划和 2010 年发展规划》《贵州大学学科建设与发展规划》《贵州大学师资队伍建设与发展规划》《贵州大学校园总体建设规划》。

2003 年 7 月，贵州省副省长刘鸿庥及贵州大学校长陈叔平到北京向时任教育部部长周济汇报了学校争进“211 工程”的准备情况，并提请教育部派专家于 9 月到贵州大学评审。周济建议最好是贵州大学与贵州工业大学合并后进“211 工程”。

2003 年 8 月，时任教育部部长周济到贵州大学考察，提出希望贵州大学要站在宏观思考和战略地位的更高层次来建设好一所大学，“建设好一所带头大学，这所大学要在整个贵州的高等教育战线上起一个龙头的作用，在贵州省的经济建设和社会发展的过程中起非常重要的作用”。

2004 年，贵州省委、省政府对新贵州大学从近期目标和远期目标提出了要求：近期目标为年底前进入“211 工程”；远期目标是经过 10 年左右的努力，把新贵州大学办成学科优势突出、师资力量雄厚、办学特色鲜明，面积世界、立足西南、服务贵州的高水平大学。学校的定位为“教学科研并重，以教学为基础，科研为导向，以本科教育为基础，以研究生教育带动本科教育”的综合性的教学研究型大学。学校为推进“211 工程”建设，按照“稳定当前，分步实施，改革推进”的工作思路、精心设计、妥善安排、积极稳妥地推进二级管理机构设置、二级学院组建、中层干部选聘以及“211 工程”的申报工作。

是年 4 月 30 日，贵州省委党委会议研究决定，贵州大学与贵州工学院合并组建为新贵州大学，并成立由贵州省委副书记孙淦为组长的领导小组，负责两校合并筹备工作；8 月 12 日，贵州省政府向教育部报送“关于贵州大学、贵州工业大学合并组建新贵州大学的函”，8 月 14 日获教育部批准。

是年，贵州大学中华传统文化与贵州地域文化研究中心、人口、社会、法制研究中心被确定为贵州省高校人文社会科学研究建设基地②；中央下达给贵州省共建资金 800 万元，加上省配套资金 250 万元，重点用于建设贵州大学网络平台的基础实验室及贵州师范大学大学外语网络教育实验室。③ 同年，贵州大学化学与生化学院应用化学研究所所

① 贵州省地方志编纂委员会. 贵州省志（1978-2010）·教育［M］. 贵阳：贵州人民出版社，2017：51.

② 《贵州年鉴》编辑部. 贵州年鉴（2005）［M］. 贵阳：贵州年鉴社，2005：282-283.

③ 《贵州年鉴》编辑部. 贵州年鉴（2005）［M］. 贵阳：贵州年鉴社，2005：279.

长陶朱荣获贵州省“五一劳动奖章”；[①] 贵州大学教务处因全省在全国高等教育学历证书电子注册管理工作中成绩突出，被评为“全国高等教育学历证书电子注册管理工作先进集体”。[②]

2004 年 2 月 5 日，时任贵州省长石秀诗与贵州大学龙超云、陈叔平、朱立军飞赴北京，向时任教育部部长周济等领导汇报贵州大学争进“211 工程”和省部共建贵州大学的意见，恳请教育部批准贵州大学进入“211 工程”建设行列并实现省部共建。9 月 17 日，贵州大学成立新的争进“211 工程”领导小组，下设办公室。9 月 20 日，争进“211 工程”领导小组决定重新编制《贵州大学“十五”“211 工程”建设项目可行性研究报告》。10 月 15 日，贵州大学向教育部报送新版《贵州大学“十五”“211 工程”建设项目可行性研究报告》，及子项目论证报告。11 月 6 日，贵州省政府正式致函教育部、国家发改委和财政部，提请批准贵州大学进入国家“211 工程”建设行列。12 月 7 日，贵州大学邀请省内外专家对列入贵州省“十五”“211 工程”建设项目的绿色药物工程、喀斯特山地农业生物学、微纳技术与微纳系统、传统文化与贵州地域文化、西南岩溶地区资源环境与土木工程、材料学与冶金工程、电力与能源工程、计算机集成系统与现代制造技术、复杂系统的分析控制与决策九个重点学科进行再次论证。校党委决定对学校重点学科、公共服务体系、师资队伍、基础设施建设项目自筹经费投入建设。12 月 23 日，贵州省政府与教育部正式签署共建贵州大学协议；同日，浙江大学对口支援贵州大学协议签署[③]。

截至 2004 年末，贵州大学占地面积 4498.5 亩，校园面积 3328.5 亩，教学实验场所面积 1170 亩，校舍建筑面积 124.2 万平方米；学校藏书 280.9 万册；设有 101 个本科专业，4 个博士学位授权点，3 个博士后科研工作站，80 个硕士学位授权点，5 个专业学位硕士授权点；[④] 拥有 1 个国家工程中心，1 个省部共建重点实验室，1 个国家级职业教育师资培训基地，18 省级重点学科，10 个省级重点实验室，2 个省级人文社科研究基地，1 个省级大学生文化素质教育基地；有全日制在校生 41965 人，其中普通本科生 39566 人，研究生 2399 人；在编教职工 4892 人。有专任教师 2632 人，其中正高职称 249 人，副高职称 840 人；形成了贵州省高等学校中办法规模最大、层次最高、学科专业结构合理、教学科研能力和水平较强的综合性高等院校。

2005 年 9 月 8 日，教育部、国家发改委、财政部联合召开会议宣布贵州大学正式进入“211 工程”大学建设行列，结束了贵州省无国家重点大学的历史[⑤]。

是年 1 月 31 日，由贵州大学网络学院承办的国家 863 计划课题——贵州网络教育应用示范系统通过了国家科技部验收[⑥]。12 月 2 日，贵阳市人民政府与贵州大学签署全面合作协议[⑦]。

---

① 《贵州年鉴》编辑部. 贵州年鉴（2005）［M］. 贵阳：贵州年鉴社，2005：500.

② 《贵州年鉴》编辑部. 贵州年鉴（2005）［M］. 贵阳：贵州年鉴社，2005：284.

③⑥ 贵州省地方志编纂委员会. 贵州省志（1978-2010）·教育［M］. 贵阳：贵州人民出版社，2017：53.

④ 贵州省地方志编纂委员会. 贵州省志（1978-2010）·教育［M］. 贵阳：贵州人民出版社，2017：52.

⑤ 《贵州省志（1978-2010）·教育》中第 55 页时间为 1906 年，而第 203 页该时间为 2005 年。此处以第 203 页中的时间为准。

⑦ 贵州省地方志编纂委员会. 贵州省志（1978-2010）·教育［M］. 贵阳：贵州人民出版社，2017：54.

2005年9月，贵州大学李建军、郑黔玉、李治邦被评为贵州省首批高校哲学社会科学学术带头人。[①] 同年，贵州大学获教育部全国第一届大学生艺术展演活动学校优秀组织奖。[②]

2006年6月15日，贵州省教育厅在贵州大学建贵州省高等学校辅导员培训中心[③]。

2007年，贵州大学马克俭教授被评选为中国工程院院士，结束了贵州省高校“三无”（无院士、无“211工程”大学、无博士点）的历史。[④] 同年，省部共建的教育部现代制造技术重点实验室获立项建设；[⑤]贵州大学被确定为贵州省第一个国家级大学生文化素质教育基地和贵州省首批研究生教育创新示范基地。[⑥]

2008年，贵州大学空间结构研究中心成立；贵州大学在本科教学工作水平评估中被教育部评为优秀。

同年，贵州大学现代制造技术学科成为国家“211工程”重点建设学科和贵州省现代制造技术重点学科人才基地；农业生物实验教学中心被教育部批准为国家级实验教学示范中心建设单位，至此，贵州省国家实验教学中心数量增加到3个；[⑦] 贵州大学研究生教育创新基地通过贵州省教育厅验收[⑧]；贵州大学承担的“大射电望远镜（FAST）[⑨] 贵州台址普查及相关环境研究”攻关项目通过国家发改委验收。

2008年，贵州大学成为科技部在贵州家授予的首家国际科技合作基地。此前，贵州大学与美国、英国、德国、澳大利亚、日本等国家的高等院校和科研院所建立了持久稳固的国际科技合作关系，先后签署了多项国际科技合作协议，承担了7项国家国际科技合作计划项目和近40项贵州省国际科技合作计划项目；建立了抗肿瘤药物筛选平台、新型绿色杀虫剂创制平台、生物质能源产业化开发技术平台、转基因技术理论研究体系和技术平台、清洁能源研究平台、大环及超分子化学研究平台、喀斯特地区生态农业应用技术研究发展平台、农药学和农业生物工程创新基地等。[⑩]

同年，贵州大学获得国家3500万元重点学科建设专项经费[⑪]；同年7月4日，贵州大学与贵州宏福集团、水钢集团等8家省内企业签订金额达520.7万元的材料、化工、资源综合利用等方面13个产学研合作项目[⑫]。

当年，贵州大学艺术学院的群舞《水姑娘》在教育部主办的全国第二届大学生艺术展演活动中被选入参加南京现场展演，并获得艺术表演类舞蹈节目现场展演专业组一等奖。[⑬]

---

① 《贵州年鉴》编辑部. 贵州年鉴（2006）［M］. 贵阳：贵州年鉴社，2006：287.

② 《贵州年鉴》编辑部. 贵州年鉴（2006）［M］. 贵阳：贵州年鉴社，2006：293.

③ 贵州省地方志编纂委员会. 贵州省志（1978-2010）·教育［M］. 贵阳：贵州人民出版社，2017：54.

④⑤⑥ 《贵州年鉴》编辑部. 贵州年鉴（2008）［M］. 贵阳：贵州年鉴社，2008：337.

⑦⑪ 《贵州年鉴》编辑部. 贵州年鉴（2009）［M］. 贵阳：贵州年鉴社，2009：353.

⑧⑫ 贵州省地方志编纂委员会. 贵州省志（1978-2010）·教育［M］. 贵阳：贵州人民出版社，2017：57.

⑨ 大射电望远镜是指500米口径球面射电望远镜（Five-hundred-meter Aperture Spherical Radio Telescope），英文简称FAST，建于贵州平塘，是世界上最大直径的天文望远镜，2016年9月落成启用。FAST项目总投资66723万元（合1711万美元），国家投资60000万元，贵州省配套1998万元。

⑩ 《贵州年鉴》编辑部. 贵州年鉴（2009）［M］. 贵阳：贵州年鉴社，2009：373.

⑬ 《贵州年鉴》编辑部. 贵州年鉴（2009）［M］. 贵阳：贵州年鉴社，2009：355.

同年，贵州大学生命科学学院教授何腾兵荣获全国“五一劳动奖章”,[①] 人文学院院长陶渝苏荣获贵州省“五一劳动奖章”。[②]

2009 年 6 月 4 日，贵州大学新校区校园总体规划通过贵州省政府审议，于 11 月 28 日校园扩建工程开工[③]。同年 6 月 5 日，通过了国家“211 工程”部际协调办评审的贵州大学绿色农药与有害生物治理工程、贵州优势磷矿资源综合利用及深加工、西南喀斯特资源环境与地质灾害防治、现代制造技术、新一代电子信息功能材料及器件、复杂系统的控制优化与可靠性、高原山地畜牧学、民族区域发展学八个学科建设项目启动。[④]

同年，贵州大学文学院院长陶渝苏荣获贵州省三八红旗手标兵称号；[⑤] 机械工程学院材料成形系主任黄放荣获贵州省三八红旗手称号；[⑥] 动科学院教师冉雪琴、农学院教师刘仁祥、生命科学学院教师周英、林学院教师周运超、理学院物理系教师隆正文、理学院电科系教师谢泉贵、人文学院中文系主任谭德兴荣获贵州省首届青年创新人才奖。[⑦]

2010 年 9 月，亚太大学联盟教育中心在贵州大学挂牌成立，亚太大学联盟秘书长努木·乌马里出席挂牌仪式[⑧]。同年，香港省善真堂捐资 60 万元人民币，资助贵州大学 100 名品学兼优的经济困难本科学生，每生受助 1500 元。[⑨]

2011 年，省部共建的教育部现代制造技术重点实验室通过教育部验收。同年，贵州大学矿业学院院长张覃荣获全国五一劳动奖章；[⑩] 生命科学学院副院长周英荣获省五一劳动奖章；[⑪] 金会心副研究员和李洪庆、丛航荣、江阳三位教授同获省第二届青年创新人才奖。[⑫]

2012 年，贵州大学进入中西部高校提升综合实力工程。“十二五”期间，贵州大学将获得中央财政不低于 5 个亿的专项资金用于学校建设和发展。当年，中央财政下达专项补助资金 3000 万元，用于重点建设计算机基础实验室、生物基础公共实验共享平台、公共外语语言教学实验室、西南作物病虫害持续控制科研平台以及校园网与教育云平台、现代图书馆资源与环境等。[⑬]

是年，贵州大学被批准为贵州省城镇化人才培训基地；[⑭]同年 8 月，首批省级大学科技园授牌仪式在贵州大学科技园举行，标志着贵州省级大学科技园打开了服务地方经济的

---

① 《贵州年鉴》编辑部. 贵州年鉴（2009）[M]. 贵阳：贵州年鉴社，2009：589.
② 《贵州年鉴》编辑部. 贵州年鉴（2009）[M]. 贵阳：贵州年鉴社，2009：591.
③ 贵州省地方志编纂委员会. 贵州省志（1978-2010）·教育 [M]. 贵阳：贵州人民出版社，2017：58-59.
④ 贵州省地方志编纂委员会. 贵州省志（1978-2010）·教育 [M]. 贵阳：贵州人民出版社，2017：58.
⑤ 《贵州年鉴》编辑部. 贵州年鉴（2010）[M]. 贵阳：贵州年鉴社，2010：645.
⑥ 《贵州年鉴》编辑部. 贵州年鉴（2010）[M]. 贵阳：贵州年鉴社，2010：646.
⑦ 《贵州年鉴》编辑部. 贵州年鉴（2010）[M]. 贵阳：贵州年鉴社，2010：648.
⑧ 贵州省地方志编纂委员会. 贵州省志（1978-2010）·教育 [M]. 贵阳：贵州人民出版社，2017：60.
⑨ 《贵州年鉴》编辑部. 贵州年鉴（2011）[M]. 贵阳：贵州年鉴社，2011：386.
⑩ 《贵州年鉴》编辑部. 贵州年鉴（2012）[M]. 贵阳：贵州年鉴社，2012：647.
⑪ 《贵州年鉴》编辑部. 贵州年鉴（2012）[M]. 贵阳：贵州年鉴社，2012：649.
⑫ 《贵州年鉴》编辑部. 贵州年鉴（2012）[M]. 贵阳：贵州年鉴社，2012：651.
⑬⑭ 《贵州年鉴》编辑部. 贵州年鉴（2013）[M]. 贵阳：贵州年鉴社，2013：368.

大门。[①]

同年，贵州大学向社会首次公布本科教学质量报告，开展广泛接纳社会对高等教育质量的监督和评价的试点工作。[②]

当年，绿色农药与农业生物工程教育部重点实验室副主任杨松荣获第十二届贵州省青年五四奖章；[③] 洪名勇、陈肖虎、陈祥盛荣获第五届贵州省优秀科技工作者称号；[④] 贵州大学艺术学院舞蹈系学生向欣园荣获第三届贵州省道德模范见义勇为模范奖。[⑤]

2013 年，建立贵州省先进计算与医疗信息服务工程实验室；贵州大学与贵阳市中级人民法院联合申报的贵州大学—贵阳市中级人民法院法学教育实践基地被确定为国家级大学生校外实践教育基地，这是贵州省首次获批国家级大学生校外实践教育基地；[⑥] 机械专业基础实验教学中心被评为国家级实验教学示范中心；[⑦]制药工程被列为国家建设改革试点项目；[⑧]贵州省首个国家级新农村发展研究院落户贵州大学。[⑨]

是年，农药学专家宋宝安领衔的绿色农药与有害生物控制创新团队入选首批国家创新人才推进计划重点领域创新团队计划，标志着贵州省在高层次科技人才队伍建设上取得了切实的成效。[⑩] 农药学（贵州省高校唯一国家重点学科）学科带头人杨松教授获聘为长江学者特聘教授。这是自 1998 年实施“长江学者奖励计划”以来，贵州高校首次自主培养的高层次人才获聘，实现了零的突破。[⑪]

同年，法学院院长冷传莉荣获贵州省三八红旗手称号。[⑫]

2014 年，贵州大学入选第一批国家卓越农林人才教育培养计划拔尖创新型项目和复合应用型项目试点高校；[⑬] 贵州大学半导体功率集成系统可靠性工程研究中心被教育部批准为教育部工程研究中心；[⑭] 贵州大学科技园获批为国家大学科技园，实现了贵州省国家大学科技园建设零的突破；[⑮]获得批准建设国家级新农村发展研究院[⑯]和首批节约型公共机构示范单位。[⑰]

同年，贵州大学池永贵教授入选长江学者特聘教授；[⑱] 丁贵杰教授被中组部、中宣部、人社部、科技部表彰为全国杰出专业技术人才；[⑲]贵州大学校长助理、科学技术研究院常务副院长许厚强被评为贵州省先进工作者；[⑳] 电子功能复合材料特色重点实验室主任邓朝

---

① 《贵州年鉴》编辑部. 贵州年鉴（2013）[M]. 贵阳：贵州年鉴社，2013：380.

② 《贵州年鉴》编辑部. 贵州年鉴（2013）[M]. 贵阳：贵州年鉴社，2013：368.

③⑤ 《贵州年鉴》编辑部. 贵州年鉴（2013）[M]. 贵阳：贵州年鉴社，2013：597.

④ 《贵州年鉴》编辑部. 贵州年鉴（2013）[M]. 贵阳：贵州年鉴社，2013：598.

⑥⑦⑧⑨ 《贵州年鉴》编辑部. 贵州年鉴（2014）[M]. 贵阳：贵州年鉴社，2014：352.

⑩ 《贵州年鉴》编辑部. 贵州年鉴（2014）[M]. 贵阳：贵州年鉴社，2014：360.

⑪ 《贵州年鉴》编辑部. 贵州年鉴（2014）[M]. 贵阳：贵州年鉴社，2014：347.

⑫ 《贵州年鉴》编辑部. 贵州年鉴（2014）[M]. 贵阳：贵州年鉴社，2014：603.

⑬ 《贵州年鉴》编辑部. 贵州年鉴（2015）[M]. 贵阳：贵州年鉴社，2015：428.

⑭⑮⑰ 《贵州年鉴》编辑部. 贵州年鉴（2015）[M]. 贵阳：贵州年鉴社，2015：429.

⑯ 《贵州年鉴》编辑部. 贵州年鉴（2015）[M]. 贵阳：贵州年鉴社，2015：435.

⑱⑲ 《贵州年鉴》编辑部. 贵州年鉴（2015）[M]. 贵阳：贵州年鉴社，2015：421.

⑳ 《贵州年鉴》编辑部. 贵州年鉴（2015）[M]. 贵阳：贵州年鉴社，2015：678.

勇、哲学社会科学研究院常务副院长洪名勇荣获第六届全国优秀科技工作者称号；① 法学院院长冷传莉被评为全国三八红旗手；② 邓朝勇、江阳被评为第六届贵州省优秀科技工作者。③

2015 年，建立贵州省公共大数据重点实验室；科学技术研究院成为贵州省第二家国家技术转移示范机构；李萍入选全国第四批“百千万知识产权人才工程百名高层次人才”培养人选。④

同年，黄放（贵州大学机械工程学院教师）⑤、向嵩（贵州大学材料与冶金学院副院长、教授）荣获第十六届贵州青年五四奖章⑥；刘飞（教授）、吴怀超（教授）、田有亮（副教授）荣获第十三届贵州省青年科技奖。⑦

2016 年 4 月，贵州大学被列为中西部“一省一校”国家重点建设高校，并获批为全国国防教育特色学校。⑧ 是年，贵州大学被贵州教育厅、贵州省委宣传部遴选为贵州省第一批马克思主义学院重点建设单位，获 40 万元建设经费资助。⑨

2017 年，贵州大学获批为第二批国家级深化创新创业教育改革示范高校；⑩ 9 月，被列入国家世界一流学科建设高校。⑪同年，建立贵州省智能医学影像分析与精准诊断重点实验室；与珠海欧比特宇航科技股份有限公司合作共建卫星影像大数据工程研究中心。

当年，贵州大学获首届全国文明校园称号；朱满德、申鹏、马良灿被评为贵州省第二届黔灵学者。⑫

2018 年 2 月，贵州大学成为教育部、贵州省人民政府部省合建高校，12 月，入选全国党建工作示范高校培育创建单位。

2019 年 1 月，贵州大学入选教育部“三全育人”综合改革试点单位。

截至 2019 年，贵州大学占地总面积 4646 亩。图书馆有西校区、南校区、东校区三个分馆，总面积 9 万余平方米。拥有纸质文献 378 万册，电子图书 316 万册，中外文数据库 62 个。西校区图书馆为中心馆，以自然科学类基藏图书、可外借图书馆为主；东校区图书馆以社会科学类基藏书为主；南校区图书馆为二线书库。有世界一流建设学科 1 个、国家级重点学科 1 个、部省合建高校服务地方特色产业学科群 2 个、国内一流建设学科 9 个、区域一流建设学科 7 个、省级特色重点学科 23 个。一级学科博士学位授权点 17 个、一级学科硕士学位授权点 49 个、专业硕士学位授权点 17 个。国家工程技术研究中心（共建）1 个、国家创新人才培养示范基地 1 个、国家重点实验室培育基地 1 个、国家地方联

---

① 《贵州年鉴》编辑部. 贵州年鉴（2015）[M]. 贵阳：贵州年鉴社，2015：679.
② 《贵州年鉴》编辑部. 贵州年鉴（2015）[M]. 贵阳：贵州年鉴社，2015：678.
③ 《贵州年鉴》编辑部. 贵州年鉴（2015）[M]. 贵阳：贵州年鉴社，2015：680.
④ 《贵州年鉴》编辑部. 贵州年鉴（2016）[M]. 贵阳：贵州年鉴社，2016：503.
⑤ 《贵州年鉴》编辑部. 贵州年鉴（2016）[M]. 贵阳：贵州年鉴社，2016：757-758.
⑥⑦ 《贵州年鉴》编辑部. 贵州年鉴（2016）[M]. 贵阳：贵州年鉴社，2016：761.
⑧ 《贵州年鉴》编辑部. 贵州年鉴（2015）[M]. 贵阳：贵州年鉴社，2015：502.
⑨ 《贵州年鉴》编辑部. 贵州年鉴（2017）[M]. 贵阳：贵州年鉴社，2017：510.
⑩⑪ 《贵州年鉴》编辑部. 贵州年鉴（2018）[M]. 贵阳：贵州年鉴社，2018：525.
⑫ 《贵州年鉴》编辑部. 贵州年鉴（2018）[M]. 贵阳：贵州年鉴社，2018：527.

合工程研究中心（工程实验室）5个、国家级新农村发展研究院1个、省部共建协同创新中心1个、教育部重点实验室（中心）6个、国土资源部重点实验室1个、国家创新人才推进计划重点领域创新团队1个、教育部创新团队2个、国土资源部科技创新团队1个、国家林业和草原局工程技术研究中心1个、省级重点实验室（中心）52个、博士后科研流动站8个、省级协同创新中心9个、国家级教学基地和示范点19个、国家级人才培养模式创新实验区2个、省级人文社科研究和示范基地10个。

贵州大学是浙江大学、中国农业大学、华东师范大学对口合作建设高校；与西安交通大学、四川大学、天津大学、哈尔滨工业大学、中南大学、北京邮电大学、江南大学等高校签订有合作协议。同时，与贵州省内9个市（州）高校开展对口合作；与全省9个市（州）、20多个县（区）人民政府以及与茅台集团、瓮福集团、中铝贵州分公司、中烟贵州分公司等200多家企业签订有全面合作协议，加强科技合作，以实施和推动贵州省“博士科技兴村”“三区科技人才”“教授、博士进企业”“百千万科技特派员系统工程”“博士村长计划”等行动计划。

同时，贵州大学还与40多个国家和地区的150余所高校或研究机构建立起交流与合作关系。被列为教育部教育援外基地，科技部国际科技合作基地，中国政府奖学金院校，孔子学院奖学金院校；在美国普莱斯比学院、冈比亚国冈比亚大学共建有孔子学院。此外，贵州大学在国际大学校长联盟、亚太大学联盟、欧亚太平洋学术协会等国际组织中发挥着积极作用。2008年以后，贵州大学共承办、协办了12届中国—东盟教育交流周等系列活动。

三、教学与科研成果

1975年，贵州大学化工厂承担国家四机部083基地“酸性光亮镀铜添加剂”科研工作，并于1977年取得成功，正式生产酸性光亮镀铜添加剂，产品销往全国21个省（市）200多家电镀厂家。该成果获得1978年全国科学大会奖和贵州省科学大会奖。①

1972~1984年，贵州大学完成毕业实践项目42项，撰写论文、专著、译著、教材180多篇（部），取得研究成果59项（获国家科学大会奖3项，航空工业部奖1项，省科学大会奖13项）。李祥撰写的《能行计算复杂性Blum测度的产生性》受到澳大利亚、美国、德国、英国等专家的重视和关注，相继发表评论或刊登摘要。②

1986年，由华中师范大学孙玉华和贵州大学杜文铎教授主编、贵州师范大学吴雁南教授作序的《简明中国近代史》，于是年4月在福建人民出版社出版。③ 同年，贵州大学历史系教授张振佩花30年撰写的《史通笺注》出版。④

1987年3月12日，贵州大学教授李祥在贵州省委、省政府召开的表彰国家级有突出

① 贵州省地方志编纂委员会. 贵州省志·教育［M］. 贵阳：贵州人民出版社，1990：323.

② 《贵州教育志》编纂办公室. 贵州教育年鉴（1949-1984）［M］. 贵阳：贵州人民出版社，1986：108.

③ 《贵州年鉴》编辑部. 贵州年鉴（1987）［M］. 贵阳：贵州人民出版社，1987：713.

④ 《贵州年鉴》编辑部. 贵州年鉴（1987）［M］. 贵阳：贵州人民出版社，1987：767.

贡献的科技工作者大会上，被授予国家级有突出贡献的科技工作者称号①，因其在数理逻辑与计算机科学理论研究方面取得的重大成果，被英国剑桥世界传记中心列为世界名人之列。② 同年，李坚石的《等低压电器开关的力学数学理论及其在 CAD 中的应用》获得贵州省科技进步奖二等奖。③

1988 年 4 月，贵州大学于 1985 年 10 月开始研制的交流对数放大器 FD109（国家重点科研项目的配套产品）通过了工业部鉴定。该产品除在国家重点科研项目上使用外，在鱼群探测、海底探测、超声波探伤等方面也有广泛用途。④ 同年，贵州大学裴建华等的《交流对数放大器 FD109》、李祥等的《复杂度理论在程序优化及数据加密中的应用》获贵州省科技进步奖二等奖；刘裔富的《分布试数据库中的事务管理》获贵州省科技进步奖三等奖。⑤

1989 年，张朝平等的《DIC-抗坏血酸（Vc）单宁酸（TA）测定仪的研制》、曾文智的《具有特殊结构的空间与其上不动点理论的研究》获贵州省科学技术进步奖二等奖；⑥王一波等的《PC 研制及其应用研究》获贵州省科学技术进步奖三等奖。⑦

1992 年，获得贵州省科学技术进步奖的有：李祥等的《逻辑与计算复杂性》（一等奖）；宋宝安等的《新农药的创制与农药新品种合成技术的研究》（二等奖）；史鸿运等的《创析晶体结构数据库 CSD 的开发和应用研究》（三等奖）；陈孝威等的《GEI-1 微机图像处理系统及其在临床放射学中的应用》（三等奖）；鲁荣清等的《DPX-1 型多功能计算机评分系统》（三等奖）；史鸿运的《钛和钛合金电刷镀镀液的研制及其理论研究》（三等奖）；史鸿运的《剑桥晶体结构数据库 CSD 的开发和应用研究》（三等奖）；张国滨的《光滑映射芽的有限决定性》（三等奖）；金方林等的《DL-9006 机车信息记录与重放系统》（三等奖）；傅兴华等的《基于 C-V 特性的半导体杂质浓度分布曲线的研究》（三等奖）。⑧ 同年，贵州省委、省政府授予贵州大学副教授李坚石"有突出贡献的中青年专家"称号，并享受贵州省政府特殊津贴；⑨ 是年，享受贵州省政府特殊津贴的还有李祥、黄希贤两位教授。⑩

1993 年，张长庚被评为全国教育系统劳动模范。⑪ 同年，李坚石等的《可分合机电元件电接触热过程的理论研究》获贵州省科技进步二等奖；⑫ 黄润荣等的《非平衡相交临界性质及其在煤气爆炸曲线机理的研究》、傅兴华等的《维半导体器件通用分析程序研究》、何培均的《模糊度量空间中的变分原理及其应用》、姚凯学等的《新型飞机发动机燃油调节系统试验台微机控制系统》、陈孝威等的《微循环微机检测技术及临床医学应用研究》

---

① 贵州省地方志编纂委员会. 贵州省志（1978-2010）·教育［M］. 贵阳：贵州人民出版社，2017：23.
② 《贵州年鉴》编辑部. 贵州年鉴（1988）［M］. 贵阳：贵州人民出版社，1988：655.
③ 《贵州年鉴》编辑部. 贵州年鉴（1988）［M］. 贵阳：贵州人民出版社，1988：656.
④ 《贵州年鉴》编辑部. 贵州年鉴（1989）［M］. 贵阳：贵州人民出版社，1989：543.
⑤ 《贵州年鉴》编辑部. 贵州年鉴（1989）［M］. 贵阳：贵州人民出版社，1989：546，548.
⑥⑦ 《贵州年鉴》编辑部. 贵州年鉴（1990）［M］. 贵阳：贵州人民出版社，1990：498.
⑧ 《贵州年鉴》编辑部. 贵州年鉴（1993）［M］. 贵阳：贵州人民出版社，1993：514-515.
⑨ 《贵州年鉴》编辑部. 贵州年鉴（1992）［M］. 贵阳：贵州人民出版社，1992：96.
⑩ 《贵州年鉴》编辑部. 贵州年鉴（1992）［M］. 贵阳：贵州人民出版社，1992：96-97.
⑪ 《贵州年鉴》编辑部. 贵州年鉴（1994）［M］. 贵阳：贵州年鉴社，1994：470.
⑫ 《贵州年鉴》编辑部. 贵州年鉴（1994）［M］. 贵阳：贵州年鉴社，1994：521.

获贵州省科技进步三等奖；[①] 彭兆荣的《新学科与地方特色相结合的教学计划与实施》获贵州省高校优秀教学成果一等奖[②]。

1994 年，陈天健等的《二维钣金成形过程计算机仿真系统的研究》、裴建华等的《微型高频宽带混合集成电路系列》、项筱玲的《非线性时滞偏微分方程（组）的解及周期解的存在性》、傅光轩等的《水城矿务局管理信息系统和 NOVELL 网络系统工程》获贵州省科技进步三等奖。[③]

1995 年，刘桥等的《集成电路工艺版图自动化》、李广元等的《贵州大学电脑家教系列软件》获贵州省科技进步三等奖。[④]

1998 年，贵州大学年产 30 吨超高效杀虫剂吡虫啉顺利投产；粮食百万亩工程和烤烟百万亩工程按计划圆满完成。粮食百万亩工程从项目开始实施到 1998 年夏收止，累计增产粮食 1.21 亿千克，增值 1.34 亿元；烤烟百万亩工程在遵义地区实施，直接经济效益近 5 亿元。[⑤]

是年，王一波的《分子间相互作用的量子化学研究方法及其应用》、金道超的《水螨系统分类学和体态演化理论研究》获贵州省科技进步一等奖；[⑥] 梁忠琦等的《虫草及其无性型》获贵州省科学技术进步奖二等奖。[⑦]

1999 年，张庆勤教授主持完成的《小麦远缘杂交创新材料的研究》，达到国际同类研究领域先进水平，获贵州省科技进步一等奖；[⑧] 杨昌达的《毕节地区 100 万亩粮食高产综合配套技术研究与应用》、许乐仁等的《家畜肥大细胞的异质性研究》获贵州省科技进步二等奖。[⑨]

2002 年，刘桥等的《纳米电介质对金属隔离实现金属化电路载体》、刘作易等的《虫草属真菌及其无性型分子系统学研究》、樊卫国等的《刺梨栽培生理与技术研究》、杨多贤等的《高配合力优良地方品种玉米自交系“交 51”的选育研究及应用推广》获贵州省科技进步二等奖。[⑩]

2004 年，宋建波博士获“中国岩石力学与工程学第三届青年优秀科技奖”银奖[⑪]。同年，杨军昌的《贵州民族自治地区的人口与可持续发展问题研究》（著作）获贵州省高等学校人文社会科学研究成果一等奖；[⑫] 贵州大学、全国农业技术推广服务中心的《新杀菌剂广枯灵、甲基立枯磷和恶霉灵研究与应用》获贵州省科技进步一等奖[⑬]；吴贤熙的《热

---

① 《贵州年鉴》编辑部. 贵州年鉴（1994）[M]. 贵阳：贵州年鉴社，1994：522.
② 关于奖励第三届全省普通高等学校优秀教学成果的决定 [A]. 铜仁：铜仁学院档案馆（75-1-264）.
③ 《贵州年鉴》编辑部. 贵州年鉴（1995）[M]. 贵阳：贵州年鉴社，1995：532.
④ 《贵州年鉴》编辑部. 贵州年鉴（1996）[M]. 贵阳：贵州年鉴社，1996：519.
⑤ 《贵州年鉴》编辑部. 贵州年鉴（1999）[M]. 贵阳：贵州年鉴社，1999：398.
⑥ 《贵州年鉴》编辑部. 贵州年鉴（1999）[M]. 贵阳：贵州年鉴社，1999：400.
⑦ 《贵州年鉴》编辑部. 贵州年鉴（1999）[M]. 贵阳：贵州年鉴社，1999：432.
⑧ 《贵州年鉴》编辑部. 贵州年鉴（2000）[M]. 贵阳：贵州年鉴社，2000：350.
⑨ 《贵州年鉴》编辑部. 贵州年鉴（2000）[M]. 贵阳：贵州年鉴社，2000：380.
⑩ 《贵州年鉴》编辑部. 贵州年鉴（2003）[M]. 贵阳：贵州年鉴社，2003：401.
⑪ 贵州省地方志编纂委员会. 贵州省志（1978-2010）·教育 [M]. 贵阳：贵州人民出版社，2017：53.
⑫ 《贵州年鉴》编辑部. 贵州年鉴（2005）[M]. 贵阳：贵州年鉴社，2005：283.
⑬ 《贵州年鉴》编辑部. 贵州年鉴（2005）[M]. 贵阳：贵州年鉴社，2005：303.

法炼镁反应及物理化学性质研究》、朱立军的《碳酸盐岩风化成土作用及其环境效应研究》、谢庆生等的《基于知识的虚拟样机设计系统的研究与应用》获贵州省科技进步二等奖。①

2005年，贵州大学与贵州师范大学等单位的《Nash平衡点集和若干非线性问题解集的稳定性》获贵州省科技进步一等奖；② 贵州大学的《草鱼和胡子鲇肥大细胞的组织化学与形态学研究》、贵州大学与贵州省绥阳宽阔水省级自然保护区管理局的《宽阔水自然保护区生物多样性及其环境背景研究》、贵州大学与贵州师范大学的《基于国产Linux的网络多媒体教字资源建设关键技术与应用研究》获贵州省科技进步二等奖；③ 王锳等的《郑珍集·小学》、余维祥的《中国农户积累消费问题研究》、申振东等的《城镇化透析》、张启成的《诗经研究史论稿》、李建军的《中日两国青年女性自杀问题的比较研究》、冉光圭的《中国社会主义市场经济条件下会计目标的现实选择和中长期预期》获贵州省哲学人文社会科学奖二等奖。④

2007年，章迪诚的《中国国有企业改革编年史（1978-2005）》、李建军等的《我国青少年自杀问题研究》获贵州省第七次哲学社会科学优秀成果奖一等奖；洪名勇的《所有制结构调整与区域经济非均衡增长研究》、张新民的《“獦獠作佛”公案与东山禅法南传——读敦煌写本（六祖坛经）劄记》、王秀峰等的《基于组合评价模型的西部地区农业经济分析》、徐之明的《贵阳方言的ABB式状态形容词》获贵州省第七次哲学社会科学优秀成果奖二等奖。⑤

2008年，贵州大学、广西北海国发海洋生物产业股份有限公司共同完成的《抗植物病毒活性新农药创制与应用》获贵州省科技进步一等奖。贵州大学完成的《中国拟青霉属真菌资源调查、分类及其应用价值研究》，贵州省生物研究所、贵州科学院、贵州大学、贵州省植物园、上海师范大学共同完成的《贵州蕨类植物研究》，贵州大学、北京化工大学共同完成的《非对易性与约束Hamiton系统（含带边界）的量子化、对称性研究》，贵州大学、贵州力源液压股份有限公司、贵州省机电研究设计院共同完成的《数字控制轴向柱塞变量泵》，贵州大学、贵州省动物疫病预防控制中心、贵州省畜牧兽医局完成的《贵州省山羊痘的诊断与防治研究》皆获贵州省科技进步二等奖。⑥

2010年，贵州大学完成的《贵州地方猪种生长繁殖关键基因分离鉴定及其应用》、贵州雷公山国家级自然保护区管理局和贵州大学共同完成的《雷公山国家级自然保护区生物物种多样性研究》获贵州省科技进步二等奖；⑦ 贵州省水产研究所、贵州省水产技术推广站、贵州大学动物科学学院、贵州省特种水产工程技术中心、遵义市水产站、贵阳市水产站、安顺市水产站、贵州省铜仁农业科技园区共同完成的《贵州省鲟鱼养殖技术推广与产

① 《贵州年鉴》编辑部.贵州年鉴（2005）[M].贵阳：贵州年鉴社，2005：303-305.
② 《贵州年鉴》编辑部.贵州年鉴（2006）[M].贵阳：贵州年鉴社，2006：303.
③ 《贵州年鉴》编辑部.贵州年鉴（2006）[M].贵阳：贵州年鉴社，2006：305.
④ 《贵州年鉴》编辑部.贵州年鉴（2006）[M].贵阳：贵州年鉴社，2006：307.
⑤ 《贵州年鉴》编辑部.贵州年鉴（2008）[M].贵阳：贵州年鉴社，2008：379-340.
⑥ 《贵州年鉴》编辑部.贵州年鉴（2009）[M].贵阳：贵州年鉴社，2009：375-377.
⑦ 《贵州年鉴》编辑部.贵州年鉴（2011）[M].贵阳：贵州年鉴社，2011：406-407.

业化示范》，贵州省草业研究所、贵州大学动物科学学院和贵州省畜牧兽医研究所共同完成的《几种优良牧草与配套栽培技术的应用与转化》获贵州省科技成果转化二等奖。①

2011 年，贵州大学张新民教授、凯里学院徐晓光教授分别领衔的课题《清水江文书整理与研究》获国家社科基金重大招标项目立项，各资助经费 40 万元，承担单位分别为贵州大学和凯里学院。② 贵州大学龙宇晓教授领衔的《〈清水江文书·贵州民族文化宫杨友庚赠藏卷〉整理校释》获国家社科基金后期资助项目立项，承担单位为贵州大学，资助经费 18 万元。这是贵州省高校系统内获得的第一个后期资助项目，也是第一个区域文化研究方向获得立项的后期资助项目。③

同年，贵州大学完成的《仔猪水肿病志贺样毒素作用机制及其防治关键技术研究》获贵州省科技进步一等奖；④ 靳永翥的《公共服务提供机制：以欠发达农村地区为研究对象》、黄其松的《论政治思想史研究的四种范式》获贵州省第九次哲学社会科学优秀成果一等奖；任钢建的《美国社区学院：灵活实用的办学模式》、邱望标等的《基于反求工程的贵州少数民族文化遗产的保护与开发研究》、李遵白的《高房价支撑政策中的利益困局分析》、冷传莉的《人格物确立的法理透视》、李晓红等的《贫困与反贫困的产权分析》获贵州省第九次哲学社会科学优秀成果二等奖。⑤

2012 年，贵州大学宋宝安教授以出色的科研创新成果荣获何梁何利基金科学与技术创新奖。这是贵州省科技人员首次获此殊荣。宋宝安教授长期从事新农药研发与有害生物防控领域研究，针对我国农业生产中的重大病虫害，系统地进行新农药创制和重大农药品种的工艺创新研究。⑥

同年，贵州省矿山安全科学研究院联合中国矿业大学、贵州大学申报的“西南（贵州）地区中小煤矿防突技术体系及示范”课题，被列入国家煤矿监察局组织的国家支撑计划——深部及中小煤矿灾害防治关键技术研究与示范项目立项实施，课题总投入 2065 万元，其中获国家科技资助经费 965 万元。⑦

2013 年，贵州大学陶渝苏等的《边界漂移与意义播撒：后现代视域下的地方族群文化变迁》、洪名勇的《马克思土地产权制度理论研究——兼论中国农地产权制度改革与创新》、王志凌等的《西部地区民族经济发展问题研究——以贵州民族经济为个案研究》、马良灿的《农村社区内生性组织及其“内卷化”问题探究》荣获贵州省第十次哲学社会科学优秀成果一等奖；刘锋等的《“蒙萨”苗族“烧灵”：二次葬的仪式化传承与变迁》、杨志强等的《重返“古苗疆走廊”——西南地区、民族研究与文化产业发展新视阈》、何茂莉的《山地环境与灾害承受的人类学研究——以近年贵州省自然灾害为例》荣获贵州省第十次哲学社会科学优秀成果二等奖。⑧

---

① 《贵州年鉴》编辑部. 贵州年鉴（2011）[M]. 贵阳：贵州年鉴社，2011：409.

②③ 《贵州年鉴》编辑部. 贵州年鉴（2012）[M]. 贵阳：贵州年鉴社，2012：444.

④ 《贵州年鉴》编辑部. 贵州年鉴（2012）[M]. 贵阳：贵州年鉴社，2012：426.

⑤ 《贵州年鉴》编辑部. 贵州年鉴（2012）[M]. 贵阳：贵州年鉴社，2012：439-441.

⑥⑦ 《贵州年鉴》编辑部. 贵州年鉴（2013）[M]. 贵阳：贵州年鉴社，2013：377.

⑧ 《贵州年鉴》编辑部. 贵州年鉴（2014）[M]. 贵阳：贵州年鉴社，2014：283，382.

同年，戴仁怀被贵州省推荐为第十届中国青年女科学家奖候选人；① 杨松荣获第十三届中国青年科技奖②，并获全国五一劳动奖章③。

2014 年，宋宝安团队承担的《农药研制与应用》获国家科技进步二等奖。④

2015 年，罗蓉等的《西部地区科技工作者状况调查》荣获贵州省第十一次哲学社会科学优秀成果一等奖；封孝伦的《生命之思》、张新民的《阳明精粹》、洪名勇等的《贵州农村土地承包经营权流转研究》、王晓梅等的《二十世纪以来日本学者西南少数民族研究成果述评与译介》、刘振宁的《柏格理道化苗疆的方略及其机理论释——基于石门坎教会相关碑刻铭文的考量》、陈卫洪等的《气候灾害对粮食安全的影响机制研究》、宋山梅的《代际差异视角下资本禀赋对农民工就业选择影响研究》荣获贵州省第十一次哲学社会科学优秀成果二等奖。⑤

2018 年，贵州大学，贵州省植物保护研究所，贵阳学院郅军锐、张昌容等的《西花蓟马成灾机理及防控关键技术研究与应用》获中国植物保护学会科学技术奖科学研究类三等奖；⑥ 黄其松的《权利、自治与认同：民族认同的制度逻辑》、张国安的《马克思关于人的本质的四重含义及其现实意义》、张新民的《儒释之间：唐宋时期中国哲学思想的发展特征——以儒学的佛化与佛教的儒化为中心》获贵州省第十二次哲学社会科学优秀成果一等奖；申鹏的《基于禀赋的新生代农民工就业行为研究》，刘彩清的《婚姻、家庭、生育与妇女地位——对一个侗族村寨的人类学研究》，安世遨、许传静等的《教育管理对话范式研究》，杨达的《中国全方位外交下的对日战略探析》、鲁保林的《结构性产能过剩的政治经济学分析》，李传兵的《略论长征胜利的伟大意义》，洪名勇、龚丽娟的《农地流转口头契约自我履约机制的实证研究》，李烨、潘伟恒、龙梦琦的《资源型产业绿色转型升级的驱动因素》，任敏的《“河长制”：一个中国政府流域治理跨部门协同的样本研究》，张红春、史蒂芬·万德韦勒、卓越的《对绩效评估机构的信任如何影响公共管理者的绩效信息使用行为》，汪磊、伍国勇的《精准扶贫视域下我国农村地区贫困人口识别机制研究》，曹端波、陈志永的《遭遇发展的村落共同体：以贵州雷山县上郎德苗寨为例》，冷传莉的《中国法学教育语境下的案例教学法》，宁立标的《论我国带薪休假权保障立法的完善》，廖艳的《论人权法对社会分层的规制》获贵州省第十二次哲学社会科学优秀成果二等奖。⑦

四、学生与教职工数

1958~1985 年，贵州大学为国家培养和输送了各种专门人才 7000 多人，其中少数民

---

①② 《贵州年鉴》编辑部. 贵州年鉴（2014）[M]. 贵阳：贵州年鉴社，2014：364.

③ 《贵州年鉴》编辑部. 贵州年鉴（2014）[M]. 贵阳：贵州年鉴社，2014：600.

④ 《贵州年鉴》编辑部. 贵州年鉴（2015）[M]. 贵阳：贵州年鉴社，2015：434.

⑤ 《贵州年鉴》编辑部. 贵州年鉴（2016）[M]. 贵阳：贵州年鉴社，2016：525，526.

⑥ 《贵州年鉴》编辑部. 贵州年鉴（2019）[M]. 贵阳：贵州年鉴社，2019：571.

⑦ 《贵州年鉴》编辑部. 贵州年鉴（2019）[M]. 贵阳：贵州年鉴社，2019：594.

族学生3000多人。从1978年起有数学、外语、物理、中文4个系9个学科相继招收硕士研究生。

截至1984年，贵州大学有教职工1080人，其中专任教师419人，教授2人，副教授34人，讲师194人，助教124人，教员65人；有在校研究生26人；在校本科生2397人，专科生352人，共2775人。1980年后还培养各类进修生3000多人。

1986年后，学生与教职工数变化见表6-1。

表6-1 1984~2018年贵州大学学生与教职工数① 单位：人

年度末	本专科学生				教职工数	专任教师					
	毕业生	招生数	在校生	预计毕业生		合计	教授	副教授	讲师	助教	教员
1984	—	—	2775	—	1080	419	2	34	194	124	65
1986	669	711	2608	—	1151	474	2	32	177	197	66
1987	688	749	2703	—	1199	480	21	116	193	126	24
1988	780	838	2753	—	1181	493	19	130	188	121	35
1989	788	762	2719	—	1058	466	13	119	184	120	30
1990	879	950	2789	—	1168	470	13	127	161	146	23
1991	754	785	2615	—	1236	475	13	121	164	153	24
1992	749	862	2695	—	1253	483	14	117	160	167	25
1993	713	969	2956	—	1234	486	8	114	176	158	30
1994	900	1234	3371	—	1276	497	32	138	224	82	21
1995	1044	1084	3316	—	1269	483	49	126	201	70	37
1997	1773	2198	6417	1825	2660	1031	77	239	432	247	36
1998	1764	2498	7093	2819	2609	1166	87	291	424	315	49
1999	1579	4506	9957	2086	2849	1191	99	392	463	232	5
2000	2038	4942	12702	2425	2863	1193	107	376	369	243	98
2001	2378	5130	15485	2462	2832	1251	132	375	405	240	99
2002	2410	5521	18420	4287	2657	1214	132	379	413	198	92
2004	6853	7857	34042	8123	4867	2605	266	783	810	563	183
2005	7289	8930	34653	8295	4920	2623	272	863	834	471	183

① 《贵州年鉴》在2005年前后的统计方式不一样，且对职称也改成正高、副高、中级、初级等，故分列。另由于1996年、2003年、2006年无法得到材料，故缺失这几个年份的数据，本书后续表格亦如此。

续表

年度末	本专科学生								教职工数	专任教师					
	毕业生		招生数		在校生		预计毕业生			合计	正高	副高	中级	初级	未定
	普通	成人	普通	成人	普通	成人	普通	成人							
2007	9100	13494	7278	3468	29271	14033	8143	5290	4870	2760	291	767	1164	384	154
2008	8306	4909	7272	3324	28451	12044	7537	4217	4586	2603	298	808	1079	256	162
2009	7237	3888	7560	2614	28395	10768	7130	3061	4482	2591	287	799	1084	257	164
2010	7049	2222	7679	3008	28564	11551	7017	3825	4232	2513	338	860	1150	124	41
2011	7017	5086	8025	2950	29312	9415	6893	2865	4198	2530	383	854	1146	124	23
2012	6683	2477	8494	3544	30970	10482	7597	2286	4033	2448	351	894	1048	101	54
2013	7528	2932	8491	4118	31828	11668	7481	2302	4004	2508	429	1021	901	41	116
2014	7423	2332	7538	5142	31818	14478	7901	3431	3773	2280	343	819	953	109	56
2015	7777	3431	7886	6155	31722	17202	8619	3370	3896	2351	428	843	797	30	253
2016	8524	3370	7904	2689	30868	16521	8252	5193	3920	2364	451	843	765	24	281
2017	8118	4208	8404	1704	31417	14017	7404	7528	3895	2378	438	868	743	22	307
2018	7315	5165	8740	1231	32431	6443	7843	5894	3836	2395	449	860	754	20	312

资料来源：历年《贵州年鉴》。

截至2019年，贵州有在校全日制本科学生33064人，独立学院全日制本科生18880人，研究生11925人。在职职工4007人，其中专任教师2595人，专任教师中具有博士学位1114人，占比43%。正高职称511人，副高级职称1089人。学校聘用特设岗位人员85人，其中杰出人才3人，卓越人才2人，青年英才10人，一流学科人才70人。学校有中国工程院院士2人、教育部长江学者奖励计划特聘教授3人、教育部长江学者奖励计划青年学者2人、国家中青年科技创新领军人才4人、中宣部全国文化名家暨“四个一批”人才3人、国家级有突出贡献中青年专家5人、教育部高等学校教学指导委员会委员25人、教育部新世纪优秀科技人才12人、贵州省核心专家18人、贵州省省管专家58人。

五、学校历任负责人[①]

校长：张廷休、田君亮、段志高、黄辅忠、赵凤岐、李祥、祝开诚、徐采栋、陈叔平、郑强、陈坚。

名誉校长：李祥（1989～2004年）、罗登义（1997～1999年）、徐采栋（2002～2004

① 本书学校历任负责人均为不完全统计，下同。

年）。

党委书记（1949 年后党组、总支书记）：黄辅忠、陈希文、方士新、张新月、赵凤歧、田诗努、陈如新、安天惠、刘朝政、龙超云、姚小泉、陈坚。

副校长（1958 年后）：张立森、陈若夫、顾光忠、杨汉先、陈希文、吕俊峰、王六生、张同生、祝开成、谢刚、黄希贤、罗世舟、张耿光、李坚石、薛赛凤、许乐仁、修耀华、张世俊、金道超、吴次南、李建军、舒葳韧、朱立军、高克新、谢庆生、杨勇、宋宝安、封孝伦、章迪诚、陶文亮、王红蕾、赵德刚、刘勇、向淑文、李军旗、张覃。

党委副书记（1958～2001 年）：关海亭、方士新、李键、王临池、田诗努、龚林文、吴汉良、石开录、高万能、李坚石、赵明仁。

第二节　贵州师范大学（贵阳师范学院）

一、院系与专业设置

1941 年创建国立贵阳师范学院。1950 年，更名为贵阳师范学院。1953 年院系调整后，设有中文、历史、外语、数学、物理、化学、地理 7 个系和中文、历史、教育、数学、物理、化学、艺术、体育 8 个专修科。1954 年停办教育科，增设地理科。1955 年停办物理和历史两个专修科。1956 年停办化学科，增生物科，艺术科调整到贵州民族学院。1957 年停办中文、数学、地理 3 个专修科。1958 年生物科改建生物系，体育科调出成立贵州省体育专科学校。1960 年增设政教系，同时设立函授机构开展函授教育。1961 年贵州省体育专科学校全并入贵阳师范学院建体育系。1972 年开始招生三年制学生。

1977 年，招生指标为政教 50 名、中文 50 名、历史 30 名、英语 40 名、地理 30 名、生物 30 名、物理 50 名、化学 30 名、数学 40 名、体育 50 名，共 400 名，实际录取 571 名。①

1978 年，招生指标为 460 名。同年，增设师范进修班，以招收 68～70 届大学毕业生进修，招生指标 50 名。②

1980 年，贵州省教育厅委托贵州师范学院举办语文、政治、历史、数学、物理、化学 6 门中学课程教师进修班③。

1981 年，贵州师范学院成为国家务院批准的全国首批授予学士学位单位。

1983 年，贵州师范学院重建体育系和体育科，增设少数民族预科班；受地质部委托，

---

① 贵州省一九七七年高等学校招生工作录取统计表［A］. 铜仁：铜仁市档案馆（75-1-92）.

② 中央下达贵州省高等学校招生指标分配方案［A］. 铜仁：铜仁市档案馆（75-1-91）.

③《贵州教育志》编纂办公室. 贵州教育年鉴（1949-1984）［M］. 贵阳：贵州人民出版社，1986：679-680.

开办了一期生物教师专修科，学员 40 人，学制两年；① 在六盘水、黔南州、遵义招收五年制中文函授本科班各一班，学员 293 人，由六盘水师范专科学校、黔南民族师范专科学校、遵义教育学院承办。

1984 年，设立艺术系；政教系开始招收三年制专科函授生。

1978~1984 年，生态植物、自然地理、经济地理、世界古代史、中国近代史、中国地方史、原子物理、物理化学 8 个学科专业先后招收硕士研究生 24 人，毕业 11 人。

1985 年，贵阳师范学院更名为贵州师范大学；中国语文系更名为中国语言文学系。同年，数学系开始招本科和专科函授生；历史、物理两个系开始招本科函授生；政教系开办具有大专文化程度的思想政治教育本科班（学制两年）。

1986 年，设有中文系（中国语言文学专业）、历史系（历史学专业）、政教系（政治教育专业）、教育系（教育学专业）、外语系（英语、俄语专业）、数学系（数学专业）、物理系（物理学专业）、化学系（化学专业）、生物系（生物学专业）、地理系（地理学专业）、体育系（体育专业）、艺术系（音乐、美术专业）12 个系 14 个专业，学制均为四年。此外，还设有学制两年的思想教育专科班；中文、政教、历史、物理、数学等函授专业。② 同年，国务院批准贵州师范大学为全国第三批硕士学位授予单位；政教系依托马克思主义哲学硕士点在全省率先招收思想政治教育方法论硕士学位研究生。

1987 年，贵州师范大学在全省 29 所中等师范学校推荐的 90 名 1987 年应届毕业生中，择优录取了 30 名进入本科学习以后，又与贵州省教委民族教育处达成协议，再从其中 11 所民族师范学校推荐的毕业生中，按成绩择优录取 30 人（少数民族学生 20 人），进入中文、政教、历史、地理、数学、物理、化学、生物、教育学、美术专业学习。学习期间的待遇，与其地本科生相同。毕业时成绩合格者，发给本科毕业证书。学生学习毕业后回原推荐学校任教。③

同年，贵州师范大学教育专业 87 届函授专科毕业生中 30 名毕业成绩优秀的学生，经贵州省教委同意，直接升入 87 级函授本科班学习。④

1989 年，公共政治课教研组从政治教育系析出建立马列主义教学部，承担全校马克思主义理论课和思想品德教育课（简称“两课”）的教学任务。

1992 年，新增法学专业。同年，招收第一届计算机科学与技术专业大专生。

1993 年，数学系更名为数学与计算机科学系。

1994 年，马克思主义哲学硕士点顺利通过国家教委、国务院学位委员会第二批硕士点评估；⑤ 历史系更名为历史与决策科学系，政教系更名为政治经济系，物理系更名为物理与电子科学系，生物系更名为生物科学技术系；电教中心开设电化教育专业（两年制大专），开创了贵州省电化教育专业的学历培训工作的先河。

---

① 《贵州教育志》编纂办公室. 贵州教育年鉴（1949-1984）[M]. 贵阳：贵州人民出版社，1986：96.
② 《贵州年鉴》编辑部. 贵州年鉴（1987）[M]. 贵阳：贵州人民出版社，1987：604-605.
③ 《贵州年鉴》编辑部. 贵州年鉴（1988）[M]. 贵阳：贵州人民出版社，1988：638.
④ 《贵州年鉴》编辑部. 贵州年鉴（1988）[M]. 贵阳：贵州人民出版社，1988：641.
⑤ 《贵州年鉴》编辑部. 贵州年鉴（1995）[M]. 贵阳：贵州年鉴社，1995：484.

1996年，贵州师范大学被确定为省重点大学。同年，马列教学部加挂管理科学系牌子。

1997年，计算机科学与技术始招本科生。

1998年，艺术系析分为美术系和音乐系。

1999年，贵州师范大学数学教育被贵州省教委审核批准为第二批省级重点学科。[①] 同年，应用心理学本科专业开始招生；网络计算和计算机图形学方向招收硕士研究生；获准开办电化教育本科。

2000年，贵州师范大学数学教育被列为省级重点学科。[②]

2002年，法学专业开始招收硕士研究生。2002年9月，管理科学系从马列主义教学部析出。同年，中国语言文学系开设广播电视学本科专业。

2003年9月，中国语言文学系更名为文学院，法学专业组建成立法学院，历史与决策科学系和政治经济系合并为历史与政治学院，管理科学系改建为经济与管理学院，外语系组建为外国语学院，物理与电子科学系、化学系合并组建为理学院，生物科学技术系生物技术专业组建为生物技术与工程学院，生物科学技术系生物科学专业与地理相关专业合并成立地理与生物科学学院，美术系更名为美术学院，音乐系更名为音乐学院，体育系更名为体育学院，成人教育处更名为继续教育学院，教育系与教育技术信息系合并组建教育科学学院。

2004年，数学与计算机科学系更名为数学与计算机科学学院；贵州理工职业技术学院并入贵州师范大学；材料与建筑工程学院成立。

2005年，音乐学院获批为二级学科艺术学硕士点；应用心理学获批为二级学科硕士学位授权点。

2006年1月，机械工程学院、电气工程学院、实训中心合并组建成立机械与电气工程学院；马克思主义理论学科获全国首批马克思主义理论一级学科硕士学位授权点；计算机应用技术获批为硕士点；文学院开设播音与主持艺术本科专业。

2007年，贵州师范大学与贵州省旅游局联合共建成立国际旅游文化学院。

2008年，理化院析分成立物理与电子科学学院、化学与材料科学学院；生物技术与工程学院、地理与生物科学学院的生物学相关专业重组分别成立生命科学学院、地理与环境科学学院。同年，酒店管理、旅游英语两个本科专业始招生。

2009年2月12日，贵州师范大学成功申报为贵州省博士学位立项建设单位[③]。同年，贵州师范大学英国高等教育文凭项目部成立。

2010年，计算机科学与技术获批为一级学科硕士点。2010年3月，撤销马列主义教学部，组建马克思主义学院；教育科学学院、心理健康教育与咨询中心合署办公。同年，贵州师范大学与贵州省旅游局联合共建的贵州旅游管理学院成立，设在国际旅游文化学院，以“一套班子，两块牌子”的模式，探索和践行高等教育政、产、学、研、用的发展

---

① 《贵州年鉴》编辑部. 贵州年鉴（2000）［M］. 贵阳：贵州年鉴社，2000：349.

② 《贵州年鉴》编辑部. 贵州年鉴（2001）［M］. 贵阳：贵州年鉴社，2001：331.

③ 贵州省地方志编纂委员会. 贵州省志（1978-2010）·教育［M］. 贵阳：贵州人民出版社，2017：58.

模式。

2011年，获批为心理学硕士学位一级学科授权点；文学院被列为博士点建设单位。同年，机械与电气工程学院经教育厅批准按电气信息类、机械类两大类招生；电气信息大类开设电气信息工程、电气工程及其自动化2个专业，机械大类开设机械设计制造及其自动化、材料成型及控制工程2个专业。

2012年，贵州师范大学4个一级学科博士授权点均获得国务院学位委员会学科评议组高票通过；[①] 马克思主义理论学科遴选为全省唯一的省级特色重点学科。

2013年，新增为博士学位授予单位；新增马克思主义理论、中国语言文学、数学和地理学4个一级学科博士点，实现省文科博士一级学科零的突破；[②] 马克思主义理论学科获批为西南5省（市）第一个马克思主义理论一级学科博士学位授权点；经济与管理学院和贵阳经济技术开发区共建电商产业博士工作站。同年，贵州师范大学成为中国政府奖学金来华留学生资格院校。[③]

2014年，地理学获批一级学科博士学位授权点，并招收首批博士研究生。是年，在英国高等教育文凭项目部基础上成立国际教育学院；旅游管理、体育新增为硕士专业学位授权点；[④] 心理学成为贵州省重点学科，并获批为省级本科专业综合改革试点项目。

2016年，贵州师范大学获批为网络空间安全一级学科硕士点。同年7月，外国语学院和大学外语教学部合署；数学与计算机科学学院析分组建为数学科学学院、大数据与计算机科学学院；学校整合校内与新闻传播类学科资源组建传媒学院；创新创业学院（知行学院）成立；教师教育学院成立。

2017年，创建足球学院；[⑤] 传媒学院获批更名为中共贵州省委宣传部与贵州师范大学共建的新闻学院。同年，贵州师范大学马克思主义理论、中国语言文学、数学、地理学4个博士学位授权一级学科通过教育部专项评估；[⑥] 地理科学专业获批贵州省一流专业建设项目；地理与环境科学学院与喀斯特研究院联合申报地理学为省国内一流学科并获批准；心理学成为贵州省一流专业培育项目。

2018年，马克思主义理论学科被确定为省重点建设国内一流学科。同年，获批心理学一级学科博士学位授权点。

2019年6月，教育科学学院、心理健康教育与咨询中心合并重组成立教育学院、心理学院（贵州师范大学心理健康教育与咨询中心在心理学院合署办公）。

截至2019年，贵州师范大学设置有以下院系与专业：

文学院：设有汉语言文学、汉语国际教育2个专业；中国语言文学一级学科博士点，下设文艺学、汉语言文字学、中国古代文学、中国现当代文学4个二级学科点；中国语言

---

① 《贵州年鉴》编辑部．贵州年鉴（2013）［M］．贵阳：贵州年鉴社，2013：368.
② 《贵州年鉴》编辑部．贵州年鉴（2014）［M］．贵阳：贵州年鉴社，2014：352.
③ 《贵州年鉴》编辑部．贵州年鉴（2014）［M］．贵阳：贵州年鉴社，2014：348.
④ 《贵州年鉴》编辑部．贵州年鉴（2015）［M］．贵阳：贵州年鉴社，2015：429.
⑤ 《贵州年鉴》编辑部．贵州年鉴（2018）［M］．贵阳：贵州年鉴社，2018：517.
⑥ 《贵州年鉴》编辑部．贵州年鉴（2018）［M］．贵阳：贵州年鉴社，2018：526.

文学一级学科硕士学位授权点，下设文艺学、汉语言文字学、中国古代文学、中国古典文献学、中国现当代文学、比较文学与世界文学、语言学与应用语言学7个二级学科点；艺术学理论、课程与教学论2个二级学科硕士点；语文学科教育硕士点。

法学院：设有法学专业；法学一级学科教育硕士点，法律硕士专业学位点。

历史与政治学院：设有思想政治教育、历史学、政治与管理学、社会工作4个系，思想政治教育、历史学、政治学与行政学、公共事业管理、社会工作5个专业；政治学一级学科博士点；政治学、中国史、世界史3个一级学科硕士点，马克思主义哲学二级学科硕士点，社会工作专业硕士点，思政、历史2个学科教育硕士点。

经济与管理学院：设有经济学、财务管理、电子商务、市场营销、信息管理与信息系统5个专业；管理科学与工程一级学科硕士点。

外国语学院：设有英语、日语、俄语3个专业；外国语言文学一级学科硕士点，外国语言学及应用语言学、英语语言文学、日语语言文学3个二级学科硕士点，英语教育硕士、翻译硕士2个专业学位硕士点；招收课程教学论英语教育方向硕士研究生，并与美国奥克兰大学联合培养硕士研究生。

数学科学学院：设有数学与应用数学、信息与计算科学、应用统计学3个专业；数学一级学科博士点和硕士点。

物理与电子科学学院：设有物理学、电子信息科学与技术、电子信息工程3个专业，物理学专业另增设通用技术本科方向；物理学一级学科硕士点，物理课程与教学论、物理学科教学、智能控制与信息系统、天体物理与天文数据信息处理、信息技术职业技术教育5个硕士点。

化学与材料科学学院：设有化学、应用化学、科学教育、材料化学4个专业；化学1个一级学科硕士点。

生命科学学院：设有生物科学、生物技术、生物工程、园艺4个专业；生物学、生态学2个一级学科硕士点，生物教育硕士点。

地理与环境科学学院：设有地理科学、人文地理与城乡规划、地理信息科学、环境科学、园林5个系，地理科学、人文地理与城乡规划、地理信息科学、自然地理与资源环境、土地资源管理、环境科学、园林7个专业；地理学1个一级学科博士点；地理学、环境科学与工程、风景园林3个一级学科硕士点；自然地理学、人文地理学、地图学与地理信息系统、土地资源利用与管理、生态学5个二级学科硕士点；学科教学地理、风景园林2个专业硕士点。

音乐学院：设有音乐学、音乐表演、舞蹈学3个专业；音乐学科教学硕士点，艺术硕士点。

美术学院：设有美术教育、造型艺术、设计艺术、新媒体艺术4个系，美术学、绘画、书法学、环境设计、视觉传达设计、动画、摄影7个专业；美术学一级学科学术硕士点，下设美术教育研究、美术技法与创作研究、民族民间美术研究、书画艺术研究和公共艺术4个方向；美术学科教学专业硕士点；艺术专业硕士点，下设美术和设计2个方向。

体育学院：设有体育教育、社会体育指导与管理、运动训练、民族传统体育4个专业；体育教育训练学、体育课程与教学论 2 个二级学科硕士点，体育学科教学专业硕士点，体育硕士点；具有同等学力人员申请硕士学位授予权。

机械与电气工程学院：设有电气工程、机械工程 2 个系和实验实训中心、工程创新中心、继续教育中心、智能信息处理校级研究所、机械与控制仿真校级重点实验室，机械设计制造及其自动化、电气工程及其自动化、电气信息工程、材料成型与控制工程 4 个专业；计算机科学与技术 1 个一级学科硕士点。

材料与建筑工程学院：设有材料科学与工程、冶金工程、土木工程、工程管理 4 个专业；分析化学硕士点和土木水利类职业教育硕士点。

国际旅游文化学院：设有旅游管理、酒店管理、文化产业管理、产品设计、音乐学（航空及高级服务管理方向）5 个专业及成人本、专科旅游管理专业；旅游管理硕士点，职业技术教育教育硕士点，管理科学与工程一级学科硕士点。

马克思主义学院：设有思想政治教育方法论硕士点，马克思主义理论一级学科硕士点。负责全校的“两课”教学与研究工作。

继续教育学院：下设学历教育科（负责成人高等教育和高等教育自学考试助学工作）、培训认证科（负责全省中小学教师资格认定与注册的管理指导、全省高校教师资格认定、全省高校青年教师岗前培训、贵州师范大学成人学士学位申请授予等教育培训认证工作）、教育考试科（负责贵州省成人高等教育学士学位课程考试和全国中小学教师资格考试贵州省面试的组织工作，承担贵州省全国中小学教师资格考试笔试和面试、全国计算机等级考试等各类社会考试项目的相关工作）和行政办公室（负责日常文档处理、后勤保障等工作）4 个科室。

教育学院：设有教育学、教育技术学、学前教育、小学教育 4 个专业；教育学一级学科硕士点（下设 10 个二级学科点），教育硕士专业学位授予点。

心理学院：设有心理学、应用心理学 2 个专业；心理学一级学科博士点和硕士点，应用心理专业硕士点，心理健康教育教育硕士点。

国际教育学院：设有旅游管理（国际酒店管理方向）、计算机科学与技术（软件开发方向）、市场营销、旅游管理 4 个专业。同时承担国际合作办学项目学生及来华留学生的招生、培养和管理工作。

大数据与计算机科学学院：设有计算机科学与技术、数字媒体技术、数据科学与大数据技术 3 个专业；计算机科学与技术、网络空间安全 2 个一级学科硕士点。

新闻学院（传媒学院）：设有广播电视学、播音与主持艺术、传播学 3 个专业；艺术学专业（广播电视领域）硕士学位授予点。

知行学院（创新创业学院）：目的是突破学科界限，建设基于全校理、工、文、艺术类学科的多层次、多元化、多职能、软硬件一体的创新创业实践教学与能力提升平台。

教师教育学院：目的是为了实现教师教育改革、创新、发展的目标和师范生教育教学理论基础与实践能力的全面提升，着力构建“职前培养、入职引导、职后培训三位一体”的师资人才培养体系。

喀斯特研究院：设有地理学一级学科博士点。

求是学院：见本书第七章第二节。

截至 2019 年，贵州师范大学有 4 个贵州省国内一流建设学科、4 个贵州省区域内一流建设学科，6 个一级学科博士学位授权点（覆盖 32 个二级学科），22 个一级学科硕士学位授权点（覆盖 107 个二级学科），1 个独立二级学科硕士学位授权点，6 个自主设置二级学科硕士学位授权点，9 个硕士专业学位类别（领域）授权点，81 个本科专业，具备应届本科生攻读硕士学位推免权。有 7 个全国高校本科特色专业建设点，5 个国家级本科专业综合改革试点项目，省级“一流大学”建设项目 4 类 11 项；一流专业项目 5 个（含培育项目 1 个），一流课程项目 2 个，一流平台项目 2 个，一流师资项目 2 个；2 个教育部卓越教师培养改革项目，4 个教育部卓越中学教师培养项目，10 个省级本科专业综合改革试点项目、9 个省级卓越人才培养计划项目，7 个省级大学生创新创业训练中心，11 个省级特色重点学科，13 个省级重点学科，19 个省级高校示范性本科专业（特色专业）。学科专业涵盖哲学、经济学、法学、教育学、文学、历史学、理学、工学、农学、管理学、艺术学 11 个学科门类，形成了以教师教育为特色的综合性学科布局。

二、学校环境与办学成果

1984 年，贵州师范学院占地面积 372 亩，建筑面积 8.3 万平方米，其中教学用房 2.21 万平方米，生活用房 5.5 万平方米。图书馆藏书达 96.23 万册，近 20 万种。有教学仪器设备价值 301 万元，其中 1984 年购置的设备价值 179.92 万元，比 1951 年增加 95 倍，比 1978 年增加 4.8 倍。其中增加的电化教学设备价值 28.49 万元。学校附设有附属中学、子弟小学、幼儿园、医务所以及为教学、科研服务的印刷厂、无线电数学仪器厂和电机厂等。[①] 1985 年，学校出版有《贵州师范大学学报》和校刊《贵州师大》。

1986 年，建起了卫星电视教育地面接收站和 3W 教育电视差转台。[②]

1987 年，贵州师范大学第三学生食堂被评为全国高等学校先进食堂。[③]

1988 年，贵州省高等师范院校师资培训中心在贵州师范大学成立[④]。贵州师范大学被贵州省教委、贵州省卫生厅确定为学生健康监测试点学校之一。[⑤]

是年，在暑期大学生社会实践活动中，贵州师范大学被贵州省教委、贵州省宣传部、贵州团省委评选为征文活动先进集体，并获得中央宣传部、国家教委、共青团中央授予的暑期全国大、中专学生社会实践活动先进单位称号[⑥]。

同年，贵州师范大学副校长安天惠被授予贵州省四化建设标兵，并成为贵州省五一劳动奖章获得者。[⑦]

---

① 《贵州教育志》编纂办公室. 贵州教育年鉴（1949-1984）[M]. 贵阳：贵州人民出版社，1986：117-118.

② 《贵州年鉴》编辑部. 贵州年鉴（1987）[M]. 贵阳：贵州人民出版社，1987：635.

③ 《贵州年鉴》编辑部. 贵州年鉴（1988）[M]. 贵阳：贵州人民出版社，1988：629-630.

④ 贵州省地方志编纂委员会. 贵州省志（1978-2010）· 教育 [M]. 贵阳：贵州人民出版社，2017：25.

⑤ 《贵州年鉴》编辑部. 贵州年鉴（1989）[M]. 贵阳：贵州人民出版社，1989：519.

⑥ 贵州省地方志编纂委员会. 贵州省志（1978-2010）· 教育 [M]. 贵阳：贵州人民出版社，2017：26.

⑦ 《贵州年鉴》编辑部. 贵州年鉴（1989）[M]. 贵阳：贵州人民出版社，1989：497-498.

1989 年 11 月，贵州师范大学设立公安派出所，以加强高等学校的治安保卫工作[①]。

1990 年 5 月 4 日，贵州师范大学在贵州省教委、贵州省司法厅于贵阳联合举办的贵州省首届大学生法律知识竞赛中获一等奖[②]。5 月 23 日至 26 日，贵州师范大学代表队在本校举行的全省第十六届大学生田径运动会上获团体总分第二名[③]。

1991 年 6 月至 7 月，贵州大学、贵州师范大学与美国阿拉巴马大学联合为贵州中学英语教师举办了为期一个月的暑期培训班，参加培训人员逾百人。[④]

1992 年，贵州师范大学自然地理学、喀斯特学获批为贵州省第一批省级重点学科。同年，贵州师范大学在贵州省教委进行的课程基础建设水平、课程建设工作、课堂教学质量三大方面检查评估中，被评为省级优秀学校。[⑤]

1993 年，贵州师范大学创立喀斯特水文地貌学。同年，贵州师范大学教材科受到国家教委高教司通报表彰，获得全国教材管理工作先进集体称号；[⑥] 5 月，贵州师范大学在国家教委举行的体育教育专业场馆设施、器材和实验室仪器、设备配备检查中被评为基本合格。[⑦]

1998 年，贵州师范大学获香港田家炳基金会赠款 600 万元，用于“田家炳教育书院”教学大楼建设。该项目总建筑面积 9000 平方米，总投资 1000 万元，其中赠款 600 万元，贵州省财政配套 400 万元。[⑧]

1999 年，贵州师范大学图书馆在贵州省教委举行的办馆条件、办馆水平、办馆效益检测中，被认定为优等图书馆[⑨]。

2000 年，贵州师范大学教学楼项目获国债资金 770 万元，总建筑面积 10000 平方米。[⑩]同年，贵州师范大学成为第一批贵州省大学生文化素质教育基地。[⑪] 2000 年 5 月 19 日至 21 日，贵州师范大学在贵州大学举行的全省大学生中长跑、竞走比赛中获团体第一名[⑫]。

2001 年，贵州师范大学在贵州省教育厅等有关部门组织的毕业生就业工作省级评估中，被认定为优良等级单位[⑬]。

2002 年 11 月 24 日至 29 日，教育部专家对贵州师范大学进行教学评估[⑭]。同年，贵州师范大学被贵州省政府评为 1999~2002 年度文明单位。[⑮]

---

① 贵州省地方志编纂委员会. 贵州省志（1978–2010）·教育［M］. 贵阳：贵州人民出版社，2017：28.
②③ 贵州省地方志编纂委员会. 贵州省志（1978–2010）·教育［M］. 贵阳：贵州人民出版社，2017：29.
④《贵州年鉴》编辑部. 贵州年鉴（1992）［M］. 贵阳：贵州人民出版社，1992：457.
⑤《贵州年鉴》编辑部. 贵州年鉴（1993）［M］. 贵阳：贵州人民出版社，1993：486.
⑥《贵州年鉴》编辑部. 贵州年鉴（1994）［M］. 贵阳：贵州年鉴社，1994：474.
⑦《贵州年鉴》编辑部. 贵州年鉴（1994）［M］. 贵阳：贵州年鉴社，1994：488.
⑧《贵州年鉴》编辑部. 贵州年鉴（1999）［M］. 贵阳：贵州年鉴社，1999：395.
⑨ 贵州省地方志编纂委员会. 贵州省志（1978–2010）·教育［M］. 贵阳：贵州人民出版社，2017：44.
⑩《贵州年鉴》编辑部. 贵州年鉴（2001）［M］. 贵阳：贵州年鉴社，2001：327.
⑪《贵州年鉴》编辑部. 贵州年鉴（2001）［M］. 贵阳：贵州年鉴社，2001：332.
⑫ 贵州省地方志编纂委员会. 贵州省志（1978–2010）·教育［M］. 贵阳：贵州人民出版社，2017：45.
⑬ 贵州省地方志编纂委员会. 贵州省志（1978–2010）·教育［M］. 贵阳：贵州人民出版社，2017：48.
⑭ 贵州省地方志编纂委员会. 贵州省志（1978–2010）·教育［M］. 贵阳：贵州人民出版社，2017：50.
⑮《贵州年鉴》编辑部. 贵州年鉴（2003）［M］. 贵阳：贵州年鉴社，2003：75.

2003 年 12 月 8 日，贵州省教育厅邀请澳大利亚科学院院士、澳大利亚 2003 年世纪勋章获得者、国际超分子化学知名专家 L. F. Lindoy 教授，以及澳大利亚联邦科学与工业研究组织澳籍华人卫钢教授一行四人专程来筑，在贵州师范大学进行了为期两周的学术交流活动①。

2004 年，贵州师范大学的文学·教育与文化传播研究基地被确定为贵州省高校人文社会科学研究建设基地②。同年，获得美国福特基金会赠款 12 万美元，用于奖励高校个人能力突出的贫困学生。③ 中央下达给贵州省共建资金 800 万元，加上省配套的 250 万元，共计 1050 万元资金，重点用于贵州大学网络平台的基础实验室及贵州师范大学外语网络教育实验室的建设。④

同年，贵州师范大学教务处被评为全国高等教育学历证书电子注册管理工作先进集体；⑤ 贵州师范大学离退休处处长王川玲被评为全国三八红旗手。⑥

2005 年 3 月 10 日，贵州理工职业技术学院正式并入贵州师范大学⑦。同年，龚振黔被评为省首批高校哲学社会科学学术带头人；⑧ 贵州师范大学获教育部全国第一届大学生艺术展演活动学校优秀组织奖。⑨

2006 年，贵州师范大学被列入教育部对口支援西部高校计划，与厦门大学结成对口支援关系。同年，贵州师范大学人文地理学获批为省级重点学科。

2007 年初，贵州师范大学在中国工程院院士、贵州师范大学名誉校长、喀斯特首席科学家卢耀如的指导下，在原地理系喀斯特研究室、资源与环境科学系喀斯特教研室的基础上，成立喀斯特研究院。是年 9 月 26 日，贵州省教育厅在师大白云校区举行首次全省高校突发公共事件应急演练⑩。同年，贵州师范大学被确定为贵州省首批研究生教育创新示范基地；⑪ 生物科学专业、地理科学专业获批为国家特色专业，地理科学专业获批为省级示范专业；贵州省信息与计算机科学实验室获批为省级重点实验室。

2008 年，贵州师范大学接受教育部本科教学工作水平评估，被评为优秀；⑫ 11 月，贵州省教育厅对贵州师范大学研究生教育创新基地展开检查，达到验收标准⑬。同年，生物技术专业获批为省级示范专业；贵州省智能计算与控制技术工程实验室、信息与计算科学专业被列为省级重点学科人才培养基地。同时，龙健荣获第九届贵州十大杰出青年称号。⑭

---

① 贵州省地方志编纂委员会. 贵州省志（1978-2010）·教育［M］. 贵阳：贵州人民出版社，2017：51.
②⑦ 贵州省地方志编纂委员会. 贵州省志（1978-2010）·教育［M］. 贵阳：贵州人民出版社，2017：53.
③《贵州年鉴》编辑部. 贵州年鉴（2005）［M］. 贵阳：贵州年鉴社，2005：278.
④《贵州年鉴》编辑部. 贵州年鉴（2005）［M］. 贵阳：贵州年鉴社，2005：279.
⑤《贵州年鉴》编辑部. 贵州年鉴（2005）［M］. 贵阳：贵州年鉴社，2005：284.
⑥《贵州年鉴》编辑部. 贵州年鉴（2005）［M］. 贵阳：贵州年鉴社，2005：500.
⑧《贵州年鉴》编辑部. 贵州年鉴（2006）［M］. 贵阳：贵州年鉴社，2006：287.
⑨《贵州年鉴》编辑部. 贵州年鉴（2006）［M］. 贵阳：贵州年鉴社，2006：293.
⑩ 贵州省地方志编纂委员会. 贵州省志（1978-2010）·教育［M］. 贵阳：贵州人民出版社，2017：56.
⑪《贵州年鉴》编辑部. 贵州年鉴（2008）［M］. 贵阳：贵州年鉴社，2008：337.
⑫《贵州年鉴》编辑部. 贵州年鉴（2009）［M］. 贵阳：贵州年鉴社，2009：353.
⑬ 贵州省地方志编纂委员会. 贵州省志（1978-2010）·教育［M］. 贵阳：贵州人民出版社，2017：57.
⑭《贵州年鉴》编辑部. 贵州年鉴（2009）［M］. 贵阳：贵州年鉴社，2009：593.

2009 年，贵州师范大学教授蓝琪获贵州省五一劳动奖章；① 周欣、刘红荣双双荣获贵州省三八红旗手称号。② 同年，地理与环境科学学院被人力资源与社会保障部、教育部共同授予全国教育系统先进集体荣誉称号。

2010 年，建成国内第一个喀斯特山地生态环境省部共建国家重点实验室培育基地。同年，香港省善真堂捐资 60 万元人民币，资助贵州师范大学 100 名品学兼优的经济困难本科学生，每生受助 1500 元。③ 2010 年 6 月 25 日，贵州师范大学吕建荣获第二届全省高校“感动校园十大人物”称号④。

2011 年，地理学被确定为省级特色重点学科。同年，建立贵州第一批院士工作站。唐昆雄教授领衔的《中国特色社会主义道路与人类文明史研究》、张小军教授领衔的《中国少数民族文化生态研究》获国家社科基金重点项目立项，各资助经费 25 万元。⑤ 同年，周德全荣获贵州省五一劳动奖章；⑥ 颜同林、顾静荣获贵州省第二届青年创新人才奖。⑦

2012 年，贵州师范大学被列入教育部、国家发改委中西部高校基础能力建设工程项目。该项目于“十二五”期间将获得中央财政不低于 1 亿元的专项资金支持学校建设和发展。当年，根据贵州省规划，中央财政已下拨一期经费 8900 万元，其中 3300 万元用于贵州师范大学公共教学楼建设。⑧ 同年 3 月，经科技部、国家遥感中心批准，贵州师范大学贵州省遥感中心贵州分部成立。

当年，贵州师范大学被教育部批准为 2012 年度教育部创新团队⑨和培育团队；⑩同年 8 月，贵州师范大学科技园被批准为贵州省首批省级大学科技园，标志着省级大学科技园正式拉开了服务地方经济的序幕。⑪

同年，周欣荣获全国五一劳动奖章；⑫ 李阳兵荣获第五届贵州省优秀科技工作者称号；⑬ 化学与材料科学学院学生张槐乾荣获第三届贵州省道德模范见义勇为模范奖。⑭

是年，贵州师范大学开展向社会公布“本科教学质量报告”试点工作，广泛接受社会对高等教育质量的监督和评价。⑮

2013 年，贵州师范大学喀斯特石漠化防治工程技术研究中心获批为国家工程技术研究中心。该中心的成立填补了国家石漠化防治工程技术研究平台的空白。⑯

---

① 《贵州年鉴》编辑部. 贵州年鉴（2010）[M]. 贵阳：贵州年鉴社，2010：645.

② 《贵州年鉴》编辑部. 贵州年鉴（2010）[M]. 贵阳：贵州年鉴社，2010：646.

③ 《贵州年鉴》编辑部. 贵州年鉴（2011）[M]. 贵阳：贵州年鉴社，2011：386.

④ 《贵州年鉴》编辑部. 贵州年鉴（2011）[M]. 贵阳：贵州年鉴社，2011：387.

⑤ 《贵州年鉴》编辑部. 贵州年鉴（2012）[M]. 贵阳：贵州年鉴社，2012：444.

⑥ 《贵州年鉴》编辑部. 贵州年鉴（2012）[M]. 贵阳：贵州年鉴社，2012：649.

⑦ 《贵州年鉴》编辑部. 贵州年鉴（2012）[M]. 贵阳：贵州年鉴社，2012：651.

⑧⑩⑮ 《贵州年鉴》编辑部. 贵州年鉴（2013）[M]. 贵阳：贵州年鉴社，2013：368.

⑨ 教育部创新团队是培养长江学者、国家杰出青年基金、国家创新群体的良好载体，该项计划主要针对“985”高校设立。

⑪ 《贵州年鉴》编辑部. 贵州年鉴（2013）[M]. 贵阳：贵州年鉴社，2013：380.

⑫ 《贵州年鉴》编辑部. 贵州年鉴（2013）[M]. 贵阳：贵州年鉴社，2013：595.

⑬ 《贵州年鉴》编辑部. 贵州年鉴（2013）[M]. 贵阳：贵州年鉴社，2013：598.

⑭ 《贵州年鉴》编辑部. 贵州年鉴（2013）[M]. 贵阳：贵州年鉴社，2013：597.

⑯ 《贵州年鉴》编辑部. 贵州年鉴（2014）[M]. 贵阳：贵州年鉴社，2014：352.

同年，姜金仲荣获贵州省五一劳动奖章；[①] 朱伟华荣获全国三八红旗手号；[②] 贵州师范大学 2009 级学生张槐乾荣获全国见义勇为道德模范提名奖。[③]

2014 年，经中科院批复，同意建设中科院国家天文台·贵州师范大学天文研究与教育中心；[④] 贵州师范大学被国家批准为首批节约型公共机构示范单位；[⑤] 贵州师范大学科技园获批为国家大学科技园。[⑥]

同年，熊康宁教授获中组部、中宣部、人社部、科技部表彰为全国杰出专业技术人才；[⑦] 谢廷秋被评为贵州省先进工作者；[⑧] 张静被评为贵州省三八红旗手；[⑨] 王洪礼荣获第六届全国优秀科技工作者称号；[⑩]杨一都、赵守盈被评为第六届贵州省优秀科技工作者。[⑪]

2015 年，贵州师范大学被列为教育部与贵州省人民政府共建的高等学校。同年，建立第一个国家级石漠化防治平台国家喀斯特石漠化防治工程技术研究中心；贵州师范大学科技园被认定为省级大学科技园。[⑫] 同年，潘运、黄凯丰荣获第十三届省青年科技奖。[⑬]

2016 年，计算机科学与技术学科获批为省级重点学科；贵州师范大学被贵州省教育厅、贵州省委宣传部遴选为贵州省第一批马克思主义学院重点建设单位，获 40 万元建设经费资助；[⑭] 与兰州大学签署深度合作与协同创新战略合作协议。同年，地理与环境科学学院党委被中共中央授予全国先进基层党组织称号。

2017 年，由贵州师范大学牵头建设的中国南方喀斯特生态环境学科创新引智基地成功入选全国高等学校学科创新引智计划，实现零的突破。[⑮] 同时，易闻晓、杨斌、伍志燕被评为贵州省第二届黔灵学者。[⑯]

2018 年 1 月，贵州师范大学地理学教师团队获评为全国首批黄大年式教师团队。同年 12 月，地理与环境科学学院党委获批为教育部首批全国党建工作标杆院系培育创建单位。2018 年，贵州师范大学申报梵净山世界自然遗产；心理学成为贵州省国内一流学科建设项目，并被列为省级人文社科示范基地。

2019 年，贵州师范大学人文地理与城乡规划专业、地理信息科学专业获批为贵州省一流专业建设项目。

截至 2019 年，贵州师范大学共有三个校区，分别坐落在贵阳市云岩区、白云区（求

---

① 《贵州年鉴》编辑部. 贵州年鉴（2014）［M］. 贵阳：贵州年鉴社，2014：602.
② 《贵州年鉴》编辑部. 贵州年鉴（2014）［M］. 贵阳：贵州年鉴社，2014：603.
③ 《贵州年鉴》编辑部. 贵州年鉴（2014）［M］. 贵阳：贵州年鉴社，2014：607.
④ 《贵州年鉴》编辑部. 贵州年鉴（2015）［M］. 贵阳：贵州年鉴社，2015：228.
⑤⑥ 《贵州年鉴》编辑部. 贵州年鉴（2015）［M］. 贵阳：贵州年鉴社，2015：429.
⑦ 《贵州年鉴》编辑部. 贵州年鉴（2015）［M］. 贵阳：贵州年鉴社，2015：421.
⑧ 《贵州年鉴》编辑部. 贵州年鉴（2015）［M］. 贵阳：贵州年鉴社，2015：678.
⑨⑩ 《贵州年鉴》编辑部. 贵州年鉴（2015）［M］. 贵阳：贵州年鉴社，2015：679.
⑪ 《贵州年鉴》编辑部. 贵州年鉴（2015）［M］. 贵阳：贵州年鉴社，2015：680.
⑫ 《贵州年鉴》编辑部. 贵州年鉴（2016）［M］. 贵阳：贵州年鉴社，2016：499.
⑬ 《贵州年鉴》编辑部. 贵州年鉴（2016）［M］. 贵阳：贵州年鉴社，2016：761.
⑭ 《贵州年鉴》编辑部. 贵州年鉴（2017）［M］. 贵阳：贵州年鉴社，2017：510.
⑮ 《贵州年鉴》编辑部. 贵州年鉴（2018）［M］. 贵阳：贵州年鉴社，2018：526.
⑯ 《贵州年鉴》编辑部. 贵州年鉴（2018）［M］. 贵阳：贵州年鉴社，2018：527.

是学院）和花溪区，占地面积近2800亩。图书馆（三个校区）总面积6.2万平方米。馆藏纸质文献269万余册，其中古籍文献10万余册，年订阅纸质中外文报刊2250余种；数字资源总量达114.72 TB，其中电子图书158万余种（册），提供使用中外文数据库48个，其中自建特色数据库21个。

贵州师范大学建有1个国家级大学校外实践基地、2个国家级实验教学示范中心、1个国家级专业技术人员继续教育基地、1个国家级教育现代化监测研究中心、1个国家级教师研修基地（教育部全国高校思想政治理论课教师社会实践研修基地）、国家级教育综合实验实训示范中心、1个国家级社会体育指导员培训基地、1个省级教师教学发展示范中心1个；省级重点学科人才培养基地2个、省级实验教学示范中心5个；还建有国家工程技术研究中心、国家地方联合工程实验室、国家级大学科技园、国家级小微企业创业创新示范基地、国家级众创空间、省部共建国家重点实验室培育基地、贵州省产学研结合示范基地、省级天文研究与教育中心、国家遥感中心（贵州分部）各1个；省级高校人文社科研究基地6个，省级重点实验室7个，省级工程研究中心6个，省级工程实验室6个；教育部科技创新人才团队1个，省级科技创新人才团队12个，省级协同创新中心4个；2个院士工作站。此外，贵州师范大学的分析测试中心是贵州省司法厅首批批准的物证司法鉴定所、贵州省质量技术监督局批准的贵州省化学试剂质量监督检验站。

贵州师范大学发行的刊物有《贵州师范大学学报》（社会科学版）、《贵州师范大学学报》（自然科学版）和《贵州师范大学报》等。其中，《贵州师范大学学报》（社会科学版）是全国百强社科学报、中国人文社会科学核心期刊和贵州省一级期刊，《贵州师范大学学报》（自然科学版）是中国科技核心期刊。

三、科研成果

1978~1985年，贵州师范大学教师正式出版科研著作、译著85部，在省级以上学术刊物发表论文888篇，2个项目获全国科技成果奖，18个项目获贵州省科技成果奖。其中，黄威廉教授主编的《贵州植被》，张英骏教授等编著的《应用岩溶及洞穴学》，周春元教授主编的《贵州古代史》，吴雁南副教授主编的《中国近代史纲》（上、下册），王燕玉副教授撰著的《贵州史专题考》，受到学术界的重视和好评。数学系无线电数学仪器厂与贵州省水文总站联合试制的水文测流仪在乌江、雅鲁藏布江使用，达到当时国内同类产品的先进水平。化学系有机磷农药小试产品，经大田试用、生物试验，效果良好，属高效低毒农药。地理系对岩溶基础理论和岩溶应用的研究成果，引起了国内外学术界的重视，在国内广泛开展学术交流的同时，与美国、英国、日本、新西兰、加拿大等国的岩溶学者建立了学术联系。地理系于1981年参加自然保护区科学考察工作时，在梵净山发现了冷杉林，这是在地处亚热带山区的贵州省第一次发现北温带暗针叶林，而且是文献中尚未记载的新种，丰富了我国和贵州省的植物区系，具有重要的科学价值。生物系自1981年开始，先后三次进入梵净山，对黔金丝猴的栖息环境、生活习性、活动规律及种群大小、分布、密度等进行了考察，丰富了我国灵长类的研究成果，为进一步保护、开发和利用世界珍稀的猴类资源提供了初步的科学依据。

1986 年，王燕玉编著的《贵州史专题考（修订本）》出版。

1987 年 3 月 12 日，吴雁南被贵州省委、省政府授予国家级有突出贡献的科技工作者称号①。同年，艺术系教学用《彩色蜡染》获全国科学技术“星火计划”一等奖；体育系 160 分钟教学片《人体关节与运动》被全国解剖学会评为优秀奖，并在 18 个省（区）交流；② 数学系庞之恒的《关于 16 和 20 自由度四面体单元的基函数》获得贵州省科技进步奖二等奖；③ 黄威谦等的《贵州植被》、刘福昌的《确定通信卫星波束区的位置和范围的地图投影及计算作图法》、蹇人宜的《nK 空间上的正规算子》获得贵州省科技进步奖三等奖。④

1988 年，周家足的《关于凸闭曲面的无穷小Ⅱ等距》获贵州省科技进步奖三等奖⑤。

1989 年，唐文明等的《低价钨化合物在有机合成中的应用》、施金德等的《贵州黄蚂蚁的危害及其防治研究》获贵州省科学技术进步奖三等奖。⑥

1992 年，享受贵州省政府特殊津贴的有庞之垣（教授）、黄威廉（教授）、吴雁南（教授）、杨明德（教授）⑦。同年，杨一都的《有限元法分析中的几个问题》获得贵州省科学技术进步奖二等奖；李正芬等的《贵州野生矮杨梅资源开发利用的基础研究》获得贵州省科学技术进步奖三等奖。⑧

1993 年，熊康宁的《中国贵州西部水城地区峰林喀斯特的形态量计及演化》，是其从 1985 年到 1991 年对贵州西部水城地区峰林喀斯特的形态量计及演化进行调研的成果，发表于《地貌学》杂志。经国内外学者专家鉴定，认为该研究成果已达到国际先进水平。此研究与黎先华的《关于 $[m, n, p_1, p_2, \cdots, p_s]$ 指数型群等》双双获得贵州省科技进步二等奖。⑨

1994 年，杨明德等的《喀斯特流域系统地貌水文数学模型研究》、罗蓉等的《贵州兽类志》获贵州省科技进步二等奖；杨一都等的《解二阶椭圆本征值问题的有限元插值校正方法》获贵州省科技进步三等奖。⑩

1998 年，余怀彦的《王阳明与贵州文化》获教育部人文社会科学优秀成果三等奖；⑪ 刘军等的《贵州省盘县大洞旧石器遗址综合研究》获贵州省科学技术进步奖二等奖。⑫

1999 年，吕传汉、汪秉彝的《初论跨文化数学教育研究》获全国第二届教育科研优

---

① 贵州省地方志编纂委员会. 贵州省志（1978-2010）·教育［M］. 贵阳：贵州人民出版社，2017：23.

② 《贵州年鉴》编辑部. 贵州年鉴（1988）［M］. 贵阳：贵州人民出版社，1988：649.

③ 《贵州年鉴》编辑部. 贵州年鉴（1988）［M］. 贵阳：贵州人民出版社，1988：656.

④ 《贵州年鉴》编辑部. 贵州年鉴（1988）［M］. 贵阳：贵州人民出版社，1988：656-658.

⑤ 《贵州年鉴》编辑部. 贵州年鉴（1989）［M］. 贵阳：贵州人民出版社，1989：546.

⑥ 《贵州年鉴》编辑部. 贵州年鉴（1990）［M］. 贵阳：贵州人民出版社，1990：498.

⑦ 《贵州年鉴》编辑部. 贵州年鉴（1992）［M］. 贵阳：贵州人民出版社，1992：96-97.

⑧ 《贵州年鉴》编辑部. 贵州年鉴（1993）［M］. 贵阳：贵州人民出版社，1993：514-515.

⑨ 《贵州年鉴》编辑部. 贵州年鉴（1996）［M］. 贵阳：贵州年鉴社，1996：518.

⑩ 《贵州年鉴》编辑部. 贵州年鉴（1995）［M］. 贵阳：贵州年鉴社，1995：532.

⑪ 《贵州年鉴》编辑部. 贵州年鉴（1999）［M］. 贵阳：贵州年鉴社，1999：400.

⑫ 《贵州年鉴》编辑部. 贵州年鉴（1999）［M］. 贵阳：贵州年鉴社，1999：432.

秀成果二等奖。①

2004 年，陈维翰的《教育研究中定性数据的探索分析方法》获贵州省高等学校人文社会科学研究成果二等奖。②

2005 年，贵州大学与贵州师范大学等的《Nash 平衡点集和若干非线性问题解集的稳定性》获贵州省科技进步一等奖；③ 贵州大学与贵州师范大学的《基于国产 Linux 的网络多媒体教字资源建设关键技术与应用研究》、贵州师范大学和四川农业大学的《中国荞麦属大粒组荞麦种间系统关系及栽培荞麦起源研究》获贵州省科技进步二等奖；④ 林树明的《多维视野中的女性主义文学批评》、朱伟华的《欧洲两种戏剧文本形态之比较》获贵州省哲学人文社会科学奖一等奖。⑤

2007 年，蓝琪的《中亚文明史（第五卷）》、林树明的《论文学接受的性别倾向——以女性主义文学批评为例》获贵州省第七次哲学社会科学优秀成果奖一等奖；税昌锡的《汉语语义指向论稿》、马骏的《碰撞、交融：中外文化交流的历史轨迹与特点》、吕传汉（联名）的《论中小学“数学情景与提出问题”的教学》获贵州省第七次哲学社会科学优秀成果奖二等奖。⑥

2011 年，易闻晓的《自然与工力：中国诗学的体用之思》获贵州省第九次哲学社会科学优秀成果一等奖；杨斌的《农村男性弱势群体的婚姻边缘化问题研究：以贵州为例》、张伟云等的《贵州人文社会科学研究现状调研及成果评价指标体系研究》、娄贵书等的《日本武士兴亡史》、王洪礼等的《大学生创新精神的心理测量学研究》、陈华森的《自由主义个人与社会关系理论的困境与超越——以 20 世纪科学社会主义对自由主义的批判为视角》获贵州省第九次哲学社会科学优秀成果二等奖。⑦

2012 年，谢晓尧教授荣获贵州省最高科学技术奖。⑧

2013 年，王洪礼等的《少数民族大学生创新精神与心理健康培养现状与促进的对策研究——以苗族、布依族等为例》、史光辉等的《东汉—唐汉文重译佛经词汇比较研究》荣获贵州省第十次哲学社会科学优秀成果一等奖；周石峰等的《抵制日货运动的历史困境（1908-1945）》、赵守盈等的《Rasch 模型在研究生入学考试质量分析中的应用》、潘弘等的《犯罪预备形态的价值分析》、颜同林的《法外权势的失落与村落秩序的重建——以赵树理四十年代小说为例》荣获贵州省第十次哲学社会科学优秀成果二等奖。⑨

截至 2014 年，学校共承担省部级（含省部级）以上科研项目 772 项，其中国家重点研发计划项目 1 项、国家级科研项目 246 项、省部级科研项目 526 项，全校科研经费近

① 《贵州年鉴》编辑部. 贵州年鉴（2000）[M]. 贵阳：贵州年鉴社，2000：350.
② 《贵州年鉴》编辑部. 贵州年鉴（2005）[M]. 贵阳：贵州年鉴社，2005：283.
③ 《贵州年鉴》编辑部. 贵州年鉴（2006）[M]. 贵阳：贵州年鉴社，2006：303.
④ 《贵州年鉴》编辑部. 贵州年鉴（2006）[M]. 贵阳：贵州年鉴社，2006：305.
⑤ 《贵州年鉴》编辑部. 贵州年鉴（2006）[M]. 贵阳：贵州年鉴社，2006：307.
⑥ 《贵州年鉴》编辑部. 贵州年鉴（2008）[M]. 贵阳：贵州年鉴社，2008：379-380.
⑦ 《贵州年鉴》编辑部. 贵州年鉴（2012）[M]. 贵阳：贵州年鉴社，2012：440-441.
⑧ 《贵州年鉴》编辑部. 贵州年鉴（2013）[M]. 贵阳：贵州年鉴社，2013：377.
⑨ 《贵州年鉴》编辑部. 贵州年鉴（2014）[M]. 贵阳：贵州年鉴社，2014：382-383.

4.18 亿元；获贵州省部级以上科研奖 162 项；获国家级教学成果奖 2 项、省级教学成果奖 24 项；国际级文艺奖 2 项；获批专利 316 项，出版学术著作 339 部。

2015 年，李建军的《自杀研究》、郝永的《朱嘉〈诗经〉解释学研究》、易闻晓的《类推思维的文学推衍》、陈志永等的《郎德苗寨社区旅游：组织演进、制度建构及其增权意义》、王洪礼等的《大学生面众恐惧现状调查与矫治对策——基于西南地区的实证分析》获贵州省第十一次哲学社会科学优秀成果一等奖；郭秋梅的《国际移民组织与全球移民治理》、李兴韵的《美雨与中土：1922 年学制改革与广东》、申满秀等的《木商与明清清水江教育》、陈华森的《我国民族区域自治制度的内在机理及其现实价值》、唐善林的《"辩证心本论"——邓以蛰美术史观及其文化探源》、吴夏平的《"官学大振"与初唐诗歌演进》、曾传禄的《"V +去"和"V +走"》获贵州省第十一次哲学社会科学优秀成果二等奖。①

2018 年，郑志进的《英汉话语语用隐含差异及制约性的认知语用对比分析：汉英对照》、何嵩昱的《"石门坎现象"对我国西部民族地区农村基础教育的启示》、潘弘的《强化"依法治国"的马克思主义法理学支撑》、管新福的《西方传统中国形象的"他者"建构与文学反转——以笛福的中国书写为中心》获贵州省第十二次哲学社会科学优秀成果一等奖；何景明等的《旅游扶贫的理论及其实践发展——来自贵州的案例》，罗长青的《中国当代文学概念与文学史写作》，刘大泯、王义的《贵州傩戏文化研究》、杨斌的《插花地研究：以明清以来贵州与四川、重庆交界地区为例》、马文琴的《美国学校公民教育的转向》，王进的《古今断裂与儒家政治哲学的重要转折——以汉宋对〈论语〉"温故而知新"的诠释分歧为中心》，陈英葵、丁伟的《西部欠发达地区技术创新能力评价研究——基于贵州省制造业的实证分析》，李银兵、甘代军的《危机、建构与反思：民族志科学性探析》，胡娟的《译员自我的维度突破——〈社区口译员角色再定位：角色空间〉评介》，吴夏平的《试论中唐"六经皆文"观念的生成》，刘军的《我国边疆少数民族国家认同感的文化建构》，王雅克、李建军、陈华森的《王阳明〈南赣乡约〉的基层社会治理思想研究》，刘琪、蔡正道的《台湾地区双联学制探析》获贵州省第十二次哲学社会科学优秀成果二等奖。②

四、学生与教职工数

1950~1985 年，贵阳师范学院共培养大学毕业生 11487 人。1979 年前平均每年培养 289 人，1979~1989 年平均每年培养 442 人。

1977 年，恢复高考招生后，贵州省革命委员会下达给贵州师范学院的招生计划数为政教专业 50 名，中文专业 50 名，历史专业 30 名，英语专业 40 名，地理专业 30 名，物理专

① 《贵州年鉴》编辑部. 贵州年鉴（2016）[M]. 贵阳：贵州年鉴社，2016：525-526.

② 《贵州年鉴》编辑部. 贵州年鉴（2019）[M]. 贵阳：贵州年鉴社，2019：593-594.

业50名，化学专业30名，数学专业40名，体育专业50名，实际招收571名。①

截至1985年春季学期，有教职工1347人，其中教授12人，副教授42人，讲师235人，助教50人，教员43人。教师中有少数民族教师22人，美籍教师2人。在校学生2370人（研究生13人，本科生2218人，专科生99人，少数民族预科生40人），其中少数民族学生373人。另有函授生1908人。

1985年秋季学期，中文、教育、数学、化学、地理5个系的中国古代文学、教育学、心理学、基础数学、分析化学、地图学与遥感6个学科专业开始招收研究生。数学系开始招收本科函授生，政教系开办招收具有大专文化程度的思想政治教育本科班（学制二年）。

是年后，学生与教职工数变化见表6-2。

表6-2 1985~2018年贵州师范大学学生与教职工数 单位：人

年度末	本专科学生				教职工数	专任教师					
	毕业生	招生数	在校生	预计毕业生		合计	教授	副教授	讲师	助教	教员
1985	—	—	2370	—	1347	382	12	42	235	50	43
1986	624	934	3115	—	1195	529	26	126	219	78	80
1987	685	717	3156	—	1264	558	25	124	216	113	80
1988	851	795	3135	—	1344	554	33	158	243	89	31
1989	804	859	3188	—	1329	569	30	154	237	124	24
1990	843	753	3063	—	1290	554	24	145	226	145	14
1991	741	740	2959	—	1319	540	18	125	223	167	7
1992	747	912	3152	—	1307	533	14	122	221	158	18
1993	893	841	3104	—	1290	519	10	114	130	234	31
1994	1001	917	3217	—	1301	494	24	174	231	45	20
1995	1009	1080	3407	—	1391	506	23	164	236	53	30
1997	1125	1404	3745	1044	1331	475	33	148	196	70	28
1998	1094	1400	4186	1168	1335	457	45	153	165	72	22
1999	1030	2079	5259	1279	1483	493	59	170	157	83	24
2000	1268	2345	6478	1363	1457	483	62	167	147	85	22
2001	1342	4662	10066	1201	1481	538	75	184	149	102	28
2002	1194	4582	13107	2146	1353	751	74	213	213	157	94
2004	2931	6199	19537	4856	1778	1028	76	256	305	249	142
2005	4836	5016	20583	6318	1880	1110	90	279	337	345	59

① 关于下达一九七七年普通高等学校暨各地、州、市及部门办大专班招生计划的通知［A］. 铜仁：铜仁市档案馆（75-1-92）.

续表

年度末	本专科学生								教职工数	专任教师					
	毕业生		招生数		在校生		预计毕业生			合计	正高	副高	中级	初级	未定
	普通	成人	普通	成人	普通	成人	普通	成人							
2007	5699	7134	4905	6038	19987	17137	6068	5270	2021	1288	150	293	400	218	227
2008	6150	4937	5214	6469	18914	18402	5178	6638	2014	1338	167	311	521	167	172
2009	5123	5954	5080	5559	18798	17377	5486	4488	2088	1371	166	367	487	151	200
2010	5395	4642	4824	4723	18018	16821	4555	6251	2057	1363	184	388	522	101	168
2011	4366	5621	5161	2590	18555	13160	4640	5489	2102	1433	187	444	543	73	186
2012	4536	4941	6249	3737	20164	11502	4887	4667	2178	1563	208	505	527	54	269
2013	4700	3252	6389	5036	21731	13286	4927	4083	2324	1665	243	564	479	38	341
2014	4785	3381	5424	7263	22512	17168	5587	4505	2445	1749	290	602	507	25	325
2015	5295	3360	5533	4985	22734	18793	6408	6091	2502	1767	286	618	506	24	333
2016	6315	4391	2975	3964	22331	18366	6011	8932	2512	1784	282	620	541	22	319
2017	5878	6261	6073	4210	22524	16315	6020	7755	2591	1851	303	640	586	21	301
2018	5576	7423	7172	3295	24026	8675	5632	8776	2587	1804	300	664	555	17	268

资料来源：历年《贵州年鉴》。

截至2019年，有全日制在校学生3.8万人（含求是学院学生10000余人、研究生2830人）。在职教职工2572人，其中教授299人，副教授677人；具有博士学位593人，硕士学位945人；“长江学者”特聘教授1人，国家级中青年有突出贡献专家1人，国家工程技术研究中心学术技术带头人1人，新世纪百千万人才工程国家级人选1人，教育部新世纪优秀人才支持计划人选4人，国家级“教学名师”1人，全国模范教师2人，全国优秀教师10人，全国杰出专业技术人才1人，全国五一劳动奖章获得者4人，全国师德标兵1人，全国师德先进个人1人，全国优秀科技工作者1人，全国高校思想政治理论课优秀教师2人，全国高等学校党的建设和思想政治教育先进工作者2人，全国“两课”优秀教师1人，全国思想政治理论课年度影响力人物3人，全国优秀社科普及专家1人，教育部专业指导委员会委员13人，享受国务院特殊津贴专家31人，享受贵州省政府特殊津贴专家17人，贵州省核心专家3人，省管专家26人，贵州省优秀教师13人，贵州省高等学校“教学名师”19人，贵州省高校哲学社会科学黔灵学者5人，贵州省优秀科技工作者1人，贵州省优秀青年科技人才20人，贵州省青年创新人才奖3人，贵州省青年科技奖12人，贵州省高层次创新人才27人（千层次22人，百层次5人），贵州省高校哲学社会科学学术带头人26人，贵州省高校思想政治理论课教学名师7人。另有特聘教授30人（其中院士2人，“长江学者”2人，国家杰出青年基金获得者1人）。

五、学校历任负责人

1983年前历任负责人：

校（院）长：王克仁、齐泮林、林叔玑（未到任）、曾景、肖文灿、康健、孟子明（院革委会主任）、陈若夫、吴雁南。

党委书记：黄辅忠、孟子明（兼）、时思文、何才华。

1983年后历任负责人：

党委书记：何才华、蒲芝权、韩卉。

校（院）长：吴雁南、何才华、伍鹏程、李建军、肖远平。

副校（院）长：王育倩、安天惠、钟天生、吕传汉、黄开烈、刘鸿庥、龚振黔、李存雄、刘肇军、谢晓尧、蔡永生、吕国富、赵守盈、乙引、徐晓光、陈云坤、杨胜天。

党委副书记：周佑琼、孙育乾、杨再模、浦芝权。

第三节　贵州民族大学（贵州民族学院）

一、院系与专业设置

贵州民族学院创立于1951年。1959年并入贵州大学。

1977年4月，重建的贵州民族学院借用贵阳市龙洞堡原贵州省委统战部政治学校的两幢房屋作临时校舍，招收了政治系第一届少数民族干部进修班学生156人（学制一年半）；同年9月，参加全国高等学校统一招生，计划中文系招收40人，政治系招收40人，实际录取84人。①

1978年，招生指标为80人，省分配指标减为70人。②

1981年9月，贵州民族学院由龙洞堡迁入花溪区董家堰新校址。同年，增设数学专业。

1983年，设置历史专业。

1984年，设置汉语言文学、政治理论、数学、历史四个专业和党政管理干部专修科。③

1986年，设有中文系（汉语言文学专业，民族语言文学专业——苗语、布依语、侗语、彝语）、历史系（历史学专业）、物理系（物理学专业）、政治系（政治学专业）、法

---

① 贵州省一九七七年高等学校招生工作录取统计表［A］．铜仁：铜仁市档案馆（75-1-92）．

② 中央下达贵州省高等学校招生指标分配方案［A］．铜仁：铜仁市档案馆（75-1-91）．

③《贵州教育志》编纂办公室．贵州教育年鉴（1949-1984）［M］．贵阳：贵州人民出版社，1986：100．

律系（同年新增设法律专业），学制均为四年；还设有学制两年的干部专修科、音乐和美术两个专修科。[①] 同年，始设管理系，翌年招经济管理专业学生。

1987 年，学院设有四年制的中国语言文学系（汉语言文学、少数民族语言文学专业——苗语、布依语、侗语、彝语 4 个语种专业，学制均为三年）、法律系（法律专业）、政治系（政治理论专业）、数学系（数学专业）、历史系（历史学专业）、物理系（普通物理专业）、艺术系（音乐、美术专业，学制均三年）、管理系（经济管理专业）八系 10 个专业；另设干训部（党政干部基础管理专修科，学制两年）以及短期轮训班、预科文科班。[②] 同年，贵州民族学院、贵阳医学院继续开办少数民族预科班，共招生 80 人。[③]

1988 年，社会学专业招收首届本科生，是西南地区唯一的社会学本科专业布点。同年，预科更名为预科部；以马列主义教研室（于 1986 年成立）组建社会科学部。

1990 年，始招两年制英语专业专科学生。同年 6 月，经贵州省委、省政府同意，贵州民族学院中专部成立（与干训部“一套人员，两块牌子”）。该部以“面向基层、面向农村、面向山区、面向少数民族”为办学宗旨，与黔东南、黔南、黔西南 3 所民族行政管理学校一起共同承担为民族地区培养基层干部的任务。根据分工，民族学院中专部主要面向遵义、贵阳、六盘水 3 地市招生，开设有党政管理和经济管理两个专业，秋季共招新生 59 名。[④]

1991 年，以英语教研室组建外语系。

1992 年，贵州民族学院民族学被评为省第一批重点学科。同年，成立化学系。

1993 年，以公共体育教研室组建体育系；成立旅游系（设旅游管理专业并招生）。同年，化学系招收首届应用化学专业两年制专科学生 36 人；开设音乐、美术、舞蹈 3 个中等专业并招生。

1995 年，外语系始招英语语言文学专业本科学生。同年，贵州省委组织部、省民委在贵州民族学院举办学制两年的少数民族干部大专班，开设马克思主义哲学、经济学原理、行政管理学、企业管理、公务员概论、行政法学、大学语文、市场营销等 10 多门课程。学员修完课程经考试合格者，发给国家承认的成人高等教育大专毕业证书。首届招收学员 43 名。[⑤]

1996 年，音乐、美术、舞蹈 3 个中等专业停办。

1997 年，大学外语部从外语系拆出独立。同年，贵州工业大学、贵州师范大学、贵州财经学院、贵阳医学院和遵义医学院等省内高校的少数民族预科生集中到贵州民族学院预科部学习一年。

1998 年，民族学专业始招本科生。同年，化学系应用化学专业改为三年制专科。

1999 年，成立公共管理学院。同年，美术学、音乐 2 个专业始招本科生。

---

① 《贵州年鉴》编辑部. 贵州年鉴（1987）[M]. 贵阳：贵州人民出版社，1987：605.

② 贵州省地方志编纂委员会. 贵州省志·教育 [M]. 贵阳：贵州人民出版社，1990：474.

③ 《贵州年鉴》编辑部. 贵州年鉴（1988）[M]. 贵阳：贵州人民出版社，1988：638.

④ 《贵州年鉴》编辑部. 贵州年鉴（1991）[M]. 贵阳：贵州人民出版社，1991：218.

⑤ 《贵州年鉴》编辑部. 贵州年鉴（1996）[M]. 贵阳：贵州年鉴社，1996：227.

2001 年，组建音乐舞蹈系、美术系；增设艺术设计本科专业。同年，预科部首次面向广西、湖南、湖北、河南、甘肃、云南、内蒙古、福建、安徽等省（区）招收少数民族预科生。

2002 年，法学学科被列为省级重点学科。同年，化学系应用化学专业升为本科并招生。

2003 年，增设社会工作专业并招生，环境科学专业、劳动与社会保障专业始招本科生。同年，预科部、中专部合并成立预科教育学院。

2004 年，法学院首次与西南政法大学联合培养刑法学硕士研究生；外语系始招日语语言文学专业本科生；建筑与规划系首届建筑学专业招生。

同年，经济管理系更名为经济管理学院，法律系更名为法学院，体育系更名为体育与健康学院，音乐舞蹈系更名为音乐舞蹈学院，美术系更名为美术学院，化学系更名为化学与环境科学学院，外语系和大学外语教学部合并组建外国语学院，旅游系更名为旅游学院，以成人教育中心（成教处、函授部、委培部）为基础成立继续教育学院，社会科学部更名为马列主义教学部。

2005 年，法学专业成为贵州省省级示范性专业。同年 10 月，经校党委批准同意，继续教育学院成立高等职业技术教育学院，两院合署办公（即“两块牌子，一套班子”）。

2006 年，贵州民族学院成为全国第十批新增硕士学位授予单位。刑法学、经济法学、社会学（含应用社会学、社会治理与社会政策、人类学、民俗学、旅游人类学五个二级学科硕士点）、民族学、中国少数民族语言文学（壮侗语族、苗瑶语族）、概率论与数理统计六个学科拥有硕士研究生教育及硕士学位授予资格①，翌年招生；中国少数民族艺术获批为二级硕士授权点（少数民族美术创作与研究、民族民间美术研究两个方向）并招生；人力资源管理专业开始招收本科生。

同年，预科教育学院挂牌成立贵州省普通高等学校少数民族预科教育基地；8 月，经贵州省教育厅、湖北省教育厅批准同意在继续教育学院挂牌成立武汉大学现代远程教育贵州学习中心。此后，继续教育学院与武汉大学先后开办了旅游管理、计算机应用、护理学、广告学、广告设计与制作等成人高等教育专业。

2007 年，贵州民族学院在教育部本科教学工作水平评估中被评为优秀。② 同年，始招中国民族史、民族学硕士研究生；土木工程系增设土木工程专业；社会学专业成为省级示范性本科专业。

2008 年，预科教育学院和北京邮电大学民族教育学院合作成立全国民族预科教育基地西南少数民族预科教育研究中心。同年，社会学专业成为全国高校第三批特色专业建设点。

2009 年，获批法律硕士专业学位授予权。同年，经济管理学院更名为商学院；旅游学院更名为旅游与航空服务学院（旅游学院与北京广慧金通教育科技有限公司合作开设航空

---

① 罗梅. 获 6 个专业硕士学位授予权　贵州民族学院办学层次实现飞跃［EB/OL］.［2006-04-07］. http://news.sohu.com/20060407/n242684679.shtml.

② 《贵州年鉴》编辑部. 贵州年鉴（2008）［M］. 贵阳：贵州年鉴社，2008：337.

服务艺术与管理本科专业，故更名）；信息工程学院部分专业拆出，整合学校相关专业成立传媒学院；马列主义教学部更名为马克思主义学院。2009 年 9 月 11 日，贵州省首个远程教育本科专业在贵州民族学院开班①。

2010 年，获批法学、民族学一级学科硕士学位授予权；土木工程系增设工程管理专业并招生。同年，以民族文化学院和社会发展学院部分专业拆出重组，成立民族学与社会学学院；体育与健康学院更名为体育学院；公共管理学院调整为管理学院；重组汉语言文学系成立文学院；民族地区社会学本土人才培养教学团队被列为省级教学团队。

2011 年，法学学科成为省级特色重点学科，并成为教育部第四批特色专业建设点。同年 7 月，西南大学现代远程教育贵州学习中心在贵州民族学院继续教育学院挂牌成立。此后，继续教育学院与西南大学先后开办了学前教育、行政管理、工商管理等成人高等教育专业。

2012 年，贵州民族学院更名为贵州民族大学。同年，获得西南民族地区社会管理博士特殊需求人才培养项目授予权（翌年招生），实现了贵州法学博士研究生招收零的突破，并成为省级重点学科；始招文化产业管理、城乡规划、材料科学与工程专业本科生；以英语、日语教研室为基础，成立英语系、日语系及大学外语教学部。

2013 年，成立国际教育学院；体育学院更名为体育与健康学院。

2014 年，跨文化交际与翻译（二级学科）、环境工程、民族法学、社会工作、传媒法学、新闻与传播、艺术新增为硕士学位授权点②；民族学被列为博士建设点；民族建筑（二级学科）、旅游人类学始招硕士研究生；法学院首次招收留学生研究生；外国语学院商务英语专业始招本科生。同年，律师专业学位研究生工作站被列为省级研究生工作站；法学院被列为贵州省专业综合试点改革单位；民族学被评为省级特色重点学科。同年 7 月，中共贵州省委宣传部与贵州民族大学协议共建传媒学院。

2015 年，行政管理专业、艺术（美术领域）专业、外国语学院跨文化交际与翻译始招研究生；获批民族地区行政管理自主设置二级硕士点并招生；创办民族文化与认知科学学院，并被批准增设逻辑与认知硕士学位授权点。是年，文博专业始招本科生。

2016 年，将理学院、信息工程学院部分专业拆出整合，成立机械电子工程学院；化学与环境科学学院更名为化学与生态环境工程学院（民族医药学院）；信息工程学院材料科学与工程系（2012 年成立）拆出，成立材料科学与工程学院。同年，检察专业学位研究生工作站被列为省级研究生工作站；马克思主义学院被贵州省教育厅与贵州省委宣传部联合遴选为重点建设单位，并获 40 万元建设经费。③

2017 年，获批增设社会工作专业硕士学位授权点；增设复合材料本科专业，翌年开始招生；化学与生态环境工程学院（民族医药学院）进行学科重组，成立生态环境工程学院、化学工程学院（民族医药学院）。同年，美术学院被文化部、教育部批准为非遗传承人群国培基地；法学、社会学获批为贵州省区域内一流建设学科；法学专业、社会学专业

① 贵州省地方志编纂委员会. 贵州省志（1978-2010）· 教育［M］. 贵阳：贵州人民出版社，2017：59.

② 《贵州年鉴》编辑部. 贵州年鉴（2015）［M］. 贵阳：贵州年鉴社，2015：429.

③ 《贵州年鉴》编辑部. 贵州年鉴（2017）［M］. 贵阳：贵州年鉴社，2017：510.

获批为省级区域一流建设专业。

2018 年，中国语言文学被增列为省级区域一流建设学科。同年 7 月，成立东盟人文学院。

2019 年，化学工程学院（民族医药学院）进行学科重组，拆分为化学工程学院、民族医药学院；民族学与社会学学院拆分为民族学与历史学学院、社会学与公共管理学院。同年，始招文物与博物馆学硕士研究生。

截至 2019 年，贵州民族大学设有以下院系和专业：

商学院开设有金融学、经济学、经济统计学、会计学、工商管理、市场营销、电子商务 7 个本科专业；民族学一级学科硕士点，中国少数民族经济二级学科硕士点。

法学院开设有法学专业本科专业；刑法学、经济法学、民族法学、传媒法学 4 个硕士学位授予点，法律专业硕士专业学位授予点，法学专业一级学科硕士学位授予点；西南民族地区社会管理专业博士授予点。

民族学与历史学学院开设有民族学、历史学、文化产业管理、文物与博物馆学 4 个本科专业；民族学一级学科硕士点，文物与博物馆学专业硕士点，西南民族地区社会管理博士特殊需求人才培养项目。

原民族学与社会学学院曾设有民族学、社会学、社会工作、历史学、文化产业管理、文物与博物馆学 6 个本科专业；民族学、社会学 2 个一级学科硕士点；西南民族地区社会治理专业博士授予点。

社会学与公共管理学院开设有社会学、社会工作、行政管理、人力资源管理、公共事业管理、劳动与社会保障 6 个本科专业；社会学一级学科和二级学科 2 个硕士点；西南民族地区社会管理博士特殊需求人才培养项目。

文学院设置有汉语言文学、中国少数民族语言文学、戏剧影视文学、汉语国际教育、图书馆学 5 个系和大学语文教学部；开设有汉语言文学、戏剧影视文学、中国少数民族语言文学、汉语国际教育、图书馆学 5 个专业；中国语言文学一级学科硕士学位授权点及文艺学、语言学与应用语言学、汉语言文字学、中国古典文献学、中国古代文学、中国现当代文学、中国少数民族语言文学、比较文学与世界文学、翻译与跨文化交际、逻辑与认知 10 个二级学科硕士点。

外国语学院设置有英语、日语 2 个系和大学外语教学部；开设有英语语言文学、日语语言文学、商务英语 3 个专业；跨文化交际与翻译二级硕士点。

传媒学院设置有新闻、广告、传播、广播电视、新媒体、数字媒体艺术、广播电视编导、播音主持艺术 8 个系；开设新闻传播学专业；新闻传播学一级学科硕士点，新闻与传播、广播与电视艺术 2 个专业硕士点。

音乐舞蹈学院开设有音乐学、音乐表演、舞蹈学、舞蹈表演 4 个本科专业；艺术学一级学科、民族学少数民族艺术 2 个二级学科硕士点。

机械电子工程学院设置有物理、机械、测控、自动化、光电 5 个系和大学物理教学部。开设有机械电子工程、应用物理学、测控技术与仪器、电子信息科学与技术、光电信息科学与工程 5 个本科专业；计算物理自主设置二级学科硕士点。

美术学院开设有美术学（中国画、油画、版画、美术教育 4 个专业方向）、艺术设计（平面设计、环境艺术设计、服装设计、民族民间美术设计 4 个专业方向）、动画设计 3 个专业；中国少数民族艺术二级学科硕士点（含少数民族美术创作与研究、民族民间美术研究 2 个方向），艺术硕士（美术领域）专业学位一级硕士点。

化学工程学院开设有应用化学、化学工程与工艺、过程装备与控制工程 3 个本科专业；化学工程与技术一级学科硕士点，材料与化学工程专业硕士点。

原化学与生态环境工程学院曾设有应用化学、环境科学、药学、环境科学与工程、环境生态工程、中药资源与开发 6 个本科专业和环境科学与工程（湿地科学与工程方向）、应用化学（精细化工方向）2 个本科方向；环境工程、化学工程 2 个一级学科专业型硕士点，民族传统医药、民族生态学 2 个二级学科硕士点。

生态环境工程学院开设有环境工程、环境生态工程 2 个本科专业，环境工程一级学科专业硕士点，民族生态学二级学科硕士点。

建筑工程学院设置有建筑与规划、土木工程 2 个系；开设有建筑学、城乡规划、乡村建筑规划方向、土木工程、工程管理 4 个本科专业；民族建筑二级学科硕士点。

体育与健康学院设置有体育教育、民族体育、社会体育 3 个系和大学体育教育部；开设体育教育本科专业。

旅游与航空服务学院设置有旅游管理、会展经济与管理、空中乘务 3 个系；开设有旅游管理（含旅游管理与旅游规划开发、中英文导游方向）、会展经济与管理、航空服务艺术与管理（航空服务艺术与管理是与北京广慧金通教育科技有限公司合作开设的本科专业）3 个本科专业；旅游人类学二级学科硕士点，下设旅游人类学理论与方法、民族地区节事策划与管理、旅游资源开发与规划 3 个方向。

材料科学与工程学院设置有材料科学与工程、复合材料与工程 2 个系；开设有材料科学与工程、复合材料与工程 2 个专业；材料与化工二级学科硕士点。

预科教育学院：主要承担本校以及贵州师范大学、贵州财经学院、贵阳医学院、遵义医学院等省内高校的少数民族预科生一年的学习教育工作。

继续教育学院（高等职业技术学院）：主要承担全校成人学历教育、非学历教育和职业继续教育的教学和管理。设有汉语言文学、法学、数学与应用数学、英语、行政管理学、中国少数民族语言学、计算机科学与技术、旅游管理学、信息系统与信息管理、音乐学、美术学、体育教育、化学、广播电视新闻学等 20 个师范类和非师范类本科专业；学前教育、初等教育、法律事务、财务会计（电算化）、英语、行政管理、计算机应用技术、音乐表演、美术、体育教育、旅游管理、美术等 14 个专科专业。

马克思主义学院设置有马克思主义基本原理教学部、毛泽东思想与中国特色社会主义理论体系理概论、贵州省情教学部、中国近现代史纲要、当代世界经济与政治教学部、思想品德与法律、形势政策教学部 7 个部室；开设思想政治教育本科专业；马克思主义民族理论与党的民族政策二级学科硕士点。

国际教育学院：负责外国留学生教学（学历教育和非学历教育）和管理及留学生汉语言生教学与管理。

民族文化与认知科学学院设置有认知科学与技术、心理学、教育学、民族语言与文化4个系和逻辑、文化与认知研究中心以及阳明心学与认知科学研究中心2个中心；开设有认知科学与技术、应用心理学、学前教育、教育技术学4个专业；民族文化与认知、逻辑与认知2个二级学科硕士点；教育管理、学前教育、学科历史教学、学科语文教学4个学科教育硕士点；逻辑与认知、民族文化与认知2个硕士点。

数据科学与信息工程学院①设置有数学、统计、计算机科学与技术、软件工程4个系和高等数学公共教学部、大学计算机基础公共教学部2个部。开设有数学与应用数学、统计学、计算机科学与技术、物联网工程、软件工程、数据科学与大数据技术6个本科专业；数学、统计学、系统科学3个一级学科硕士点。

民族医药学院开设有药学、中药资源与开发、制药工程3个本科专业；民族学一级学科硕士点，下设“民族传统医药”目录外二级硕士学科点；化学工程与技术一级学科硕士点，下设制药工程二级硕士点。

东盟人文学院开设有泰语、老挝语等非通用语专业。主要培养服务东盟交流发展特需人才。

人文科技学院：见第七章第二节。

截至2019年，全校开设有本科专业74个，一级学科学术型硕士学位授权点10个，专业学位硕士点17个，服务国家特殊需求博士项目1个；区域一流学科4个，国家民委重点学科2个，省级重点学科12个（包括5个省级特色重点学科）；国家级特色专业4个，国家一流本科专业建设点3个，国家级专业综合改革试点3个，区域一流专业3个，省级一流本科专业建设点10个，省级特色专业8个，省级专业综合改革试点7个；国家一流本科课程建设点1个，区域一流课程群3个。

经过近70年的建设发展，贵州民族大学已经形成以人文科学、社会科学、工学为主要学科，经济学、法学、教育学、文学、历史学、理学、工学、管理学、艺术学9个学科相互支撑、协调发展的综合性大学，成为贵州省以本科教育为主体，研究生教育、预科教育、继续教育协调发展的民族高等教育院校。

二、学校环境与办学成果

1981年9月，贵州民族学院由龙洞堡迁入贵阳市花溪区董家堰新校址。

截至1985年，贵州民族学院占地面积1078亩，校舍面积40000平方米，在建面积6358平方米；建有400米跑道田径场、篮球场、体操房等体育场所。教学仪器设备总值60余万元。图书馆藏书25万册，其中中文系藏书近万册。另有各种期刊1000余种。成立民族研究所1个；附设子弟学校，劳动服务公司，幼儿园，印刷厂，医务所各1个（所）。②

---

① 前身是1981年成立的数学系，先后经历过数学与计算机科学学院、计算机与信息工程学院、理学院和信息工程学院等名称变化。

② 《贵州教育志》编纂办公室．贵州教育年鉴（1949-1984）［M］．贵阳：贵州人民出版社，1986：122.

1992 年，伍鹏程被贵州省委、省政府授予有突出贡献的中青年专家称号。① 同年，享受贵州省政府特殊津贴有伍鹏程、王锳两人。②

1994 年，贵州民族学院被贵州省总工会授予“四化建设先进集体称号”；③ 蒙秋明被贵州省总工会授予四化建设标兵称号。④

1996 年，贵州民族学院选送的舞蹈《山寨青年上大学》，在北京首届全国大学生文艺汇演获优秀创作奖⑤。

1999 年，数学与应用数学被批准为第二批省级重点学科。⑥ 同年，贵州民族学院在教育部本科教学评估中被评为合格。⑦

2000 年，贵州民族学院阶梯教室项目获国债资金 300 万元资助。⑧

2001 年，贵州民族学院在贵州省教育厅等有关部门组织的毕业生就业工作省级评估中被评为优良等级单位⑨。

2004 年，贵州民族学院的贵州世居民族研究中心被确定为贵州省高校人文社会科学研究基地并投入建设⑩；体育与健康学院被定为贵州省少数民族传统体育训练基地。贵州民族学院教务处被评为全国高等教育学历证书电子注册管理工作先进集体。⑪ 同年，贵州民族学院获得美国福特基金会赠款 6 万美元，用于奖励高校个人能力突出的贫困学生。⑫

2005 年，白明政、王芳恒被评为贵州省首批高校哲学社会科学学术带头人。⑬

2006 年，社会学被批准为省级重点学科。

2007 年，贵州民族学院入选省属重点大学建设行列；贵州省世居少数民族研究中心获批为省级研究中心。同年，社会学被批准为省级本科示范性专业。

2008 年 3 月，贵州省政府与国家民委在北京签署共建贵州民族学院协议。⑭ 同年，社会学被教育部批准为全国第三批本科特色专业建设点。

2009 年，汪文学荣获贵州省青年五四奖章；⑮ 计任达森荣获贵州省首届青年创新人才奖。⑯ 同年，民族法学教学团队被定为省级教学团队；贵州省民主法治教学实训中心被列为省级实训中心；民族法治研究生教育创新基地被批准为省级研究生教育创新基地；法治

---

① 《贵州年鉴》编辑部. 贵州年鉴（1992）[M]. 贵阳：贵州人民出版社，1992：96.
② 《贵州年鉴》编辑部. 贵州年鉴（1992）[M]. 贵阳：贵州人民出版社，1992：96-97.
③ 《贵州年鉴》编辑部. 贵州年鉴（1995）[M]. 贵阳：贵州年鉴社，1995：84.
④ 《贵州年鉴》编辑部. 贵州年鉴（1995）[M]. 贵阳：贵州年鉴社，1995：83.
⑤ 贵州省地方志编纂委员会. 贵州省志（1978-2010）·教育 [M]. 贵阳：贵州人民出版社，2017：40.
⑥ 《贵州年鉴》编辑部. 贵州年鉴（2000）[M]. 贵阳：贵州年鉴社，2000：349.
⑦ 《贵州年鉴》编辑部. 贵州年鉴（2000）[M]. 贵阳：贵州年鉴社，2000：350.
⑧ 《贵州年鉴》编辑部. 贵州年鉴（2001）[M]. 贵阳：贵州年鉴社，2001：327.
⑨ 贵州省地方志编纂委员会. 贵州省志（1978-2010）·教育 [M]. 贵阳：贵州人民出版社，2017：48.
⑩ 贵州省地方志编纂委员会. 贵州省志（1978-2010）·教育 [M]. 贵阳：贵州人民出版社，2017：53.
⑪ 《贵州年鉴》编辑部. 贵州年鉴（2005）[M]. 贵阳：贵州年鉴社，2005：284.
⑫ 《贵州年鉴》编辑部. 贵州年鉴（2005）[M]. 贵阳：贵州年鉴社，2005：278.
⑬ 《贵州年鉴》编辑部. 贵州年鉴（2006）[M]. 贵阳：贵州年鉴社，2006：287.
⑭ 《贵州年鉴》编辑部. 贵州年鉴（2009）[M]. 贵阳：贵州年鉴社，2009：353.
⑮ 《贵州年鉴》编辑部. 贵州年鉴（2010）[M]. 贵阳：贵州年鉴社，2010：645.
⑯ 《贵州年鉴》编辑部. 贵州年鉴（2010）[M]. 贵阳：贵州年鉴社，2010：648.

与民族地区经济发展研究中心获批为省级研究中心。

2010年，获香港省善真堂捐资60万元人民币资助，用于资助100名品学兼优的经济困难本科学生，每生受助1500元。[①] 同年，聂思敏荣获贵州省五一劳动奖章；[②]李雪如荣获第二届全省高校“感动校园十大人物”称号。[③]

2012年，西南民族地区社会管理人才培养项目被国务院学位委员会批准为服务国家特殊需求博士人才培养项目；[④] 民族学被列为省级示范性本科专业。同年，贵州民族大学向社会公布本科教学质量报告试点工作展开，以便于广泛接受社会对高等教育质量的监督和评价。[⑤]

2013年，审判专业学位研究生工作站被列为省级研究生工作站；贵州民族大学—贵州宏宇健康集团药学实践教育基地被列为教育部本科教学工程建设项目；法学院成为贵州省卓越法律人才培养计划实施单位；贵州民族大学与四川大学制订《四川大学与贵州民族大学合作工作方案》。[⑥] 同年，体育学院被国家体育总局评为全国群众体育先进单位；叶成勇荣获贵州省第七次民族团结进步模范称号[⑦]。

2014年，贵州民族大学被国家批准为首批节约型公共机构示范单位。[⑧] 同年，汪文学荣获国务院授予的全国民族团结模范先进个人称号，[⑨] 并荣获第六次全国民族团结进步模范个人称号；[⑩] 孔阳被评为贵州省先进工作者。[⑪]

2015年，黄金保荣获第十三届贵州省青年科技奖；[⑫] 伍丹荣获贵州省五一劳动奖章。[⑬]

2016年，美术学院被贵州省文化厅批准为贵州省非遗传承人群研修培训学校。同年，机械电子工程学院在中国机器人大赛中荣获二等奖1项、三等奖1项；材料科学与工程学院荣获第二届贵州省高等学校科学研究优秀成果二等奖1项；材料科学与工程学院学生获得教育部国家级大学生创新创业训练计划项目1项。

2017年，谢治菊、肖远平被评为贵州省第二届“黔灵学者”。[⑭]

2018年，美术学院贵州民族大学美术学院工作坊获得文化部、教育部传统工艺贵州工作站授牌。同年，材料科学与工程学院学生获得全国大学生金相技能大赛三等奖。

2019年，贵州民族大学贵州地方法治智库获批为贵州省人文社科示范基地。同年，材料科学与工程学院学生获得全国大学生金相技能大赛三等奖。

---

① 《贵州年鉴》编辑部. 贵州年鉴（2011）[M]. 贵阳：贵州年鉴社，2011：386.
② 《贵州年鉴》编辑部. 贵州年鉴（2011）[M]. 贵阳：贵州年鉴社，2011：675.
③ 《贵州年鉴》编辑部. 贵州年鉴（2011）[M]. 贵阳：贵州年鉴社，2011：387.
④⑤ 《贵州年鉴》编辑部. 贵州年鉴（2013）[M]. 贵阳：贵州年鉴社，2013：368.
⑥ 《贵州年鉴》编辑部. 贵州年鉴（2014）[M]. 贵阳：贵州年鉴社，2014：352.
⑦ 《贵州年鉴》编辑部. 贵州年鉴（2014）[M]. 贵阳：贵州年鉴社，2014：604，607.
⑧ 《贵州年鉴》编辑部. 贵州年鉴（2015）[M]. 贵阳：贵州年鉴社，2015：429.
⑨ 《贵州年鉴》编辑部. 贵州年鉴（2015）[M]. 贵阳：贵州年鉴社，2015：421.
⑩ 《贵州年鉴》编辑部. 贵州年鉴（2015）[M]. 贵阳：贵州年鉴社，2015：680.
⑪ 《贵州年鉴》编辑部. 贵州年鉴（2015）[M]. 贵阳：贵州年鉴社，2015：678.
⑫ 《贵州年鉴》编辑部. 贵州年鉴（2016）[M]. 贵阳：贵州年鉴社，2016：761.
⑬ 《贵州年鉴》编辑部. 贵州年鉴（2016）[M]. 贵阳：贵州年鉴社，2016：757-758.
⑭ 《贵州年鉴》编辑部. 贵州年鉴（2018）[M]. 贵阳：贵州年鉴社，2018：527.

截至 2019 年，贵州民族大学有两个校区：花溪校区位于贵阳市花溪区；大学城校区位于国家级新区贵安新区，占地面积共 2009.8 亩，校舍面积达 79.6 万平方米。

有十里河滩校区逸夫图书馆和大学城校区两个图书馆，总面积达 64000 平方米。学校纸质文献总量为 214 万册，图书馆馆藏 150 万册。馆内收藏有贵州世居民族文献、贵州地方文献资料、傩文化资料、民族文化藏品等特色文献，包括古水书、彝族古文献、布依族古文字文献以及汉文古籍 3.5 万余册；贵州世居少数民族文献资料约 5 万余册（件）、尚未公开出版发行的地方文献资料 5 万余册（件）。馆内还建有贵州世居民族文献数字图书馆，拥有 65TB 的电子资源，其中，电子图书 130 万余种，电子期刊 2.65 万种，数据库及信息平台 44 个。

建有省部共建协同创新中心 1 个，全国普通高校中华优秀传统文化传承基地 1 个，国家民委人文社科研究基地 2 个，省部级民族教育发展中心重点研究基地 1 个，省部级国家古籍保护人才培训基地 1 个，省级人文社科示范基地 3 个，省级重点实验室 1 个，贵州教育厅特色重点实验室 4 个，省级“2011 协同创新中心”2 个，贵州省高校人文社科研究基地 3 个，省级产学研基地 1 个，贵州省高校工程技术研究中心 1 个，省级实验教学示范中心 4 个，省级研究生教育创新基地 4 个，研究生工作站 6 个，省级人才培养基地 2 个；区域一流师资团队 2 个，省级教学创新团队 5 个，省级科技创新人才团队 1 个，省级哲学社会科学创新团队 3 个，贵州教育厅优秀科研创新团队 3 个。

贵州民族大学还设有社会建设与反贫困研究院、民族地区公共政策研究院、贵州民族艺术研究院、贵州山地旅游与民族经济研究院、西南夜郎文化研究院、西南傩文化研究院、水书文化研究院、法学研究院、贵州民族科学研究院、贵州世居民族文化研究院、民族建筑设计研究院、贵州茅台镇酒文化研究院和“多彩贵州”文化协同创新中心、民族文化产业发展研究中心、民族文化大数据产业发展研究中心、喀斯特湿地生态研究中心。另外，贵州省民族文化学会、贵州省苗学会、贵州省布依学会、贵州省侗学会、贵州省彝学会、贵州省土家学会、贵州省仡佬学会、贵州省水家学会、贵州回族学会 9 个省级民族学会及其研究机构挂靠贵州民族大学。

贵州民族大学有江泽民同志视察学校题词——努力发展民族教育，促进各民族共同繁荣。学校“共青林”乃是胡锦涛同志任贵州省委书记时与师生在花溪校区共同栽植的。

贵州民族大学先后 5 次被国务院评为全国民族团结进步模范单位，5 次被评为全国文明单位；17 次被中宣部、共青团中央和教育部评为全国大学生暑期“三下乡”社会实践先进单位；也曾获全国“三五”“四五”法制宣传教育先进单位、全国节约型公共机构示范单位、教育部依法治校示范学校等荣誉。

贵州民族大学党委 3 次被评为全省先进党委；多次获贵州省民族团结进步先进集体、贵州省文明单位、贵州省精神文明建设先进集体、贵州省优美校园、贵州省绿色大学等荣誉称号。

贵州民族大学经数十年的努力，现已发展成为贵州多民族地区人才培养培训基地、科技研发基地、民族优秀文化传承创新基地、民族团结进步示范基地和民族地区经济社会发展重要智库。

三、科研成果

1977~1984 年，贵州民族大学有 7 项科研项目获全国科研成果奖，有 5 项科研项目获贵州省级科研成果奖；出版有《贵州民族学院学报》。①

1988 年，袁建高的《整函数的亏值与渐近值》、伍鹏程的《关于复杂模型的多样本直换检验》获贵州省科技进步奖三等奖。② 同年，贾忠匀编著的《布依族研究资料目录》在北京学苑出版社出版；③ 庹修民主编的《贵州少数民族民间文学作品选讲》出版；庹修民、顾朴光、潘朝霖主编的《傩戏论文选》出版。④

1992 年，杨显俊等的《轴对称谐振子势下形变核的能态密度》荣获贵州省科学技术进步三等奖。⑤

1993 年，金明仲等的《线性模型参数估计中的相合性问题》获贵州省科技进步二等奖。⑥

2004 年，徐晓光的《苗族习惯法研究》获贵州省高等学校人文社会科学研究成果一等奖；李锦平的《苗语同义反义词典》获贵州省高等学校人文社会科学研究成果二等奖。⑦

2005 年，周相卿的《清代黔东南新辟苗疆六厅地区的法律控制》获贵州省哲学人文社会科学奖一等奖；王芳恒的《冯友兰社会文化观研究》、徐晓光的《中国少数民族法制史》、吴大华的《依法治省方略研究》获贵州省哲学人文社会科学奖二等奖。⑧

2007 年，王天海的《荀子校释（上、下）》、张艾清的《反垄断争议的可仲裁性研究——兼论欧美国家的立法与司法实践及其对我国的启示》、吴大华的《论民族习惯法的渊源、价值与传承——以苗族、侗族习惯法为例》、吴秋林的《布依族仪式性傩戏“哑面”》获贵州省第七次哲学社会科学优秀成果奖一等奖。⑨

2011 年，王子尧等的《彝族古代文论精译》、顾朴光等的《贵州少数民族面具文化》、杜国景的《“变脸”后的难题与可能——对一种批评方法的反思》获贵州省第九次哲学社会科学优秀成果二等奖。⑩

2013 年，杜国景的《合作化小说中的乡村故事与国家历史》、廖军华的《社区增权视角下的民族村寨旅游发展研究——以贵州西江苗寨为采样点》、惠红军的《汉语量词研究》、谭宝刚的《“太一”考论》、谢治菊的《村庄经济类型与村民政治信任——基于贵州

① 《贵州教育志》编纂办公室. 贵州教育年鉴（1949-1984）[M]. 贵阳：贵州人民出版社，1986：121-122.
② 《贵州年鉴》编辑部. 贵州年鉴（1989）[M]. 贵阳：贵州人民出版社，1989：548.
③ 《贵州年鉴》编辑部. 贵州年鉴（1989）[M]. 贵阳：贵州人民出版社，1989：578.
④ 《贵州年鉴》编辑部. 贵州年鉴（1989）[M]. 贵阳：贵州人民出版社，1989：606.
⑤ 《贵州年鉴》编辑部. 贵州年鉴（1993）[M]. 贵阳：贵州人民出版社，1993：514.
⑥ 《贵州年鉴》编辑部. 贵州年鉴（1994）[M]. 贵阳：贵州年鉴社，1994：521.
⑦ 《贵州年鉴》编辑部. 贵州年鉴（2005）[M]. 贵阳：贵州年鉴社，2005：283.
⑧ 《贵州年鉴》编辑部. 贵州年鉴（2006）[M]. 贵阳：贵州年鉴社，2006：307.
⑨ 《贵州年鉴》编辑部. 贵州年鉴（2008）[M]. 贵阳：贵州年鉴社，2008：379-340.
⑩ 《贵州年鉴》编辑部. 贵州年鉴（2012）[M]. 贵阳：贵州年鉴社，2012：440.

L 村与江苏 Y 村实证调查的比较研究》荣获贵州省第十次哲学社会科学优秀成果二等奖。①

2015 年，蔡曙山教授领导的清华大学、贵州民族大学、首都师范大学、中山大学的认知科学团队联合成功申报了《语言、思维、文化层级的高阶认知研究》国家社会科学基金重大招标项目；蔡曙山主编的《人类的心智与认知——当代认知科学重大理论与应用研究》在人民出版社出版。

同年，吴电雷的《中国西南地区阳戏研究》、蓝东兴的《西南少数民族口述传播史研究》荣获贵州省第十一次哲学社会科学优秀成果一等奖；陈小平等的《贵州省少数民族教育立法研究》、胡晓东等的《苗族理辞通解》、傅贤国的《“第三人撤销诉讼”抑或“诉讼第三人异议之诉”——基于我国〈民诉法〉第 56 条第 3 款的分析》、叶成勇的《贵州沿河县万历时期〈军门禁约〉碑文考论——兼论贵州明代中晚期“夷”汉关系》荣获贵州省第十一次哲学社会科学优秀成果二等奖。②

2018 年，姚朝兵的《美国信托法中的谨慎投资人规则研究》获贵州省第十二次哲学社会科学优秀成果一等奖；谢治菊的《农民政府信任的实证调查与逻辑建构》，肖远平、刘洋的《乡村文化建设与农民社区认同研究：以贵州民族地区为例》、张帆的《多民族地区社会治理法治化建设研究：以贵州省为考察中心》，张乡里的《唐前博物类小说研究》，汪文学的《边省地域与文学生产：文学地理学视野下的黔中古近代文学生产和传播研究》，张学立、张存建的《从温公颐墨辩逻辑研究看中国逻辑的理论属性》，董强、宋艳贺的《新时期推进民族事务治理法治化的思考》，吕超、娄义鹏、熊坤新的《当前中亚地区民族问题的特点及对丝绸之路经济带建设的影响与对策》，梅军、包龙源、赵巧艳的《“新常态”视阈下传统民族聚落社会重构的三重维度关照》，颜水生的《论张承志的风景话语及意义》，兰东兴的《新闻报道的角度、深度和可信度》获贵州省第十二次哲学社会科学优秀成果二等奖。③

贵州民族大学主持省部级以上科研项目 766 项，其中，国家级科研课题 138 项，国家哲学社会科学研究重大项目 3 项，教育部哲学社会科学研究重大课题攻关项目 1 项；获贵州省部级以上各类科研成果奖 82 项。教师在省级以上学术刊物发表学术论文 5610 余篇，其中 SCI、EI、SSCI、ISTP 等核心期刊论文 1873 篇，出版专著 228 部。

四、学生与教职工数

如表 6-5 所示，1977～1985 年，贵州民族大学（贵州民族学院）共招收本专科学生 2066 人，其中本科 1281 人；毕业学生 727 人，其中本科 464 人。④ 1985 年，有在校学生 1318 人，其中本科学生 850 人。在校学生中，苗族、布依族、侗族、彝族、水族、回族、

---

① 《贵州年鉴》编辑部. 贵州年鉴（2014）［M］. 贵阳：贵州年鉴社，2014：382，383.

② 《贵州年鉴》编辑部. 贵州年鉴（2016）［M］. 贵阳：贵州年鉴社，2016：525-526.

③ 《贵州年鉴》编辑部. 贵州年鉴（2019）［M］. 贵阳：贵州年鉴社，2019：593-594.

④ 《贵州教育志》编纂办公室. 贵州教育年鉴（1949-1984）［M］. 贵阳：贵州人民出版社，1986：122.

壮族、满族、仡佬族、瑶族、黎族、白族、傣族等少数民族学生占 89%。教职工 560 人，其中教师 295 人，教授 1 人、副教授 3 人，讲师 70 人，教员 157 人，助教 68 人。少数民族教职工占 27%。[①] 1986 年，少数民族预科班当年招生 40 名。[②]

是年后，学生与教职工数变化见表 6-3。

表 6-3　1986~2018 年贵州民族大学（贵州民族学院）学生数与教职工数　　单位：人

<table>
<tr><th rowspan="2">年度末</th><th colspan="8">本专科学生</th><th rowspan="2">教职工数</th><th colspan="6">专任教师</th></tr>
<tr><th colspan="2">毕业生</th><th colspan="2">招生数</th><th colspan="2">在校生</th><th colspan="2">预计毕业生</th><th>合计</th><th>教授</th><th>副教授</th><th>讲师</th><th>助教</th><th>教员</th></tr>
<tr><td>1986</td><td colspan="2">245</td><td colspan="2">581</td><td colspan="2">1603</td><td colspan="2">—</td><td>654</td><td>283</td><td>—</td><td>2</td><td>53</td><td>83</td><td>145</td></tr>
<tr><td>1987</td><td colspan="2">502</td><td colspan="2">506</td><td colspan="2">1728</td><td colspan="2">—</td><td>722</td><td>302</td><td>3</td><td>40</td><td>22</td><td>42</td><td>195</td></tr>
<tr><td>1988</td><td colspan="2">559</td><td colspan="2">606</td><td colspan="2">1764</td><td colspan="2">—</td><td>780</td><td>386</td><td>6</td><td>49</td><td>130</td><td>112</td><td>89</td></tr>
<tr><td>1989</td><td colspan="2">480</td><td colspan="2">508</td><td colspan="2">1728</td><td colspan="2">—</td><td>792</td><td>359</td><td>6</td><td>48</td><td>131</td><td>90</td><td>84</td></tr>
<tr><td>1990</td><td colspan="2">550</td><td colspan="2">494</td><td colspan="2">1654</td><td colspan="2">—</td><td>798</td><td>375</td><td>5</td><td>50</td><td>150</td><td>120</td><td>50</td></tr>
<tr><td>1991</td><td colspan="2">394</td><td colspan="2">408</td><td colspan="2">1477</td><td colspan="2">—</td><td>753</td><td>306</td><td>6</td><td>42</td><td>131</td><td>90</td><td>37</td></tr>
<tr><td>1992</td><td colspan="2">477</td><td colspan="2">451</td><td colspan="2">1450</td><td colspan="2">—</td><td>843</td><td>385</td><td>3</td><td>51</td><td>139</td><td>164</td><td>28</td></tr>
<tr><td>1993</td><td colspan="2">424</td><td colspan="2">700</td><td colspan="2">1726</td><td colspan="2">—</td><td>882</td><td>418</td><td>3</td><td>51</td><td>187</td><td>149</td><td>28</td></tr>
<tr><td>1994</td><td colspan="2">399</td><td colspan="2">846</td><td colspan="2">2173</td><td colspan="2">—</td><td>888</td><td>420</td><td>9</td><td>70</td><td>245</td><td>78</td><td>18</td></tr>
<tr><td>1995</td><td colspan="2">370</td><td colspan="2">863</td><td colspan="2">3663</td><td colspan="2">—</td><td>920</td><td>430</td><td>9</td><td>70</td><td>248</td><td>83</td><td>20</td></tr>
<tr><td>1997</td><td colspan="2">751</td><td colspan="2">903</td><td colspan="2">2349</td><td colspan="2">644</td><td>934</td><td>436</td><td>14</td><td>82</td><td>240</td><td>100</td><td>—</td></tr>
<tr><td>1998</td><td colspan="2">628</td><td colspan="2">950</td><td colspan="2">2655</td><td colspan="2">638</td><td>923</td><td>469</td><td>17</td><td>92</td><td>230</td><td>117</td><td>13</td></tr>
<tr><td>1999</td><td colspan="2">618</td><td colspan="2">1486</td><td colspan="2">3489</td><td colspan="2">843</td><td>880</td><td>449</td><td>23</td><td>112</td><td>209</td><td>93</td><td>12</td></tr>
<tr><td>2000</td><td colspan="2">864</td><td colspan="2">1871</td><td colspan="2">4489</td><td colspan="2">654</td><td>890</td><td>447</td><td>23</td><td>115</td><td>195</td><td>42</td><td>72</td></tr>
<tr><td>2001</td><td colspan="2">650</td><td colspan="2">2304</td><td colspan="2">6073</td><td colspan="2">880</td><td>898</td><td>469</td><td>27</td><td>127</td><td>201</td><td>77</td><td>37</td></tr>
<tr><td>2002</td><td colspan="2">835</td><td colspan="2">2353</td><td colspan="2">7239</td><td colspan="2">1234</td><td>851</td><td>490</td><td>30</td><td>134</td><td>202</td><td>80</td><td>44</td></tr>
<tr><td>2004</td><td colspan="2">1544</td><td colspan="2">2473</td><td colspan="2">8682</td><td colspan="2">1952</td><td>986</td><td>562</td><td>64</td><td>197</td><td>175</td><td>98</td><td>28</td></tr>
<tr><td>2005</td><td colspan="2">1875</td><td colspan="2">3097</td><td colspan="2">9926</td><td colspan="2">2237</td><td>1049</td><td>611</td><td>59</td><td>202</td><td>157</td><td>162</td><td>31</td></tr>
<tr><th>年度末</th><th>普通</th><th>成人</th><th>普通</th><th>成人</th><th>普通</th><th>成人</th><th>普通</th><th>成人</th><th>教职工数</th><th>合计</th><th>正高</th><th>副高</th><th>中级</th><th>初级</th><th>未定</th></tr>
<tr><td>2007</td><td>2662</td><td>2536</td><td>1579</td><td>1656</td><td>8249</td><td>3682</td><td>2333</td><td>849</td><td>1124</td><td>655</td><td>94</td><td>177</td><td>292</td><td>86</td><td>6</td></tr>
<tr><td>2008</td><td>2279</td><td>771</td><td>2871</td><td>1448</td><td>8757</td><td>4274</td><td>2878</td><td>1097</td><td>1135</td><td>655</td><td>103</td><td>200</td><td>307</td><td>45</td><td>—</td></tr>
</table>

① 《贵州教育志》编纂办公室. 贵州教育年鉴（1949-1984）[M]. 贵阳：贵州人民出版社，1986：122.

② 《贵州年鉴》编辑部. 贵州年鉴（1987）[M]. 贵阳：贵州年鉴社，1987：605，623.

续表

年度末	本专科学生								教职工数	专任教师					
	毕业生		招生数		在校生		预计毕业生			合计	正高	副高	中级	初级	未定
	普通	成人	普通	成人	普通	成人	普通	成人							
2009	2810	1147	4164	1007	9925	4041	1948	1613	1129	694	104	211	341	37	1
2010	1946	1603	3485	1201	11613	3639	1726	1369	1136	719	105	215	369	25	5
2011	1680	1190	2660	1532	12422	3802	2614	954	1191	718	110	301	285	20	2
2012	2605	1007	3657	1894	13464	4614	4012	1106	1210	752	110	334	256	52	—
2013	3935	1106	4542	2874	14035	6192	3429	1301	1283	857	129	378	241	107	2
2014	3333	1301	4087	3253	14709	8258	2771	1816	1347	932	134	424	213	159	2
2015	2745	1816	3973	4035	15913	10499	3625	2871	1442	1003	142	453	241	163	4
2016	3499	3033	5251	4608	17626	11749	4590	2755	1484	1073	164	515	269	124	1
2017	4227	6958	6045	1813	19130	6666	3930	4487	1579	1140	163	510	314	81	72
2018	3825	4487	3805	780	18845	7166	3950	1943	1653	1226	158	517	359	106	86

资料来源：历年《贵州年鉴》。

2019 年，贵州师范大学有全日制在校生 20722 人，另有合作办学独立学院本科生 11013 人。还有来自美国、俄罗斯、韩国、老挝、越南、柬埔寨、哈萨克斯坦、蒙古、泰国、卢旺达、孟加拉国、尼泊尔、塔吉克斯坦、立陶宛、埃及、印度、菲律宾、印度尼西亚、巴基斯坦、吉尔吉斯斯坦、乌兹别克斯坦、缅甸等 24 个国家留学生近 400 人。有专任教师 1196 人，其中正高级职称人员 177 人，副高级职称人员 554 人；具有博士学位人员 519 人，硕士学位人员 822 人，博士生、硕士生指导教师 545 人。其中，有国家突出贡献中青年专家、中宣部文化名家暨“四个一批”人才、中国工艺美术大师、享受国务院特殊津贴专家、教育部新世纪优秀科技人才、贵州省核心专家、贵州省高校哲学社会科学“黔灵学者”、贵州省省管专家、享受贵州省政府特殊津贴专家、贵州省高校哲学社会科学学术带头人、贵州省高校教学名师等近百人。

五、学校历任负责人

贵州民族学院第一任院长由贵州省委副书记徐运北兼任，由教育长朱煜如主持全院的日常工作。1953 年徐运北调北京，1954 年由贵州省民委副主任杨汉先兼任贵州民族学院院长，朱煜如任副院长并主持工作，赵子安任副教育长。

1983 年后历任负责人为：

党委书记：常爱德、伍治国、刘明富、高万能、王凤友、张学立。

校（院）长：安毅夫、李廷贵、伍治国、潘世钧、伍鹏程、吴大华、王凤友、张学立、陶文亮。

党委副书记：潘世均、吴德祥、王汝明、伍昌恒、吴贡环、蓝祝卉。

副校（院）长：穆琨、吴汉良、谭鑫、班运秀、林敬藩、罗世舟、李廷贵、王桂森、卢其天、刘胜康、李相辉、岑燕明、王文科、唐建荣、郁钟铭、杨昌儒、吴晓萍、范允龙、肖远平、胡忠良、王林、韦维、樊铁钢、周杰。

第四节 贵州财经大学（贵州财经学院）

一、院系与专业设置

贵州财经学院创建于1958年，当时设有贸易经济、会计、计划统计、财政金融四个系。1959年停止招生，进行整顿。1960年设政治经济、贸易经济、财政金融三个系并招生。1961年改建为贵州省财经干部学校。1978年恢复重建，并参加当年秋季全省高等院校统一招生，入学新生153名。恢复招生后贵州财经学院设三个系三个专业。

1983年，贵州财经学院接受贵州省商业厅委托，开办在职干部贸易经济专修科，招生70人，学制两年。①

1984年，设有财政金融系（财政、基建经济管理专业）、工业经济系（工业经济、计划统计专业）、贸易经济系（贸易经济专业），均为四年制；贸易经济专修科（学制两年）。

1986年，增设会计本科专业，学制四年，设会计系。

1986年，贵州财经学院被定为自学考试价格学专业（大专）主考学校。②

1992年，贵州计划干部学院并入贵州财经学院③。同年，马列主义教研室改建为社会科学部（社科部）。

1994年，社会科学部更名为社会科学系。

1995年，组建成人教育部（成教部）。

1996年，招收贸易经济（国际贸易）电大专科班40名。

1999年，企业管理学科被批准为第二批省级重点学科。④ 同年，工业经济系更名为工商管理系；增设贵州省内首个管理科学本科专业并招生。

2002年，成立公共管理学院。同年，撤销投资系，部分教师调整到会计系创办财务管理专业，主体部分则成立管理科学系。管理科学系下设管理科学、工程管理、农村区域管

---

① 《贵州教育志》编纂办公室. 贵州教育年鉴（1949-1984）[M]. 贵阳：贵州人民出版社，1986：96.

② 《贵州年鉴》编辑部. 贵州年鉴（1987）[M]. 贵阳：贵州人民出版社，1987：629.

③ 贵州省地方志编纂委员会. 贵州省志（1978-2010）·教育［M]. 贵阳：贵州人民出版社，2017：34.

④ 《贵州年鉴》编辑部. 贵州年鉴（2000）[M]. 贵阳：贵州年鉴社，2000：349.

理三个专业；以信息管理系、计算机管理系、统计系统计专业为基础组建信息学院；社科系马列主义教研室与党委宣传部德育教研室合并为马列主义教学部；成教部更名为成人教育学院。

2003 年，获批为硕士学位授予权单位①。金融学、国际贸易学、产业经济学和统计学四个学科获批硕士学位授予权，翌年招生。

2004 年，基础部增设数学与应用数学专业。

2005 年，工商管理系、贸易经济系合并组建为工商管理学院；以会计系为基础重组为会计学院；以管理科学系为基础成立管理科学学院，保留管理科学、工程管理 2 个专业，增设房地产经营管理专业（当年招生）；以财学基础部、信息学院统计教研室和数量经济教研室为基础优化重组，成立数统学院；外语系改建为外语学院。

2006 年，金融学、国际贸易学、产业经济学、统计学 4 学科获批一级学科硕士学位授予权；马克思主义中国化研究、思想政治教育 2 个学科获批为二级学科硕士学位授权点。同年，统计学学科成为省级重点学科。

2007 年，统计学专业成为省级示范性本科专业。

2008 年，获批为行政管理硕士授予点；成人教育学院开办高等职业教育；会计学专业被教育部、财政部批准为国家级特色专业、教育部国家级综合改革试点专业。同年，艺术学院成立；马列主义教学部更名为马克思主义学院，成为贵州省高校中第一所马克思主义学院。

2009 年，应用经济学学科获批为省级应用经济学研究生教育创新基地。

2010 年，获得统计学一级学科硕士授予权（下设数理统计、生物统计与动力系统、金融统计与风险管理 3 个二级学科点）；马克思主义理论一级学科硕士学位授予权（下设马克思主义基本原理、马克思主义发展史、马克思主义中国化研究、国外马克思主义研究、思想政治教育、中国近现代史基本问题研究 6 个二级学科点）。同年，国际学院成立；成人教育学院更名为继续教育学院，统一承担全部成人、高职和预科教育工作；工程管理专业成为第六批国家特色建设专业。

2011 年，获批公共管理一级学科硕士授予点和劳动经济学硕士授予点。同年，应用经济学学科入选省级特色重点学科；统计学专业成为省级特色专业。

2012 年，贵州财经学院更名为贵州财经大学。著名经济学家、“孙冶方经济学奖”获得者、原南京大学党委书记洪银兴教授任贵州财经大学名誉校长。同年，贵州财经大学与英国爱丁堡龙比亚大学合作举办金融学专业本科教育项目被纳入当年国家普高招生计划，每期招收 50 人，实现贵州省本科阶段中外合作办学零的突破；② 统计学学科成为省级特色重点学科；财务管理专业被列为省级特色专业。

截至 2012 年，贵州财经大学有花溪、鹿冲关两个校区。主校区位于花溪大学城。学校占地总面积 5029 亩，总建筑面积 94.05 万平方米，固定资产总值 3.96 亿元，图书馆馆

① 贵州省地方志编纂委员会. 贵州省志（1978-2010）· 教育［M］. 贵阳：贵州人民出版社，2017：50.

② 《贵州年鉴》编辑部. 贵州年鉴（2013）［M］. 贵阳：贵州年鉴社，2013：364.

藏纸质图书共236万余册，电子图书160万余册，电子期刊3.6万余种。

2013年，项目管理学科获批为硕士点（含项目管理理论与方法研究、项目决策研究、供应链项目研究3个方向）；数统学院增设经济统计学本科专业；工程管理系房地产经营管理专业更名为房地产开发与管理专业。同年，贵州财经大学与非洲东北部国家厄立特里亚高等教育委员会合作建立厄立特里亚高等教育委员会孔子学院（厄特孔院，坐落于厄立特里亚首都阿斯马拉）。

2014年，财学会计、翻译新增为硕士专业学位授权点。① 同年，公共管理一级学科被列为贵州重点建设特色学科。

2015年，工商管理学院和旅游管理学院合并，仍为工商管理学院；以管理科学与工程管理学院、资源与环境管理学院为基础，优化学校资源，成立新管理科学与工程管理学院，下设资源环境管理系（曾为资源与环境管理学院的资源环境与城乡规划系）；以文化传播学院、法学院为基础组建成立文法学院。同年，马克思主义理论被遴选为贵州省第七批省级重点学科。

2016年4月20日，贵州财经大学贵阳大数据金融学院举行揭牌仪式。该学院是由贵州财经大学和贵阳市人民政府联合发起和领导的，全球第一家以大数据金融人才培养和科学研究为核心任务的书院型学院。同年，工商管理硕士教育中心并入工商管理学院；马克思主义学院被遴选为贵州省高校重点马克思主义学院。

2017年，贵州财经大学被增列为博士学位授予单位②。2017年5月4日，教育部批准贵州财经大学与美国西密歇根大学合作举办西密歇根学院。这是贵州省唯一一所在本科层次集约化引入美国高校优质教育资源、不具有法人资格的中外合作办学机构。西密歇根学院经贵州财经大学纳入国家普通高校招生计划进行招生，由西密歇根大学教授以集中授课形式开展教学活动。学生完成所有课程且符合双方授位要求，将获得中方毕业证书和中美工商管理学士学位证书。

2018年，全国首个高校大数据统计学院在贵州财经大学成立，开设大数据管理与运用（国家新增专业）专业，翌年招生。经济学院部分专业与金融学院及学校相关研究机构优化整合，组建大数据应用与经济学院。同年，应用经济学学科、马克思主义理论获批为省级区域内一流建设学科。

截至2019年，贵州财经大学设有以下院系和专业：

大数据统计学院：开设有大数据管理与运用本科专业；统计学一级学科硕士点（数理统计学大数据分析及应用方向、经济社会统计大数据分析及应用方向2个学科点）。

西密歇根学院：开设有会计学、财务管理、市场营销3个本科专业。

经济学院：开设有经济学本科专业；理论经济学一级学科硕士点，下设西方经济学、政治经济学和区域经济学3个二级学科点。

大数据应用与经济学院：开设有金融学、金融工程、投资学、保险学、财政学、税收

---

① 《贵州年鉴》编辑部. 贵州年鉴（2015）[M]. 贵阳：贵州年鉴社，2015：429.

② 《贵州年鉴》编辑部. 贵州年鉴（2018）[M]. 贵阳：贵州年鉴社，2018：525.

学、国际经济与贸易、国际商务 8 个本科专业；金融学、国际贸易学、产业经济学、财政学、数量经济学、区域经济学、国民经济学 7 个二级学科硕士点；金融、国际商务、税务 3 个专业硕士点。

贵阳大数据金融学院：主要负责对从全校毕业班中申请参加“大数据金融实验班”的学生，进行为期一学年（含实习）具有大数据以及大数据金融类相关基础的专业实操性急需的人才培养。同时开展相关的科学研究。

工商管理学院：设置有工商管理、营销与物流管理、旅游管理 3 个系。开设有工商管理、市场营销、人力资源管理、物流管理、旅游管理、酒店管理、会展经济与管理 7 个本科专业；工商管理一级学科博士点；工商管理一级学科硕士点，工商管理硕士（MBA）、旅游管理硕士专业学位（MTA）2 个专业学位硕士点。

会计学院：开设有会计学、财务管理、审计学 3 个本科专业；管理学硕士点（会计学、审计学 2 个学科点），会计硕士（MPAcc）专业学位点。

公共管理学院：开设有劳动与社会保障、公共事业管理（含城镇管理方向）、行政管理、土地资源管理、农林经济管理、农村区域发展、运用心理学、教育学共计 8 个本科专业；行政管理硕士点，公共管理一级学科硕士点，劳动经济学硕士点。

管理科学与工程学院：设置有资源与环境管理、工程管理、管理科学 3 个系；开设有人文地理与城乡规划、自然地理与资源环境、城市管理、工程管理、工程造价、房地产开发与管理、管理科学（商业大数据管理方向）7 个本科专业；项目管理专业（含项目管理理论与方法研究、项目决策研究、供应链项目研究 3 个方向）、技术经济及管理专业 2 个硕士点。

信息学院：开设有计算机科学与技术系、信息管理系、信息工程系；计算机科学与技术、软件工程、网络工程、数字媒体技术（2016 年后新增）、数据科学与大数据技术（2016 年后新增）、信息管理与信息系统、电子商务、教育技术学 8 个本科专业。

数统学院：开设有经济统计学、统计学、数学与应用数学 3 个本科专业；统计学一级学科硕士点（下设数理统计、生物统计与动力系统、金融统计与风险管理三个二级学科点），数量经济学、国民经济学 2 个二级学科硕士点，应用统计学专业硕士点。

文法学院：开设有汉语言文学、汉语国际教育、广告学、传播学、网络与新媒体、法学 6 个本科专业；法学一级学科硕士点，法律（非法学）、法律（法学）、汉语国际教育三个专业硕士学位点。

外语学院：开设有英语系、日语系、西班牙语系及大学外语教学一部、大学外部教学二部 5 个教学系部；英语、商务英语、翻译、日语、西班牙语 5 个本科专业；翻译专业硕士（MTI）点（英语笔译方向）；实用日本语鉴定贵州省官方唯一考点。

艺术学院：开设有音乐学、舞蹈学、环境设计 3 个本科专业。

国际学院：开设有金融学（与英国爱丁堡龙比亚大学合作）、会计学（与美国西密歇根大学合作）、电子商务（与美国马歇尔大学合作举办）3 个本科专业；会计学、国际商务、市场营销、工程管理 4 个国际本科学术互认课程项目专业（ISEC 项目）；与美国伯克莱学院合作举办的会计、金融保险、市场营销、物流管理 4 个教育项目专科专业。

马克思主义学院：开设有马克思主义理论一级学科硕士点（下设马克思主义基本原理、马克思主义发展史、马克思主义中国化研究、国外马克思主义研究、思想政治教育、中国近现代史基本问题研究6个二级学科点）；马克思主义中国化研究、思想政治教育2个二级学科硕士点。主要承担全校本科生、硕士研究生的思想政治理论课教学工作。

体育工作部：承担全校各项体育教学、训练及师生课余健身活动等工作。

继续教育学院（贵州省经济管理人才培养基地办公室）：承担经管类专业为主体的22个本、专科专业的成人业余、函授、自学考试助学等学历教育，以及职业技术（等级）考试、培训等各类非学历教育工作。

孔子学院（坐落于厄立特里亚首都阿斯马拉）：主要开展以汉语教学为主线，文化活动为轴线，职业教育为其延伸线的教育发展模式。

商务学院：见第七章第二节。

截至2019年，贵州财经大学设有2个博士学位授权一级学科，9个硕士学位授权一级学科，12个硕士专业学位授权类别，3个国内一流建设学科群，6个区域内一流建设学科，6个省级特色重点学科，10个省级重点学科。有本科专业64个，涵盖8个学科门类，其中国家级一流本科专业10个，国家级特色专业6个，省级一流专业11个，省级示范专业9个，省级特色专业4个；23个贵州省一流大学专业建设项目。

二、学校环境与办学成果

1984年，贵州财经学院在院党委下设有办公室、组织部、宣传部、统战部、纪律检查委员会、保卫处，并领导院工会、院团委、各系总支委员会、各部门机关支部。院行政下设办公室、科教处、人事处、院务处、图书馆。除财政金融系、工业经济系、贸易经济系外，还有筹建中的会计系、经济信息系，以及基础课教学研究部、马列主义理论教研室。①

全校占地面积108亩，校舍建筑总面积1.169万平方米，其中教学用房面积3530平方米，生活和其他用房面积8160平方米。

1985年，建成综合大楼、大礼堂、教职工宿舍，共计11766平方米。②学院设有电化教室、计算机教学楼。仪器设备价值达75.7万元（电化教学设备价值63.196元），其中1984年购进仪器设备价值达3.0663万元。图书馆藏书13万余册，其中外文图书5.422万册，中文期刊1185种，外文期刊180种，报纸159种。学校建立了经济研究室、经济情报室和人口理论研究室三个科研机构。

1987年，已建卫星地面接收站。③

1988年，贵州财经学院获中央宣传部、国家教委、共青团中央授予的暑期全国大中专学生社会实践活动先进单位称号④。同年，颜冬申荣获贵州省四化建设标兵称号。⑤

①② 《贵州教育志》编纂办公室. 贵州教育年鉴（1949-1984）［M］. 贵阳：贵州人民出版社，1986：119-120.

③ 《贵州年鉴》编辑部. 贵州年鉴（1988）［M］. 贵阳：贵州人民出版社，1988：649.

④ 贵州省地方志编纂委员会. 贵州省志（1978-2010）·教育［M］. 贵阳：贵州人民出版社，2017：26.

⑤ 《贵州年鉴》编辑部. 贵州年鉴（1989）［M］. 贵阳：贵州人民出版社，1989：497-498.

1989 年 11 月，贵州财经学院设立公安派出所，加强高等学校的治安保卫工作[①]。

1991 年，贵州财经学院被贵州省委、省政府、省军区授予抗洪抢险救灾先进集体。

1996 年，贵州财经学院成人教育部被教育部评为全国高等教育自学考试先进集体。

1997 年，贵州省教委授予贵州财经学院课余体育训练先进单位称号，授予贵州财经学院陈云集学校课余体育训练优秀教练员称号。[②]

1999 年，贵州财经学院在贵州省教育部的本科教学进行评估中被认定为合格。[③]

2001 年，贵州财经学院在贵州省教育厅等有关部门组织的毕业生就业工作省级评估中被评为优良等级单位[④]；成人教育部被教育部评为全国高等教育自学考试先进集体。

2002 年 3 月 21 日，贵州财经学院与贵州科学院联合创办的贵州发展学院成立[⑤]。

2003 年，欠发达地区经济研究中心成立，这是贵州首个高等学校人文社会科学研究基地[⑥]；2003 年 7 月 15 日至 22 日，由贵州省教育厅主办、贵州财经学院协办的第一期贵州省高校教师现代化技术培训班在贵州财经学院开班上课[⑦]。

2004 年 11 月 18 日，全国大学生就业指导卫星网在贵州财经学院开通[⑧]。同年，欠发达地区经济发展研究中心被确定为省级高校人文社会科学研究建设基地；[⑨]辛耀荣荣获贵州省五一劳动奖章。[⑩]

2007 年，经济管理实验示范中心被教育部、财政部批准为国家级实验教学示范中心建设单位，这是贵州省第一个国家级实验教学示范中心[⑪]。同年，中国西部现代化发展研究中心获批省级高等学校人文社会科学研究基地。

2008 年 12 月 6 日，全国人大常委会副委员长彭珮云为贵州财经学院建校 50 周年校庆题词：“坚持育人为本德育为先，为兴黔富民培养优秀人才。”[⑫]

2009 年，景亚萍荣获贵州省三八红旗手称号；[⑬] 文静华荣获贵州省首届青年创新人才奖。[⑭]

2010 年，张志康荣获第二届贵州省高校“感动校园十大人物”称号。[⑮]

2011 年，焦建军、刘志杰荣获贵州省第二届青年创新人才奖。[⑯]

2012 年，贵州财经学院更名为贵州财经大学。同年，贵州财经大学获批贵州省委、省

---

① 贵州省地方志编纂委员会. 贵州省志（1978-2010）·教育［M］. 贵阳：贵州人民出版社，2017：28.

② 《贵州年鉴》编辑部. 贵州年鉴（1988）［M］. 贵阳：贵州人民出版社，1998：428.

③ 《贵州年鉴》编辑部. 贵州年鉴（2000）［M］. 贵阳：贵州年鉴社，2000：350.

④⑤ 贵州省地方志编纂委员会. 贵州省志（1978-2010）·教育［M］. 贵阳：贵州人民出版社，2017：48.

⑥ 贵州省地方志编纂委员会. 贵州省志（1978-2010）·教育［M］. 贵阳：贵州人民出版社，2017：50.

⑦ 贵州省地方志编纂委员会. 贵州省志（1978-2010）·教育［M］. 贵阳：贵州人民出版社，2017：51.

⑧⑨ 贵州省地方志编纂委员会. 贵州省志（1978-2010）·教育［M］. 贵阳：贵州人民出版社，2017：53.

⑩ 《贵州年鉴》编辑部. 贵州年鉴（2005）［M］. 贵阳：贵州年鉴社，2005：500.

⑪ 贵州省地方志编纂委员会. 贵州省志（1978-2010）·教育［M］. 贵阳：贵州人民出版社，2017：56.

⑫ 贵州省地方志编纂委员会. 贵州省志（1978-2010）·教育［M］. 贵阳：贵州人民出版社，2017：57-58.

⑬ 《贵州年鉴》编辑部. 贵州年鉴（2010）［M］. 贵阳：贵州年鉴社，2010：646.

⑭ 《贵州年鉴》编辑部. 贵州年鉴（2010）［M］. 贵阳：贵州年鉴社，2010：648.

⑮ 《贵州年鉴》编辑部. 贵州年鉴（2011）［M］. 贵阳：贵州年鉴社，2011：387.

⑯ 《贵州年鉴》编辑部. 贵州年鉴（2012）［M］. 贵阳：贵州年鉴社，2012：651.

政府重点建设的贵州省经济管理人才培养基地、贵州省金融人才培训基地[①]；继续教育学院被评为贵州省高等教育自学考试先进集体；获第26批邵氏基金赠款500万港元修建艺术楼。[②]

2013年，贵州财经大学与南京大学就帮扶相关工作达成协议。[③]

2014年，贵州财经大学被国家批准为首批节约型公共机构示范单位。[④] 同年，常明明被评为贵州省先进工作者。[⑤]

2016年，马克思主义学院被贵州省教育厅、贵州省委宣传部联合遴选为省级重点建设单位，并获40万元建设经费。[⑥] 同年，贵州财经大学科技园被认定为省级大学科技园。[⑦]

2017年，贵州财经大学获批成为第二批国家级深化创新创业教育改革示范高校。[⑧] 同年，肖小虹教授被评为贵州省第二届"黔灵学者"；[⑨] 中外合作办学机构贵州财经大学西密歇根学院获教育部批准设立。

截至2019年，贵州财经大学有花溪、鹿冲关两个校区，主校区为花溪大学城。学校占地总面积5029亩，总建筑面积94.05万平方米。拥有固定资产总值3.96亿元。

大学城校区图书馆为主馆，2013年投入使用，馆舍总面积4.4万多平方米。鹿冲关校区馆舍面积1.9万余平方米。花溪校区馆内阅览座位4700席，鹿冲关校区1300席。馆藏纸质图书共236万余册，中外文纸质期刊1800余种；电子图书160万余册，电子期刊3.6万余种，中外文数据库40余种。馆藏文献以经济管理类为重点，覆盖文、理、法、艺等类。馆内自建有山地经济特色库、生态经济特色库、反贫困问题特色库、经济史特色库、贵州省哲学社会科学优秀科研成果库、贵州财经大学教学辅助用多媒体数据库和贵州省情特色库7个数据库。

学校设有博士后科研流动站1个；国家级经济管理实验教学示范中心1个，国家级经济管理虚拟仿真实验教学中心1个，国家级人才培养模式创新实验区1个；省级实验教学示范中心3个，省级大学科技园1个，纳入省级众创空间管理的众创空间1个；贵州省一流大学一流平台建设（培育）项目2个，贵州省一流大学师资团队建设（培育）项目4个，贵州省一流大学课程建设（培育）项目3个，省级教学团队5个，省级精品课程13门。

建有省级重点实验室4个，省级协同创新中心2个；省级人才培养、培训基地7个；省级工程研究中心1个；省级创新团队5个；省级研究中心（院）5个；科研机构

---

① 《贵州年鉴》编辑部. 贵州年鉴（2013）[M]. 贵阳：贵州年鉴社，2013：368.
② 《贵州年鉴》编辑部. 贵州年鉴（2013）[M]. 贵阳：贵州年鉴社，2013：364.
③ 《贵州年鉴》编辑部. 贵州年鉴（2014）[M]. 贵阳：贵州年鉴社，2014：352.
④ 《贵州年鉴》编辑部. 贵州年鉴（2015）[M]. 贵阳：贵州年鉴社，2015：429.
⑤ 《贵州年鉴》编辑部. 贵州年鉴（2015）[M]. 贵阳：贵州年鉴社，2015：678.
⑥ 《贵州年鉴》编辑部. 贵州年鉴（2017）[M]. 贵阳：贵州年鉴社，2017：510.
⑦ 《贵州年鉴》编辑部. 贵州年鉴（2017）[M]. 贵阳：贵州年鉴社，2017：508.
⑧ 《贵州年鉴》编辑部. 贵州年鉴（2018）[M]. 贵阳：贵州年鉴社，2018：525.
⑨ 《贵州年鉴》编辑部. 贵州年鉴（2018）[M]. 贵阳：贵州年鉴社，2018：527.

42 个。

创办有《贵州财经大学学报》，入选中文核心期刊要目总览、中文社会科学引文索引（CSSCI）、中国人文社会科学期刊 A 刊核心、人大复印报刊资料重要转载来源期刊。

贵州财经大学与中央财经大学、南京大学等高校建立了科研教学合作伙伴关系；与俄罗斯普列汉诺夫大学、印度尼西亚特里沙克旅游学院、英国哈德斯菲尔德大学、澳门大学、泰国苏南拉里理工大学等高校合作开展教师培训、教师互派；与匈牙利多瑙新城大学、乌拉圭奥特大学、马来西亚友尼达国际大学、拉曼大学、泰国北碧皇家大学、四色菊皇家大学、日本大和语言学校等合作开展科研和留学生短期交流项目；与莫桑比克贵州商会建立了战略合作伙伴关系；与美国西密歇根大学合作创办的贵州财经大学西密歇根学院，是贵州省第一个普通本科高校中外合作办学机构；与英国爱丁堡龙比亚大学、美国马歇尔大学合作举办 2 个本科中外合作办学项目；与美国伯克莱学院合作举办 4 个专科中外合作办学项目；与国家留学基金管理委员会合作举办 4 个国际本科学术互认课程（ISEC）项目；与非洲厄立特里亚政府合作建有孔子学院 1 所。

三、科研成果

1983~1984 年，贵州财经学院教师发表论文及出版论著 382 篇（部）。马列教研室和统计教研室部分教师承担的科研课题《关于消费结构和消费引导》获 1984 年科技成果奖。出版有学术刊物《贵州财经学院学报》和内部发行的《贵州财经学院院刊》。①

1993 年，张条新的《概率密度核估计的收敛性》获贵州省科技进步二等奖。②

2004 年，陈森良的《贵州省经济增长质量的统计研究》、张志康的《人力资源会计理论与方法研究》获贵州省高等学校人文社会科学研究成果二等奖；聂永刚的《现代企业成本管理会计》、徐和平的《城市化演变与未来趋势》、王天剑的《Internet 可利用资源辅助大学外语教学》获贵州省高等学校人文社会科学研究成果三等奖。③

2005 年，余项等的《区域消费经济学》、辛耀等的《贵州省农业产业化与科技进步资金对策研究》、徐和平等的《贵州城镇化未来趋势与对策研究》、毛有碧的《贵州中小企业融资渠道研究》、文传浩等的《自然保护区生态旅游环境承载力综合评价指标体系初步研究》、杜文忠的《自治与共治：对西方古典民族政治理论的宪政反思》、周游贵的《制度变迁中的校长职业与职业校长》、杨春宇等的《旅游规划与人文关怀浅析》获贵州省哲学人文社会科学奖二等奖。④

2007 年，徐和平等的《公共政策与当代发达国家城市化模式——美国郊区化的经验与教训研究》、陈厚义的《选择与发展——贵州经济发展与产业结构调整》、王永平的《欠发达地区农村全面小康与可持续发展之路——以贵州为例》、周游的《学校经营：理

① 《贵州教育志》编纂办公室. 贵州教育年鉴（1949-1984）[M]. 贵阳：贵州人民出版社，1986：119-120.

② 《贵州年鉴》编辑部. 贵州年鉴（1994）[M]. 贵阳：贵州年鉴社，1994：521.

③ 《贵州年鉴》编辑部. 贵州年鉴（2005）[M]. 贵阳：贵州年鉴社，2005：283.

④ 《贵州年鉴》编辑部. 贵州年鉴（2006）[M]. 贵阳：贵州年鉴社，2006：307.

论、模式与机制》、蔡绍洪（联名）的《区域产业集群及其创新网络形成及演化的自组织机理研究》、李彦西的《贵州民族地区县域经济产业定位理论系统研究——以黔南州平塘县产业定位为个案》获贵州省第七次哲学社会科学优秀成果奖二等奖。①

2011 年，蔡绍洪的《循环产业集群：西部地区生态化发展的新型产业组织模式》《“十二五”我省解决“三农”问题的思路与对策研究》获贵州省第九次哲学社会科学优秀成果一等奖；胡书东的《中国经济现代化透视：经验与未来》、陆琳的《不确定信息车辆路径问题及其智能算法研究》、张胜荣等的《论行业产权的存在与运作》、常明明的《20 世纪 50 年代中国“三农”问题研究》获贵州省第九次哲学社会科学优秀成果二等奖。②

2013 年，罗坤瑾的《从虚拟幻象到现实图景：网络舆论与公共领域的构建》、张士斌等的《欧洲债务危机与中国社会养老保险制度改革——基于公共养老金替代率视角的分析》荣获贵州省第十次哲学社会科学优秀成果一等奖；刘星等的《石鼓诗文复原译释》、徐和平的《经济发展中的大国城市化模式比较研究》、肖庆华的《农村留守与流动儿童的教育》、张胜荣的《欠发达经济中的市场理论研究》、葛建军等的《分层数据统计分析在企业利润率影响因素研究中的应用研究——以第一次全国经济普查为例》、张伟等的《基于环境绩效的长三角都市圈全要素能源效率研究》荣获贵州省第十次哲学社会科学优秀成果二等奖。③

2015 年，蔡绍洪等的《西部生态脆弱地区绿色增长极的构建：基于循环产业集群模式的研究》、常明明等的《贵州经济六百年》、朱俊的《族群平等的多元文化主义路径分析》荣获贵州省第十一次哲学社会科学优秀成果一等奖；王作功等的《关于在贵州省设立（国家）普惠金融和绿色金融综合改革试验区的研究报告》、韩德军等的《中国农村土地制度历史变迁的进化博弈论解释》、舒小林等的《旅游产业（虚拟）集群的空间结构研究——以贵州省为例》荣获贵州省第十一次哲学社会科学优秀成果二等奖。④

2018 年，蔡绍洪、赵普等的《绿色低碳导向下的西部产业结构优化》、白万平的《碳排放规律与经济发展路径研究》获贵州省第十二次哲学社会科学优秀成果一等奖；金崇碧的《探寻马克思的“历史”》、汤旖璎的《中国工业废水污染治理税收制度研究》、徐大佑和汪延明的《贵州省农业产业化经营创新模式研究》、张韬的《中期预算与年度预算联动机制研究》、张领的《流动的共同体》，曾秀芳的《郑珍研究》，时宏远等的《印度海洋战略研究》，蒋馨岚等的《免费师范生的就业流向及引导策略研究》、宣杰的《以“制度发展的反思”看待改革》获贵州省第十二次哲学社会科学优秀成果二等奖。⑤

---

① 《贵州年鉴》编辑部．贵州年鉴（2008）［M］．贵阳：贵州年鉴社，2008：379-340.
② 《贵州年鉴》编辑部．贵州年鉴（2012）［M］．贵阳：贵州年鉴社，2012：439-441.
③ 《贵州年鉴》编辑部．贵州年鉴（2014）［M］．贵阳：贵州年鉴社，2014：382-383.
④ 《贵州年鉴》编辑部．贵州年鉴（2016）［M］．贵阳：贵州年鉴社，2016：525-526.
⑤ 《贵州年鉴》编辑部．贵州年鉴（2019）［M］．贵阳：贵州年鉴社，2019：592-594.

四、学生与教职工数

1978 年，贵州财经学院恢复重建，并参加当年秋季全省高等院校统一招生，入学新生 153 人。

截至 1984 年，学院已毕业本科生 472 人，当年招收本科生 236 人，进修生 108 人。有在校学生 883 人，其中本科生 706 人（少数民族学生 31 人），专科生及进修生 177 人（少数民族学生 22 人）。有教职工 337 人，其中教师 183 人（少数民族 6 人），内有教授 2 人，副教授 4 人，讲师 74 人，高级工程师 1 人，工程师 3 人，教员 19 人，助教 33 人，见习助教 47 人。

1984~2018 年，该校学生与教职工数变化如表 6-4 所示。

表 6-4 1984~2018 年贵州财经大学（贵州财经学院）学生数与教职工数 单位：人

年度末	本专科学生				教职工数	专任教师					
	毕业生	招生数	在校生	预计毕业生		合计	教授	副教授	讲师	助教	教员
1984	—	236	883	—	337	179	2	4	74	80	19
1986	146	411	1123	—	491	221	1	3	67	131	19
1987	228	322	1246	—	498	237	4	45	84	97	7
1988	330	360	1278	—	523	261	5	53	95	83	25
1989	297	310	1291	—	495	234	3	39	85	91	16
1990	422	312	1169	—	515	235	3	41	77	98	16
1991	323	308	1140	—	519	235	3	41	78	104	9
1992	310	349	1175	—	678	309	4	45	130	124	6
1993	300	531	1399	—	705	323	3	48	132	136	4
1994	299	519	1611	—	674	283	6	71	153	44	9
1995	388	640	1855	—	719	326	8	79	153	73	13
1997	608	710	2132	527	716	333	13	87	162	60	11
1998	519	710	2292	622	703	294	14	94	139	47	—
1999	620	1440	3090	652	703	307	17	104	126	47	13
2000	645	1565	3898	619	718	325	17	104	126	47	31
2001	620	1847	5150	758	727	352	17	110	127	41	57
2002	751	2130	6614	1352	779	418	26	109	137	73	73
2004	1255	2142	6717	1404	886	540	36	139	150	113	102
2005	1387	1602	7025	1367	927	575	39	121	186	102	127

续表

年度末	本专科学生								教职工数	专任教师					
	毕业生		招生数		在校生		预计毕业生			合计	正高	副高	中级	初级	未定
	普通	成人	普通	成人	普通	成人	普通	成人							
2007	1778	479	2329	1707	7393	8536	2121	2220	995	564	69	243	184	62	6
2008	1994	2011	2406	1794	7755	7685	1713	3426	977	503	110	302	91	—	—
2009	1625	3215	2827	2044	8525	6932	1583	2099	1036	562	115	310	137	—	—
2010	1568	1583	2510	1855	9453	7448	2841	2591	1171	662	110	292	235	25	—
2011	2680	1590	4359	1874	11047	7732	2150	3038	1163	728	128	313	262	25	—
2012	2043	1683	4716	1650	13669	7699	2712	3130	1196	791	143	322	232	21	73
2013	2520	1425	5016	1777	16106	8051	2518	3600	1414	921	154	325	234	20	188
2014	2280	1505	5271	1867	18918	8296	4416	3694	1576	1061	167	338	266	7	283
2015	4035	1676	4820	1598	19514	7327	5091	2953	1637	1099	177	334	287	—	301
2016	4546	1587	5891	1604	20662	7344	5629	3250	1720	1115	166	448	316	158	27
2017	5096	1613	5922	1642	21455	7373	5916	3322	2128	1273	238	529	321	172	13
2018	4864	1498	4515	3638	20816	3005	5624	2614	2223	1302	252	547	320	123	60

资料来源：历年《贵州年鉴》。

五、学校历任负责人

1978年后历任负责人为：

党委书记：龚思杰、潘治富、朱义甫、朱云璋、赵明仁、修耀华、褚光荣。

校（院）长：胡松坡、潘治富、朱义甫、钟永兴、陈厚义、蔡绍洪、刘雷。

党委副书记：王臻、时殿相、柴希修、侯子美、戴兆永、辛守诚、李道济、杜义坚、王庆良、蔡德明、曾羽。

校（副）院长：时殿相（主持）、侯子美、刘诚模（主持）、文维寿、钟永兴、宋汉年、令狐昌仁、孙致贤、李彦西、胡太华、蔡德明、于润、张晓阳、陈建忠、蔡绍洪、毛有碧、罗兵、李秉中、徐大佑、缪坤和、葛建军、杨勇、赵普。

第五节　贵州医科大学（贵阳医学院）

一、院系与专业设置

贵阳医学院，原为民国时期所建，称国立贵阳医学院，中华人民共和国成立后定名为贵阳医学院，1956 年迁贵阳六广门新校舍。1965 年祖国医学系分出组建贵阳中医学院。1972 年招收三年制医学专业学生。1973 年增设药学系药学专业（三年制）。1976 年医疗系改称医学系。

1975 年，设金沙分院（学员 88 人）和织金分院（学员 206 人）。

1977 年，恢复考试招生后，恢复招收五年制本科学生。招生指标为 300 名（医疗专业），实际录取 366 名。同年，于黔南州、黔东南州设置医学专科大专班，招生指标黔南州 100 名（医学医疗专业）、黔东南州 50 名（医学医疗），实际招生数黔南州 105 名、黔东南州 56 名。① 有教职工 971 人，其中专任教师 416 人，教授 62 人，副教授 117 人，讲师 143 人，助教 93 人；② 设有 2 个系 3 个专业。

1978 年，医学生物学、寄生虫学、病理解剖学等学科开始招收研究生；③招生指标为 320 名。同年，在校本部和黔南州、黔东南州增设医科大专班，招收 68~70 届毕业生，招生指标各为 50 名。④

1981 年 11 月，贵阳医学院成为全国首批硕士学位授予单位⑤；生物学与医学遗传学、寄生虫学、病理解剖学、内科学始招研究生。

1985 年，成为全国首批免试推荐优秀应届本科毕业生攻读硕士学位单位。

1986 年，设有医疗系（医学、卫生、医学检验三个专业，学制五年）、药学系（药学专业，学制四年）；具有内科学、病理学、寄生虫学、生物学四个学科硕士研究生学位授予权；设有学制三年的大专班和各类进修、培训班。

1987 年，成为全国首批在职人员以研究生毕业同等学力申请硕士学位的授权单位；设有医学系（医学、卫生两个本科专业，学制五年），药学系（药学专业，学制四年）；人体解剖学、胚胎学、微生物与免疫学、人体寄生虫学、生理学、病理解剖学、药理学、病理生理学、环境卫生学、劳动卫生与职业病学、针灸学、内科学、骨外科学、普通外科学、妇产科学、神经病学、耳鼻咽喉科学、皮肤病理学、放射诊断学 19 个学科招收硕士研究生。⑥同年，继续开办少数民族预科班。⑦

---

① 贵州省一九七七年高等学校招生工作录取统计表［A］. 铜仁：铜仁市档案馆（75-1-92）.

②③⑥ 贵州省地方志编纂委员会. 贵州省志 · 教育志［M］. 贵阳：贵州人民出版社，1990：328.

④ 中央下达贵州省高等学校招生指标分配方案［A］. 铜仁：铜仁市档案馆（75-1-91）.

⑤ 贵州省地方志编纂委员会. 贵州省志（1978-2010） · 教育［M］. 贵阳：贵州人民出版社，2017：299.

⑦《贵州年鉴》编辑部. 贵州年鉴（1988）［M］. 贵阳：贵州人民出版社，1988：638.

1992 年，成立成人教育部。

1993 年，环境卫生学获得硕士学位授予权。①

1996 年，医学系（医疗系）更名为临床医学系；免疫学教研室成立，主要承担医学院博士、硕士及本专科生相关课程的教学。

1998 年，微生物学、寄生虫学、生物学合称病原生物学，被列为省级重点学科。同年，生物化学与分子生物学被确定为硕士学位授予点。

1999 年，耳鼻咽喉科学、针灸推拿学被评为合格硕士学位授权点。② 同年，在护士学校基础上组建护理系，招收护理学专科生。

2000 年，获得临床医学专业硕士学位授权点。③

2001 年，人体解剖与组织胚胎学学科被批准为省级重点学科。同年，护理学系始招本科生。

2002 年，生物化学与分子生物学被批准为省级重点学科。

2003 年，病理学与病理生理学获批为医学博士学位授予单位。④ 同年，临床医学系更名为临床医学院；药学系更名为药学院；成人教育部更名为成人继续教育学院。

2006 年，被遴选为省属重点大学。

2007 年，临床医学专业被列为国家级特色专业。

2008 年，护理学系更名护理学院；护理学专业被批准为省级示范性专业。

2009 年，临床医学获准建博士后科研流动站。

2010 年，人体解剖与组织胚胎学学科通过省级重点学科评估。

2011 年，获得基础医学一级学科博士学位授权点和六个一级学科硕士学位授权点。同年，护理学获批为一级学科硕士学位授权点。

2012 年，护理学招收首批学术学位研究生；护理学专业被列入省级特色专业建设点。

2013 年，临床医学专业获批为国家级专业综合改革试点单位。

2014 年，体育、应用心理新增为硕士专业学位授权点。⑤

2015 年，贵阳医学院更名为贵州医科大学。所设院系与本科专业有：基础医学院：医学实验技术；临床医学院：临床医学、儿科学、肿瘤学、眼耳鼻喉科学、重症医学、急救医学、医学心理学、神经精神科学、全科医学；药学院：药学专业、药物制剂；公共卫生学院：预防医学、卫生检验与检疫、食品卫生与营养学；食品安全学院：食品安全；护理学院：护理学；医学检验学院：医学检验、卫生检验；医学影像学院：医学影像学；运动与健康学院：社会体育；医药卫生管理学院：药学（市场营销方向）、公共卫生事业管理、药事管理学；医学人文学院：法学（医事法律方向）、应用心理学；麻醉学系：麻醉学；口腔医学院：口腔医学；外国语学院：英语/英语翻译；海外教育学院；社会科学教学部；成人继续教育学院 17 个院部 29 个本科专业。

---

① 《贵州年鉴》编辑部. 贵州年鉴（1994）[M]. 贵阳：贵州年鉴社，1994：471，473.

② 《贵州年鉴》编辑部. 贵州年鉴（2000）[M]. 贵阳：贵州年鉴社，2000：350.

③ 《贵州年鉴》编辑部. 贵州年鉴（2001）[M]. 贵阳：贵州年鉴社，2001：329.

④ 贵州省地方志编纂委员会. 贵州省志（1978-2010）·教育 [M]. 贵阳：贵州人民出版社，2017：50，207.

⑤ 《贵州年鉴》编辑部. 贵州年鉴（2015）[M]. 贵阳：贵州年鉴社，2015：429.

研究生学科与专业有：基础医学一级学科博士后科研流动站；基础医学人体解剖与组织胚胎学、免疫学、病原生物学、病理学与病理生理学、法医学、放射医学、毒理学、民族药药理学一级学科博士点；基础医学人体解剖与组织胚胎学、免疫学、病原生物学、病理学与病理生理学、法医学、放射医学、生物医学一级学科硕士点；临床医学内科学（心血管病、血液病、呼吸病、消化系病、内分泌与代谢病、肾病、传染病）、儿科学、老年医学、神经病学、精神病与精神卫生学、皮肤病与性病学、影像医学与核医学、临床检验诊断学、外科学（骨外、普外、神外、泌外、胸外、整形烧伤外）、妇产科学、眼科学、耳鼻咽喉科学、肿瘤学、康复医学与理疗学一级学科硕士点；口腔医学口腔基础医学、口腔临床医学一级学科硕士点；公共卫生与预防医学流行病与卫生统计学、劳动卫生与环境卫生学、营养与食品卫生学、儿少卫生与妇幼保健学、卫生毒理学、社会医学与卫生事业管理学一级学科硕士点；药学药物化学、药剂学、生药学、药物分析学、微生物与生化药学、药理学一级学科硕士点；护理学一级学科硕士点；生物学细胞生物学、生物化学与分子生物学二级学科硕士点；中医学针灸推拿学二级学科硕士点；临床医学、口腔医学、公共卫生、应用心理、体育专业学位硕士点。

成人继续教育学院开设有：临床医学（专升本、专科）、医学检验（专升本、专科）、护理学（专升本、专科）、药学（专升本等成人高等学历教育）、护理学（专科、独立本科段）、药学（专科、独立本科段）等高等自学考试助学教育班。

2018 年，护理学获批为专业硕士学位授权点；新增助产学本科专业。

截至 2019 年，贵州医科大学设有教学单位 21 个，本科专业增加到 37 个；有一级学科博士学位授权点 2 个（基础医学一级学科学术学位授权点、公共卫生与预防医学一级学科学术学位授权点），博士专业学位授权点 1 个（临床医学博士专业学位授权点），二级学科博士学位授权点 10 个；一级学科硕士学位授权点 8 个，硕士专业学位授权点 7 个；贵州省一流建设学科 4 个，省级特色重点学科 4 个，省级重点学科（含培育）9 个，国家卫计委临床重点建设专科 4 个。

二、学校环境与办学成果

1978 年，生理学教研室被评为全国医药卫生先进集体称号。

1983 年，建立基础医学科学研究中心电子显微镜室。

1984 年，图书馆馆藏中外图书 27 万册，各类期刊 3 万余册；有电子计算机体层摄影和电子显微镜等精密仪器；设有教研室近 50 个；建有医学科学研究所（下设 8 个研究室）、贵州省老年医学研究室，贵州省肿瘤防治研究所；① 开设有 700 张病床的现代化综合性附属医院、附属医院护士学校，有制药厂、子弟小学、幼儿园各 1 所。

1999 年，分子生物学中心试验室通过省级论证②。同年，病原生物学被批准为第二批省级重点学科。③

① 《贵州教育志》编纂办公室. 贵州教育年鉴（1949-1984）[M]. 贵阳：贵州人民出版社，1986：112.

② 贵州省地方志编纂委员会. 贵州省志（1978-2010）· 教育［M]. 贵阳：贵州人民出版社，2017：43.

③ 《贵州年鉴》编辑部. 贵州年鉴（2000）[M]. 贵阳：贵州年鉴社，2000：349.

2003年，贵州省实验动物工程技术中心在贵阳医学院成立①。

2004年，贵州省教育厅在贵阳医学院公共卫生学院建立贵州省预防艾滋病健康教育师资培训基地。②

2005年，贵阳医学院获教育部全国第一届大学生艺术展演活动学校优秀组织奖。③

2007年，贵阳医学院被确定为贵州省首批研究生教育创新示范基地。④

2008年，贵阳医学院研究生教育创新基地达到教育厅的检查验收标准⑤。同年，王永林荣获贵州省五一劳动奖章。⑥

2009年，王永林荣获全国五一劳动奖章；⑦ 李永念、李洁琪荣获贵州省首届青年创新人才奖。⑧ 同年，时任中华医学会会长、中国工程院院士钟南山教授受聘为贵阳医学院名誉院长。

2010年，艾仕恩荣获第二届贵州省高校"感动校园十大人物"称号。⑨

2011年，贵阳医学院基础医学院化学教研室荣获全国三八红旗集体；⑩ 汤磊荣、沈祥春荣获贵州省第二届青年创新人才奖。⑪

2012年，贵阳医学院获得中西部高校基础能力建设单位项目，并成为首批卓越医生教育培养计划项目试点高校。细胞工程生物医药技术国家地方联合工程实验室被科技厅批准为贵州省再生医学重点实验室，随后被国家发改委批准为细胞工程生物医药技术国家地方联合工程实验室。贵阳医学院被教育部批准为教育部创新团队和培育团队。⑫

同年，贵阳医学院进入教育部、国家发改委中西部高校基础能力建设工程项目。该项目在"十二五"期间将获得中央财政不低于1亿元的专项资金支持学校建设和发展。2012年，根据贵州省规划，中央财政已下拨一期经费8900万元，其中5600万元用于贵阳医学院基础教学楼与实验教学楼建设。⑬

2012年，贵阳医学院开展向社会公布"本科教学质量报告"试点工作，广泛接受社会对高等教育质量的监督和评价。⑭

2012年，吴家红获贵州省五一劳动奖章；⑮ 王永林、杜娟荣获第五届贵州省优秀科技工作者称号。⑯

---

① 贵州省地方志编纂委员会. 贵州省志（1978-2010）·教育［M］. 贵阳：贵州人民出版社，2017：50.
② 《贵州年鉴》编辑部. 贵州年鉴（2005）［M］. 贵阳：贵州年鉴社，2005：291.
③ 《贵州年鉴》编辑部. 贵州年鉴（2006）［M］. 贵阳：贵州年鉴社，2006：293.
④ 《贵州年鉴》编辑部. 贵州年鉴（2008）［M］. 贵阳：贵州年鉴社，2008：337.
⑤ 贵州省地方志编纂委员会. 贵州省志（1978-2010）·教育［M］. 贵阳：贵州人民出版社，2017：57.
⑥ 《贵州年鉴》编辑部. 贵州年鉴（2009）［M］. 贵阳：贵州年鉴社，2009：591.
⑦ 《贵州年鉴》编辑部. 贵州年鉴（2010）［M］. 贵阳：贵州年鉴社，2010：643.
⑧ 《贵州年鉴》编辑部. 贵州年鉴（2010）［M］. 贵阳：贵州年鉴社，2010：648.
⑨ 《贵州年鉴》编辑部. 贵州年鉴（2011）［M］. 贵阳：贵州年鉴社，2011：387.
⑩⑪ 《贵州年鉴》编辑部. 贵州年鉴（2012）［M］. 贵阳：贵州年鉴社，2012：650.
⑫⑬⑭ 《贵州年鉴》编辑部. 贵州年鉴（2013）［M］. 贵阳：贵州年鉴社，2013：368.
⑮ 《贵州年鉴》编辑部. 贵州年鉴（2013）［M］. 贵阳：贵州年鉴社，2013：596.
⑯ 《贵州年鉴》编辑部. 贵州年鉴（2013）［M］. 贵阳：贵州年鉴社，2013：598.

2013 年，四川大学全力帮助贵阳医学院开展学科建设和发展工作。[①] 细胞工程生物医药技术国家地方联合工程实验室被贵州省卫生厅批准为贵州省干细胞库，并获准建立国家干细胞工程技术研究中心贵州省分中心。微生物学教研室、免疫学教研室与寄生虫学教研室共同组建病原生物学实验室，2013 年被列为省级高校病原生物学特色重点实验室。贵阳医学院承担的贵州省中药民族药研究开发中心全面建设完成，初步形成集创新药物研发、人才培养、专业化服务和成果推广应用于一体的产学研基地，为贵州省中药民族药特色产业发展提供科技支撑。[②]

同年，王迪芬荣获贵州省五一劳动奖章；[③] 杨勤荣获贵州省巾帼建功标兵称号。[④]

2014 年，杜娟荣获第六届全国优秀科技工作者称号；[⑤] 郭兵被评为第六届贵州省优秀科技工作者；[⑥] 唐开发荣获第十五届贵州青年五四奖章。[⑦]

2015 年，贵阳医学院更名为贵州医科大学；基础医学实验中心获批为国家级实验教学示范中心[⑧]；贵州省中国科学院天然产物化学实验室被列为省级重点实验室。

同年，贵州科学院与贵州医科大学合作共建的食品安全与云技术应用教学基地——贵州医科大学食品安全学院创建。该二级学院是双方结合教育资源、科技人才、实践基地等方面的优势，拟在人才培养方案、师资队伍、科学研究、实习基地、食品安全检测和研究中心五个方面加强合作，把聘用双师型教师、选派专业人员从事教学科研活动、提供研究和实验平台、本科生专业见习和实习教学、联合申报重大项目等作为合作亮点，以打造一个集产、学、研为一体的新型高等教育平台。[⑨]

2015 年，韦艳荣获贵州省五一劳动奖章[⑩]；黄勇荣获第十六届贵州青年五四奖章；[⑪] 黄勇、江滟荣获第十三届贵州省青年科技奖。[⑫]

2016 年，中国医学科学院（北京协和医学院）与贵州医科大学签署备忘录，对口帮扶贵医大。同年，林合宁入选教育部长江学者奖励计划讲座教授。[⑬]

2017 年，贵州医科大学科技园获批为省级大学科技园。[⑭]

至 2019 年，贵州医科大学有南北 2 个校区，占地面积 1868 亩，直属附属医院 8 所，非直属附属医院 11 所，教学医院 6 所，非临床专业实践教学基地 82 个。

图书馆馆舍面积约 3.46 万平方米，馆藏重点以医药卫生类资源为主，拥有各类文献 230.7567 万册。其中，中外文图书 172.244 万册，中外文期刊 15.362 万册，中文电子图书 43 万册，外文电子图书 1505 种，机读资料 1002 盒（张）；数字资源 12 种，其中中文

---

① 《贵州年鉴》编辑部. 贵州年鉴（2014）[M]. 贵阳：贵州年鉴社，2014：352.
② 《贵州年鉴》编辑部. 贵州年鉴（2014）[M]. 贵阳：贵州年鉴社，2014：357.
③ 《贵州年鉴》编辑部. 贵州年鉴（2014）[M]. 贵阳：贵州年鉴社，2014：602.
④ 《贵州年鉴》编辑部. 贵州年鉴（2014）[M]. 贵阳：贵州年鉴社，2014：604.
⑤ 《贵州年鉴》编辑部. 贵州年鉴（2015）[M]. 贵阳：贵州年鉴社，2015：679.
⑥⑦ 《贵州年鉴》编辑部. 贵州年鉴（2015）[M]. 贵阳：贵州年鉴社，2015：680.
⑧ 《贵州年鉴》编辑部. 贵州年鉴（2016）[M]. 贵阳：贵州年鉴社，2016：488.
⑨ 《贵州年鉴》编辑部. 贵州年鉴（2016）[M]. 贵阳：贵州年鉴社，2016：514.
⑩ 《贵州年鉴》编辑部. 贵州年鉴（2016）[M]. 贵阳：贵州年鉴社，2016：757-758.
⑪⑫ 《贵州年鉴》编辑部. 贵州年鉴（2016）[M]. 贵阳：贵州年鉴社，2016：761.
⑬ 《贵州年鉴》编辑部. 贵州年鉴（2017）[M]. 贵阳：贵州年鉴社，2017：508.
⑭ 《贵州年鉴》编辑部. 贵州年鉴（2018）[M]. 贵阳：贵州年鉴社，2018：526.

数据库 6 种（包含万方数据知识服务平台、中国知网、维普资讯、超星移动图书馆、人大复印期刊、北大法宝数据库），外文数据库 6 种（包含 EBSCO、OVID-Lww、Wiley Blackwell、Elsevier SD、OUP 数据库、忧阅外文电子书）。

拥有省部共建药用植物功效与利用 1 个国家重点实验室；环境污染与疾病监控实验室、地方病与少数民族性疾病实验室 2 个教育部重点实验室；2 个国家级实验教学示范中心；7 个省级实验教学示范中心；国家苗药工程技术研究中心 1 个、国际科技合作基地 2 个国家级平台；25 个省部级平台（包括国家地方联合工程实验室 2 个、教育部工程研究中心 1 个、省级重点实验室 4 个等），18 个厅级平台，34 个各级科研创新团队。

2011~2018 年，获国家级、省部级科研成果奖 57 项，其中国家科技进步二等奖 1 项，贵州省最高科学技术奖 1 项，贵州省科技一等奖 5 项、二等奖 16 项。承担各级各类科研项目 2580 余项，其中国家自然科学基金重点项目、国家科技支撑计划、科技部重大专项、科技部国际科技合作项目、国家自然科学基金等国家级科研项目 350 多项。在地方病研究、中药民族药研发、组织工程干细胞生物医药研究、病原生物学研究、科研成果转化等领域特色明显。

三、科研成果

1978 年，孙公铎教授带领的“脑与行为”研究组经过近 20 年不懈努力，首次在国内研制成功慢性微电极，于当年获得全国科学大会奖。

1977~1984 年，贵阳医学院共获全国科学大会奖 5 项，全国医药卫生科学大会奖 3 项，贵州省科学大会奖 38 项。其中，从 1979 年开始进行的《1/5 碘盐防治地甲病和克汀病 5 年效果观察》获 1983 年贵州省科技成果二等奖，并全省推广应用，使贵州 14 个县在 1985 年达到了地甲病控制标准。在此期间，贵阳医学院还派出教授金大雄、刘子江、吴若秋等分别到德国、日本、印度、斯里兰卡等国家讲演、参观和参加学术会议，并邀请美国、日本等国的专家来校讲学。①

1983 年，动物自体肾上腺脑内移植实验获得成功。②

1986 年 1 月 24 日，国内首例由贵阳医学院脑外科主任吴若秋为一位脑干缺备患者施行左横突孔内段椎动脉、颈总动脉搭桥手术成功③。2 月 21 日，贵阳医学院附院为一位先天性耳廓外耳道中耳发育不良患者成功地施行全省首例全耳廓一期再造术。6 月，贵阳医学院附属医院收治了一对尚未满月的对称性剑突脐胸腹连体男性婴儿，并成功对其进行了分离术。术后采用中西医方法进行治疗，控制了并发症，婴儿双双存活。7 月 9 日，贵阳医学院附院为一名患风湿性心脏病已 14 年、二尖瓣和主动脉瓣关闭不全、有多次心衰史的患者施行了贵州首例心脏双瓣置换术，术后患者恢复良好。④

---

① 贵州省地方志编纂委员会. 贵州省志·教育［M］. 贵阳：贵州人民出版社，1990：327-329；贵州省地方志编纂委员会. 贵州省志（1978-2010）·教育［M］. 贵阳：贵州人民出版社，2017：299.

② 贵州省地方志编纂委员会. 贵州省志（1978-2010）·教育［M］. 贵阳：贵州人民出版社，2017：18.

③ 贵州省地方志编纂委员会. 贵州省志（1978-2010）·教育［M］. 贵阳：贵州人民出版社，2017：22.

④《贵州年鉴》编辑部. 贵州年鉴（1987）［M］. 贵阳：贵州年鉴社，1987：784.

1985 年 5 月 22 日，开展的首例异体肾移植手术病人张家才，经一年治疗康复出院。

同年，贵阳医学院主编的《地方性氟中毒》出版①。

1985 年，贵阳医学院开展的“慢性微电泳技术及其应用的研究”取得重大进展，已通过鉴定。贵阳医学院将这项技术用于研究乙酰胆碱对家兔海马的影响，为神经生理学、神经药理学以及生理心理学等诸学科的综合研究提供了重要手段。

1986 年，贵阳医学院和永华无线电仪器厂联合研制的远红外线针灸仪，通过由中国振华电子工业公司和贵州省卫生厅组成的专家组的鉴定验收。专家们一致认为，该机器性能可靠，使用方便，疗效良好，把现代电子技术与古老的针灸医学结合起来，使针灸术又向前迈进了一步。

同年，贵阳医学院附属针灸科与学院微机室合作研制的 GY-1 中医电脑诊疗仪，在参加北京 1986 年全国计算机应用展览会期间，获得国务院电子振兴领导小组授予的国家科研成果三等奖，贵阳医学院因此成果获得先进展出单位奖。

1987 年，贵阳医学院附属医院泌尿、妇产两科合作，于 1987 年 2 月正式开展冻精人工授精技术，先后有 20 名妇女受孕。首例婴儿于 1987 年 12 月 1 日在医院平安诞生，体重 3200 克，发育良好。②

1987 年 2 月 9 日，贵阳医学院编写的具有国内研究先进水平的中国第一部地方蚊类志——《贵州蚊类志》（上卷）通过省级鉴定。3 月 12 日，吴若秋被授予国家级有突出贡献的科技工作者称号③。6 月，余乃登等研制的 GY-1 型针灸电脑诊疗仪获得成功，并达到世界先进水平④，荣获贵州省科技进步奖二等奖；陈代雄等的《葡萄球菌 A 蛋白抗肿瘤效应及其机理的实验研究》获得贵州省科技进步奖三等奖。⑤

同年 7 月，在贵阳中医学院召开的西南地区高等医科院校电教工作会议上，《心室肌同步电活动与其收缩之间的关系》获二等奖，《血浆脂蛋白》《离子酸碱度递质对心脏的影响》获三等奖。⑥

1988 年，李培副教授编撰的《高血压——病理诊断治疗进展》一书获贵州省科技图书出版基金资助。⑦ 同年，曾煜等的《珊瑚姜抗真菌系统研究》、苏晓庆的《影响大链壶菌丝体培养物贮藏的因素的研究》、蒋廼昌的《脑室和杏仁核注射 P 物质对血压影响的机理探讨》获贵州省科技进步奖三等奖⑧。

1989 年，在首届全国电化教育成果评奖活动中，贵阳医学院的《曼氏迭宫涤虫与裂头虫幼病》（录像）获奖。⑨ 同年，开棋等的《慢性氟中毒多种非骨性组织损伤的病理形态学研究》、赵明祥等的《克汀病的脑等电位图研究》获贵州省科学技术进步奖三等奖。⑩

---

① 《贵州年鉴》编辑部. 贵州年鉴（1987）［M］. 贵阳：贵州人民出版社，1987：761.
② 《贵州年鉴》编辑部. 贵州年鉴（1988）［M］. 贵阳：贵州人民出版社，1988：789.
③④ 贵州省地方志编纂委员会. 贵州省志（1978-2010）·教育［M］. 贵阳：贵州人民出版社，2017：23.
⑤ 《贵州年鉴》编辑部. 贵州年鉴（1988）［M］. 贵阳：贵州人民出版社，1988：656，658.
⑥ 《贵州年鉴》编辑部. 贵州年鉴（1988）［M］. 贵阳：贵州人民出版社，1988：649.
⑦ 《贵州年鉴》编辑部. 贵州年鉴（1989）［M］. 贵阳：贵州人民出版社，1989：532.
⑧ 《贵州年鉴》编辑部. 贵州年鉴（1989）［M］. 贵阳：贵州人民出版社，1989：547.
⑨ 《贵州年鉴》编辑部. 贵州年鉴（1990）［M］. 贵阳：贵州人民出版社，1990：465.
⑩ 《贵州年鉴》编辑部. 贵州年鉴（1990）［M］. 贵阳：贵州人民出版社，1990：498.

1992年，获得贵州省科学技术进步奖的有：赵明祥等的《脑卒中的防治研究》（二等奖）；张美祥等的《高血压防治研究》（二等奖）；朱在仁等的《前列腺素E中间试验》（三等奖）；何素云等的《人胎器官的组织发生》（三等奖）；潘巨文等的《单一轴型静脉游离皮瓣》（三等奖）。① 同年，吴若秋（教授）、刘家骝（教授）、陈汉彬（教授）享受贵州省政府特殊津贴。②

1993年，吴立甫等的《中国西南少数民族皮纹学研究》、金大雄等的《贵州吸虱类蚤类志》获贵州省科技进步二等奖；③ 时钟平等的《贵州省地方性克汀病垂体傩韵侪性腺发育和功能研究》、毛克强等的《弓形虫与弓形虫病的研究》、孔德明等的《地方性克汀病血清生长激素对精氨酸等兴奋试验的反应》、卢素琳等的《高效液相色谱法测定血中顺铂浓度及其药代动力学研究》获贵州省科技进步三等奖④。

1994年，王和等的《细菌L型的非高渗培养和非高渗培养的细菌L型研究》获贵州省科技进步二等奖；⑤ 蒋乃昌等的《杏仁核内升压素心血管效应及其与高压病关系分析》、吴益捷的《新生儿TSH筛查用于碘缺乏监测综合研究》、庄宗杰等的《碘缺乏病的实验研究》、何素云等的《用免疫细胞化学方法研究APUD细胞的分布与发育》获贵州省科技进步三等奖。⑥

1995年，魏赞道等的《氟铝联合中毒的综合研究》获贵州省科技进步二等奖；刘若英等的《贵州省苗族布依族HLA多态d性及在全球人类树系图中地位》获贵州省科技进步三等奖。⑦

1997年，贵州省教委授予杨嘉鸿学校课余体育训练优秀教练员称号。⑧

1998年，左丽等的《2型登革病毒体外免疫人淋巴细胞在SCDI小鼠的重建》、程明亮等的《病毒性肝炎的基础及其临床研究》获贵州省科学技术进步奖二等奖。⑨

1999年，官志忠等的《慢性氟中毒组织损伤的自由基机制及抗氧化中药的防治作用》获贵州省科技进步二等奖。⑩

2000年，丁静娟等的《丙型肝炎病毒基因型及其变异株的研究》获贵州省科技进步二等奖。⑪

2002年，陈汉彬等的《中国吸血蚋类的系统研究》获贵州省科技进步一等奖。⑫

2004年，张爱华被评为全国三八红旗手。⑬ 同年，陆洪光的《不同人种皮肤黑色素含

---

① 《贵州年鉴》编辑部. 贵州年鉴（1993）[M]. 贵阳：贵州人民出版社，1993：514-515.

② 《贵州年鉴》编辑部. 贵州年鉴（1992）[M]. 贵阳：贵州人民出版社，1992：96-97.

③ 《贵州年鉴》编辑部. 贵州年鉴（1994）[M]. 贵阳：贵州年鉴社，1994：521.

④ 《贵州年鉴》编辑部. 贵州年鉴（1994）[M]. 贵阳：贵州年鉴社，1994：522.

⑤⑥ 《贵州年鉴》编辑部. 贵州年鉴（1995）[M]. 贵阳：贵州年鉴社，1995：532.

⑦ 《贵州年鉴》编辑部. 贵州年鉴（1996）[M]. 贵阳：贵州年鉴社，1996：519.

⑧ 《贵州年鉴》编辑部. 贵州年鉴（1988）[M]. 贵阳：贵州年鉴社，1998：428.

⑨ 《贵州年鉴》编辑部. 贵州年鉴（1999）[M]. 贵阳：贵州年鉴社，1999：432.

⑩ 《贵州年鉴》编辑部. 贵州年鉴（2000）[M]. 贵阳：贵州年鉴社，2000：380.

⑪ 《贵州年鉴》编辑部. 贵州年鉴（2001）[M]. 贵阳：贵州年鉴社，2001：361.

⑫ 《贵州年鉴》编辑部. 贵州年鉴（2003）[M]. 贵阳：贵州年鉴社，2003：401.

⑬ 《贵州年鉴》编辑部. 贵州年鉴（2005）[M]. 贵阳：贵州年鉴社，2005：500.

量、性质、分布的比较及其与日光紫外线照射关系的研究》①、贵阳医学院的《数字化医学影像中心的构建》获贵州省科技进步二等奖。② 贵阳中医学院、贵州省科学院天然产物化学重点实验室共同承担的《清风藤等24种贵州中药、民族药有效成分的化学研究及应用》获贵州省科技进步二等奖。③ 该项目是1985年国家中医药管理局下达的科研计划，2003年完成。④

2005年，《鼻咽癌的某些组织病理、免疫病理和分子病理学因素与临床关系的研究》《神经型尼古丁受体和脂质改变在慢性氟中毒神经性损伤发病机制中作用》《胰腺癌生物学行为及其基因治疗和免疫治疗的系列研究》获贵州省科技进步二等奖。⑤

2007年，吴健伟博士主持的“利用特征技术处理酒糟”项目，因符合循环经济理念，有较明显的预期经济和社会效益，得到贵州茅台酒厂重点支持进行技术转化，并被国家发改委立项为国家循环经济示范试点项目⑥。

2008年，陈峥宏主编的《微生物学实验教程》教材出版。同年，贵阳医学院、贵州益佰制药股份有限公司完成的《黔产莛草品质评价及开发应用研究》获贵州省科技进步一等奖；⑦ 贵阳医学院完成的《静脉丙种球蛋白（IVIG）防治病毒性心肌炎的研究》获贵州省科技进步二等奖。⑧

2010年，贵阳医学院完成的《脑卒中临床微创治疗技术的转化应用》获贵州省科技成果转化二等奖。⑨

2011年，贵阳医学院和遵义医学院联合完成的《老年性痴呆分子发病机制及药物干预研究》获贵州省科技进步一等奖。⑩

2012年，皮肤科《“姜黄消痤搽剂”的产业化》获贵州省科技成果转化二等奖。

2013年，王和（副主编）的《医学微生物学》出版。同年，贵阳医学院附属医院消化科和分子生物学实验室《贵州省部分人群幽门螺杆菌感染及相关疾病的研究》获贵州省科技进步三等奖。

2014年，陈峥宏、魏洪、康颖倩主编的《医药学常用微生物学实验技术》著作出版。同年，微生物学教研室《β防御素的真核和原核表达及其抗流感病毒的作用及其作用机制的实验研究》获得省级科技进步三等奖。

2016年，陈峥宏（副主编）的《医学微生物学》出版。同年，贵州医科大学器官打印与生物制造中心在第五届中国创新创业大赛（贵州赛区）分获企业组和团队组一等奖。⑪

---

① 《贵州年鉴》编辑部．贵州年鉴（2005）［M］．贵阳：贵州年鉴社，2005：304.

② 《贵州年鉴》编辑部．贵州年鉴（2005）［M］．贵阳：贵州年鉴社，2005：304.

③④ 《贵州年鉴》编辑部．贵州年鉴（2005）［M］．贵阳：贵州年鉴社，2005：305.

⑤ 《贵州年鉴》编辑部．贵州年鉴（2006）［M］．贵阳：贵州年鉴社，2006：303.

⑥ 贵州省地方志编纂委员会．贵州省志（1978-2010）·教育［M］．贵阳：贵州人民出版社，2017：56.

⑦ 《贵州年鉴》编辑部．贵州年鉴（2009）［M］．贵阳：贵州年鉴社，2009：375.

⑧ 《贵州年鉴》编辑部．贵州年鉴（2009）［M］．贵阳：贵州年鉴社，2009：376.

⑨ 《贵州年鉴》编辑部．贵州年鉴（2011）［M］．贵阳：贵州年鉴社，2011：408-409.

⑩ 《贵州年鉴》编辑部．贵州年鉴（2012）［M］．贵阳：贵州年鉴社，2012：426.

⑪ 《贵州年鉴》编辑部．贵州年鉴（2017）［M］．贵阳：贵州年鉴社，2017：519.

四、学生与教职工数

1984 年，有在校本科生近 2000 名，在校研究生 34 名；有教职医护工 2200 多名，其中教授、副教授、副研究员、副主任医师共 141 人，讲师、主治医师共 374 人，少数民族教师 12 人。

截至 1984 年，贵阳医学院已为国家培养了德、智、体全面发展的本科毕业生 6908 名，其中为全省 20 多个少数民族培养医、药本科毕业生 590 名。具有硕士学位授予权的学科 4 个：内科学、病理学、寄生虫学、生物学等，已毕业硕士研究生 8 名。①

1986~2018 年，其学生与教职工数变化如表 6-5 所示。

表 6-5　1986~2018 年贵州医科大学（贵阳医学院）学生与教职工数　单位：人

年度末	本专科学生				教职工数	专任教师					
	毕业生	招生数	在校生	预计毕业生		合计	教授	副教授	讲师	助教	教员
1986	291	278	1355	—	937	420	11	45	213	150	1
1987	271	309	1388	—	971	416	62	117	143	93	1
1988	223	358	1496	—	923	408	71	107	150	80	—
1989	259	299	1510	—	894	404	51	106	151	66	30
1990	348	312	1451	—	854	361	44	102	124	91	—
1991	388	404	1416	—	844	341	27	76	98	107	33
1992	291	467	1564	—	856	354	22	75	93	114	50
1993	232	541	1814	—	831	353	22	75	83	128	45
1994	316	649	2141	—	822	390	54	104	164	34	34
1995	401	600	2328	—	796	380	41	93	156	56	34
1997	453	620	2835	548	832	446	44	128	133	111	30
1998	521	660	2940	645	833	437	37	134	141	125	—
1999	651	1247	3497	670	827	441	47	136	106	126	26
2000	670	1548	4366	540	859	458	45	138	113	108	54
2001	536	1671	5493	729	906	477	47	117	122	138	53
2002	701	1597	6385	829	1284	817	101	261	258	109	88
2004	1356	1390	6495	1532	1345	928	145	354	192	156	81
2005	1485	1399	6221	1471	1110	560	76	131	214	139	—

① 《贵州教育志》编纂办公室. 贵州教育年鉴（1949-1984）[M]. 贵阳：贵州人民出版社，1986：112.

续表

年度末	本专科学生								教职工数	专任教师					
	毕业生		招生数		在校生		预计毕业生			合计	正高	副高	中级	初级	未定
	普通	成人	普通	成人	普通	成人	普通	成人							
2007	1252	576	2456	1172	8331	2780	2329	355	1097	636	81	188	232	135	—
2008	2297	347	2289	1200	8276	3625	2460	504	1082	620	82	207	243	88	—
2009	2433	483	1719	1067	7482	4188	2275	1190	1129	631	87	229	255	53	7
2010	2240	1133	1924	1315	7051	4313	1325	1071	1170	635	95	247	244	46	3
2011	1643	988	1655	1554	7017	4796	1591	1361	1199	664	98	258	255	47	6
2012	1582	1261	2797	1707	8228	5142	1417	1164	1224	715	122	320	186	27	60
2013	1395	1074	4005	1336	10868	5314	1740	1620	1250	773	137	293	229	85	29
2014	1756	1546	3445	1472	12299	5166	1629	1631	1404	928	220	356	241	85	26
2015	1622	1580	3413	1109	14171	4644	2144	1593	1520	1003	222	373	267	39	102
2016	2135	1556	5060	1225	17071	4276	3985	1509	1519	1067	235	417	298	29	88
2017	3972	1449	5406	1466	18430	4255	3992	2670	1594	1200	265	462	322	71	80
2018	3980	2572	5007	4858	19377	8751	3725	1585	1670	1230	255	490	351	79	55

资料来源：历年《贵州年鉴》。

截至 2019 年，贵州医科大学有全日制在校生 22300 多人（其中研究生 2100 多人，留学生 300 多人）。贵州医科大学已为社会累计培养全日制毕业生 58500 多名（其中研究生 7300 多人）。贵州医科大学及其附属医院在职在岗职工 4894 人，具有博士学位 390 人，具有高级专业技术职务教师 1603 人；有教育部长江学者讲座教授 1 人，国家杰出专业技术人才 2 人，国家卫计委有突出贡献中青年专家 6 人，教育部新世纪优秀人才支持计划入选者 4 人，教育部专业教学指导委员会委员 3 人，全国优秀科技工作者 4 人，中国青年科技奖获得者 1 人，全国五一劳动奖章获得者 3 人，全国模范教师 2 人，全国优秀教师 3 人，贵州省百人领军人才 10 人，贵州省核心专家 7 人；有国家级教学团队 1 个，教育部长江学者和创新团队发展计划 1 个。

五、学校历任负责人

1983 年前学校历任负责人：

院长：李宗恩（首任）、王季午（代）、朱懋根、高尚义、张美祥、张维元。

党委书记（1956 年后）：解彭年、王振江、张植范、陈远吉、张玉璞、葛正达、方士新、高尚义、李吉杰。

1983 年后：

党委书记：李吉杰、万方亮、洪宗良、孔令中、姚小泉、赵明仁、林昌彪。

党委副书记：傅万鎔、庄宗杰、孔令中、董穗生、李近华、金安江。

校（院）长：张美祥、张维元、任锡麟、包怀恩、宋宇峰、何志旭、梁贵友。

副校（院）长：吴静波、贺志光、张维元、庄宗杰、何垟、刘迪成、陈汉彬、张铭庆、任锡麟、李嘉琥、包怀恩、赵明祥、王小林、宋宇峰、何志旭、刘兴德、罗俊、官志忠、李建华、孙诚谊、刘健、罗鹏、黄亚励、冉江舟、田晓滨。

第六节　贵州中医药大学（贵阳中医学院）

一、院系与专业设置

贵阳中医学院始建于1965年；1966年后停止招生；1972年恢复招收工农兵学员，学制三年。

1977年，恢复招生考试制度后，中医系医疗（中医）专业恢复招生，共招收学生166人①；同时增设中药系中药专业，次年招生。

1978年6月18日，贵州省革委批准贵阳中医学院于秋季学期兴办中医研究生班。同年，贵阳中医学院招生指标为230名。②

1979年，中医系开始招收研究生。③

1981年，伤害学、金匮要略、温病学成为全国首批硕士学位授予学科。④

1984年，始建基础医学部；中医函授进修部成立。同年，贵阳中医学院被卫生部确定为全国骨伤科重点培训基地。

1985年，增设针灸专科、骨伤专科和炮制专业。

1986年，设有中医系（中医学专业，学制五年）、中药系（中药学专业，学制四年）；骨伤科（学制三年）、中药炮制科（学制两年）两个专修科和中医函授部。⑤

1987年，伤寒论、金匮要略、温病学、骨伤科、针灸、各家学说六个专业招收研究生；⑥ 马列主义教研室更名为马列主义教研部。同年，普定县政府委托培养的函授大学预科班16名学员考入贵阳中医学院函授大学学习。他们通过两年学习，基本掌握中医基础理论和现代医学的一般知识和技能，于1989年11月4日结业。⑦

---

① 贵州省一九七七年高等学校招生工作录取统计表［A］. 铜仁：铜仁市档案馆（75-1-92）.

② 中央下达贵州省高等学校招生指标分配方案［A］. 铜仁：铜仁市档案馆（75-1-91）.

③ 贵州省地方志编纂委员会. 贵州省志·教育［M］. 贵阳：贵州人民出版社，1990：329.

④ 贵州省地方志编纂委员会. 贵州省志（1978-2010）·教育［M］. 贵阳：贵州人民出版社，2017：299.

⑤ 《贵州年鉴》编辑部. 贵州年鉴（1987）［M］. 贵阳：贵州年鉴社，1987：604.

⑥ 贵州省地方志编纂委员会. 贵州省志·教育志［M］. 贵阳：贵州人民出版社，1990：383.

⑦ 《贵州年鉴》编辑部. 贵州年鉴（1988）［M］. 贵阳：贵州年鉴社，1988：789.

1990 年，中医函授进修部更名为成人教育部。

1992 年，中药学被确定为省级首批重点学科。

1994 年，中药系更名为药学系。

1999 年，中医骨伤科学获批为第二批省级重点学科。[①] 同年，成立护理系。贵阳中医学院成为全国首批招收护理本科生的中医药高等院校之一，也是贵州省首家开设护理本科专业的高校。

2000 年 8 月，贵阳中医学院成立职业技术学院，与成人教育部“一套人马，两块牌子”，开展成人教育、高职高专的教学和人才培养工作。

2001 年，创建医学人文系。同年，贵州省中医研究院、贵州省中药研究所合并组成贵州省中医研究院。不久，贵州省中医研究院整体并入贵阳中医学院。

2002 年，滇黔桂石油技工学校整体划属贵阳中医学院。同年，撤销成人教育部，改建为贵阳中医学院职业技术学院。

2003 年，经国务院学位委员会授权中医学院开展向具有研究生毕业同等学力人员授予硕士学位工作；批准临床医学为硕士专业学位试点单位，并可招收在职人员攻读硕士学位。同年，基础医学部外语教研室独立组建外语教学部。

2006 年，贵阳中医学院成为省级重点支持建设高校。同年，针灸推拿学科被评为省级重点学科；针灸综合实验室通过贵州省专业实验室评估。

2007 年，以体育教研室为基础成立大学体育部。同年，针灸推拿专业获批为省级高校示范性本科专业。

2008 年，护理学专业成为省级高校示范性本科专业。同年，贵阳中医学院职业技术学院更名为职业教育与成人教育学院。

2011 年，基础医学部更名为基础医学院；护理系更名为护理学院；医学人文系更名为医学人文学院。

2012 年，药学系更名为药学院；获批招收中西医结合护理硕士研究生；中药学（民族药学）新增为国家级重点培育学科（贵州省高校此前仅有 1 个国家级重点学科）；[②] 护理学专业成为省高校特色专业建设点；中医护理学获批为国家中医药管理局“十二五”中医药重点学科建设项目，护理学成为中医药管理局“十二五”重点专科培育项目。

2013 年，增设继续教育学院，与职业教育与成人教育学院实行“两块牌子、一套人马”的管理模式，负责贵阳中医学院的成人学历教育、非学历继续教育培训、职业技能资格鉴定（贵州省第 71 国家职业技能鉴定所）等相关工作。

2014 年，新增护理学、公共管理硕士专业学位授权点。[③]

2015 年，以大学体育部组建体育健康学院；《中医药茶与养生》课程获批为国家级精品公开课程。[④] 同年，护理学始招硕士研究生。

---

① 《贵州年鉴》编辑部. 贵州年鉴（2000）[M]. 贵阳：贵州年鉴社，2000：349.

② 《贵州年鉴》编辑部. 贵州年鉴（2013）[M]. 贵阳：贵州年鉴社，2013：368.

③ 《贵州年鉴》编辑部. 贵州年鉴（2015）[M]. 贵阳：贵州年鉴社，2015：429.

④ 《贵州年鉴》编辑部. 贵州年鉴（2016）[M]. 贵阳：贵州年鉴社，2016：489.

2016 年，社会科学部（原马列主义教研部）更名为马克思主义学院。同年，以 1998 年建立的数学计算机教研室为基础，组建信息工程学院，开始招收四年制医学信息工程专业本科生。

2017 年，针灸推拿学院和骨伤学院合并组建针灸骨伤学院；医学人文学院更名为人文与管理学院。同年，护理学专业获批为省级一流专业建设项目。

2018 年，贵阳中医学院更名为贵州中医药大学；招收新生后，基础医学院只承担新生中预科生管理工作，所有专业学生管理工作划属一、二附院开展教学与管理。同年，通过国家护理专业学位授权点专项评估。

2019 年，中医学、中西医结合、中医内科学、中医外科学、中医妇科学、中医五官科学、民族医学、中医儿科学、中西医结合临床、中医骨伤科学、针灸推拿学、中西医结合心理学、中药学 13 个专业招收学术学位硕士生；中医内科学、中医外科学、中医妇科学、中医五官科学、民族医学、中医儿科学、中西医结合临床、中医全科医学、中医骨伤科学、针灸推拿学、护理、公共管理、中药学 13 个专业招收专业学位硕士生。

截至 2019 年，贵州中医药大学设有院系与专业：

基础医学院：预科和 2016、2017 级的中医、中西医临床、医学检验技术 3 个专业；中医学、中西医结合 2 个硕士点；药学院：中药学、中草药栽培与鉴定、中药资源与开发、中药制药、药学、制药工程、药物制剂、生物制药 8 个专业；中药学 1 个硕士点；针灸骨伤学院：针灸推拿学、康复治疗学、中医养生 3 个专业，以及针灸推拿学、中医骨伤科学 2 个硕士学位授权点；护理学院：护理学 1 个专业，以及中西医结合护理硕士点，护理硕士专业学位授权点；人文与管理学院：法学、劳动与社会保障、应用心理学、公共事业管理、健康服务与管理、六年制的应用心理学 6 个专业，中西医结合临床心理学和公共管理硕士 2 个硕士点；研究生院：中医学、中西医结合、中药学 3 个一级学科硕士学位授权点；体育健康学院：运动康复 1 个专业，以及承担全校公共体育课程教学工作；信息工程学院（现代信息技术教育中心）：医学信息工程 1 个专业；第一临床医学院：中医内科学、中医外科学、中医妇科学、中医五官科学、民族医学（含藏医学和蒙医学）、全科医学 6 个硕士点；第二临床医学院：中医儿科学、中西医结合临床 2 个硕士点；外语教学部：中医学英语（涉外方向）、护理学英语（涉外方向）2 个英语方向专业，以及承担全校本专科、研究生公共英语、日语教学任务；继续教育学院；马克思主义学院；苗医药学院；中医养生学院等 15 个直属院（部）。所开设的 23 个本科专业覆盖了医学、理学、工学、管理学、法学、教育学 6 个学科门类。

开设有 3 门国家级精品视频公开课、4 个国家级特色专业、3 个省级特色专业、7 个省级示范性本科专业、13 门省级精品课程。省部级以上重点学科 32 个，其中国家重点（培育）学科 1 个，国家中医药管理局重点学科 18 个，省级特色重点学科 4 个，省级重点学科 7 个，贵州省国内一流建设学科 1 个，区域一流建设学科 1 个。

二、学校环境与办学成果

1984 年，成立骨伤科研究生所、中药微量元素研究所。

1985 年，贵阳中医学院占地面积 81 亩，校舍建筑面积 5 万余平方米。图书馆藏书 15 万册（包括英语、日语、法语、德语、俄语等外文书籍，部分古籍文献的善本线装书籍）。有如示波器、幻灯机、投影仪、电视机、录像机、继电复印机、电子自动编辑机、摄像机、电子计算机等教学仪器设备，价值 170 万元。陈列室标本 2000 余种。设有附属医院 2 所，即第一附属医院，前身为贵阳市中医医院，有病床 300 张，日门诊量 1200 人左右；第二附属医院，前身为贵州省商业职工医院，1981 年并入第二附属医院，有病床 250 张，日门诊量约 800 人。①

1987 年 6 月，贵阳中医学院举办贵州首届民族医药提高班。在学习期间，来自全省 12 个民族 80 多名学员，整理出医药资料 87 篇，发掘整理单方、验方和祖传秘方 1481 条，写出有一定学术价值的论文 17 篇，采集加工中草药 20 多种，考察少数民族医生常有的 52 种药材。②

1987 年 9 月 26 日，由贵阳中医学院主持、贵州农学院协作开展的全国首例贵州小型香猪作实验动物研究成果通过省级鉴定③。

同年，贵阳中医学院学生食堂被中央卫生部等十个部门联合评为全国高等学校先进食堂和全国执行卫生法先进单位④。

1988 年，贵阳中医学院在暑期全国大、中专学生社会实践活动中被中央宣传部、国家教委、共青团中央授予先进单位称号⑤。

1990 年 6 月 16 日，贵阳中医学院在国家教委召开的全国高校后勤先进表彰大会上获得全国高校先进集体称号⑥。

1991 年 6 月 29 日，中医学院膳食科党支部被中共贵州省委授予先进基层党组织称号。⑦

1992 年，获批建立贵州省民族医药人员培训中心。

1993 年，骨伤科研究所被卫生部定为全国骨伤科医师教学进修基地。

2001 年，贵阳中医学院毕业生就业工作在省级评估中被评为优良等级单位⑧。同年，建贵州省中药产业现代化人员培训指导中心。

2003 年，获建贵州省第 71 国家职业技能鉴定所。

2004 年，生物技术成果获得贵州茅台酒厂 3700 万元资金，用于支持成果应用转化。⑨同年，贵阳中医学院教务处在全国高等教育学历证书电子注册管理工作中成绩突出被授予省级先进集体。⑩

---

① 贵州省地方志编纂委员会. 贵州省志 · 教育［M］. 贵阳：贵州人民出版社，1990：329-330；《贵州教育志》编纂办公室. 贵州教育年鉴（1949-1984）［M］. 贵阳：贵州人民出版社，1986：121-122.

② 《贵州年鉴》编辑部. 贵州年鉴（1988）［M］. 贵阳：贵州年鉴社，1988：789.

③ 贵州省地方志编纂委员会. 贵州省志（1978-2010）· 教育［M］. 贵阳：贵州人民出版社，2017：24.

④ 《贵州年鉴》编辑部. 贵州年鉴（1988）［M］. 贵阳：贵州年鉴社，1988：629-630.

⑤ 贵州省地方志编纂委员会. 贵州省志（1978-2010）· 教育［M］. 贵阳：贵州人民出版社，2017：26.

⑥ 贵州省地方志编纂委员会. 贵州省志（1978-2010）· 教育［M］. 贵阳：贵州人民出版社，2017：29.

⑦ 《贵州年鉴》编辑部. 贵州年鉴（1991）［M］. 贵阳：贵州人民出版社，1991：92.

⑧ 贵州省地方志编纂委员会. 贵州省志（1978-2010）· 教育［M］. 贵阳：贵州人民出版社，2017：48.

⑨ 《贵州年鉴》编辑部. 贵州年鉴（2005）［M］. 贵阳：贵州年鉴社，2005：280.

⑩ 《贵州年鉴》编辑部. 贵州年鉴（2005）［M］. 贵阳：贵州年鉴社，2005：284.

2007 年，贵阳中医学院在教育部本科教学工作水平评估中被评为优秀等次。[①] 同年，林雅教授被评为贵州省高校省级优秀教师。

2008 年，林雅教授被评为贵州省高校省级教学名师。

2009 年，贵阳中医学院被科技部评为国家中药现代化科技产业基地建设优秀单位。同年，林雅教授被教育部评为全国高校优秀教师；崔瑾荣获贵州省五一劳动奖章。[②]

2010 年，贵阳中医学院获香港省善真堂捐资 60 万元人民币，以资助学校 100 名品学兼优的经济困难本科学生，每生受助 1500 元。[③] 同年，崔瑾荣获全国五一劳动奖章；[④] 贾桃荣获第二届贵州省高校“感动校园十大人物”称号[⑤]。

2011 年，贵阳中医学院被教育部评为“十一五”高校科技管理优秀团队。同年，贵阳中医学院大学生青年志愿者协会被评为全国第二届大学生参与新农村建设十大杰出团体；防艾志愿者协会被国务院防艾办、卫生部、团中央等单位评为“红丝带健康包‘百校进千企’活动先进集体”。

2012 年，林雅教授被列为省管专家。同年，马武开获贵州省五一劳动奖章；[⑥] 崔瑾荣获第五届省优秀科技工作者称号。[⑦]

2013 年 7 月，贵阳中医学院外语教学部承办的贵州省中医药翻译学会正式成立。

2014 年，杜江被评为贵州省先进工作者；[⑧] 潘炉台被评为第六届省优秀科技工作者。[⑨]

2015 年，建立贵州中医药健康养生产业省级人才培训基地。同年，杨孝芳荣获贵州省五一巾帼标兵称号，并获授贵州省五一劳动奖章。[⑩]

从是年起，药学院学生在全国“中医药社杯”中药学学生专业知识技能大赛中屡获佳绩。

2016 年，贵阳中医学院成为国家中医药管理局和贵州省人民政府共建高校。同年，顺利通过教育部本科教学审核评估和中医学、中药学专业认证；被评为省级文明校园。

2018 年 11 月，贵阳中医学院更名为贵州中医药大学。

2019 年，贵州中医药大学在“慧医谷杯”第二届全国中医大学生临床能力大赛中获团体一等奖。

截至 2019 年，贵州中医药大学有南校区、北校区和花溪校区，共占地 1785 亩。其中花溪校区占地面积 1501.5 亩，贵州省发改委批复建设面积 59.08 万平方米，规划容纳学生 1.7 万人，工程总投资 17.171 亿元。

---

① 《贵州年鉴》编辑部. 贵州年鉴（2008）[M]. 贵阳：贵州年鉴社，2008：337.
② 《贵州年鉴》编辑部. 贵州年鉴（2010）[M]. 贵阳：贵州年鉴社，2010：645.
③ 《贵州年鉴》编辑部. 贵州年鉴（2011）[M]. 贵阳：贵州年鉴社，2011：386.
④ 《贵州年鉴》编辑部. 贵州年鉴（2011）[M]. 贵阳：贵州年鉴社，2011：673.
⑤ 贵州省地方志编纂委员会. 贵州省志（1978-2010）·教育 [M]. 贵阳：贵州人民出版社，2017：60.
⑥ 《贵州年鉴》编辑部. 贵州年鉴（2013）[M]. 贵阳：贵州年鉴社，2013：597.
⑦ 《贵州年鉴》编辑部. 贵州年鉴（2013）[M]. 贵阳：贵州年鉴社，2013：598.
⑧ 《贵州年鉴》编辑部. 贵州年鉴（2015）[M]. 贵阳：贵州年鉴社，2015：678.
⑨ 《贵州年鉴》编辑部. 贵州年鉴（2015）[M]. 贵阳：贵州年鉴社，2015：680.
⑩ 《贵州年鉴》编辑部. 贵州年鉴（2016）[M]. 贵阳：贵州年鉴社，2016：758.

图书馆总面积 2.9 万平方米。馆藏图书总量 222 万余册，其中纸质图书 112 万余册，电子图书 110 万余册，期刊及数据库等数字资源达 5000CB。图书馆设有生物医药图文社科图书、精品书、古籍特藏、报刊、外文书等阅览室，并建有数字资源体验区、导师研讨室、学术报告厅、校史陈列馆及学习室等多个特色服务窗口。

贵州中医药大学建有中医、中药、民族医药等 10 个研究所；2 所直属三级甲等附属中医院：第一附属医院（贵州省中医院）和第二附属医院（贵州省中西医结合医院）；5 个国医大师工作室（站），3 个全国名中医工作室，20 个全国名老中医药专家传承工作室，1 个贵州省民族民间医（药）师传承工作室，15 个省级人才培养基地和人才团队。

贵州中医药大学还建有 1 个国家级实验教学示范中心，1 个国家级大学生校外实践教育基地，4 个省级实验教学示范中心，2 个省级大学生创新创业训练中心；承担有 1 个国家级卓越中医人才改革试点项目，1 个国家级专业综合改革试点项目，4 个省级专业综合改革项目，3 个省级卓越人才教育培养计划建设项目。

三、科研成果

1977~1984 年，全院有 21 项分别获得全国、贵州省或贵州省卫生厅科技成果奖。其中，《中草药“接骨 2 号”内服治疗骨折的研究》《局部外固定和超关节石膏固定对实验骨折愈合的影响》《骨皮质在骨折愈合中的作用》《“消痔 1 号”内服治疗Ⅰ、Ⅱ期内痔及Ⅲ期血管型内痔》《中医脾本质及胃肠病的研究》《应用自体肾脏移植治疗广泛输尿管狭窄》《十三种病脉波图谱》《应用脉冲磁场治疗骨折不连接》《电子计算机治疗肺系四病》等项目，均在省内外具有一定影响。① 学校出版有《贵阳中医学院学报》和学生自办会刊《青年中医》。学校还设有两个临床医院，以作为教学和学生实习基地。

1987 年 7 月，西南地区高等医科院校电教工作会议在贵阳中医学院召开，贵州中医学院的《阴阳》《中药鉴定的常用方法》获贵州省科技进步一等奖；黄自元等的《电视教学片〈阴阳〉》、陈汉彬等的《贵州蚊类志》获得贵州省科技进步奖三等奖。②

1988 年 3 月，在全国高等医药院校第四届视听教育工作会上，贵阳中医学院摄制的《阴阳》《中药鉴定的常用方法》获卫生部二等奖；6 月，贵阳中医学院摄制的《常用腧穴的定位方法》参加 1988 年全国职业技术教育录像片观摩研讨会，获荣誉奖。③

1992 年，副教授曹素元享受贵州省政府特殊津贴。④ 同年，获得贵州省科学技术进步奖的有：邱德文等的《米槁本草学研究》（三等奖）；梁光义的《兰花油化学成分的研究》（三等奖）。⑤

① 贵州省地方志编纂委员会. 贵州省志·教育［M］. 贵阳：贵州人民出版社，1990：330.
② 《贵州年鉴》编辑部. 贵州年鉴（1988）［M］. 贵阳：贵州人民出版社，1988：658.
③ 《贵州年鉴》编辑部. 贵州年鉴（1989）［M］. 贵阳：贵州人民出版社，1989：518.
④ 《贵州年鉴》编辑部. 贵州年鉴（1992）［M］. 贵阳：贵州人民出版社，1992：96-97.
⑤ 《贵州年鉴》编辑部. 贵州年鉴（1993）［M］. 贵阳：贵州人民出版社，1993：514.

1993 年，曹素元等的《数论网格的应用研究》获贵州省科技进步三等奖；[①] 陈永祥等的《一贯煎的药理及化学成分分析》获贵州省科技进步三等奖[②]。

1994 年，甘世祥等的《贵州小型香猪的实验动物化研究》获贵州省科技进步二等奖；[③] 许红、刘启浩的《"发现式教学法"在生理学教学中的应用研究》获贵州省高校优秀教学成果一等奖[④]。

2002 年，何顺志等的《贵州淫羊藿属等专科专属药用植物资源及补遗研究》、张国忠等的《慢性肾衰发生发展的相关因素和药物防治的实验研究》获贵州省科技进步二等奖。[⑤]

2004 年，贵阳中医学院、贵州省科学院天然产物化学重点实验室共同承担的《清风藤等 24 种中药、民族药有效成分的化学研究及应用》获贵州省科技进步二等奖。[⑥] 该项目是 1985 年国家中医药管理局下达的科研计划，于 2003 年完成。[⑦]

2008 年，贵阳中医学院完成的《苗医药理论的系统研究》《脑卒中的基础研究与微创治疗探讨》获贵州省科技进步二等奖。[⑧]

2010 年，贵阳中医学院和贵州民族药业股份有限公司完成的《贵州特色药材大果木姜子系统研究及产业化》获贵州省科技进步二等奖。[⑨]

2014~2018 年，五年内获贵州省部级以上科研成果奖 30 项，承担科研项目 1668 项，其中国家级项目 131 项，2017 年、2018 年、2019 年连续三年国家自然科学基金立项数进入全国中医药高校和科研机构前十强；获得专利授权 135 项；出版专著 218 部；发表论文 4178 篇，其中核心期刊 932 篇，SCI 收录 164 篇。

四、学生与教职工数

1965~1984 年，共培养本专科毕业生 2149 人，硕士研究生 22 人；举办五期学制一年至一年半的西医离职学习中医班，培养学员 487 人；两期中医研究班，培养学员 96 人；10 期各种中医进修班、提高班，培养学员 546 人。

1984 年，招收骨伤进修学员 30 人。[⑩] 同年，有在校学生 1064 人（少数民族学生 142 人，占学生总数的 13%）；有教师 350 余人，其中教授、副教授 15 人，副主任医师 20 人，讲师 92 人，主治医师 54 人，教员、助教 170 余人（见表 6-6）。

---

① 《贵州年鉴》编辑部. 贵州年鉴（1994）[M]. 贵阳：贵州年鉴社，1994：521.

② 《贵州年鉴》编辑部. 贵州年鉴（1994）[M]. 贵阳：贵州年鉴社，1994：522.

③ 《贵州年鉴》编辑部. 贵州年鉴（1995）[M]. 贵阳：贵州年鉴社，1995：532.

④ 关于奖励第三届全省普通高等学校优秀教学成果的决定 [A]. 铜仁：铜仁学院档案馆（75-1-264）.

⑤ 《贵州年鉴》编辑部. 贵州年鉴（2003）[M]. 贵阳：贵州年鉴社，2003：401.

⑥⑦ 《贵州年鉴》编辑部. 贵州年鉴（2005）[M]. 贵阳：贵州年鉴社，2005：305.

⑧ 《贵州年鉴》编辑部. 贵州年鉴（2009）[M]. 贵阳：贵州年鉴社，2009：376.

⑨ 《贵州年鉴》编辑部. 贵州年鉴（2011）[M]. 贵阳：贵州年鉴社，2011：406.

⑩ 贵州省地方志编纂委员会. 贵州省志·教育 [M]. 贵阳：贵州人民出版社，1990：329-330；《贵州教育志》编纂办公室. 贵州教育年鉴（1949-1984）[M]. 贵阳：贵州人民出版社，1986：121-122.

表 6-6 1984~2018 年贵州中医药大学（贵阳中医学院）学生与教职工数 单位：人

年度末	本专科学生				教职工数	专任教师					
	毕业生	招生数	在校生	预计毕业生		合计	教授	副教授	讲师	助教	教员
1984	—	—	1064	—	—	350	—	—	—	—	—
1986	200	147	1101	—	763	280	2	25	110	28	115
1987	239	249	1103	—	770	306	24	58	151	73	—
1988	218	210	1092	—	776	318	26	69	160	62	1
1989	274	218	1031	—	736	296	17	58	155	65	1
1990	262	230	996	—	753	270	13	66	137	53	1
1991	315	278	957	—	755	286	9	58	121	65	33
1992	187	276	1043	—	757	292	8	58	122	63	41
1993	216	349	1176	—	744	282	6	57	63	115	41
1994	147	340	1366	—	711	313	18	73	174	39	9
1995	319	393	1440	—	706	307	15	69	171	39	13
1997	357	440	1650	354	645	299	21	96	129	40	13
1998	358	485	1771	445	627	328	30	91	142	50	15
1999	438	1000	2332	360	627	330	29	90	146	60	5
2000	360	1724	3696	468	620	363	31	129	138	68	5
2001	527	1679	4843	444	735	398	36	137	145	75	5
2002	394	1569	5109	657	764	418	46	147	145	75	5
2004	1200	1455	6272	1756	787	530	72	243	124	78	13
2005	1756	1568	6109	1502	780	488	82	191	124	78	13

年度末	普通	成人	普通	成人	普通	成人	普通	成人	教职工数	合计	正高	副高	中级	初级	未定
2007	1072	—	1117	—	5325	308	1276	308	793	434	56	120	134	114	10
2008	1289	308	1329	—	5474	—	1207	—	788	436	53	120	152	94	17
2009	1246	—	1335	47	5813	47	1391	—	755	429	55	123	163	79	9
2010	1323	—	1221	38	5492	85	1269	—	739	426	54	131	155	82	4
2011	1219	—	1155	114	5412	199	1316	47	728	435	60	158	181	36	—
2012	1183	47	1631	100	5826	249	1224	49	738	446	71	171	156	39	9
2013	1217	41	1967	110	6559	318	1352	77	724	441	79	176	137	29	20

续表

<table>
<tr><th rowspan="3">年度末</th><th colspan="8">本专科学生</th><th rowspan="3">教职工数</th><th colspan="6">专任教师</th></tr>
<tr><th colspan="2">毕业生</th><th colspan="2">招生数</th><th colspan="2">在校生</th><th colspan="2">预计毕业生</th><th rowspan="2">合计</th><th rowspan="2">正高</th><th rowspan="2">副高</th><th rowspan="2">中级</th><th rowspan="2">初级</th><th rowspan="2">未定</th></tr>
<tr><th>普通</th><th>成人</th><th>普通</th><th>成人</th><th>普通</th><th>成人</th><th>普通</th><th>成人</th></tr>
<tr><td>2014</td><td>1356</td><td>77</td><td>2196</td><td>133</td><td>7372</td><td>374</td><td>1195</td><td>112</td><td>757</td><td>499</td><td>87</td><td>196</td><td>126</td><td>37</td><td>53</td></tr>
<tr><td>2015</td><td>1231</td><td>112</td><td>2134</td><td>106</td><td>8222</td><td>368</td><td>1336</td><td>70</td><td>1101</td><td>633</td><td>152</td><td>305</td><td>95</td><td>35</td><td>46</td></tr>
<tr><td>2016</td><td>1362</td><td>70</td><td>2733</td><td>197</td><td>9561</td><td>495</td><td>1990</td><td>150</td><td>1110</td><td>711</td><td>135</td><td>315</td><td>205</td><td>20</td><td>36</td></tr>
<tr><td>2017</td><td>2012</td><td>150</td><td>4397</td><td>241</td><td>11915</td><td>586</td><td>2311</td><td>318</td><td>1247</td><td>869</td><td>179</td><td>331</td><td>215</td><td>117</td><td>27</td></tr>
<tr><td>2018</td><td>2339</td><td>314</td><td>4697</td><td>331</td><td>14196</td><td>12609</td><td>2511</td><td>268</td><td>1340</td><td>1010</td><td>164</td><td>354</td><td>351</td><td>112</td><td>29</td></tr>
</table>

资料来源：历年《贵州年鉴》。

2019 年，该校现有专任教师 1010 人，其中具有高级职称者近 600 人，获硕士及以上学位教师占专任教师的比例近 80%，有博士生导师（兼职）36 人。有在校学生 15000 余人，其中硕士研究生 1000 余人。拥有“国医大师”1 人，“全国名中医”4 人；国务院特殊津贴专家、中医药专家学术经验继承工作指导老师等国家级知名专家近 50 人；中医药高等学校教学名师、贵州省省管专家、贵州省名中医、贵州省政府特殊津贴专家等 80 余人。

五、学校历任负责人

1983 年前，历任院长为马正坤、袁家玑、刘尚义、邱德文（副院长主持工作）；历任党委书记为马正坤、岳光（代）、刘尚义、朱凤堂。

1983 年后历任负责人为：

党委书记：岳光、朱凤堂、潘世钧、孙云阶、孔德明、方仕平、杨柱。

院（校）长：袁家玑、刘尚义、朱凤堂、潘世钧、沈冯君、梁光义、杨柱、刘兴德。

党委副书记：刘尚义、尹君尧、潘世钧、陈正兴、李云东。

副院（校）长：廖润泉、王继导、邱德文、刘星晴、沈冯君、孔德明、赵荣华、梁光义、吴晓黎、吴志刚、杨柱、苏玉水、滕红、刘文、崔瑾、周英。

第七节　遵义医科大学（遵义医学院）

一、院系与专业设置

遵义医学院创建于 1947 年，前身为关东医学院。1949 年关东医学院并入大连大学，更名为大连大学医学院。1950 年撤销大连大学建制，大连医学院独立。1969 年为支援"三线建设"，大连医学院南迁遵义，更名为遵义医学院。"文化大革命"期间主要招生工农兵学员，设有三年制医疗专业和两年制制药专业。

1975 年，在印江县和凤冈县设有印江分院（学员 136 人）和凤岗分院（学员 120 人），并在湄潭、凤冈、德江、思南、桐梓、习水、正安、金沙、仁怀等县设置了 9 个办学点。同年，还招收了一届检验专业学生。

1977 年，恢复高考招生后，恢复五年制本科，设医疗系，下设医学专业。同年，9 月增设口腔系口腔医学专业（学制五年）；恢复招收药理、病理解剖、病理生理、生理、生物化学、心血管内科、心血管外科和妇产科研究生。当年，学校招生指标为 350 人（医疗专业），实际录取 364 人。①

1978 年，招生指标为 360 名。增设医科进修班，以招收 68～70 届大学毕业生进修，招生指标 50 名。②

1980 年前后，遵义医学院原南迁人员北调后，许多教研室缺乏学科带头人，附属医院的业务骨干也骤减，在教学、工作上遇到了极大困难。在贵州省委、省政府大力支持下，遵义医学院在"立足自力更生、实事求是地创造条件、争取外援"方针的指导下，新领导做出了"全院所有工作都必须加入到以教学为主的轨道上来"的决定。一方面，继续聘请已北调的老师做好传、帮、带工作；另一方面，调进一批业务骨干，采取派出去、请进来的办法，把重点放在中青年教师的培养和使用上。把优秀的中青年教师推到医疗、教学第一线，既压担子，又以"三基三严"把关，发扬学院一贯治学严谨的优良传统。终于使教学、医疗质量在动荡中基本没有受到影响。1983 届毕业生参加全国统考，以平均总分 83.4 的成绩名列西南区第一名。遵义医学院于 1984 年后为学生增开了语文、科技写作、医学史、计算机语言、细胞生物学、医学遗传学、康复医学、科研方法等选修课，以提高学生的知识水平和应用能力。

1981 年，生理学、生物化学、病理生理学、病理解剖学、药理学、内科学（心血管、呼吸）、外科学（心血管）、妇产科学成为全国首批硕士学位授予单位③。同年招收了一届检验专业学生。

1986 年，设有医疗系（医学专业，学制五年）、口腔系（口腔医学专业，学制五年）。④ 同年，组建卫生事业管理系。

1987 年，卫生事业管理系开始招收攻读大专学历的应届高中毕业。

1988 年，招收医学检验专业大专生。

1991 年，临床教学部成立，隶属附属医院管理。

1992 年，划出 130 名临床医学专科指标，试行面向乡镇招收农业户口的高中毕业生入学。该计划采取指标预分到地区（县），实行单独报名、参加统考、单独出线、择优录取

---

① 贵州省一九七七年高等学校招生工作录取统计表［A］. 铜仁：铜仁市档案馆（75-1-92）.

② 中央下达贵州省高等学校招生指标分配方案［A］. 铜仁：铜仁市档案馆（75-1-91）.

③ 贵州省地方志编纂委员会. 贵州省志（1978-2010）·教育［M］. 贵阳：贵州人民出版社，2017：299.

④《贵州年鉴》编辑部. 贵州年鉴（1987）［M］. 贵阳：贵州人民出版社，1987：604.

的办法录取。[①] 同年，遵义医学院第一附属医院皮肤科成立医学美容中心，开展医学美容的临床应用工作。

1993 年，成立体育工作部。

1994 年，招收临床医学医学美容方向专科学生。

1995 年，试办医学专业五年制专科教育，为人才通向农村、基层打开一条畅通渠道。[②]

1996 年，卫生事业管理专业升格为本科，授予医学学士学位。同年，麻醉学专业始招本科生。

1999 年，内科学·呼吸系统、妇产科学、生理学被评为合格硕士学位授权点；[③] 成立药学系。同年，始招医学检验（五年制）、临床医学（五年制，医学美容方向）、医学影像学、药物制剂四个专业本科生。

2000 年，临床医学、口腔医学两个专业获得学位授予权；[④] 卫生事业管理系更名为公共事业管理系，始招公共事业管理专业（卫生事业管理方向）本科生，授予管理学学士学位。同年，生物化学和分子生物学被列为省级重点学科。[⑤]

2001 年，始招皮肤病与性病学（医学美容方向）硕士研究生。同年，以附属医院卫生学校为基础，建立护理学系。

2002 年，成立美容医学系；外国语言文学系成立，始招英语专业学生。同年，医学影像学获批为影像医学与核医学硕士授予单位。翌年，开始招收医学影像学、介入放射学、超声诊断学、心电图学五个方向的硕士生。

2003 年，公共事业管理系开办本科临床医学专业（心理学方向）。同年，始招法医学专业本科生。

2004 年，体育工作部开始招收社会体育指导与管理专业本科生。

2005 年，设立医学检验系、医学影像学系。

2006 年，思想政治教育专业获得硕士学位授予权。

2007 年，基础医学部更名为基础医学院，临床教学部更名为第一临床学院，口腔系更名为口腔学院，医学影像学系更名为医学影像学院。同年，首次举办医学类少数民族班，招收了 69 名少数民族学生。[⑥]

2008 年，成立法医学系；以基础医学部数学与计算机教研室为基础创建医学信息工程系。

2009 年，护理学系更名为护理学院，药学系更名为药学院。同年，社会体育专业获批为省级特色专业建设点。

---

① 《贵州年鉴》编辑部. 贵州年鉴（1993）［M］. 贵阳：贵州人民出版社，1993：484.
② 《贵州年鉴》编辑部. 贵州年鉴（1995）［M］. 贵阳：贵州年鉴社，1995：483.
③ 《贵州年鉴》编辑部. 贵州年鉴（2000）［M］. 贵阳：贵州年鉴社，2000：350.
④ 《贵州年鉴》编辑部. 贵州年鉴（2001）［M］. 贵阳：贵州年鉴社，2001：329，331.
⑤ 《贵州年鉴》编辑部. 贵州年鉴（2001）［M］. 贵阳：贵州年鉴社，2001：331.
⑥ 《贵州年鉴》编辑部. 贵州年鉴（2008）［M］. 贵阳：贵州年鉴社，2008：342-343.

2010 年 9 月，建立预防医学系；公共事业管理系更名为管理学院。同年，始招全科医学专业本科生。

当年，获得基础医学一级学科硕士授权，下设 12 个二级学科并招收硕士研究生；药学系获批为一级学科硕士授权点，涵盖药物化学、药理学、药物分析、药剂学、制药工程学、生药学、临床药学、微生物与生化药学 8 个二级学科硕士授权点。

2011 年，临床检验诊断学被批准为硕士学位点，护理学获批为一级学科硕士学位授权点。同年 1 月，外国语言文学系更名为外国语学院，预防医学系更名为公共卫生学院，体育工作部改建为体育学院。

2012 年，药理学学科获批为国家重点培育学科；临床检验成为省级高校特色专业建设点。

2013 年，成立全科医学系；医学影像技术专业、医学信息工程专业开始招收本科生。同年，临床护理被列为国家临床重点专科。

2014 年，护理学获批为专业硕士学位授权点；管理学院新增医疗服务管理、健康管理、社区管理 3 个专业方向；体育学院新增运动康复专业。同年，免疫学获贵州省特色重点学科。

2015 年，成立国际教育学院（贵州—东盟医学教育学院）；管理学院新增应用心理学专业。同年，附属医院将研究生教育、住院医师规范化培训及继续医学教育划属第一临床学院管理。

2016 年，助产学专业成为全国首批助产学本科招生专业。

2017 年，检验医学系更名为检验医学院，口腔学院更名为口腔医学院，医学信息工程系更名为医学信息工程院，法医学系更名为法医学院。同年，药学、麻醉学入选省级国内一流建设学科。

2018 年 11 月，遵义医学院学校更名为遵义医科大学。同年，药学专业获批成为专业学位硕士授权点。

截至 2019 年，遵义医科大学本科教育涵盖医学、理学、工学、教育学、管理学、文学 6 个学科门类，包含 30 个本科专业。有国家级特色专业 4 个，国家级精品课程、国家精品资源共享课、国家精品视频公开课各 1 门，国家虚拟仿真实验项目 3 项，国家级实验教学示范中心 2 个，国家级虚拟仿真实验教学中心 1 个，国家级大学生校外实践教育基地 1 个。研究生教育涵盖医学、理学、工学、法学、管理学 5 个学科门类，有一级学科硕士学位授权点 8 个，二级学科硕士学位授权点 59 个，专业硕士学位授权点 4 个。

遵义医科大学本部设有 19 个院系 28 个专业，一级学科硕士学位授权点 8 个，二级学科硕士学位授权点 59 个，专业硕士学位授权点 4 个。分别是：

基础医学院：设有基础医学一级学科硕士点，涵盖 12 个二级学科点；承担全校各层次本科专业约 40 多门基础医学课程教学任务。

第一临床学院：开设有临床医学专业；临床医学一级学科硕士点，涵盖 20 个二级学科点。

口腔医学院：开设有口腔医学专业；口腔医学硕士点。

护理学院：开设有护理学、助产学2个专业；护理学一级学科硕士点和专业硕士点。

药学院：开设有药物制剂、制药工程、药学、临床药学4个专业；药学一级学科硕士点，涵盖药物化学、药理学、药物分析、药剂学、制药工程学、生药学、临床药学和微生物与生化药学8个二级学科点；药学专业学位硕士点。

马克思主义学院（人文社科学院）：开设有思想政治教育硕士学位点；主要承担全校大学生和研究生的思想政治理论课教学。

外国语学院：开设有英语、英语教育、商务英语、翻译4个专业。

管理学院：开设有公共事业管理、医疗服务管理、健康管理、社区管理、应用心理学5个专业；医疗服务管理二级学科硕士点；公共管理专业硕士点。

公共卫生学院：开设有预防医学、食品质量与安全2个专业；公共卫生与预防医学一级学科硕士点。

麻醉医学院：开设有麻醉学专业。

检验医学院：开设有医学检验专业；临床检验诊断学硕士点。

医学影像学院：开设有医学影像学、医学影像技术2个专业；影像医学与核医学硕士点，涵盖医学影像学、介入放射学、超声诊断学、心电图学4个学科点。

美容医学系：开设有临床医学（医学美容）专业；皮肤病与性病学（医学美容方向）硕士点。

医学信息工程学院：开设有信息与计算科学（医学信息学）、医学信息工程、物联网工程3个专业。

法医学院：开设有法医学专业；法医学硕士点。

全科医学系：开设有全科医学专业。

体育学院：开设有社会体育指导与管理、运动康复2个专业。

成人继续教育学院：负责医学学历教育为主的成人继续教育。

国际教育学院（贵州—东盟医学教育学院）：负责医学院的国际、港澳台交流与合作及国际教育等事务，负责对外汉语教学、实用医学汉语教学等工作。

珠海校区：设置有基础教学部、第二临床学院、护理学系、生物工程系、口腔医学系、医学影像学系、外语系、人文社会科学公共教学部。

遵义医学院院系专业中有国家级特色专业4个；教学课程中有国家级精品课程、国家精品资源共享课、国家精品视频公开课各1门。

二、学校环境与办学成果

1977年，恢复遵义医学院科学研究所，张毅教授兼任所长，其中微生物研究室当年便开展了葡萄球菌蛋白的研究。

1978年，《遵义医学院学报》复刊。

截至1984年，遵义医学院占地面积242亩，校舍面积13.7万平方米。全院设有33个教研室、45个实验室。教学仪器设备价值达805万元。馆藏图书30万册及各类原版外文期刊。附属医院病床600张，日门诊量1200人；教学实习医院2所，床位800张。建有卫校、子弟学校（从小学到高中）、托儿所（收托哺乳婴至学龄前儿童）各1所。①

1992年，在贵州省教委对高校课程基础建设水平、课程建设工作、课堂教学质量的检查评估中被评为优秀学校。②

1999年8月，分子生物学被批准为第二批省级重点学科。③

同年，中美友好志愿者项目扩大至贵州，遵义医学院成为贵州首批进入该项目的院校。两名美国志愿者分配到学校，义务承担英语教学。根据项目协议，志愿者来回旅费及工资由美方支付，学校只提供免费住宿，为期两年。④

2000年，生物化学和分子生物学获批为省级重点学科。同年9月，在第六届全国大学生运动会上，遵义医学院体育工作部被贵州省教委授予学校体育卫生工作先进单位称号。

2001年，在贵州省教育厅等有关部门组织的毕业生就业工作省级评估中被评为优良等级单位⑤。

2002年，建立医疗美容专业省级培训基地。

2004年，刘生强被评为贵州省勤政廉政年度先进工作者；⑥ 邓飞荣获贵州省五一劳动奖章。⑦ 同年，成立美容医院。

2007年，在教育部本科教学工作水平评估中被评为优秀等次。⑧ 同年，医学影像学专业被评为省级本科示范性专业。

2008年，被授予贵州省少数民族体育基地。

2009年，杨德琴荣获贵州省三八红旗手称号；⑨ 附属医院科研处副处长王达利、附属医院副教授肖建辉，免疫学教研室姚新生荣获2009年贵州省首届青年创新人才奖；⑩ 伍远辉荣获贵州省五一劳动奖章。⑪ 同年，获国家体育总局授予的2005~2008年全国群众体育先进单位称号。

2010年，陈玲荣获第二届贵州省高校“感动校园十大人物”称号。⑫

2011年，公共事业管理专业获批省级特色专业建设点；体育学院被授予贵州省社会体育指导员一级培训基地。

---

① 贵州省地方志编纂委员会. 贵州省志·教育志［M］. 贵阳：贵州人民出版社，1990：330-332；《贵州教育志》编纂办公室. 贵州教育年鉴（1949-1984）［M］. 贵阳：贵州人民出版社，1986：115-116.

② 《贵州年鉴》编辑部. 贵州年鉴（1993）［M］. 贵阳：贵州人民出版社，1993：486.

③ 《贵州年鉴》编辑部. 贵州年鉴（2000）［M］. 贵阳：贵州年鉴社，2000：349.

④ 《贵州年鉴》编辑部. 贵州年鉴（2000）［M］. 贵阳：贵州年鉴社，2000：347.

⑤ 贵州省地方志编纂委员会. 贵州省志（1978-2010）·教育［M］. 贵阳：贵州人民出版社，2017：48.

⑥ 《贵州年鉴》编辑部. 贵州年鉴（2005）［M］. 贵阳：贵州年鉴社，2005：504.

⑦ 《贵州年鉴》编辑部. 贵州年鉴（2005）［M］. 贵阳：贵州年鉴社，2005：500.

⑧ 《贵州年鉴》编辑部. 贵州年鉴（2008）［M］. 贵阳：贵州年鉴社，2008：337.

⑨ 《贵州年鉴》编辑部. 贵州年鉴（2010）［M］. 贵阳：贵州年鉴社，2010：646.

⑩ 《贵州年鉴》编辑部. 贵州年鉴（2010）［M］. 贵阳：贵州年鉴社，2010：648.

⑪ 《贵州年鉴》编辑部. 贵州年鉴（2010）［M］. 贵阳：贵州年鉴社，2010：643.

⑫ 贵州省地方志编纂委员会. 贵州省志（1978-2010）·教育［M］. 贵阳：贵州人民出版社，2017：60.

2012年，医学院药理学学科获批国家级重点培育学科；临床医学专业获国家级第一批专业综合改革试点项目和第一批卓越医生教育培养计划试点项目。同年，在第三届全国高等医学院校大学生临床技能竞赛中，获西南西北分赛区一等奖、总决赛三等奖。

2013年，公共事业管理专业获批省级专业综合改革试点项目。

2014年，免疫学获批省级特色重点学科。

2015年，基础医学一级学科、药学学科获批省级特色重点学科。

2016年，药学实验教学示范中心获批国家级实验教学示范中心。

2017年，获批国家卫计委首批临床检验医师规范化培训基地。同年，药学院工会被贵州省总工会授予贵州省工人先锋号称号。

2018年5月，临床检验获批省级重点专科培育项目。

截至2019年，遵义医科大学拥有遵义新蒲校区、遵义大连路校区及广东省珠海校区3个校区，总占地面积约2515亩，下设28个教学院系、5所直属附属医院、8所非直属附属医院。

图书馆建筑面积4万余平方米。馆藏图书272万余册。其中纸质图书161万余册，电子图书111万余种；中外文期刊1300余种；中外文数据库73个；自建特色数据库8个。下设办公室、采编部、流通部、期刊部、信息部、技术部和医学文献检索教研室共7个二级部门。

学校建有贵州省院士工作站；贵州省2011协同中心、教育部虚拟医学仿真实验教学中心、贵州省基础医学实验教学示范中心（涵盖3个独立实验室：形态学、机能学、微生物学和免疫学实验室）、电子显微镜中心、贵州省免疫分子工程中心、贵州省仿制药物工程研究中心、贵州省高等学校绿色制药工程研究中心、贵州省中药民族药2011协同创新中心；中央财政支持地方高校重点实验室、贵州省生物催化与特色民族药合成国际合作联合实验室、研究生公共实验室、大学生创新实验室、遵义市重点实验室；贵州省生物治疗人才基地、贵州省卓越药学人才培养基地、贵州省卓越药学研究生人才培养基地等。

珠海校区设有图书与网络管理中心、生物医学（药）研发中心、珠海人文医学研究基地。

三、科研成果

1977~1987年，医学院共获得科技成果奖129项。其中国家级11项，省级118项。研究成果《中西医结合治疗急腹症》《中西医结合治疗胆管结石》《动物实验用多种生物传染的设计与制作》《615小鼠新瘤株的建立和实验研究》《葡萄球菌A蛋白研究》《贵州动物志》等，在国内产生了较大的影响。

其中，关于葡萄球菌A蛋白的研究，发表论文24篇，出版专著3部，获贵州省级成果奖5项；在研究中自选出的国内标准菌株的研究与运用，填补了国内空白，被选入中国菌种目录，并通过举办全国性进修班和接受进修生等方式在全国推广，也收到了较好的经济效益和社会效益。

生物教研室伍律教授主编的《贵州动物志》，在对贵州40余县的野外考察时，发现2个新种爬行类动物、1个新种两栖类、11个新种鱼类，并建起贵州最大的鱼类研究室。伍律同时还出版了《贵州爬行类志》《贵州两栖类志》《贵州脊椎动物分布名录》三部专著，参与了《贵州鸟灰志》的编写。仅生物教研室主持或参与的科研项目有16项获奖，其中省部级科技进步二等奖6项，三、四等及科学大会奖10项。张毅教授所主审的《基础药理学》荣获1982年全国优秀科技图书一等奖。

1986年2月27日，遵义医学院附属医院采用颅中凹颌面联合根治术，通过颅内外结合，完整地切除了左侧下颌骨软骨肉瘤的瘤体。①

1987年7月，在贵阳中医学院召开的西南地区高等医科院校电教工作会议上，遵义医学院的《丝虫》获二等奖。②

1988年，伍律等于1973年到1983年完成的志书《贵州两栖类志》，获贵州省科技进步奖二等奖。③ 此书记载贵州有两栖动物62种，分属于2目10种20属。书中所载的务川臭蛙，是世界范围内首次发现的一个新种；黄斑小鲵、大绿蛙、棘胸蛙、台北蛙、经甫树蛙和峨眉树蛙，属贵州首次发现的新种。④同年，梁国祯等的《T细胞淋巴瘤》、孙万邦等的《SPA花环试剂早期快速检测流行性出血热抗原抗体研究》、张儒良的《镉对大鼠肾毒性的整体和离体研究》获贵州省科技进步奖三等奖⑤。

1989年，李德俊在国务院召开的全国劳动模范和先进工作者表彰会被表彰为全国先进工作者；沈寅初等的《丹参对热缺血肾保护作用的实验研究》获贵州省科学技术进步奖三等奖。⑥

同年，在首届全国电化教育成果评奖活动中，遵义医学院的《丝虫》和《阑尾切除术》获奖。⑦

1992年，获得贵州省科学技术进步奖的有：黄燮南的《内皮索收缩血管机理的研究》（二等奖）；李名扬等的《人类骨骼肌的肌纤维型分布研究》（二等奖）；石京山等的《异钩藤碱的心血管药理研究》（三等奖）；张睢扬等的《吸气强度耐力测定及其与肺功能的联系研究》（三等奖）⑧。同年，享受贵州省政府特殊津贴者有李德俊教授、余志豪教授。⑨

1993年，邢飞跃的《A蛋白类制剂体内抗肿瘤的疗效评价及其生物调节机制》获贵州省科技进步二等奖；⑩ 石承先等的《急性胆管炎预后因素的系列研究》、唐落韵等的

---

① 《贵州年鉴》编辑部. 贵州年鉴（1987）[M]. 贵阳：贵州人民出版社，1987：784.

② 《贵州年鉴》编辑部. 贵州年鉴（1988）[M]. 贵阳：贵州人民出版社，1988：649.

③④ 《贵州年鉴》编辑部. 贵州年鉴（1989）[M]. 贵阳：贵州人民出版社，1989：542.

⑤ 《贵州年鉴》编辑部. 贵州年鉴（1989）[M]. 贵阳：贵州人民出版社，1989：546.

⑥ 《贵州年鉴》编辑部. 贵州年鉴（1990）[M]. 贵阳：贵州人民出版社，1990：498.

⑦ 《贵州年鉴》编辑部. 贵州年鉴（1990）[M]. 贵阳：贵州人民出版社，1990：465.

⑧ 《贵州年鉴》编辑部. 贵州年鉴（1993）[M]. 贵阳：贵州人民出版社，1993：514-515.

⑨ 《贵州年鉴》编辑部. 贵州年鉴（1992）[M]. 贵阳：贵州人民出版社，1992：96-97.

⑩ 《贵州年鉴》编辑部. 贵州年鉴（1994）[M]. 贵阳：贵州年鉴社，1994：521.

《雌激素、孕激素对分娩启动和调控产力作用的研究》获贵州省科技进步三等奖[①]；王恩海等的《临床实习考核促进了实际能力的培养与提高》获贵州省高校优秀教学成果一等奖[②]。

1994 年，梁国桢等的《外周 T 型细胞淋巴瘤形态免疫表型和基因型特征》获贵州省科技进步二等奖；[③] 石蓓等的《高血压病细胞离子转运异常与脂质过氧化的临床研究》、孙显明等的《缺铁性贫机与淋巴细胞内锌含量及 T 淋巴细胞亚群关系》获贵州省科技进步三等奖。[④]

1995 年，李永渝等的《急腹症对消化系统相关病理学和中药影响的实验研究》获贵州省科技进步三等奖。[⑤]

1999 年，李名扬等的《人类四肢骨骼肌构筑学研究》获贵州省科技进步二等奖。[⑥]

2001 年，喻田等的《缺血预处理与钾通道开放剂对缺血心肌的保护研究》获贵州省科技进步二等奖。[⑦]

2005 年，遵义医学院、同济大学医学院联合完成的《急性胰腺炎时细胞内钙变化与胰腺损伤的关系及某些 CCB 中药的实验治疗研究》获贵州省科技进步二等奖。[⑧]

2018 年，邢瑞娟的《马克思民族思想研究》获贵州省第十二次哲学社会科学优秀成果二等奖。[⑨]

2014~2019 年，获国家自然科学基金项目 343 项，获国家科技进步二等奖 1 项；获贵州省科学技术奖 24 项，一等奖 4 项、二等奖 8 项、三等奖 12 项，其中 2015 年至 2017 年连续三年获贵州省科技进步一等奖（全省共 11 项）；获贵州省哲学社会科学优秀成果奖 3 项，其中二等奖 1 项，三等奖 2 项。

四、学生与教职工数

1969~1987 年，遵义医学院共毕业本专科学生 3300 多人，硕士研究生 34 人；附属中级卫校毕业中专生 420 人。

1984 年，有在校生 1033 人（包括研究生和进修生）；教职工 1562 人，其中教师 538 人（副教授 8 人，讲师 47 人，教员 85 人，助教 64 人，副主任医师 11 人，主治医师 35 人，医师 288 人）；在校研究生 15 人，已毕业学生 159 人。

1984~2018 年，其学生与教职工数变化如表 6-7 所示。

---

① 《贵州年鉴》编辑部. 贵州年鉴（1994）[M]. 贵阳：贵州人民出版社，1994：522.
② 关于奖励第三届全省普通高等学校优秀教学成果的决定 [A]. 铜仁：铜仁学院档案馆（75-1-264）.
③ 《贵州年鉴》编辑部. 贵州年鉴（1995）[M]. 贵阳：贵州年鉴社，1995：532.
④ 《贵州年鉴》编辑部. 贵州年鉴（1995）[M]. 贵阳：贵州年鉴社，1995：533.
⑤ 《贵州年鉴》编辑部. 贵州年鉴（1996）[M]. 贵阳：贵州年鉴社，1996：519.
⑥ 《贵州年鉴》编辑部. 贵州年鉴（2000）[M]. 贵阳：贵州年鉴社，2000：380.
⑦ 《贵州年鉴》编辑部. 贵州年鉴（2003）[M]. 贵阳：贵州年鉴社，2003：401.
⑧ 《贵州年鉴》编辑部. 贵州年鉴（2006）[M]. 贵阳：贵州年鉴社，2006：303.
⑨ 《贵州年鉴》编辑部. 贵州年鉴（2019）[M]. 贵阳：贵州年鉴社，2019：593.

表 6-7 1984~2018 年遵义医科大学（遵义医学院）学生与教职工数 单位：人

年度末	本专科学生				教职工数	专任教师					
	毕业生	招生数	在校生	预计毕业生		合计	教授	副教授	讲师	助教	教员
1984	—	—	1033	—	1562	538[1]	—	19	82	352	85
1986	159	277	935	—	716	302	—	16	61	219	6
1987	123	278	1072	—	726	327	13	22	107	184	1
1988	182	324	1212	—	635	317	12	30	151	124	—
1989	147	320	1362	—	657	329	12	30	160	127	—
1990	210	330	1486	—	661	326	12	36	154	116	8
1991	345	317	1450	—	682	329	9	18	102	83	117
1992	278	459	1629	—	688	330	9	18	135	53	115
1993	321	466	1754	—	699	316	12	33	87	168	16
1994	361	522	1895	—	758	361	20	57	188	68	28
1995	444	469	1902	—	769	363	20	83	151	86	23
1997	502	513	1965	467	761	362	21	94	145	88	14
1998	466	576	2056	413	743	349	25	120	99	94	11
1999	413	1096	2721	410	717	325	23	103	88	93	18
2000	410	1553	3844	451	745	362	31	96	114	80	41
2001	451	1963	5169	423	777	390	39	98	131	88	34
2002	423	1833	6326	699	783	409	41	109	128	88	43
2004	1124	1861	7583	1414	858	477	57	123	133	131	33
2005	1364	1864	8132	1533	1010	643	78	204	139	196	26

年度末	普通	成人	普通	成人	普通	成人	普通	成人	教职工数	合计	正高	副高	中级	初级	未定
2007	1549	646	2211	169	8741	984	2142	390	1095	643	97	178	209	159	—
2008	2162	344	1744	739	8305	1271	2289	312	1129	669	103	208	215	143	—
2009	2238	312	1783	1123	7858	2082	1735	220	1140	683	100	208	225	143	7
2010	1767	191	1944	1230	8007	3066	1575	611	1111	685	103	217	247	118	—

① 《贵州教育年鉴（1979-1984）》第 116 页，1984 年，遵义医学院有副教授 8 人，讲师 47 人，教员 85 人，助教 64 人，副主任医师 11 人，主治医师 35 人，医师 283 人，共 538 人。

续表

年度末	本专科学生								教职工数	专任教师					
	毕业生		招生数		在校生		预计毕业生			合计	正高	副高	中级	初级	未定
	普通	成人	普通	成人	普通	成人	普通	成人							
2011	1575	576	1873	2110	8260	4553	1853	1033	1054	686	115	259	241	71	—
2012	1844	1024	2145	2506	8537	5921	1726	1135	1063	706	129	311	196	38	32
2013	1395	1074	4005	1336	10868	5314	1740	1620	1250	773	137	293	229	85	29
2014	1828	1522	2976	4465	10930	11158	1969	2522	1189	843	157	387	174	37	88
2015	1960	2502	2739	3508	11663	12136	1979	3304	1274	905	174	402	196	67	66
2016	1972	3210	3324	4004	13000	12838	2502	4520	1435	997	194	415	194	119	75
2017	2526	8290	3804	4605	14173	8513	3354	3908	1504	1090	298	432	156	94	110
2018	3348	4243	3461	4723	14268	599	3074	4028	1513	1093	329	413	162	86	103

资料来源：历年《贵州年鉴》。

2019 年，遵义医科大学有全日制在校生 16000 余人。有享受国务院和省政府特殊津贴专家 48 人。全国模范教师、全国先进工作者、全国师德先进个人、全国优秀科技工作者共 7 人。国家创新人才推进计划中青年科技创新领军人才、卫生部有突出贡献专家、教育部新世纪优秀人才、教育部高等学校教学指导委员会委员、贵州省核心专家共 16 人。省级教学团队、省部级科技创新人才团队共 24 个。

五、学校历任负责人

1983 年前历任负责人：

院长：王布君、林镜竹、李震勋（代）、沈其震、周洪生、杜李、刘进、叮展、史尚礼、丛亚凡、勒仕信（代）、陈荣殿、李绍裘。

党委书记（党组、党总支）：沈其震、韦举、周洪生、张殿、杜李、丛亚凡、李辰、王永新（代）、李绍裘、王世荣。

1983 年后历任负责人：

党委书记：李绍裘、王世荣、邵代富、杨晓苏、石京山、何志旭。

校（院）长：李绍裘、余志豪、黄燮南、石京山、喻田、刘建国。

党委副书记：陈正兴、孙云阶、石道本、李锦涛、杨小鲁。

副校（院）长：谢龙驹、俞安清、邵代富、陈正兴、李德俊、洪启枫、黄燮南、王恩海、吕斌、杨小鲁、孙万邦、唐明波、石京山、王大忠、喻田、邓飞、孙万邦、李春鸣、梁贵友、王子正、余昌胤、蔡善君。

第八节 贵州农学院（1954~1997年）

一、院系与专业设置

1954年，撤销贵州大学。贵州省政府以贵州大学留在贵州的农学系建立贵州农学院。1961年，贵州省林业学校大专班并入贵州农学院，1971年贵州省林业学校并入贵州农学院。1973年，原贵州省林业学校部分专业拆出，恢复贵州省林业学校。1975年，贵州农学院在安顺农校设安顺分院，招收学员388人；以遵义贵州省蚕科所为基地，将遵义农业学校并入，组建遵义分院，招收学员200人；同时在遵义尚嵇镇、绥阳县（农学系）、思南县塘头（植保系）、镇宁县、安顺军马场（畜牧兽医系）、惠水县、乌当区、花溪区、石阡县、麻江县、印江县等地开设了12个办学点。

1977年，果树蔬菜、畜牧兽医两个专业扩建为果树、蔬菜、畜牧、兽医四个专业。当年，农业、畜牧、兽医、植保、林学、农机、蔬菜七个专业恢复四年制本科招生。[①] 同时，在贵阳林业学校开办林业大专班，在贵阳畜牧兽医学校开设畜牧兽医大专班。

1978年，开办畜牧兽医医科进修班，招生指标200名，专门招收68~70届大学毕业生进修。[②] 同年，在黔南农业学校、遵义农业学校开办大专班，招生指标各100名。

1979年，恢复土壤农化专业。

1980年，增设农业经济管理专业。

1982年，成立干训部。

1983年，增设农业管理干部、农业经济管理、烟草三个二年制专修科，培训在职干部。[③]

1984年，被国务院批准为全国第二批硕士学位授予单位。截至1984年，贵州农学院形成农学、畜牧兽医、植物保护、林学、农业机械化、农业经济六个系，农学、植物保护、果树、蔬菜、土壤、农业农化、畜牧、兽医、农业经济、农业生产机械化、林学11个专业及学制两年的农业管理干部专修科和烟草专修科。[④] 当年，果树与蔬菜合并为园艺专业。

1985年，增设农业教育（培养农职业中学教师）、牧草及饲料加工两个专修科。[⑤]

1986年，贵州农学院设有农学系（农学专业、土壤农化专业）、畜牧兽医系（畜牧专

---

① 贵州省一九七七年高等学校招生工作录取统计表［A］. 铜仁：铜仁市档案馆（75-1-92）.

② 中央下达贵州省高等学校招生指标分配方案［A］. 铜仁：铜仁市档案馆（75-1-91）.

③ 贵州省地方志编纂委员会. 贵州省志·教育［M］. 贵阳：贵州人民出版社，1990：324.

④ 《贵州教育志》编纂办公室. 贵州教育年鉴（1949-1984）［M］. 贵阳：贵州人民出版社，1986：99.

⑤ 贵州省地方志编纂委员会. 贵州省志·教育［M］. 贵阳：贵州人民出版社，1990：324.

业、兽医专业、牧草及饲料专业）、植保艺园系（植物保护专业、园艺专业）、林学系（林学专业）、农业工程系（农业生产机械化专业）、农业经济管理系（农业经济管理专业）六系10个专业（学制四年）；另设有学制两年的农职业中学师资和农业干部管理两个专修科。①

1987年，增设农畜产品加工专业和一年制的民族预科班。自1978年以来，贵州农学院先后有植物生理生化、作物遗传、动物遗传、昆虫学、微生物学、造林学、作物栽培与耕作学7个学科招收硕士研究生。其中植物生理生化、动物遗传学两个学科已获硕士学位授予权。

1988年，贵州实施艰苦行业和国家急需人才专业降分录取政策，对第一志愿填报贵州农学院各专业的考生，在其总分上加10~20分录取。②

1992年，畜牧兽医系更名为动物科学系。同年，饲料加工专科班招生指标下达至部分具体县，实行定向招生③。

1993年，贵州农学院作物栽培学与耕作学、土壤学、农业经济及管理获得硕士学位授予权。④

1997年8月，经国家教委批准，撤销贵州农学院、贵州大学、贵州艺术高等专科学校、贵州农业管理干部学院建制，合组新贵州大学⑤。

二、学校环境与办学成果

1978年，罗登义教授、单友谅副教授代表贵州农学院出席全国科学大会，生化营养研究室在全国科学大会上被授予先进集体称号。⑥

截至1985年，贵州农学院有馆藏中外文图书303437册，中文期刊合订本3965册，外文期刊合订本10719册，中文期刊1684种，外文期刊491种。出版有《贵州农学院学报》和《贵州农学院丛刊》。⑦ 建有生化营养教研室、刺梨研究所、麦作研究室、森林生态研究室、光合生理与遗传研究室、病原真菌研究室、植物细胞工程研究室。贵州农学院开辟的教学实验场所，占地面积达1500亩，设有农学站、畜牧站、综合站（包括果园）和农机厂等。⑧

截至1986年，贵州农学院建筑面积从1977年的62212平方米，扩展到118944平方米；新建图书馆竣工。1986年，学院拥有教学、科研用房5509096平方米，网室800平方米；教学实验场有耕地1500亩，果园62亩，鱼塘16亩。⑨ 出版有《贵州农学院学报》和《贵州农学院丛刊》。

---

① 《贵州年鉴》编辑部. 贵州年鉴（1987）［M］. 贵阳：贵州人民出版社，1987：604.
② 《贵州年鉴》编辑部. 贵州年鉴（1989）［M］. 贵阳：贵州人民出版社，1989：517.
③ 《贵州年鉴》编辑部. 贵州年鉴（1993）［M］. 贵阳：贵州人民出版社，1993：483-484.
④ 《贵州年鉴》编辑部. 贵州年鉴（1994）［M］. 贵阳：贵州年鉴社，1994：471，473.
⑤ 贵州省地方志编纂委员会. 贵州省志（1978-2010）·教育［M］. 贵阳：贵州人民出版社，2017：41.
⑥ 贵州省地方志编纂委员会. 贵州省志·教育［M］. 贵阳：贵州人民出版社，1990：324.
⑦ 《贵州教育志》编纂办公室. 贵州教育年鉴（1949-1984）［M］. 贵阳：贵州人民出版社，1986：110-111.
⑧ 《贵州教育志》编纂办公室. 贵州教育年鉴（1949-1984）［M］. 贵阳：贵州人民出版社，1986：107.
⑨ 贵州省地方志编纂委员会. 贵州省志·教育［M］. 贵阳：贵州人民出版社，1990：325.

1987 年 3 月 12 日，贵州农学院张庆勤教授在贵州省委、省政府召开的表彰国家级有突出贡献的科技工作者大会上，被授予国家级有突出贡献的科技工作者称号①；院长刘振业教授和刘贞琦教授，在光合生理与遗传研究方面获得重大成就，英国剑桥世界传记中心将其列入世界名人名录。② 同年，在暑期大学生社会实践活动中，贵州农学院被贵州省教委、贵州省委宣传部、贵州团省委评选为征文活动先进集体，并获得中央宣传部、国家教委、共青团中央授予的暑期全国大、中专学生社会实践活动先进单位称号。③

1988 年，刘贞琦获贵州省人民政府授予的贵州省劳动模范称号。④

1989 年，畜牧兽医教学大楼交付使用；贵州农学院设立公安派出所，加强高等学校的治安保卫工作⑤。同年，贵州省教委拨款 30 万元（分三年拨完）给贵州农学院农场，拟将教学科研实验基地扩建成教学、科研、生活产品基地。农场在完成教学科研任务的同时，向各高校提供部分水果及农副产品，帮助师生员工改善生活。⑥

1990 年 5 月，贵州农学院在贵州省教委、贵州省司法厅联合举办的贵州省首届大学生法律知识竞赛中获三等奖。⑦

1992 年，贵州农学院在贵州省教委对高等学校体育课程基础建设水平、课程建设工作、课堂教学质量三大方面的检查评估中，被评为省级优秀学校。⑧ 是年，贵州农学院被评为全国民族教育先进集体；⑨ 教授张庆勤获得贵州省政府特殊津贴。⑩

1993 年，贵州农学院教材科徐晓荣在教材管理工作中，受到国家教委高教司通报表彰，并获得全国教材管理工作先进个人称号。⑪

1994 年 5 月 1 日至 4 日，贵州省大学生田径运动会在贵州农学院举行。同年 7 月 25 日至 28 日，第三届全国农业院校大学生田径运动会在贵阳举行，贵州农学院代表队以 6 金、8 银、3 铜，总分 308 分的优异成绩获甲组团体冠军，并获“体育道德风尚奖”⑫。

1995 年，教授张庆勤荣获党中央、国务院授予的“全国先进工作者”称号⑬。

三、科研成果

1978 年，罗登义教授、单友谅副教授代表贵州农学院出席全国科学大会，《针刺麻醉

① 贵州省地方志编纂委员会. 贵州省志（1978-2010）·教育［M］. 贵阳：贵州人民出版社，2017：23.
② 《贵州年鉴》编辑部. 贵州年鉴（1988）［M］. 贵阳：贵州人民出版社，1988：655.
③ 贵州省地方志编纂委员会. 贵州省志（1978-2010）·教育［M］. 贵阳：贵州人民出版社，2017：26.
④ 《贵州年鉴》编辑部. 贵州年鉴（1989）［M］. 贵阳：贵州人民出版社，1989：497-498.
⑤ 贵州省地方志编纂委员会. 贵州省志（1978-2010）·教育［M］. 贵阳：贵州人民出版社，2017：28.
⑥ 《贵州年鉴》编辑部. 贵州年鉴（1990）［M］. 贵阳：贵州人民出版社，1990：448.
⑦ 贵州省地方志编纂委员会. 贵州省志（1978-2010）·教育［M］. 贵阳：贵州人民出版社，2017：29.
⑧ 《贵州年鉴》编辑部. 贵州年鉴（1993）［M］. 贵阳：贵州人民出版社，1993：486.
⑨ 《贵州年鉴》编辑部. 贵州年鉴（1993）［M］. 贵阳：贵州人民出版社，1993：477.
⑩ 《贵州年鉴》编辑部. 贵州年鉴（1992）［M］. 贵阳：贵州人民出版社，1992：96-97.
⑪ 《贵州年鉴》编辑部. 贵州年鉴（1994）［M］. 贵阳：贵州年鉴社，1994：474.
⑫ 贵州省地方志编纂委员会. 贵州省志（1978-2010）·教育［M］. 贵阳：贵州人民出版社，2017：37.
⑬ 《贵州年鉴》编辑部. 贵州年鉴（1996）［M］. 贵阳：贵州年鉴社，1996：106.

在兽医临床上的应用》和《谷物中直接链淀粉的测定》获成果奖。①

1980年，贵州农学院有20项成果获奖，其中两项分别获农牧渔业部技术改进成果一、二等奖，两项获贵州省科技成果二等奖。

1982年，贵州农学院《牛的蕨中毒与蕨属植物致癌性研究》成果，通过省内外专家鉴定，达到国内先进水平②。

1977~1984年，贵州农学院共获各类成果奖126项。其中全国科学大会奖22项；贵州省科学大会奖19项，农牧渔业部、林业部奖5项等。仅1981~1982年取得的87项成果，推广应用了24项。截至1987年，其科研成果推广应用达36项，转让15项，经济效益达8576万元。例如，果品贮藏加工及刺梨汁饲料技术转让，分别在贵阳、威宁、兴认等地的加工厂、饲料厂，黔南、黔东南等地的酒厂应用和发展，皆取得了可喜的经济效益；在生化营养方面研究成功的“薄层分析法测定油菜芥酸含量”的技术方法，在广东、江苏、四川、云南、湖北、浙江和贵州部分县市的科研和生产部门中得到广泛应用。其中，罗登义教授对富含维生素的刺梨研究，贡献重大。罗登义出版专著7部，发表论文60余篇。③

1985年，贵州农学院承担的贵州省“六五”期间畜牧科研重点项目——贵农金黄鸡的品系配套研究，通过省级鉴定④。

1986年，贵州农学院培育的低芥酸油菜品种系贵油83-5、贵油83-6、贵油83-8成功，并通过省级油菜专家鉴定⑤。

1987年，贵州农学院基础生化教研室首次从刺梨中提取到具有防癌抗衰老的活性物持——超氧化物歧化酶，通过省内外专家鉴定⑥。植保系教授叶能干研究的《植物幼苗形态的研究》，通过省级鉴定，其成果填补了国内空白，达到国际水平⑦。由贵阳中医学院主持、贵州农学院协作进行的全国首例贵州小型香猪作实验动物研究成果通过省级鉴定。

同年，梁宗琦等的《昆虫病原真菌资源的调查研究》、刘振业等的《水稻光合生理与遗传研究》获得贵州省科技进步奖二等奖；叶能干的《植物幼苗形态的研究》、裴克等的《贵州省农村能源综合区划》获得贵州省科技进步奖三等奖。⑧

1988年，周芳纯、吴炳生等的《毛竹林丰产结构理论和技术的研究》获得国家科技进步奖二等奖⑨；牟君富等的《贵州野生刺梨加工利用研究》⑩、徐文彬等的《油茶早实丰产的研究》、李子忠的《贵州叶蝉总科分类研究》获贵州省科技进步奖三等奖⑪。

1989年，曹文藻等的《贵州省东部低产稻田成因类型及分布规律的研究》、郭振中等

① 贵州省地方志编纂委员会．贵州省志·教育［M］．贵阳：贵州人民出版社，1990：324.

② 贵州省地方志编纂委员会．贵州省志（1978-2010）·教育［M］．贵阳：贵州人民出版社，2017：20.

③ 《贵州教育志》编纂办公室．贵州教育年鉴（1949-1984）［M］．贵阳：贵州人民出版社，1986：110-111.

④⑤ 贵州省地方志编纂委员会．贵州省志（1978-2010）·教育［M］．贵阳：贵州人民出版社，2017：22.

⑥⑦ 贵州省地方志编纂委员会．贵州省志（1978-2010）·教育［M］．贵阳：贵州人民出版社，2017：23.

⑧ 《贵州年鉴》编辑部．贵州年鉴（1988）［M］．贵阳：贵州人民出版社，1988：656-658.

⑨⑩ 《贵州年鉴》编辑部．贵州年鉴（1989）［M］．贵阳：贵州人民出版社，1989：523.

⑪ 《贵州年鉴》编辑部．贵州年鉴（1989）［M］．贵阳：贵州人民出版社，1989：547.

的《贵州农林昆虫志（第一卷）》获贵州省科学技术进步二等奖；[①] 俞渭江等的《最优线性无偏预测在乳用种公牛育种值中的应用研究》、吴善堂等的《贵州旱地分带轮作多熟制研究》、许乐仁等的《鸡白痢沙门氏菌病的病理学研究》获贵州省科学技术进步奖三等奖。[②]

1992 年，钟瑞强等的《OC－100A 型高温气流滚筒式牧草烘干机组》、向显衡等的《刺梨自种繁育及栽培技术研究》、刘浚凡等的《贵农金黄鸡地方标准及实施效果》、杨宏敏等的《氮（15N）素及磁场强度对烤烟产量、品质影响的研究》、王乃亮等的《主要经济微生物资源的筛选及其利用》、梁宗琦等的《古尼虫草在医药及食品中的应用价值研究》获贵州省科学技术进步三等奖。[③]

1993 年，李子忠等自 1991 年起进行的贵州省教委《西南地区叶蝉和雄尾螨区系分类研究》科研项目，在云南、贵州、四川、西藏四省（区）广泛考察采集标本的分类研究中发现并记述了昆虫和螨类新属 1 个、新种 10 个、中国新记录亚种 1 个、新记录属 2 个、新记录种 4 个。[④] 同年，李子忠等的《贵州省农林昆虫志（第四卷）》、李永明等的《鸡白血病的研究》、杨世逸等的《贵州森林立地分类与评价研究》获贵州科技进步三等奖；[⑤] 陈通茂等的《坚持招生分配改革，为发展贵州农业经济培养人才》获贵州省高校优秀教学成果一等奖[⑥]；李子忠等的《加强农业昆虫学实验室建设和管理，提高教学质量》获贵州省高校优秀教学成果二等奖[⑦]。

1994 年，张克勤等的《中国线虫生防资源研究与应用》获贵州省科技进步一等奖；许乐仁的《牛膀胱肿瘤的肿瘤生物学特性与组织学分类研究》、戴保威等的《西南山区玉米系列配套杂交的选育及应用》获贵州省科技进步二等奖。[⑧]

1995 年，李子忠等的《西南地区叶蝉和雄尾城区系分类研究》获贵州省科技进步二等奖；刘俊凡等的《矮小型黄羽鸡的培育及配套利用研究》、冯道霞等的《贵州省板栗地方良种筛选及品种比较试验》、胡齐益等的《豇豆新品种选育》获贵州省科技进步三等奖。[⑨]

1997 年，专家张庆勤育成“节石硬偏 3 号”“节硬偏 1 号”“野二燕号”小麦新品系，经农业部谷物品质检验测试中心测定，分别达到一、二、三级面包小麦国家标准后，在仁怀进行 400 亩田间试验，贵州省科委组织有关专家在仁怀市召开现场验收会，对试验结果给予了充分肯定[⑩]。

---

① 《贵州年鉴》编辑部. 贵州年鉴（1990）［M］. 贵阳：贵州人民出版社，1990：497.
② 《贵州年鉴》编辑部. 贵州年鉴（1990）［M］. 贵阳：贵州人民出版社，1990：498.
③ 《贵州年鉴》编辑部. 贵州年鉴（1993）［M］. 贵阳：贵州人民出版社，1993：514-515.
④ 《贵州年鉴》编辑部. 贵州年鉴（1994）［M］. 贵阳：贵州年鉴社，1994：474.
⑤ 《贵州年鉴》编辑部. 贵州年鉴（1994）［M］. 贵阳：贵州年鉴社，1994：522.
⑥⑦ 关于奖励第三届全省普通高等学校优秀教学成果的决定［A］. 铜仁：铜仁学院档案馆（75-1-264）.
⑧ 《贵州年鉴》编辑部. 贵州年鉴（1995）［M］. 贵阳：贵州年鉴社，1995：532.
⑨ 《贵州年鉴》编辑部. 贵州年鉴（1996）［M］. 贵阳：贵州年鉴社，1996：519.
⑩ 贵州省地方志编纂委员会. 贵州省志（1978-2010）· 教育［M］. 贵阳：贵州人民出版社，2017：41.

四、学生与教职工数

1964 年，共有教师 275 人，教辅人员 22 人，党政工勤人员 386 人，学生 1296 人。“文化大革命”期间贵州农学院停止招生 6 年。

1977 年，恢复招收四年制本科学生，招生指标共 370 人，其中农业 100 人、畜牧 40 人、兽医 60 人、植保 60 人、林学 50 人、农机 30 人、蔬菜 30 人，实际录取 423 人。[①] 同时，在贵阳林业学校开办林业大专班，招生指标 200 人（林学 150 人、林业机械 50 人），实际招生 209 人；在贵阳畜牧兽医学校开设畜牧兽医大专班，招生指标 200 人（畜牧 100 人、中兽医 50 人、兽医 50 人），实际招生 207 人。[②]

1986 年，贵州农学院有在校研究生 46 人，毕业学生 509 人，招收新生 603 人，在校学生 2199 人，教职工 1236 人，专任教师 509 人，其中教授 9 人，副教授 26 人，讲师 248 人，助教 203 人，教员 23 人。[③]

1986~1995 年，其学生与教职工数变化如表 6-8 所示。

表 6-8　1986~1995 年贵州农学院学生与教职工数　单位：人

年度末	本专科学生			教职工数	专任教师					
	毕业生	招生数	在校生		合计	教授	副教授	讲师	助教	教员
1986	509	603	2199	1236	509	9	26	248	203	23
1987	619	620	2178	1303	519	27	124	220	144	4
1988	624	689	2207	1178	491	16	125	216	129	5
1989	581	580	2188	1220	482	14	121	198	145	4
1990	630	561	2099	1153	482	14	141	176	146	5
1991	560	581	2117	1215	483	14	129	165	153	22
1992	556	655	2212	1229	469	11	121	160	144	33
1993	562	637	2281	1192	443	10	103	152	167	11
1994	632	702	2351	1134	425	25	140	189	59	12
1995	627	727	2407	1126	420	22	131	190	57	20

资料来源：历年《贵州年鉴》。

五、学校历任负责人

院长：罗登义、陈洪志、时思文、吴近仁、刘振业、梁宗琦。

①② 贵州省一九七七年高等学校招生工作录取统计表［A］. 铜仁：铜仁市档案馆（75-1-92）.

③《贵州年鉴》编辑部. 贵州年鉴（1987）［M］. 贵阳：贵州人民出版社，1987：603.

名誉院长：罗登义（1983~1997 年）。

党委书记：王永新、时思文、吴近仁、冯泽、刘支胜。

副院长（1983 年后）：高泉荪、何文光、韩行赟、梁宗琦、陈通茂、许乐仁、修耀华。

党委副书记（1983 年后）：石鸿志（女）、龙裘云、赵明仁。

第九节　贵州工业大学（贵州工学院）（1958~2004 年）

一、院系与专业设置

贵州工学院创建于 1958 年。1975 年，贵州工学院地质系师生到梵净山，冶金系到瓮安，采矿系到六盘水，化工系到清镇、平坝，机械系到安顺，电机系到清镇、惠水等地开展教学活动。

1977 年，恢复考试招生，次年恢复招收研究生。是年，贵州工学院招生指标为 440 名，其中矿物地质普查及勘探 40 名，水文地质及工程地质 40 名，采煤 40 名，矿山机电 40 名，铸造 40 名，工业企业自动化 40 名，发电厂及电力系统 40 名，金属材料热处理 40 名，机械制造 40 名，水工建筑 40 名，无机化工 40 名，实际录取 576 名。[①]

1978 年，创建建筑专科班[②]，招生指标为 480 名；增设大学师资班，招生指标为 80 名。[③] 同年，在贵阳建工学校开办大专班，招生指标 150 名。

1981 年，经国务院批准，矿床学、水木结构工程被列为全国首批硕士学位授予单位，后发展为矿床学、地层学及古生物学、采矿工程、有色金属冶金、机械制造、理论电工、工业自动化、电力系统及其自动化、水工结构工程、固体力学、一般力学、应用数学等学科，学制三年[④]。

1982 年，成立干训部。同年，贵州工学院和中央煤炭部教育司签订合同，在贵州工学院的采矿系联合办学。[⑤]

1984 年，贵州工学院设有八系 19 个专业。分别是地质系：地质矿产勘查、水文地质与工程地质两个专业；采矿系：采矿工程、煤矿机械化、煤矿电气自动化三个专业；冶金系：有色金属冶金、钢铁冶金、金属材料与热处理三个专业；机械系：机械制造工艺及设

---

① 贵州省一九七七年高等学校招生工作录取统计表［A］. 铜仁：铜仁市档案馆（75-1-92）.

② 贵州建筑专科学校—贵阳体育专科学校历史沿革［EB/OL］.［2018-11-13］. http：//blog. sina. com. cn/s/blog_5c1-387a90102ygd0. html.

③ 中央下达贵州省高等学校招生指标分配方案［A］. 铜仁：铜仁市档案馆（75-1-91）.

④ 贵州省地方志编纂委员会. 贵州省志（1978-2010）·教育［M］. 贵阳：贵州人民出版社，2017：299；《贵州教育志》编纂办公室. 贵州教育年鉴（1949-1984）［M］. 贵阳：贵州人民出版社，1986：109.

⑤ 《贵州教育志》编纂办公室. 贵州教育年鉴（1949-1984）［M］. 贵阳：贵州人民出版社，1986：96.

备、铸造两个专业；电机系：工业电气自动化、发电厂及电力系统两个专业；化工系：无机化工、有机化工、化工设备与机械、硅酸盐工程四个专业；土建系：水利水电工程建筑、工业与民用建筑两个专业；轻工系：食品工程一个专业；另开设有贵州工学院贵阳建筑大专班工业与民用建筑专业（学制三年）。①

1986 年，增设发酵工程专业；轻工系所设食品工程和发酵工程两个专业，成为贵州高等教育中培养食品专业人才的主要基地。

同年，贵州工学院被国务院批准为全国第三批硕士学位授予单位。② 当年，专业有地层、矿床、有色金属冶炼、采矿工程、机械制造、理论电工、工业自动化、水工结构工程、一般力学、固体力学、应用数学 11 个专业。③

1992 年，贵州建筑专科学校并入贵州工学院④。

1993 年，固体力学获得硕士学位授予权。⑤ 同年，成立建筑系。

1994 年，从 94 级本科新生开始试行学分制。⑥

1999 年，机械设计制造及自动化、控制理论与控制工程被贵州省教委审核批准为第二批省级重点学科。⑦ 是年，经专家复评、审议，水工结构工程被评为合格硕士学位授权点。⑧

当年 1 月 8 日，彭炽炜等三名博士和冯晓宽等 15 名硕士获学位证书。这是贵州工业大学和浙江大学首批联合培养的硕博研究生⑨。

2002 年，电机系和机电系合并成立电气工程学院。是年 11 月 6 日至 7 日，加拿大魁北克大学与贵州工业大学联合举办的项目管理硕士专业高级人才研究班在贵州工业大学开班⑩。

截至 2004 年，贵州工业大学设置有 13 个学院、四个系、四个教学部以及一批科研院所和研究中心，涵盖了工、管、文、理、法、经济六个学科门类，拥有 50 个本科专业和包括工商管理硕士、工程硕士在内的 36 个硕士学位授予点。

二、学校环境与办学成果

1983 年 2 月，贵州工学院地质系普地教研室和基础部数学教研室试行教研室主任负责制，进行教育体制改革，并获贵州省人民政府批准。翌年，贵州省人民政府授予普地系教研室“高教管理改革先进集体”称号。

---

① 《贵州教育志》编纂办公室. 贵州教育年鉴（1949-1984）[M]. 贵阳：贵州人民出版社，1986：99-100.
② 《贵州年鉴》编辑部. 贵州年鉴（1987）[M]. 贵阳：贵州人民出版社，1987：728.
③ 贵州省地方志编纂委员会. 贵州省志·教育志 [M]. 贵阳：贵州人民出版社，1990：383.
④ 贵州省地方志编纂委员会. 贵州省志（1978-2010）·教育 [M]. 贵阳：贵州人民出版社，2017：33.
⑤ 《贵州年鉴》编辑部. 贵州年鉴（1994）[M]. 贵阳：贵州年鉴社，1994：471，473.
⑥ 《贵州年鉴》编辑部. 贵州年鉴（1995）[M]. 贵阳：贵州年鉴社，1995：484.
⑦ 《贵州年鉴》编辑部. 贵州年鉴（2000）[M]. 贵阳：贵州年鉴社，2000：349.
⑧ 《贵州年鉴》编辑部. 贵州年鉴（2000）[M]. 贵阳：贵州年鉴社，2000：350.
⑨ 贵州省地方志编纂委员会. 贵州省志（1978-2010）·教育 [M]. 贵阳：贵州人民出版社，2017：43.
⑩ 贵州省地方志编纂委员会. 贵州省志（1978-2010）·教育 [M]. 贵阳：贵州人民出版社，2017：50.

1984 年，贵州工学院总占地面积 638 亩，校舍面积 111000 平方米。新建图书馆（有中外图书 50 余万册）、采矿大楼、结构实验室、学生宿舍、教工宿舍已交付使用。同期又开工兴建 18000 平方米的综合大楼和 8000 平方米的第二实验楼、科技外语培训中心和外事接待楼。建有科技情报资料室、电子计算中心、电教中心，已装设全套闭路电视装置，开辟有专用电化教室。建有 66 个实验室，实验室内配备有电子计算机、万能矿相偏光摄影显微镜，原子吸收分光光度计、气相色谱仪等多种实验仪器设备。另办有机床、成套电器设备、化工、冶炼等附属工厂。开办有印刷厂、完小、完中等子弟学校和幼儿园、医院等。①

1979 年 12 月 26 日至 28 日，全省大学生田径运动会在贵州工学院举行。②

1987 年，建起卫星地面接收站。③ 同年，贵州工学院学生食堂被评为全国高等学校先进食堂。④

1988 年 6 月，贵州工学院与美国俄克拉荷马大学语言服务社会签订合作办学协议，由美方提供 50 万美元仪器设备，并推荐英语教师，以中方为主，共同培养科技外语人才⑤。1988 年，开始实施艰苦行业和国家急需人才专业降分录取政策，对第一志愿填报贵工采矿、地质专业的考生，将其总分加 10~20 分录取。⑥ 同年，教授梁伯驹获贵州省人民政府授予的贵州省劳动模范称号。⑦

1989 年 6 月 25 日至 7 月 5 日，贵州工学院主办中国联合教科文全国委员会秘书处和国家教委计划建设司联合国教科文亚太地区办事处委托的“全国校舍维修培训班”，负责培训全国校舍维修工作的工程技术人员⑧。

1990 年，荣获高校后勤“全国高校先进集体”称号⑨。

1993 年，贵州工学院教材科荣获全国教材管理工作先进集体称号。⑩

1994 年，贵州省总工会授予马克俭“四化建设标兵”称号。⑪ 同年，国内组织专家检查世界银行贷款帮扶贫困省教育发展项目开展情况，其中包括高教 345 万美元的使用情况。此项经费主要用于贵州工学院、铜仁师范高等专科学校、安顺师范高等专科学校三所高校扩大办学规模、调整专业结构、培训教师、高办学效益；建立健全教育管理信息系统，提高教育行政部门规划与管理的能力。本项目自 1992 年 7 月开始实施，1997 年结束。1994 年是该项目执行的关键时期，国内组织专家对该项目进行查检评估后评价为：工作扎

---

① 《贵州教育志》编纂办公室. 贵州教育年鉴（1949-1984）[M]. 贵阳：贵州人民出版社，1986：109-110.
② 贵州省地方志编纂委员会. 贵州省志（1978-2010）·教育 [M]. 贵阳：贵州人民出版社，2017：11，13.
③ 《贵州年鉴》编辑部. 贵州年鉴（1988）[M]. 贵阳：贵州人民出版社，1988：649.
④ 《贵州年鉴》编辑部. 贵州年鉴（1988）[M]. 贵阳：贵州人民出版社，1988：629-630.
⑤ 贵州省地方志编纂委员会. 贵州省志（1978-2010）·教育 [M]. 贵阳：贵州人民出版社，2017：25.
⑥ 《贵州年鉴》编辑部. 贵州年鉴（1989）[M]. 贵阳：贵州人民出版社，1989：517.
⑦ 《贵州年鉴》编辑部. 贵州年鉴（1989）[M]. 贵阳：贵州人民出版社，1989：497-498.
⑧ 贵州省地方志编纂委员会. 贵州省志（1978-2010）·教育 [M]. 贵阳：贵州人民出版社，2017：27.
⑨ 贵州省地方志编纂委员会. 贵州省志（1978-2010）·教育 [M]. 贵阳：贵州人民出版社，2017：29.
⑩ 《贵州年鉴》编辑部. 贵州年鉴（1994）[M]. 贵阳：贵州年鉴社，1994：474.
⑪ 《贵州年鉴》编辑部. 贵州年鉴（1995）[M]. 贵阳：贵州年鉴社，1995：83.

实、进展顺利、成绩显著。[①]

1996 年 5 月 20 日，贵州工学院更名为贵州工业大学[②]，并被列为贵州省重点高校。

1997 年，贵州省经济管理干部学院、贵州省工业管理学校并入贵州工学院[③]。同年，省教委授予贵州工业大学龙后超老师“学校课余体育训练优秀教练员”称号。[④]

1998 年，贵州工业大学利用世行贷款，除补充购置一部分常规教学设备外，还装备了理化分析测试中心、仿真中心、材料与结构测试中心，扩充了计算中心和 CAD（计算机辅助设计）实验室，完善了校园网。[⑤]

2000 年，贵州省经济管理干部学院、贵阳煤炭工业学校并入贵州工业大学[⑥]；机械设计制造及自动化、控制理论与控制工程被列为省级重点学科。[⑦] 是年 4 月 20 日，清华大学与贵州工业大学在北京签订共建贵工 CIMS 工程技术（现代集成制造技术）中心协议[⑧]。当年，贵州工业大学教学楼项目获国债资金 770 万元，总建筑面积 1 万平方米。[⑨]

2001 年 11 月 27 日至 12 月 19 日，在贵州省教育厅等有关部门组织的毕业生就业工作省级评估中被评为优良等级单位[⑩]。2001 年，贵州工业大学文方等贵州省内共 17 人，被教育部、人事部授予“全国模范教师”称号。[⑪]

2002 年，贵州省城乡建设学校并入贵州工业大学。同年，贵州工业大学被贵州省政府评为 1999~2002 年度“文明单位”；[⑫] 贵州大学、贵州工业大学等省内高校与北京大学、清华大学和浙江大学等 10 所国家现代远程教育试点高校开展校外远程教育。[⑬]

2003 年，贵州省科技厅、贵州教育厅、贵州工业大学联合申报“贵州省网络教育示范系统”项目，经国家科技部单项批复后，正式在贵州实施[⑭]。

2004 年，宋建波被评为第七届“贵州十大杰出青年”。[⑮]

是年 8 月，贵州工业大学与贵州大学合并组建为新贵州大学，贵州工业大学原校址成为新贵州大学蔡家关校区。同年，原贵州工业大学国际合作学院（茶店校区）更名为贵州

---

① 《贵州年鉴》编辑部. 贵州年鉴（1996）[M]. 贵阳：贵州年鉴社，1996：476.

② 贵州省地方志编纂委员会. 贵州省志（1978-2010）·教育 [M]. 贵阳：贵州人民出版社，2017：37.

③ 贵州工业大学（贵州工学院）历史沿革 [EB/OL]. [2018-10-22]. http://blog.sina.com.cn/s/blog_5c1387a90102y-aea.html.

④ 《贵州年鉴》编辑部. 贵州年鉴（1988）[M]. 贵阳：贵州人民出版社，1998：428.

⑤ 《贵州年鉴》编辑部. 贵州年鉴（1999）[M]. 贵阳：贵州年鉴社，1999：397.

⑥ 《贵州年鉴》编辑部. 贵州年鉴（2001）[M]. 贵阳：贵州年鉴社，2001：331；《贵州年鉴》编辑部. 贵州年鉴（2000）[M]. 贵阳：贵州年鉴出版社，2000：348；贵州省地方志编纂委员会. 贵州省志（1978-2010）·教育 [M]. 贵阳：贵州人民出版社，2017：44.

⑦ 《贵州年鉴》编辑部. 贵州年鉴（2001）[M]. 贵阳：贵州年鉴社，2001：331.

⑧ 贵州省地方志编纂委员会. 贵州省志（1978-2010）·教育 [M]. 贵阳：贵州人民出版社，2017：44.

⑨ 《贵州年鉴》编辑部. 贵州年鉴（2001）[M]. 贵阳：贵州年鉴社，2001：327.

⑩ 贵州省地方志编纂委员会. 贵州省志（1978-2010）·教育 [M]. 贵阳：贵州人民出版社，2017：48.

⑪ 《贵州年鉴》编辑部. 贵州年鉴（2002）[M]. 贵阳：贵州年鉴社，2002：324.

⑫ 《贵州年鉴》编辑部. 贵州年鉴（2003）[M]. 贵阳：贵州年鉴社，2003：74.

⑬ 《贵州年鉴》编辑部. 贵州年鉴（2003）[M]. 贵阳：贵州年鉴社，2003：363.

⑭ 贵州省地方志编纂委员会. 贵州省志（1978-2010）·教育 [M]. 贵阳：贵州人民出版社，2017：51-52.

⑮ 《贵州年鉴》编辑部. 贵州年鉴（2005）[M]. 贵阳：贵州年鉴社，2005：502.

大学明德学院。

贵州工业大学办校期间，占地面积约 74. 6 万平方米，分为四个校区。曾建有机械制造及自动化、控制理论与控制工程、电力系统及其自动化、采矿工程、矿物学岩石学矿床学、结构工程、计算机科学与技术七个省级重点学科；发酵工程与生物制药、喀斯特环境及地质灾害防治、网络化制造三个省级重点实验室；建有三个国家重大科技项目博士后工作站。先后承担过国家自然科学基金、863 计划、973 项目、FAST 项目、国家科学技术计划项目和省（部）级等重大课题和项目。其中，仅 2002 年获科研立项 87 项（其中国家自然科学基金 3 项，国家自然科学基金国际合作项目 2 项，国家 973 项目 1 项，国家 863 项目 2 项，国家 FAST 项目 1 项），合同金额达 738 万元。出版专著 14 部，在国内外学术期刊杂志发表论文 350 余篇。

贵州工业大学还多次获得北京国际发明展览奖、全国发明展览奖、省级优秀工程设计奖和贵州新产品奖等。《贵州工业大学学报》自然科学版和社会科学版已在国内外公开发行。自然科学版进入全国高校自然科学学报 CVJA 数据库，并连接国际互联网。1994 年以来在国家及省级科技产业产品成果展示会，共获 9 项金奖、11 项银奖、12 项优秀奖，获奖数位列全省高校第一。

贵州工业大学已为国家和贵州培养了一大批杰出人才，其中中国工程院院士马克俭本科毕业于贵州工学院。

三、科研成果

1978 年，地质系安树人编写的《我国汞矿地质》和冶金系江声的《离子交换膜在有色冶金中的应用》荣获全国科学大会奖。

1979～1980 年，葛真教授运用天文历法对西周铜器铭文和典籍记载进行全面系统分析研究，解开了《竹书纪年》中“周懿王元年天再旦于郑”之谜。①

1982 年，贵州工学院开始聘请外国专家到校讲演和派教师出国学习交流。是年后，先后聘请日本、英国、澳大利亚等国专家来学校讲演。同年，力学副教授程培基发表《中心椭圆穿透的矩形连通版之弯曲》一文，受到国际力学界的重视。

1984 年，贵州工学院“GZ 乳化油”研究成果荣获贵州省科技成果一等奖。此项目使燃气节油率达 12%，有效控制了油气中有害气体的排放量，提升了燃气动力。在 1985 年全国首届技术成果交易会上，“GZ 乳化油”成交额排在全国高校的前列。

同年，贵州工学院研究的锅炉微机控制和 PVC 半成品塑料防尘防毒生产自动线受到水电部、轻工部和有关生产单位的重视和好评，并得到推广应用。其成果还受邀在丹麦哥本哈根第 16 届国际理论与应用力学大会中的专业会上宣读。

1978～1984 年，贵州工学院有 42 个科研项目获国家和省级科技奖，其中获国家科学大会奖 3 项，获贵州省科技一等奖 1 项、二等奖 2 项。

---

① 《贵州年鉴》编辑部. 贵州年鉴（1989）［M］. 贵阳：贵州人民出版社，1989：545.

1985 年，在全国首届技术成果交易会上，荣获技术成果优胜奖。[①] 同年，贵州工学院研制“自动调节式密相气力输送”成功。此研究是贵州省科委 1983 年重点科研计划项目，目的是解决粉粒物料的长距离输送问题。该成果于 1988 年 3 月在贵阳矿山机器厂安装运行，生产效率稳定，效果良好，为该厂每年节省开支 13686 元。1988 年 9 月被广西柳州有色冶炼总产推广使用。[②]

1986 年 8 月 25 日，由贵州工学院和贵州省中医研究所共同研制的微机“中医妇科多专家咨询系统”，带胎、产和妇科杂病部分通过省级鉴定。经过临床实践表明，该系统达到了医理设计要求，就诊 2000 多人次中，有效率达 95. 1%。[③]

1987 年 7 月，贵州工学院研制的矿井总通风量自动调节系统通过省级鉴定[④]；9 月，贵州工学院职工技协推荐的“低温炼锑”新工艺获第三次全国发明展览会金牌[⑤]。1987 年，傅家祥等的《贵阳市自来水无线信道多微机三遥调度系统》获得贵州省科技进步三等奖。[⑥]

1986 年 8 月至 1988 年 12 月，地质系副教授陈代演带学生到兴仁县滥木厂汞矿田中考察收集资料时，发现红铊矿。此乃国内首次发现红铊矿。[⑦]

1988 年，在北京国际展览中，江声扬的专利技术“锌和二氧化锰冶炼新工艺”荣获铜牌。[⑧]

1989 年，俞建的《运筹学与数理经济学——点到集映射与最优化算法收敛性》获贵州省科学技术进步奖二等奖；[⑨] 朱建林等的《微机控制大容量矿井提升机低频拖动技术》、爰望治等的《丝光沸石高温相变研究》、法英骏等的《应用岩溶学及洞穴学》获贵州省科学技术进步奖三等奖。[⑩]

1992 年，贵州工学院获得贵州省科学技术进步奖的有：江厚元的《排序理论中的计算复杂性》（三等奖）；谢庆生等的《林业三维立体图计算机辅助绘图系统》（三等奖）；况礼澄等的《缓倾斜煤层矿井开采系统设计方案优化模型》（三等奖）。[⑪]

1993 年，由贵州工学院贵州向阳机床厂研制成功并完成中试生产的多功能饮用水深度净化器通过贵州省卫生部门、技术监督部门的鉴定。该产品采用微滤、活性炭吸附、银粒子灭菌、磁化等水处理技术，显著改善了饮用水的感官性状，降低了水中有毒有害化学物质及细菌指标。该产品当年已获批准生产。[⑫]

同年，张希周等的《高精度位置伺服系统》、吴洪词等的《省化处矿 7#煤层复合顶板的层次分析模糊数学分类》、谢晓尧等的《贵州省招生办高考招生自动化系统》、明黄琪

① 贵州省地方志编纂委员会. 贵州省志（1978-2010）·教育［M］. 贵阳：贵州人民出版社，2017：21.
② 《贵州年鉴》编辑部. 贵州年鉴（1989）［M］. 贵阳：贵州人民出版社，1989：543.
③ 《贵州年鉴》编辑部. 贵州年鉴（1987）［M］. 贵阳：贵州人民出版社，1987：788.
④ 贵州省地方志编纂委员会. 贵州省志（1978-2010）·教育［M］. 贵阳：贵州人民出版社，2017：23.
⑤ 贵州省地方志编纂委员会. 贵州省志（1978-2010）·教育［M］. 贵阳：贵州人民出版社，2017：24.
⑥ 《贵州年鉴》编辑部. 贵州年鉴（1988）［M］. 贵阳：贵州人民出版社，1988：657.
⑦ 《贵州年鉴》编辑部. 贵州年鉴（1989）［M］. 贵阳：贵州人民出版社，1989：538.
⑧ 《贵州年鉴》编辑部. 贵州年鉴（1989）［M］. 贵阳：贵州人民出版社，1989：523.
⑨⑩ 《贵州年鉴》编辑部. 贵州年鉴（1990）［M］. 贵阳：贵州人民出版社，1990：498.
⑪ 《贵州年鉴》编辑部. 贵州年鉴（1993）［M］. 贵阳：贵州人民出版社，1993：515.
⑫ 《贵州年鉴》编辑部. 贵州年鉴（1994）［M］. 贵阳：贵州年鉴社，1994：474.

等的《用微机自动调节合成氨生产中氢氨比值》获贵州省科技进步三等奖。[①]

1994 年，王自勤等的《LJ-IA 冷挤圆角机》、于杰等的《工程塑料断裂面形貌特征分析》获贵州省科技进步三等奖。[②]

1995 年，赵元龙等的《贵州凯里动物群的研究》获贵州省科技进步二等奖。[③]

1997 年，冶金系有色金属研究生完成的“锑矿直接湿法制取锑白”扩大试验成功，并通过省级鉴定。[④]

是年 5 月，贵州工业大学马克俭主持攻关的“空腹夹层板系列研究开发与应用”通过国家建设部、北京工业大学等单位组成的国内建筑空间结构领域高层次专家组评审[⑤]。翌年，《预应力钢网结构的研究与应用》《多层与高层楼学结构体系——空腹夹层板系列研究、开发与应用》两个项目得到大范围推广应用。

1998 年，付家样等的《贵阳市城市煤气 SCADA 系统》、万国江等的《黔中喀斯特区域侵蚀及环境效应》获贵州省科学技术进步奖二等奖。[⑥]

1999 年，谢庆生等的《贵州省“国家贫困地区义务教育工程”资金分配管理系统的研究与应用》获全国第二届教育科研优秀成果二等奖；[⑦] 胡国根等的《电力系统电压失稳机理及分叉现象的研究与仿真》获贵州省科技进步二等奖。[⑧]

2002 年，张金柱等的《转炉出钢过程中铁合金在钢包内与钢液作用规律的研究及应用》、陈代演等的《新矿物铊明矾及相关铊矿物和铊矿床（点）研究》获贵州省科技进步二等奖。[⑨]

四、学生与教职工数

贵州工学院自创建到 1987 年，共培养本专科毕业生 10486 人。1978～1984 年，贵州工学院矿床学、地层学及古生物学、采矿工程、有色金属冶金、机械制造、理论电工、工业自动化、电力系统及其自动化、水工结构工程、固体力学、一般力学、应用数学等学科共招收研究生 51 人。[⑩]

1984 年，贵州工学院有教职工 1891 人，专任教师 737 人（教授 6 人，副教授 51 人，讲师 390 人，其中少数民族教师 36 人）；[⑪] 招收研究生 4 人。[⑫]

---

① 《贵州年鉴》编辑部. 贵州年鉴（1994）[M]. 贵阳：贵州年鉴社，1994：522.

② 《贵州年鉴》编辑部. 贵州年鉴（1995）[M]. 贵阳：贵州年鉴社，1995：532-533.

③ 《贵州年鉴》编辑部. 贵州年鉴（1996）[M]. 贵阳：贵州年鉴社，1996：519.

④ 贵州省地方志编纂委员会. 贵州省志（1978-2010）·教育 [M]. 贵阳：贵州人民出版社，2017：23.

⑤ 贵州省地方志编纂委员会. 贵州省志（1978-2010）·教育 [M]. 贵阳：贵州人民出版社，2017：40.

⑥ 《贵州年鉴》编辑部. 贵州年鉴（1999）[M]. 贵阳：贵州年鉴社，1999：432.

⑦ 《贵州年鉴》编辑部. 贵州年鉴（2000）[M]. 贵阳：贵州年鉴社，2000：350.

⑧ 《贵州年鉴》编辑部. 贵州年鉴（2000）[M]. 贵阳：贵州年鉴社，2000：380.

⑨ 《贵州年鉴》编辑部. 贵州年鉴（2003）[M]. 贵阳：贵州年鉴社，2003：401.

⑩ 贵州省地方志编纂委员会. 贵州省志（1978-2010）·教育 [M]. 贵阳：贵州人民出版社，2017：299；《贵州教育志》编纂办公室. 贵州教育年鉴（1949-1984）[M]. 贵阳：贵州人民出版社，1986：109.

⑪ 《贵州教育志》编纂办公室. 贵州教育年鉴（1949-1984）[M]. 贵阳：贵州人民出版社，1986：109.

⑫ 贵州省地方志编纂委员会. 贵州省志·教育志 [M]. 贵阳：贵州人民出版社，1990：383.

1984年后，学生与教职工数变化如表6-9所示。

表6-9　1984~2002年贵州工业大学（贵州工学院）学生与教职工数　　单位：人

年度末	本专科学生				教职工数	专任教师					
	毕业生	招生数	在校生	预计毕业生		合计	教授	副教授	讲师	助教	教员
1984	—	—	—	—	1891	447	6	51	390	—	—
1986	637	851	3061	—	1823	774	12	147	404	211	—
1987	686	933	3212	—	1772	710	9	139	282	276	4
1988	751	872	3281	—	1777	708	17	185	335	162	9
1989	881	910	3291	—	1730	705	17	182	329	168	9
1990	913	870	3167	—	1706	692	19	193	303	169	8
1991	922	836	3008	—	1313	702	21	182	284	135	80
1992	821	1040	3478	—	1841	738	20	187	300	183	48
1993	1012	1599	4081	—	1815	699	18	168	218	281	14
1994	1115	1555	4403	—	1770	668	33	224	290	83	38
1995	1087	1654	4963	—	1726	654	34	188	295	104	33
1997	1308	1491	5199	1316	1636	623	47	188	249	104	35
1998	1332	1638	5439	1253	1665	630	51	189	221	109	60
1999	1265	2355	6460	1270	1649	655	57	207	188	115	88
2000	1299	2806	7862	1622	1853	796	62	262	224	151	97
2001	1600	3838	10149	1341	2139	977	89	302	295	204	87
2002	1341	4143	12920	2267	2114	1037	102	303	314	232	86

资料来源：历年《贵州年鉴》。

五、学校历任负责人

校（院）长：胡国根、朱立军。

名誉校长：欧阳自远（1999~2004年）。

党委书记（1989年始设）：高广瑞、龙裘云、申振东。

副校（院）长：殷以睿、杨振宗、宦秉德、叶大元、张希周、江厥中、曾垂新、陈天祥、俞建、白迺鹏、王庆喜、高克新、朱立军、谢庆生、杨勇、谢晓尧、郁钟铭。

党委副书记：殷以睿、耒碧云、高广瑞、张希周、刘明富、陈天祥、胡国根、崔跄珏、鄢贵权、陈厚义。

第七章
改革开放后贵州本科院校的建设与发展（下）

第一节　新建本科院校

一、黔南民族师范学院

2000 年 3 月 28 日，黔南民族师范专科学校、黔南教育学院、都匀民族师范学校经国家教育部和贵州省人民政府批准合并成立普通高等本科层次的民族师范学院，更名为黔南民族师范学院①。学校位于贵州省黔南布依族苗族自治州都匀市。

（一）院系与专业设置

2000 年，设置有地理系、英语系、数学系、化学化工学科系、体育系、美术系、音乐系、小学教育系、政法经济系、管理科学系；将黔南民族师范高等专科学校中文系、黔南教育学院中文系整合组建中国汉语言文学系；两校的思想政治教育专业整合组建思想政治教育专业系；物理系更名为物理与电子科学系；成立计算机与信息学系、生命科学系。同年，思想政治教育、汉语言文学、英语、历史学、数学与应用数学、物理学、化学 7 个本科专业开始招生。

2001 年，行政管理、体育教育本科专业开始招生。

2002 年，计算机科学与技术、学前教育、信息与计算科学、农林经济管理开始招收本科生；旅游管理专业开始招收专科生。

---

① 贵州省地方志编纂委员会. 贵州省志（1978-2010）·教育［M］. 贵阳：贵州人民出版社，2017：44.

2003年，开始招收生物科学、广播电视学、小学教育专业开始招收本科生。同年，从政治经济系析出成立思想品德教学部。

2004年，科学教育、电子信息工程、美术专业学开始招收本科生；获得学士学位授予权。同年，思想品德教学部更名为马列主义教学部。

2005年，人力资源管理、信息管理与信息系统、地理科学专业开始招收本科生。

2006年，经济学、音乐学专业开始招收本科生。

2008年，应用化学、旅游管理专业开始招收本科生。

2010年，社会工作、社会体育指导与管理、物流管理专业开始招收本科生。

2011年，教育学专业开始招收本科生；获批教育硕士专业学位研究生培养单位，翌年招生。同年，成立预科部并迁东校区办学。

2012年，增设化学工程与工艺、舞蹈学、软件工程、生物技术、播音与主持艺术本科专业。同年，获学科教育（体育）硕士授予权。

2013年，开始招收学科教育（数学、化学）专业硕士研究生；酒店管理、房地产开发与管理、视觉传达设计、环境设计、机械电子工程、茶学专业开始招本科生。同年，开始招收留学生。①

2014年，开始招收学科教育（英语、生物）专业硕士研究生招生；文化产业管理、商务英语专业开始招收本科生。同年，物理与电子科学系更名为物理与电子科学学院；预科部整体搬迁到独山县大学城东校区，成立预科教育学院。

2015年，社会学、秘书学、物联网工程、数字媒体技术专业开始招收本科生。同年，历史与民族学院成立；中国汉语言文学系更名文学与传媒学院；生命科学系更名为生物科学与农学院；将政法经济系、管理科学系进行专业调整组建经济与管理学院。

2016年，增设天文学、应用心理学、应用统计学本科专业并招生。当年，拟招学科教学（语文）、学科教学（数学）、学科教学（化学）、学科教学（生物）、学科教学（英语）、学科教学（体育）、学前教育7个方向的全日制教育硕士专业学位研究生50名。同时，与广州大学联合招收美术艺术硕士、计算机技术工程硕士、化学工程工程硕士、体育教学体育硕士、社会体育指导体育硕士共10名。

同年，旅游与资源环境学院成立；计算机科学系更名为计算机与信息学院，体育系更名为体育学院，美术系更名为美术学院，教育科学系更名为教育科学学院；历史与社会文化系改建为旅游与资源环境学院。

2017年，地理信息科学本科专业开始招生；增设日语专业。同年，中国语言文学、数学（一级学科）获批为省级区域一流建设培育学科。

2019年，农村区域发展专业开始招收本科生；马列主义教学部更名为马克思主义学院。同年，英语专业获批为省级一流专业。

截至2019年，黔南民族师范学院设有：

文学与传媒学院：开设汉语言文学、广播电视学、播音与主持艺术、秘书学4个本科

① 《贵州年鉴》编辑部. 贵州年鉴（2014）[M]. 贵阳：贵州年鉴社，2014：348.

专业，语文教育专科专业，学科教育（语文）硕士点。

历史与民族学院：开设思想政治教育、社会学、社会工作、历史学4个本科专业（曾设过民族学专业），学科教育（思想政治教育）硕士点。

旅游与资源环境学院：设有旅游与文化产业、旅游与资源环境学院地理与资源环境2个系和旅游与资源环境学院实验实训中心；开设旅游管理、酒店管理、文化产业管理、地理科学、地理信息科学5个本科专业，以及旅游管理、酒店管理、城镇规划3个专科专业。

外国语学院：开设英语（师范、旅游英语2个方向）、商务英语、日语3个本科专业，学科教育（英语）硕士点。

数学与统计学院：开设数学与应用数学、信息与计算科学、应用统计学3个本科专业，学科教育（数学）硕士点。

物理与电子科学学院：开设物理学、电子信息工程、物联网工程、天文学4个本科专业。

化学化工学院：设置有化学、应用化学、化学工程与工艺3个系。开设化学、应用化学、化学工程与工艺3个本科专业，化学教育、应用化工技术、环境检测与评价、工业分析与检验4个专科专业，学科教育（化学）硕士点。

计算机与信息学院体育学院：设置有计算机工程、软件与信息工程2个系和计算机公共课教学部；开设计算机科学与技术（含师范、网络应用、网络存储与安全3个方向）、信息管理与信息系统、软件工程、数字媒体技术、智能科学与技术共5个本科专业，学科教育（现代教育技术）硕士点。

体育学院：开设体育教育、社会体育指导与管理2个本科专业，学科教学（体育）教育硕士点。

生物科学与农学院：开设生物科学、生物技术、茶学3个本科专业，学科教育（生物）专业硕士点和教育硕士点。

音乐舞蹈学院：开设音乐学、舞蹈学2个本科专业，学科教育（音乐）硕士点。

美术学院：设置有美术、设计2个系；开设美术、视觉传达设计、环境艺术设计、产品设计4个本科专业。

教育科学学院：开设小学教育、学前教育、教育学3个本科专业，学科教育（学前教育）硕士点。

经济与管理学院：开设行政管理、农林经济管理、人力资源管理、经济学、物流管理、房地产开发与管理、农村区域发展7个本科专业。

马克思主义学院：负责全校“两课”课程教育。

继续教育学院：负责专业技术人员培训、中小学校长培训、中小学幼儿教师继续教育，以及成人高等教育等学历与非学历教育的教学及管理工作。

预科教育学院（独山校区）：负责预科生的教学与管理工作。

（二）学校环境与办学成果

2004年，获美国福特基金会赠款2万美元，用于贫困学生个人能力奖励。①

2005年9月，蔡永生被评为贵州省首批高校哲学社会科学学术带头人。②

2007年，在教育部本科教学工作水平评估中获评良好。③

2011年，高级记者吴一文荣获贵州省第二届青年创新人才奖。④

2012年，成为“中小学教师国家级培训计划”示范性集中培训项目院校。同年，获得第26批邵氏基金赠款500万港元修建体育馆。⑤

2013年，获建省级院士工作站。同年，牙舟陶艺重点实验室成功申报为教育厅重点实验室建设项目。

2014年，加入全国应用技术大学（学院）联盟，并成为教育部20所转型发展案例院校之一。同年11月，预科教育学院被贵州省教育厅和贵州省民宗委授牌名为“贵州省民族预科教育基地”。

2017年，通过教育部本科教学审核评估，获专家组“高水平、有特色”评价。

截至2019年，黔南民族师范学院占地总面积90.13万平方米，校舍总面积45.52万平方米。建有各类专业实验室、公共实验室62个，教学仪器设备总值达4162.5万元。其中牙舟陶艺实验室为省级重点实验室。

图书馆建筑面积1.7363平方米。拥有纸质图书124.996万册，纸质期刊1148种，电子期刊8000余种，电子图书320万册。有中国知网、维普中文期刊、万方学位论文、读秀百链知识库、国道外文数据库、博图外文电子图书、环球英语、地方志等15种数字资源数据库。

（三）科研成果

2004年，蒙秋明的《人事管理》、黄朝宾的《大学生礼仪学》、曾国良的《社会主义初级阶段论》获贵州省高校人文社会科学研究成果三等奖。⑥

2013年，吴一文等的《苗族史诗（苗汉英文对照）》荣获贵州省第十次哲学社会科学优秀成果一等奖。⑦

2015年，李华斌的《〈昭明文选〉音注研究——以李善音注为中心》获贵州省第十一次哲学社会科学优秀成果一等奖；谢治菊的《西部民族地区乡村治理的逻辑与实践》、邹渊等的《贵州少数民族习惯法调查与研究》、吴一文等的《苗族史诗通解》获贵州省第十

---

① 《贵州年鉴》编辑部. 贵州年鉴（2005）[M]. 贵阳：贵州年鉴社，2005：278.

② 《贵州年鉴》编辑部. 贵州年鉴（2006）[M]. 贵阳：贵州年鉴社，2006：287.

③ 《贵州年鉴》编辑部. 贵州年鉴（2008）[M]. 贵阳：贵州年鉴社，2008：337.

④ 《贵州年鉴》编辑部. 贵州年鉴（2012）[M]. 贵阳：贵州年鉴社，2012：651.

⑤ 《贵州年鉴》编辑部. 贵州年鉴（2013）[M]. 贵阳：贵州年鉴社，2013：364.

⑥ 《贵州年鉴》编辑部. 贵州年鉴（2005）[M]. 贵阳：贵州年鉴社，2005：283.

⑦ 《贵州年鉴》编辑部. 贵州年鉴（2014）[M]. 贵阳：贵州年鉴社，2014：382.

一次哲学社会科学优秀成果二等奖。①

2018 年，吴一文的《苗族古歌叙事传统研究》、黄胜的《民族地区学校教育价值定位的反思与建构：以瑶山白裤瑶的学校教育价值取向变迁为例》获贵州省第十二次哲学社会科学优秀成果二等奖。②

（四）学生与教职工数

2000 年，黔南民族师范专科学校、黔南教育学院、都匀民族师范学校三所学校合并升格改建为黔南民族师范学院。当年，思想政治教育、汉语言文学、英语、历史学、数学与应用数学、物理学、化学 7 个本科专业开始招生。

2000~2018 年，其在校学生与教职工数具体变化如表 7-1 所示。

表 7-1　2000~2018 年黔南民族师范学院学生与教职工数　　单位：人

<table>
<tr><th rowspan="2">年度末</th><th colspan="8">本专科学生</th><th rowspan="2">教职工数</th><th colspan="6">专任教师</th></tr>
<tr><th colspan="2">毕业生</th><th colspan="2">招生数</th><th colspan="2">在校生</th><th colspan="2">预计毕业生</th><th>合计</th><th>教授</th><th>副教授</th><th>讲师</th><th>助教</th><th>教员</th></tr>
<tr><td>2000</td><td colspan="2">372</td><td colspan="2">1057</td><td colspan="2">2229</td><td colspan="2">480</td><td>507</td><td>312</td><td>5</td><td>72</td><td>114</td><td>102</td><td>19</td></tr>
<tr><td>2001</td><td colspan="2">480</td><td colspan="2">1276</td><td colspan="2">2995</td><td colspan="2">625</td><td>529</td><td>345</td><td>7</td><td>80</td><td>127</td><td>95</td><td>36</td></tr>
<tr><td>2002</td><td colspan="2">625</td><td colspan="2">1230</td><td colspan="2">3608</td><td colspan="2">731</td><td>553</td><td>365</td><td>7</td><td>93</td><td>141</td><td>111</td><td>13</td></tr>
<tr><td>2004</td><td colspan="2">866</td><td colspan="2">1680</td><td colspan="2">5416</td><td colspan="2">1151</td><td>578</td><td>395</td><td>13</td><td>101</td><td>151</td><td>104</td><td>26</td></tr>
<tr><td>2005</td><td colspan="2">1146</td><td colspan="2">1857</td><td colspan="2">6152</td><td colspan="2">1349</td><td>614</td><td>430</td><td>20</td><td>105</td><td>166</td><td>89</td><td>50</td></tr>
<tr><th>年度末</th><th>普通</th><th>成人</th><th>普通</th><th>成人</th><th>普通</th><th>成人</th><th>普通</th><th>成人</th><th>教职工数</th><th>合计</th><th>正高</th><th>副高</th><th>中级</th><th>初级</th><th>未定</th></tr>
<tr><td>2007</td><td>1932</td><td>2612</td><td>2798</td><td>645</td><td>7556</td><td>2438</td><td>1679</td><td>1108</td><td>668</td><td>470</td><td>19</td><td>132</td><td>235</td><td>63</td><td>21</td></tr>
<tr><td>2008</td><td>1653</td><td>1007</td><td>1876</td><td>641</td><td>8734</td><td>1971</td><td>1489</td><td>799</td><td>713</td><td>514</td><td>19</td><td>146</td><td>297</td><td>50</td><td>20</td></tr>
<tr><td>2009</td><td>1834</td><td>799</td><td>2836</td><td>521</td><td>9696</td><td>1693</td><td>2180</td><td>572</td><td>682</td><td>530</td><td>22</td><td>149</td><td>284</td><td>32</td><td>43</td></tr>
<tr><td>2010</td><td>2080</td><td>600</td><td>2326</td><td>537</td><td>9865</td><td>1630</td><td>2808</td><td>620</td><td>645</td><td>501</td><td>29</td><td>164</td><td>212</td><td>56</td><td>40</td></tr>
<tr><td>2011</td><td>2726</td><td>477</td><td>2965</td><td>420</td><td>9953</td><td>1573</td><td>2515</td><td>533</td><td>668</td><td>516</td><td>38</td><td>188</td><td>210</td><td>30</td><td>50</td></tr>
<tr><td>2012</td><td>2501</td><td>513</td><td>3935</td><td>379</td><td>11344</td><td>1439</td><td>2810</td><td>583</td><td>693</td><td>533</td><td>44</td><td>203</td><td>226</td><td>21</td><td>29</td></tr>
<tr><td>2013</td><td>2747</td><td>419</td><td>4692</td><td>209</td><td>13420</td><td>1056</td><td>2654</td><td>419</td><td>893</td><td>745</td><td>68</td><td>262</td><td>229</td><td>44</td><td>142</td></tr>
<tr><td>2014</td><td>2630</td><td>377</td><td>3572</td><td>657</td><td>14133</td><td>1216</td><td>3199</td><td>377</td><td>930</td><td>796</td><td>77</td><td>268</td><td>249</td><td>54</td><td>148</td></tr>
<tr><td>2015</td><td>3160</td><td>191</td><td>3207</td><td>203</td><td>14270</td><td>1029</td><td>4165</td><td>176</td><td>916</td><td>776</td><td>74</td><td>266</td><td>234</td><td>54</td><td>148</td></tr>
<tr><td>2016</td><td>4145</td><td>176</td><td>3836</td><td>51</td><td>13903</td><td>904</td><td>4322</td><td>650</td><td>893</td><td>749</td><td>77</td><td>298</td><td>312</td><td>21</td><td>41</td></tr>
<tr><td>2017</td><td>4269</td><td>650</td><td>3776</td><td>33</td><td>13322</td><td>287</td><td>3988</td><td>203</td><td>927</td><td>787</td><td>85</td><td>301</td><td>330</td><td>22</td><td>49</td></tr>
<tr><td>2018</td><td>3942</td><td>195</td><td>3081</td><td>19</td><td>12363</td><td>8586</td><td>2940</td><td>51</td><td>952</td><td>731</td><td>102</td><td>312</td><td>277</td><td>5</td><td>35</td></tr>
</table>

资料来源：历年《贵州年鉴》。

① 《贵州年鉴》编辑部. 贵州年鉴（2016）[M]. 贵阳：贵州年鉴社，2016：525-526.

② 《贵州年鉴》编辑部. 贵州年鉴（2019）[M]. 贵阳：贵州年鉴社，2019：594.

二、遵义师范学院

2001 年 5 月，经教育部批准，遵义师范高等专科学校升格为全日制师范本科院校，更名为遵义师范学院①。学校位于遵义市新蒲新区平安大道。

（一）院系与专业设置

2001 年，设有中文系、历史系、数学系、化学系、生物系、物理系、政经系、体育系、信息工程学院。同年，汉语言文学、数学、物理、化学、英语 5 个专业开始招收本科生。

2002 年，新增思想政治教育、历史学、生物学、体育教育 4 个本科专业并招生。

2003 年，科学教育、计算机科学与技术、应用心理学开始招收本科生。同年，政经系思政教研室更名为马列主义教学部。

2004 年，化学、美术、学前教育、小学教育 4 个本科专业开始招收本科生。

2005 年，开始招收音乐专业本科生。同年，遵义师范学院获得学士学位授予权。

2006 年，新增教育学（中文课程与教学论方向）、旅游管理 2 个本科专业并招生。是年，马列主义教学部从政经系拆出独立。同年，汉语言文学专业被评为省级示范专业；文艺学被确定为省级重点学科。

2011 年，汉语言文学专业被评为省级特色专业；中国语言文学学科被评为省级重点支持一级学科。

2012 年，增设电气工程及其自动化本科专业并招生。同年，中文系更名为人文与传媒学院；历史系更名为历史文化与旅游学院；化学系更名为化学化工学院；生物系更名为生命科学学院；马列主义教学部更名为马克思主义学院；成立对外交流与合作处。

2013 年，增设土木工程本科专业，翌年招生；资源与环境学院成立，翌年招生；以物理与机电工程学院工科专业为基础组建工学院。同年，开始招收留学生②。

2014 年，招生的院系与本科专业有：人文与传媒学院：播音与主持艺术、汉语言文学；政治经济与管理学院：社会工作、思想政治教育；历史文化与旅游管理学院：历史学、旅游管理（含旅游规划与景区管理方向）、酒店管理；外国语学院：英语；教育学科学院：教育学（含职教师资方向）、应用心理学；初等教育学院：小学教育、学前教育；数学与计算机科学学院：数学与应用数学（含经济数学方向、物流系统模型与仿真方向）、统计学；化学化工学院：材料化学（无机功能材料应用技术方向、有机功能材料应用技术方向）、化学、应用化学（产品检测技术方向、精细化工方向）、工学院：电气工程及其自动化（含机电一体化应用技术方、建筑工程方向）、土木工程（含建筑工程方向）；物理与机电工程学院：物理学、电子信息科学与技术、科学教育；计算机与信息科学学院：

---

① 贵州省地方志编纂委员会. 贵州省志（1978-2010）·教育［M］. 贵阳：贵州人民出版社，2017：47.

② 《贵州年鉴》编辑部. 贵州年鉴（2014）［M］. 贵阳：贵州年鉴社，2014：348.

计算机科学与技术、通信工程、网络工程、物联网工程；资源与环境学院：应用化学（环境治理工程方向、动物养殖与产品加工方向）；农业科技学院：生物科学（动物养殖与产品加工方向）、植物科学与技术（植物栽培与产品加工方向）；公共管理学院：社会工作（社会养老服务与管理方向）；体育学院：社会体育指导与管理、体育教育；美术学院：美术学、视觉传达设计；音乐与舞蹈学院：舞蹈编导、音乐表演（含少数民族艺术方向）、音乐学。南北分院招收的专科专业有：语文教育、数学教育、英语教育、音乐教育、学前教育。

2015 年，增设自动化本科专业并招生；增设工程造价本科专业，翌年招生；信息工程学院开始实施大类招生。同年，马克思主义理论一级学科被确定为贵州省重点支持建设学科。

2016 年，生命科学学院更名为生物与农业科技学院（食品科技学院）；对外交流与合作处更名为国际教育学院（国际交流合作处）；政治经济与管理学院、公共管理学院、商学院整合组建为管理学院（商学院）；成立教师教育学院（心理健康与咨询中心）。同年，中国史学科成为省级重点学科；马克思主义学院被贵州省委宣传部、贵州省教育厅批准遴选为贵州省高校马克思主义重点学院。

2019 年，历史学专业成为贵州省一流专业。

截至 2019 年，遵义师范学院院系与专业设置为：

人文与传媒学院：开设汉语言文学、播音与主持艺术、秘书学 3 个本科专业。

管理学院（商学院）：开设社会工作、物流管理、财务管理 3 个本科专业。

历史文化与旅游学院：开设历史学、旅游管理、酒店管理 3 个本科专业。

教师教育学院（心理健康与咨询中心）：开设教育学、应用心理学、小学教育、学前教育 4 个本科专业，语文教育、数学教育、学前教育 3 个师范教育类专科专业。

数学学院：开设数学与应用数学、统计学、信息与计算科学 3 个本科专业 .

外国语学院（公共外语教学部）：开设英语（师范类）、翻译、汉语国际教育 3 个本科专业，英语教育专科专业；日语、俄语为第二外语。

化学化工学院：开设化学、应用化学、材料化学、化学工程与工艺 4 个本科专业。

资源与环境学院：开设环境科学与工程、农业资源与环境 2 个专业。

生物与农业科技学院（食品科技学院）：开设生物科学、植物科学与技术、食品营养与检验教育 3 个本科专业。

物理与电子科学学院：开设物理学、科学教育、电子信息科学与技术、材料物理 4 个本科专业，应用电子技术专科专业。

工学院：开设自动化、土木工程、机械设计制造及其自动化、工程造价 4 个本科专业，电气自动化技术专科专业。

信息工程学院：开设计算机科学与技术、通信工程、物联网工程、网络工程、大数据应用 5 个本科专业。

音乐与舞蹈学院：开设音乐学、音乐表演、舞蹈编导 3 个本科专业，音乐教育 1 个专科专业。

马克思主义学院：开设思想政治教育本科专业，负责全校的思想政治理论课教育教学和马克思主义一级学科建设。

国际教育学院（国际交流合作处）：开设计算机科学与技术、汉语言文学、旅游管理3个专业，主要承担国际生的招生、管理及教学及学校涉外相关的行政事务。

体育学院（公共体育教学部）：开设体育教育、社会体育指导与管理2个本科专业，承担全校的公共体育教学任务。

美术学院：开设美术学、视觉传达设计、环境设计3个本科专业。

继续教育学院：开设2.5年制高中起点升专科，5年制高中起点升本科，2.5年制专科起点升本科3个办学层次，共40余个专业。承担全省自学考试助考工作；开展自学考试专升本和第二学历学位助学工作。同时，与省内自学考试主考院校合作。

（二）学校环境与办学成果

2004年，成人教育处被教育部评为全国高等教育学历证书电子注册管理工作先进集体。[①]

2007年，在接受教育部本科教学工作水平评估中通过了本科评估。[②]

2008年11月，遵义师范学校和南白师范学校并入学院。同年，获得省普通高等院校优美校园称号。

2009年，人文与传媒学院党总支荣获贵州省先进基层党组织称号。

2010年，陈玲荣获第二届省高校“感动校园十大人物”称号。[③] 同年，人文与传媒学院06级（1）班被团中央、教育部表彰为“全国先进班集体”。

2011年，获全国文明单位称号。同年，音乐与舞蹈学院被教育部批准为全国高等学校红色经典艺术教育示范基地。

2013年，获得贵州省特色学校、书香贵州十佳学校称号。

2014年，被评为贵州省首批特色文化学校。同年，人文与传媒学院党总支部荣获贵州省先进基层党组织称号。

2015年，刘衍民教授荣获第十三届贵州省青年科技奖。[④] 同年，历史文化与旅游学院与中国社会科学院历史研究所共同创建中国土司文化研究中心；数学学院被评为省级创新群体团队。

2016年，获全省高校加快发展目标绩效考核一等奖。同年，数学学院被评为贵州省应急智能物流科技创新团队；马克思主义学院被遴选为省级重点马克思主义学院，并获40万元建设经费。[⑤]

截至2019年，遵义师范学院图书馆馆舍44997平方米，拥有纸质文献总量为121万

---

① 《贵州年鉴》编辑部. 贵州年鉴（2005）［M］. 贵阳：贵州年鉴社，2005：284.

② 《贵州年鉴》编辑部. 贵州年鉴（2008）［M］. 贵阳：贵州年鉴社，2008：337.

③ 贵州省地方志编纂委员会. 贵州省志（1978-2010）·教育［M］. 贵阳：贵州人民出版社，2017：60.

④ 《贵州年鉴》编辑部. 贵州年鉴（2016）［M］. 贵阳：贵州年鉴社，2016：761.

⑤ 《贵州年鉴》编辑部. 贵州年鉴（2017）［M］. 贵阳：贵州年鉴社，2017：510.

余册，报刊1000余种，中外文电子图书190多万册，数据库及信息平台22个（含子库38个）。

遵义师范学院有贵州省区域一流培育学科1个、省级特色重点学科1个、省级重点学科5个、省级重点支持学科6个；省级一流课程4门；省级一流专业2个、省级特色专业2个、省级示范专业3个、省级综合改革试点专业8个；省级一流师资团队1个、省级一流教学管理团队1个、贵州省教育厅创新团队4个、贵州省科技厅科技创新人才团队3个；建有科研团队13个、科研基地26个、研究院所16个；获批教育部人文社科重点研究基地1个、教育部红色经典艺术教育示范基地1个、省级高校人文社科研究基地2个、省级工程中心和产学研基地9个、省级2011协同创新中心2个；省级特色重点实验室3个；省级院士工作站1个；省级大学科技园1个。

遵义师范学院位处新蒲新区大学城中心，占地面积2100余亩。截至2019年，已完成北区建设1000亩（南区1100亩正在规划建设中），总建筑面积90万平方米。

遵义师范学院设有党政办公室、人事处（教师工作处）、教务处、发展规划处（学科建设办公室）、保卫处、科研处（产学研发展中心）、审计处、招生与毕业生就业指导处、财务处、后勤管理处、学生资助管理中心、设备处（国有资产管理处）、学生工作部（学生工作处、武装部）、网络信息与现代教育技术管理中心、图书馆、学报编辑部、档案馆（校史室）等行政部门与服务机构。

遵义师范学院还建有中国共产党革命精神与文化资源研究中心（遵义经色文化研究院）、红色经典艺术教育示范基地、赤水河流域资源保护与开发研究院、黔北文化与经济研究院、土司文化研究院（基地）[（中国仡佬族文化研究院）]等科研机构。

（三）科研成果

2013年，罗宏梅等的《中国现代文学史的阐释框架》荣获第十次哲学社会科学优秀成果一等奖。①

2018年，黎铎、龙先绪的《黎庶昌全集》获贵州省第十二次哲学社会科学优秀成果一等奖；杨司桂的《语用翻译观：奈达翻译思想再研究》，雷昌蛟、陈遵平的《〈经典释文〉常用异读字注音问题研究》获贵州省第十二次哲学社会科学优秀成果二等奖。②

（四）学生与教职工数

2001年，遵义师范高等专科学校升格改建为遵义师范学院。当年，汉语言文学、数学、物理、化学、英语5个专业开始招收本科生。

2001~2018年，其学生与教职工数具体变化如表7-2所示。

---

① 《贵州年鉴》编辑部. 贵州年鉴（2014）[M]. 贵阳：贵州年鉴社，2014：383.

② 《贵州年鉴》编辑部. 贵州年鉴（2019）[M]. 贵阳：贵州年鉴社，2019：593-594.

表 7-2　2001~2018 年遵义师范学院学生与教职工数　　单位：人

<table>
<tr><th rowspan="2">年度末</th><th colspan="8">本专科学生</th><th rowspan="2">教职工数</th><th colspan="6">专任教师</th></tr>
<tr><th colspan="2">毕业生</th><th colspan="2">招生数</th><th colspan="2">在校生</th><th colspan="2">预计毕业生</th><th>合计</th><th>教授</th><th>副教授</th><th>讲师</th><th>助教</th><th>教员</th></tr>
<tr><td>2001</td><td colspan="2">620</td><td colspan="2">1865</td><td colspan="2">4377</td><td colspan="2">1004</td><td>536</td><td>312</td><td>1</td><td>62</td><td>158</td><td>41</td><td>50</td></tr>
<tr><td>2002</td><td colspan="2">923</td><td colspan="2">1048</td><td colspan="2">4312</td><td colspan="2">1358</td><td>544</td><td>337</td><td>2</td><td>70</td><td>150</td><td>84</td><td>31</td></tr>
<tr><td>2004</td><td colspan="2">1073</td><td colspan="2">1771</td><td colspan="2">5020</td><td colspan="2">1131</td><td>558</td><td>354</td><td>6</td><td>93</td><td>160</td><td>79</td><td>26</td></tr>
<tr><td>2005</td><td colspan="2">1127</td><td colspan="2">2007</td><td colspan="2">5961</td><td colspan="2">1428</td><td>582</td><td>385</td><td>7</td><td>99</td><td>172</td><td>98</td><td>9</td></tr>
<tr><th>年度末</th><th>普通</th><th>成人</th><th>普通</th><th>成人</th><th>普通</th><th>成人</th><th>普通</th><th>成人</th><th>教职工数</th><th>合计</th><th>正高</th><th>副高</th><th>中级</th><th>初级</th><th>未定</th></tr>
<tr><td>2007</td><td>2002</td><td>2847</td><td>3526</td><td>1192</td><td>8295</td><td>3688</td><td>2019</td><td>1301</td><td>652</td><td>433</td><td>25</td><td>120</td><td>104</td><td>128</td><td>56</td></tr>
<tr><td>2008</td><td>1926</td><td>1220</td><td>3874</td><td>1288</td><td>10103</td><td>3774</td><td>1815</td><td>1321</td><td>813</td><td>620</td><td>28</td><td>190</td><td>210</td><td>82</td><td>110</td></tr>
<tr><td>2009</td><td>2150</td><td>1327</td><td>3608</td><td>1041</td><td>11518</td><td>3503</td><td>2502</td><td>1255</td><td>902</td><td>646</td><td>34</td><td>214</td><td>227</td><td>98</td><td>73</td></tr>
<tr><td>2010</td><td>2491</td><td>1094</td><td>3280</td><td>966</td><td>12087</td><td>3240</td><td>3323</td><td>1191</td><td>905</td><td>671</td><td>44</td><td>217</td><td>294</td><td>88</td><td>28</td></tr>
<tr><td>2011</td><td>3232</td><td>1191</td><td>3768</td><td>517</td><td>12420</td><td>2566</td><td>2934</td><td>1083</td><td>902</td><td>668</td><td>50</td><td>224</td><td>280</td><td>88</td><td>26</td></tr>
<tr><td>2012</td><td>2926</td><td>1083</td><td>3871</td><td>403</td><td>13295</td><td>1886</td><td>3125</td><td>966</td><td>916</td><td>681</td><td>60</td><td>249</td><td>268</td><td>76</td><td>28</td></tr>
<tr><td>2013</td><td>3122</td><td>901</td><td>3799</td><td>913</td><td>13885</td><td>1988</td><td>3572</td><td>515</td><td>969</td><td>715</td><td>81</td><td>289</td><td>252</td><td>58</td><td>35</td></tr>
<tr><td>2014</td><td>3517</td><td>542</td><td>3372</td><td>1895</td><td>13623</td><td>3368</td><td>3624</td><td>548</td><td>1008</td><td>772</td><td>106</td><td>325</td><td>184</td><td>60</td><td>97</td></tr>
<tr><td>2015</td><td>3623</td><td>473</td><td>2979</td><td>2771</td><td>12953</td><td>5764</td><td>3759</td><td>1075</td><td>1141</td><td>862</td><td>123</td><td>345</td><td>214</td><td>32</td><td>148</td></tr>
<tr><td>2016</td><td>3687</td><td>748</td><td>4420</td><td>4311</td><td>13610</td><td>9011</td><td>3732</td><td>1806</td><td>1140</td><td>868</td><td>139</td><td>374</td><td>221</td><td>24</td><td>110</td></tr>
<tr><td>2017</td><td>3726</td><td>1622</td><td>4466</td><td>4350</td><td>14309</td><td>11732</td><td>3509</td><td>2751</td><td>1157</td><td>800</td><td>147</td><td>391</td><td>152</td><td>4</td><td>106</td></tr>
<tr><td>2018</td><td>3367</td><td>4934</td><td>4669</td><td>2354</td><td>15387</td><td>1367</td><td>3718</td><td>5409</td><td>1153</td><td>834</td><td>150</td><td>381</td><td>200</td><td>9</td><td>94</td></tr>
</table>

资料来源：历年《贵州年鉴》。

2019 年，该校有全日制在校生 15507 人，其中本科生 12661 人（含 120 名本科学籍留学生）；教职工 1157 人，专任教师 834 人，其中教授 155 人，副教授 384 人，具备博士学位 221 人，硕士学位 523 人。

三、贵阳学院

2004 年，贵阳师范高等专科学校和贵阳市金筑大学合并组建省市共建、以市为主的全日制本科普通高校，更名为贵阳学院。学校坐落于贵州双龙航空港经济区。

（一）院系与专业设置

2004 年，成立美术系，设有美术学、艺术设计 2 个专业；设有政教系、生物与环境工程系、化学与材料工程系、音乐系、体育系、物理系、小学教育系、经济管理系、法律系。同年，汉语言文学、法学、机械设计制造及其自动化开始招收本科生。

2005 年，美术学、电子信息科学与技术、生物工程（设食品工程、制药工程 2 个方向）专业招收本科生。同年，小学教育系更名为教育系。

2006 年，物理系重组为物理与电子信息科学系。

2008 年，增设汽车服务工程本科专业并招生，成为贵州省唯一招收汽车服务工程专业的高校；增设生物工程本科专业，以食品工程、制药工程 2 个方向并招生。

2009 年，贵阳师范学校并入贵阳学院。同年，生态学获批为省级重点支持学科。

2010 年，广播电视新闻学（广播电视学）、电子信息工程和通信工程专业开始招收本科生。同年，生物工程专业获批为国家级特色专业建设点。

2011 年，成立食品与制药工程学院。同年，汽车服务工程获批为省级高校特色专业建设点。

2012 年，成立食品与制药工程学院、城乡规划与建筑工程学院。同年，美术系更名为美术学院；音乐系更名为音乐学院；化学与材料工程系更名为化学与材料工程学院；生物与环境工程系更名为生物与环境工程学院；体育系更名为体育学院；教育系更名为教育科学学院；经济管理系更名为经济管理学院；数学系与计算机科学系重组成立数学与信息科学学院；计算机科学系的通信工程专业并入物理与电子信息科学系，重组成立电子与通信工程学院。2012 年，法学本科专业获批为省级特色专业；国际经济与贸易专业成为省级专业综合改革试点项目。

2013 年，艺术设计专业被拆分成 4 个专业，其中招生的专业为 3 个（视觉传达、服装与服饰、环境艺术设计）。同年，电子信息科学与技术专业成为省级专业综合改革试点专业；法学获批为省级卓越法律人才教育培养计划立项专业。

2014 年，科学教育专业获批为贵州省高等学校专业综合改革试点专业；教育学被列为省级重点支持学科；物流管理成为省级专业综合改革试点项目；电子商务成为省级卓越人才培养项目。

2014 年，招本科生的专业有：汉语言文学、秘书学、广播电视学、英语、法学、社会工作、思想政治教育、数学与应用数学、信息与计算科学、计算机科学与技术、学前教育、小学教育、应用心理学、电子信息工程、通信工程、科学教育、化学、材料科学与工程、经济学、国际经济与贸易、物流管理、电子商务、旅游管理、园林、生物工程、机械设计制造及其自动化、汽车服务工程、制药工程、食品科学与工程、食品质量与安全、土木工程、城乡规划、软件工程（国际本科学术互认课程项目）、电子信息科学与技术（国际本科学术互认课程项目）、土木工程（国际本科学术互认课程项目）、体育教育、社会体育指导与管理、音乐表演、音乐学、美术学、视觉传达设计、环境设计、服装与服饰设计。

2015 年，增设环境生态工程、软件工程、电子信息科学与技术 3 个本科专业并招生。同年，材料科学、生态学学科获批为省级重点学科；应用经济学成为省级重点建设学科。

2016 年，增设茶学（设茶叶安全生产、茶文化与旅游、营销与贸易 3 个方向）、机械电子工程、药学、建筑学 4 个本科专业。同年，以社会管理学院法学专业为基础成立法学院；以社会管理学院、马列主义教学部为基础组建马克思主义学院。2016年，信息与通信工程学科成为省级重点支持学科；旅游管理成为省级专业综合改革试点项目。

2017年，材料科学与工程专业获批为省级一流专业培育项目；生态学获批为省级区域一流建设培育学科；电子信息科学与技术专业成为省级一流建设培育专业；汽车服务工程实验实训教学中心获贵州省级一流平台培育项目；电子信息科学与技术专业成为国际本科学术互认课程项目专业。

2018年，被增列为硕士学位授予单位；食品与制药工程学院获得硕士点招生资格，翌年招生。同年，教育学被列为省级重点学科。

2019年，生物与环境工程学院开始招收研究生。同年，社会工作本科专业转入法学院管理。

截至2019年，贵阳学院设有17个教学院（含1个继续教育学院）、51个本科专业，涉及工学、理学、教育学、文学、管理学、法学、经济学、农学、艺术学、医学10个学科门类。

文化传媒学院：开设汉语言文学、广播电视学、秘书学、广播电视编导4个本科专业；文秘1个专科专业；承担全校其他专业《大学语文》课程教学工作。

外国语学院：开设英语、日语2个本科专业，旅游英语专科专业，英语翻译自学考试本科专业；承担全校非英语专业本科生、专科生的大学英语教学工作。

法学院：开设法学、社会工作2个本科专业，法律事务专科专业。

马克思主义学院：开设思想政治教育、社会工作2个本科专业；承担全校思想政治理论课程的教学工作。

数学与信息科学学院：开设数学与应用数学、信息与计算科学、计算机科学与技术、软件工程4个本科专业，计算机网络、软件技术2个专科专业。

教育科学学院：开设小学教育、学前教育、应用心理学3个本科专业。

电子与通信工程学院：开设电子信息科学与技术、电子信息工程、通信工程3个本科专业，应用电子技术专科专业。

化学与材料工程学院：开设化学、材料科学与工程、科学教育3个本科专业，化学教育专科专业。

经济管理学院：开设经济学、国际经济与贸易、电子商务、物流管理、旅游管理5个本科专业，电子商务、会计、市场营销、导游4个专科专业。

生物与环境工程学院：开设生物工程、园林、环境生态工程、茶学（设茶叶安全生产、茶文化与旅游、营销与贸易3个培养方向）4个本科专业，园林工程技术1个专科专业。

机械工程学院：开设机械设计制造及其自动化、汽车服务工程、机械电子工程3个本科专业，汽车服务工程自考本科专业。

食品与制药工程学院：开设食品科学与工程、食品质量与安全、制药工程和药学4个本科专业。

城乡规划与建筑工程学院：开设城乡规划、建筑学、土木工程、土木工程ISEC项目国际班共 4 个本科专业。

音乐学院：开设音乐学、音乐表演 2 个专业。

美术学院：开设美术学（国画、油画）、环境艺术设计、服装与服饰设计、视觉传达设计 4 个本科专业。

体育学院：开设体育教育、社会体育指导与管理 2 个本科专业。

贵阳学院还是国家留学基金管理委员会国际本科学术互认课程项目承办单位，与加拿大魁北克大学、泰国加拉信大学、台湾玄奘大学、朝阳科技大学等 50 余所国内外高校达成教育交流与办学合作协议。

（二）学校环境与办学成果

2005 年，刘国华被评为贵州省首批高校哲学社会科学学术带头人。①

2010 年，贵阳学院作为全国试点学校通过了教育部本科教学工作合格评估。同年，获批为省级电子工程实验教学示范中心建设单位。

2011 年，生态学被列为省级教学团队；有害生物控制实验室获批为省级重点实验室。同年，李灿荣获贵州省第二届青年创新人才奖。②

2012 年，生物多样性实验室获批为省级重点实验室；电子工程实验教学示范中心获批为省级示范中心。

2013 年，贵阳学院丰武光电工程实践教育中心获批为国家级校外实践教育中心；信号与信息处理团队成为省级科技优秀创新团队；贵阳学院获批贵州省卓越法律人才教育培养计划立项单位。同年，李灿教授入选教育部新世纪优秀人才支持计划③。

2015 年，生态学学科获批为省级特色重点学科；贵州省大鲵可持续发展协同创新中心获批为省级协同创新中心。同年，经管系学生获得教育部大学生创新创业训练项目立项 1 项。

2016 年，科学与教育实验室获批为省级实验教学示范中心。同年，在中国机器人大赛上，15 科教班李霞芳同学获得全视觉水球二人对抗组一等奖；14 科教班肖沾同学获得仿人轻量组一等奖。

2017 年，生物学获批为省级区域一流教学培育团队。同年，在第十二届全国大学生智能汽车竞赛中获得 2 个一等奖、2 个二等奖、1 个优胜奖，其中有一队还进入了全国总决赛。

截至 2019 年，规划校园面积 1200 亩。图书馆馆藏中外文纸质图书 100 万余册，电子书计 228.4 万种，其中外文电子书 7.4 万种，数据库资源 44 个。

贵阳学院拥有区域内一流建设培育学科和省级特色重点学科各 1 个、省级重点学科 5 个、省级重点支持学科 3 个；国家级大学生实习实践基地 2 个；省级大学科技园 1 个、省

---

① 《贵州年鉴》编辑部. 贵州年鉴（2006）［M］. 贵阳：贵州年鉴社，2006：287.

② 《贵州年鉴》编辑部. 贵州年鉴（2012）［M］. 贵阳：贵州年鉴社，2012：651.

③ 《贵州年鉴》编辑部. 贵州年鉴（2014）［M］. 贵阳：贵州年鉴社，2014：352.

级教师发展中心 1 个、省级专业技术人员继续教育基地 1 个。建有国家专利保护重点联系基地 1 个、国家级中国专利保护协会贵州研究基地 1 个、国家级科技企业孵化器 1 个；教育部国别和区域研究中心备案基地 1 个、省级高校人文社科研究基地 1 个、产学研基地 6 个；省级工程技术中心 1 个、省级协同创新中心 2 个、实验教学示范中心 6 个、工程技术中心 4 个；贵州省高校特色重点实验室 5 个；科技创新团队 7 个（省级 2 个）。

（三）科研成果

2007 年，龚振黔等的《全球化：思想政治教育方法创新的契机》获贵州省第七次哲学社会科学优秀成果二等奖。①

2013 年，龚振黔等的《实践规律研究》荣获贵州省第十次哲学社会科学优秀成果二等奖。②

2018 年，陆永胜的《心·学·政——明代黔中王学思想研究》获贵州省第十二次哲学社会科学优秀成果一等奖；龚振黔、黄河、龚婷的《虚拟社会中人的虚拟性活动的哲学研究》获贵州省第十二次哲学社会科学优秀成果二等奖。③

（四）学生与教职工数

2004 年，贵阳师范高等专科学校和贵阳市金筑大学合并升格改建为贵阳学院。当年，汉语言文学、法学、机械设计制造及其自动化开始招收本科生。是年，有本专科毕业生 1349 人，招收本专科学生 4151 人；有在校本专科学生 8495 人，其中毕业班学生 1922 人；有教职工 893 人，其中专任教师 446 人，教授 10 人，副教授 124 人，讲师 141 人，教员 48 人。

2005 年，有本专科毕业生 1919 人，招收本专科学生 5278 人；有在校本专科学生 11651 人，其中毕业班学生 3388 人；有教职工 1088 人，其中专任教师 492 人，教授 13 人，副教授 111 人，讲师 150 人，教员 58 人。

2004～2018 年，其学生与教职工数具体变化如表 7-3 所示。

表 7-3　2004～2018 年贵阳学院学生与教职工数　　单位：人

年度末	本专科学生				教职工数	专任教师					
	毕业生	招生数	在校生	预计毕业生		合计	教授	副教授	讲师	助教	教员
2004	1349	4151	8495	1922	893	446	10	124	123	141	48
2005	1919	5278	11651	3388	1088	492	13	111	150	160	58

① 《贵州年鉴》编辑部. 贵州年鉴（2008）[M]. 贵阳：贵州年鉴社，2008：340.

② 《贵州年鉴》编辑部. 贵州年鉴（2014）[M]. 贵阳：贵州年鉴社，2014：382.

③ 《贵州年鉴》编辑部. 贵州年鉴（2019）[M]. 贵阳：贵州年鉴社，2019：592-594.

续表

年度末	本专科学生								教职工数	专任教师					
	毕业生		招生数		在校生		预计毕业生			合计	正高	副高	中级	初级	未定
	普通	成人	普通	成人	普通	成人	普通	成人							
2007	4146	470	5974	2321	13235	4823	4068	905	669	530	18	105	160	237	10
2008	4300	985	4167	2702	12604	6266	3088	1554	725	554	21	135	247	148	3
2009	3202	2209	2577	1956	11937	6531	4315	2026	767	582	33	147	249	120	33
2010	4349	2126	2276	2821	9916	7528	3123	2493	762	595	41	142	276	116	20
2011	3031	2158	2791	3477	9559	7821	3057	1943	733	585	49	172	276	87	1
2012	3006	2034	4891	4631	11375	9765	1927	2352	739	582	52	206	265	58	1
2013	1898	2501	3089	4516	12347	11203	1957	2727	826	652	59	235	221	64	73
2014	1935	2753	2382	4565	12900	11415	4390	3187	802	650	67	262	212	80	29
2015	4270	3726	2615	3103	11124	10966	3195	3549	780	651	76	265	204	86	20
2016	3151	4029	3296	1975	11200	7613	3716	3206	840	623	77	295	182	33	36
2017	3682	3206	3687	3327	11161	7734	2795	2432	861	633	91	304	189	29	20
2018	2773	2432	3533	1864	11806	2213	2819	1975	905	698	87	294	175	37	105

资料来源：历年《贵州年鉴》。

2019 年，该校有普通全日制在校生 10546 人，其中本科 9810 人，专科 641 人，预科 95 人；留学生 20 余人。

四、贵州工程应用技术学院（毕节学院）

2005 年，毕节师范高等专科学校、毕节教育学院、毕节师范学校合并升格组建普通高等本科院校，更名为毕节学院。2014 年 5 月，毕节学院更名为贵州工程应用技术学院。

（一）院系与专业设置

2005 年，成立经济管理系。同年，设有中文系、体育系、化学系、艺术系、物理系、数学系；政史系改建为经济管理系；教育系更名为教育科学系；农村职业中学师资系更名为环境与生命科学系；汉语言文学、体育教育专业开始招收本科生；增设建筑工程技术专科专业并招生。

2006 年，教育科学系增设小学教育本科专业；增设初等教育双语（彝汉、苗汉方向）教育专科专业。

2008 年，物理系析出成立采矿工程系。同年，汉语言文学、社会体育开始招收本科生；增设学前教育本科、特殊教育专科2个专业并招生。

2010年，增设特殊教育、采矿工程、安全工程3个本科专业并招生。同年，招生院系与本科专业有：经济管理系：人力资源管理、思想政治教育、历史学、经济学；中文系：汉语言文学；外语系：英语；数学系：数学与应用数学、信息与计算科学；计算机科学系：计算机科学与技术、信息管理与信息系统；物理系：物理学；采矿工程系：采矿工程、采矿安全；化学系：化学、应用化学；环境与生命科学系：生物科学、地理科学；教育科学系：特殊教育、学前教育、小学教育；体育系：体育教育、社会体育；艺术系：音乐学、美术学、艺术设计；招生的院系与专科专业有经济管理系：会计；中文系：汉语。

2011年，获批招收免费师范定向生①；成立人文学院、土木建筑工程学院。同年，教育科学系更名为教育科学学院；经济管理系更名为经济与管理学院；环境与生命科学系更名为地理与生命科学学院；采矿工程系更名为资源与安全工程学院；经济管理系思想政治理论课教学部与学校马列主义教学部合并组建成立政治与法学学院；数学系、计算机科学系合并组建数学与计算机科学学院；物理系拆分为建筑工程学院、物理科学与技术学院；艺术系拆分为音乐学院、美术学院；外国语言文学系更名为外国语学院；体育系更名为体育学院；化学系更名为化学与化学工程学院。

2012年，增设土木工程本科专业并招生。同年，政治与法学学院更名为马克思主义学院。

2013年，成立机械工程学院；测绘工程及新增工程管理2个专业开始招收本科生。同年，资源与安全工程学院更名为矿业工程学院；以物理科学与技术学院、数学与计算机科学学院部分专业重组成立理学院；以数学与计算机科学学院部分专业成立信息工程学院。同年，人力资源管理专业被贵州省教育厅批准进入首批卓越经管人才教育培养计划专业。

2014年5月，毕节学院更名为贵州工程应用技术学院；增设水利水电工程本科专业并招生。是年，马克思主义学院更名为马克思主义教学部；地理与生命科学学院更名为生态工程学院；化学与化学工程学院更名为化学工程学院；教育科学学院更名为师范学院；美术学院、音乐学院合并重建为艺术学院。同年，贵州工程应用技术学院与联通公司毕节市分公司签订了校企联合办学协议，招收卓越经管人才班，冠名为“联通”班。

2015年，矿业工程学院地质工程专业开始招本科生。同年，信息工程学院增设计算机科学与技术（软件技术、物联网、移动互联网、3G/4G移动通信5个方向）、信息管理与信息系统2个本科专业。

2018年，机械类、教育学类进行大类招生。是年，招生专业有汉语言文学、广播电视学、思想政治教育、人力资源管理、财务管理、英语、数学与应用教学、物理学、电子信息类、化学、化工与制药类、应用化学、计算机类、通信工程、生物科学、地理科学、环境生态工程、采矿工程、安全工程、测绘工程、地质工程、机械类、土木工程、工程管理、教育学类、体育教育、社会体育指导与管理、音乐学、舞蹈表演、美术学、视觉传达设计。其中包含计划招收的专升本学生（540人）和预科学生（300人）。同年，继续教

① 《贵州年鉴》编辑部．贵州年鉴（2012）［M］．贵阳：贵州年鉴社，2012：421.

育学院的学历教育设有成人本科 19 个专业，成人专科 17 个专业，涵盖文学、理学、工学、经济学、管理学、教育学、法学、艺术学等学科门类。

截至 2019 年，贵州工程应用技术学院设有人文学院、外国语学院、师范学院、体育学院、经济与管理学院、生态工程学院、化学工程学院、土木建筑工程学院、艺术学院、理学院、信息工程学院、矿业工程学院、机械工程学院、马克思主义教学部、继续教育学院 15 个教学院部，52 个本专科专业，涵盖工学、理学、教育学、文学、管理学、艺术学等 9 个学科门类。

（二）学校环境与办学成果

2005 年，获教育部全国第一届大学生艺术展演活动学校优秀组织奖。①

2008 年，体育系成为贵州省少数民族传统体育项目训练基地。

2011 年，体育学院成为贵州省一级社会体育指导员培训基地。

2012 年，梁杰荣获第十二届贵州省青年五四奖章。② 同年，学校在第九届全国少数民族运动会上获二等奖一项。

2014 年，代表贵州省参加全国首届社会体育指导员素质大赛，获得团体三等奖。

2015 年，伍西安在全国传统武术比赛中荣获苗刀冠军。

2016 年，矿业工程一级学科被增列为省级重点建设学科；矿工程学科被列为省级重点支持学科；采矿工程专业建设成为省级专业综合改革项目。

2017 年，王明贵教授被评为省第二届黔灵学者。③

截至 2019 年，贵州工程应用技术学院占地面积 1300 余亩。图书馆藏书达 103.38 万册，电子图书 128.24 万册，中外文数据库 20 个。拥有教学科研仪器设备总价值超过 1.2 亿元人民币。拥有省级区域一流建设培育学科 1 个，省级特色重点学科 1 个，省级重点学科 3 个，省级重点支持学科 4 个，省级一流本科专业建设点 4 个，省级特色专业 1 个，省级综合改革专业 6 个，省级精品课程 2 门；建有贵州省重点实验室 1 个，院士工作站 1 个；省级众创空间 1 个，省级特色重点实验室 3 个，省级 2011 协同创新中心 1 个，省级工程中心 4 个；国家级大学生校外实践教育基地 1 个，省级产学研基地 2 个；省级科技创新人才团队 6 个，省级教学团队 2 个。

（三）科研成果

2007 年，卢凤鹏的《（说文）语义考论》获贵州省第七次哲学社会科学优秀成果奖二等奖。④

2008 年，张学立主编的《大学逻辑》教材荣获贵州省高校优秀教学成果一等奖；张

① 《贵州年鉴》编辑部. 贵州年鉴（2006）[M]. 贵阳：贵州年鉴社，2006：293.
② 《贵州年鉴》编辑部. 贵州年鉴（2013）[M]. 贵阳：贵州年鉴社，2013：597.
③ 《贵州年鉴》编辑部. 贵州年鉴（2018）[M]. 贵阳：贵州年鉴社，2018：527.
④ 《贵州年鉴》编辑部. 贵州年鉴（2008）[M]. 贵阳：贵州年鉴社，2008：379-340.

学立的《金岳霖逻辑哲学思想研究》荣获中国逻辑学会第二届优秀成果奖科研二等奖。

2018 年，王明贵的《彝语诗歌格律研究》、王祥兵的《金融监管信号传递与金融市场有效运行》获贵州省第十二次哲学社会科学优秀成果二等奖。①

（四）学生与教职工数

2005 年，毕节师范高等专科学校升格为本科毕节学院后，当年毕业专科学生 833 人，招收本专科学生 1409 人，有在校本专科学生 3165 人，预计毕业专科学生 923 人；有教职工 552 人，专任教师 339 人。专任教师中有教授 9 人，副教授 77 人，讲师 89 人，助教 127 人，教员 37 人。

2005~2018 年，其学生与教职工数具体变化如表 7-4 所示。

表 7-4　2005~2018 年贵州工程应用技术学院（毕节学院）学生与教职工数　单位：人

年度末	本专科学生								教职工数	专任教师					
	毕业生		招生数		在校生		预计毕业生			合计	教授	副教授	讲师	助教	教员
2005	833		1409		3165		923		552	339	9	77	89	127	37
年度末	普通	成人	普通	成人	普通	成人	普通	成人	教职工数	合计	正高	副高	中级	初级	未定
2007	1257	235	2335	1297	5042	3664	1141	1451	672	402	9	84	126	106	77
2008	1128	1451	2415	1522	6025	3738	1487	948	695	430	10	90	147	92	91
2009	1456	897	2842	1425	7427	4219	1631	1337	754	506	18	85	185	128	90
2010	1603	1223	2457	1501	9081	4383	2019	1457	767	521	21	94	222	66	118
2011	2010	1323	3106	1435	10022	4361	1837	1425	835	571	27	106	261	108	69
2012	1825	1300	1745	1376	9850	4306	2794	1495	854	605	31	131	276	47	120
2013	2779	1342	2116	1938	9081	4902	2802	1588	887	633	34	178	343	39	39
2014	2796	1588	1792	1835	8016	5149	2639	1376	912	683	36	221	290	76	60
2015	2614	1376	1848	427	7195	4200	1769	1938	921	661	41	245	296	46	33
2016	1738	1938	3311	325	8717	2587	2038	1835	917	665	51	232	263	97	22
2017	2026	1835	3262	1335	9878	2087	1938	427	909	652	64	219	239	89	41
2018	1788	752	3248	1677	11285	568	2404	1335	890	659	69	251	230	59	50

资料来源：历年《贵州年鉴》。

① 《贵州年鉴》编辑部. 贵州年鉴（2019）[M]. 贵阳：贵州年鉴社，2019：594.

截至2019年上半年，有全日制在校生11578人；教职工879人，其中正高职称74人，副高职称284人；博士78人，硕士394人；省管专家3人，市管专家12人；全国优秀教师2人，省级优秀教师4人，市级教学名师3人。

五、铜仁学院

2006年，铜仁师范高等专科学校升格为全日制普通高等本科院校，更名为铜仁学院。学校位于铜仁市碧江区川硐教育园区。

（一）院系与专业设置

1959年，铜仁师范专科学校招收有文史、数理本科各一班[①]。

2001年，与贵州师范大学联合培养本科专业人才，先后有汉语言文学、思想政治教育、数学与应用数学、英语、体育教育等专业开展联合培养本科人才。

2006年，数学与计算机科学系设有数学教育、计算机、电算财会3个专科专业；生物与化学系开设化学教育、生物教育2个专科专业；物理系开设物理教育、电子技术2个专科专业；教育科学系开设学前教育、小学教育2个专科专业；中文系更名为中国语言文学系，设有中国语言文学1个本科专业，文秘1个专科专业（是年年末招生）；政史系更名为法律与政史系，设有政治教育1个本科专业，历史学、法学2个专科专业；体育系设有体育教育1个本科专业、体育教育1个专科专业；外语系，设有英语教育1个本科专业，日语为第二外语；艺术系设有音乐教育、美术教育2个专科专业；培训部更名为继续教育部；马列主义教研室更名为社会科学部。同年，数学与应用数学、物理学、汉语言文学、英语、思想政治教育5个本科专业开始招生；现代教育技术专科开始招生。

2007年，增设计算机科学与技术、化学、体育教育、美术学4个本科专业并招生。

2008年，增设生物科学、视觉传达设计、音乐学、历史学4个本科专业并招生；获得开办民族本科预科生资格。同年，增设计算机科学与技术、数学与应用数学、英语、汉语言文学、思想政治教育5个专升本成人业余、函授学历专业。

2009年，增设物理学、学前教育、农村区域发展本科专业并招生。同年，外语系更名为外国语言文学系；物理系更名为物理与电子科学系；艺术系析分为美术系、音乐系。2019年，凝聚态物理学科被列为省级重点支持学科。

2010年，铜仁学院获得学士学位授予权单位资格；新增地理科学、小学教育、教育技术学、旅游管理、社会工作4个本科专业并招生；铜仁学院获批开始招收免费师范定向生[②]。同年，生物与化学系更名为生物科学与化学系。截至2010年，铜仁学院设有法律与政史系、中国语言文学系、外国语言文学系、教育科学系、音乐系、美术系、数学与计算

① 参见：贵州省铜仁师范专科学校现有校舍情况简表［A］. 铜仁：铜仁学院档案馆（075-1-36）。这两个班皆未获国家学历认可。

② 《贵州年鉴》编辑部. 贵州年鉴（2012）［M］. 贵阳：贵州年鉴社，2012：421.

机科学、物理与电子科学系、生物科学与化学系、体育系、初等教育系、学前教育系、继续教育部、社会科学部14个教学单位。

2011年，新增信息工程、制药工程、统计学、特殊教育、园林5个本科专业并招生；教育科学系、初等教育系合并，仍称教育科学系。同年，农村区域发展、应用物理学专业被列为省级高校特色专业建设点。

2012年，材料物理、自动化、水利水电工程、食品科学与工程、秘书学5个专业开始招收本科生。同年，野生动植物资源保护与利用被获列为省级重点学科；民族文化遗产学获批为第三批省级重点支持学科。

2013年，新增城乡规划、软件工程、土木工程、金融工程4个本科专业并招生；铜仁学院开始招收留学生①；铜仁学院通过本科教学工作合格评估。同年，美术系更名为美术与设计学院；数学与计算机科学系更名为数学与信息工程系；生物科学与化学系更名为生物与化学工程系；学前教育系、物电系教育技术学专业并入教育科学系；法律与政史系农村区域发展专业、地理科学专业，外国语言文学系旅游管理专业，金融工程、酒店管理、电子商务3个新增设专业合组成立经济管理学院。共开设35个本科专业，其中工学10个、理学7个、教育学5个、文学3个、艺术学3个、管理学2个、法学2个、经济学1个、历史学1个、农学1个。②

2014年，新增酒店管理、体育教育2个本科专业并招生；职业技术教育获批为省级重点支持学科，民族文化遗产学入选为省级重点学科。同年，中国语言文学系更名为文学院；法律与政史系更名为社会发展学院；物理与电子科学系更名为物理与电子工程学院；继续教育部更名为继续教育学院；数学与信息工程系析分为数学科学学院、信息工程学院；物理与应用工程系材料物理专业，生物与化学工程系化学、制药工程专业合组成立材料与化学工程学院。

2015年，教育科学系更名为教育科学学院；音乐系更名为音乐学院；社会科学部更名为马克思主义学院。同年，铜仁学院与德江县政府最终达成共建“乌江农林经济学院”协议，创建乌江农林经济学院（校区位于德江县城南）。是年，凝聚态物理获批为省级重点建设学科；应用化学、教育学获批为第四批省级重点支持建设学科；成立国际合作与交流处。

2016年，新增休闲体育、商务英语、网络与新媒体、材料科学与工程、护理学5个本科专业，本科专业达43个。③ 同年，民族文化遗产学获批为省级重点一级学科。当年，成立研究生院；社会发展学院思想政治教育本科专业、法律文秘专科专业并入马克思主义学院；社会发展学院历史本科专业、教育科学学院教育技术学本科专业与文学院整合组建，成立人文学院；教育科学学院更名为教育学院；美术与设计学院、音乐学院合并，成立艺术学院；数学科学学院、信息工程学院、物理与电子工程学院、现代教育技术中心4个部门合并组建，成立大数据学院；生物与农林工程学院食品科学与工程专业并入材料与化学

① 《贵州年鉴》编辑部. 贵州年鉴（2014）[M]. 贵阳：贵州年鉴社，2014：348.

② 参见：《铜仁学院本科教学工作合格评估自评报告》《贵州年鉴（2013）》。

③ 《贵州年鉴》编辑部. 贵州年鉴（2014）[M]. 贵阳：贵州年鉴社，2016：178.

工程学院；体育与健康学院（前生为体育系）、护理学院、社会发展学院社会工作专业整合成立大健康学院；外国语学院、国际教育学院合并组建成立国际学院；乌江农林经济学院更名为乌江学院。

是年，经贵州省教育厅批准，铜仁学院与贵州师范大学开展联合培养专业学位研究生。学科教学（语文、数学、物理、生物、音乐）、教育管理、现代教育技术、小学教育4个专业8个方向首批招生共21名。同年，增设网络与新媒体本科专业并招生；铜仁学院入选贵州省“十三五”硕士学位授予立项建设单位。①

当年，马克思主义学院开设思想政治教育本科专业、法律文秘专科专业。大数据学院设有数学与统计、计算机科学、物理与电子信息工程3个系，开设数学与应用数学、统计学、计算机科学与技术、软件工程、信息工程、自动化、物理学、应用物理学、数据科学与大数据技术专业9个本科专业。材料与化学工程学院设置有材料工程、化学工程、食品药品工程3个系，开设化学（师范）、精细化工、材料物理、材料科学与工程、制药工程、食品科学与工程6个本科专业。大健康学院开设体育教育、休闲体育、护理学、社会工作4个本科专业。国际学院设置有外语、国际教育2个系和大外教学部，开设英语（师范方向、旅游方向）、商务英语2个本科专业，日语仍为第二外语；艺术学院设置有基础教育、特殊教育、学前教育3个系，开设学前教育、小学教育、特殊教育3个本科专业和学前教育、小学教育2个专科专业。乌江学院开设预科，同时承担留学生的教学与管理工作，以及开展服务德江的经济、文化发展等研究。

2017年，风景园林、林学专业开始招本科生。同年，教育学获批省级区域内一流建设培育学科；农村区域发展专业成为贵州省一流师资团队培育项目；林学被列为省级重点一级学科。新增风景园林、化学工程与工艺、林学3个本科专业；停招生物科学、艺术教育、材料物理3个专业。② 2017年，与贵州师范大学联合培养研究生增加学科教学（思政、历史、地理）、心理健康教育、学前教育等3个专业5个方向开展研究生培养工作。

2018年，成立田秋学院，下设综合科、教务科、创意写作研究中心3个科室。

2019年，田秋学院更名为写作研究院；铜仁学院与中南民族大学签订联合培养研究生协议。

截至2019年，招生专业33个：汉语言文学（师范）、秘书学、网络与新媒体、历史学（师范）、思想政治教育（师范）、学前教育（师范）、小学教育（师范）、特殊教育（师范）、英语（师范）、商务英语、农村区域发展、旅游管理、会计学、地理科学、园林、土木工程、林学、水产养殖学、数学与应用数学（师范）、应用物理学、计算机科学与技术、数据科学与大数据技术、统计学、信息工程、制药工程、食品科学与工程、材料科学与工程、化学工程与工艺、体育教育（师范）、护理学、美术学（师范）、音乐学（师范）、视觉传达设计；少数民族预科（文科、理科）。

截至2019年，设有马克思主义学院、大数据学院、材料与化学工程学院、大健康学

---

① 《贵州年鉴》编辑部. 贵州年鉴（2017）［M］. 贵阳：贵州年鉴社，2017：510.

② 《贵州年鉴》编辑部. 贵州年鉴（2017）［M］. 贵阳：贵州年鉴社，2017：228.

院、国际学院、人文学院、教育学院、艺术学院、经济管理学院、农林工程与规划学院 10 个学院，以及乌江学院（校政协同办学示范学院）、写作研究院（写作与沟通特色学院）2 个特色学院；同时还设有研究生院、继续教育学院；开设近 40 个本科专业，涵盖教育学、工学、理学、文学、管理学、艺术学、农学、林学等学科门类。

（二）学校环境与办学成果

2006 年，铜仁学院有三个校区：校本部（两板桥校区）、北校区（原铜仁民族师范校区）、东风林场新校区。同年，制订《铜仁学院贯彻落实〈建立健全教育制度、监督并重的惩治和预防腐败体系实施纲要〉任务分解方案》。

2007 年，中国语言文学系、法律政史系、教育系整体搬迁至东风林场校区，北校区则以中专培养为主；成立学生资助管理中心。同年，铜仁学院印发教育部、财政部颁布的《高等学校学生勤工助学管理办法》；印发贵州省财政厅、贵州省教育厅颁布的《贵州省普通本科高校、高等职业学校国家奖学金管理实施细则（试行）》《贵州省普通本科高校、高等职业学校国家励志奖学金管理实施细则（试行）》《贵州省普通本科高校、高等职业学校国家助学金管理实施细则（试行）》；制定《铜仁学院国家助学贷款实施细则（试行）》。

2008 年，修订《铜仁学院关于进一步加强大学生心理健康教育工作的实施意见（试行）》。同年，印发《关于推荐优秀共青团员作为入党积极分子的实施办法》。

2009 年，铜仁地委和行署决议，在铜仁川硐教育园区建设铜仁学院新校区；建设规模 6500 人，投资 3 亿元，2 年完成；同意解决铜仁学院 20 名具有博士学位教师的住房问题：每引进一位博士由地区财政解决 50 平方米，学校解决 50 平方米的购房经费；成立职业培训中心（挂靠成教部）；开通铜仁学院纪检网。

同年，铜仁学院实行学分制，并颁发实施细则；修订《铜仁学院专业设置与调整管理规定（试行）》《铜仁学院本科专业培养方案实施管理办法（试行）》《铜仁学院本专科学生学籍管理规定》《铜仁学院学分制实施细则》《铜仁学院学士学位授予规定》《铜仁学院学历学位证书管理办法（试行）》《铜仁学院本科生毕业论文（设计）工作的若干规定》《铜仁学院本科生转专业暂行规定》《铜仁学院教学管理工作规定（试行）》《铜仁学院精品课程建设的有关规定（试行）》《铜仁学院教材建设与管理规定（试行）》《铜仁学院教材选用管理规定（试行）》《铜仁学院教材供应管理规定（试行）》。

当年，铜仁学院女子足球队在贵州省大学生足球锦标赛中获得冠军，并代表贵州省参加全国大学生女子足球联赛决赛取得甲组第四名。

2010 年，铜仁学院设立博士科研启动基金；制定《铜仁学院关于鼓励应届生报考研究生的办法（暂行）》《铜仁学院勤工助学管理办法（试行）》；修订《铜仁学院关于进一步加强青年教师培养的实施意见（试行）》。同年，张蕾荣获第二届贵州省道德模范孝老爱亲模范奖。①

---

① 《贵州年鉴》编辑部．贵州年鉴（2011）［M］．贵阳：贵州年鉴社，2011：677.

2011 年，梵净山特色动植物资源实验室成为省级特色重点建设实验室；修订《铜仁学院岗位设置实施方案（试行）》。同年，张蕾荣获第三届全国道德模范孝老爱亲模范奖。[①]

2012 年，材料制备新技术与应用实验室成为省级特色重点实验室；水产养殖工程中心被列为省级高校工程中心；梵净山特色动植物资源保护与利用创新人才团队成为省级高校创新团队；梵净山自然文化遗产资源保护与开发利用基础被列为省级高校产学研基地。

2013 年，获中央财政支持地方高校发展“水利水电综合实训平台建设”专项经费 375 万元。同年，野生动植物保护与利用、凝聚态物理两个省级重点学科通过了省级中期检查；野生动植物保护与利用学科被批准为省级重点学科，实现了铜仁学院省级重点学科零的突破；武陵民族文化研究中心被批准为贵州省高校人文社会科学研究基地；[②] 梵净山特色动植物资源获批为省级特色重点实验室；环梵净山区域茶业产业化发展研究创新人才团队、武陵山集中连片特困区旅游扶贫模式选择与创新研究团队获批为省级高校创新团队；武陵山野菜引种繁殖基础、锰矿资源利用基础获批为省级高校产学研基地。

2014 年，入选为国家第一批卓越农林人才教育培养计划项目试点高校实用技能型试点项目单位；[③] 同年，田淼被评为贵州省先进工作者。[④]

2015 年，铜仁学院整体搬迁至川硐教育园区，实现了“一校一址”的办学目标。校园总面积 910 亩，建筑面积 33.9 万平方米。同年，武陵民族文化生态保护与旅游开发协同创新中心成为省级 2011 协同创新培育项目；[⑤] 新建铜仁市文化科技产业创新研究中心博士后科研工作站，实现了博士后工作站零的突破。

2016 年，新增矿区土壤环境科学与技术、武陵山片区生态农业大数据研究与应用 2 个院士工作站。同年，铜仁学院地方本科院校转型发展创新团队被列为省哲社十大创新团队；锰系新能源材料实验室新增为省级特色重点实验室；[⑥] 铜仁学院科技园被认定为省级大学科技园。[⑦]

当年，2013 级历史系学生杨秋萍获全国大学生“挑战杯”大赛贵州赛区一等奖；2013 级英语专业学生刘意竹获贵州省第二届师范生技能大赛二等奖。同年，在第五届中国创新创业大赛（贵州赛区）获企业组和团队组三等奖[⑧]。

2017 年，铜仁学院在全省本科高校思想政治教育工作检查中被评为合格。同年，黔黔辅导员工作室被列为省级首批高校辅导员工作室示范点；[⑨] 武陵天然产物应用技术工程中心被列为省级高校工程中心；民族传统知识融入地方本科院校学前教育课程创新研究团队

---

① 《贵州年鉴》编辑部. 贵州年鉴（2012）［M］. 贵阳：贵州年鉴社，2012：650.

② 《贵州年鉴》编辑部. 贵州年鉴（2013）［M］. 贵阳：贵州年鉴社，2013：204，207-208.

③ 《贵州年鉴》编辑部. 贵州年鉴（2015）［M］. 贵阳：贵州年鉴社，2015：428.

④ 《贵州年鉴》编辑部. 贵州年鉴（2015）［M］. 贵阳：贵州年鉴社，2015：675.

⑤ 《贵州年鉴》编辑部. 贵州年鉴（2015）［M］. 贵阳：贵州年鉴社，2015：198-199.

⑥ 以上各科研平台，参见《铜仁学院 2016 年科研平台一览表》《贵州年鉴（2016）》。

⑦ 《贵州年鉴》编辑部. 贵州年鉴（2017）［M］. 贵阳：贵州年鉴社，2017：508.

⑧ 《贵州年鉴》编辑部. 贵州年鉴（2017）［M］. 贵阳：贵州年鉴社，2017：519.

⑨ 《贵州年鉴》编辑部. 贵州年鉴（2018）［M］. 贵阳：贵州年鉴社，2018：527.

成为省级哲社十大创新团队之一；金刚石大单晶的高压合成及性能优化应用研究获批为省级高校创新群体重大研究项目。①

截至2019年，铜仁学院占地面积910亩，建筑面积33.9万平方米。建有5万平方米实验实训中心。拥有总价值1.5亿元的教学科研仪器设备。

图书馆面积3万平方米，馆藏纸质图书92万册，电子图书283.3万册，各类数据库50余个。馆内有阅览座位3000个，电脑275台，设立了24小时自修区。档案馆内有文书档案3194卷（包含铜仁民族师范学校1978~2010年786卷，铜仁教育学院1982~1992年333卷，原铜仁苗圃场1962~2003年110卷），会计档案278卷，照片9088张，印章69枚，图纸21张，字画14张。

学校有国家卓越农林人才教育培养计划专业1个（农村区域发展）、国家级民族文化传承与创新示范专业1个（视觉传达设计）；贵州省区域一流培育学科1个（教育学）、省级重点建设（含支持）学科7个（化学工程与技术、应用化学等）；贵州省区域一流培育专业1个（园林）、贵州省卓越人才教育培养计划专业4个、贵州省专业综合改革试点专业6个、贵州省特色专业2个（应用物理学、农村区域发展专业）。

建有院士工作站3个，博士后科研工作站1个；国家民族委员会民族理论政策研究基地1个，省级科普示范基地1个，省级人文社科示范基地1个，贵州省高校产学研基地5个，贵州省高校人文社科基地1个，省级专业技术基地1个，贵州省民族传统体育训练基地1个，市级人文社科示范基地1个，贵州省实验教学示范中心1个（计算机实验教学示范中心），贵州省2011协同创新中心1个，贵州省高校工程中心3个；省级辅导员工作室（黔黔辅导员工作室）1个；贵州省大学科技园1个；贵州省高校特色重点实验室3个。校内还设置有梵净教育研究院、梵净民族文化研究院、梵净生态研究院、铜仁学院中老（老挝）研究中心等校级科研机构5个。

（三）科研成果

2015年，侯长林的《高校校园文化基本理论研究》、叶通贤的《高等学校贷款风险的控制与化解研究》、杨建的《品牌联合稀释效应模型及其实证研究》荣获贵州省第十一次哲学社会科学优秀成果二等奖。②

2018年，侯长林、张新婷的《论大学之灵性》获贵州省第十二次哲学社会科学优秀成果一等奖；肖峰的《杨树达文字学思想与古文字考释》、梁成艾的《“三化同步”战略背景下人力资源需求与职业教育发展研究》获贵州省第十二次哲学社会科学优秀成果二等奖。③

近三年来，铜仁学院获得科研总经费15990.6万元；承担各级各类课题1000多项，其中，国家级课题28项、省部级课题188项；发表学术论文2498篇，其中，在SCI、

① 参见《铜仁学院2017年科研平台一览表》《贵州年鉴（2017）》。

② 《贵州年鉴》编辑部. 贵州年鉴（2016）［M］. 贵阳：贵州年鉴社，2016：525.

③ 《贵州年鉴》编辑部. 贵州年鉴（2019）［M］. 贵阳：贵州年鉴社，2019：593-594.

SSCI、CSSCI 上发表论文 170 篇；获得授权专利 733 项，出版专著 136 部、教材 70 部；获得省部级以上教学、科研成果奖励 26 项，其中，贵州省哲学社会科学优秀成果奖 17 项，贵州省科技进步奖 5 项。

（四）学生与教职工数

铜仁师范高等专科学校于 2006 年升为本科，更名为铜仁学院。当年有数学与应用数学、物理学、汉语言文学、英语、思想政治教育 5 个本科专业开始招生。

2007~2018 年，其学生与教职工数具体变动如表 7-5 所示。

表 7-5　2007~2018 年铜仁学院学生与教职工数　　单位：人

年度末	本专科学生								教职工数	专任教师					
	毕业生		招生数		在校生		预计毕业生			合计	正高	副高	中级	初级	未定
	普通	成人	普通	成人	普通	成人	普通	成人							
2007	1167	493	2432	96	5066	203	1388	107	646	383	7	81	109	78	108
2008	1388	107	2519	100	6084	196	1488	96	603	370	6	80	166	97	21
2009	1488	96	2151	25	6754	156	1874	81	665	437	8	86	177	92	74
2010	1974	81	2271	97	7055	171	2230	49	701	459	16	102	173	137	31
2011	2225	38	1957	107	6663	231	1659	82	689	490	17	107	192	146	28
2012	1631	32	2595	112	7548	308	1814	83	702	513	23	127	229	104	30
2013	1748	83	2223	167	7899	395	1802	114	778	485	28	161	241	21	34
2014	1778	110	2202	477	8239	757	2146	113	814	526	78	200	173	33	42
2015	2141	113	2383	469	8378	1113	2130	167	867	540	74	192	190	40	44
2016	2170	175	2674	345	8834	1283	2403	476	928	571	83	265	181	30	12
2017	2339	444	2156	609	8625	1416	2147	799	965	560	84	249	102	3	122
2018	2095	799	2076	750	8512	37	2092	606	988	543	103	251	106	2	81

资料来源：历年《贵州年鉴》。

截至 2019 年，该校与贵州师范大学等高校联合培养了全日制研究生 133 人。

2019 年，该校有全日制在校本科生 7938 人，预科生 527 人，留学生 668 人（其中，学历生 259 人，语言生 409 人）；教职工 1007 人，其中，专任教师 530 人，博士 146 人，硕士 337 人，正高级职称 131 人（二级教授 2 人，三级教授 7 人），“双师双能型”教师 329 人，硕士生导师 79 人。教师队伍中，有国务院政府特殊津贴专家 2 人，国家“863”计划首席专家 1 人；贵州省核心专家 1 人，省管专家 2 人，省级政府特殊津贴专家 2 人，贵州省哲学社会科学学术带头人 6 人，贵州省优秀青年科技人才 2 人，贵州省千人创新创业人才1人，贵州省青年哲学社会科学创新人才1人，贵州省社会科学学术先锋1人。

六、安顺学院

2006年，安顺师范高等专科学校升格改建为全日制普通高等院校，更名为安顺学院。学校坐落在安顺市。

（一）院系与专业设置

2006年，设有中文系、数学系、外语系、艺术系；教育行政管理系更名为教育管理系。同年，特殊教育师资培训部招有特殊教育专科生；英语专业开始招收本科生，日语为第二外语。

2007年，开始招收特殊教育专业本科生。

2008年，增设生物科学专业，翌年招生；数学系更名为数学与计算机科学系；马列主义思想政治教育部更名为马列主义教研部。

2009年，增设农学、旅游管理本科专业，翌年招生；增设音乐学本科专业并招生。

2010年，增设美术学本科专业并招生；成立旅游学院，开设旅游管理1个本科专业，旅游管理1个专科专业。同年，教育管理系特殊教育师资培训部析出成立特殊教育系。

2011年，新增日语、化学工程与工艺2个本科专业，翌年招生。同年，特殊教育学被列为省级第一批特色重点学科，特殊教育专业被评为省级特色专业。

2013年，增设文化产业管理、艺术设计学专业并招生；农学专业增设职教师资方向。同年，成立经济与管理学院，开设公共事业管理、房地产开发与管理2个本科专业；成立农学院，开设农学（含职教方向）、生物科学（师范类）2个专业。

当年，中文系更名为人文学院，开设汉语言文学、历史学、秘书学3个本科专业；特殊教育系更名为特殊教育学院，开设特殊教育本科专业；教育管理系更名为教育科学学院，开设应用心理学、学前教育（含职教师资方向）2个本科专业，小学教育专科专业；体育系更名为体育学院（大学公共体育教学部合署），开设体育教育、社会体育指导与管理2个本科专业；外国语言文学系更名为外国语学院，开设日语（隔年招生）、英语2个本科专业，旅游英语专科专业。数学与计算机科学系数学与应用数学专业、物电系物理学专业合组成立数理学院，开设数学与应用数学、物理学2个本科专业。以化学与生物农学系化学化工专业为基础组建化学化工学院，开设化学、化学工程与工艺、食品质量与安全3个本科专业，以及化学教育专科专业。物理与电子科学系、数学与计算机科学系合组成立电子与信息工程学院，开设电子信息工程（含职教师资方向、物联网方向）、计算机科学与技术、材料物理共3个本科专业，以及计算机应用技术、电子信息工程技术2个专科专业。艺术系更名为艺术学院，开设美术、音乐2个本科专业。马列主义教研部更名为马克思主义学院（马列主义教学部）。旅游学院开设旅游管理、文化产业管理2个本科专业，旅游管理专科专业。

2015年，增设农业科学与工程专业并招生；特殊教育专业增设教育康复方向。同年，通过教育部普通高等学校本科教学工作合格评估。

2016 年，增列为硕士学位授予权立项建设单位。①

2017 年，增设经济统计学、环境设计本科专业并招生；新增农村区域发展、中国共产党历史、地理信息科学 3 个本科专业，翌年招生。

2018 年，增设公共事业管理、房地产开发与管理、农村区域发展 3 个本科专业；增设汉语言文学、思想政治教育、英语、数学与应用数学、物理学、化学、地理科学、特殊教育、计算机科学与技术、音乐学、生物科学、体育教育、公共事业管理 13 个成人学历函授教育本科专业，以及汉语言文学、政治与历史教育、小学教育（文、理）、英语教育、计算机应用、数学教育、体育教育、美术教育、历史与文化旅游、电子学信息技术、学前教育 11 个成人学历函授教育专科专业。

截至 2019 年，设有马克思主义学院、人文学院、经济与管理学院、特殊教育学院、教育科学学院、体育学院、外国语学院、数理学院、化学化工学院、电子与信息工程学院、农学院、旅游学院、艺术学院、政法学院、资源与环境工程学院、继续教育学院 16 个二级学院，开设经济学、法学、教育学、文学、历史学、理学、工学、农学、管理学、艺术学 10 个学科门类。

是年，招生本科专业有 41 个：汉语言文学、历史学、秘书学、公共事业管理、房地产开发与管理、农村区域发展、思想政治教育、社会工作、城市管理、特殊教育、教育康复学、应用心理学、学前教育、体育教育、社会体育指导与管理、数学与应用数学、物理学、经济统计学、化学、化学工程与工艺、食品质量与安全、计算机科学与技术（北京中关村软件园合办班）、数据科学与大数据技术（北京中关村软件园合办班）、电子信息工程、材料物理、地理科学、环境工程、土地资源管理、水土保持与荒漠化防治、测绘工程、生物科学、农学、设施农业科学与工程、旅游管理、文化产业管理、酒店管理、中国共产党历史、音乐学、美术学、艺术设计学、环境设计。同时招收一年制少数民族预科班（文、理）。

学校有省级特色重点学科 1 个，省级重点学科 2 个，省级重点支持学科 7 个，省级特色专业 2 个、省级专业综合改革试点专业 5 个；省级“双一流”建设项目 5 个。

（二）学校环境与办学成果

2010 年，周健获第二届全省高校感动校园十大人物称号。②

截至 2019 年，安顺学院占地面积 1113 亩，教学行政用房 14.47 万平方米，学生宿舍 8.58 万平方米。

图书馆面积 12380 平方米，馆藏纸质图书 61 万余册。拥有超星电子图书 149 万种，中国期刊全文数据库（CNKI）、万方硕博论文数据库、维普、人大复印报刊资料数据库、国道外文专题数据库等中外文数据库 18 个。建有黔江中学时期线装古籍（万余册）、近现代安顺地区地方文献、屯堡文化资料特色珍藏馆。

---

① 《贵州年鉴》编辑部. 贵州年鉴（2017）[M]. 贵阳：贵州年鉴社，2017：510.

② 《贵州年鉴》编辑部. 贵州年鉴（2011）[M]. 贵阳：贵州年鉴社，2011：387.

建有省级院士工作站 1 个，贵州省 2011 协同创新中心 1 个，省级人文社科研究基地 1 个，省级少数民族传统体育项目训练基地 1 个，省级国家职业技能鉴定所 1 个，贵州省级特殊教育师资培训中心 1 个，贵州省教育厅工程中心 1 个；省级社科研究机构 1 个，省级学会 1 个；贵州省教育厅创新团队 2 个，省级教学团队 3 个；省级特色重点实验室 1 个，省级实验教学示范中心 1 个，校级研究中心 3 个。

2009 年以来，安顺学院化学化工学院学生参加“挑战杯”全国大学生课外学术科技作品竞赛获国家级三等奖 1 项，省级二等奖 2 项、三等奖 2 项。

（三）科研成果

2008 年，“无机化学及实验”教改成果获贵州省第七届高校教学成果三等奖。

2018 年，王芳恒的《陈法哲学思想研究》，刘雷、刘良灿、张同建的《政治关联对自主技术创新的促进效应——基于制造类 A 股上市公司的实证》获贵州省第十二次哲学社会科学优秀成果二等奖。①

2016 年以来，安顺学院教师共获得科研项目 362 项，其中国家级项目 6 项，省级项目 85 项，地厅级项目 137 项。教师发表论文累计 1301 篇，出版著作 49 部。

（四）学生与教职工数

2006 年，安顺师范高等专科学校升格改建为安顺学院，当年开始招收本科学生。

2007~2018 年，其学生与教职工数历年具体变化如表 7-6 所示。

表 7-6　2007~2018 年安顺学院学生与教职工数　　单位：人

年度末	本专科学生								教职工数	专任教师					
	毕业生		招生数		在校生		预计毕业生			合计	正高	副高	中级	初级	未定
	普通	成人	普通	成人	普通	成人	普通	成人							
2007	1240	615	1788	56	4936	376	1258	154	457	319	13	83	90	60	72
2008	1249	154	1906	29	4911	251	1225	166	500	341	14	89	98	65	75
2009	1225	166	2289	167	6004	252	1219	56	439	345	14	61	103	34	133
2010	1247	56	2379	63	7085	259	1897	29	530	344	20	70	218	24	12
2011	1777	29	2238	32	7334	252	1724	167	531	348	19	76	223	36	30
2012	1721	167	1934	6	7503	91	1883	63	559	440	23	89	245	33	50
2013	1848	63	1917	255	7483	283	1853	22	582	464	30	93	257	33	51
2014	1836	18	1748	213	7335	475	1968	7	602	415	32	141	205	33	4

① 《贵州年鉴》编辑部. 贵州年鉴（2019）[M]. 贵阳：贵州年鉴社，2019：593-594.

续表

年度末	本专科学生								教职工数	专任教师					
	毕业生		招生数		在校生		预计毕业生			合计	正高	副高	中级	初级	未定
	普通	成人	普通	成人	普通	成人	普通	成人							
2015	1957	7	1446	42	6804	439	1818	231	731	471	37	178	168	14	74
2016	1804	226	2172	120	7127	333	1872	171	760	502	41	207	169	11	74
2017	1848	154	2536	22	7796	184	1748	42	761	507	46	210	188	11	52
2018	1742	39	3210	10	9238	3012	1579	123	764	516	45	207	205	13	46

资料来源：历年《贵州年鉴》。

2019 年，该校有全日制本专科在校生 9300 余人。有在职教职工 856 人，教师 655 人，其中专任教师 516 人，正高级职称 57 人，副高级职称 238 人，硕博学位 527 人，外国高端人才 4 人，外籍教师 3 人；省管专家 3 人，享受贵州省政府津贴专家 2 人，贵州省优秀青年科技人才 2 人，省级教学名师 3 人，贵州省高校哲学社会科学学术带头人 3 人，市管专家 24 人。

七、凯里学院

2006 年，经教育部批准，黔东南师范高等专科学校升格改建为普通本科院校，更名为凯里学院。学校位坐落于黔东南苗族侗族自治州凯里市。

（一）院系与专业设置

2006 年，设有政治经济系、中文系、外语系、教育系、数学与计算机科学系、物理系、管理科学系、化学系、生物科学技术系、成人教育处。同年，思想政治教育、数学与应用数学（师范）、物理学、化学、生物技术、音乐学专业始招本科生；计算机科学与技术与贵州师范大学联合招生，共同培养了一届本科专业学生；增设学前教育专科专业。

2007 年，小学教育、音乐学、体育专业始招本科生。同年，开设五年制民族艺术传承大专班。

2008 年，建筑工程学院成立；学前教育、美术学专业始招本科生。同年，政治经济系更名为法律与政治学院；中文系更名为人文学院；教育系更名为教育科学学院；外语系与大学外语教研部合并成立外国语学院；物理系、数学与计算机科学系数学教育相关专业和教师合组成立理学院；数学与计算机科学系计算机相关专业的教师与现代教育技术中心部分教师组建成立计算机与信息科学学院；管理科学系更名为旅游与经济发展学院；生物科学技术系、化学系合并成立环境与生命科学学院；音乐系、美术系合组成立艺术学院；成人教育处更名为成人教育学院。

2009 年，计算机科学与技术本科专业独立招收本科生；舞蹈学、艺术设计、社会体育指导与管理专业开始招收本科生。

2010 年，农林经济管理专业开始招收本科生。

2011 年，工商管理、音乐表演专业开始招收本科生，会计专业开始招收专科生；开始招收五年制美术教育专业专科学生；凯里学院获批招收免费师范定向生①。同年，计算机与信息科学学院更名为信息工程学院；旅游与经济发展学院更名为旅游学院，开设旅游管理、酒店管理、旅游管理与服务教育、地理科学 4 个本科专业；旅游管理学科、植物学被列为省级高校重点支持学科。

当年，国际教育学院（国际合作交流处）成立，主要对来自印度尼西亚、巴基斯坦、美国、德国、新西兰、奥地利、加拿大、韩国、老挝和泰国等国家和地区的 130 多名留学生开展汉语、苗语、侗语等文化教育和管理工作。

2012 年，以法律与政治学院经济类课程和师资为基础，组建成立经济管理学院；理学院拆分成立数学科学学院、物理与电子工程学院；环境与生命科学学院拆分为化学与材料工程学院、环境与生命科学学院；成人教育学院更名为继续教育学院。同年，物理学专业成为省级高校特色专业。

2013 年，艺术学院视觉传达设计、环境设计、产品设计 3 个专业开始招收本科生；凯里学院开始招收留学生。② 同年，物理学专业被列为贵州省物理学专业综合改革试点项目。

当年，凯里学院本科专业有 34 个：汉语言文学、英语、日语、数学与应用数学、生物科学、化学、思想政治教育、物理学、小学教育、音乐学、体育教育、地理科学、学前教育、美术学、历史学、视觉传达设计、环境设计、产品设计、舞蹈学、社会体育指导与管理、计算机科学与技术、园艺、农林经济管理、音乐表演、资源环境科学、材料化学、工商管理、旅游管理、光电信息科学与工程、信息工程、建筑学、制药工程、社会工作、土木工程。艺术设计专业停招。

2014 年，开办民族汉语教育大专班；教育科学学院挂牌成立少数民族预科教学部。同年，学前教育专业成为省级专业综合改革试点专业；旅游管理学科被列为省级重点学科。

2015 年，继续开办民族汉语教育大专班。同年，设计学被列为省级重点支持学科。

2016 年，艺术教育专业开始招收本科生。同年，物理学专业被列为贵州省卓越中学物理教师教育培养计划建设项目；音乐学被列为省级重点支持学科。

2017 年，教育学类实行大类招生。同年，旅游管理专业入选为首批贵州省区域内“双一流”建设培育专业。

2017 年，马克思主义学院社会工作专业、旅游学院金融保险（专科）专业并入经济管理学院后，更名为经济与管理学院。至此，经济管理学院开设农林经济管理、工商管理、经济学、社会工作、财务管理 5 个本科专业；马克思主义学院只保留了思想政治教育 1 个本科专业。同年，环境与生命科学学院、化学与材料工程学院合并成立大健康学院，

---

① 《贵州年鉴》编辑部. 贵州年鉴（2012）[M]. 贵阳：贵州年鉴社，2012：421.

② 《贵州年鉴》编辑部. 贵州年鉴（2014）[M]. 贵阳：贵州年鉴社，2014：348.

开设生物科学、化学、园艺、材料化学、资源环境科学、制药工程、植物保护、食品科学与工程、药学 9 个本科专业；以信息工程学院为基础组建大数据工程学院，开设计算机科学与技术、数据科学与大数据技术、数字媒体技术、电子商务、信息工程、光电信息科学与工程、物联网工程 7 个本科，移动通信技术专科专业；艺术学院更名为美术与设计学院，开设美术学（师范）、视觉传达设计、环境设计、产品设计 4 个本科专业，美术教育（五年制民族文化传承班）1 个专科专业。

2018 年，成立建筑工程学院，开设建筑学（五年制）、土木工程、工程造价 3 个本科专业，以及建筑工程技术 1 个专科专业；体育学院开设体育教育、社会体育指导与管理 2 个本科专业；继续教育学院主要开展高等学历继续教育、社会培训、社会考试、职业技能鉴定 4 项主业工作。同年，建筑工程管理专科专业停止招生。

2019 年，招生的本科专业有思想政治教育、工商管理、经济学、财务管理、农林经济管理、知识产权、教育学类、汉语言文学、历史学、民族学、英语、翻译、旅游管理、酒店管理、地理科学、地理信息科学、数学与应用数学、物理学、生物科学、食品科学与工程、化学、环境科学、药学、计算机科学与技术、数字媒体技术、信息工程、物联网工程、数据科学与大数据技术、建筑学、土木工程、工程造价、体育学类、美术学、设计学类、音乐与舞蹈学类、舞蹈学。

2019 年，凯里学院有人文学院、外国语学院（公共外语教研部）、教育科学学院（民族预科部）、旅游学院、经济与管理学院、马克思主义学院、理学院、大数据工程学院、大健康学院、建筑工程学院、音乐与舞蹈学院、美术与设计学院（民族文化艺术学院）、体育学院（公共体育教研部）、继续教育学院、国际教育学院（国际合作交流处）15 个教学学院，开设 50 个本科专业。有国家级专业综合改革试点专业 1 个、贵州省区域“一流专业”重点建设项目（培育）专业 1 个、省级专业综合改革试点专业 8 个、省级特色专业 2 个、省级卓越人才教育培养计划项目 3 个；贵州省区域一流建设培育学科 1 个，省级重点（支持）学科 8 个。

（二）学校环境与办学成果

2010 年 7 月 8 日，贵州省首家政府主导的高层次人才服务机构——黔东南院士专家服务中心揭牌，凯里学院“院士专家工作站”同时揭牌，包括中国科学院、中国工程院 16 名院士在内的共 39 名专家学者成为中心首批聘任人才①。同年，凯里学院艺术学院被教育部艺术教育委员会评为全国学校艺术教育工作先进单位；胡丹丹获第二届全省高校感动校园十大人物称号。②

2013 年，肖绍菊获贵州省第七次民族团结进步模范称号。③

2015 年，杨芩获第十三届贵州省青年科技奖。④

① 贵州省地方志编纂委员会. 贵州省志（1978-2010）· 教育［M］. 贵阳：贵州人民出版社，2017：60.

② 《贵州年鉴》编辑部. 贵州年鉴（2011）［M］. 贵阳：贵州年鉴社，2011：387.

③ 《贵州年鉴》编辑部. 贵州年鉴（2014）［M］. 贵阳：贵州年鉴社，2014：604，607.

④ 《贵州年鉴》编辑部. 贵州年鉴（2016）［M］. 贵阳：贵州年鉴社，2016：761.

2016年，凯里学院科技园被认定为省级大学科技园。[①]

2017年，凯里学院教育科学学院党总支荣获贵州省高等学校五好基层党组织称号。

截至2019年，校园占地面积1676亩，校舍建筑面积32.5万平方米；教学科研仪器设备总值1.297亿元。

凯里学院图书馆大楼总面积27703平方米，设有阅览座位3000余个；馆内藏有纸质文献117.86万册，镜像电子图书109.73万册，镜像博硕论文366.8万余册，光盘3000余张；建有凯里学院特色馆藏文献数据库、清水江文书全文数据库等5个自建数据库。有中国期刊全文数据库、超星学术视频数据库、中国社会科学引文索引数据库等18个数据库。

凯里学院建有特色重点实验室2个，实验教学示范中心3个，协同创新中心1个，人文社科研究基地1个，院士工作站1个，民族古籍研究基地1个，民汉双语服务基地1个。设有黔东南侗学重点研究基地和州级智库黔东南发展研究院。

凯里学院已入选教育部·曙光集团"数据中国·百校工程"项目试点院校，是教育部·凤凰卫视集团首批高校数字媒体产教融合创新应用示范基地项目学校，是贵州省第一批"绿色大学"、贵州省首批"特色文化学校"、贵州省普通本科高校向应用型转型发展试点单位。

凯里学院与黔东南苗族侗族自治州及各县市建有20多个产学研合作共建项目，与中科曙光、凤凰教育集团、中科汉天下、圆通科技等知名企业建有产教融合项目和协同育人项目，与中国科学院共建院士工作站项目，与杭州师范大学、浙江工业大学、同济大学、北京建筑大学、西南民族大学、济南大学、台湾万能科技大学、台湾大叶大学、台湾嘉南药理大学、美国佩斯大学、泰国苏南拉里理工大学等国内外高校建有本科生交流项目和大学生夏令营项目。

凯里学院建立的科研机构有大数据应用创新中心、黔东南农林经济研究中心、黔东南民族食品研究发展中心、黔东南民族医药研究发展中心、黔东南民族药综合利用工程技术研究中心、黔东南州原生态民族歌舞研究中心。

（三）科研成果

2011年，贵州大学张新民教授、凯里学院徐晓光教授分别领衔的课题《清水江文书整理与研究》获国家社科基金重大招标项目立项，各资助经费40万元。[②] 同年，徐晓光的《原生的法：黔东南苗族侗族地区的法人类学调查》（著作）获贵州省第九次哲学社会科学优秀成果二等奖。[③]

2013年，徐晓光的《款约法：黔东南侗族习惯法的历史人类学考察》（著作）获贵州省第十次哲学社会科学优秀成果二等奖。[④]

2015年，吴才茂的《从契约文书看清代以来清水江下游苗、侗族妇女的权利地位》

---

① 《贵州年鉴》编辑部. 贵州年鉴（2017）[M]. 贵阳：贵州年鉴社，2017：508.

② 《贵州年鉴》编辑部. 贵州年鉴（2012）[M]. 贵阳：贵州年鉴社，2012：444.

③ 《贵州年鉴》编辑部. 贵州年鉴（2012）[M]. 贵阳：贵州年鉴社，2012：440.

④ 《贵州年鉴》编辑部. 贵州年鉴（2014）[M]. 贵阳：贵州年鉴社，2014：382.

（论文）荣获贵州省第十一次哲学社会科学优秀成果二等奖。①

2018 年，罗康智、杨庭硕、彭兵的《对本土知识价值评估失实的社会与文化原因剖析》（论文）获贵州省第十二次哲学社会科学优秀成果一等奖；曾梦宇、胡艳丽的《黔湘桂侗族非物质文化遗产跨区域保护和传承研究》，肖亚丽的《黔东南方言“把”字的用法》，郑伟的《〈寡妇兰特氏〉中女性意识主导下的性政治隐喻》，邵忠祥、范涌峰、宋乃庆、凌琳的《农村义务教育学生营养改善计划政策执行的影响因素与对策建议》获贵州省第十二次哲学社会科学优秀成果二等奖。②

（四）学生与教职工数

2006 年，黔东南师范高等专科学校升格改建为凯里学院。当年，思想政治教育、数学与应用数学（师范）、物理学、化学、生物技术、音乐学专业始招本科生。

2007~2018 年，其学生与教职工数历年具体变化如表 7-7 所示。

表 7-7　2007~2018 年凯里学院学生与教职工数　　单位：人

年度末	本专科学生								教职工数	专任教师					
	毕业生		招生数		在校生		预计毕业生			合计	正高	副高	中级	初级	未定
	普通	成人	普通	成人	普通	成人	普通	成人							
2007	1551	2037	2188	425	5469	1455	1409	757	459	333	18	133	101	91	—
2008	1404	757	2295	294	6164	1020	1662	336	512	387	27	124	83	103	50
2009	1662	302	3125	752	7367	1414	1520	368	583	457	34	116	141	119	47
2010	1520	367	3080	829	8895	1875	1716	294	631	544	45	109	165	129	96
2011	1774	246	2604	852	9521	2433	2253	752	672	556	46	109	178	102	121
2012	2253	752	2446	1109	9652	2790	2358	829	760	627	51	131	205	136	104
2013	2309	829	2509	710	9752	2593	2771	852	876	710	62	158	218	176	96
2014	2791	849	2282	673	9226	2540	2575	1095	925	638	48	172	247	130	41
2015	2571	1095	2640	455	9267	1887	2203	752	904	606	49	197	258	47	55
2016	2202	735	3186	325	10210	1460	2617	680	921	624	45	233	265	41	40
2017	2627	612	3340	322	10895	1082	2659	706	934	650	61	263	230	51	45
2018	2653	724	2450	197	10640	103	2451	332	937	655	75	287	205	44	44

资料来源：历年《贵州年鉴》。

① 《贵州年鉴》编辑部. 贵州年鉴（2016）[M]. 贵阳：贵州年鉴社，2016：526.

② 《贵州年鉴》编辑部. 贵州年鉴（2019）[M]. 贵阳：贵州年鉴社，2019：593-594.

2019年，该校有在校生11444人，外国留学生132人；教职工934人，其中专任教师668人，正高职称114人，副高职称342人，博士115人。

八、贵州师范学院

2009年，经国家教育部批准，成人本科院校贵州教育学院改制为普通本科院校，并更名为贵州师范学院。

（一）院系与专业设置

2005年，贵州省教育学院开始招收思想政治、计算机科学与技术专业专科生。同年，增设工商行政管理普通专科专业。

2008年，物理学专业被批准为贵州省教育学院首批本科招生专业，翌年招生。

2009年，设有政治与经济系、地理系、旅游系、英语系。同年，马列主义教研组从公共课教学部拆出独立，组建马列主义教学部；教育管理系更名为教育科学学院；中文系更名为文学院；历史系更名为历史与社会学院；数学与计算机科学系更名为数学与计算机科学学院；化学系更名为化学与生命科学学院；以公共教学部体育教研组为基础组建体育学院；物理系更名为物理与电子科学学院；职工教育分院（2001年贵阳职工大学并入贵州教育学院后设置）更名为职业技术学院，开设广告设计、环艺设计、旅游工艺品设计3个艺术专业；成立艺术学院。当年，英语、数学与应用数学、计算机科学与技术3个专业开始招收本科生。

2010年，思想政治教育、历史学2个专业开始招收本科生。同年，文学院开始承担学校与泰国交换学生的教育教学工作。

2011年，设置档案学专业，翌年招生。同年，计算机科学与技术、电子信息科学与技术学专业招生。

2012年，经济学、英语（旅游英语方向）、信息工程3个专业开始招收本科生；增设文化产业管理专业，翌年招生。

2013年，成为学士学位授予资格单位。同年，统计学专业招生。

2014年，翻译、物联网工程、数据科学与大数据、物理学（计算物理方向）专业开始招收本科生。

2016年，入选贵州省“十三五”硕士学位授予立项建设单位。①

2017年，获批为省级一流大学建设项目建设单位。同年，设计学院成立，开办数字媒体艺术、产品设计2个专业。

2018年，以马列主义教学部、经济与政治学院思想政治专业为基础重组成立马克思主义学院；文学院更名为文学与传媒学院；数学与计算机科学学院更名为数学与大数据学院；化学与生命科学学院拆分为化学与材料学院、生物科学学院；地理与旅游学院拆分为

---

① 《贵州年鉴》编辑部. 贵州年鉴（2017）［M］. 贵阳：贵州年鉴社，2017：510.

地理与资源学院、旅游文化学院；以艺术学院为基础重组建立音乐舞蹈学院；职业技术学院、艺术学院美术专业、设计学院合并重组成立美术与设计学院；成立创新创业学院。同年，历史与档案学院文化产业管理专业并入旅游文化学院。

截至2019年，贵州师范学院有18个教学单位，46个本科专业，涵盖经济学、法学、教育学、文学、理学、工学等10个学科门类，形成了本科、研究生教育、留学生教育、继续教育等多层次、多形式的人才培养体系。

商学院：设有经济学、信用管理、公共关系学3个本科专业。

马克思主义学院：设有思想政治教育1个本科专业；主要承担全校思想道德修养与法律基础、马克思主义基本原理概论、毛泽东思想和中国特色社会主义理论体系概论、中国近现代史纲要、贵州省情、形势与政策等课程的教学工作。

教育科学学院：设有学前教育系、特殊教育系、应用心理学系、艺术教育系，学前教育、特殊教育、应用心理学、艺术教育4个本科专业。

体育学院：设有体育教育、休闲体育2个本科专业；承担全校的大学公共体育课教学。

文学与传媒学院：设有汉语言文学、广播电视学、广播电视编导、汉语国际教育4个本科专业。

外国语学院：设有英语、英语（旅游英语方向）、翻译3个本科专业。

历史与档案学院：设有历史学、档案学2个本科专业。

数学与大数据学院：设有数学与应用数学、计算机科学与技术、信息工程、物联网工程、统计学、数据科学与大数据技术6个本科专业。

物理与电子科学学院：设有物理学（含计算物理方向）、电子信息科学与技术学2个本科专业。

化学与材料学院：设有化学、应用化学、材料科学与工程、制药工程4个本科专业。

地理与资源学院（地理与旅游学院）：设有地理科学（师范类）、旅游管理、农业资源与环境、土地资源管理4个本科专业；旅游管理（订单培养）1个专科专业。

生物科学学院：设有应用生物科学、生物科学2个本科专业。

旅游文化学院：设有旅游管理、文化产业管理、会展经济与管理3个系，旅游管理、文化产业管理、会展经济与管理3个本科专业。

乐舞蹈学院：设有音乐学、舞蹈学、舞蹈表演3个专业。

美术与设计学院：设有美术系、设计系、数媒系3个系，美术学、数字媒体艺术、产品设计3个本科专业。

创新创业学院：设有综合服务办公室、创新教育中心、创业实践中心和创新创业教育研究中心4个部门。

继续教育学院：设有汉语言文学、英语、法律、学前教育、会计等30多门个专（本）科函授（业余）专业；承担学校成人高等教育、高等教育自学考试、中小学校长培训、教师培训、社会培训、国家教育考试评卷工作、评卷基地管理等工作。

（二）学校环境与办学成果

2012年，贵州师范学院被列为教育部、国家发改委中西部高校基础能力建设工程项目。[①] 同年，重点实验室执行主任邓明森获贵州省五一劳动奖章。[②]

2014年，与泰国那瓦密皇后中学等学校合作，汉语国际教育专业的老师和学生开始到泰国进行教育实践和实习。同年，杜宏博被评为贵州省先进工作者。[③]

2015年，通过教育部本科教学工作合格评估。同年，罗绪强教授荣获第十三届贵州省青年科技奖；[④] 崔忠伟荣获贵州省五一劳动奖章。[⑤]

截至2019年，贵州师范学院图书馆面积1.95万平方米。馆藏纸质书刊近百万册，电子图书138.58万册（种），中外文报刊1200多种。拥有超星电子图书、书生之家电子图书、“书香中国”数字图书馆、Ebsco外文数据库、CNKI中国学术期刊全文数据库、维普中文科技期刊数据库、人大报刊复印资料数据库、CNKI博硕士学位论文库、万方学位论文数据库、读秀学术搜索、百链云图书馆、国研网等15个中外文数据库。还有馆藏书目数据库、中国山地民族数据库、贵州基础教育辅助决策平台3个自建数据库。

贵州师范学院有2个国家级专业综合改革试点项目，5个省级专业综合改革试点项目；1个贵州省区域内一流建设学科，11个贵州省一流大学建设项目；4个省级特色重点学科，4个省级重点学科，4个省级重点支持学科。建有国家级众创空间1个，省级院士工作站，省级“2011协同创新中心”，贵州省纳米材料模拟与计算省级重点实验室，省级高校人文社科基地，省级人才基地等省部级科研平台等24个；省级大学生创业示范中心2个，省级实验教学示范中心1个；省级非物质文化遗产传承人群培训基地1个，省级非物质文化遗产研究中心1个。校内还设有海外苗瑶学术文献翻译研究中心、英语语言学研究中心、大学英语教学与研究中心；贵州语文教育研究所、贵州民族审美文化研究所、普通话及口语艺术研究中心、陶行知教育思想研究所、习近平新时代中国特色社会主义思想研究中心、贵州师范学院中国哲学研究所、贵州师范学院思想政治理论课理论与实践研究所、贵州地方文化研究所；区域旅游研究所、非物质文化遗产研究中心、州省非物质文化遗产数据库基地、贵阳市非物质文化遗产数据库基地。

2012年以来，共获102项国家级项目，其中国家自然科学基金项目50项，国家社会科学基金项目52项；省部级科研项目290余项；横向项目150余项；获贵州省部级以上科研成果奖近40项。

---

① 《贵州年鉴》编辑部. 贵州年鉴（2013）[M]. 贵阳：贵州年鉴社，2013：368.
② 《贵州年鉴》编辑部. 贵州年鉴（2013）[M]. 贵阳：贵州年鉴社，2013：596.
③ 《贵州年鉴》编辑部. 贵州年鉴（2015）[M]. 贵阳：贵州年鉴社，2015：678.
④ 《贵州年鉴》编辑部. 贵州年鉴（2016）[M]. 贵阳：贵州年鉴社，2016：761.
⑤ 《贵州年鉴》编辑部. 贵州年鉴（2016）[M]. 贵阳：贵州年鉴社，2016：757-758.

（三）科研成果

2011 年，颜迈等的《现代汉语复式教程》获贵州省第九次哲学社会科学优秀成果二等奖。[①]

（四）学生与教职工数

2009 年，成人本科院校贵州教育学院改制为普通本科院校，并更名为贵州师范学院。当年，英语、数学与应用数学、计算机科学与技术 3 个专业开始招收普通高考本科学生。

2009~2018 年，其学生与教职工数具体变化如表 7-8 所示。

表 7-8 2009~2018 年贵州师范学院学生与教职工数 单位：人

年度末	本专科学生								教职工数	专任教师					
	毕业生		招生数		在校生		预计毕业生			合计	正高	副高	中级	初级	未定
	普通	成人	普通	成人	普通	成人	普通	成人							
2009	366	3727	3480	3388	5817	11999	473	3374	476	353	26	100	138	46	43
2010	471	3081	4015	2625	9261	10319	1830	4378	583	462	32	106	140	89	95
2011	1857	6153	2477	1649	10836	5625	2104	1963	613	486	35	118	136	166	31
2012	2106	1867	3705	2654	12402	6462	3153	1687	787	560	41	158	159	137	65
2013	3117	1822	3553	2573	12789	7213	2745	1894	965	638	63	199	176	122	78
2014	2711	1766	3351	2129	13328	6044	3455	1504	1059	728	54	256	184	167	67
2015	3452	1595	2175	1338	12576	6561	3574	2493	1133	658	42	232	200	127	57
2016	3646	2290	3369	1195	12270	5264	3283	2458	1113	658	48	271	213	125	1
2017	3283	2231	3482	1793	12493	4545	3049	1527	1107	709	65	305	252	71	16
2018	3004	2527	3882	1049	13273	—	2084	2315	1097	726	70	350	236	53	17

资料来源：历年《贵州年鉴》。

2019 年，该校有在校生 13559 人；教职工 1096 人，其中副教授及以上 438 人。有贵州省省管专家 4 人、省级教学名师 7 人、省级学术带头人 4 人、贵州省委宣传系统“四个一批”甲秀文化人才 1 人。校外兼职硕士生导师、博士生导师 50 人。

① 《贵州年鉴》编辑部. 贵州年鉴（2012）[M]. 贵阳：贵州年鉴社，2012：440.

九、兴义民族师范学院

2009 年 3 月，经教育部批准，黔西南民族师范高等专科学校正式升格为全日制师范本科院校，更名为兴义民族师范学院。学校位于黔西南布依族苗族自治州兴义市。

（一）院系与专业设置

2009 年，设有政治与历史系、中文系、物理系、计算机科学系、体育系；数学系更名为数学科学学院；小学教育系更名为教育科学系；成立公共管理学院、经济贸易学院、基础教育学院。同年，数学、物理学专业开始自主招收第一届本科生。

2010 年，中文系更名为文学与传媒系。同年，开始独立招收体育教育专业本科学生；获得成人本科学历招生办学资格。

2011 年，开始招收音乐学专业本科生。同年，基础教育学院从教务处拆出独立。

2012 年，开始招收美术学专业本科生。

2013 年，被批准为学士学位授予单位；[①] 开始招收社会体育指导与管理专业本科生。同年，政治与历史系更名为政治与历史学院；文学与传媒系更名为文学与传媒学院；数学系更名为数学科学学院；物理系更名为物理与工程技术学院；外语系更名为外国语学院；教育科学系更名为教育科学学院，设有心理学和学前教育 2 个本科专业；公共管理学院、经济贸易学院合并成立经济与管理学院；计算机科学系更名为信息技术学院；艺术系更名为艺术学院；体育系更名为体育学院。

2016 年，入选贵州省“十三五”硕士学位授予立项建设单位；[②] 中国语言文学学科获批贵州省“十三五”硕士学位授权建设学科点。同年 12 月，兴义民族师范学院通过教育部普通高等学校本科教学工作合格评估。

2017 年，汉语国际教育专业获批为省级一流重点建设培育专业；《英语教学论》课程获批为省级一流重点建设项目。

2018 年，增设运动康复专业。

截至 2018 年，兴义民族师范学院设有以下二级学院和专业：政治与历史学院：设有思想政治教育、历史教育（文化遗产方向）、政治学与行政学 3 个本科专业。文学与传媒学院：设有汉语言文学（师范方向）、汉语言文学（文秘方向）、广播电视学、汉语国际教育、网络与新媒体 5 个本科专业和少数民族预科班。外国语学院：设有英语（师范方向）、翻译 2 个本科专业和英语教育专科专业。数学科学学院：设有数学与应用数学（师范类）、统计学 2 个本科专业和数学教育专科专业。物理与工程技术学院：设有物理学、电子科学与技术、安全工程及汽车服务工程 4 个本科专业和物理教育（电子技术方向）专科专业。生物与化学学院：设有化学、应用化学、生物科学、应用生物科学 4 个本科专

① 《贵州年鉴》编辑部. 贵州年鉴（2014）[M]. 贵阳：贵州年鉴社，2014：352.

② 《贵州年鉴》编辑部. 贵州年鉴（2017）[M]. 贵阳：贵州年鉴社，2017：510.

业。信息技术学院：设有计算机科学与技术、信息与计算科学、物联网工程 3 个本科专业和计算机科学与技术（专科起点）本科函授专业、计算机应用技术专科专业。教育科学学院：设有心理学、小学教育、学前教育 3 个本科专业。经济与管理学院：设有文地理与城乡规划、财务管理、旅游管理与服务教育 3 个本科专业和劳动与社会保障专科专业。艺术学院：设有音乐学、美术学 2 个本科专业（共含 12 个专业方向）。体育学院：设有体育教育、社会体育指导与管理、运动康复 3 个本科专业。马克思主义学院：主要承担着全校思想政治理论课的教学科研任务。基础教育学院：主要承担全校大学语文、普通话、大学英语、少数民族预科班等方面的教学管理工作。继续教育与培训部：设有汉语言文学、英语、历史学、音乐学、数学与应用数学、信息与计算科学、物理学、化学、应用化学、计算机科学与技术、应用心理学、思想政治教育、学前教育、体育教育等专升本函授（业余）专业；语文教育、初等教育、学前教育、计算机教育等高升专函授专业；承担学校成人（干部）学历与非学历等教育、培训、考试等工作。

截至 2019 年，兴义民族师范学院设有 14 个二级学院，41 个本科专业、7 个专科专业和 1 个少数民族双语预科班；涵盖法学、教育学、文学、历史学、理学、工学、管理学、艺术学和农学 9 大学科门类。

（二）学校环境与办学成果

2013 年，数学科学学院获贵州省级教学成果三等奖 1 项。

2015 年，物理与工程技术学院获全国大学生电子设计竞赛三等奖 2 组。

2016 年，与教育部普通高等学校人文社会科学重点研究基地西南大学西南民族教育与心理研究中心合作成立了兴义民族师范学院田野考察工作站。同年，物理与工程技术学院获贵州省大学生物理实验技能竞赛三等奖。

2017 年，物理与工程技术学院参加全国大学生电子设计竞赛三等奖 1 组。

2018 年，何碧的《民族地区中小学英语分目标优势教育实践探索》获贵州省第九届高等教育教学成果三等奖和贵州省第四届基础教育教学成果三等奖 2 个奖项。

2019 年，与教育部普通高等学校人文社会科学重点研究基地北京师范大学教师教育研究中心共建西南民族地区教师教育研究中心。

截至 2019 年，学校占地面积 1211 亩，校舍建筑总面积 23. 27 万平方米，其中教学行政用房 10. 74 万平方米，学生宿舍 7. 89 万平方米。教学科研仪器设备总值 6577. 65 万元。

图书馆面积 2. 72 万平方米。馆藏纸质图书 64. 8 万册，其中中文图书 59. 9 万册、外文图书 7928 册、中文期刊合订本 4. 1 万册；电子图书 74. 1 万种（册）。拥有“读秀”学术搜索、CNKI 学术期刊全文数据库、CNKI 硕、博论文全文数据库、超星学术视频、银符考试题库、环球英语多媒体学习库、软件通等 9 个数据库。馆内文献信息资源涵盖了人文社会科学和自然科学诸多学科门类。

兴义民族师范学院有省级一流培育专业 1 个、省级重点培育学科 1 个、省级重点支持学科 3 个、省级重点支持培育学科 1 个、省级重点建设课程群 3 个、省级综合改革试点专业 5 个。建有省级一流培育教学团队 1 个；省级特色重点实验室 1 个；省级大学生创新创业训练中心、中国民族师范教育研究中心、国际山地旅游发展研究院等。

（三）科研成果

2015 年，张翔的《流动儿童心理韧性及其影响因素：核心自我评价的中介效应》获贵州省第十一次哲学社会科学优秀成果二等奖。①

2018 年，吕国富、张晓松、李三旗等的《贵州山地旅游助推精准脱贫路径研究》，吕国富、张晓松等的《贵州山地旅游助推精准脱贫路径研究》获贵州省第十二次哲学社会科学优秀成果一等奖。②

（四）学生与教职工数

2009 年，黔西南民族师范高等专科学校升格改建为兴义民族师范学院。当年，数学、物理学专业开始自主招收本科生。

2009~2018 年，其学生与教职工数具体变化如表 7-9 所示。

表 7-9　2009~2018 年兴义民族师范学院学生与教职工数　单位：人

年度末	本专科学生								教职工数	专任教师					
	毕业生		招生数		在校生		预计毕业生			合计	正高	副高	中级	初级	未定
	普通	成人	普通	成人	普通	成人	普通	成人							
2009	1523	—	2900	22	2673	174	2159	92	502	384	12	119	160	64	29
2010	2006	92	2461	14	7974	96	2656	60	546	452	12	114	207	78	41
2011	2514	60	2351	23	7591	59	2594	22	560	450	13	118	222	40	57
2012	2568	22	2474	28	7416	106	2004	20	583	459	10	135	240	49	25
2013	1978	18	1771	285	7061	371	2107	58	642	482	16	152	209	59	46
2014	1951	38	1586	95	6414	398	1784	28	634	495	21	161	219	36	58
2015	1774	28	2104	35	6711	405	1608	280	641	480	23	166	211	10	70
2016	1607	267	3110	19	8188	139	1800	85	664	490	24	170	226	9	61
2017	1796	84	2788	9	9137	63	2384	35	660	485	34	170	207	6	68
2018	2329	35	3034	9	9745	155	2312	19	671	496	40	184	215	5	52

资料来源：历年《贵州年鉴》。

2019 年，该校有在校生 10476 人，其中本科生 7888 人；在职教职工 663 人，其中正

① 《贵州年鉴》编辑部. 贵州年鉴（2016）[M]. 贵阳：贵州年鉴社，2016：526.

② 《贵州年鉴》编辑部. 贵州年鉴（2019）[M]. 贵阳：贵州年鉴社，2019：593.

高职称45人，副高职称213人，引进和培养博士59人、硕士333人。有贵州省教育厅相关专业指导委员会委员6名。

十、六盘水师范学院

2009年，六盘水师范高等专科学校升格改建为全日制高等本科院校，更名为六盘水师范学院。学校位于六盘水市。

（一）院系与专业设置

2009年，设有中国语言文学系、数学系、计算机科学与信息技术系、生物与地理科学系、物理与电子科学系、体育系、艺术系；政教系更名为政治教育与法学系；教育系更名为教育科学系，心理学教研室并入教育科学系。同年，汉语言文学、思想政治教育、应用物理学、应用数学专业开始招收本科生。

2010年，化学、英语专业始招本科生。

2011年，教育科学系新增学前教育、冶金工程本科专业并招生。同年，思想政治理论课教学部并入政治教育与法学系；化学系、贵州大学六盘水能源矿业学院环境与化学工程系合并成立化学与化学工程系；生物与地理科学系拆分成立环境与资源科学系、生命科学系；物理系更组建为物理与电子科学系。

2012年，增设电气工程及其自动化本科专业，翌年招生。

2013年，被批准为学士学位授予单位。① 同年，教育科学系新增少数民族预科班并招生。

2014年，新增秘书学、环境工程、旅游管理与服务教育3个本科专业。

2015年，新增经济统计学、能源与动力工程、城乡规划、植物科学与技术4个本科专业。同年，被列为贵州省向应用型转型发展试点院校；植物学、动物学2个学科获批为省级重点支持学科。

2016年，新增小学教育、新闻学、物联网工程、土木工程、城市管理5个本科专业；新增少数民族双语预科班；小学教育本科专业、少数民族双语预科班招生。同年，生物学获批为新增硕士学位授予单位规划建设立项学科。

2017年，开始与辽宁师范大学合作培养教育学（生物学学科教学论方向）研究生。同年，外国语言文学系更名为外国语学院；化学与化学工程系更名为化学与材料工程学院；生命科学系更名为生物科学与技术学院；物理与电子科学系更名为电气工程学院；体育系更名为体育学院；由教育科学系和艺术系音乐教育专业、五年制少数民族民间文化传承班组建成立教育科学与音乐学院；数学系、计算机科学与信息技术系根据专业调整组建成立数学与计算机科学学院；以政治教育专业与法学系为基础组建政治与公共管理学院；以美术、风景园林等专业为基础重组成立建筑艺术学院；以学校相关专业整合组建旅游与

① 《贵州年鉴》编辑部. 贵州年鉴（2014）［M］. 贵阳：贵州年鉴社，2014：352.

历史文化学院；以中国语言文学系为基础成立文学与新闻学院；历史与社会文化科学系、环境与资源科学系合组成立旅游与历史文化学院。2017 年，与技术学院和辽宁师范大学合作培养生物学、物理学科教学教育硕士研究生；撤销艺术系。

2018 年，新增自动化、舞蹈表演本科专业并招生。同年，教育科学与音乐学院的五年制少数民族民间文化传承班停招。

2019 年，教育科学与音乐学院拆分成立教育科学学院、音乐学院；建筑艺术学院更名为美术与设计学院；政治与公共管理学院撤销，成立马克思主义学院。同年，增设经济与金融本科专业。

截至 2019 年，六盘水师范学院设有以下院系与专业：马克思主义学院：设有思想政治教育、城市管理、经济与金融 3 个本科专业。旅游与历史文化学院：设有历史学、地理科学、旅游管理与服务教育、酒店管理 4 个本科专业。文学与新闻学院：设有汉语言文学、秘书学、新闻学 3 个本科专业。外国语学院：设有英语本科专业。教育科学学院：设有学前教育、小学教育 2 个本科专业，少数民族预科班；承担全校部分师范类公共课程教学工作。音乐学院：设有音乐学、舞蹈表演 2 个本科专业，音乐教育（少数民族民间文化方向）专科专业。数学与计算机科学学院：设有数学与应用数学（师范类）、数据科学与大数据技术、计算机科学与技术、物联网工程、软件工程 5 个本科专业，计算机应用技术专科专业。物理与电气工程学院：设有应用物理学、电气工程及其自动化、能源与动力工程、自动化 4 个本科专业，应用电子技术专科专业；与辽宁师范大学联合培养学科教学（物理）硕士点。化学与材料工程学院：设有矿物加工工程、冶金工程、化学、化学工程与工艺、环境工程 5 个本科专业。生物科学与技术学院：设有生物科学、植物科学与技术（植物生产类）2 个本科专业；与辽宁师范大学合作培养教学（生物学）硕士点。矿业与土木工程学院：设有地质工程、采矿工程、安全工程、土木工程、机械电子工程、机械设计制造及其自动化 6 个本科专业。美术与设计学院：设有城乡规划、风景园林、美术学 3 个本科专业。体育学院：设有体育教育 1 个本科专业。继续教育学院：负责全校实施非学历教育培训、成人学历教育等工作。

（二）学校环境与办学成果

2010 年，体育学院获批贵州省国家一级社会指导员资格培训基地。

2011 年，杜琨荣、张龙获贵州省第二届青年创新人才奖。[①] 同年，在全国大学生“挑战杯”竞赛中获得贵州省一等奖、全国二等奖。

2014 年，获批全国啦啦操实验高校。同年，胡明哲被评为第六届贵州省优秀科技工作者[②]；六盘水师范学院在全国全民健身操舞大赛总决赛中荣获大众健身操二级特等奖、大众健身操三级特等奖、有氧舞蹈四级一等奖。

2016 年，六盘水师范学院通过国家教育部本科教学工作合格评估，并被列入贵州省

---

① 《贵州年鉴》编辑部. 贵州年鉴（2012）［M］. 贵阳：贵州年鉴社，2012：650-651.

② 《贵州年鉴》编辑部. 贵州年鉴（2015）［M］. 贵阳：贵州年鉴社，2015：680.

“十三五”规划期硕士学位授予单位立项建设单位①。

2017 年，加入全国应用技术大学（学院）联盟；开始与辽宁师范大学、贵州师范大学联合培养硕士研究生。同年，六盘水师范学院被评为贵州省文明校园。

2018 年，六盘水师范学院与珠海世纪鼎利科技股份有限公司共建六盘水师范学院—鼎利学院。同年，获“创青春”全国大学生创业大赛创业计划银奖和公益创业铜奖各 1 项；被评为全国大中专学生暑期“三下乡”全国优秀新闻宣传单位、获高校优秀传播奖。

2019 年，在全省普通高校思想政治工作检查中荣获优秀等次。

截至 2019 年 9 月，六盘水师范学院占地面积 1310 亩，建筑面积 357300 平方米；教学科研仪器设备总值 1.03 亿元。

图书馆建筑面积 2 万余平方米。建有纸质文献借阅区 10 个，阅览座位 1800 余个。馆藏文献图书 157 万册，其中纸质文献 79 万册，中外文电子图书镜像 78 万册。拥有中国知网（CNKI）期刊、（CNKI）博士论文、（CNKI）硕士论文、万方硕博论文、人大复印资料、EBSCO ASP 及 BSP、银符考试、超星电子图书、超星专家视频、超星读秀、自建馆藏书目数据等 17 个数据库。

六盘水师范学院采矿工程被列为贵州省区域内双一流学科。建有省级一流专业培育 1 个、省级重点学科 1 个、省级重点支持学科 5 个（采矿工程、动物学、植物学、物理电子学、矿物加工工程）；省级特色专业 1 个、省级精品课程 2 门；省级卓越人才培养项目 2 项。有翻译研究中心、六盘水乌蒙山研究院、乌蒙山发展研究院、中药材研发中心、“三线”建设文化研究中心、“三变”改革研究中心、布依文化研究中心、贵州科学院六盘水分院、贵州省煤炭绿色发展 2011 协同创新中心、贵州省煤炭资源清洁高效利用科研实验平台、贵州省矿山压力与岩层控制工程研究中心、贵州省矿山装备数字化技术工程研究中心、贵州省煤系固体废弃物资源化利用特色重点实验室、贵州省特色农业种质资源开发与利用重点实验室等研究院所。

（三）科研成果

截至 2019 年，承担各级各类科研项目 1300 余项，其国家自然科学基金项目 9 项，国家哲学社会科学基金项目 7 项，国家艺术规划基金项目，省部级项目 192 项，国家级专业综合改革试点项目 1 项，省部级教学改革项目 46 项。获贵州省高等教育教学成果奖 7 项。

（四）学生与教职工数

2009 年，六盘水师范高等专科学校升格改建为六盘水师范学院。当年，汉语言文学、思想政治教育、应用物理学、应用数学专业本科招生。

2009~2018 年，其学生与教职工数历年具体变化如表 7-10 所示。

---

① 《贵州年鉴》编辑部. 贵州年鉴（2017）［M］. 贵阳：贵州年鉴社，2017：510.

表 7-10 2009~2018 年六盘水师范学院学生与教职工数 单位：人

年度末	本专科学生								教职工数	专任教师					
	毕业生		招生数		在校生		预计毕业生			合计	正高	副高	中级	初级	未定
	普通	成人	普通	成人	普通	成人	普通	成人							
2009	950	316	1194	67	4223	404	1303	170	441	301	15	89	79	92	26
2010	1265	170	1718	28	4620	258	1755	167	456	295	17	100	94	67	17
2011	1682	139	2018	152	4888	246	899	66	485	354	20	103	113	82	36
2012	870	67	1888	181	5818	364	1342	28	522	360	27	107	133	46	47
2013	1339	25	1451	132	5862	475	1744	140	594	361	23	113	145	25	25
2014	1700	136	1573	117	5699	456	1351	179	696	440	33	136	158	19	94
2015	1292	159	1315	227	5659	504	1473	139	735	474	34	167	230	21	22
2016	1424	129	2348	772	6554	1179	1633	133	730	464	33	184	189	19	39
2017	1567	107	2456	1095	7351	2161	1335	1015	731	472	37	206	175	16	38
2018	1315	1015	3401	1067	9394	325	1448	1059	782	465	33	195	145	10	82

资料来源：历年《贵州年鉴》。

2019 年，有普通全日制在校学生 11500 人，成人教育学生 4500 人左右；教职工 861 人，其中教授 51 人（二级教授 1 人、三级教授 1 人），副教授 254 人；博士 66 人，硕士 344 人。享受国务院特殊津贴专家 1 人，贵州省政府特殊津贴专家 1 人，贵州省管专家 1 人；省级教学名师 1 人，“双师双能”型教师 67 人。

十一、贵州理工学院

贵州理工学院成立于 2013 年，是一所以工学为主体，工学、理学、管理学等多学科协调发展的全日制理工类省属普通本科院校。学校坐落于贵阳市西南阿哈湖畔的蔡家关原贵州工业大学校址上。

（一）院系与专业设置

2013 年，贵州理工学院设置的院系与招生专业有：资源与环境工程学院：资源勘查工程（含固体矿产勘查、工程地质勘查与地质灾害防治、职教师资 3 个方向）专业；机械工程学院：机械设计制造及其自动化（含制造自动化与测控技术、机电传动与控制、职教师资 3 个方向）专业；电气工程学院：电气工程及其自动化（含新能源装置运行与控制、供配电技术、职教师资 3 个方向）专业；土木工程学院：土木工程（含道路与桥梁工程、小城镇建设、职教师资 3 个方向）本科专业；化学工程学院：化学工程与工艺（含煤化工与磷化工、能源变换材料及工程、过程装备及控制工程、职教师资 4 个方向）本科专业；制药工程学院：制药工程（含食品与药品安全、食品与药品安全、民族制药、职教师资3个方向）本科专业。

2015年，贵州理工学院设有16个学院，开设17个专业。分别是：资源与环境工程学院：资源勘查工程（含工程地质勘查、地质灾害防治2个方向）、环境工程2个专业。机械工程学院：机械设计制造及其自动化（含制造自动化与测控技术、机电传动与控制2个方向）专业。电气工程学院：电气工程及其自动化（含新能源装置运行与控制、供配电技术2个方向）专业。土木工程学院：土木工程（含道路与桥梁工程方向）、水利水电工程2个专业。化学工程学院：化学工程与工艺（能源变换材料及工程、过程装备及控制工程、职教师资3个方向）专业。制药工程学院：制药工程（含食品与药品安全方向）、生物制药2个专业。采矿工程学院：安全工程（含采矿工程、非煤矿山2个方向）专业。经济管理学院：工程管理（含工程造价方向）专业。信息工程学院：网络工程专业。轻工工程学院：酿酒工程专业。航天航空工程学院：飞行器制造工程本科专业。还设有材料与冶金工程学院、建筑与城市规划学院、交通工程学院、理学院、继续教育学院和马列主义教学部、大学外语教学部、体育教学部、工程实训中心4个基础教学部门。

2016年4月，获批招收留学生资格。

2019年时，学校设置有17个学院，1个基础教学部，33个本科专业。分别是经济管理学院：工程管理、工程造价；资源与环境工程学院：资源勘查工程、环境工程；食品药品制造工程学院：制药工程、生物制药、酿酒工程；矿业工程学院：采矿工程、安全工程、地质工程；机械工程学院：机械设计制造及其自动化、机械电子工程；航空航天工程学院：飞行器制造工程、飞行器动力工程；电气与信息工程学院：电气工程及其自动化、自动化、过程装备与控制工程；建筑与城市规划学院：人文地理与城乡规划、环境设计；土木工程学院：土木工程、水利水电工程；材料与冶金工程学院：材料科学与工程、新能源材料与器件、焊接技术与工程；化学工程学院：化学工程与工艺、新能源科学与工程；交通工程学院：交通工程；大数据学院：数据科学与大数据技术、网络工程、智能科学与技术、网络空间安全；体育学院：休闲体育；理学院：应用统计学；继续教育学院；马克思主义学院。另外，与英国贝德福特大学联合举办电气工程及其自动化本科专业。

（二）学校环境与办学成果

贵州理工学院分为两个校区：蔡家关校区坐落于贵阳西南阿哈湖畔，占地866.7亩，贵安校区坐落于贵安新区大学城博士路，占地约1757亩。

2013年，与东南大学签订《合作协议》。①

2016年，贵州省高校首个“易班”网络平台落户理工学院。②

2017年1月，成为全国首批深化创新创业教育改革示范高校。同年7月，发起成立“中国—东盟高校创新创业联盟”，并成为轮值主席单位和永久秘书处单位。

---

① 《贵州年鉴》编辑部. 贵州年鉴（2014）［M］. 贵阳：贵州年鉴社，2014：352.

② 《贵州年鉴》编辑部. 贵州年鉴（2017）［M］. 贵阳：贵州年鉴社，2017：510.

截至2019年，学校材料科学与工程已成为省级区域内一流建设培育学科，材料科学与工程、地质资源与地质工程2个学科被列为省级重点学科，航空宇航科学与技术学科被列为省级特色重点培育学科，管理科学与工程、计算机应用技术、机械制造及其自动化3个学科被列为省级重点支持学科，电力系统及其自动化、化学工艺2个学科被列为省级重点支持培育学科。

资源勘查工程被评为全国高校首批“黄大年”式国家级教师团队；航空轻金属材料与焊接技术科技创新团队、果酒酿造工程技术科技创新人才团队、能源化学转化新材料科技创新人才团队被认定为省级科技创新人才团队；重金属原位调控与生态修复创新团队、智能优化与数据挖掘创新群体、隐伏矿床勘测团队被评为贵州省普通高等学校科技创新人才团队。

建有贵州省绿色过程工程人才基地、贵州省地质资源与地质工程人才基地2个省级人才基地；贵州省电力大数据重点实验室、贵州省轻金属材料制备技术重点实验室2个省级重点实验室；磷煤资源清洁高效利用特色重点实验室、岩溶工程地质与隐伏矿产资源特色重点实验室、能源化学特色重点实验室3个省级高校特色重点实验室；流程性工业新过程工程研究中心、氟硅材料工程技术研究中心、农业大数据工程研究中心、新医药微控工程研究中心、无人机应急减灾信息化工程研究中心5个省级高等学校工程研究中心。有国家级众创空间（健康智造众创空间）1个；院士工作站1个；贵州省特种功能材料2011协同创新中心1个。还建有贵州省大健康医药产业技术研究院（与贵阳市乌当区人民政府共建）、贵州省智慧旅游产业发展研究院、贵州省“互联网+”产业技术研究院等教学科研平台。

（三）科研成果

贵州理工学院自建校以来，共累计获得科研经费8000多万元。国家级项目立项55个（国家自然科学基金项目50个，国家社会科学基金项目5个）；有107项横向项目，合同经费达2800余万元。出版75部学术专著，发表论文1967篇。获授权专利453项，其中发明专利43项。获贵州省部级科研成果奖12项。

（四）学生与教职工数

2013年，贵州理工学院成立，当年开始招收本科学生。

2013~2018年，其学生与教职工数历年具体变化如表7-11所示。

表7-11　2013~2018年贵州理工学院学生与教职工数　　单位：人

年度末	本专科学生								教职工数	专任教师					
	毕业生		招生数		在校生		预计毕业生			合计	正高	副高	中级	初级	未定
	普通	成人	普通	成人	普通	成人	普通	成人							
2013	—	—	2909	—	2909	—	—	—	183	125	14	27	20	37	27
2014	—	—	3026	—	5885	—	—	—	564	255	2	56	30	18	149

续表

年度末	本专科学生								教职工数	专任教师					
	毕业生		招生数		在校生		预计毕业生			合计	正高	副高	中级	初级	未定
	普通	成人	普通	成人	普通	成人	普通	成人							
2015	—	—	2861	111	8711	111	—	—	642	455	22	129	132	27	145
2016	—	—	2889	—	11516	109	2840	—	715	506	26	211	200	9	60
2017	2800	47	2923	226	11583	286	2999	—	799	492	41	196	172	14	79
2018	2774	—	2919	391	11471	1003	2875	198	835	570	52	228	189	9	92

资料来源：历年《贵州年鉴》。

2017 年，该校有在校留学生 119 人。

2019 年，该校有在校全日制本科学生 11528 人，留学生 193 人。教职工 889 人，其中，正高职称 84 人，副高职称 380 人；博士 234 人，硕士 491 人；国家百千万人才工程入选 1 人，国务院政府特殊津贴获得者 1 人，国家级有突出贡献中青年专家 1 人；教育部新世纪优秀人才 2 人；贵州省核心专家 1 人，贵州省管专家 3 人，贵州省政府特殊津贴获得者 1 人，贵州省高校哲学社会科学“黔灵学者”1 人，贵州省甲秀文化人才 1 人，贵州省优秀青年科技人才 3 人，贵州省青年科技奖获得者 3 人，贵州省优秀科技工作者 1 人，贵州省百层次创新型人才培养对象 2 人，贵州省千层次创新型人才培养对象 2 人；全国优秀教师 1 人，贵州省优秀教师 4 人。

十二、贵州商学院

2015 年，贵州商业专科学校升格改建为全日制本科学校，更名为贵州商学院。学校位于贵阳市白云区。

（一）院系与专业设置

2015 年，成立体育教学部。开设有物流管理、国际商务、会展经济与管理、市场营销 4 个本科专业。

2016 年，电子商务、人力资源管理 2 个专业始招本科生；社科部更名为马克思主义理论教学部；艺术系、传媒系整合成立文化与艺术传媒学院；贸易经济系更名为经济学院；工商管理系更名为管理学院。同年，电子商务专业被列为省级教改建设专业；工商管理学科被列为省级重点支持学科。

是年，招生本科专业 4 个：物流管理、国际商务、会展经济与管理、市场营销；专科专业 18 个：会计、财务管理、酒店管理、旅游管理、市场营销（营销与策划方向）、电子商务、计算机信息管理、汽车电子技术、互联网金融、保险、工商企业管理、房地产经营与管理、广告策划与营销、视觉传播设计与制作、环境艺术设计、舞蹈表演、歌舞表演、现代流行音乐。

2017 年，增设数据科学与大数据技术、国际经济与贸易、管理科学本科专业并招生；获批增设网络工程、工商管理本科专业，翌年招生。同年，马克思主义理论教学部更名为马克思主义学院；马克思主义学院获批为贵州省双一流课程建设群项目立项。

2018 年，增设贸易经济并招生。

截至 2018 年，招生的本科专业有：国际商务、国际经济与贸易、贸易经济、物流管理、人力资源管理、管理科学、工商管理、市场营销、投资学、金融工程、保险学、物联网工程、电子商务、数据科学与大数据技术、网络工程、酒店管理、会展经济与管理、财务管理、会计学、审计学、视觉传达设计；招生的专科专业有：资产评估与管理、会计、市场营销、旅游管理、酒店管理、汽车营销与服务、广告策划与营销、环境艺术设计、视觉传播设计与制作、舞蹈表演、歌舞表演。

2019 年，新增公共事业管理（应急管理）本科专业，翌年招生。同年，电子商务专业被列为国家双万计划省级一流建设专业。

截至 2019 年，招生的院系与专业有：经济学院：国际商务、国际经济与贸易、贸易经济 3 个本科专业；管理学院：物流管理、人力资源管理、管理科学、工商管理、市场营销 5 个本科专业；财政金融学院：投资学、金融工程、保险学、税收学 4 个本科专业；计算机与信息工程学院：物联网工程、电子商务、数据科学与大数据技术、网络工程、计算机科学与技术 5 个本科专业；旅游管理学院：酒店管理、会展经济与管理 2 个本科专业；会计学院：财务管理、会计学、审计学 3 个本科专业；文化与艺术传媒学院：视觉传达设计、环境设计 2 个本科专业，歌舞表演专科专业。

2019 年，贵州商学院设有会计学院、文化与艺术传媒学院、旅游管理学院、计算机与信息工程学院、经济学院、管理学院、财政金融学院、马克思主义学院、继续教育学院、大学外语教学部、创新创业学院、体育教学部、国际教育学院 13 个教学单位。

（二）学校环境与办学成果

贵州商学院占地面积 65.23 万平方米，建筑面积 32.90 万平方米。教学科研仪器设备总价值达 5991 万元。

图书馆有馆藏纸质图书 86 万余册，电子图书 130 余万册，电子期刊 12.59 万册，数字资源平台 15 个，挂网试用数字资源平台 21 个。建有校园网出口带宽 10300M，信息点总数 8641 个；配有教学用计算机 22.46 台/百人，多媒体教室和语音室座位 108.69 座/百人。

建有贵州省现代商贸物流人才基地 1 个，贵州省第四批专业技术人员继续教育基地 1 个；专业实验室 48 个（含 1 个贵州省教育厅特色重点实验室，2 个贵州省教育厅工程研究中心），计算机基础实验室 8 间，语音实验室 14 间；校外实习基地 97 个。

拥有省级一流培育专业 1 个，省级一流平台 2 项，省级一流师资团队 2 个，省级一流课程 4 门；贵州省重点支持学科 1 个；贵州省哲学社会科学创新团队 1 个。

贵州商学院还与英国普利茅斯城市学院、爱尔兰都柏林商学院、美国蒙赛罗大学、瑞士西北应用科学与艺术大学、瑞士卢塞恩酒店管理学院、马来西亚博特拉大学、广州财经大学、武汉理工大学、台湾建国科技大学等国内外高校在学生交换、师资培养、学术交流等方面建立了合作关系。

（三）科研成果

自 2015 年以来，贵州商学院共获科研合同经费 1025.42 万元，签订各类科研合同 257 项；承担省级以上教育教学研究和教学改革项目 27 项。出版教材 28 部，出版专著 5 部，发表学术论文 672 篇。获实用新型专利 7 项；贵州省科学技术进步奖三等奖 1 项，贵州省第十二次哲学社会科学优秀成果奖三等奖（论文类）1 项，省部级教学研究与教学成果奖 3 项。

（四）学生与教职工数

2015 年，贵州商业专科学校升格改建为贵州商学院。当年，物流管理、国际商务、会展经济与管理、市场营销 4 个专业开始招收本科生。

2015~2018 年，其学生与教职工数历年具体变化如表 7-12 所示。

表 7-12　2015~2018 年贵州商学院学生与教职工数　　单位：人

年度末	本专科学生								教职工数	专任教师					
	毕业生		招生数		在校生		预计毕业生			合计	正高	副高	中级	初级	未定
	普通	成人	普通	成人	普通	成人	普通	成人							
2015	3969	171	4598	80	10067	330	2814	160	488	441	18	156	136	24	107
2016	2731	144	3676	586	10928	1065	2761	174	571	510	31	176	130	97	76
2017	2792	174	3339	133	11618	1024	3830	305	641	524	17	155	120	25	207
2018	3545	785	3903	284	11597	—	2822	133	677	482	31	163	142	115	31

资料来源：历年《贵州年鉴》。

2019 年，该校有全日制在校学生 11574 人（本科生 7666 人，专科生 3908 人）；有教师总数 670 人（硕士及以上学历的教师占比为 63.88%，具有高级职称的教师占比为 40%）。

十三、贵州警察学院

2016 年，以贵州警官职业学院为基础筹建全日制高等教育本科院校，更名为贵州警察学院。2017 年 5 月贵州警官职业学院正式成立。

（一）院系与专业设置

贵州警察学院设有法学、公安管理学、治安学、刑事科学技术、侦查学、禁毒学、网络安全与执法、警务指挥与战术和监狱学 9 个本科专业；设有法律事务、法律文秘、计算机应用技术、安全防范技术、社区管理与服务 5 个专科专业。安全防范技术专业被列为中央财政重点专业建设点；刑事技术为全国公安高等教育重点专业建设点；公安学一级学科系省级重点支持学科（培育）、刑事科学技术为省级重点支持学科。

2019 年，招生的本科专业有：公安管理学、侦查学、治安学、禁毒学、警务指挥与战术、网络安全与执法、刑事科学技术、公安管理学、法学、监狱学；招生的专科专业有：法律事务、社会管理与服务、安全防范技术。同年，贵州警察学院设有侦查、治安管理、警察管理、禁毒、经济犯罪侦查、刑事技术、警犬技术、安全防范技术、法律文秘、法律事务、计算机应用技术、社区管理与服务 12 个专科专业。

（二）学校环境与办学成果

2019 年，贵州警察学院占地南明校区面积 620 余亩，花溪大学城新校区占地面积 1100 亩，校舍总面积 18.33 万平方米；有教学科研仪器设备价值 1.1040 亿元。

贵州警察学院图书馆馆藏纸质图书 643324 册，电子图书 640196 册，印刷型中文期刊 891 种，报纸 55 种，14 个数据库，数字资源总容量 6.5T，并加入了《中国高等教育文献保障系统》，能与成员馆之间实现资源共享。

建有 52 个校内实验实训场所和 34 个校外教学实习实训基地。贵州警察学院司法鉴定中心为全国司法鉴定先进集体。有专任教师 297 名，其中高级专业技术职务 137 名、硕士、博士研究生学历 136 名，省部级教学名师 7 人，省级优秀教育训练工作者 10 人，贵州省管专家、全省高校“黔灵学者”和省级学术带头人 6 人，教育部教学指导委员会委员 2 人。

（三）学生与教职工数

2017 年，贵州警官职业学院升格改建为贵州警察学院。当年开始招收普通高考本科生。

2017~2018 年，其学生与教职工数历年具体变化如表 7-13 所示。

表 7-13　2017~2018 年贵州警察学院学生与教职工数　单位：人

年度末	本专科学生				教职工数	专任教师					
	毕业生	招生数	在校生	预计毕业生		合计	正高	副高	中级	初级	未定
2017	1731	1531	4772	1691	420	297	26	108	101	14	48
2018	1630	1479	4504	1511	400	284	22	105	97	15	45

资料来源：历年《贵州年鉴》。

2019 年春季学期，有全日制在校生 5000 余人，专任教师 300 人。

十四、茅台学院

2017 年 5 月 23 日，茅台学院经国家教育部批准成立。茅台学院是我国第一所围绕酿酒产业链培养应用型人才的非营利性全日制普通本科高校，为贵州茅台酒厂（集团）有限责任公司创办。学校位于仁怀市南部新城。

（一）院系与专业设置

茅台学院设置的院系与专业有：酿酒工程系，开设葡萄与葡萄酒工程、酿酒工程 2 个本科专业；资源环境系，开设资源循环科学与工程、环境科学与工程 2 个本科专业；酿酒工程自动化系，开设自动化 1 个本科专业；工商管理系，开设市场营销、电子商务、物流管理 3 个本科专业；旅游管理系，开设酒店管理 1 个本科专业。另外还设有继续教育处、国际合作与对外交流处；公共基础教学部和实习实训教学中心。2017 年，招生的本科专业为酿酒工程（白酒方向）、葡萄与葡萄酒工程、食品质量与安全、资源循环科学与工程、市场营销。

2018 年，茅台学院招生的本科专业为酿酒工程（白酒方向）、葡萄与葡萄酒工程、食品质量与安全、资源循环科学与工程、环境科学与工程、自动化、市场营销、电子商务、酒店管理。

2019 年，茅台学院招生的院系与本科专业有：酿酒工程系酿酒工程（白酒方向）、葡萄与葡萄酒工程专业；食品科学与工程系食品质量与安全、食品科学与工程专业；资源环境系资源循环科学与工程、环境科学与工程专业；酿酒工程自动化系自动化、包装工程专业；工商管理系市场营销、电子商务、物流管理专业；旅游管理系酒店管理专业。

（二）学校环境与办学成果

茅台学院占地面积 1076.2 亩，校园规划建筑面积 34.6 万平方米，已完成 25.43 万平方米的校舍建筑。学院购置有教学科研仪器设备 3028.44 万元（不含教学多媒体设备）。实验教学中心 2 个；实习实训基地 34 个（贵州茅台集团公司内 22 个、集团公司外 12 个）。

图书馆藏有纸质图书 40 万册，电子图书 79 万册。

（三）学生与教职工数

2017 年，茅台学院成立。当年，酿酒工程（白酒方向）、葡萄与葡萄酒工程、食品质量与安全、资源循环科学与工程、市场营销 5 个专业开始招收本科生。

2017~2018 年，其学生与教职工数历年具体变化如表 7-14 所示。

表 7-14 2017~2018 年茅台学院学生与教职工数 单位：人

年度末	本专科学生				教职工数	专任教师					
	毕业生	招生数	在校生	预计毕业生		合计	正高	副高	中级	初级	未定
2017	—	586	586	—	160	121	21	12	64	2	21
2018	—	1161	1740	—	193	127	18	19	59	11	20

资料来源：历年《贵州年鉴》。

2019 年，该校有在校本科生 1749 人。茅台学院在师资队伍建设方面，采取 1/3 的本校主体教师队伍，1/3 的外聘兼职教师，1/3 的特聘专家学者为其师资建设与发展的主要措施。截至 2018 年底，已聘请院士、长江学者等国内外优秀的专家学者和行业高端人才共 37 人。

第二节 独立学院

一、贵州中医药大学（贵阳中医学院）时珍学院

（一）概况

2001 年 6 月，贵阳中医学院时珍学院成立。2018 年，更名为贵州中医药大学时珍学院。学校位于贵阳市南明区，规划占地面积 300 余亩。

2015 年，招生专业有：中医学、中西医临床医学、针灸推拿学、护理学、中药学。①

2017 年，招生专业有：中医学、中西医临床医学、针灸推拿学、中医学（骨伤方向）、护理学、中药学（含 5 个专业方向）、药物制剂、制药工程、法学（医事法律方向）等。②

2019 年，招生专业有：药物制剂、护理学、健康服务与管理、运动康复、法学、应用心理学、劳动与社会保障。

（二）学生与教职工数

2001 年，贵阳中医学院时珍学院成立。当年开始招收本科学生。

2004 年，招收新生 450 人，有在校生 1188 人；有教职工 160 人，其中专任教师 101

① 2015 年贵阳中医学院时珍学院分省招生计划［EB/OL］.［2015-08-10］. https：//www.qqje.com/newsView/2015ngyzyxyszxyfszsjh_288/.

② 贵州中医药大学时珍学院简介［EB/OL］.［2015-08-11］. http：//www.diyigaokao.com/college/1929.

人，教授 11 人，副教授 35 人，讲师 25 人，助教 20 人。

2005 年，招收新生 527 人，有在校生 1715 人；有教职工 184 人，其中专任教师 130 人，教授 18 人，副教授 37 人，讲师 41 人，助教 34 人。

2004～2018 年，其学生与教职工数具体变化如表 7-15 所示。

表 7-15　2004～2018 年贵州中医药大学（贵阳中医学院）时珍学院学生与教职工数

单位：人

年度末	本专科学生								教职工数	专任教师					
	毕业生		招生数		在校生		预计毕业生			合计	教授	副教授	讲师	助教	教员
2004	—		450		1188		—		160	101	11	35	25	20	—
2005	—		527		1715		184		184	130	18	37	41	34	
年度末	普通	成人	普通	成人	普通	成人	普通	成人	教职工数	合计	正高	副高	中级	初级	未定
2007	388	—	729	—	2786	—	283	—	206	175	32	82	53	8	—
2008	266	—	760	—	3241	—	519	—	235	204	40	87	57	20	—
2009	520	--	909	—	3614	—	669	—	261	228	43	93	64	28	—
2010	671	—	1079	—	4008	—	873	—	305	270	48	98	79	45	—
2011	868	—	799	—	3916	—	654	—	313	278	48	98	79	49	4
2012	654	—	669	—	3910	—	753	—	319	283	51	100	74	55	3
2013	747	—	1135	—	4286	—	912	—	326	288	67	108	57	49	7
2014	904	—	879	—	4233	—	952	—	337	297	67	109	58	53	10
2015	944	—	1156	—	4393	—	734	—	342	301	67	109	63	58	4
2016	732	—	850	—	4473	—	792	—	355	301	67	109	63	62	—
2017	790	—	—	—	3662	—	969	—	355	301	67	109	63	62	—
2018	962	—	—	—	2678	—	1129	—	341	285	67	109	57	52	—

资料来源：历年《贵州年鉴》。

2018 年，该校更名为贵州中医药大学时珍学院。

2019 年，时珍学院拥有教职工 400 余人，专任教师 242 人，教授（含其他正高级职称）66 人，副教授（含其他副高级职称）95 人；有博士学位 27 人，硕士学位 163 人。

二、遵义医科大学（遵义医学院）医学与科技学院

（一）概况

2001 年，遵义医学院科技学院成立，实行董事会领导下的院长负责制。2004 年更名

为遵义医学院医学与科技学院。

2009 年，临床医学成为国家级特色专业。2018 年更名为遵义医科大学医学与科技学院。

截至 2016 年 2 月，占地面积 150 余亩，预留用地面积 150 亩，有在校生 3500 余人。设有护理系（护理学专业）、药学系（药物制剂专业）、临床医学系（临床医学专业）、口腔医学系（口腔医学专业），另设有基础医学部、人文社会科学部、公共教学部 3 个教学单位。

2018 年，约 3000 名学生已入住新蒲新区园区一号路新校区。新校区规划总建筑面积 33 余万平方米，占地面积 505 亩，建有教学楼、专业实验室、多媒体教室、食堂学生公寓等教学设施和公共服务设施，达到教育部关于《普通本科学校设置暂行规定》的办学条件。同时，医学与科技学院可共享遵义医科大学各专业实验室、图书馆、实习基地等教学设施与资源。

2019 年，设有基础医学院、临床学院、护理学院及公共管理学院 4 个二级学院，16 个本科专业。专业设置涵盖医学、理学、管理学、文学、工学 5 个学科门类。

同年，有临床医学、麻醉学、口腔医学、护理学、医学检验技术、医学影像技术、药学、药物制剂、公共事业管理、信息与计算科学、医学信息工程、运动康复、社会体育指导与管理、英语 14 个招生专业。

（二）学生与教职工数

2001 年，遵义医学院科技学院成立。当年开始招收本科学生。

2004 年，更名为遵义医学院医学与科技学院。当年招收本科学生 403 人，有在校生 1456 人，预计毕业学生 53 人；有教职工 106 人，其中专任教师 98 人，教授 19 人，副教授 21 人，讲师 33 人，助教 25 人。

2005 年，毕业学生 55 人，招收本科学生 734 人；有在校生 2054 人，预计毕业学生 188 人。

2004~2018 年，其学生与教职工数历年具体变化如表 7-16 所示。

表 7-16　2004~2018 年遵义医科大学（遵义医学院）医学与科技学院学生与教职工数

单位：人

年度末	本专科学生								教职工数	专任教师					
	毕业生		招生数		在校生		预计毕业生			合计	教授	副教授	讲师	助教	教员
2004	—		403		1456		53		106	98	19	21	33	25	—
2005	55		734		2054		188		136	104	23	37	32	12	—
年度末	普通	成人	普通	成人	普通	成人	普通	成人	教职工数	合计	正高	副高	中级	初级	未定
2007	546	—	1021	—	2915	—	316	—	197	165	28	57	49	31	—
2008	315	—	940	—	3493	—	520	—	197	165	32	53	49	31	—
2009	501	—	1403	—	4360	—	692	—	197	165	42	47	58	18	—

续表

年度末	本专科学生								教职工数	专任教师					
	毕业生		招生数		在校生		预计毕业生			合计	正高	副高	中级	初级	未定
	普通	成人	普通	成人	普通	成人	普通	成人							
2010	682	—	1451	—	5103	—	707	—	197	165	42	47	58	18	—
2011	694	—	1268	—	5637	—	935	—	224	185	47	47	66	25	—
2012	930	—	1149	—	5836	—	1079	—	247	194	50	50	65	20	9
2013	1078	—	1661	—	6389	—	1365	—	254	197	51	51	70	24	1
2014	1357	—	1316	—	6313	—	1408	—	266	204	51	51	70	25	7
2015	1406	—	1235	—	6112	—	1181	—	266	204	51	51	70	25	7
2016	1172	—	1691	—	6614	—	1455	—	266	204	51	51	70	25	7
2017	1457	—	1244	—	6398	—	1386	—	283	204	51	51	70	25	7
2018	1368	—	2871	—	7817	—	1221	—	154	—	40	2	—	1	37

资料来源：历年《贵州年鉴》。

2018 年，该校更名为遵义医科大学医学与科技学院。

2019 年，该校有在校学生 8000 余人。

三、贵州医科大学（贵阳医学院）神奇民族医药学院

（一）概况

2001 年，贵阳医学院与贵州神奇集团联合举办贵阳医学院神奇民族医药学院。2004 年，经教育部批准为全日制普通高等本科独立学院。2015 年更名为贵州医科大学神奇民族医药学院。

神奇民族医药学院规划校园面积 1100 余亩。截至 2016 年，已建成笋子林校区，占地面积 492 亩；校舍房屋面积 18 万多平方米，其中教学大楼 8 栋共计 52980 平方米，学术报告厅计 500 平方米；有 16 个阶梯教室，30 余间多媒体教室，200 多间普通教室、100 多间教研室、办公室、资料室；学生宿舍 5 栋共 22235 平方米，运动场 17000 平方米，学生食堂 7874 平方米，综合办公大楼 15200 平方米，图书大楼 15100 平方米。

2011 年，成立临床医学系。

2013 年，成立经济商务学系。

2015 年，招生的院系与专业有护理系：护理学、护理（幼儿保育）、护理（老年服务与管理）、食品卫生与营养学；临床医学系：临床医学、临床医学（临床病理检验）；口腔医学系：口腔医学；药学系：药学、药学（药品营销）；麻醉系、麻醉学；医学检验系：医学检验技术；医学影像系：医学影像技术；社会科学部（法律系）：法学（医事法律）、

公共事业管理（卫生事业管理）、公共事业管理（健康事业管理）、市场营销、酒店管理；外语教学部（外语系）：英语（医学英语）。另设有基础医学部、体育教学部、实验教学中心等教学机构。

2019 年，设有临床医学院（临床医学、口腔医学、麻醉学、医学影像技术、医学检验技术、康复治疗学 6 个专业）、健康管理学院（护理学专业：基础护理学、儿科护理学、妇产科护理学、外科护理学、五官科护理学 5 个方向；食品卫生与营养学专业：食品工艺学、食品安全监督管理学、功能性食品学、食品卫生学、食品毒理学 5 个方向 2 专业 10 方向）、药学院（药学专业 1 个专业）、经济商务学院（市场营销、酒店管理、公共事业管理、财务管理、法学、英语、公共关系学、金融工程 8 个专业）4 个院系 17 个专业，当年皆招有本科学生。其中临床医学、口腔医学、麻醉学为五年制。

（二）学生与教职工数

2001 年，贵阳医学院神奇民族医药学院成立。

2004 年，招收本科学生 188 人，有在校生 824 人，预计毕业学生 4 人；有教职工 180 人，其中专任教师 150 人，教授 10 人，副教授 59 人，讲师 81 人。

2005 年，毕业学生 4 人，招收本科学生 510 人；有在校生 1390 人，预计毕业学生 186 人。

2004~2018 年，其学生与教职工数历年具体变化如表 7-17 所示。

2015 年更名为贵州医科大学神奇民族医药学院。

2018 年，开始招收成人本科学生。

表 7-17　2004~2018 年贵州医科大学（贵阳医学院）神奇民族医药学院学生与教职工数

单位：人

年度末	本专科学生								教职工数	专任教师					
	毕业生		招生数		在校生		预计毕业生			合计	教授	副教授	讲师	助教	教员
2004	—		188		824		4		180	150	10	59	81	—	—
2005	4		510		1390		186		180	150	10	59	81	—	—
年度末	普通	成人	普通	成人	普通	成人	普通	成人	教职工数	合计	正高	副高	中级	初级	未定
2007	281	—	759	—	2234	—	261	—	180	150	10	59	81	—	—
2008	247	—	807	—	2768	—	232	—	180	150	10	59	81	—	—
2009	230	—	919	—	3422	—	497	—	194	163	14	68	81	—	—
2010	497	—	786	—	3686	—	707	—	199	168	14	73	81	—	—
2011	707	—	1610	—	4587	—	861	—	426	310	30	94	130	56	—
2012	861	—	1616	—	5322	—	909	—	355	143	30	45	49	19	—
2013	676	—	1689	—	6313	—	676	—	540	320	28	94	110	72	16
2014	803	—	1577	—	7019	—	1499	—	626	366	39	116	117	76	18

续表

年度末	本专科学生								教职工数	专任教师					
	毕业生		招生数		在校生		预计毕业生			合计	正高	副高	中级	初级	未定
	普通	成人	普通	成人	普通	成人	普通	成人							
2015	1488	—	1323	—	6812	—	1600	—	629	368	41	116	117	76	18
2016	1595	—	1399	—	6617	—	1589	—	565	355	39	112	101	98	5
2017	1730	—	905	—	5753	—	1633	—	516	300	36	96	81	80	7
2018	1630	—	2378	—	6480	6	1299	—	522	307	41	54	77	130	5

资料来源：历年《贵州年鉴》。

四、贵州财经大学（贵州财经学院）商务学院

（一）概况

2001 年，贵州财经学院商务学院经贵州省人民政府批准成立，2004 年经教育部确认。2012 年更名为贵州财经大学商务学院。

2016 年，人文与法学系合并组建人文系。

截至 2016 年，学院占地总面积 1038 亩，总建筑面积 268655.2 平方米。图书馆拥有纸质图书 157 余万册。

设有会计、金融经济、管理、计算机科学、人文 5 个系和基础教学部。开设有汉语言文学、法学专业、商务英语、电子商务、市场营销（网络营销方向）、计算机科学与技术、信息管理与信息系统、房地产开发与管理、工程管理、会计学、财务管理、审计学、金融学、财政学、投资学、工商管理、行政管理、人力资源管理、旅游管理、土地资源管理、物流管理、劳动与社会保障 22 个本科专业，涵盖经济学、管理学、理学、工学、文学、法学、艺术学 7 个学科门类。

2019 年招生的院系与专业为：会计系（会计学、财务管理、资产评估、审计学）；金融经济系（金融学、经济统计学、财政学）；管理系（工商管理、人力资源管理、行政管理）；计算机科学系（电子商务、市场营销）；人文系（汉语言文学、法学、商务英语）。

（二）学生与教职工数

2001 年，贵州财经学院商务学院成立。当年开始招收本科学生。

2004 年，招收本科生 706 人，有在校生 2911 人，预计毕业生 440 人；有教职工 130 人，其中专任教师 116 人，教授 7 人，副教授 43 人，讲师 64 人，助教 2 人。

2005 年，毕业学生 429 人，招收本科学生 1331 人；有在校生 3815 人，预计毕业学生

800 人；有教职工 215 人，其中专任教师 197 人，教授 11 人，副教授 80 人，讲师 94 人，助教 12 人。

2012 年更名为贵州财经大学商务学院。

2004~2018 年，其学生与教职工数具体变化如表 7-18 所示。

表 7-18　2004~2018 年贵州财经大学（贵州财经学院）商务学院学生与教职工数　单位：人

年度末	本专科学生								教职工数	专任教师					
	毕业生		招生数		在校生		预计毕业生			合计	教授	副教授	讲师	助教	教员
2004	—		706		2911		440		130	116	7	43	64	2	—
2005	429		1331		3815		800		215	197	11	80	94	12	—
年度末	普通	成人	普通	成人	普通	成人	普通	成人	教职工数	合计	正高	副高	中级	初级	未定
2007	969	—	1528	—	4952	—	701	—	314	282	28	85	127	42	—
2008	673	—	2005	—	6250	—	1320	—	386	355	39	108	153	55	—
2009	1304	—	1568	—	6473	—	1367	—	395	362	65	113	163	21	—
2010	1334	—	2015	—	7107	—	1503	—	411	376	67	121	167	21	—
2011	1439	—	2911	—	8465	—	1970	—	477	443	79	142	196	11	15
2012	1852	—	3548	—	10012	—	1561	—	534	472	52	135	165	120	—
2013	1520	—	3474	—	11974	—	2092	—	638	579	63	16	207	132	17
2014	1766	—	3756	—	13602	—	2819	—	848	644	69	169	216	176	14
2015	2419	—	3399	—	14172	—	3460	—	893	672	72	176	225	184	15
2016	3372	—	3631	—	14380	—	3705	—	887	701	83	172	225	196	25
2017	3504	—	3641	—	14421	—	3837	—	703	598	22	161	13	395	7
2018	3650	—	4837	—	15549	—	3468	—	821	685	45	164	18	375	83

资料来源：历年《贵州年鉴》。

2019 年，该校有在校学生近 18000 人；专任教师 446 人，兼职教师 330 人，其中硕士 358 人，博士 50 人，正高级职称 46 人，副高级职称 96 人。

五、贵州大学科技学院

（一）概况

2001 年 5 月，贵州大学与贵州捷星慧旅航空空乘有限公司按新机制新模式创办的综合性全日制本科独立学院成立，更名为贵州大学科技学院。

2009 年，招生专业有：国际经济与贸易、金融学、法学、汉语言文学、新闻学、工商管理、财务管理、旅游管理、行政管理、公共事业管理、绘画、艺术设计、英语、电子信息科学与技术、电子信息工程、通信工程、计算机科学与技术、表演。

2013 年，招生专业有：视觉传达设计、环境设计、表演（空中乘务方向）、汉语言文学、新闻学、英语、英语（翻译）、英语（外事管理）、法学、行政管理、公共事业管理（少数民族文化产业方向）、财务管理、金融学、国际经济与贸易、国际经济与贸易（国际物流管理）、工商管理、旅游管理、旅游管理（航空服务方向）、电子信息工程、电子信息工程（民航机务维修方向）、电子信息科学与技术、计算机科学与技术、通信工程、通信工程（3G 通信方向）、物联网工程、食品科学与工程。

2016 年，招生专业有：视觉传达设计、环境设计、舞蹈学、绘画、汉语言文学、新闻学、英语、法学、行政管理、公共事业管理、工程管理、财务管理、金融学、国际经济与贸易、工商管理、旅游管理、电子信息工程、电子信息科学与技术、计算机科学与技术、通信工程、物联网工程、表演（空中乘务方向）、音乐表演、食品科学与工程。

截至 2019 年，设有文学部、法学与公共管理学部、工学部、商学部、艺术部 5 个教学部和马列主义教学部、体育教研室 2 个公共教学单位。开设汉语言文学、新闻学、英语、法学、行政管理、公共事业管理、工程管理、计算机科学与技术、电子信息科学与技术、电子信息工程、通信工程、物联网工程、国际经济与贸易、金融学、工商管理、财务管理、旅游管理、食品科学与工程、视觉传达设计、环境设计、表演、音乐表演、绘画、舞蹈学 24 个本科专业，涵盖了文学、法学、经济学、管理学、理学、工学、艺术学七大学科门类。

（二）学生与教职工数

2001 年，贵州大学科技学院成立。当年开始招收本科学生。

2004 年，招收本科学生 885 人，有在校生 2972 人；有教职工 198 人，其中专任教师 178 人，教授 8 人，副教授 81 人，讲师 80 人，助教 9 人。

2005 年，招收本科学生 1332 人，有在校生 4290 人，预计毕业学生 880 人；有教职工 268 人，其中专任教师 241 人，教授 8 人，副教授 102 人，讲师 112 人，助教 19 人。

2004～2018 年，其学生与教职工数具体变化如表 7-19 所示。

表 7-19　2004～2018 年贵州大学科技学院学生与教职工数　　单位：人

年度末	本专科学生								教职工数	专任教师					
	毕业生		招生数		在校生		预计毕业生			合计	教授	副教授	讲师	助教	教员
2004	—		885		2972		—		198	178	8	81	80	9	—
2005	—		1332		4290		880		268	241	8	102	112	19	—
年度末	普通	成人	普通	成人	普通	成人	普通	成人	教职工数	合计	正高	副高	中级	初级	未定
2007	1073	—	1661	—	6073	—	1041	—	417	379	21	130	193	32	3
2008	885	—	1693	—	6682	—	1315	—	452	424	25	141	212	38	—
2009	1291	—	1660	—	7058	—	1901	—	458	427	27	147	217	34	2

续表

年度末	本专科学生								教职工数	专任教师					
	毕业生		招生数		在校生		预计毕业生			合计	正高	副高	中级	初级	未定
	普通	成人	普通	成人	普通	成人	普通	成人							
2010	1876	—	1906	—	7004	—	1749	—	461	429	27	149	217	34	2
2011	1695	—	1779	—	6966	—	1654	—	443	411	32	151	219	9	—
2012	1641	—	1942	—	7231	—	1637	—	441	411	34	155	215	7	—
2013	1633	—	1900	—	7477	—	1877	—	469	411	34	155	215	7	—
2014	1817	—	1675	—	7234	—	1755	—	480	420	37	160	220	3	—
2015	1660	—	1662	—	7105	—	1921	—	516	430	38	165	215	3	9
2016	1803	—	2305	—	7430	—	1791	—	511	437	29	262	130	7	9
2017	1704	—	2548	—	8128	—	1647	—	527	442	29	263	141	4	5
2018	1529	—	2611	—	9051	—	1610	—	190	76	3	15	26	1	31

资料来源：历年《贵州年鉴》。

2019 年，该校有在校全日制本科学生 9100 余人，专任教师 451 人，其中，具有硕士、博士学位的教师 414 人，教授 57 人，副教授 268 人。

六、贵州大学明德学院

（一）概况

2001 年 6 月，全日制本科独立学院贵州工业大学国际合作学院经贵州省人民政府批准成立。2004 年 1 月，被教育部首批确认为综合性全日制本科独立学院，并更名为贵州工业大学明德学院。同年 8 月，原贵州大学和原贵州工业大学合并，贵州工业大学明德学院更名为贵州大学明德学院。2008 年 7 月起，贵州大学明德学院独立颁发学历证书。2012 年 4 月，独立获得学士学位授予权。

2013 年 9 月，贵州大学与泰豪集团合作，联合创办贵州大学明德学院。

是年招生的专业有：生物工程、环境工程、制药工程、计算机科学与技术、通信工程、网络工程、电子信息工程、机械设计制造及自动化（机械制造及自动化方向、机电传动与控制方向）、自动化、电气工程及自动化、土木工程（建筑工程方向、交通土建方向、岩土工程方向）、水利水电工程、建筑学、会计学、市场营销、财务管理、国际经济与贸易、工商管理、工程管理、工程造价、行政管理、英语。

2016 年，招生专业有：生物工程、环境工程、计算机科学与技术、通信工程、网络工程、电子信息工程、机械设计制造及其自动化（机械设计制造及其自动化方向、机电传动与控制方向）、自动化、电气工程及自动化、土木工程（建筑工程方向、岩土工程方向）、水利水电工程、建筑学、城乡规划、会计学、市场营销、财务管理、电子商务、工商管理、工程管理、工程造价、行政管理、英语、数字媒体技术、数字媒体艺术、视觉传达设计、艺术与科技。

2017 年，明德学院全面入住新校区，实现独立校区办学。明德学院位于贵阳花溪大学城，占地面积 955 亩，建筑面积达到 56 万余平方米，教学生活设施配套齐全、设施完善的新机制本科独立学院。

截至 2019 年，形成了信息工程系、数字传媒系、健康管理系、电气工程系、土木工程系和经济管理系 6 个教学单位，数据科学与大数据技术、网络与新媒体、公共事业管理、机器人工程、市场营销、土木工程等 41 个本科专业，其中工学类专业 18 个。

2019 年招生的专业有：财务管理、城乡规划、电气工程及其自动化、电子商务、电子信息工程、工程管理、工程造价、工商管理、公共事业管理、机器人工程、环境工程、会计学、机械设计制造其自动化、计算机科学与技术、建筑学、生物工程、食品营养与检验教育、市场营销、视觉传达设计、数字媒体技术、数字媒体艺术、通信工程、土木工程、网络工程、网络与新媒体、艺术与科技、英语、自动化、数据科学与大数据技术。当年计划招收理科生 2620 人，文科生 691 人。

明德学院秉承“明理厚德，笃学诚行”的校训，积极探索“产教融合、产学融合、校企合作”的办学模式，践行“建设一个专业、对接一批企业、培养一批人才、服务一个产业”的办学理念，形成了“招好生、教好学、育好人、就好业”的育人环节链和全员、全过程、全方位的育人机制。

（二）学生与教职工数

2001 年，贵州工业大学国际合作学院成立。当年开始招收本科学生。

2004 年，被教育部首批确认为综合性全日制本科独立学院，并更名为贵州工业大学明德学院。是年 8 月，原贵州大学和原贵州工业大学合并，更名为贵州大学明德学院。当年，招收本科学生 1012 人，有在校生 3247 人，预计毕业生 445 人；有教职工 213 人，其中专任教师 208 人，教授 53 人，副教授 84 人，讲师 51 人，助教 20 人。

2005 年，毕业学生 445 人，招收本科学生 1220 人；有在校生 3815 人，预计毕业学生 802 人，有教职工 223 人，其中专任教师 208 人，教授 53 人，副教授 84 人，讲师 51 人，助教 20 人。

2004~2018 年，其学生与教职工数具体变化如表 7-20 所示。

表 7-20　2004~2018 年贵州大学明德学院学生与教职工数　　单位：人

年度末	本专科学生				教职工数	专任教师					
	毕业生	招生数	在校生	预计毕业生		合计	教授	副教授	讲师	助教	教员
2004	—	1012	3247	445	213	208	53	84	51	20	—
2005	445	1220	3815	802	223	208	53	84	51	20	—

续表

年度末	本专科学生								教职工数	专任教师					
	毕业生		招生数		在校生		预计毕业生			合计	正高	副高	中级	初级	未定
	普通	成人	普通	成人	普通	成人	普通	成人							
2007	962	—	1813	—	5385	—	812	—	320	240	65	102	59	14	—
2008	752	—	1485	—	6068	—	1129	—	327	239	65	102	58	14	—
2009	1086	—	1802	—	6667	—	1547	—	327	239	65	102	58	14	—
2010	1450	—	1852	—	7018	—	1756	—	341	244	65	103	60	16	2
2011	1740	—	1897	—	7153	—	1523	—	346	249	65	103	60	16	5
2012	1476	—	1597	—	7202	—	1741	—	356	254	65	103	60	13	13
2013	1661	—	1314	—	7704	—	1787	—	366	166	65	103	65	21	12
2014	1733	—	1764	—	7685	—	1894	—	434	305	62	102	67	19	55
2015	1865	—	1614	—	7314	—	1589	—	426	301	60	100	67	74	—
2016	1588	—	2674	—	8446	—	2258	—	363	292	2	76	89	62	63
2017	2257	—	2685	—	8760	—	1764	—	396	306	2	75	94	70	65
2018	1740	—	2891	—	9839	—	1587	—	337	253	2	34	77	19	121

资料来源：历年《贵州年鉴》。

七、贵州民族大学（贵州民族学院）人文科技学院

（一）概况

2001 年，贵州民族学院人文科技学院成立。同年，法学专业开始招生。

2012 年，更名为贵州民族大学人文科技学院。同年 4 月，政教部（2011 年由思政教研室组建）与大学语文、大学英语、大学体育、大学计算机教研室合并，组建为基础教学部。

2017 年，成立大数据与信息工程学院。

2018 年，社会科学部法律系及法学部更名为法学院；基础教学部更名为基础教育学院。马克思主义学院成立，挂靠在基础教育学院下。

2019 年，撤销基础教育学院，马克思主义学院独立成为二级学院。

2019 年，贵州民族大学人文科技学院招生的院系与专业有：

文学与新闻传播学院：设有汉语言文学、新闻、外语 3 个系。开设汉语言文学、汉语国际教育、学前教育、新闻学、网络与新媒体、广播电视编导、英语、中国少数民族语言文学 8 个本科专业。

建筑工程学院：开设工程管理、土木工程、工程造价、城乡规划、建筑学 5 个本科

专业。

法学院：开设法学本科专业。

经济与管理学院：设有公共管理、工商管理、文化产业管理、管理 4 个系。开设旅游管理、人力资源管理、市场营销、行政管理、文化产业管理、电子商务、财务管理、房地产开发与管理 8 个专业。

大数据与信息工程学院：开设信息管理与信息系统、计算机科学与技术、建筑电气与智能化、物联网工程、数据科学与大数据技术 5 个专业。

体育与艺术学院：设置有音乐、体育、美术 3 个系。开设体育教育、休闲体育、音乐学、美术学、环境设计、视觉传达设计 6 个专业。

马克思主义学院：主要负责全校“两课”教学和管理工作。

截至 2019 年，人文科技学院有两个校区，花溪校区位于贵阳市花溪区；大学城校区坐落于贵安新区。人文科技学院占地面积 700 余亩，校舍面积 30 余万平方米，教学行政用房 20 余万平方米。图书馆拥有纸质图书和电子图书近 100 万册。人文科技学院实行董事会领导下的校长负责制。学校设有 16 个行政管理部门、7 个学院和 2 个教辅部门，开设本科专业 36 个。

（二）学生与教职工数

2001 年，贵州民族学院人文科技学院成立。是年，法学本科专业开始招生。

2004 年，招收本科学生 543 人；有在校生 1516 人，预计毕业学生 184 人；有教职工 86 人，其中专任教师 75 人，教授 5 人，副教授 19 人，讲师 28 人，助教 16 人，教员 7 人。

2005 年，毕业学生 184 人，招收本科学生 740 人；有在校生 2031 人，预计毕业学生 390 人。

2004~2018 年，其学生与教职工数历年具体变化如表 7-21 所示。

2012 年，该校更名为贵州民族大学人文科技学院。

表 7-21　2004~2018 年贵州民族大学（贵州民族学院）人文科技学院学生与教职工数

单位：人

年度末	本专科学生								教职工数	专任教师					
	毕业生		招生数		在校生		预计毕业生			合计	教授	副教授	讲师	助教	教员
2004	—		543		1516		184		86	75	5	19	28	16	7
2005	184		740		2031		390		86	75	5	19	28	16	7
年度末	普通	成人	普通	成人	普通	成人	普通	成人	教职工数	合计	正高	副高	中级	初级	未定
2007	368	—	1039	—	3335	—	501	—	119	87	7	23	31	20	6
2008	463	—	1021	—	3805	—	723	—	120	75	7	20	25	17	6

续表

年度末	本专科学生								教职工数	专任教师					
	毕业生		招生数		在校生		预计毕业生			合计	正高	副高	中级	初级	未定
	普通	成人	普通	成人	普通	成人	普通	成人							
2009	700	—	1776	—	4812	—	1028	—	356	276	36	64	134	42	—
2010	977	—	1871	—	5706	—	1001	—	435	335	49	103	122	50	11
2011	967	—	1458	—	6210	—	1038	—	472	346	52	106	120	55	13
2012	805	—	1491	—	6864	—	1788	—	534	375	52	125	130	55	13
2013	1774	—	2220	—	7203	—	1866	—	573	405	50	139	176	40	—
2014	1829	—	1791	—	7090	—	1429	—	531	350	34	103	191	22	—
2015	1404	—	1833	—	7433	—	1660	—	579	420	37	160	220	3	—
2016	1626	—	3277	—	9032	—	2157	—	598	440	37	160	220	3	20
2017	2159	—	4152	—	11006	—	1762	—	608	450	37	160	230	17	6
2018	1702	—	4623	—	13870	—	1764	—	722	545	50	172	256	20	47

资料来源：历年《贵州年鉴》。

八、贵州师范大学求是学院

（一）概况

2001 年 6 月，贵州师范大学求是学院成立。求是学院占地面积 500 余亩。

2009 年，招生专业有：汉语言文学、英语、英语（旅游英语方向）、法学、思想政治教育、历史学、日语、应用心理学、数学与应用数学、化学、生物科学、物理学、播音与主持艺术、体育教育、美术学、艺术设计、艺术设计（景观艺术设计方向）、音乐学。

2010 年，日语专业停招；增招经济学、市场营销、地理科学、资源环境与城乡规划管理、电子信息科学与技术、学前教育、旅游管理 7 个本科专业。

2011 年，市场营销、电子信息科学与技术 2 个专业停招，增招电气工程及其自动化、政治学与行政学、电子商务 3 个专业。

2012 年，增招公共事业管理、教育技术学、园艺、电子信息科学与技术、土木工程、美术学、艺术设计（旅游商品设计与营销方向）、音乐学（航空及高级综合服务管理方向）、广播电视新闻学。

2015 年，招生专业有汉语言文学、英语、日语、法学、思想政治教育、历史学、应用心理学、数学与应用数学、化学、生物科学、物理学、播音与主持艺术、体育教育、地理科学、人文地理与城乡规划、电气工程及其自动化、经济学、学前教育、信息管理与信息系统、财务管理、教育技术学、土木工程、音乐学、音乐学（航空及高级综合服务管理方向）、美术学、环境设计、视觉传达设计、产品设计。

2019 年，招生院系与专业为：文学与新闻传媒系（汉语言文学、播音与主持艺术）、社会科学系（法学、思想政治教育、历史学、经济学、学前教育、财务管理）、理学系（生物科学、地理科学、化学、数学与应用数学）、美术系（美术学、环境设计、视觉传达设计）、体育系（体育教育、社会体育指导与管理）、外语系（英语）；委托培养日语、产品设计、土木工程、工程造价、计算机科学与技术、电子商务专业（以上专业皆由贵州师范大学招收，委托求是学院培养）。

求是学院以教师教育为主，多学科协调发展，融文学、理学、工学、经济学、法学、管理学、教育学、艺术学等多学科为一体，共享贵州师范大学教育教学资源，聘请有省内资深教育教学专家指导学院教育教学工作。

求是学院面向全国招生，截至 2019 年，设有文学与新闻传媒系、社会科学系、理学系、美术系、体育系、外语系、音乐系、工学系 8 个系；有汉语言文学、英语、美术学、体育、法学、数学与应用数学、化学、生物科学、电子商务等 58 个本科专业及方向。

求是学院实施春秋两季“学期实习”和“顶岗实习”；建立了 200 多个实习基地。

（二）学生与教职工数

2001 年，贵州师范大学求是学院成立。当年开始招收本科学生。

2004 年，招收本科学生 998 人；有在校生 3178 人，预计毕业学生 391 人；有教职工 148 人，其中专任教师 110 人，教授 8 人，副教授 34 人，讲师 31 人，助教 17 人。

2005 年，毕业学生 350 人，招收本科学生 1534 人；有在校学生 4319 人，预计毕业学生 917 人；有教职工 160 人，其中专任教师 110 人，教授 17 人，副教授 54 人，讲师 47 人，助教 24 人。

2004~2018 年，其学生与教职工数具体变化如表 7-22 所示。

表 7-22　2004~2018 年贵州师范大学求是学院学生与教职工数　　单位：人

年度末	本专科学生								教职工数	专任教师					
	毕业生		招生数		在校生		预计毕业生			合计	教授	副教授	讲师	助教	教员
2004	—		998		3178		391		148	110	8	34	31	17	—
2005	350		1534		4319		917		160	142	17	54	47	24	—
年度末	普通	成人	普通	成人	普通	成人	普通	成人	教职工数	合计	正高	副高	中级	初级	未定
2007	831	—	2434	—	6995	—	975	—	375	318	45	123	119	27	4
2008	936	—	2160	—	8139	—	1510	—	411	338	50	131	123	30	4
2009	1480	—	2617	—	9213	—	2028	—	492	397	35	147	149	38	1
2010	2017	—	3035	—	10192	—	2374	—	567	426	55	153	176	38	4

续表

年度末	本专科学生								教职工数	专任教师					
	毕业生		招生数		在校生		预计毕业生			合计	正高	副高	中级	初级	未定
	普通	成人	普通	成人	普通	成人	普通	成人							
2011	2367	—	3182	—	10964	—	2162	—	608	459	60	163	192	40	4
2012	2140	—	3111	—	11902	—	2597	—	663	515	65	178	198	45	29
2013	2580	—	3318	—	12543	—	3001	—	659	518	65	179	200	45	29
2014	2971	—	2466	—	11949	—	3132	—	673	522	65	180	203	45	29
2015	3066	—	2364	—	11191	—	3059	—	673	524	65	179	196	82	2
2016	3009	—	2969	—	11077	—	3267	—	671	526	65	178	197	84	2
2017	3214	—	2995	—	10778	—	2446	—	678	522	66	180	192	84	—
2018	2338	—	3398	—	11704	—	2364	—	691	533	82	242	163	44	2

资料来源：历年《贵州年鉴》。

2019 年，该校有全日制本科学生 12000 人；已培养毕业生近 20000 人。

第八章

改革开放后师范专科学校的建设与发展

第一节　遵义师范高等专科学校（遵义师范专科学校）

遵义师范高等专科学校的源起历史，可追溯到1905年创建的遵义优级师范学校。1936年秋，改为贵州省立遵义师范学校。1950年，改名遵义师范学校。1958年，升格组建为遵义师范专科学校。

1961年，遵义师范专科学校停办，改建为遵义地区中学教师进修学校，迁址至汇川坝。同年，迁至仁怀中枢与仁怀师范学校合署。1962年，遵义地区中学教师进修学校、遵义地区仁怀师范学校迁回汇川坝并合并。1963年，更名为遵义师范学校。1971年，遵义地区耕读师范学校（1965年建立）并入遵义师范学校。1975年，改办为遵义五七师范大学。

1977年，贵阳师范学院在遵义五七师范大学开办遵义师范大专班。1978年4月，恢复遵义师范专科学校。2001年5月，经教育部批准，遵义师范高等专科学校升格为全日制普通高等师范本科院校，更名为遵义师范学院①。

一、院系与专业设置

1977年，贵阳师范学院遵义师范大专班招生指标为80人（语文40人、数学40人），实际录取165人。②

① 贵州省地方志编纂委员会. 贵州省志（1978-2010）·教育［M］. 贵阳：贵州人民出版社，2017：47.
② 贵州省一九七七年高等学校招生工作录取统计表［A］. 铜仁：铜仁市档案馆（75-1-92）.

1978 年，招生指标 130 人，贵州省分配指标增加到 170 人。[①] 同年，增设外语科、物理科、化学科并招生。

1984 年，设有中文、政教、英语、数学、物理、化学、生物 7 个专业，均学制三年。[②]

1985 年，组建政史科。

1986 年，增设有党政干部专修科（学制两年）[③]。

1988 年，专业科室更名为专业系室。

1993 年，更名为遵义师范高等专科学校。

1996 年，招收财会电算化电大专科班，有学生 50 人。

1998 年，遵义教育学院并入遵义师范高等专科学校，合并组建新的遵义师范高等专科学校[④]。同年，学制两年的音乐教育、美术教育、体育教育 3 个专业改为学制三年。[⑤] 1998 年，设置有中文、数学、物理、化学、英语、政史、生物、体育、艺术 9 个教学系，德育、教育心理学 2 个教研室；开设有 10 个师范专业，5 个非师范专业。[⑥]

1999 年，遵义师范高等专科学校图书馆在贵州省教委评估检测中被评为优等图书馆。[⑦]

截至 2000 年底，遵义师范高等专科学校设置有 11 个教学系、2 个教研室，开设有 14 个师范专科专业。[⑧]

二、学校环境与办学成果

1984 年，学校占地面积 205 亩，校舍建筑面积 20412 平方米；新建物理、化学实验大楼各一幢，面积 3500 平方米。教学实验仪器设备 1400 余件，价值 34 万元。图书室藏书 7 万余册。

1987 年，建起卫星地面接收站[⑨]。同年，学校占地面积 205 亩，建筑面积 2.3 万平方米。图书馆藏书 12 万册；办有《遵义师专学报》；附设有属小学、托儿所各 1 所；建有化剂厂、印刷厂各 1 个；教职工除专任教师 300 人外，有教辅人员 30 人，行政人员 84 人，工勤人员 64 人。[⑩]

1988 年，罗荣泉荣获贵州省人民政府省劳动模范称号。

---

① 中央下达贵州省高等学校招生指标分配方案［A］. 铜仁：铜仁市档案馆（75-1-91）.

② 《贵州教育志》编纂办公室. 贵州教育志（1949-1984）［M］. 贵阳：贵州人民出版社，1986：100.

③ 《贵州年鉴》编辑部. 贵州年鉴（1987）［M］. 贵阳：贵州人民出版社，1987：605.

④ 《贵州年鉴》编辑部. 贵州年鉴（1999）［M］. 贵阳：贵州年鉴社，1999：401；贵州省地方志编纂委员会. 贵州省志（1978-2010）·教育［M］. 贵阳：贵州人民出版社，2017：42.

⑤ 《贵州年鉴》编辑部. 贵州年鉴（1999）［M］. 贵阳：贵州年鉴社，1999：405.

⑥⑧ 李国士. 遵义师范学院校史中若干史实的考证［J］. 遵义师范学院学报，2008，10（5）：5-10.

⑦ 贵州省地方志编纂委员会. 贵州省志（1978-2010）·教育［M］. 贵阳：贵州人民出版社，2017：44.

⑨ 《贵州年鉴》编辑部. 贵州年鉴（1988）［M］. 贵阳：贵州人民出版社，1988：649.

⑩ 贵州省地方志编纂委员会. 贵州省志·教育［M］. 贵阳：贵州人民出版社，1990：296.

三、科研成果

1993 年，宋锡全等的《改革师专生物教学方法有效地培养和提高学生的教学能力》获贵州省高校优秀教学成果二等奖①。

四、学生与教职工数

自建校到 1984 年，遵义师范专科学校共培养大专生 1500 余人。1985 年有教职工 303 人，其中副教授 3 人，讲师 52 人，教员 129 人。

1985~2000 年，其学生与教职工数具体变化如表 8-1 所示。

表 8-1 1985~2000 年遵义师范高等专科学校（遵义师范专科学校）学生与教职工数

单位：人

年度末	专科学生				教职工数	专任教师					
	毕业生	招生数	在校生	预计毕业生		合计	教授	副教授	讲师	助教	教员
1985	—	—	791	—	303	—	—	3	52	—	129
1986	276	336	930	—	335	146	—	1	36	17	92
1987	294	311	930	—	348	300	2	36	140	62	60
1988	284	332	944	—	392	155	1	31	63	40	20
1989	313	323	947	—	413	165	1	36	64	43	21
1990	321	307	915	—	369	181	1	33	67	55	25
1991	285	310	928	—	382	187	1	33	67	68	18
1992	335	327	920	—	391	195	1	32	67	76	19
1993	271	411	1048	—	400	203	1	32	76	67	27
1994	335	420	1155	—	418	206	1	43	77	58	27
1995	375	460	1230	—	456	201	1	27	80	85	8
1997	432	534	1404	461	441	205	3	32	97	52	21
1998	451	608	1541	489	590	283	2	45	149	56	31
1999	476	1158	2264	484	524	280	1	45	144	32	58
2000	464	1496	3180	574	523	281	1	46	148	38	48

资料来源：历年《贵州年鉴》。

① 关于奖励第三届全省普通高等学校优秀教学成果的决定［A］. 铜仁：铜仁学院档案馆（75-1-264）.

截至2000年，该校共培养专科毕业生7595名、成人专科生2615名、中师生966名，培训在职教师524人、中小学校长664人。

五、学校历任负责人[①]

校长：马德训、李福伟。党委书记：马德训、李福伟、陈仁伟、杨成书（兼）、李国士。副校长：邓炬、方慎和、杨成书、周帆、幸克坚、李世模。党委副书记：陈人伟、杨成书（兼）。

第二节　铜仁师范高等专科学校（铜仁师范专科学校）

铜仁师范高等专科学校的历史，可追溯到1920年成立的明德中学。1951年2月，明德中学被改建为铜仁专区中小学校长和教师培训（轮训）学校。1952年2月，改建为铜仁师范学校。

1958年春，试办半年制师范专科班，招收学生55名。同年秋，开设一年制的文史、生博、数理3个专业，招生294人。同时，招收有35人的文史进修班和42人的数理进修班。1958年，有正式教职工7名，任课教师多由师范老师承担。

1959年，招收两年制专科4个班，学生134名。1961年底，有34个班，学生993人；教职工213人，其中，教学人员127人，行政人员68人，勤杂人员18人[②]。1961年，专科班停办。1972年，开办两年制师专班，共招文科3个班、理科4个班，学生347人。

1977年秋，举办贵阳师范学院铜仁师范大专班。1978年，经国务院批准，铜仁师范学校更名为铜仁师范专科学校。1993年，更名为铜仁师范高等专科学校。2006年，升格为全日制普通高等院校，更名为铜仁学院。

一、院系与专业设置

1977年，贵阳师范学院铜仁师范大专班招生指标为80人（语文40人、数学40人），实际录取135人[③]；增加了物理、化学2个专业，均学制两年[④]。

1978年4月，开设中文、物理、数学、化学、英语5个专业，学制两年。[⑤]1978年，

① 本章中各高校历任负责人皆为不完全统计。

② 1962年元月总务处“1961年决算”［A］. 铜仁：铜仁市档案馆（75-1-65）.

③ 贵州省一九七七年高等学校招生工作录取统计表［A］. 铜仁：铜仁市档案馆（75-1-92）.

④⑤ 《贵州教育志》编纂办公室. 贵州教育年鉴（1949-1984）［M］. 贵阳：贵州人民出版社，1986：940.

招生指标为 120 人，贵州省分配指标增加到 130 人。①

1979 年，增设政教专业（学制两年）。②

1980 年，录取学生 309 人。

1981 年，招生人数为 300 人，实际完成 302 人（中文 51 人，政教 47 人，英语 32 人，数学 91 人，物理 41 人，化学 40 人）。

1982 年，学制改为三年。

1983 年，成立德育教研室，秋季学期开设德育课程，对学生进行系统的共产主义思想品德教育；非英语专业一年级开设公共英语课。同年，实施《关于贵州省高等学校、中等专业学校定向招生方案》。

1984 年，增设体育专业（学制两年）。③

1986 年，政教科增设历史专业（学制三年，隔年招生）。截至 1986 年，设有中文、政教、英语、数学、物理、化学、体育 7 个科 8 个专业。1986 年，招生专业有政教、政史、中文、英语、数学、物理 6 个专科专业，招生指标 250 人，实际录取 245 人，其中少数民族学生 182 人。④ 同年，招收代培生 38 人。

1987 年，成立历史科；开设民族师资政语班（学制两年），招生 45 名；开始招收委托培养班（县培班），为各县培养急需专业人才；成人物理、历史、体育 3 个函授专业各招生 1 名，均学制两年。

1988 年，成人专科脱产毕业生 18 人，招生 6 人，在校生 67 人。同年，开始招收自费生（高费生）。

1989 年，开设学生劳动课。具体为：以班为单位，每学期停课一周负责全校的卫生大扫除；每生每学期还需完成 6 个半天的集中劳动。

1991 年，政教、中文、英语、数学、物理、化学、体育、历史 8 个专业和预科班招生。同年，全校开出美术辅修班（招收各专业三年级学生），每周 8 学时；化学系增设《实用分析化学》《农村应用化字》2 门辅修课。

1992 年，铜仁地区教育学院合并入铜仁师范专科学校⑤。专业科室改称专业系室。铜仁师范专科学校化学科与铜仁地区教育学院化学科、生物科合并成立生物与化学系；铜仁地区教育学院音乐专业并入后增设艺术系。自恢复高考以来，铜仁师范专科学校累计招收学生 4619 人，毕业学生 3637 人，在校学生 982 人。

1993 年，铜仁师范专科学校更名为铜仁师范高等专科学校；增设音乐教育专业（学制两年）和电算财会、电子应用、文秘 3 个非师范专科专业（委托培养）；受地区体委委托开办学制三年的中师体育班和学制一年的中师体育预备班；成立培训部、教育科学研究室；政教科与历史科合并成立政史系，历史（教育）专业，更名为政史（教育）专业。

---

① 中央下达贵州省高等学校招生指标分配方案［A］. 铜仁：铜仁市档案馆（75-1-91）.

②③ 《贵州教育志》编纂办公室. 贵州教育志（1949-1984）［M］. 贵阳：贵州人民出版社，1986：940.

④ 贵州省高等学校招生录取新生情况统计表［A］. 铜仁：铜仁学院档案馆（75-1-183）.

⑤ 贵州省地方志编纂委员会. 贵州省志（1978-2010）·教育［M］. 贵阳：贵州人民出版社，2017：34；《贵州年鉴》编辑部. 贵州年鉴（1993）［M］. 贵阳：贵州人民出版社，1993：467.

同年，增设烟草①、医疗、机电3个成人专科专业，各招收40人（只招了一届）；与贵州师范大学联合开办政治教育专业成人本科函授教学班（学制三年），招收学员26名；自办政教、数学、物理3个专业成人专科脱产进修班（学制两年）。

1994年，增设美术专业（学制三年）、会计专业（会计计算机应用方向，学制两年）。② 同年，与贵州教育学院联合开办中文、物理2个专业成人本科和行政管理专业成人专科教育自考班（均学制两年），招生数分别为：36人、18人和109人；自办中文、化学2个专业成人专科脱产进修班（学制两年）。

1995年，与贵州工学院联合举办工程建设、计算机应用2个专业脱产学习班（学制三年），招生数分别为：46人和29人；与贵州教育学院联合兴办教育行政管理、中文、英语、数学、化学5个专业成人本科教育自考班（学制两年），行政管理、中文2个专业成人专科教育自考班（学制两年）；自办中文、数学、行政管理3个专业成人专科脱产进修班（学制两年）。

1996年，招收数学（计算机应用技术）、物理（电子技术应用）、英语3个电大普通专科班，共104人；中文、数学、物理3个成人专科班，共50人。电财职业中专班13人。

截至1996年，铜仁师范高等专科学校设有中文系、政史系、数学系、英语系、物理系、生化系、体育系、艺术系、成人教育部、马列主义教研室、教育科学研究室、图书馆、学报编辑部等教学与教辅部门；开设有中文、政教、历史、英语、数学、物理、化学、生物、体育、音乐、美术11个专科专业及文、理2个预科班；自办有中文、物理、英语、政教、计算机、生物化学6个专业成人专科脱产进修班（学制两年）。

1997年，增设文秘、计算机、电算财会、电子技术4个专业；中文专业更名为汉语言文学专业。同年，培训部更名为成人教育部（以下简称成教部），开设有政教、数学、物理、中文、化学、行政管理、英语、计算机、生物、政史10个成人专科专业；举办成人中等学历专业教育及非学历的英语、干部、校长等培训班；自办中文、生物、物理、英语4个专业成人专科脱产进修班（学制两年）。

1998年，自办数学、英语、中文3个专业成人专科脱产进修班（学制两年）。

1999年，与贵州师范大学联合举办体育、音乐2个专业成人专科自考班（学制两年），分别招生148人和44人。同年，自办中文、数学、政史、英语、生物5个专业成人专科脱产进修班（学制两年）。

2001年9月，与贵州师范大学联合培养语言文学、数学与应用数学、英语3个专业的普通本科生。同年，英语系增设第二外语（日语）课程。

2002年，与贵州师范大学联合培养体育、物理教育2个专业的普通本科生。

截至2002年，学校设置有政史、中文、英语、艺术、数学、计算机、物理、生化、体育共9个系，思想政治教育、历史、教育、汉语言文学、英语、美术、音乐、数学、计算机科学教育、物理教育、现代教育技术、化学教育、生物教育、体育教育、小学教育

① 《贵州年鉴》编辑部. 贵州年鉴（1993）［M］. 贵阳：贵州人民出版社，1993：469.

② 关于铜仁师专1994至1995学年申报设置美术专业的再批复［A］. 铜仁：铜仁学院档案馆（75-1-288）.

（文科）、小学教育（理科）、综合文科教育、综合理科教育、旅游与酒店管理、工艺美术设计 19 个专业。聘有 16 名客座教授，2 名外籍教师。有全日制普通本、专科生 3315 人，五年制专科生 1292 人，函授生 1020 人。

2003 年，艺术系与贵州师范大学联合培养普通本科生。同年，计算机系更名为计算机科学教育系。

2004 年，教育科学研究室更名为教育科学系；铜仁地区苗圃场和铜仁林业教育培训中心并入铜仁师范高等专科学校，以其地建新校区。同年，铜仁师范高等专科学校招收成人学员 1125 人，有成人在校生 1485 人，当年毕业成人学员 360 人。①

当年，招生专业有法学、思想政治教育（师范）、教育技术学（师范）、体育教育（师范）、旅游管理与服务教育（师范）、汉语言文学（师范）、汉语言文学（师范，联合培养本科）、英语（师范）、英语（师范，联合培养本科）、音乐学（师范）、音乐学（师范，联合培养本科）、美术学（师范）、美术学（师范，联合培养本科）、艺术类新专业、历史学（师范）、数学与应用数学（师范，联合培养本科）、数学与应用数学（师范）、物理学（师范）、化学（师范）、化学生物学（师范）、心理学（师范）、计算机科学与技术（师范）、计算机科学与技术（师范，联合培养本科）、管理科学、电子商务；招生的成人专科专业有体育教育（师范）、汉语言文学（师范）、英语（师范）、音乐学（师范）、历史学（师范）、数学与应用数学（师范）、物理学（师范）、化学（师范）、地理科学（师范）、计算机科学与技术（师范）、行政管理。

2005 年，增设文秘教育专业（未招生）。

2006 年，升格为全日制普通高等本科院校，更名为铜仁学院。

二、学校环境与办学成果

1978 年初，学校占地面积 200 亩，校舍面积 7000 平方米，其中教学用房面积 1854 平方米，礼堂 584 平方米，生活用房 391.7 平方米。有图书 1 万余册，并有一定量的各种教学仪器、体育器材等。

1980 年，在全省大学生运动会体育专业组荣获团体部分第二名。同年，80 届学生安烈成被教育部授予“优秀学生”称号；9 月，贵州省人民政府授予教师潘萍“先进工作者”称号。

1981 年，校图书馆面积 155 平方米，图书 7 万册。新建教学楼一幢及校区道路，男女浴池各 1 个。

同年，印发《大学生守则》，修订《“三室两堂”纪律条例》和《“三好生”评定办法》《铜仁师范专科学校学生成绩考核及管理办法（试行）》。当年，学校组队参加贵州省高校运动会获师专组团体第三名。

1982 年，试行《学生操行评语评等制度》。同年，教师王贵诚被共青团贵州省委授予

---

① 年度报表（2004 年）［A］. 铜仁：铜仁学院档案馆（75-2005-1）.

优秀团干部称号。同年8月，教师曾凤英获贵州省人民政府侨务办、贵州省归国华侨联合会授予归侨、侨眷侨务工作者先进分子称号；12月又获国务院侨务办、中华全国归国华侨联合会授予全国归侨、侨眷侨务工作者先进分子称号。同年，贵州省高教办拨款34万元用于修建学生宿舍和餐厅。

1983年8月和9月，铜仁师范专科学校召开近年来外出进修教师和暑假外出参加短期讲习班或学术活动教师的两次座谈会，会议认为：教师应围绕教学，特别是中学教学，开展科研，提高教学质量；增加图书资料，并对图书资料人员加强培训，使有关人员较好地掌握业务，使已有藏书和资料充分发挥为师生开展科研、推进教学和学习的作用；要做到有计划、有步骤地采取多途径让教师出外进修，以提高教师的业务水平。同年，牧邦喆、李国泽被贵州省高教办、中国教育工会贵州省委员会评为贵州省“五讲四美，为人师表”活动先进个人。

1984年，贵州省政府授予铜仁师范高等专科学校绿化先进单位称号。同年12月，雷德林获贵州省委宣传部、贵州省教育厅优秀政治课教师称号。

1985年，学生姚勇在贵州省大学生运动会上获铅球第一名、铁饼第一名。1985年6月17日《贵州日报》在头版头条以《只要认真抓，学校食堂定能办好，请看——铜师专食堂受师生称赞》为题，报道了铜仁师范专科学校办食堂的经验。

截至1985年，占地面积112亩，建筑总面积15500平方米。建起一幢2500平方米教学大楼；四幢（四层）学生宿舍，计4600平方米；一幢1500平方米的教师宿舍；一幢445平方米的电子计算机站；600平方米的学生餐厅；400米跑道田径运动场，2500平方米篮球场。图书增加到18万册。购置了17万元的电子计算机设备；添置了近百万元教学仪器，2.5万元体育设备；创办了《铜仁师专学报》。①

1986年，修订《铜仁师专学生奖惩办法》；举办全省教育学院、师专电子计算机教学研讨会。同年，冉崇石被中共贵州省宣传委员会、贵州省教育委员会、共青团贵州省委和贵州省教育工会授予“教书育人，为人师表”优秀教师称号；学生冉洪涛、王丽群在全省大学生运动会上分别获铅球第一名、铁饼第一名。

1987年，刘华在贵州省大学生运动会上获100米、200米第一名；史江勋获400米、800米第一名；杜渐获撑竿跳高第一名；刘国刚获标枪第一名；刘劲松获标枪第二名；潘文大获专业组200米、400米第一名。

截至1987年，铜仁师范专科学校占地面积112亩，建筑面积2.2万平方米，其中教学用房1.06万平方米，学生宿舍0.56万平方米，职工宿舍0.59万平方米；图书馆藏书20万册（含各专业资料室藏书），中外文期刊626种；理化实验设备价值100万元；有400米田径场1个，篮球场6个；附设有中学、小学、幼儿园各1所。教职工除专任教师126人外，有教辅人员30人，行政人员53人，工勤人员38人，附属机构人员12人。②

---

① 《贵州教育志》编纂办公室. 贵州教育志（1949-1984）·教育［M］. 贵阳：贵州人民出版社，1986：940-941.

② 贵州省地方志编纂委员会. 贵州省志·教育［M］. 贵阳：贵州人民出版社，1990：295.

1988 年 3 月，铜仁师范专科学校工会被贵州省政府表彰为全省职工福利先进单位；曾凤英获贵州省三八红旗手称号；陈球琳被贵州省人民政府授予先进工作者称号。

1989 年，第二次修订《铜仁师专学生奖惩条例》《铜仁师专毕业生毕业分配量化标准》《铜仁师专学生品德评语评分办法》；印发国家教委制定的《高等学校学生行为准则（试行）》。同年，曾凤英获国务院侨务办、中华全国归国华侨联合会授予的全国归侨、侨眷侨务工作者先进分子称号；牧邦喆获贵州省教委、贵州省人事局授予的贵州省优秀教师称号。

1990 年，谢元炳获国家教委全国高校后勤系统先进工作者称号。① 同年，在贵州省大学生运动会上，龙建华获标枪第一名，石维芳获铅球、标枪第一名，张小红获 100 米、200 米第一名，周健获跳远第二名。

1991 年，全面贯彻实施《大学生体育合格标准》计划，制定《大学生体育合格标准实施细则》；修订《学生奖学金条例》；建立了学生《教师基本功训练卡》。同年，黄健中获贵州省人事厅、贵州省教育工会省优秀教师称号。

1992 年，举办首届教师职业技能大赛。随后，每年举办一次。

1993 年，发布《铜仁师专学生奖惩条例》《铜仁师专学生品德评语评分办法》《铜仁师专学生德智体综合量化实施办法》。同年，始聘英国籍英语专业教师 2 名。

是年，新建图书馆大楼一幢，面积 3300 平方米，藏书约 15 万册（不含各专业资料室藏书），有工作人员 18 名。校舍面积 25434 平方米，生均校舍面积 30.28 平方米；教学仪器设备总价值 20 余万元。

同年，乐政霓获国务院政府特殊津贴；全宏发获国家教委、国家人事部授予的全国优秀教师称号。

是年后，世界银行 55 万美元扶贫帮困贷款（执行期限为 1992～1997 年）与铜仁地区行署 1∶1 配套资金逐步到位。该资金主要用于扩大办学规模，调整专业结构，培训教师，高办学效益；建立健全教育管理信息系统，提高教育行政部门规划与管理的能力。铜仁师范高等专科学校在世界银行贷款帮扶下，使学校仪器、电教设备得到较大幅度的充实和改善，教学手段逐步现代化。

1994 年，国内组织专家对世界银行贷款帮扶贫困省教育发展项目进行检查（1992 年，世界银行贷款帮扶贵州高校 345 万美元，用于贵州工学院、铜仁师范高等专科学校、安顺师范高等专科学校 3 所高校扩大办学规模，调整专业结构，培训教师，提高办学效益；建立健全教育管理信息系统，提高教育行政部门规划与管理的能力等），铜仁师范高等专科学校被评定为：工作扎实、进展顺利、成绩显著。②

同年，乐政霓、全洪发获曾宪梓教育基金三等奖。在贵州省大学生运动会上，杨军获 400 米、800 米第一名；载应玖获 1500 米、5000 米第一名；白丽云获专业组 400 米第二名、5000 米第一名；冉江获 110 米栏第一名；刘永成获 10000 米第一名、5000 米第二名；

---

① 《贵州年鉴》编辑部. 贵州年鉴（1989）[M]. 贵阳：贵州人民出版社，1989：474.

② 《贵州年鉴》编辑部. 贵州年鉴（1996）[M]. 贵阳：贵州年鉴社，1996：476.

孙用成获10000米第二名、5000米第四名；刘红艳获三级跳远第一名；刘舟获3000米障碍赛第三名；文仕桃获跳高第二名；邱承林获跳高第二名。

1996年，获贵州省高校综合治理先进单位称号。同年，设有办公室（党委办公室）、纪律检查委员会（纪委）、教务处、总务处、学生处、组织人事处、思想政治工作处、科技开发处；办公室下设保卫科，纪律检查委员会下设审计监察室，教务处下设教务科、教材科、电教馆，总务处下设计财科、综合科、膳食科，学生处下设宿管科。

1997年8月，完成学校中层机构升格（副县级）改组工作，学校共设置中文系、数学系、物理系、化学系、英语系、政史系、体育系、思政处、教育科学研究室、马列主义教研室、成人教育部12个中层教学单位；学校办公室（含党委办）、组织人事处、团委会3个中层党政机构；教务处、总务处、学生处、科技开发处、学报编辑部、图书馆6个中层服务机构；另设有财务科、保卫科、审计监督室3个科级机构。

是年，各系资料室并入图书馆，馆藏书图书23.5万册；馆内设置采编部、流通部、期刊部、参与咨询部、综合管理部、微机应用室；有馆员24名。同年，彭茂楠获曾宪梓教育基金会高等师范院校教师奖三等奖。①

截至1997年，铜仁师范高等专科学校建有文科大楼、理科大楼、计算机楼、学生宿舍、餐厅、浴室等各类校舍17栋，建筑面积达20468平方米；400米田径场1处；有看台的标准篮球场4个（其中灯光球场2个）；新建图书馆1幢、学术厅1个；增建了学生宿舍和教工宿舍；重建了大会堂和食堂。全校建筑面积达32611平方米，各类校舍共增加了13335平方米；校园内共植草坪838块7500平方米。

1998年，铜仁师范高等专科学校利用世界银行贷款建成图书馆网和售饭系统。②

1999年，铜仁师范高等专科学校图书馆被贵州省教委评为贵州省高校优等图书馆③。

2002年9月，贵州师范大学铜仁学院挂牌。同年，召开中国共产党铜仁师范高等专科学校第一次代表大会。

当年，铜仁民族师范学校并入铜仁师范高等专科学校，原铜仁师范学校改组为铜仁师范高等专科学校初等教育分校，继续以中等师范名义招生。④ 2007年后，铜仁地区行署同意铜仁师范高等专科学校初等教育分校实质性并入铜仁学院。

2004年，铜仁师范高等专科学校在贵州省教育厅的高校教学工作检查中被评为合格。同年，铜仁师范高等专科学校制定《关于进一步加强和改进学生教育和管理工决定》，其中强调对后进生和特困生要建档立卡，开展耐心、细心帮扶，责任到人。同年，铜仁地区行署行文批准铜仁地区苗圃场（东风林场、森林公园）和林业培训中心整体划入铜仁师范高等专科学校，以建设新校区。

---

① 《贵州年鉴》编辑部. 贵州年鉴（1998）［M］. 贵阳：贵州年鉴社，1998：416.

② 《贵州年鉴》编辑部. 贵州年鉴（1999）［M］. 贵阳：贵州年鉴社，1999：397.

③ 《贵州年鉴》编辑部. 贵州年鉴（2000）［M］. 贵阳：贵州年鉴社，2000：350；贵州省地方志编纂委员会. 贵州省志（1978-2010）·教育［M］. 贵阳：贵州人民出版社，2017：44.

④ 《贵州年鉴》编辑部. 贵州年鉴（2003）［M］. 贵阳：贵州年鉴社，2003：378.

2005 年，印发教育部《普通高等学校学生管理规定》；制定《铜仁师范高等专科学校学生学籍管理规定》。

同年，铜仁师范高等专科学校排练的土家族舞蹈《莲花十八响》荣获全省大学生艺术展演一等奖、全国大学生艺术展演二等奖；铜仁师范高等专科学校荣获教育部全国第一届大学生艺术展演活动学校优秀组织奖。①

2005 年，铜仁师范高等专科学校占地面积 200 余亩，建筑面积 23642 平方米；教学用计算机 8 台，多媒体教室 10 个，语音实验室 9 个；教学仪器设备总值 5810.94 万元。图书馆馆舍总面积 4730.58 平方米，馆藏纸质图书 34.68 万册，电子图书 12.15 万册，特藏梵净山碑林书法真迹 300 余幅（已装裱）；设有阅览室 2 个，座位 80 座，实现了图书文献信息的自动化管理。

三、科研成果

1989 年，江新龙获全国师专物理学会电磁学研究会优秀论文奖。

1992 年，侯长林、冉苒获得贵州省第二届哲学社会科学优秀成果三等奖；夏绍谦获全国师专政教、马列部教研协会优秀论文奖。

1993 年，孙焕臻获全国马列学会优秀论文奖；乐政霓的《改革语言教学，提高学生的口语能力》获贵州省教学成果一等奖，并被推荐申报国家级奖②；田大河获全国第三届残疾人艺术汇演辅导三等奖。

1995 年，杨晞获全国中学物理优秀论文三等奖。

1996 年，侯长林、牧邦喆、杨晞、汪滲获贵州省优秀教学成果一等奖，冉苒获二等奖，彭茂楠获三等奖。

1997 年，侯长林的《校园文化建设的理论与实践》获贵州省教育成果一等奖。

四、学生与教职工数

1978 年，铜仁师范专科学校有教职工 74 人，专任教师 37 人。③ 1982 年，毕业学生 228 人，结业 15 人。1983 年，毕业学生 305 名。政数招生 49 人，中文 50 人，英语 30 人，数学 50 人，物理 40 人，化学 29 人。1984 年 9 月，有教师 112 人，其中讲师 41 人，助教 37 人。④

截至 1985 年，铜仁师范专科学校共培养专科毕业生 1249 人。

1986~2005 年，其学生与教职工数具体变化如表 8-2 所示。

---

① 《贵州年鉴》编辑部. 贵州年鉴（2006）[M]. 贵阳：贵州年鉴社，2006：293.

② 关于奖励第三届全省普通高等学校优秀教学成果的决定 [A]. 铜仁：铜仁学院档案馆（75-1-264）.

③④ 《贵州教育志》编纂办公室. 贵州教育志（1949-1984）· 教育 [M]. 贵阳：贵州人民出版社，1986：941.

表 8-2　1986~2005 年铜仁师范高等专科学校（铜仁师范专科学校）学生与教职工数

单位：人

年度末	专科学生				教职工数	专任教师					
	毕业生	招生数	在校生	预计毕业生		合计	教授	副教授	讲师	助教	教员
1986	239	261	797	—	254	114	—	—	26	74	14
1987	273	327	833	—	259	126	—	14	35	75	2
1988	246	268	846	—	257	120	—	22	48	50	—
1989	316	270	790	—	240	114	—	19	46	49	—
1990	283	268	773	—	243	114	—	17	46	51	—
1991	229	268	802	—	242	112	—	15	42	53	2
1992	258	245	778	—	372	176	—	21	70	61	24
1993	264	289	800	—	316	147	—	16	55	51	25
1994	258	300	816	—	314	143	—	24	63	43	13
1995	243	292	872	—	310	144	—	23	63	40	18
1997	289	440	1093	279	305	149	—	25	70	51	3
1998	279	479	1293	374	300	154	—	22	73	47	12
1999	374	678	1577	425	313	157	—	35	70	45	7
2000	426	860	1997	456	309	160	—	37	69	45	9
2001	456	1248	2771	618	323	181	—	37	70	41	33
2002	618	793	2473	824	488	301	1	69	123	59	49
2004	793	1195	2714	712	494	314	3	88	119	67	37
2005	712	1049	3310	1087	570	324	5	82	111	74	52

资料来源：历年《贵州年鉴》。

五、学校历任负责人

校长：李凤学（革委主任）、李振人、陈朝刚、牧邦喆、周金勇。党委书记：安华宝、郭裕玲、孟庆慰、江龙华。副校长：高格仁（1960 年任副校长、革委副主任）、李鼎元（革委副主任）、冉崇实（革委副主任）、李凤学、蒋中华、陈时道、牧邦喆、谢元炳、蒋琦、赵明世、雷德林、杨晞、杨胜江、王贵诚、周金勇。党委副书记：陈朝刚、黄健中、侯长林、付家能。

第三节　黔东南民族师范高等专科学校（黔东南民族师范专科学校）

1938 年，镇远师范学校成立。1950 年，镇元师范学校并入镇远中学并设置师范部。1952 年，师范部从镇远中学拆出，成立贵州省镇远师范学校。1952 年，黔东南苗族侗族自治州成立，贵州省镇远师范学校迁至凯里，改名凯里民族师范学校。

1958 年，在大办教育的热潮中，以凯里师范学校为基础，黔东南大学经过 2 个月的筹备，于 8 月 15 日正式成立。黔东南大学创建时，设有医专（设有医疗科）、工专（设有化工科、建筑科、机械科）、师专（设有文史科、数理科）三个专科。当年，招生 177 名，在凯里师范学校内开展教学工作，不久迁至镇远专区专署办公楼办学。

1959 年，黔东南大学进行调整。师专改建为黔东南师范专科学校；工专的建筑科、化工科和机械科并入贵阳工业专科学校；医专医疗科并入黔东南卫生学校和遵义医学专科学校或回原单位。1961 年 7 月，黔东南师范专科学校学生毕业后，学校停办。同年，黔东南师范专科学校整体并入凯里师范学校。①

1975 年 12 月至 1977 年，在凯里师范学校的基础上成立贵州省黔东南“五·七”师范大学。1977 年，贵阳师范学院在“五·七”师范大学举办凯里大专班。1978 年 4 月，以贵阳师范学院凯里大专班为基础恢复重建黔东南民族师范专科学校。1993 年 6 月，黔东南民族师范专科学校更名为黔东南民族师范高等专科学校。

2006 年，经教育部批准，黔东南民族师范高等专科学校升格为全日制普通本科高等学校，更名为凯里学院。同时，撤销黔东南民族师范高等专科学校的建制。

一、院系与专业设置

1958 年，黔东南大学设有医专（开设医疗科）、工专（开设化工科、建筑科、机械科）、师专（开设有文史科、数理科）。

1977 年，贵阳师范学院黔东南师范大专班招生指标为 80 名（语文、数学各 40 名），实际录取 145 名。②

1978 年，设有中文、英语、物理、数学、化学 5 个专业，学制两年。同年，招生指标 80 名，贵州省分配指标时，增加到 120 名。③

1980 年，新增政治教育专业（学制两年）并招生。同年，开设民族预科班。预科班招收应届高中毕业未被录取的边远落后地区少数民族学生，条件为学生进校学习一年后参

① 《贵州教育志》编纂办公室. 贵州教育年鉴（1949-1984）[M]. 贵阳：贵州人民出版社，1986：602.

② 贵州省一九七七年高等学校招生工作录取统计表 [A]. 铜仁：铜仁市档案馆（75-1-92）.

③ 中央下达贵州省高等学校招生指标分配方案 [A]. 铜仁：铜仁市档案馆（75-1-91）.

加高考（限报师范专业），被录取学习毕业后回原籍地工作；未被录取，学习一年再考，再未被录取，经过考核，成绩合格者，按中等师范毕业生分配工作。

1982 年，改专科学制为三年。同年，增设音乐专业并招生。

1983 年，实行定向招生，按需要培养。同年，黔东南民族师范专科学校少数民族学生比例从 1977 年的 27%提高到 71.3%。

1984 年，成立职业师范科（以下简称职师科）。

1986 年，设有中文、政教、英语、数学、物理、化学、音乐、美术 8 个专业，学制三年。①

1987 年，艺术科拆分为音乐科、美术科。同年，招收了一届经济管理专业学生。

1988 年，专业科室皆更名为系室。

1992 年，开始招收来自印度尼西亚、巴基斯坦、美国、德国、新西兰、奥地利、加拿大、韩国、老挝和泰国等国家和地区的留学生，开设语种有汉语、苗语和革语。

1993 年 6 月，更名为黔东南民族师范高等专科学校。同年，成立现代技术教育中心；招收一届经济管理专业学生（1995 年、1996 年又各招了一届）。

1996 年，招收经济管理、法律 2 个电大专科班，共 60 人。

1999 年，计算机应用技术专业始招生。

2001 年，成立小教系；增设小学教育专业并招生。

2002 年，数学与应用数学（师范）、物理学 2 个专业与贵州师范大学联合培养本科生。同年，现代教育技术中心计算机应用技术专业与数学系合并组建数学与计算机科学系；黔东南州商业技工学校并入黔东南民族师范高等专科学校。

2003 年，预科、小教系合组成立教育系；职师科更名为生物科学技术系；政史系更名为政治经济系。同年，思想政治教育专业与贵州师范大学联合培养本科生。

2004 年，创办管理科学系。

2006 年，经教育部批准，黔东南民族师范高等专科学校升格为全日制普通本科高等学校，更名为凯里学院。

二、学校环境与办学成果

1987 年，黔东南民族师范专科学校成立民族教育研究所，以承担“六五”期间国家哲学社会科学规划中的少数民族教育特点科研项目；建立起卫星地面接收站。②

1987 年，黔东南民族师范专科学校占地面积 130 多亩，建筑面积 2 万余平方米；图书馆藏书 17 余万册。在教职工中除专任老师 204 人外，有教辅人员 35 人，行政人员 57 人，工勤人员 46 人，附属单位人员 13 人。③

1993 年 11 月 1 日至 5 日，黔东南民族师范高等专科学校在国家教委、语委检查组抽

---

① 《贵州年鉴》编辑部. 贵州年鉴（1987）[M]. 贵阳：贵州年鉴社，1987：605.

② 《贵州年鉴》编辑部. 贵州年鉴（1988）[M]. 贵阳：贵州年鉴社，1988：649.

③ 贵州省地方志编纂委员会. 贵州省志·教育 [M]. 贵阳：贵州人民出版社，1990：296-297.

查普及普通话工作中被评为优秀①。

1996 年 7 月 30 日至 8 月 1 日，贵州省政府在凯里市召开全省教职工住房建设经验交流会时，贵州省政府、贵州省计委、贵州省建委、贵州省财政厅的领导，各地、州、市分管教育的专员、州长、市长与到会人员参观了凯里市“教师新村”和黔东南师专教师住宅。②

三、科研成果

1977~1985 年，中文科集体出版《中国古代诗文讲析》（上、下）；中文科龙荣连编撰的《小学古诗讲析》由贵州人民出版社出版；数学科和物理科王祖玿、徐永兴合编的《矢量去处与场论》由贵州人民出版社出版；政教科何其中著《老子析评》出版；艺术科蒋志伊的版画作品《山乡苗家》《欢乐的芦笙节》《苗族古歌》入选文化部、中国美术协会举办的第六届全国美展；论文《马克思主义在中国传播的第一页》《马克思研究政治经济学的方法探讨》《老子哲学与黑格尔哲学之比较》《读仁审言诗札记》获中国人民大学快报资料社会全文复印发行。

2005 年，关玲的《普通话“V 完”式初探》获贵州省哲学人文社会科学奖二等奖。③

四、学生与教职工数

截至 1984 年，黔东南民族师范专科学校共培养专科毕业生 2285 人。1985 年有在校生 1046 人（含预科生和进修生）；有教职工 185 人，其中工程师 2 人，讲师 50 人，教员 133 人。

1986~2005 年，其学生与教职工数具体变化如表 8-3 所示。

表 8-3　1986~2005 年黔东南民族师范高等专科学校（黔东南民族师范专科学校）学生与教职工数

单位：人

年度末	专科学生				教职工数	专任教师					
	毕业生	招生数	在校生	预计毕业生		合计	教授	副教授	讲师	助教	教员
1986	285	258	826	—	350	175	—	—	42	92	41
1987	307	365	861	—	355	204	—	17	78	97	12
1988	249	285	874	—	360	215	—	33	86	91	5

① 贵州省地方志编纂委员会. 贵州省志（1978-2010）·教育［M］. 贵阳：贵州人民出版社，2017：36.

② 贵州省地方志编纂委员会. 贵州省志（1978-2010）·教育［M］. 贵阳：贵州人民出版社，2017：40.

③《贵州年鉴》编辑部. 贵州年鉴（2006）［M］. 贵阳：贵州年鉴社，2006：308.

续表

年度末	专科学生				教职工数	专任教师					
	毕业生	招生数	在校生	预计毕业生		合计	教授	副教授	讲师	助教	教员
1989	238	288	909	—	354	218	—	31	83	93	11
1990	294	290	874	—	352	216	—	30	83	98	5
1991	288	296	863	—	353	209	—	26	73	92	18
1992	268	315	902	—	348	205	—	24	65	95	21
1993	282	367	981	—	346	208	—	22	100	60	26
1994	287	385	1046	—	338	158	—	15	52	69	22
1995	300	268	1097	—	332	166	—	11	49	75	31
1997	366	460	1180	323	336	195	—	31	63	82	19
1998	321	516	1369	389	321	185	1	29	73	76	6
1999	389	743	1713	457	298	173	1	30	80	60	2
2000	457	878	2121	500	295	169	1	28	82	49	9
2001	497	1216	2793	689	291	167	1	31	87	41	7
2002	688	719	2618	869	332	234	2	62	109	38	23
2004	946	1447	3019	622	364	224	6	112	83	23	—
2005	640	1675	3935	1012	370	272	8	105	86	45	28

资料来源：历年《贵州年鉴》。

五、学校历任负责人

1958 年，任泽农任黔东南大学校长。

1983 年后：校长：姚源金、姚学礼、万一平。党委书记：姚源金、杨兴炳、龙则池。副校长：姚甫发、王海生、陈道明、罗义群、王小英。党委副书记：姚学礼、李树荣、陈道明、万一平。

第四节　黔西南民族师范高等专科学校（黔西南民族师范专科学校）

黔西南民族师范高等专科学校肇基于 1813 年重建笔山书院，历经高等小学堂、兴义县立中学、贵州省兴义中学等历史时期。

中华人民共和国成立前夕，黔西南的兴仁、安龙和盘县三所师范学校，仅盘县师范学校在继续开办。1950年3月，盘县中学与南台中学并入盘县师范学校。1951年，盘县师范学校迁入笔山书院旧址与兴义中学师范部合并，改称兴义师范学校。1951年9月，兴义中学迁出另建校园。同年，兴义师范学校更名为贵州省兴义师范学校。

1956年，兴义专区被撤销，改属安顺专区管辖。1965年，恢复兴义专区建制，兴义师范回归管属。

1975年，贵州省革命委员会决定，将贵州省兴义师范学校改建为兴义地区"五·七"师范大学，开设学制两年的中文、数学、生产基础3个"社来社去"专业；附设音乐、体育2个中师班。1977年，贵阳师范学院在兴义地区"五·七"师范大学开办兴义大专班。1978年4月，经国务院批准，兴义师范专科学校正式成立。1982年，更名为黔西南民族师范专科学校。[①] 1993年，已更名为黔西南民族师范高等专科学校。2009年，升格为全日制普通高等本科院校，更名为兴义民族师范学院。

一、院系与专业设置

1977年，贵阳师范学院兴义大专班计划招语文专业40人，数学专业40人[②]，实际录取140人。[③]

1978年4月，经国务院批准，兴义师范专科学校正式成立。同年，设立政治教育科、中文科、数学科、物理科，开设政治、中文、数学、物理专业，学制两年。当年，招生指标130人，贵州省分配指标增加到170人。[④]

1979年，开设中文、英语、数学、物理、化学、体育6个专业，招有学生163人。

1980年，开办民族预科班，招生51人。

1982年，更名为黔西南民族师范专科学校。

1984年，改学制为三年。[⑤] 同年，化学专业仍未招生（已连续三年未招生）。

1986年，设有中文、政史、英语、数学、物理、化学、体育7个专业。同年，民族预科班招生51人。[⑥]

1993年，成立体育科，招收体育专业学生，学制两年。同年，更名为黔西南民族师范高等专科学校。

1998年，计算机科学与教育专业招生。同年，数学科更名为数学系；体育科更名为体育系。

---

① 《贵州教育志》编纂办公室. 贵州教育年鉴（1949-1984）[M]. 贵阳：贵州人民出版社，1986：706-712.

② 关于下达一九七七年级普通高等学校暨各地、州、市及部门办大专班招生计划的通知 [A]. 铜仁：铜仁市档案馆（75-1-92）.

③ 贵州省一九七七年高等学校招生工作录取统计表 [A]. 铜仁：铜仁市档案馆（75-1-92）.

④ 中央下达贵州省高等学校招生指标分配方案 [A]. 铜仁：铜仁市档案馆（75-1-91）.

⑤ 《贵州教育志》编纂办公室. 贵州教育志（1949-1984）[M]. 贵阳：贵州人民出版社，1986：100.

⑥ 《贵州年鉴》编辑部. 贵州年鉴（1987）[M]. 贵阳：贵州年鉴社，1987：605.

2000 年，成立小学教育系；计算机科学组从培训部拆出成立计算机科学系。

2001 年，汉语言文学、物理学、数学与应用数学 3 个专业开始与贵州师范大学联合办学培养本科学生。同年，成立艺术系。

2002 年，思想政治教育、英语、化学 3 个专业开始与贵州师范大学联合办学培养本科学生。

2003 年，体育教育专业开始与贵州师范大学联合招收本科学生。

2005 年，兴义师范学校、安龙民族师范学校并入黔西南民族师范高等专科学校。同年，与广西航运学校联合举办船舶驾驶、轮机管理、水运管理 3 个专业。

2007 年，设有政史、中文、英语、数学、物理、化生、计科、体育、艺术、教育管理科学 10 个系 40 个专科专业，以及成人教育部、基础教育部、思想政治教育理论教研部。

2008 年，招生的专业有：行政管理、历史教育（历史与社会教育方向）、初等教育（小学教育文科方向）、酒店管理、旅游管理（导游方向）、人力资源管理、社区服务与管理、市场开发与营销、思想政治教育（思想政治与历史学教育方向）、学前教育、英语教育、语文教育（汉语言文学教育方向）、国际经济与贸易、初等教育（小学教育理科方向）、电子商务、化学教育（化学与生物学教育方向）、化学教育（科学教育方向）、计算机应用技术、酒店管理、旅游管理（导游方向）、生物教育（生物技术教育方向）、市场开发与营销、数学教育、物理教育、物理教育（电子技术教育方向）、现代教育技术（计算机科学教育方向）、学前教育、应用化工技术、音乐教育、美术教育、装饰艺术设计、体育教育。

二、学校环境与办学成果

1984 年，学校占地面积 2.1 万余平方米（包括当年新征土地 10 余亩），建筑面积 1.3 万多平方米。学校投入建设资金 124 万元，扩建了教学楼，新建图书馆、学生宿舍、教职工宿舍、食堂、浴室等。建成 250 米跑道田径场 1 个，灯光球场 1 个；物理学实验室 3 个、化学实验室 4 个，以及天秤室、英语语音实验室、计算机室各 1 个。图书馆藏书 12 万册，杂志 460 余种。另设有农场 1 个，其中耕地 80 余亩，荒山和山林 70 余亩。附属中学一所。

1987 年，学校占地面积 72 亩，建筑面积 2 万多平方米；建有电教室和语音实验室，教学设备价值 30 多万元。除专任老师 103 人外，有教辅人员 10 人，行政人员 52 人，工勤人员 33 人，附属机构人员 5 人。①

2007 年，学校占地 1263 亩（包括规划中的北校区 800 亩）。设有民族体育研究所 1 个研究所；附属中学 1 所。另外，挂靠各系的科研组织有民族民间文学研究所、民族艺术研究所、初等数学研究所、电子技术研究所。

---

① 贵州省地方志编纂委员会. 贵州省志 · 教育 [M]. 贵阳：贵州人民出版社，1990：297.

三、科研成果

1977～1984 年，学校教师发表论文 40 多篇，出版专著 2 部（《常见语病分析》《汉语通论》）；《汉语名词附缀成分形成发展中的几个问题》被收入中国人民大学复印资料集。

四、学生与教职工数

1984 年末，黔西南民族师范专科学校有教职工 99 人，其中讲师 41 人，助教 8 人。截至 1985 年，共招收专科学生 1778 人，共毕业专科学生 1374 人；培养进修生 233 人。

1986～2008 年，其学生与教职工数具体变化如表 8-4 所示。

表 8-4　1986～2008 年黔西南民族师范高等专科学校（黔西南民族师范专科学校）学生与教职工数

单位：人

年度末	本专科学生				教职工数	专任教师					
	毕业生	招生数	在校生	预计毕业生		合计	教授	副教授	讲师	助教	教员
1986	206	295	700	—	192	96	—	—	30	8	58
1987	199	185	675	—	203	103	—	15	14	67	7
1988	189	200	675	—	199	93	—	17	29	42	5
1989	283	250	642	—	193	88	—	16	29	38	5
1990	181	162	557	—	190	82	—	14	27	38	3
1991	189	160	526	—	190	83	—	14	26	26	17
1992	169	160	487	—	175	77	—	13	26	29	9
1993	164	292	616	—	186	81	—	12	36	26	7
1994	139	302	775	—	182	84	—	12	32	28	12
1995	188	294	879	—	191	92	—	12	32	28	20
1997	291	374	972	198	194	94	1	13	31	39	10
1998	287	431	1098	335	190	96	1	13	37	33	12
1999	324	514	1280	371	189	105	1	16	37	35	16
2000	349	925	1832	386	207	117	1	16	39	29	32
2001	360	1766	3094	492	225	137	1	13	43	40	40
2002	464	650	2864	898	241	156	1	19	56	52	28
2004	1259	1153	2078	743	254	170	1	29	47	67	26
2005	654	1103	2677	874	259	178	1	39	46	82	10

续表

<table>
<tr><td rowspan="3">年度末</td><td colspan="8">本专科学生</td><td rowspan="3">教职工数</td><td colspan="6">专任教师</td></tr>
<tr><td colspan="2">毕业生</td><td colspan="2">招生数</td><td colspan="2">在校生</td><td colspan="2">预计毕业生</td><td rowspan="2">合计</td><td rowspan="2">正高</td><td rowspan="2">副高</td><td rowspan="2">中级</td><td rowspan="2">初级</td><td rowspan="2">未定</td></tr>
<tr><td>普通</td><td>成人</td><td>普通</td><td>成人</td><td>普通</td><td>成人</td><td>普通</td><td>成人</td></tr>
<tr><td>2007</td><td>891</td><td>67</td><td>2099</td><td>92</td><td>4374</td><td>159</td><td>826</td><td>67</td><td>438</td><td>358</td><td>2</td><td>52</td><td>189</td><td>85</td><td>30</td></tr>
<tr><td>2008</td><td>1009</td><td>67</td><td>2674</td><td>60</td><td>6330</td><td>152</td><td>1621</td><td>—</td><td>508</td><td>365</td><td>12</td><td>119</td><td>160</td><td>64</td><td>10</td></tr>
</table>

资料来源：历年《贵州年鉴》。

五、学校历任负责人

校长：卢惠龙、张光伦、王玉书、韦磐石。党委书记：卢惠龙 、陈德安、朱云璋、杨成书。副校长：王玉书、张光伦、蒋昌庆、陈谢鹏、韦磐石、李可迅、徐建国、杨学本。党委副书记：祝梁平、刘家震、王耀富、杨学本、王玉书（主持工作）、韦磐石。

第五节　毕节师范高等专科学校（毕节师范专科学校）

毕节师范高等专科学校的前身，可追溯到1931年创建的毕节县立初级中学。1938年，改建为贵州省立毕节师范学校。1950年，更名为毕节师范学校。1952年，迁至大定县（今大方县）羊场坝。1958年，毕节师范专科学校成立，附设于毕节师范学校内。1961年，毕节师范专科学校停办，部分师生迁回毕节虎踞山南麓。1962年，虎踞山部改建为毕节中学教师进修学校。1972年，改建为毕节三中。

1953年，贵阳民族师范学校创立。1958年，贵阳民族师范学校更名为贵州省民族师范学校。1961年，贵州省毕节民族师范学校并入毕节师范学校。1966年，毕节师范学校从羊场坝迁回毕节县城东郊建新校舍。1975年，改建为毕节地区“五·七”师范大学，招收“社来社去”学员。1977年，毕节地区“五·七”师范大学举办贵阳师范学院毕节大专班。1981年，贵阳师范学院毕节大专班升格为毕节师范专科学校。1993年，毕节师范专科学校更名为毕节师范高等专科学校。1980年，毕节三中更名为贵州省毕节师范学校。2005年，毕节师范高等专科学校、毕节教育学院、毕节师范学校合并升格组建为普通高等本科院校，名毕节学院。①

一、院系与专业设置

1958~1961年，招生三届，学生共107人，其中文史科38人，数理科79人。

① 《贵州教育志》编纂办公室. 贵州教育年鉴（1949-1984）[M]. 贵阳：贵州人民出版社，1986：815-918.

1977 年，贵阳师范学院毕节大专班招生指标为 80 人（语文 40 人、数学 40 人），实际录取 187 人。① 同年，成立思想政治教育教研室、体育教研室。

1978 年，贵阳师范学院毕节大专班更名为贵阳师范学院毕节专科班，招收英语、体育、化学、物理专业专科学生。同年，招生指标 110 人，贵州省分配指标增加到 190 人。②

1982 年，改两年制为三年制（体育专业仍为两年制）。

1983 年，以思想政治教育教研室为基础组建成立政教科，思想政治教育专业开始招生。

1984 年，设有政治、中文、英语、数学、物理、化学、体育 7 个专业。③ 同年，成立农村职业中学师资科，招收农村职业中学师资专业学生。

1986 年，政教科更名为政史科；农村职业中学师资系增设三年制生物教育专业并招生。当年，设有中文、政教、英语、数学、物理、化学 6 个专业，学制三年；还设有体育专修科和职业中学师资专修科，学制两年。④

1993 年，更名为毕节师范高等专科学校。同年，增设地理教育专业并招生。

1995 年，增设水土保持和环境保护 1 个专业并招生。

1996 年，招收英语电大专科班，共 40 人。

1998 年，成立艺术系，设有音乐、美术 2 个专业。同年，以教育心理教研室、技能教研室为基础，合并成立基础部；基础部下设教育心理教研室、技能教研室、心理咨询中心、技能研究所，管理少数民族预科班、中师班。

2000 年，成立小学教育系。

2003 年，毕节教育学院并入毕节师范高等专科学校，筹建毕节学院。

2004 年，基础部与小教系合并，成立教育系。同年，物理系增设煤矿开采专业并招生。

2005 年，汉语言文学专业始与贵州师范大学联合培养本科学生。

二、学校环境与办学成果

1984 年，学校占地面积 130 亩。建筑面积 21231 平方米，其中教学用房 8634 平方米，教职工住宅 5453 平方米，学生用房 3474 平方米，其他用房 2326 平方米。建有综合教学大楼、物理教学实验楼、学生宿舍、教工住宅、游泳池等。学校藏书 10 万余册。教学实验设备价值 50 余万元。创办《毕节师专学报》和《毕节师专校刊》，编辑有《教学改革通讯》。有教职工 222 人，其中专任教师 102 人，讲师 44 人。

1987 年，建起卫星地面接收站⑤。同年，附设有中学、小学各 1 所。教职工中除专任教

① 贵州省一九七七年高等学校招生工作录取统计表［A］. 铜仁：铜仁市档案馆（75-1-92）.

② 中央下达贵州省高等学校招生指标分配方案［A］. 铜仁：铜仁市档案馆（75-1-91）.

③《贵州教育志》编纂办公室. 贵州教育年鉴（1949-1984）［M］. 贵阳：贵州人民出版社，1986：100，818.

④《贵州年鉴》编辑部. 贵州年鉴（1987）［M］. 贵阳：贵州人民出版社，1987：605.

⑤《贵州年鉴》编辑部. 贵州年鉴（1988）［M］. 贵阳：贵州人民出版社，1988：649.

师145人外，有教辅人员24人，行政人员64人，工勤人员59人，附属机构人员7人。①

1992年，在国家对高等学校体育课程的基础建设水平、课程建设工作、课堂教学质量检查评估中，被评为优秀学校。② 同年，在武汉举行的全国第四届大学生运动会上，高庆获得女子乙组5000米铜牌和10000米第四名。③

1995年，朱时被党中央、国务院授予全国先进工作者称号。④

1996年，被国家教委授予贯彻《学校体育工作条例》优秀学校称号。

1999年5月，在贵州大学举行的第十八届全省大学生田径运动会上获团体总分第一名。⑤

2000年5月19日至21日，在贵州大学举行的全省大学生中长跑、竞走比赛中获团体第二名⑥。同年，被教育部评为全国先进体育学校。

2000年9月3日至11日，在四川成都举行的第六届全国大学生运动会上，贵州选派贵州大学、毕节师范高等专科学校和贵阳医学院8名学生运动员参加田径和武术两个项目的比赛。田径代表队夺得3分。同年，毕节师范高等专科学校被教育部评为贯彻《学校体育工作条例》优秀学校。⑦

三、学生与教职工数

截至1984年，毕节师范专科学校共毕业专科学生1648人（包括1962年前毕业生107人），共培训短期学员1436人，进修班（一年制和二年制）学员221人。是年，有在校进修班（二年制）学员298人。

1985年，有在校专科生770人；有教职工222人，其中专任教师102人，讲师44人。

1986~2004年，其学生与教职工数具体变化如表8-5所示。

表8-5　1986~2004年毕节师范高等专科学校（毕节师范专科学校）学生与教职工数

单位：人

年度末	专科学生				教职工数	专任教师					
	毕业生	招生数	在校生	预计毕业生		合计	教授	副教授	讲师	助教	教员
1986	313	311	782	—	295	141	—	1	36	100	4
1987	270	350	838	—	299	145	—	23	39	82	1

① 贵州省地方志编纂委员会. 贵州省志·教育［M］. 贵阳：贵州人民出版社，1990：296.
②③ 《贵州年鉴》编辑部. 贵州年鉴（1993）［M］. 贵阳：贵州人民出版社，1993：486.
④ 《贵州年鉴》编辑部. 贵州年鉴（1996）［M］. 贵阳：贵州人民出版社，1996：106.
⑤ 《贵州年鉴》编辑部. 贵州年鉴（2000）［M］. 贵阳：贵州年鉴社，2000：359.
⑥ 贵州省地方志编纂委员会. 贵州省志（1978-2010）·教育［M］. 贵阳：贵州人民出版社，2017：45.
⑦ 《贵州年鉴》编辑部. 贵州年鉴（2001）［M］. 贵阳：贵州年鉴社，2001：341.

续表

年度末	专科学生				教职工数	专任教师					
	毕业生	招生数	在校生	预计毕业生		合计	教授	副教授	讲师	助教	教员
1988	214	294	908	—	305	160	—	35	32	93	—
1989	291	256	865	—	292	173	—	35	30	102	6
1990	321	235	763	—	297	150	—	29	29	92	—
1991	292	280	741	—	300	149	—	28	27	89	5
1992	244	290	774	—	297	144	—	24	27	83	10
1993	230	294	840	—	287	137	—	20	81	26	10
1994	283	388	928	—	290	140	—	20	56	54	10
1995	278	370	1004	—	285	139	—	16	53	60	10
1997	365	550	1177	339	287	152	1	17	75	46	13
1998	341	630	1464	347	293	160	1	17	75	46	21
1999	380	1030	2103	522	330	198	1	19	81	52	45
2000	522	1169	2706	535	348	213	1	35	80	73	24
2001	525	1278	3348	875	348	214	1	33	82	74	24
2002	838	962	3389	1059	391	251	6	43	77	71	54
2004	1191	712	2656	844	425	291	9	60	68	114	40

资料来源：历年《贵州年鉴》。

四、学校历任负责人

1983 年后：校长：严太启、屈义玄、糜崇琦、陈永祥。党委书记：吴应杰、郭厚方、糜崇琦。副校长：吴清融、屈义玄、聂宗簧、敖行维、糜崇琦、东人达、邱崇芳、游钟伦、付于川、杨保华、陈明刚、陈永祥。党委副书记：糜崇琦、汤宇华。

第六节　安顺师范高等专科学校（安顺师范专科学校）

安顺师范高等专科学校的历史，可追溯到 1938 年成立的黔江师范学校。1940 年，黔江师范学校更名黔江中学。1946 年，改为贵州省立安顺师范学校。1950 年，与安顺县立中学合并，更名安顺师范学校。同年，贵州大学工学院附设工业职业学校并入安顺师范学校。

1958 年，创办安顺师范专科学校。1960 年，安顺师范学校并入安顺师范专科学校。1962 年，安顺专科师范学校停办。

1964 年，恢复安顺师范学校。1971 年，恢复招收两年制中师班。

1975 年，设贵阳师范学院安顺分院并招收政文、数学 2 个专业各 4 个班的“社来社去”大专生，共 401 人。1977 年，以贵阳师范学院安顺大专班名义招生。1980 年，经国务院批准，恢复重建安顺师范专科学校①。

1993 年，安顺师范专科学校与安顺教育学院合并为安顺师范专科学校。同年，更名为安顺师范高等专科学校。2002 年，安顺师范高等专科学校与安顺师范学校合并。2006 年，升格组建普通本科高校安顺学院。

一、院系与专业设置

1977 年，贵阳师范学院安顺大专班招生指标 80 人（语文 40 人、数学 40 人），实际录取 136 人。②

1978 年，贵阳师范学院安顺大专班更名为贵阳师范学院安顺专科班。招生指标 80 人，贵州省分配指标增加到 120 人。③

1979 年，增设化学专业。

1982 年，增设政治教育专业。同年，改学制两年为三年。

1984 年，设有中文、数学、物理、化学、政治、英语 6 个专业。

1985 年，成立德育教研组。

1991 年，德育教研组更名为马列主义思想政治教育教研室。

1993 年，安顺教育学院并入安顺师范专科学校④。同年，更名为安顺师范高等专科学校；各专业科室更名为专业系室；新增体育专业⑤。

1995 年，始建艺术系，开设美术教育专科专业并招生。

1996 年，招收计算机应用、外贸英语 2 个电大专科班，共招收 70 人。

2000 年，教育教研室改建为教育行政管理系；教育行政管理专业开始招生。

2002 年，安顺师范学校并入安顺师范高等专科学校。同年，成立特殊教育师资培训部（1991 年，安顺师范学校承办国家教委与联合国儿基会联合加强特殊教育师资培训项目，开始招收特殊教育专业中专生，并成立特殊教育师资培训部）；地理系更名为环境资源系；开始招收特殊教育、历史文化与旅游 2 个专业专科生。同年，与贵州师范大学联合培养英

---

① 贵州省地方志编纂委员会. 贵州省志（1978-2010）· 教育［M］. 贵阳：贵州人民出版社，2017：14.

② 贵州省一九七七年高等学校招生工作录取统计表［A］. 铜仁：铜仁市档案馆（75-1-92）.

③ 中央下达贵州省高等学校招生指标分配方案［A］. 铜仁：铜仁市档案馆（75-1-91）.

④ 贵州省地方志编纂委员会. 贵州省志（1978-2010）· 教育［M］. 贵阳：贵州人民出版社，2017：34.

⑤ 铜仁师范专科学校《关于我校九三年体育专业招生计划有关问题的紧急请示》［A］. 铜仁：铜仁学院档案馆（75-1-268）.

语专业本科生。

2005 年，历史文化与旅游专业更名为旅游管理专业。同年，马列主义思想政治教育教研室更名为马列主义思想政治教育部。

2006 年，安顺师范高等专科学校升格为全日制普通本科高等院校，更名为安顺学院。

二、学校环境与办学成果

1984 年，学校占地面积 120 亩，其中教学用房建筑面积 2434 平方米，生活用房建筑面积 9742 平方米。教学仪器设备价值 80 万元。藏书 12 万册。

1987 年，建起卫星地面接收站。① 是年，学校占地面积 120 多亩，建筑面积 1.2 万多平方米；建有 400 米跑道田径场 1 个；办有《安顺师专学报》。

1992 年，在贵州省教委对全省高校进行检查评估中被评为省级优秀高等学校。②

1994 年，国内组织专家对世行贷款帮扶贫困省教育发展项目进行检查，安顺师范高等专科学校被评定为：工作扎实、进展顺利、成绩显著。③

1998 年，音乐、美术、体育 3 个专业由学制两年改为学制三年。④ 同年，安顺师范高等专科学校利用世界银行贷款，除补充购置一部分常规教学设备外，还安装了天文望远镜等。⑤

三、学生与教职工数

1984 年，安顺师范专科学校有在校生 612 人，15 个班；教师 105 人，其中讲师 34 人，工程师 2 人。截至 1984 年，共毕业学生 1330 人。⑥

1986~2005 年，其学生与教职工数具体变化如表 8-6 所示。

表 8-6　1986~2005 年安顺师范高等专科学校（安顺师范专科学校）学生与教职工数

单位：人

年度末	专科学生				教职工数	专任教师					
	毕业生	招生数	在校生	预计毕业生		合计	教授	副教授	讲师	助教	教员
1986	194	233	618	—	218	104	—	—	25	63	16
1987	174	224	655	—	219	101	—	—	23	63	15

① 《贵州年鉴》编辑部. 贵州年鉴（1988）［M］. 贵阳：贵州人民出版社，1988：649.

② 《贵州年鉴》编辑部. 贵州年鉴（1993）［M］. 贵阳：贵州人民出版社，1993：486.

③ 《贵州年鉴》编辑部. 贵州年鉴（1996）［M］. 贵阳：贵州年鉴社，1996：476.

④ 《贵州年鉴》编辑部. 贵州年鉴（1999）［M］. 贵阳：贵州年鉴社，1999：405.

⑤ 《贵州年鉴》编辑部. 贵州年鉴（1999）［M］. 贵阳：贵州年鉴社，1999：397.

⑥ 《贵州教育志》编纂办公室. 贵州教育年鉴（1949-1984）［M］. 贵阳：贵州人民出版社，1986：100，781.

续表

年度末	专科学生				教职工数	专任教师					
	毕业生	招生数	在校生	预计毕业生		合计	教授	副教授	讲师	助教	教员
1988	184	200	633	—	214	99	—	16	51	21	11
1989	205	237	657	—	214	102	—	16	49	18	19
1990	216	252	689	—	228	111	—	19	48	41	3
1991	199	259	742	—	235	121	—	19	45	45	12
1992	230	260	772	—	245	127	—	19	45	54	9
1993	243	305	847	—	305	154	—	24	58	60	12
1994	253	320	892	—	297	155	—	30	83	33	9
1995	311	350	917	—	295	155	—	29	80	34	12
1997	271	387	1017	350	365	137	—	23	76	25	13
1998	350	375	1028	384	266	146	—	32	67	37	10
1999	288	512	1220	374	261	144	—	34	64	37	9
2000	363	605	1461	374	249	135	—	29	60	38	8
2001	324	944	2054	499	250	140	—	25	59	38	18
2002	468	854	2409	611	389	223	3	60	95	42	23
2004	822	1907	3594	850	410	274	5	83	105	23	58
2005	720	1404	3364	969	409	275	7	86	107	57	18

资料来源：历年《贵州年鉴》。

四、学校历任负责人

校长：杨和、王学书、范允龙。党委书记：向太阳、屠生凤、潘林华。副校长：贺鸿、曾肇成、杨世秀、张成鹄、熊国敏、吴文鸽、令狐荣涛。党委副书记：袁茂嘉、杨和、王学书、杨通邦、范允龙、张承鹄、杨世秀、沙岚。

第七节　黔南民族师范高等专科学校（都匀师专、黔南民族师专）

黔南民族师范高等专科学校的历史，可追溯到1952年成立的都匀民族师范学校。

1958年，在都匀师范学校的基础上成立都匀师范专科学校，设置文史、数理、生化3科，学制两年。

1960年，有教职工60人，专科生165人，开必修课49门，编写教学大纲和教材204万字，自制测角器等10多种教具，当年生产粮食6万斤。同年，被评为贵州省先进单位。

1961年，改建为黔中学教师进修学校之前，共毕业专科学生226名。

1975年，改建为黔南"五·七"师范大学，开设文史、数理2个专业（招收"推荐"入学的社来社去学员两届，共540人），学制两年。

1977年，贵阳师范学院在都匀招收黔南州师范大专班。

1978年，经批准成立黔南民族师范专科学校。

1993年，更名为黔南民族师范高等专科学校。

2000年3月28日，黔南民族师范高等专科学校、黔南州教育学院、都匀民族师范学校，经国家教育部和贵州省人民政府批准合并，成立本科层次的民族师范学院，更名为黔南民族师范学院①。学校位于都匀市莲花山下。

一、院系与专业设置

1977年，招生指标80人（语文40人、数学40人），实际录取136人。②

1978年，增设英语、理化2个专业并招生。招生指标120人，省分配指标增加到180人。③

1980年，开始招收收少数民族预科班。民族预科班学生经2年学习后，参加全国高考，未被录取者，按中专毕业生安排到小学任教。

1982年，举办州委组织部委托的干部专修班（学制两年），学员45名。

1984年，理化专业分为物理、化学2个专业招生。截至1984年，学校设有中文、英语、政史、数学、物理、化学6个专业，学制三年。

1985年，增设体育专业（学制两年），成立体育教研室。同年，成立科学研究科；都匀师范学校附属小学改为黔南民族师范专科学校附属中学。

---

① 贵州省地方志编纂委员会. 贵州省志（1978-2010）·教育［M］. 贵阳：贵州人民出版社，2017：44.

② 贵州省一九七七年高等学校招生工作录取统计表［A］. 铜仁：铜仁市档案馆（75-1-92）.

③ 中央下达贵州省高等学校招生指标分配方案［A］. 铜仁：铜仁市档案馆（75-1-91）.

1986 年，学校设有三年制专科中文、政史、英语、数学、物理、化学 6 个专业。①

1987 年，增设党政干部专修科（学制两年）、民族预科班（一年制）。②

1993 年，更名为黔南民族师范高等专科学校。

1995 年，始建艺术系，开设有美术专科专业。

1996 年，招收数学、物理 2 个电大专科班共 60 人。

二、学校环境与办学成果

1978~1983 年，学校基础建设经费 135 万元（其中民族经费 70 万元）。修建学生宿舍 2 幢，教职工宿舍 3 幢，饭厅 1 座；建有当时先进的语音室 1 个，化学和物理实验室 7 个，实验仪器 1886 件（价值 20.7 万元）；图书馆和资料室藏书 14 万册。截至 1983 年，学校建筑面积 17723 万平方米，教学用房面积 5340 平方米，学生宿舍 3616 平方米，教职工宿舍 4402 平方米，其他用房 3367 平方米。

1978~1984 年，有 50 余名教师到省外高校进修，参加省内外学术活动达 121 人次。③

1987 年，学校占地面积 76 亩，建筑面积 1.8 万多平方米；图书馆藏书 12 万余册；教学仪器设备价值 24 万元；办有《黔南民族师专学报》。学校教职工除专任教师 130 外，有教辅人员 25 人，行政人员 58 人，工勤人员 40 人，附属机构人员 10 人。

三、科研成果

1978~1984 年，教师出版专著 8 部，发表论文 108 篇，调查报告 2 篇；评论 8 篇，译文 6 篇，教材教法研究文章 27 篇；编写教学大纲 3 种。国内外教师进修 96 人次，参加学术会议 121 人次。

四、学生与教职工数

1978 年，黔南民族师范专科学校有教职工 87 人，其中专任教师 32 人，职员 32 人，工人 23 人。

1984 年，有教职工 235 人，其中专任教师 120 人，副教授 3 人，讲师 37 人，助教 25 人，教员 71 人。截至 1984 年，学校累计招生 2134 名，其中少数民族学生 456 名，占招生总数的 24%。

1986~1999 年，其学生与教职工数具体变化如表 8-7 所示。

---

① 《贵州教育志》编纂办公室. 贵州教育志（1949-1984）[M]. 贵阳：贵州人民出版社，1986：100.

② 《贵州年鉴》编辑部. 贵州年鉴（1987）[M]. 贵阳：贵州人民出版社，1987：605.

③ 贵州省地方志编纂委员会. 贵州省志·教育 [M]. 贵阳：贵州人民出版社，1990：296.

表 8-7 1986~1999 年黔南民族师范高等专科学校

（都匀师范专科学校、黔南民族师范专科学校）学生与教职工数 单位：人

年度末	专科学生				教职工数	专任教师					
	毕业生	招生数	在校生	预计毕业生		合计	教授	副教授	讲师	助教	教员
1986	213	263	731	—	265	130	—	—	27	90	13
1987	239	250	727	—	263	130	1	14	47	68	—
1988	248	224	714	—	254	126	1	19	49	53	4
1989	250	304	737	—	256	126	1	23	53	37	12
1990	226	239	741	—	263	142	1	22	56	41	22
1991	261	235	709	—	266	134	1	20	52	46	15
1992	277	294	711	—	261	114	1	13	35	41	24
1993	207	348	854	—	268	120	1	12	49	37	21
1994	272	300	862	—	260	93	1	9	34	29	20
1995	403	350	792	—	269	101	1	11	29	22	38
1997	130	448	1196	298	277	99	1	20	23	42	13
1998	298	500	1363	400	273	103	2	18	32	36	15
1999	400	671	1564	396	264	99	1	24	25	43	6

资料来源：历年《贵州年鉴》。

五、学校历任负责人

校长：罗时法。党委书记：陆恩智、李克强、罗发顺。副校长：张启成、王坚定、梁厚荣、周永华、李先荣。党委副书记：苏斌、罗时法、何可能。副校长：王坚定、周永华、李先荣。

第八节　贵阳师范高等专科学校（贵阳师范专科学校）

1958 年，贵阳师范专科学校创建，首期开设数学、语文 2 个专修科，学制有一年制和两年制，后增俄语等专科。

1959 年，有在校学生 145 人，教职工 20 人，其中专任教师 10 人。

1961 年，改建为贵阳市中学教师进修学校。

1977 年，贵阳市中学教师进修学校以贵阳师范学院贵阳师范大专班参加全国统一高考招生。

1978 年，更名为贵阳师范学院贵阳专科班。

1980 年，贵阳师范学院贵阳专科班与贵阳市中学教师业余大学、贵阳市中学教师进修学校合并成立新贵阳市教师进修学院，专科班仍继续招生。

1985 年，贵阳师范学院贵阳专科班、贵阳市教师进修学院和贵阳市中学教师业余大学经贵州省人民政府批准，国家教委备案，重组创建贵阳师范专科学校。

1993 年，更名为贵阳师范高等专科学校。

2004 年，贵阳师范高等专科学校和贵阳市金筑大学合并组建省市共建、以市为主的全日制本科普通高校，更名为贵阳学院。

一、院系与专业设置

1977 年，招生指标 70 人（语文 40 人、数学 30 人），实际录取 210 人。①

1978 年，更名为贵阳师范学院贵阳专科班，当年招生语文 40 人、数学 30 人②。是年，招生指标 160 人，省分配指标减少到 140 人。③

是年后，先后又开设有音乐、物理、化学、英语、体育、政教 6 个专科专业，学制两年。

1979 年，物理科迁入原贵阳二十四中校址办学。

1982 年，改学制两年为三年（体育仍为两年制）。是年组建艺术系，增设美术教育专业并招生，开设有音乐、美术 2 个专科专业。

1984 年，贵阳师范学院贵阳专科班开设有学制三年的中文、政教、英语、数学、物理、化学、艺术（学制二年）、体育（学制二年）8 个专业，以及党政干部专修科（学制两年）。④ 有学生 488 人（其中代培生 70 人）。

1986 年，设有中文、政教、英语、数学、物理、化学 6 个专业，学制三年；党政干部、体育、艺术 3 个学制两年的专修科。⑤

1993 年，更名为贵阳师范高等专科学校。同年，成立音乐系；专业科室更名为专业系室。

1994 年，增设小学教育系，开设小学教育专科专业并招生。

1995 年，始招计算机软件专业专科生，学制三年。同年 9 月，组建计算机房，设立微机站。

---

① 贵州省一九七七年高等学校招生工作录取统计表［A］. 铜仁：铜仁市档案馆（75-1-92）.

② 关于下达一九七七年级普通高等学校暨各地、州、市及部门办大专班招生计划的通知［A］. 铜仁：铜仁市档案馆（75-1-92）.

③ 中央下达贵州省高等学校招生指标分配方案［A］. 铜仁：铜仁市档案馆（75-1-91）.

④ 《贵州教育志》编纂办公室. 贵州教育年鉴（1949-1984）［M］. 贵阳：贵州人民出版社，1986：100.

⑤ 《贵州年鉴》编辑部. 贵州年鉴（1987）［M］. 贵阳：贵州人民出版社，1987：605.

1996 年，招收商业贸易、英语 2 个电大专科班共 70 人。

1998 年，贵阳教育学院并入贵阳师范高等专科学校。

2000 年，开办高职美术专业。

2001 年，美术学、物理、计算机科学与技术 3 个专业与贵州师范大学联合培养本科生。

2003 年，增设环境艺术设计、教育技术专科专业并招生。

二、学校环境与办学成果

截至 1985 年，累计毕业专科学生 1424 人。① 占地面积百余亩，建有教学大楼、行政办公楼、干训大楼、学生宿舍楼以及其他生活福利等附属设施；运动场地达 12000 平方米。学校图书馆藏书 13.5 万册，分置为文科、理科和外文 3 个书库；设有物理、化学各 2 个实验室。建有 24 台电子计算机机房 1 个，36 座语言实验室 1 个，56 座听音室 1 个（录音、录像齐全设备）。创办《新筑学刊》，后更名为《贵阳师专学报》。学校设置有师专部和进修部。师专部设中文、艺术、政教、英语、数学、物理、化学、体育（学制两年）、干训（学制两年）9 个科和教育学、心理学 2 个教研室。同时接受地方单位委托、代培部分专科生。

1993 年 11 月 1 日至 5 日，国家教委、语委检查组抽查贵阳高等师范专科学校普及普通话工作，获评为良好②。

2001 年，丁丰朝被贵州省教育厅、贵州省人事厅授予贵州省优秀教师称号。③

三、科研成果

2004 年，丁丰朝的《面向中学数学教育改革的高师数学教育课程改革研究》获贵州省高等学校人文社会科学研究成果二等奖。④

四、学生与教职工数

1984 年，贵阳市教师进修学校专科班有在校专科学生 488 人（其中包括培训生 70 人）。截至 1984 年，共培养毕业生 1252 人。

1985 年，贵阳市教师进修学校专科班更名为贵阳师范专科学校。

1986~2002 年，其学生与教职工数具体变化如表 8-8 所示。

---

① 《贵州教育志》编纂办公室. 贵州教育年鉴（1949-1984）［M］. 贵阳：贵州人民出版社，1986：100，506，510.

② 贵州省地方志编纂委员会. 贵州省志（1978-2010）·教育［M］. 贵阳：贵州人民出版社，2017：36.

③ 《贵州年鉴》编辑部. 贵州年鉴（2002）［M］. 贵阳：贵州年鉴社，2002：324.

④ 《贵州年鉴》编辑部. 贵州年鉴（2005）［M］. 贵阳：贵州年鉴社，2005：283.

表 8-8　1986~2002 年贵阳师范高等专科学校（贵阳师范专科学校）学生与教职工数

单位：人

年度末	专科学生				教职工数	专任教师					
	毕业生	招生数	在校生	预计毕业生		合计	教授	副教授	讲师	助教	教员
1986	344	292	848	—	245	152	—	5	62	35	50
1987	166	170	442	—	259	160	3	18	69	20	50
1988	86	212	552	—	263	163	3	42	70	29	19
1989	204	257	599	—	270	158	—	29	64	28	37
1990	197	290	692	—	273	163	—	42	66	36	19
1991	167	201	726	—	296	133	—	27	51	55	—
1992	249	199	680	—	294	131	—	26	50	55	—
1993	297	221	604	—	289	177	—	25	74	59	19
1994	205	368	764	—	286	172	2	35	70	50	15
1995	287	362	810	—	286	172	2	35	78	42	15
1997	381	419	886	287	286	172	5	37	73	42	15
1998	307	490	1089	180	286	172	5	37	73	42	15
1999	180	738	1647	419	286	174	8	48	77	41	—
2000	383	918	2085	455	282	169	6	31	74	43	15
2001	445	1766	3385	704	284	167	5	30	70	47	15
2002	675	895	2338	912	283	186	3	39	71	53	20

资料来源：历年《贵州年鉴》。

五、学校负责人

校长：周国光、伍治国、申远初、王晓昕。党委书记：伍治国、黄静芳、杨型鑫、秦家伦、李世同。副校长：申远初、周国光、曹文灿、杨寿珍、毛必读、王晓昕、王正维、雷奎怀。党委副书记：申远初、杨寿珍、雷奎怀、王晓昕、刘国华。

第九节　六盘水师范高等专科学校（六盘水师范专科学校）

1977 年，贵阳师范学院六盘水师范大专班成立。1978 年，更名为贵阳师范学院六盘水地区专科班。[①] 1980 年，为便于统一管理，六盘水市人民政府决定将分散在原六枝、盘

① 《贵州教育志》. 贵州教育年鉴（1949-1984）［M］. 贵阳：贵州人民出版社，1986：537.

县、水城等地的贵阳师范学院六盘水大专班教学点，集中到水城特区朝阳新村（现钟山区职业中学）办学，仍名为贵阳师范学院六盘水大专班。1982 年，学校搬到六盘水市明湖路育才巷 19 号。1984 年，六盘水市教师进修学校并入贵阳师范学院六盘水大专班。1985 年，在贵阳师范学院六盘水大专班基础上创办六盘水师范专科学校。1993 年，更名为六盘水师范高等专科学校。2009 年升格为全日制普通高等本科院校，更名为六盘水师范学院。

一、院系与专业设置

1977 年，大专班招生指标 80 人（语文 40 人、数学 40 人）。①

1978 年，招收数学、英语、化学、物理 4 个专业学生。

1979 年，设有中文、数学、物理、化学、英语 5 个专业。

1980 年，增设生物科，翌年招收生物专业学生。

1984 年，成立政史科，翌年招收政史专业学生。

1985 年，贵阳师范学院六盘水师范专科班改建为六盘水师范专科学校。原专业科室更名为专业系室。

1986 年，学校设有中文、政史、英语、数子、生物 5 个专业，学制两年；另设有进修部，承担本地区中学教师的培训任务。②

1993 年，更名为六盘水师范高等专科学校，开设有政史、中文、外语、数学、物理、化学、生物 7 个专业。

1999 年，成立艺术教研室、大学外语教学部。

2000 年，组建计算机科学与信息技术系。

2001 年，思想政治教育、生物科学专业与贵州师范大学联合招收和培养师范本科生。同年，成立体育系，招收体育专业学生，并负责全校公共体育教学工作。

2002 年，成立小学教育系，招收三年制小学教育理科、小学教育文科，五年制小学教育理科、小学教育美术、小学教育体育。同年，招收三年制音乐教育专科班；物理学教育专业开始与贵州师范大学联合招收本科生。

2003 年，六盘水市师范学校并入师专。同年，增设法学专科（非师范）专业。

2004 年，组建艺术系。

2005 年，小学教育系、心理学教研室及原六盘水市师范学校中师、五年制文科合并，开设中师教育和五年制小学教育文科、小学教育理科 3 个专业。同年，小学教育系更名为教育系；政史系（原政史科）更名为政教系；生物系更名为生物与地理科学系，增设地理教育专业；组建历史与社会文化科学系，开设有历史学专业并招生。

2006 年，六盘水市体育运动学校并入六盘水师范高等专科学校；教育系开始招收三年

---

① 贵州省一九七七年高等学校招生工作录取统计表［A］. 铜仁：铜仁市档案馆（75-1-92）.

② 《贵州年鉴》编辑部. 贵州年鉴（1987）［M］. 贵阳：贵州人民出版社，1987：605.

制学前教育专业专科，停招五年制小学教育文科、小学教育理科。截至2006年，先后增设了历史学、计算机科学与教育、美术、音乐、体育、地理、小学教育、学前教育等专业。同年，艺术系与贵州师范大学联合招收音乐学本科专业学生。

2007年4月，心理学教研室分出教育系。2007年9月，将中文系的初等教育文科专科层次专业划入教育系并招生；增设法律文秘专科（非师范）专业。是年，招生的三年制专科专业有：语文教育、初等教育（文科方向）、思想政治教育、历史教育、法律文秘、英语教育、数学教育、物理教育、化学教育、生物教育、地理教育、计算机教育、音乐教育、美术教育、体育教育、学前教育、生物技术及应用、应用电子技术；五年制专科专业有：音乐教育、美术教育。

另外，2007年贵州大学六盘水能源矿业学院本科计划在贵州省内招生250人，招生专业有安全工程、采矿工程、过程装备及控制工程、化学工程与工艺。贵州大学六盘水能源矿业学院是六盘水市人民政府与贵州大学合作组建于2006年1月20日成立。2009年，六盘水师范学院的矿业工程系便是在此基础上建立的专业院系。

二、学校环境与办学成果

1977年，招收中文、数学、物理3个班。中文班设在盘县特区师范学校，数学班设在六枝特区师范学校，物理班设在六枝矿务局中学。

1978年，招收4个班。数学、物理班设在盘江矿务局高中，化学设在水城矿务局中学，英语设在六枝矿务局中学。由各矿务局抽调技术人员、工程师前往学校任教。

1979年，招收5个专业6个班。一个中文班设在六盘水市一中，另一个中文班以及物理班设在六枝矿务局中学，数学班设在六枝特区师范学校，英语班设在盘县一中，化学班设在水钢一中。

1980年，选址朝阳新村原六盘水招待所，全部迁入集中办学。新校址面积3450平方米，建筑面积2868平方米（教室2100平方米、食堂及附房748平方米、厕所20平方米），价值33.7669万元。

同年，组建师专筹建五人小组，着手师专集中办学的各种准备工作。1980年12月底，调进教师8人，干部、职工17人。学校设立办公室、政工科、教务科、总务科，建立图书馆、实验室、医务室。

1981年，六盘水市政府拨款17万元，贵州省高教办拨款10万元，购买下朝阳村原地区机关一批旧房，面积约2210平方米，作为学校教师宿舍和学生宿舍。

1984年，六盘水教师进修学校（1982年建立）并入贵州师范六盘水大专班，其教职工28人也全部纳入；同时调整学校领导班子。

同年，引进教师60人（其中讲师7人，助教1人，中学五级以上教师25人）；全校教职工170人，其中教师110人。学校设有办公室、教务科、总务科、政工科、学生科、中文科、数学科、物理科、英语科、政史科、生化科，另开办有英语、俄语、日语进修班。

当年，市政府将六盘水师范学校修建的一幢教学大楼划给贵阳师范学院六盘水大专班作为教学大楼，面积 2690 平方米；将原煤炭基建局办公大楼拨给贵阳师范学院六盘水大专班作为办公大楼。截至 1984 年，贵阳师范学院六盘水大专班占地面积达 90 亩，投资达 500 多万元，建筑面积达 18500 平方米；教学设备价值达 58.4 万元；藏书 5.4 万册；有供 36 人同时使用的语音实验室 1 间，计算机室 1 间。

1987 年，教职工除专任教师 107 外，有教辅人员 14 人，行政人员 26 人，工勤人员 43 人。①

2006 年，学校新征地 420 亩。同年，外语系团委被贵州省委宣传部、贵州省文明办、贵州省教育厅、共青团贵州省委、贵州省学生联合会共同授予贵州省大学生"春晖行动——我与家乡共发展"社会实践活动先进团组织称号。

2008 年，被列为省级少数民族传统体育训练基地。

三、学生与教职工数

1977 年，贵阳师范学院六盘水大专班招生指标 80 人（语文 40 人、数学 40 人）。不久，增设物理专业班，招生 55 人②。同年，实际录取 137 人。③

1978 年，招生指标为 130 名，贵州省分配指标增加到 170 人，④ 实际招生 196 人。

1979 年，中文、数学、物理、化学、英语共招生 273 名。

自 1977 年贵阳师范学院六盘水大专班招生开始，至 2009 年六盘水师范专科学校后升格改建为六盘水师范学院。

1977~2008 年，其学生与教职工数具体变化如表 8-9 所示。

表 8-9　1977~2008 年六盘水师范高等专科学校（六盘水师范专科学校）学生与教职工数

单位：人

年度末	专科学生				教职工数	专任教师					
	毕业生	招生数	在校生	预计毕业生		合计	教授	副教授	讲师	助教	教员
1977	—	135	—	—	—	—	—	—	—	—	—
1978	—	196	—	—	—	—	—	—	—	—	—
1979	135	273	—	—	—	—	—	—	—	—	—
1980	196	102	—	—	30	8	—	—	—	—	—
1981	273	113	—	—	52	18	—	—	—	—	—
1982	102	120	—	—	—	39	—	—	—	—	—

① 贵州省地方志编纂委员会. 贵州省志·教育［M］. 贵阳：贵州人民出版社，1990：296.
② 《贵州教育志》编纂办公室. 贵州教育年鉴（1949-1984）［M］. 贵阳：贵州人民出版社，1986：537.
③ 贵州省一九七七年高等学校招生工作录取统计表［A］. 铜仁：铜仁市档案馆（75-1-92）.
④ 中央下达贵州省高等学校招生指标分配方案［A］. 铜仁：铜仁市档案馆（75-1-91）.

续表

年度末	专科学生				教职工数	专任教师					
	毕业生	招生数	在校生	预计毕业生		合计	教授	副教授	讲师	助教	教员
1983	113	114	—	—	82	42	—	—	—	—	—
1984	119	111	—	—	170	110	—	—	7	1	102
1986	109	300	575	—	188	103	—	—	7	50	46
1987	93	220	688	—	190	107	—	4	36	50	17
1988	242	274	704	—	193	106	—	19	36	47	4
1989	208	179	611	—	183	98	—	12	32	44	10
1990	270	209	478	—	187	90	—	13	28	41	8
1991	185	210	589	—	199	98	—	13	29	41	15
1992	209	238	615	—	208	100	—	14	27	51	8
1993	200	320	731	—	207	95	—	9	44	25	17
1994	200	315	833	—	212	104	—	14	43	28	19
1995	296	315	842	—	220	114	—	13	41	37	23
1997	272	360	1042	315	210	111	—	13	40	48	10
1998	315	400	1115	340	209	104	—	21	26	44	13
1999	340	539	1280	336	207	113	—	20	35	53	5
2000	336	710	1605	383	206	115	—	21	38	48	8
2001	378	749	1954	511	218	122	—	26	43	43	10
2002	475	287	1597	667	223	125	1	26	47	43	8
2004	536	730	1731	260	381	234	2	55	94	64	19
2005	371	941	2271	814	389	242	2	64	85	74	17

年度末	普通	成人	普通	成人	普通	成人	普通	成人	教职工数	合计	正高	副高	中级	初级	未定
2007	887	882	1287	170	2853	1269	521	769	409	250	7	74	90	74	6
2008	812	769	1935	167	4221	653	968	316	429	298	19	98	89	73	19

资料来源：历年《贵州年鉴》。

四、历任学校负责人

党委副书记：田普、母光宇、李茂贤。校长：王文楷、陈月枢。副校长：孙国祥、王宝、邱崇芳、田应洲、李葆青。党委副书记：李茂贤、曹阳。

第九章
改革开放后成人高等院校的兴起与发展

第一节　成人高等教育院校

一、贵州教育学院

1978 年 11 月 1 日，经贵州省委批复同意建立贵州教育学院①。学校坐落于贵阳市内南明河畔，毗邻风景秀丽的河滨公园，与人民广场隔水相望。

贵州教育学院是贵州省改革开放后唯一一所成人本科师范院校，成为贵州省成人专升本“学历补偿”教育的试行者。② 2009 年，经国家教育部批准，改建为全日制普通高等本科院校，更名为贵州师范学院。

（一）院系与专业设置

1978 年，成立教育管理系、中文系、物理系。

1980 年，创建化学系。

1982 年，增设英语、数学专业。

1984 年，中文、数学 2 个专业通过全省成人统一考试入学，各招生 50 人。从 1984 年起，成人高等教育皆经全省成人统一考试入学。

1987 年，成立政治教育系。

---

① 贵州省地方志编纂委员会. 贵州省志（1978-2010）·教育［M］. 贵阳：贵州人民出版社，2017：11.

② 贵州省地方志编纂委员会. 贵州省志（1978-2010）·教育［M］. 贵阳：贵州人民出版社，2017：337.

1988 年，成立历史系。

1990 年 12 月 3 日至 23 日，贵州省教委在贵州教育学院举办首届农民文化技术学校人口教育试点单位师资培训班①。

1995 年，政治教育系更名为政治经济系。

1996 年，招收物理、英语 2 个电大专科班共 80 人。

1997 年，被贵州省教育厅列为全省中小学实验教师和实验技术人员培训中心。

2001 年，贵阳职工大学并入贵州教育学院，成立职工教育分院。同年，通过了省教育厅省级基础课教学实验室合格评估。

2002 年，开始招收计算机科学与技术专业本科生。

2003 年 7 月，数学系更名为数学与计算机科学系。同年，公共课从学校宣传部独立出来成立公共课教学部，下设公共政治课、大学语文、大学英语、大学体育等公共课教研组。

2005 年，经贵州省教育厅批准，开始招收普通高考专科学生。同年，增设工商行政管理普通专科专业；思想政治、汉语言文学、计算机科学与技术专业始招全日制普高专科生。

2007 年，贵州教育学院开展与自考本科衔接工作。②

2008 年，经教育厅批准，物理学专业成为学院首批普高本科专业，翌年招生。

（二）学校环境与办学成果

1987 年，建起卫星地面接收站。③

1991 年，戴开富被中共贵州省委授予优秀领导干部称号。④

1993 年，职工教育分院被国家教委评为全国成人教育先进单位。

截至 1993 年，设有贵州省教育行政干部培训中心、中小学校长培训中心、中小学实验教师和实验技术人员培训中心、中学教师继续教育中心；计算机、基础物理、电子技术应用、基础化学、自然地理、GIS 与遥感、信息技术等 23 个实验室。学校图书馆建筑面积 4597 平方米，藏书近 40 万册。

1999 年，校园网与国际互联网实现了联通。

1999 年 8 月，美中友好志愿者项目扩大至贵州，贵州教育学院成为贵州首批进入该项目的院校。是年，两名美国志愿者分配到贵州教育学院，义务服务于英语教学，以提高项目院校的英语教学水平。根据项目协议，志愿者来回旅费及工资由美方支付，学校只提供免费住宿，为期两年。⑤

截至 2001 年，贵州教育学院占地面积 30701 平方米，校舍建筑面积 51876 平方米；固定资产 2629 万元，其中教学仪器设备 1292 万元。有思想政治教育、体育、电化教育、人

---

① 贵州省地方志编纂委员会. 贵州省志（1978-2010）· 教育［M］. 贵阳：贵州人民出版社，2017：30.

② 《贵州年鉴》编辑部. 贵州年鉴（2008）［M］. 贵阳：贵州年鉴社，2008：344.

③ 《贵州年鉴》编辑部. 贵州年鉴（1988）［M］. 贵阳：贵州人民出版社，1988：649.

④ 《贵州年鉴》编辑部. 贵州年鉴（1991）［M］. 贵阳：贵州人民出版社，1991：92.

⑤ 《贵州年鉴》编辑部. 贵州年鉴（2000）［M］. 贵阳：贵州年鉴社，2000：347.

口教育 4 个教研室。有教学科研所 1 个和实验中学（省重点中学）1 个。

2009 年，王超英荣获贵州省五一劳动奖章。①

（三）科研成果

1986 年，中文系主编的《语言文学论文集》出版。②

截至 2001 年，贵州教育学院公开出版发行的刊物有《贵州教育学院学报》（文科、理科版），另办有《贵州教院报》。2000 年左右，贵州教育学院共承担省级以上科研课题 87 项（次），公开发表论文 2304 篇，出版专著、教材 350 余部，获省级以上科研成果奖 43 项（次）。

2004 年，刘恭懋的《古代礼貌语词荟释》（著作）获贵州省高校人文社会科学研究成果二等奖，刘启艳的《课堂教学微格教研的探索与实践》（研究报告）获贵州省高学校人文社会科学研究成果三等奖。③

（四）学生与教职工数

1978 年，贵州教育学院成立后，以自主招生形式开展短期或一至二年的中学各门课程教学的教师培训工作。其教学课程的教师也主要在贵阳的各个大学中聘请。1984 年，实行统招后，成为了贵州省内唯一的一所成人师范专科学业提升为本科学历的主要高等教育机构，学生与教职工逐渐稳定了下来。

2005 年，贵州教育学院首次招收普通高考学生入学。

1984~2008 年，其学生与教职工数具体变化如表 9-1 所示。

表 9-1　1984~2008 年贵州教育学院学生与教职工数④　　单位：人

年度末	成人本科学生				教职工数	专任教师					
	毕业生	招生数	在校生	预计毕业生		合计	教授	副教授	讲师	助教	教员
1984	—	100	100	—	—	—	—	—	—	—	—
1987	399	452	724	—	322	169	4	33	52	20	60
1988	267	897	1334	—	319	178	6	34	84	45	9
1989	422	564	1164	—	330	146	6	24	75	24	17
1990	597	589	1159	—	355	150	4	23	87	26	10

① 《贵州年鉴》编辑部. 贵州年鉴（2010）[M]. 贵阳：贵州年鉴社，2010：645.

② 《贵州年鉴》编辑部. 贵州年鉴（1987）[M]. 贵阳：贵州人民出版社，1987：763.

③ 《贵州年鉴》编辑部. 贵州年鉴（2005）[M]. 贵阳：贵州年鉴社，2005：283.

④ 贵州教育学院于 2005 年首次招收普通高考学生入学，故把这一年的数据纳入表 9-1 下半表中。《贵州年鉴》对 2005 年的专任教师仍按“教授”“副教授”“讲师”“助教”“教员”进行统计。2005 年后，对专任教师则按表中所列进行统计。

续表

年度末	成人本科学生				教职工数	专任教师					
	毕业生	招生数	在校生	预计毕业生		合计	教授	副教授	讲师	助教	教员
1991	509	531	1124	—	364	150	4	15	88	29	14
1992	486	737	1427	—	372	154	4	15	88	31	16
1993	427	694	1713	—	365	150	3	19	79	39	10
1994	740	1014	2104	—	347	156	9	31	97	14	5
1995	594	847	2252	—	396	285	11	53	142	69	10
1997	809	876	1175	764	341	157	12	49	73	13	10
1998	764	1450	2622	1140	336	149	10	58	57	12	12
1999	1140	1931	4068	1475	326	163	12	63	65	20	3
2000	1475	6371	8904	1541	325	164	15	57	68	18	6
2001	1794	5402	13327	3009	348	178	17	59	73	23	6
2002	3470	4436	14552	7102	357	185	16	63	76	22	8
2004	5069	8407	11050	2137	360	181	11	63	39	37	11

年度末	普通	成人	普通	成人	普通	成人	普通	成人	教职工数	合计	正高	副高	中级	初级	未定
2005	—	2736	460	6644	460	15524	—	6054	371	219	13	72	72	37	25
2007	34	4243	433	5426	1246	14402	427	5466	403	255	24	74	64	57	36
2008	428	5350	1928	5705	2716	12629	395	3690	440	295	29	84	124	51	7

资料来源：历年《贵州年鉴》。

(五) 学校历任负责人

院长：杨允龄、杨和、陈朝纲、袁惠民。党委书记：朱义甫、安天惠、王汝明、申远初。副院长：符静仁、蒋南华、王婉如、杨和、孙仲益、张世俊、罗世舟、母光宇、吉世印、汪羿、万一平、石培新。党委副书记：黄楚文、王德钦、母光宇。

二、贵阳教育进修学院（贵阳市教师进修学院）

1978 年 1 月，贵阳市中学教师业余大学开学。当年有 2000 多名非大专以上学业的中学教师到校学习。

1980 年 8 月，经贵州省人民政府批准，贵阳师范学院贵阳专科班、贵阳市中学教师业余大学、贵阳市教师进修学校合并成立贵阳市教师进修学院。贵阳市教师进修学院下设培训部和进修部，其任务是培训贵阳地区的在职初中教师。成立时设有政治、中文、英语、数学、物理、化学、体育 7 个专业，以教育部下达的教学计划来完成对中学教师离职进修

（学制两年）和业余进修（学制四年）任务。

1985 年 2 月，贵阳师范专科学校建立后，贵阳市教师进修学院培训部校舍、设备、人员等与贵阳师范专科学校合并。进修部经重组后，更名为贵阳教育进修学院。1998 年，贵阳教育进修学院并入贵阳师范高等专科学校。

（一）院系与专业设置

1980 年，设有政治、中文、英语、数学、物理、化学、体育 7 个专业。同年，开始招收艺术科大专班。

1981 年，受黔西南布依族苗族自治州委托，为其举办中文、英语、数学、物理、化学 5 个专业中学教师进修班，学制两年，共招收学员 96 人。①

1985 年，开设中文、英语、数学、物理、化学等专业，当年有学员 248 人，教职工 44 人。截至 1985 年，有 1671 名中学教师通过离职进修（936 人）、业余进修（735 人）获得了高等师范专科毕业证书；同期还举办了教育行政干部，体、音、美教师，实验员、教务员等各种短期培训班，参加学习的达 2000 余人次。②

（二）学校环境与办学成果

学校占地面积 5996 平方米，建筑面积 3568 平方米。1985 年，建有五层楼教学楼 1 幢，物理实验室 2 间，化学实验室 2 间，语言实验室 1 间，电教室 1 间。图书室藏书 10 万余册。

（三）学生数③

贵阳市教师进修学院自创建以来，截至 1985 年，共培训 1671 名中学教师并获得高等师范专科学校毕业证书，其中离职培训 936 人，业余培训 735 人。

1987~1998 年，其学校学生数具体变化如表 9-2 所示。

表 9-2　1987~1998 年贵阳教育进修学院（贵阳市教师进修学院）学生与教职工数④

单位：人

年度末	成人师范专科学生			
	毕业生	招生数	在校生	预计毕业生
1987	258	155	245	—

① 《贵州教育志》编纂办公室. 贵州教育年鉴（1949-1984）[M]. 贵阳：贵州人民出版社，1986：727.

② 《贵州教育志》编纂办公室. 贵州年鉴（1949-1984）[M]. 贵阳：贵州人民出版社，1986：511.

③ 贵阳教育进修学院在办学期间，一直与金筑大学同校园。其教学管理与课程教学任务，皆与金筑大学实行“一套班子，两套牌子”方式展开。故贵州教育进修学院的教职工数可参见本书“第十章第一节”“六、金筑大学”“学生与教职工数”所列“表 10-6”。

④ 贵阳教育进修学院的教学事务及管理全部由金筑大学的教职工负责完成。

续表

年度末	成人师范专科学生			
	毕业生	招生数	在校生	预计毕业生
1988	81	88	242	—
1989	152	140	225	—
1990	85	118	257	—
1991	109	60	178	—
1992	118	36	96	—
1993	60	38	74	—
1994	26	122	170	—
1995	37	38	139	—
1997	57	20	24	4
1998	4	—	20	20

资料来源：历年《贵州年鉴》。

（四）历任学校负责人

据《贵州年鉴》，贵阳教育进修学院负责人为贵阳市金筑大学的负责人，即“一套班子、两套牌子”，故贵阳教育进修学院历年负责人见本书第十章第一节金筑大学学校负责人。

三、安顺教育学院

（一）概况

1961 年，安顺地区教师进修学校成立。1962 年停止招生。1981 年，恢复建立安顺地区教师进修学校。

1983 年，安顺地区教师进修学校改建为安顺教育学院。

1984 年，安顺教育学院设有学院办公室、业余教育办公室、教务科、政工科、总务科、中文科、数学科、英语科、物理科、综合科。有图书室 2 个，阅览室 1 个，藏书 2 万余册，报刊 8000 余种。同年，毕业学生 137 人，招生 100 人，在校生 240 人。教职工 70 人。截至 1984 年，共招生 3 届，共 457 人。

1987 年，建立起卫星地面接收站。①

1993 年，安顺教育学院与安顺师范专科学校合并组建安顺师范高等专科学校。

① 《贵州年鉴》编辑部. 贵州年鉴（1988）[M]. 贵阳：贵州人民出版社，1988：649.

(二) 学生与教职工数

1984 年，安顺教育学院毕业专科学生 137 人，招收专科学生 100 人，有在校生 240 人；有教职工 79 人。

1987～1991 年，其学生与教职工数具体变化如表 9-3 所示。

表 9-3 1987～1991 年安顺教育学院学生与教职工数 单位：人

年度末	成人师范专科学生			教职工数	专任教师					
	毕业生	招生数	在校生		合计	教授	副教授	讲师	助教	教员
1987	123	40	97	79	41	—	7	17	16	1
1988	57	166	206	74	40	—	8	20	12	—
1989	40	164	330	75	41	—	6	20	10	5
1990	161	157	322	69	42	—	8	18	16	—
1991	163	49	205	70	43	—	6	19	14	4

资料来源：历年《贵州年鉴》。

(三) 历任学校负责人

院长：曾肇成。党委书记：韩大明。副院长：曾肇成、曾道成、高国彦。党委副书记：杨通邦。

四、铜仁教育学院

1958 年，铜仁专署教研室成立。1960 年 4 月 1 日，以铜仁专署教研室为基础成立铜仁专区教师进修学校，时有教职员 7 名①，铜仁专区副专员王道金兼任校长，黄洁尘任副校长。1960 年，铜仁师范学校舍内共开办有铜仁师范专科学校、铜仁师范学校、铜仁教师进修学校、铜仁师范专科学校附属中学、铜仁师范专科学校附属小学 5 个层次不一的学校。1962 年夏，全区教育调整，学校停办。1963 年，恢复铜仁专区中学教师进修学校，校址在瓦窑河新修师专教学楼，开展全专区中小学教师进行短期培训。1966 年停办，1973 年恢复。1978 年，开始举办成人高等教育。1983 年，改建为铜仁教育学院，校址位于铜仁市城东郊磨刀湾（原耕读中学校址）。1992 年末，并入铜仁师范专科学校。

(一) 院系与专业设置

1959 年 7 月，为提升铜仁地区中学教师的学历与教学能力，铜仁专署教研室借用铜仁

① 铜仁专区教师进修学校 1960 年工作总结［A］. 铜仁：铜仁学院档案馆（75-1-43）.

师范学校的一间教室作为办学校舍，举办文史、数理教师进修班，学员共 80 人，教职工 10 人。

1960 年暑假期间，集中铜仁地区 500 多名中学教师借用江口中学校舍进行培训。

1963～1966 年，举办了为期 2 个月的二期培训班，招收文史和数理 2 个专业共 80 名在职中学教师；利用暑假举办了 2 期共 150 人的小学教师讲习班；同期还开办了 6 期 2～3 个月的小学教育行政干部训练班，学员共 360 人。

1973～1976 年，开办了 7 期中学教师培训班，学员共 342 人；10 余期中学教师分专业（语文、数学、物理、化学、体育、文艺）短训班，学员共 841 人；2 期中师班，学员共 98 人。

1978 年，设有学制两年的数学、物理、英语专业并招生，同时成立数学科、物理科、英语科。

1979 年，成立政治科、中文科、化学科，开设政治、中文、化学专业并招生，学制两年。

1980 年，招收数学、物理专业学员。同年，开设师范专科教育学历函授，当年招收学制四年的语文、数学 2 个函授专科班和物理 1 个预科班。铜仁教育学院成为贵州省首家开办教师大专学历函授教育的学校，开设语文、数学 2 个专科班，物理 1 个预科班。

1981 年，成立音乐科，开设音乐专业（学制两年）。同年，招收中文、音乐专业。

1982 年，成立生物科，开设生物专业（学制两年）。同年，招收政治、数学、生物专业。

1983 年，招收中文、物理、音乐专业。同年，有教职工 115 人，专任教师 51 人。

1984 年，招收政治、数学专业。1984 年之后，学员必须参加全国统一的成人高考，统一录取，铜仁教育学院不再单独招生。

1985 年，招收中文、数学、物理、化学、生物、音乐专业。

1986 年，招收政治专业。

1987 年，招收中文、数学、物理、化学、生物、音乐专业。

1989 年，招收物理、生物、中文、地理专业。

1990 年，成立政史科，开设政史（历史）专业（学制两年）。是年，招收政史、数学专业。

1991 年，招收中文、生物、数学专业。

1992 年，招收物理、政治、数学专业，学员共 103 人。①

（二）学校环境与办学成果

截至 1983 年底，全校共有教职工 115 人，其中，专任教师 51 人；专任教师中，大专

① 1986 年前的数据源于《铜仁地区志·教育志》，1987 年后数据以当年《贵州年鉴》为准。参见：《铜仁地区志·教育志》编纂领导小组. 铜仁地区志·教育志［M］. 贵阳：贵州人民出版社，2002：222.

毕业的 47 人。①

1984 年，学校占地面积 112 亩。学校校舍、设备已初具规模。校舍面积 61.24 亩，建筑 5562 平方米，其中新建实验楼 1 幢，学生宿舍 4 幢，电子计算机站 1 幢，学生餐厅 1 个；购置的实验仪器、电教设备可供开展一般教学活动；配备有图书室，图书馆藏有图书资料 5 万余册。

1987 年，建立起卫星地面接收站。

1992 年，学校占地 61.24 亩，建筑面积 11382 平方米，建有实验楼、图书楼、卫星接收楼、音乐教学楼（钢琴房）等，全校安装了闭路电视网络，添置了必备的教学仪器，拥有图书资料 16 万余册。创办有《铜仁教育学院院刊》。

铜仁教育学院由铜仁行政公署委托铜仁地区教育委员会直接领导与管理。内部实行党委领导下的校长负责制。学校设办公室、教务处、总务处、各专业科教育研究室等机构，承担行政教学、后勤、科研等教学服务工作；党委设办公室、组织科、宣传科并领导校团委，负责思想政治、组织人事、宣传等服务与管理工作。

（三）学生与教职工数

铜仁教育学院 1983 年，有教职工 115 人，其中专任教师 51 人，大专以上毕业的教师 47 人。

截至 1985 年为铜仁地区共公民办学校、厂矿企事业学校及文化、党群等培训干部和教师 4469 人（不包含在校学校人数），二年制进修毕业 374 人，铜仁地区补中教师参加函授学习 1582 人。

1978~1991 年，其学生与教职工数具体变化如表 9-4 所示。

表 9-4　1978~1991 年铜仁地区教育学院学生与职工数　　单位：人

年度末	成人师范专科学生			教职工数	专任教师					
	毕业生	招生数	在校生		合计	教授	副教授	讲师	助教	教员
1978	—	98	—	—	—	—	—	—	—	—
1979	—	118	—	—	—	—	—	—	—	—
1980	98	76	—	—	—	—	—	—	—	—
1981	110	73	—	—	—	—	—	—	—	—
1982	60	110	—	—	—	—	—	—	—	—
1983	70	30	—	115	51	—	—	—	—	—
1984	98	103	—	—	—	—	—	—	—	—
1985	30	225	—	—	—	—	—	—	—	—

① 《贵州教育志》编纂办公室. 贵州教育年鉴（1949-1984）[M]. 贵阳：贵州人民出版社，1986：941-942.

续表

年度末	成人师范专科学生			教职工数	专任教师					
	毕业生	招生数	在校生		合计	教授	副教授	讲师	助教	教员
1986	102	50	—	—	—	—	—	—	—	—
1987	215	181	261	127	61	—	4	22	—	35
1988	50	185	335	139	68	—	13	25	15	15
1989	149	169	322	139	66	—	13	25	15	13
1990	154	89	245	132	65	—	10	25	24	6
1991	168	83	188	132	70	—	10	29	28	3

资料来源：历年《贵州年鉴》。

铜仁教育学院自 1959 年创办以来，通过脱产与函授教育，提升了 3730 名中学教师、248 名小学教师的学历与教学水平；培训干部 4469 名，其中小学教育行政干部 360 人。办学期间，还为铜仁地区公办、民办学校和厂矿企业学校以及文化、党群等部门培训了大批干部和教师，学员共计 4469 人。其中，中学教育行政干部 131 人，小学教育行政干部 360 人，小学教师 248 人，中学教师两年制系统进修毕业学员 374 人。

铜仁教育学院函授站从 1980 年建立至 1985 年停办，共招收学员 1582 人，其中 200 余人学完全部专科课程，获得国家承认的大专文凭。

（四）历任学校负责人

1959 年，铜仁专区教师进修学校校长：王道金（兼，时任铜仁专区副专员），副校长：黄洁尘。

1963 年，铜仁专区中学教师进修学校校长：谭政华。

1987~1992 年：院长：黄洁尘、李振人。党委书记：李鼎元、黎启华。副院长：曾凤英、邹涵、刘祖铭。

五、遵义教育学院

1983 年 1 月，遵义中学教师进修学校改建为遵义教育学院。1987 年，遵义教育学院建立起卫星地面接收站。[①] 1998 年，遵义师范专科学校与遵义教育学院合并组建遵义师范高等专科学校。[②]

---

① 《贵州年鉴》编辑部. 贵州年鉴（1988）［M］. 贵阳：贵州人民出版社，1988：649.

② 贵州省地方志编纂委员会. 贵州省志（1978-2010）·教育［M］. 贵阳：贵州人民出版社，2017：42.

（一）院系与专业设置

1983 年，遵义教育学院设有 5 个成人教育专科专业①。同年，承办贵阳师范学院在遵义地区招收的本科中文专业本科函授班 102 名学员的函授教学工作。

1998 年，遵义教育学院设置有政史、中文、英语、数学、物理、化学、教育管理 7 个教学系。

（二）学生与教职工数

1983 年，遵义教育学院成立，设有 5 个成教专科专业并招生。

1987～1997 年，其学生与教职工数具体变化如表 9-5 所示。

表 9-5　1987～1997 年遵义教育学院学生与教职工数　　单位：人

年度末	成人师范专科学生				教职工数	专任教师					
	毕业生	招生数	在校生	预计毕业生		合计	教授	副教授	讲师	助教	教员
1987	95	236	363	—	153	78	—	3	29	—	46
1988	122	298	527	—	162	88	—	9	37	35	7
1989	228	229	526	—	163	83	—	4	29	21	29
1990	293	200	430	—	167	83	—	5	30	29	19
1991	229	139	340	—	170	84	—	6	30	28	20
1992	184	148	293	—	165	82	—	6	29	33	14
1993	140	487	635	—	161	71	—	6	21	32	12
1994	148	546	1073	—	157	76	—	11	36	21	8
1995	172	132	921	—	151	72	—	9	36	21	6
1997	340	135	337	162	149	76	—	15	49	9	3

资料来源：历年《贵州年鉴》。

（三）历任学校负责人

院长：刘康、林敏捷。党委书记：王振良、林敏捷。副院长：罗兴华、曾祥铣、李怀清、章洪通。党委副书记：刘康、黄焕元、韩中玉。

① 李国士．遵义师范学院校史中若干史实的考证［J］．遵义师范学院学报，2008，10（5）：5-10.

六、毕节教育学院

（一）概况

1965 年，为贯彻“两种教育制度、两种劳动制度”，毕节行署在毕节关门山试办毕节耕读师范学校。1974 年，改建为毕节中学教师进修学校。

1982 年，招收两年制专科离职进修班，开设数学、语文、英语、政史 4 个专业。后增设一年制生物专业。

1983 年 1 月，经贵州省人民政府批准，改建为毕节教育学院。

1985 年，学校占地面积 132 亩；建有教学、生活用房建筑面积 5811 平方米；藏书 4 万余册；教学仪器设备价值 9 万余元。

截至 1985 年，毕业学员 221 人，有在校学生 298 人。有教职工 101 人（包括毕节教育学院附中），专任教师 51 人。学校还先后开办了中文、数学、理化、英语、政治等专业半年离职进修班 5 期；一年离职进修班 7 期；两年制离职进修班（英语大专）1 期；半月以上短期专题讨论班 3 期；教育行政干部轮训班 2 期。共培训学员 1436 人。

1987 年，毕节教育学院建立起卫星地面接收站。①

2005 年，毕节师范高等专科学校、毕节教育学院、毕节师范学校合并升格组建全日制普通高等本科院校，更名为毕节学院。

（二）学生与教职工数

1985 年，毕节教育学院有教职工 101 人，其中专任教师 51 人，讲师 17 人。截至 1985 年，共培训学员 1436 人，招收二年制专科离职进修班学员 488 人，一年制生物教师进修主管学员 36 人；共毕业专科学生 221 人，有在校学生 298 人。

1987 ~ 2004 年，其学生与教职工数具体变化如表 9-6 所示。

表 9-6　1987 ~ 2004 年毕节教育学院学生与教职工数　单位：人

年度末	专科学生				教职工数	专任教师					
	毕业生	招生数	在校生	预计毕业生		合计	教授	副教授	讲师	助教	教员
1987	186	135	245	—	97	37	—	10	12	15	—
1988	108	187	322	—	121	42	—	8	14	12	8
1989	135	124	309	—	107	49	—	9	16	10	14
1990	179	131	255	—	108	53	—	9	16	17	11

① 《贵州年鉴》编辑部. 贵州年鉴（1988）[M]. 贵阳：贵州人民出版社，1988：649.

续表

年度末	专科学生				教职工数	专任教师					
	毕业生	招生数	在校生	预计毕业生		合计	教授	副教授	讲师	助教	教员
1991	124	115	245	—	111	57	—	8	12	23	14
1992	128	112	228	—	109	55	—	8	12	25	10
1993	115	165	275	—	108	45	—	7	7	24	7
1994	111	78	238	—	104	47	—	6	18	21	2
1995	161	61	138	—	104	46	—	5	18	18	5
1997	97	270	472	202	103	44	—	5	26	11	2
1998	201	310	596	286	103	44	—	5	25	12	2
1999	287	250	566	316	103	43	—	6	21	15	1
2000	313	799	1044	245	104	46	—	6	24	15	1
2001	243	646	1440	319	106	50	—	6	26	11	7
2002	332	688	1812	746	105	47	—	9	24	11	3
2004	648	1697	2094	1335	106	47	—	16	20	10	1

资料来源：历年《贵州年鉴》。

（三）历任学校负责人

院长：隋德元、彭海清、刘雷。党委书记：李君郇、彭海清。副院长：王葆珊、余世锋、李炳连、余世锋、谭文林、傅于川。党委副书记：何月英。

七、黔南教育学院

（一）概况

1984 年 11 月 12 日，黔南州教育学院成立①。

1984 年，开设有中文、数学 2 个专业，各招生 45 名，学制 2 年。教职工 25 名，其中专任教师 18 名②。

2000 年，黔南民族师范高等专科学校、黔南州教育学院、都匀民族师范学校，经国家教育部和贵州省人民政府批准，合并成立全日制普通高等本科院校，更名为黔南民族师范学院③。

① 贵州省地方志编纂委员会. 贵州省志（1978-2010）·教育［M］. 贵阳：贵州人民出版社，2017：20.

②《贵州教育志》编纂办公室. 贵州教育年鉴（1949-1984）［M］. 贵阳：贵州人民出版社，1986：666.

③ 贵州省地方志编纂委员会. 贵州省志（1978-2010）·教育［M］. 贵阳：贵州人民出版社，2017：44.

（二）学生与教职工数

1984 年，黔南教育学院成立。当年招生 90 人。有教职工 25 人，其中专任教师 18 人。1987～1999 年，其学生与教职工数具体变化如表 9-7 所示。

表 9-7　1987～1999 年黔南教育学院学生与教职工数　　单位：人

年度末	成人师范专科学生				教职工数	专任教师					
	毕业生	招生数	在校生	预计毕业生		合计	教授	副教授	讲师	助教	教员
1987	108	146	269	—	105	58	—	4	19	—	35
1988	120	165	377	—	115	66	—	11	24	16	15
1989	141	217	377	—	119	67	—	10	24	25	8
1990	159	128	347	—	125	72	—	14	26	30	2
1991	214	125	256	—	132	75	—	14	24	33	4
1992	130	132	258	—	137	67	—	12	21	32	2
1993	126	220	352	—	136	64	—	14	16	33	1
1994	132	334	554	—	134	71	—	16	20	33	2
1995	176	419	797	—	125	61	—	11	16	31	3
1997	277	577	1258	536	134	64	—	12	27	18	7
1998	536	730	1452	626	129	75	—	15	34	22	4
1999	626	475	1301	729	139	86	—	21	38	23	4

资料来源：历年《贵州年鉴》。

（三）历任学校负责人

院长：裴汉刚、胡德尊。党委书记：王平、兰祝卉、胡德尊。副院长：袁希柳、胡德尊、伏正华、陈平、梁光华。党委副书记：兰祝卉、裴汉刚、李吉才。

八、黔东南教育学院

（一）概况

1985 年，创建黔东南教育学院，[①] 学校位于凯里市环城东路。此前，初中教师进修主

① 黔南教育学院—黔东南教育学院历史沿革［EB/OL］．［2019-01-11］．http：//blog. sina. com. cn/s/blog_5c1387a90102yvvs. html.

要由黔东南民族师范专科负责。

1987 年，黔东南教育学院建立起卫星地面接收站。

2002 年，贵州广播电视大学黔东南州分校进驻黔东南教育学院（合署）。①同年，黔东南教育学院停止招生。

2005 年，黔东南教育学院建制撤销。

（二）学生与教职工数

1984 年，黔南教育学院成立。当年招生 90 人。有教职工 25 人，其中专任教师 18 人。1987~1999 年，其学生与教职工数具体变化如表 9-8 所示。

表 9-8 1987~2005 年黔东南教育学院学生与教职工数 单位：人

年度末	成人师范专科学生				教职工数	专任教师					
	毕业生	招生数	在校生	预计毕业生		合计	教授	副教授	讲师	助教	教员
1987	78	127	210	—	92	52	—	3	11	11	27
1988	87	152	301	—	96	55	—	11	18	17	9
1989	128	192	355	—	92	50	—	11	18	19	2
1990	152	94	282	—	94	51	—	11	20	18	2
1991	181	97	192	—	90	49	—	10	18	18	3
1992	91	102	201	—	90	48	—	10	17	19	2
1993	97	108	204	—	86	43	—	9	16	16	2
1994	96	108	212	—	81	43	—	15	22	6	—
1995	104	95	202	—	74	39	—	8	21	7	3
1997	96	133	241	108	77	38	—	10	19	7	2
1998	108	137	268	131	70	38	—	9	18	10	1
1999	131	172	308	136	65	37	—	13	14	8	2
2000	136	198	370	171	63	34	—	13	15	6	—
2001	169	308	508	160	60	31	1	12	13	5	—
2002	156	—	339	178	42	14	—	5	6	3	—
2004	158	—	—	—	25	3	—	2	1	—	—
2005	—	—	—	—	20	1	—	—	1	—	—

资料来源：历年《贵州年鉴》。

① 《贵州年鉴》编辑部. 贵州年鉴（1988）[M]. 贵阳：贵州人民出版社，1988：649.

（三）历任学校负责人

院长：唐建荣。党委书记：杨秀清、余晓林。副院长：杨朝富、钟邦柱、黄美益、王毅成、余晓林、李长芳。党委副书记：文胜良、陈金吉、唐建荣。

九、六盘水市教师进修学校①

1982 年，贵州省政府批准六盘水市人民政府利用六盘水市机关子弟学校部分校舍成立六盘水市教师进修学校的报告。同年 8 月，组建进修学校领导班子，设校长、副校长，调进教职工师 24 人；开办汉语言文学、数学两个专业。校舍面积 2000 平方米。六盘水市政府通知市属各特区教育局、厂矿企业教育处推荐具有高中、中师毕业文化程度，年龄在 35 周岁以下的在职教师报考进修学校。1982 年，全市有 232 名在职教师报考，录取 66 名（汉语言文学专业班 39 名，数学专业 27 名）。1982 年 9 月 10 日正式开学。

汉语言文学专业开设中共党史、哲学、教育学、心理学、中学语言教材教法、逻辑学、文学概论、现代汉语、中国现代文学、古代汉语、中国古代文学、中外国文学、写作与作文评改、体育 14 门课程。

数学专业开设哲学、教育学、心理学、中学数学教材教法、解析几何、数学分析、高等代数、逻辑代数与电子计算机、概率论与数理统计、普通物理、体育 11 门课程。

1983 年没有招生。1984 年，毕业学生 65 人。同年，六盘水市人民政府决定将进修学校并入贵阳师范学院六盘水大专班，其教职工，以及学校地盘与资产转入贵阳师范学院六盘水大专班。1985 年在贵阳师范学院六盘水大专班的基础上创办六盘水师范专科学校。

第二节　职工成人业余高等院校

一、贵州广播电视大学

贵州省人民政府举办的贵州广播电视大学，经教育部批准，于 1979 年 3 月 10 日成立。学校总部位于贵阳市黔灵山左侧的八角岩路。

（一）专业设置

1979～1980 年，开设有机械、电子、物理、数学 4 个专业。

1982 年，增设汉语言文学专业。

---

① 《贵州教育志》编纂办公室. 贵州教育年鉴（1949–1984）[M]. 贵阳：贵州人民出版社，1986：538.

1983 年，增设工业企业管理、工业会计、商业企业管理、商业会计、工业统计、财政、金融、物资 8 个经济类专业。

1984 年，增设机械工程、电气工程、化工工程、土木建筑工程、管理工程等五大类专业；举办党政干部基础专修科。

1984 年，开设有理工、语文、经济、政治、外语类等成人专业；配备有专职教师 70 余人，其中副教授、讲师、工程师以上职称的 22 人。在全省 9 个地区 35 个县开办了 500 多个教学班，并在电大工作站（分校）配备有专职教师 43 人。

1985 年，增设新闻、图书馆、档案、法律、文秘、中文师范、教育行政管理、史地、工商行政管理 9 个专业。

截至 1987 年，已开设理工类、语文类、经济类、党政干部专修科等各类专业共 52 个。①

截至 1988 年，贵州广播电视大学贵州省建筑总公司分校自创建以来，先后独立或与有关部门联合开设了工业企业管理、工业会计、工业与民用建筑、建筑企业劳动经济管理、乡镇建设、建筑施工与管理、中文秘书、档案学、保险、新闻摄影等专业，以及党政干部基础专修科。

1998 年，获准举办高等职业教育班。②

2016 年，开始招收留学生。

2019 年，招收本科（专科起点）专业 20 个：金融学、法学、小学教育、学前教育（学前教师教育方向、幼儿园管理方向）、广告学（含设计与制作方向）、英语（师资培养方向）、汉语言文学（含师范方向）、数学与应用数学、计算机科学与技术、水利水电工程、工商管理、会计学、物流管理、市场营销、财务管理、公共事业管理（卫生事业管理方向、学校管理方向）、行政管理、护理学、机械设计制造及其自动化、土木工程。招收“一村一”本科专业 1 个：园艺。

招收专科专业 43 个：证券与期货、金融管理、投资与理财、保险、小学教育、学前教育、英语（师资培养方向、经济贸易方向、国际旅游方向）、汉语言文学、文秘、传播与策划、广告设计与制作、汽车运用与维修技术、汽车营销与服务、计算机网络技术（网络管理方向、网页设计方向）、计算机信息管理、数字媒体艺术设计、道路桥梁工程技术、工程造价、水利水电工程管理、药学、会计、电子商务、物流管理、公共事务管理（学校及社会教育管理方向）、行政管理、物业管理、社会工作（老年方向）、旅游管理、酒店管理、室内艺术设计、城市轨道交通运营管理、药品经营与管理、人力资源管理、老年服务与管理、市场营销（行业营销方向、营销与策划方向、市场开发与营销方向）、数控技术、模具设计与制造、机电一体化技术、法律事务、护理、工商企业管理、建筑工程技术、建设工程管理。

招收“一村一”专科专业 11 个：设施农业与装备、园艺技术、茶树栽培与茶叶加工、作物生产技术、休闲农业、林业技术、园林技术、畜牧兽医（含畜牧方向）、农业经济管

---

① 《贵州教育志》编纂办公室. 贵州教育年鉴（1949-1984）［M］. 贵阳：贵州人民出版社，1986：159-160.

② 《贵州年鉴》编辑部. 贵州年鉴（1999）［M］. 贵阳：贵州年鉴社，1999：409.

理、行政管理（村镇管理方向）、工商企业管理（乡镇企业管理方向）。

招收新型产业工人培养和发展助力计划专业 8 个：计算机信息管理、计算机网络技术（网络管理方向、网页设计方向）、煤矿安全技术与管理、采矿工程、数控技术、电气自动化技术、物流管理、数字媒体艺术设计。

（二）学院与分校（分站）设置

1984 年，成立开放教育学院，下设学院办公室、学生科、教务科、考务科、辅导员办公室，有管理人员 17 人，主要开展成人高等教育和开放教育招生办学。同年，在铜仁建立贵州广播电视大学铜仁分校；在毕节、黔南、黔西南、黔东南、遵义、安顺、六盘水，水城钢铁厂，国防系统的 011 厂、083 厂、061 厂、黎阳公司、凌云公司等地区、厂矿设立工作站 13 个，初步形成了全省广播电视教学网。

1985 年，经贵州省政府批准，建立贵州广播电视大学贵州省建筑工程总公司分校、工商银行分行分校、贵阳铁路分局分校。

1986 年，贵州广播电视大学黔东南州工作站更名为贵州广播电视大学黔东南州分校。

2018 年，除本部设置的开放教育学院、继续教育学院、远程教育学院、贵州省干部在线学习学院 4 个学院外，还设有贵阳分校、遵义分校、安顺分校、黔南分校、黔东南分校、黔西南分校、毕节分校、铜仁分校、六盘水分校、水钢分校，另在贵州省内设有 87 个工作站，覆盖了全省远程教育体系。

（三）学校环境与办学成果

贵州广播电视大学创办时，借用的是贵州省教育学院一间教室和两间 8 平方米的小平房，七八个职工挤在一起，担负着全省近 5000 名英语单科和 2201 名理工类全科生的教学管理等全部工作。

1981 年，在清华大学的支持下，购进 8 台电子实习机，开出了模拟、数字和电路分析等电类必做实验。

1984 年，被列为贵州省广播电视大学教育改革重要试验基地。

截至 1984 年，建成 4000 平方米的教职工生活用房；4000 平方米的教学楼一幢，标准教室 27 间，可容纳学生 1100 人；图书馆和计算机楼总面积 2000 平方米，可藏书 30 万册；实验大楼面积 4200 平方米。装备好的物理、化学、电子、模拟、数字、电路分析、电工学、电拖、互换性、材料力学、液压传动等 17 个学科实验室仪器设备价值达 716 万元。贵阳、遵义、安顺、黔南 4 个工作站已经能独立开出物理、化学及部分电子技术实验项目。1982~1984 年，贵州省高教办每年拨给贵州广播电视大学 5 万美元购置高中档摄录像设备、高速复制录音系统及设备、电子计算机系统设备等。设置有校办公室、党委办公室、教务处、人事处、后勤处、文科教学处、理工科、教学处、图书馆、录制中心、计算机部、中专部和省直分校等县（处）级办事机构。

1992 年 8 月，在全国成人高等教育工作会议上，获国家教委授予的全国成人高等教育先进学校称号。①

1997 年，获国家教委授予的全国成人高等教育评估优秀学校称号。同年，在贵州省成人高校评估中被评为甲级高校。

1998 年，通过了全国省级广播电视大学教学评估，被教育部授予全国电化教育先进单位称号。②

1999 年，获教育部电教办、中央广播电视大学授予的全国省级贵州广播电视大学教学先进单位称号。

2001 年，贵州省外贸学校并入贵州广播电视大学。

2004 年，获省级绿化先进单位称号和省级治安模范单位称号。

2006 年，获省级文明单位称号。

2007 年，在教育部中央广播电视大学人才培养模式改革和开放教育试点项目总结性评估中被评为优秀。

2008 年，创办贵州职业技术学院，以“两块牌子、一套班子”的管理模式开展教学和管理工作。

2009 年，李勤荣获贵州省五一劳动奖章。③

2012 年，通过贵州省高等职业院校人才培养工作评估。同年，被评为省级示范性高等职业院校。

2014 年，被列为省级高等学校人文社会科学研究基地。

2017 年，被列为终身教育“学分银行”建设省级试点单位；省级优质高职院校立项单位。

截至 2019 年，学校有八鸽岩路、云潭南路和延安西路 3 个校区，占地面积 639.9 亩，建筑面积近 20 万平方米。图书馆有纸质藏书近 40 万册，电子图书 1 万多 GB。建有标准化的体育场和会堂，先进的远程教育信息化平台、交互式教学平台；校内实训基地 19 个，校外实习实训基地 220 个。设有贵州省第一百国家职业技能鉴定所，可面向校内外开展 67 个初、中、高级职业工种鉴定。

贵州广播电视大学网络教育学院是奥鹏远程教育贵州管理中心和学习中心，也是北京师范大学、中南大学现代远程教育在贵州省唯一的一所管理学习中心，承担着贵州省试点高校贵州广播电视大学网络教育部分公共课统一考试工作。贵州广播电视大学网络教育学院在全省 9 个地（州、市）建立了 38 所现代远程教育校外学习中心。长期合作开展招生的高校有 21 所，提供招生专业 120 多个。

2019 年，贵州广播电视大学设置有办公室（党委办公室、校长办公室）、纪委办公室、监察室、组织部（党校）、宣传部、统战部、党委学生工作部（学生工作处、武装部、学生资助管理中心）、工会、团委、机关党总支（督察督办室）、离退休工作处（离退休党总支）、人事处（教师工作处）、教务处（现代远程教育学习支持服务中心）、科研处、招生就业执导中心、财务处、后勤处、保卫处（综合治理办公室）、审计处、教学质

---

① 贵州省地方志编纂委员会. 贵州省志（1978-2010）· 教育［M］. 贵阳：贵州人民出版社，2017：34.

② 《贵州年鉴》编辑部. 贵州年鉴（1999）［M］. 贵阳：贵州年鉴社，1999：409.

③ 《贵州年鉴》编辑部. 贵州年鉴（2010）［M］. 贵阳：贵州年鉴社，2010：645.

量管理办公室、发展规划处、资产管理处、校企使用与产业发展中心（实训中心）、八鸽岩管理中心（八鸽岩党总支）；教辅部门有：图书馆、网络与信息中心（云技术运用研究中心）、教学与资源中心、研究所。

（四）科研成果

2004 年，武筑生的《适应性最大化的远程开放大学毕业论文教材建设研究》获贵州省高校人文社会科学研究成果三等奖。①

2005 年，汤会琳等的《贵州现代远程教育人才培养模式改革和开放教育试点理论与实践》、黎国玉的《现代旅游者意念中的夜郎形象及其构筑刍议》获贵州省高校人文社会科学研究成果二等奖。②

（五）学生与教职工数

1979~1984 年，先后招收 5 届学员共 24423 人，其中本科生 16182 人，单、双科生 8241 人；同时为 12096 人提供了自学视听条件，毕业理、工科两届学员共 2431 人，肄业 498 人；单、双科结业 4864 人。其中有少数民族学生 552 人。③

1985 年，毕业学生 3949 人，招收新生 5142 人；并增设 4 个两年制中专班。同年，在全省共有教学班 466 个，在校生 13223 人，自学视听生 2291 人。从 1979 年成立至 1985 年，共毕业大专生 5812 人。④

到 1988 年，又培养了 508 名大专生毕业，81 名电视中专生毕业；培训岗位专业技术人员 27 人。毕业生经全国、全省统考，合格率达 95%以上，全部被用人单位录用。⑤

2001~2008 年，贵州广播电视大学曾在普通高考生中招收了 8 届本专科学生。

1987~2018 年，其学生与教职工数具体变化如表 9-9 所示。

表 9-9　1987~2018 年贵州广播电视大学学生与教职工数　单位：人

<table>
<tr><th rowspan="2">年度末</th><th colspan="8">本专科学生</th><th rowspan="2">教职工数</th><th colspan="6">专任教师</th></tr>
<tr><th colspan="2">毕业生</th><th colspan="2">招生数</th><th colspan="2">在校生</th><th colspan="2">预计毕业生</th><th>合计</th><th>教授</th><th>副教授</th><th>讲师</th><th>助教</th><th>教员</th></tr>
<tr><td>1987</td><td>—</td><td>5442</td><td>—</td><td>2903</td><td>—</td><td>8468</td><td>—</td><td>—</td><td>187</td><td>64</td><td>—</td><td>7</td><td>22</td><td>31</td><td>4</td></tr>
<tr><td>1988</td><td>—</td><td>2338</td><td>—</td><td>4040</td><td>—</td><td>8135</td><td>—</td><td>—</td><td>374</td><td>154</td><td>1</td><td>21</td><td>52</td><td>34</td><td>46</td></tr>
<tr><td>1989</td><td>—</td><td>2211</td><td>—</td><td>2456</td><td>—</td><td>7951</td><td>—</td><td>—</td><td>639</td><td>274</td><td>1</td><td>31</td><td>98</td><td>94</td><td>50</td></tr>
</table>

① 《贵州年鉴》编辑部. 贵州年鉴（2005）［M］. 贵阳：贵州年鉴社，2005：283.

② 《贵州年鉴》编辑部. 贵州年鉴（2006）［M］. 贵阳：贵州年鉴社，2006：307-308.

③ 贵州省地方志编纂委员会. 贵州省志·教育志［M］. 贵阳：贵州人民出版社，1990：441.

④ 《贵州教育志》编纂办公室. 贵州教育年鉴（1949-1984）［M］. 贵阳：贵州人民出版社，1986：159-160.

⑤ 《贵州年鉴》编辑部. 贵州年鉴（1989）［M］. 贵阳：贵州人民出版社，1989：515.

续表

年度末	本专科学生								教职工数	专任教师					
	毕业生		招生数		在校生		预计毕业生			合计	教授	副教授	讲师	助教	教员
1990	—	3083	—	2939	—	7121	—	—	660	280	1	31	101	96	51
1991	—	2512	—	2263	—	6036	—	—	930	417	1	34	112	158	112
1992	—	2289	—	2619	—	5618	—	—	948	428	1	33	137	159	98
1993	—	1870	—	4953	—	7715	—	—	943	396	1	35	128	150	82
1994	—	1320	—	5193	—	9824	—	—	951	431	9	51	192	154	25
1995	—	3475	—	4850	—	11107	—	—	841	354	2	63	186	110	3
1997	—	4005	—	4615	—	11048	—	5128	721	324	4	58	166	82	14
1998	—	4081	—	4928	—	10969	—	4825	689	325	4	62	158	88	13
1999	—	4095	—	6201	—	12321	—	4416	687	330	5	65	156	90	14
2000	—	4568	—	7466	—	14323	—	5336	957	396	5	62	189	133	7
2001	1766	3404	2282	5757	4350	12545	897	5472	929	389	6	65	180	133	5
2002	1348	4614	1494	5444	2844	11638	1033	4220	855	478	5	71	236	153	13
2004	1406	6059	1934	4336	4339	5145	1218	1136	1226	713	2	110	340	204	57
2005	1555	2129	1490	1927	4517	4718	1229	2296	1281	710	2	108	355	205	40
年度末	普通	成人	普通	成人	普通	成人	普通	成人	教职工数	合计	正高	副高	中级	初级	未定
2007	1661	1690	99	1013	1639	2828	1540	1298	1272	706	5	108	340	224	29
2008	1540	1062	70	1882	169	2985	99	776	280	123	14	43	44	13	9
2009	96	706	—	1393	69	3599	69	1601	298	145	14	45	52	14	20
2010	69	1298	—	1654	—	3932	—	1700	318	162	16	42	60	16	28
2011	—	1118	—	2254	—	4434	—	1599	352	183	16	45	53	59	10
2012	—	1040	—	2589	—	4156	—	1280	423	235	18	55	57	105	—
2013	—	1404	—	3873	—	8648	—	4460	426	249	16	61	66	98	8
2014	—	2206	—	3092	—	9235	—	5559	445	256	14	55	53	129	5
2015	—	3292	—	1650	—	7488	—	5105	491	271	13	64	69	105	20
2016	—	2692	—	711	—	5293	—	4036	513	280	13	64	69	114	20
2017	—	1692	—	346	—	5365	—	4649	503	270	13	64	69	104	20
2018	—	1156	—	429	—	4384	—	3901	482	306	25	109	106	49	17

资料来源：历年《贵州年鉴》。

2019 年，有各类专业学生 10 万余人，其中高职学生 11333 人；教职工 493 人，其中高级职称教师 138 人，占比 45.8%；有博士、硕士共 172 人，占比 57.1%；双师型教师 181 人，占比 60.13%；省级名师 5 名。建有 500 余人的兼职教师资源库；先后聘有美国、英国等外籍教师 7 人。

（六）历任学校负责人

校长：王秉鋆（兼）、徐采栋、孟威、石鸿志、申振东、汤会淋。党委书记：吴起堂、石鸿志、陈朝纲、杨和、申振东、李近华。副校长：孟威、肖显荣、陈世屏、陈朝纲、汤会琳、刘世光、吴筑星、刘真祥、龚辉、钱庆生。党委副书记：陈世屏、赵运乾、陈朝纲、申振东、汤会琳。

二、贵州铝厂职工大学

贵州铝厂职工大学是 1980 年经贵州省人民政府批准，国家教育部正式备案的一所集成人教育和职业教育培训为一体的综合性成人高等学校。学校坐落于贵阳市白云区。

（一）专业设置

贵州铝厂职工大学先后开设过机械、电气自动化、有色金属冶炼、工业与民用建筑、计算机、碳素工艺、矿山机电、管理工程、化学工程、机电工程、中文师资、党政管理等 20 余个成人专业；也开办过三年制和五年制的幼儿教师、建筑施工、高级会计、室内设计、城市轨道交通运输与管理、商务管理、物流管理、学前教育、高级护理、铁道机车车辆、药品经营与管理、营销与策划、机械制造与自动化、国际贸易等专业。

2014 年，脱产学习的招生专业有：三年制的金属矿开采技术、冶金技术、机电设备维修与管理、汉语和四年制的冶金技术 5 个专业。

截至 2019 年，设学前教育、视觉传达与艺术设计、电子商务、道路与桥梁工程、旅游管理（高铁方向）、会计等普通本科专业和幼儿教育、室内设计、电子商务、建筑施工、城市轨道交通运输与管理、高级会计等普通高技和大专专业。

成人高等教育设有机械、电气自动化、有色金属冶炼、工业与民用建筑、计算机、碳素工艺、矿山机电、管理工程、化学工程、机电工程、中文师资、党政管理等 20 余个专业。附设有中专和党校。与贵州大学、贵州财经大学等多所高校联合开办多个专业的专升本和备考班。

（二）学校环境与办学成果

1997 年 4~6 月，贵州铝厂职工大学在贵州省评估专家组对省内成人高校的评估中被评为达标学校。①同年，经国家教委批准，获批举办高等职业教育班。②

学校占地面积5.2万平方米，其中校舍面积2万多平方米。建有教学楼、综合楼、实习工厂、图书馆、学生宿舍、标准运动场等较为完备的教学、培训和服务设施。

截至2019年，学校已成为国家级高级技能人才培养基地。先后与贵州民族大学、贵州师范大学、贵州理工大学、贵州财经大学等院校及多家高职高专院校和大型企业联合办学，实行订单培养，共同打造"高级技能+高等教育自考"培养模式办学。

（三）学生与教职工数

1983年，有在校生296人，当年招生数为86人，毕业47人；教职工中有讲师10人，助教2人，教员27人，行政人员29人，教辅人员4人，工勤人员13人。③

1983~2018年，其学生与教职工数具体变化如表9-10所示。

表9-10 1983~2018年贵州铝厂职工大学学生与教职工数 单位：人

年度末	成人专科学生				教职工数	专任教师					
	毕业生	招生数	在校生	预计毕业生		合计	教授	副教授	讲师	助教	教员
1983	47	86	296	—	85	39	—	—	10	2	27
1987	70	60	218	—	90	52	—	—	—	24	38
1988	74	49	182	—	98	66	—	8	18	32	8
1989	75	48	152	—	85	65	—	8	20	31	6
1990	53	38	132	—	90	59	—	6	17	28	8
1991	46	41	124	—	90	59	—	5	15	21	18
1992	46	61	137	—	84	54	—	6	12	34	2
1993	37	51	180	—	84	65	—	8	27	30	—
1994	48	52	180	—	84	65	—	14	24	27	—
1995	70	115	210	—	77	62	—	13	28	21	—
1997	92	37	183	110	65	53	—	12	26	14	1
1998	110	77	153	36	57	49	—	9	26	13	1
1999	36	141	258	41	90	78	—	16	40	20	2
2000	41	157	290	18	133	105	—	19	63	21	2
2001	18	210	480	85	133	105	—	19	65	20	1
2002	84	193	588	51	122	100	—	18	60	22	—

①② 《贵州年鉴》编辑部. 贵州年鉴（1988）［M］. 贵阳：贵州人民出版社，1998：427.

③ 贵州省地方志编纂委员会. 贵州省志·教育［M］. 贵阳：贵州人民出版社，1990：435.

续表

年度末	成人专科学生				教职工数	专任教师					
	毕业生	招生数	在校生	预计毕业生		合计	教授	副教授	讲师	助教	教员
2004	152	55	414	172	120	88	—	23	58	7	—
2005	164	101	337	181	114	82	—	19	56	7	—
年度末	毕业生	招生数	在校生	预计毕业生	教职工数	合计	正高	副高	中级	初级	未定
2007	11	—	161	103	112	81	—	20	55	6	—
2008	98	—	58	43	110	79	—	22	51	6	—
2009	41	—	15	15	108	79	—	13	51	8	1
2010	12	—	—	—	105	76	—	23	47	6	—
2011	—	33	33	—	99	74	—	22	46	6	—
2012	—	15	46	—	91	70	—	22	42	6	—
2013	—	93	139	31	77	65	—	22	36	7	—
2014	28	116	233	15	75	62	—	25	31	6	—
2015	15	30	248	102	73	61	1	25	29	6	—
2016	102	—	146	116	68	54	1	22	26	5	—
2017	116	5	33	28	69	56	1	21	24	5	5
2018	28	5	10	—	60	47	1	15	21	9	1

资料来源：历年《贵州年鉴》。

（四）学校历任负责人

校长：陆智平、陈定炯、王前光。党委书记：徐延龄、刘星民、陈定炯、程光辉、杨学明。副校长：陈定炯、杜延龄、王玉坪、何军、程光辉、肖瑞生。党委副书记：邹世棋、程光辉。

三、贵阳职工大学（贵阳市职工业余大学）

1980 年 7 月，贵阳市总工会举办的职工高等专科学校贵阳市职工业余正式成立。1995 年，更名为贵阳职工大学。2001 年，贵阳职工大学并入贵州教育学院。

（一）专业设置

1980 年，设有机械制造工艺及设备、工艺与民用建筑、汉语言文学、财贸经济管理、工业与民用电器 5 个专业。

1984年，第一届毕业学生164人，其中机械制造工艺及设备专业2个班、工艺与民用建筑2个班；单科结业531人。有在校生638人，12个班。专职教师21人，从贵州大学、贵州工学院聘请兼职教师46人（其中高级职称11人，中级职称35人）。同年，举办预科班和考前复习班，共488人参加学习。

截至1984年，先后开设有机械制造工艺及设备、工业与民用建筑、汉语言文学、财贸经济管理、工业与民用电器5个专业，学制四年。学生每周学习4个半天。工科最后一年全脱产学习。其间，还选办有科技英语、机械制图、电工学与电子学、黑白电视机原理与维修等14个单科专业班。

1987年，设有机械工艺及设备、工业与民用建筑、汉语言文学、财贸经济管理、工业与民用电器5个专业和工会干部专修班；开设有16个专科班，学员761人。20世纪80年代，学校根据贵阳地区"四化"建设的需要，先后还举办过各种类型的单科班、培训班，开办过电工学、夹具设计、机械制图、电视机原理及维修、微机运用、商业企业管理、科技英语、哲学等单科16个班，共579人取得单科结业证书。另外，举办成人高考补习班和自学辅导班。

同年，受贵州省教委之托，举办全省高等院校后勤干部专科班，于1987年8月27日开学，招收学员26人，代培生23人，学制三年。

1995年，更名为贵阳职工大学。

1997年，经国家教委批准，举办高等职业教育班。①

1996~1997年，开设计算机应用与管理、会计电算化、服装设计与工艺、饭店管理4个专业。

1998年，再次获准举办高等职业教育班。②

（二）学校环境与办学成果

1982年，学校建起电子学生实验室1个，设备86台（件），价值8.6万元。

1984年，贵阳市政府财政局拨款补助学校购买了一套微型电子计算机设备以供教学和管理使用。此外，学校还添置有制图教具108件，金工教具34件，建筑测量仪器27件，电视机8台，收录机4台，绘图板300块，图书资料6000册。

在建校后几年中，学校的办学效果便得到了体现。例如，工艺与民用建筑专业学员曹兴运用《结构力学》的力法、位移法、分配法、迭代法等理论与实践相结合为贵阳市设计的高层大楼，取得了合理、美观大方的效果，晋升为工程师；机械制图班学员邱承，在援助塞舌尔时，运用所学设计出一套结构复杂的夹具，为援外工作做出了贡献；贺明源设计的一套夹具，交贵阳衡器厂使用，改手锉为铣锉，效率提高了10倍。

1987年，学校建有电工实验室、电子实验室、物理实验室、图书资料室和2000多平

① 《贵州年鉴》编辑部. 贵州年鉴（1988）[M]. 贵阳：贵州人民出版社，1998：427.

② 《贵州年鉴》编辑部. 贵州年鉴（1999）[M]. 贵阳：贵州年鉴社，1999：409.

方米的教学楼。①

1992 年，创校办产业。同年 8 月，在全国成人高等教育工作会议上受到国家表彰。②

1997 年 4~6 月，在贵州省成人高校评估中被评为甲级成人高校。③

1992 年 8 月，在全国成人高等教育工作会议上被教育部授予“全国成人高等教育先进学校”荣誉称号④。

（三）学生与教职工数

1980 年，首届招生专科学生 4 个班 191 人。1980~1987 年，共招收专科学生 1397 人，共毕业 554 人。

1987~2000 年，其学生与教职工数具体变化如表 9-11 所示。

表 9-11　1987~2000 年贵阳职工大学（贵阳市职工业余大学）学生与教职工数

单位：人

年度末	成人专科学生				教职工数	专任教师					
	毕业生	招生数	在校生	预计毕业生		合计	教授	副教授	讲师	助教	教员
1987	89	123	646	—	36	22	—	2	12	4	4
1988	296	245	608	—	40	21	—	3	14	4	—
1989	180	101	544	—	41	24	—	4	15	5	—
1990	123	254	677	—	39	23	—	3	16	4	—
1991	277	216	616	—	39	23	—	3	15	5	—
1992	94	393	827	—	38	21	—	2	15	4	—
1993	257	364	884	—	40	22	—	2	15	5	—
1994	110	468	1165	—	45	30	—	6	23	1	—
1995	290	375	1204	—	54	33	—	5	22	6	—
1997	436	580	1092	414	53	33	—	10	18	5	—
1998	396	533	1189	594	53	33	—	10	18	5	—
1999	571	394	1035	605	53	33	—	11	17	5	—
2000	580	605	1026	375	53	33	—	11	17	5	—

资料来源：历年《贵州年鉴》。

① 贵州省地方志编纂委员会. 贵州省志·教育［M］. 贵阳：贵州人民出版社，1990：434.

② 贵州省地方志编纂委员会. 贵州省志（1978-2010）·教育［M］. 贵阳：贵州人民出版社，2017：34；《贵州年鉴》编辑部. 贵州年鉴（1993）［M］. 贵阳：贵州年鉴社，1993：479.

③《贵州年鉴》编辑部. 贵州年鉴（1998）［M］. 贵阳：贵州年鉴社，1998：427.

④ 贵州省地方志编纂委员会. 贵州省志（1978-2010）·教育［M］. 贵阳：贵州人民出版社，2017：34.

(四) 学校历任负责人

党总支(支部)书记:符佐玉、周铧、齐瑞端。副校长:雷昌余、周铧、宋源、蒋定举、齐瑞端。党总支副书记:熊志诉。

四、贵州省电子工业职工大学(083基地职工电子工业学院)

(一) 概况

1980年,083基地职工电子工学院创建。不久,更名为083基地职工大学。

1992年6月25日,经贵州省政府批准,083基地职工大学从都匀市迁至凯里市贵州无线电工业学校(1973年建)内("两块牌子、一套班子"),更名为083基地职工电子工业学院①。

1998年,更名为贵州省电子工业职工大学。

2000年7月,贵州无线电工业学校、贵州省电子工业职工大学正式合并组建成立全日制普通高等职业专科学校,更名为贵州电子信息职业技术学院。

(二) 学生与教职工数

1983年,有教职工48人,其中讲师8人,助教2人,教员19人,兼职教师9人,行政人员3人,教辅人员7人。②

1983~1999年,其学生与教职工数具体变化如表9-12所示。

表9-12 1983~1999年贵州省电子工业职工大学(083基地职工电子工业学院)学生与教职工数

单位:人

年度末	成人专科学生				教职工数	专任教师					
	毕业生	招生数	在校生	预计毕业生		合计	教授	副教授	讲师	助教	教员
1983	23	96	266	—	48	29	—	—	8	2	19
1987	81	31	152	—	108	36	—	—	2	24	10
1988	95	6	63	—	108	36	—	9	13	14	—
1989	27	—	37	—	108	36	—	9	16	11	—
1990	31	—	6	—	89	40	—	13	13	14	—

① 《贵州年鉴》编辑部. 贵州年鉴(1993)[M]. 贵阳:贵州人民出版社,1993:479.

② 贵州省地方志编纂委员会. 贵州省志·教育[M]. 贵阳:贵州人民出版社,1990:435.

续表

年度末	成人专科学生				教职工数	专任教师					
	毕业生	招生数	在校生	预计毕业生		合计	教授	副教授	讲师	助教	教员
1991	6	—	—	—	52	23	—	10	5	8	—
1992	—	65	65	—	62	25	—	8	8	9	—
1993	—	50	103	—	62	25	—	8	8	9	—
1994	—	33	131	—	62	25	—	8	10	7	—
1995	51	40	119	—	60	25	—	8	10	7	—
1997	33	94	210	33	56	24	—	7	11	6	—
1998	33	250	427	83	81	44	—	10	26	6	2
1999	89	490	829	89	84	46	—	10	26	8	2

资料来源：历年《贵州年鉴》。

（三）学校历任负责人

校（院）长：史致安、程福义、曹志发、陈中。党委书记：程福义、陈文涛、李永祥、陈中。副校（院）长：陈文涛、王海源、何喜纯、殷海春、李学效。党委副书记：姚儒登。

五、贵州机械工业职工大学（虹山轴承厂职工大学）

（一）概况

贵州机械工业职工大学的历史可追溯到1975年机械工业部虹山轴承厂（安顺）成立的“七·二一”工人大学。1979年，“七·二一”工人大学改建为贵州广播电视大学虹山轴承厂工作站。1982年，虹山轴承厂职工大学正式成立。

1985年，更名为贵州机械工业职工大学。同年，贵州机械工业职业大学毕业生设计的杆端轴承寿命试验机，通过部级鉴定，被机械工业部定为关键产品。1982~1985年，学校毕业生共完成毕业设计22项，投入生产6项，为该厂的生产发展和技术改造做出了贡献。①

2006年，贵州机械工业职工大学、虹山轴承厂技工学校并入（合署）安顺职业技术学院。

①② 贵州省地方志编纂委员会. 贵州省志·教育［M］. 贵阳：贵州人民出版社，1990：435.

（二）学生与教职工数

1983 年，毕业生 15 人，招收新生 52 人，有在校生 92 人；教职工 34 人，其中讲师 4 人，助教 3 人，教员 8 人，兼职教师 11 人，行政人 5 人，教辅人员 2 人，工勤人员 1 人。[2]

1987~2010 年，其学生与教职工数具体变化如表 9-13 所示。

2009~2018 年，贵州机械工业职工大学一直未列入国家成人招生计划之列，只存其名。

表 9-13　1987~2010 年贵州机械工业职工大学（虹山轴承厂职工大学）学生与教职工数

单位：人

年度末	成人专科学生				教职工数	专任教师					
	毕业生	招生数	在校生	预计毕业生		合计	教授	副教授	讲师	助教	教员
1987	19	22	98	—	28	19	—	—	5	10	4
1988	45	23	91	—	37	21	—	—	4	10	7
1989	29	23	80	—	37	22	—	1	4	10	7
1990	35	38	75	—	39	27	—	2	6	13	6
1991	21	54	116	—	40	27	—	1	5	14	7
1992	24	50	143	—	62	25	—	1	6	18	9
1993	34	121	218	—	50	30	—	1	6	10	13
1994	45	78	229	—	50	30	—	4	16	3	7
1995	23	122	330	—	72	48	—	11	28	9	—
1997	122	200	415	144	43	30	—	6	15	9	—
1998	126	295	566	223	56	40	—	9	23	8	—
1999	210	488	844	322	75	51	—	11	31	9	—
2000	322	970	1492	336	75	51	—	11	33	7	—
2001	336	936	2092	761	75	51	—	11	33	7	—
2002	761	1213	2544	864	96	78	—	13	44	16	5
2004	1080	772	1372	600	76	58	—	9	34	12	3
2005	600	450	1222	443	51	40	—	5	29	4	2
年度末	毕业生	招生数	在校生	预计毕业生	教职工数	合计	正高	副高	中级	初级	未定
2007	699	354	894	434	43	40	—	2	24	8	6
2008	434	44	504	405	14	6	—	—	3	3	—
2009	405	—	99	99	12	6	—	—	3	3	—
2010	99	—	—	—	11	5	—	—	2	3	—

资料来源：历年《贵州年鉴》。

（三）学校历任负责人

名誉校长：沈连生。校长：滕怀芬、张启明、唐允文、洪斌。党支部书记：韩学凤、徐惠康、文向红。副校长：刘启贞、张坤、徐惠康、韩学凤、文向红、胡国荣。党支部副书记：韩学凤、文向红。

六、贵州航天职工大学（航天工业部贵州职工大学）

1976 年，061 基地干部学校创建。

1983 年，遵义 061 基地干部学校升格改建为航天工业部贵州职工大学，并通过教育部备案。

2000 年 5 月，经贵州省政府批准，贵州航天职工大学、遵义航天中专学校、遵义航天技术学校合并组建为全日制普通高等职业专科学校，更名为贵州航天职业技术学院①。

（一）概况

1984 年，设立电子工程系、基础教学部。

1992 年，成立计算机科学系。同年 8 月，在全国成人高等教育工作会议上被教育部授予全国成人高等教育先进学校荣誉称号②。

1996 年，基础教学部更名为基础科学系。

学校曾开设有经营机制、汽车制造、电子、贸易经济、模具设计制造、会计、营销、企管和文秘等成人专科专业。

（二）学生与教职工数

1983 年，招收新生 78 人，有在校生 154 人；教职工 194 人，其中副教授 2 人，讲师 28 人，助教 18 人，教员 8 人，兼职教师 12 人，行政人员 44 人，教辅人员 23 人，工勤人员 59 人。③

1987～1999 年，其学生与教职工数具体变化如表 9-14 所示。

表 9-14　1987～1999 年贵州航天职工大学（航天工业部贵州职工大学）学生与教职工数

单位：人

年度末	成人专科学生				教职工数	专任教师					
	毕业生	招生数	在校生	预计毕业生		合计	教授	副教授	讲师	助教	教员
1987	109	66	327	—	202	68	—	2	33	22	11

① 《贵州年鉴》编辑部. 贵州年鉴（2000）[M]. 贵阳：贵州年鉴社，2000：348.

② 贵州省地方志编纂委员会. 贵州省志（1978-2010）·教育 [M]. 贵阳：贵州人民出版社，2017：34.

③ 贵州省地方志编纂委员会. 贵州省志·教育 [M]. 贵阳：贵州人民出版社，1990：435.

续表

年度末	成人专科学生				教职工数	专任教师					
	毕业生	招生数	在校生	预计毕业生		合计	教授	副教授	讲师	助教	教员
1988	105	88	305	—	209	69	1	17	22	27	1
1989	151	36	214	—	210	70	—	22	24	23	4
1990	62	48	219	—	203	67	—	21	19	27	—
1991	81	119	253	—	204	63	1	22	18	18	4
1992	115	93	231	—	204	63	1	23	20	15	4
1993	118	333	446	—	212	64	1	20	17	18	8
1995	327	458	901	—	190	68	—	18	33	14	3
1997	324	548	995	403	175	72	—	22	30	17	3
1998	403	549	1102	553	161	57	—	12	26	18	1
1999	553	876	1422	465	152	60	—	18	31	11	—

资料来源：历年《贵州年鉴》。

（三）学校历任负责人

校长：王世荣、顾迪光、施均樽、吴光耀、田玉柯（代）。党委书记：陈德明、冯振海、雷良型。副校长：施均樽、桓金发、熊关定、喻湘存、文泽发、潘伟德、张守城。党委副书记：王世荣、游寿章。

七、贵州航空工业职工大学

（一）概况

1983 年，贵州航空工业职工大学创建。

1988 年，贵州省教育厅批准该校成立贵州广播电视大学航空部贵州管理局分校。

1991 年，创办校办企业；次年便获经济效益 60 多万元。

1998 年，获准举办高等职业教育班。①

2015 年，贵州航空工业职工大学、贵州航空工业技师学校合组筹建为全日制职业高等专科学校，更名为贵州航空职业技术学院。

2016 年，贵州航空职业技术学院正式成立。

学校曾先后开设有计算机及应用、机电一体化、机械电子工程、塑性成型工艺及设备、工商管理、工业企业管理、经济管理物业管理、会计学、法律等十多个成人教育专业。

① 《贵州年鉴》编辑部. 贵州年鉴（1999）［M］. 贵阳：贵州年鉴社，1999：409.

（二）学生与教职工数

1983 年，招收新生 63 人，有在校生 205 人；教职工 12 人，其中助教 1 人，教员 9 人，行政人员 2 人。①

1987～2015 年，其学生与教职工数具体变化如表 9-15 所示。

表 9-15　1987～2015 年贵州航空工业职工大学学生与教职工数　　单位：人

年度末	成人专科学生				教职工数	专任教师					
	毕业生	招生数	在校生	预计毕业生		合计	教授	副教授	讲师	助教	教员
1987	249	—	212	—	84	37	—	—	2	3	32
1988	89	44	80	—	95	43	—	1	5	18	19
1989	36	38	82	—	94	35	—	1	6	13	15
1990	—	30	99	—	107	38	—	2	11	22	3
1991	34	—	29	—	108	45	—	2	6	17	20
1992	29	52	81	—	106	45	—	1	18	9	17
1993	29	195	246	—	108	48	—	4	14	14	16
1994	—	64	207	—	107	61	—	8	32	20	1
1995	50	200	350	—	103	60	—	7	35	17	1
1997	59	194	532	231	96	60	—	10	34	14	2
1998	231	157	503	237	89	53	—	11	33	9	—
1999	237	219	474	160	87	52	—	11	35	5	1
2000	181	468	732	253	81	52	—	13	32	5	2
2001	244	476	945	435	81	52	—	12	33	7	—
2002	415	583	1093	485	78	51	—	13	31	7	—
2004	423	539	643	104	68	49	—	12	32	5	—
2005	90	274	730	407	68	50	—	11	32	5	2
年度末	毕业生	招生数	在校生	预计毕业生	教职工数	合计	正高	副高	中级	初级	未定
2007	287	506	848	304	66	49	—	11	31	5	2
2008	255	852	1441	459	65	52	—	10	33	7	2
2009	395	1038	1899	599	72	52	—	13	30	8	1
2010	606	691	1895	1017	77	53	—	13	30	8	2
2011	1048	754	1597	726	77	52	—	12	31	7	2

① 贵州省地方志编纂委员会. 贵州省志·教育志［M］. 贵阳：贵州人民出版社，1990：435.

续表

年度末	成人专科学生				教职工数	专任教师					
	毕业生	招生数	在校生	预计毕业生		合计	正高	副高	中级	初级	未定
2012	702	1400	2286	661	72	51	—	12	30	7	2
2013	813	1324	2670	1191	66	49	—	12	29	6	2
2014	1080	1842	3321	1289	62	48	—	12	28	6	2
2015	1199	1193	3188	1565	61	47	—	11	28	6	2

资料来源：历年《贵州年鉴》。

（三）历任学校负责人

校长：李声遏、周万成（兼）、贡才章、郭文炳。党委书记：苏宝山、贡才章、郭文炳。副校长：李治茂、郭文炳、李正峰、张翔飞、黄莜媛、祝雁、柴艳彪。党委副书记：陈生祥、谯安全、邓健华。

八、经济管理刊授联合大学贵州分校

1984 年 3 月，经济管理刊授联合大学成立。1987 年，贵州省政府决定撤销经济刊物联合大学贵州分校，承认 84、85 届学生的学历，但必须由贵州省高等考试自学办公室组织考试，经济管理刊授联合大学派人参加，抽查学生四门课程，经贵州省教委成人教育处认可方可给予毕业证书。①

九、凌云职工大学②

1980~1983 年，安顺凌云公司创办职工业余高等教育专科学校，学校位于安顺市。1987 年撤销。

1983 年，招收新生 59 人，有在校生 141 人；教职工 69 人，其中讲师 1 人，教员 14 人，兼职教师 1 人，行政人员 28 人。教辅人员 2 人，工勤人员 23 人。③

校长为黄义昌；党总支书记为刘延荣、黄义昌；副校长为刘祖培、张树有、高晶莹；党总支副书记为吕东辉。

---

① 《贵州年鉴》编辑部. 贵州年鉴（1988）[M]. 贵阳：贵州人民出版社，1988：641.

② 贵州省地方志编纂委员会. 贵州省志 · 教育 [M]. 贵阳：贵州人民出版社，1990：435；《贵州年鉴》编辑部. 贵州年鉴（1988）[M]. 贵阳：贵州人民出版社，1988：53；《贵州教育志》编纂办公室. 贵州教育年鉴（1949-1984）[M]. 贵阳：贵阳人民出版社，1986：157.

③ 贵州省地方志编纂委员会. 贵州省志 · 教育志 [M]. 贵阳：贵州人民出版社，1990：435.

十、黎阳公司职工大学

1980~1983年，平坝黎阳公司相继创办了职工业余高等教育专科学校。学校位于平坝县。1987年撤销。

1983年，有在校生23人；教职工70人，其中讲师2人，教员22人，兼职教师25人，行政人员8人，教辅人员1人，工勤人员12人。①

十一、贵州大夏大学

1995年8月24日，经贵州省政府批准，由大夏大学贵州校友会领办，贵州社会主义学院承办的贵州第一家民办高等职业专科学校，贵州大夏大学正式成立②。

同年，经贵州省高等教育自学考试委员会批准，贵州大夏大学成为自学考试的直属考点。当年，招收有会计、商业企业管理、工业企业管理、计算机经济管理、文秘5个专业学生，并设有中专部和培训部。

后来，又经贵州省劳动厅批准成立了职业培训中心；经贵州省财政厅批准，具有贵州省会计电算化培训定点单位资格。

1998年，更名为贵州大夏高等职业技术学院。同年，成为贵州首批具有高等（中等）教育自学考试社会助学机构办学资格的学校之一，并获得了《中华人民共和国社会力量办学许可证》。③

从1995年成立至2000年，在校生累计人数达到4300余人，其中最高的1996年达到1169人。1999年，在全省生源锐减的情况下仍有在校生近400人。

截至2000年，其中大专部坚持参加课程学习并考试的学生，已有550人（共四届）获得贵州省高教自考委颁发的高等自学考试专科毕业证书，毕业率达60%以上；单科平均合格率达80%以上。会计系列考试获证书的累计755人，合格率达62%以上；会计电算化考试获证书的450人，合格率达98%。

第三节　干部管理学院

一、贵州农业管理干部学院

1984年4月，贵州农业管理干部学院创建，学校位于贵阳市。1997年，并入贵州大学。

---

① 贵州省地方志编纂委员会. 贵州省志·教育志［M］. 贵阳：贵州人民出版社，1990：435.

② 贵州省地方志编纂委员会. 贵州省志（1978–2010）·教育［M］. 贵阳：贵州人民出版社，2017：31.

③《贵州年鉴》编辑部. 贵州年鉴（1999）［M］. 贵阳：贵州年鉴社，1999：408.

1987~1995 年，其学生与教职工数具体变化如表 9-16 所示。

表 9-16　1987~1995 年贵州农业管理干部学院学生与教职工数　　单位：人

年度末	成人专科学生			教职工数	专任教师					
	毕业生	招生数	在校生		合计	教授	副教授	讲师	助教	教员
1987	140	103	189	187	65	—	12	36	17	—
1988	86	125	228	167	59	—	12	27	17	3
1989	104	80	203	169	59	—	10	27	20	2
1990	122	51	130	160	57	—	9	25	23	—
1991	78	49	101	166	54	—	7	23	17	7
1992	52	75	122	163	56	—	8	21	17	10
1993	43	51	124	155	55	—	8	18	21	8
1994	72	124	175	154	50	1	9	32	7	1
1995	51	61	180	166	89	—	11	28	10	10

资料来源：历年《贵州年鉴》。

学校历任负责人：

院长：罗成智、黄润蓬、江延仁。党委书记：李平、张丕贤。副院长：刘金起、左吟雪、龙宗翔、郭裕玲、何同明、柴成。

二、贵州省经济管理干部学院

1984 年，贵州省经济管理干部学院创建，学校位于贵阳市云岩区罗汉营。

1987~1999 年，其学生与教职工数具体变化如表 9-17 所示。

1997 年 4~6 月，在贵州省成人高校评估中被评为甲级高校。① 同年，贵州省经济管理干部学院、贵州省工业管理学校并入贵州工业大学②。2000 年不再招生。

表 9-17　1987~1999 年贵州省经济管理干部学院学生与教职工数　　单位：人

年度末	成人专科学生				教职工数	专任教师					
	毕业生	招生数	在校生	预计毕业生		合计	教授	副教授	讲师	助教	教员
1987	136	187	391	—	166	76	1	5	24	29	17

① 《贵州年鉴》编辑部. 贵州年鉴（1988）［M］. 贵阳：贵州人民出版社，1998：427.

② 贵州工业大学（贵州工学院）历史沿革［EB/OL］.［2018-10-22］. 网址：http：//blog. sina. com. cn/s/blog_5c1387a90102yaea. html.

续表

年度末	成人专科学生				教职工数	专任教师					
	毕业生	招生数	在校生	预计毕业生		合计	教授	副教授	讲师	助教	教员
1988	204	365	554	—	116	57	1	4	19	18	15
1989	189	278	637	—	128	63	1	5	19	19	19
1990	344	248	456	—	155	81	1	9	35	35	1
1991	307	190	433	—	129	62	1	6	24	26	5
1992	215	168	387	—	120	52	1	4	24	20	3
1993	172	491	682	—	174	76	—	9	35	30	2
1994	202	1291	2185	—	178	76	—	12	40	22	2
1995	214	904	2853	—	190	80	—	12	40	19	9
1997	1256	822	2079	778	186	87	1	25	36	17	8
1998	934	503	1804	612	181	90	1	22	37	18	12
1999	597	847	2051	798	182	93	1	20	40	22	10

资料来源：历年《贵州年鉴》。

学校历任负责人：

院长：蒋应铨、杨嘉桂、陈厚义。党委书记：吴世华、蒙兴昌。副院长：武毅、富纪涛、冯生才、周成烈、赵福江、张世庆。党委副书记：王传佃、谷楠、王迎春。

三、贵州公安管理干部学院

1985 年，贵州省公安干部学校升格为贵州公安管理干部学院。2000 年，贵州公安管理干部学院、贵州省人民警察学校、贵州政法管理干部学院合并组建全日制普通高等职业专科学校，更名为贵州人民警察职业技术学院。翌年，更名为贵州警官职业学院。

1987 年，招收两年制成人新生 55 人，三年制成人新生 54 人，在校学生 199 人，教职工 257 人，专任教师 92 人，其中讲师 10 人，教员 82 人。①

1987~2000 年，学校学生与教职工数具体变化如表 9-18 所示。

1997 年 4~6 月，在贵州省成人高校评估中被评为甲级学院。②

1998 年，经批准，开始招收普通高等职业专科专业学生。

① 《贵州年鉴》编辑部. 贵州年鉴（1988）[M]. 贵阳：贵州人民出版社，1988：642，730.

② 《贵州年鉴》编辑部. 贵州年鉴（1988）[M]. 贵阳：贵州人民出版社，1998：427.

表 9-18　1987~2000 年贵州公安管理干部学院学生与教职工数　　单位：人

年度末	专科学生								教职工数	专任教师					
	毕业生		招生数		在校生		预计毕业生			合计	正高	副高	中级	初级	未定
	普通	成人	普通	成人	普通	成人	普通	成人							
1987	—	—	—	109	—	199	—	—	257	92	—	—	10	—	82
1988	—	90	—	102	—	211	—	—	142	51	—	5	24	9	13
1989	—	107	—	124	—	226	—	—	137	55	—	6	24	9	16
1990	—	102	—	95	—	264	—	—	139	67	—	7	27	24	9
1991	—	121	—	90	—	185	—	—	144	71	—	6	28	25	12
1992	—	95	—	78	—	173	—	—	150	75	—	6	28	25	16
1993	—	88	—	120	—	199	—	—	152	77	—	6	28	25	18
1994	—	78	—	464	—	586	—	—	155	82	—	12	38	32	—
1995	—	107	—	501	—	966	—	—	155	82	—	12	48	22	—
1997	—	491	—	349	—	657	—	145	158	84	—	12	48	22	2
1998	—	110	160	400	160	916	—	307	158	84	1	13	50	18	5
1999	—	257	598	716	758	1325	—	323	172	84	—	15	49	20	—
2000	—	323	598	621	1348	1623	156	432	289	138	2	21	81	34	—

资料来源：历年《贵州年鉴》。

学校历任负责人：

院长：汪榕修（二级警监）、徐崇实（三级警监）、张天顺（二级警监）。党委书记：丁荣藻、李国成（三级警监）、鲍光和（三级警监）。副院长：朱明祥（三级警监，1988年任）、李清渠（专业技术三级警监）、张永昌（三级警监）。党委副书记：汪榕修、徐崇实。

四、贵州省政法管理干部学院

1985 年，贵州省政法干部学校升格改建为贵州省政法管理干部学院。2000 年，贵州公安管理干部学院、贵州省人民警察学校、贵州政法管理干部学院合并组建全日制普通高等职业专科学校，更名为贵州人民警察职业技术学院。翌年，更名为贵州警官职业学院。

1987 年，毕业学生 111 人，招收两年制新生 117 人，有在校学生 205 人；教职工 182 人，专任教师 60 人，其中副教授 5 人，讲师 10 人，教员 28 人，助教 17 人。①

1987~2000 年，其学生与教职工数具体变化如表 9-19 所示。

① 《贵州年鉴》编辑部. 贵州年鉴（1988）[M]. 贵阳：贵州人民出版社，1988：642，730.

1997年4~6月，在贵州成人高校评估中被评为甲级高校。① 同年，经国家教委批准举办高等职业教育班。②

表9-19 1987~2000年贵州省政法管理干部学院学生与教职工数 单位：人

年度末	成人专科学生				教职工数	专任教师					
	毕业生	招生数	在校生	预计毕业生		合计	教授	副教授	讲师	助教	教员
1987	111	117	205	—	182	60	—	5	10	17	28
1988	86	146	263	—	189	66	—	5	17	31	13
1989	115	125	272	—	195	77	—	6	12	33	26
1990	145	139	364	—	193	78	—	6	12	34	26
1991	125	116	255	—	189	85	—	6	17	60	2
1992	139	111	227	—	197	90	—	6	14	62	8
1993	106	162	283	—	210	100	—	6	14	64	16
1994	121	747	909	—	194	101	--	9	36	40	16
1995	162	468	1545	—	192	89	—	6	55	22	6
1997	466	542	1227	611	183	78	—	4	63	11	—
1998	611	469	1089	612	178	77	—	3	63	11	—
1999	522	482	1049	437	182	90	—	8	60	22	—
2000	437	493	1105	495	185	90	—	9	62	19	—

资料来源：历年《贵州年鉴》。

学校历任负责人：

院长：王基伦、章合兴、焦玉润。党委书记：王安心、章合兴、熊飞、蒋德胜。副院长：王安心、周毓业、黄德香、谭方安。

五、贵州省计划管理干部学院

1986年10月25日，贵州省计划管理干部学院成立。1992年7月25日，贵州省计划干部学院并入贵州财经学院③。

贵州省计划管理干部学院成立时，设有计划、统计、税收、审计、价格、经济信息7个专业。当年招收有两年制专科和电大在校学生239人，开办了两期审计干部培训班和地

①② 《贵州年鉴》编辑部. 贵州年鉴（1988）［M］. 贵阳：贵州人民出版社，1998：427.

③ 贵州省地方志编纂委员会. 贵州省志（1978-2010）·教育［M］. 贵阳：贵州人民出版社，2017：34.

县计委主任研讨班，培训在职干部 167 人；有教职工 130 人，其中教师 70 人，另聘请有兼职、客座教授和副教授 10 人。①

1986~1991 年，其学生与教职工数具体变化如表 9-20 所示。

表 9-20 1986~1991 年贵州省计划管理干部学院学生与教职工数 单位：人

年度末	成人专科学生			教职工数	专任教师					
	毕业生	招生数	在校生		合计	教授	副教授	讲师	助教	教员
1986	—	239	—	130	70	—	—	—	—	—
1987	—	237	369	139	80	1	4	20	14	41
1988	235	402	637	155	81	1	10	35	30	5
1989	231	224	560	157	84	1	10	35	30	8
1990	238	191	586	127	62	1	5	25	20	—
1991	212	136	368	153	79	1	9	28	34	1

资料来源：历年《贵州年鉴》。

学校历任负责人：

院长：李汀若、钟永兴。党委书记：李道济。副院长：王录生、吴宏国、高中荣。党委副书记：殷永旭、阳洪亮。

① 《贵州年鉴》编辑部. 贵州年鉴（1987）[M]. 贵阳：贵州人民出版社，1987：624.

第十章
改革开放后普通职业高等专科学校的兴起与发展

第一节 2001 年前创建的普通高职高专学校

一、黔南民族医学高等专科学校

1985 年，黔南民族医学高等专科学校创建，位于贵州省都匀市环东南路。该学校是改革开放后，贵州省创办的唯一一所地方性民族医药类普通高等专科学校，同时更是 20 世纪八九十年代贵州所创办的普通高等专科学校中存续至今仍在发展的唯一一所高等专科学校。

（一）院系与专业设置

1977 年，贵阳医学院在黔南布依族苗族自治州（别名“黔南州”）设有医学专科大专班，招生指标 100 人（医学医疗专业），实际在黔南招生 105 人。①

1978 年，中央下达大专班招生指标 50 人。②

1985 年，成立黔南民族医学专科学校。

1986 年，临床医学专业开始招生。

1999 年，创建护理系，招收护理专业专科生。

2001 年，成立医学检验系、药学系。同年，增设医学检验专业并招生。

---

① 贵州省一九七七年高等学校招生工作录取统计表［A］. 铜仁：铜仁市档案馆（75-1-92）.

② 中央下达贵州省高等学校招生指标分配方案［A］. 铜仁：铜仁市档案馆（75-1-91）.

2003 年，黔南卫校并入该校。

2005 年，医学检验专业更名为医学检验技术专业。

2007 年，首次举办医学类少数民族班，招收少数民族学生 100 名。①

2010 年，增设医学影像技术专业。

2011 年，增设口腔医学技术专业，翌年招生。是年，临床学专业（全科医学方向）被列为省级高校教学质量与教学改革工程项目特色专业建设项目。

2012 年，增设卫生检验与检疫技术专业并招生。同年，成立医学影像系，下设医学影像技术基础教研室、口腔医学技术基础教研室；临床医学专业被列为中央财政支持立项建设项目。

2013 年，临床医学系、全科医学系合并组建成立医学系，增设临床医学专业。

2014 年，招生的专业有 11 个。学制三年的有临床医学、护理、药学、医学检验技术、中药、药品经营与管理、医学影像技术、口腔医学技术、中药制药技术、临床医学 10 个专业，学制两年的有护理专业。

同年，成立公共课教学部，下设化学教研室、英语教研室、体育教研室、计算机教研室、语数教研室、管理学教研室共 6 个教研室。

2015 年，学校设有医学系、护理系、药学系、医学检验系、医学影像技术系、基础医学部、公共课教学部、临床技能实训中心、高等教育与成人继续教育部等教学系（部）。同年，公共课教学部开设有计算机信息管理、卫生信息管理、药品经营与管理（药品电子商务方向）3 个专业。护理系护理专业设置有三年制专科、五年制专科、三年制中专和成人专科等多种培养模式。

2016 年，临床医学专业成为省级骨干专业。

2017 年，增设中医学专业，2018 年招生。至 2017 年，药学系开设有药学、中草药栽培技术、中药制药、中药、药品经营与管理 5 个专业。

2018 年，招生的专业有 12 个：临床医学、护理、医学检验技术、药学、中药学、医学影像技术、药品生产技术（中药制药技术方向）、口腔医学技术、药品经营与管理、助产、中医学、口腔医学；另招有临床医学、护理 2 个民族班。

（二）学校环境与办学成果

2015 年，荣获贵州省大学生宪法现场知识竞赛一等奖；第四届全国全民健身操舞大赛贵州赛区一等奖；贵州省第十届大学生微视频大赛一等奖。

2016 年，内科学教学团队获省级优秀教学团队称号；医学系主任舒正菊被评为省级职教名师。

2019 年，医学系被贵州省教育厅表彰为省级教育系统表现突出集体。

至 2019 年，学校拥有云宫和大坪两个校区。云宫校区位于都匀市环东南路，占地面积 400 亩；大坪新校区位于都匀经济开发区，占地面积 1350 亩，一期占地面积 850 亩，

---

① 《贵州年鉴》编辑部. 贵州年鉴（2008）[M]. 贵阳：贵州年鉴社，2008：342-343.

投入建设资金 10.66 亿元。学校拥有教仪设备总价值 7200 余万元。图书馆藏有纸质图书 49.9 万册，电子图书 45 万种。

学校承担有教育部教学改革项目 1 个。开设有财政部重点支持专业 2 个，省级特色专业 2 个，省级精品课程 3 门；建有省级实验室 4 个，国家级、省级、州级培训基地 7 个；三甲附属医院 2 个，教学实习基地 82 个。学校民族医药馆被列为贵州省传统民族医药文化研究基地和贵州省高等学校优秀育人基地。与北京大学医学部、广州中医药大学、台湾的中山医学大学等 10 余所医学院校签订有友好合作协议。

（三）科研成果

2018 年，舒正菊等的《践行社会主义核心价值观提高临床医学专业人才培养质量的研究》获省高等职业教育教学成果一等奖；朱文仁等的《理实一体化教学模式在基础理学中的研究与实践》获贵州省高等职业教育教学成果二等奖。

（四）学生与教职工数

1985 年，黔南民族医学专科学校成立，翌年招生。

1986~2018 年，其学生与教职工数具体变化如表 10-1 所示。

表 10-1 1986~2018 年黔南民族医学高等专科学校学生与教职工数 单位：人

年度末	专科学生				教职工数	专任教师					
	毕业生	招生数	在校生	预计毕业生		合计	教授	副教授	讲师	助教	教员
1986	—	40	40	—	102	30	—	1	1	28	—
1987	—	119	159	—	110	37	—	—	6	29	2
1988	—	81	239	—	120	47	—	3	6	35	3
1989	40	77	276	—	133	51	—	3	8	31	9
1990	116	80	240	—	145	62	—	4	7	41	10
1991	80	120	280	—	114	56	—	3	4	10	39
1992	80	88	288	—	141	59	—	3	9	16	31
1993	80	93	301	—	144	59	—	3	26	12	18
1994	113	110	291	—	187	106	10	19	46	3	28
1995	88	78	281	—	194	111	10	19	45	27	10
1997	151	120	319	77	229	149	10	22	77	30	10
1998	77	130	372	121	229	149	10	22	77	40	—
1999	121	361	612	121	234	154	10	25	77	37	5
2000	121	652	1143	130	258	161	10	31	77	34	9

续表

<table>
<tr><td rowspan="2">年度末</td><td colspan="8">专科学生</td><td rowspan="2">教职工数</td><td colspan="6">专任教师</td></tr>
<tr><td colspan="2">毕业生</td><td colspan="2">招生数</td><td colspan="2">在校生</td><td colspan="2">预计毕业生</td><td>合计</td><td>教授</td><td>副教授</td><td>讲师</td><td>助教</td><td>教员</td></tr>
<tr><td>2001</td><td colspan="2">130</td><td colspan="2">648</td><td colspan="2">1661</td><td colspan="2">361</td><td>268</td><td>181</td><td>14</td><td>35</td><td>73</td><td>39</td><td>10</td></tr>
<tr><td>2002</td><td colspan="2">361</td><td colspan="2">791</td><td colspan="2">1953</td><td colspan="2">508</td><td>420</td><td>257</td><td>14</td><td>49</td><td>118</td><td>58</td><td>18</td></tr>
<tr><td>2004</td><td colspan="2">434</td><td colspan="2">1850</td><td colspan="2">4042</td><td colspan="2">857</td><td>428</td><td>265</td><td>14</td><td>49</td><td>118</td><td>58</td><td>26</td></tr>
<tr><td>2005</td><td colspan="2">857</td><td colspan="2">1577</td><td colspan="2">4650</td><td colspan="2">1248</td><td>428</td><td>265</td><td>14</td><td>51</td><td>116</td><td>58</td><td>26</td></tr>
<tr><td>年度末</td><td>普通</td><td>成人</td><td>普通</td><td>成人</td><td>普通</td><td>成人</td><td>普通</td><td>成人</td><td>教职工数</td><td>合计</td><td>正高</td><td>副高</td><td>中级</td><td>初级</td><td>未定</td></tr>
<tr><td>2007</td><td>1633</td><td>536</td><td>1971</td><td>104</td><td>5096</td><td>630</td><td>1575</td><td>305</td><td>489</td><td>326</td><td>15</td><td>56</td><td>126</td><td>68</td><td>61</td></tr>
<tr><td>2008</td><td>1575</td><td>305</td><td>2206</td><td>91</td><td>5649</td><td>416</td><td>1650</td><td>221</td><td>494</td><td>331</td><td>15</td><td>56</td><td>126</td><td>68</td><td>66</td></tr>
<tr><td>2009</td><td>1650</td><td>221</td><td>2151</td><td>61</td><td>6121</td><td>256</td><td>2051</td><td>104</td><td>503</td><td>340</td><td>18</td><td>60</td><td>146</td><td>79</td><td>37</td></tr>
<tr><td>2010</td><td>1989</td><td>104</td><td>2792</td><td>49</td><td>6862</td><td>201</td><td>2164</td><td>91</td><td>507</td><td>344</td><td>18</td><td>60</td><td>146</td><td>79</td><td>41</td></tr>
<tr><td>2011</td><td>2086</td><td>61</td><td>2057</td><td>117</td><td>6695</td><td>252</td><td>2034</td><td>30</td><td>535</td><td>436</td><td>24</td><td>124</td><td>227</td><td>47</td><td>14</td></tr>
<tr><td>2012</td><td>2005</td><td>30</td><td>2540</td><td>73</td><td>7357</td><td>295</td><td>2813</td><td>61</td><td>559</td><td>460</td><td>36</td><td>126</td><td>234</td><td>52</td><td>12</td></tr>
<tr><td>2013</td><td>2703</td><td>59</td><td>2881</td><td>67</td><td>7500</td><td>303</td><td>2094</td><td>39</td><td>583</td><td>482</td><td>37</td><td>131</td><td>236</td><td>50</td><td>28</td></tr>
<tr><td>2014</td><td>2088</td><td>39</td><td>2787</td><td>73</td><td>8107</td><td>337</td><td>2811</td><td>113</td><td>608</td><td>507</td><td>38</td><td>140</td><td>242</td><td>62</td><td>25</td></tr>
<tr><td>2015</td><td>2636</td><td>113</td><td>3110</td><td>24</td><td>8355</td><td>248</td><td>2742</td><td>79</td><td>645</td><td>536</td><td>39</td><td>146</td><td>243</td><td>81</td><td>27</td></tr>
<tr><td>2016</td><td>2702</td><td>65</td><td>4084</td><td>34</td><td>9620</td><td>203</td><td>2847</td><td>72</td><td>659</td><td>545</td><td>42</td><td>157</td><td>253</td><td>82</td><td>11</td></tr>
<tr><td>2017</td><td>2799</td><td>73</td><td>3362</td><td>110</td><td>10021</td><td>241</td><td>2865</td><td>73</td><td>675</td><td>552</td><td>44</td><td>160</td><td>272</td><td>64</td><td>12</td></tr>
<tr><td>2018</td><td>2834</td><td>75</td><td>2502</td><td>161</td><td>9552</td><td>417</td><td>4113</td><td>23</td><td>679</td><td>558</td><td>44</td><td>160</td><td>272</td><td>64</td><td>18</td></tr>
</table>

资料来源：历年《贵州年鉴》。

2019 年，有在校生 11000 余人，其中全日制在校生 9700 人。有教职工 513 人，其中，专任教师 399 人，副高以上教师 133 人，硕士以上学位的教师 121 人。

（五）学校历任负责人（1987~2002 年）

校长：罗载刚。党委书记：邱玉郎、曾庆祥、王明成。副校长：夏一诚、吴春荣、季德义。党委副书记：吴春荣、庄敬文、罗载刚、何德英、邱金泉。

二、贵州航天职业技术学院

2000 年，贵州航天职工大学和贵州航天高级技工学校合并组建为全日制普通高等职业专科学校，名为贵州航天职业技术学院。中央编办负责管理学院事业单位法人，教育厅主管学院教学业务，贵州航天管理局（中国航天科工集团公司第十研究院）负责日常管理。学校位于贵州省遵义市 。

（一）院系与专业设置

2000 年，设有计算机科学系、机械工程系、基础科学系；成立经济管理系。

2002 年，模具设计与制造专业被列为省级第二批高职教育示范专业。[①]

2008 年，增设汽车定损与评估专业。同年，“两课”教研室改建成立社会科学教学部。

2010 年，成立汽车工程系，开设汽车检测与维修技术、汽车营销与服务、汽车车身维修技术、汽车定损与评估、汽车电子技术、汽车制造与装配技术、新能源汽车技术、焊接技术及自动化、城市轨道交通车辆技术 9 个专业。

2011 年，招生的专业有：机械制造与自动化、数控技术、模具设计与制造、焊接技术与自动化、机电一体化技术、机电设备维修与管理、汽车检测与维修技术、汽车技术服务与营销、汽车整形技术、电子测量技术与仪器、电气自动化技术、应用电子技术、通信技术、飞行器电子装配技术、计算机应用技术、计算机网络技术、信息安全技术、软件技术、广告设计与制造（艺术类）、物业管理、会计电算化、市场营销、旅游管理、酒店管理、会展策划与管理、社区管理与服务、商务英语、旅游英语、文秘、建筑工程技术。

2012 年，基础科学系开设商务英语、旅游英语、涉外旅游、文秘、建筑工程技术、工程造价 6 个专业。

2013 年，成立建筑工程管理系（基础科学系合署）。同年，模具专业被评为省级示范专业。

2015 年，招生专业有 33 个：建筑工程技术、工程造价、文秘、高速铁路动车乘务、国际邮轮乘务、机械制造与自动化、数控技术、模具设计与制造、机电一体化技术、数控设备应用与维护、汽车检测与维修技术、汽车技术服务与营销、汽车整形技术、汽车制造与装配技术、汽车电子技术、汽车定损与评估技术、计算机应用技术、计算机网络技术、软件技术、广告设计与制作、多媒体设计与制作、电子商务、电气自动化技术、建筑电气工程技术、应用电子技术、通信技术、物联网应用技术、会计电算化、市场营销、旅游管理、物业管理、酒店管理、航空服务。

2018 年，社会科学教学部更名为马克思主义教学部。同年，增设城市轨道交通车辆技术专业。

2019 年，招生专业有 39 个：电气自动化技术、建筑电气工程技术（智能控制工程）、物联网工程技术、应用电子技术（人工智能）、通信技术（4G 方向）、通信技术（3 网融合）、无人机应用技术、文秘、商务英语（跨境电商）、空中乘务、高速铁路客运乘务、建筑工程技术、工程造价、土木工程检测技术、建筑装饰工程技术、建筑设备工程技术、会计、市场营销、物业管理、酒店管理、旅游管理、汽车检测与维修技术、汽车营销与服务、汽车车身维修技术、汽车制造与装配技术、新能源汽车技术、城市轨道交通车辆技术、数控技术、模具设计与制造、机电一体化技术（含订单培养）、机械制造与自动化、

① 《贵州年鉴》编辑部. 贵州年鉴（2003）［M］. 贵阳：贵州年鉴社，2003：376.

数控设备应用与维护、工业机器人技术（含订单培养）、计算机网络技术、大数据技术与应用、广告设计与制作、虚拟现实应用技术、电子商务技术、软件技术。

（二）学校环境与办学成果

2004 年，通过贵州省教育厅组织的“双基”实验室评估。

2005 年，通过教育部组织的高职高专院校人才培养工作水平评估。

2006 年，完成了高职“学分制”管理体系的构建并运行。

2007 年，开始建设占地面积 230 亩的 419 实训基地校区（包括数控和电工电子 2 个国家级实训基地）。

2013 年，学校被列为国家级高技能人才培训基地。

2014 年 8 月，贵州省人民政府批准授牌加挂“贵州航天技师学院”牌子。

2018 年，再次被列为国家级高技能人才培训基地。

截至 2019 年，学院拥有四个校区：新蒲校区，占地面积 1039 亩；虾子校区占地面积 222. 1 亩；洪江河校区，占地面积 182. 74 亩；延安路校区，占地面积 39. 79 亩。学院拥有固定资产总值 1. 28 亿元。图书馆藏纸质图书 30 多万册，配有先进的电子阅览室。

学院拥有由中央财政支持的职业教育实训基地，以及国务院扶贫办授牌的国家级扶贫培训示范基地、数控技术实训基地、电工电子技术实训基地等 65 个实验实训室。学院机电项目被人力资源和社会保障部、信息产业部列为国家高技能人才培训基地。

设有中华总工会授予的全国职工教育培训示范点。建有国务院扶贫办“雨露计划”示范基地、贵州省制造业信息化培训基地、贵州航天高级技工培训中心、贵州航天安全技术培训中心、遵义市下岗失业人员培训基地、汇川区农村剩余劳动力转移培训基地、红花岗区再就业培训基地，以及建有依托航天企业的近百个校外实训实习基地。

（三）科研成果

2018 年，汤智华的《Photoshop CS5 图像处理基础教程》获贵州省职业教育教学成果二等奖。

（四）学生与教职工数

2000 年，贵州航天职业技术学院成立，当年开始招收普通高考学生。

2000~2018 年，其学生与教职工数具体变化如表 10-2 所示。

表 10-2　2000~2018 年贵州航天职业技术学院学生与教职工数　　单位：人

年度末	专科学生				教职工数	专任教师					
	毕业生	招生数	在校生	预计毕业生		合计	教授	副教授	讲师	助教	教员
2000	—	458	458	—	430	213	—	30	69	77	—

续表

年度末	专科学生								教职工数	专任教师					
	毕业生		招生数		在校生		预计毕业生			合计	教授	副教授	讲师	助教	教员
2001	—		348		800		—		413	206	—	31	77	85	13
2002	—		220		842		394		383	186	—	30	79	61	15
2004	222		648		1186		255		261	104	—	21	53	25	5
2005	255		769		1644		1053		429	247	—	21	44	29	16
年度末	普通	成人	普通	成人	普通	成人	普通	成人	教职工数	合计	正高	副高	中级	初级	未定
2007	591	113	1203	221	2606	634	696	373	327	227	—	29	69	71	58
2008	576	220	1570	160	3556	458	1056	91	341	248	—	33	75	83	57
2009	792	91	1603	145	4088	512	1233	208	355	270	—	35	81	91	63
2010	1157	158	1306	135	4039	489	1290	209	352	270	—	35	81	120	34
2011	1303	159	1554	149	4452	459	1627	175	356	293	—	37	84	132	40
2012	1346	110	2427	187	5284	471	1339	135	355	295	—	36	95	115	49
2013	1185	118	846	285	4667	621	1572	149	355	275	—	35	100	104	36
2014	1442	132	2322	323	5375	792	2212	184	360	280	—	40	86	122	32
2015	1895	157	2770	198	5821	806	858	285	354	178	—	38	91	121	28
2016	806	195	3796	—	8575	521	2245	323	446	370	—	50	92	110	118
2017	2065	208	3821	206	9938	404	2574	198	504	441	—	54	105	101	181
2018	2415	141	4089	712	11196	1240	3470	—	521	459	—	61	121	156	121

资料来源：历年《贵州年鉴》。

三、贵州交通职业技术学院

贵州交通职业技术学院的历史，可追溯至 1958 年以贵州交通厅干部学校、重庆交通干部学校合组成立的贵州省交通学校。1958 年，贵州省城市建设学校公路与桥梁、汽车维修专业班并入贵州省交通学校。1959 年，贵州省交通厅汽车驾驶学校并入。1960 年，升格改建为贵州交通学院。1961 年恢复为贵州省交通学校。1997 年，贵州交通干部学校与贵州省交通学校合署办公。

2000 年，贵州省交通学校、贵州交通干部学校、贵州省汽车驾驶技工学校合并升格组建全日制普通高等职业专科学校，名为贵州交通职业技术学院。学校位于贵阳市清镇职教城西区。

（一）院系与专业设置

1998 年，贵州交通干部学校与长沙理工大学联合开办自考专、本科交通土建工程专业学历教育；与武汉理工大学联办硕士研究生学历教育。

2000 年，汽车运用技术专业成为教育部高职高专教育教学改革试点专业。

2001 年，道路桥梁工程技术专业开始招收高职生。

2002 年，成立汽车工程系、基础教学部。同年，工程机械专业成为省级第二批高等职业教育示范专业；道路桥梁工程技术专业被列为教育部高职高专专业教学改革试点专业；公路监理专业被确定为省级高职高专教育教学试点专业。

2004 年，增设成人自考本科学历教育。

2006 年，增设汽车技术服务与营销专业；成立信息管理工程学院。

2007 年，汽车运用技术专业成为教育部高职高专示范性重点建设专业；道路桥梁工程技术专业成为中央财政重点支持建设的国家级高职高专示范专业。

2010 年，城市轨道交通运营管理专业开始招生；建筑工程技术专业成为国家级示范专业。

2011 年，专科招生的专业有：道路桥梁工程技术（公路与桥梁工程方向、计算机与公路工程方向）、公路监理（公路工程监理方向、公路工程试验检测方向）、工程造价（公路方向、建筑工程方向）、高等级公路维护与管理、地下工程与隧道工程技术、城市轨道交通工程技术、建筑工程技术（含交通土建工程方向、防水防腐工程方向）、建筑设计技术、建筑装饰工程技术、工程测量与监理、建筑设备工程技术（含给水排水工程方向）、汽车运用技术、汽车整形技术、汽车电子技术、汽车检测与维修技术（含汽车保险理赔方向）、汽车技术服务与营销、公路运输与管理、物流管理（公路运输管理方向）、新能源应用技术（能源汽车方向）、工程机械控制技术（工程机械化施工方向、工程机械检测与维修方向、工程机械营销专门化方向）、机电一体化技术、数控技术、机械制造与自动化、城市轨道交通工程技术（城市轨道交通营运管理方向）、交通安全与智能控制、工程机械运用与维护、计算机应用技术（建筑装饰辅助设计方向、客户信息服务与速录方向）、计算机网络技术、物流管理（仓储管理方向）、通信技术、软件技术（交通建设方向）、应用电子技术、多媒体设计与制作（艺术类专业）、电脑艺术设计（艺术类专业）、经济信息管理、会计电算化、旅游管理（含涉外导游方向）、安全技术管理、酒店管理、市场营销、会展策划与管理、旅游工艺品制作与设计（雕塑与陶艺方向、包装设计方向）。

2012 年，与贵州大学联合试办应用型本科学历教育。同年，机械设计制造及其自动化专业（汽车服务工程方向）、土木工程专业（道路桥梁应用工程方向）、农学（特种经济作物繁育与推广方向）、动物科学（动物繁育与疫病防控技术）4 个专业开始招收应用型本科学生，每专业招收 50 人，学制四年，纳入贵州省普通高校招生计划，从贵州大学第二批次录取。联办专业学生将享受贵州大学本科学生待遇。学生完成学业，经考试合格后，颁发贵州大学本科毕业证；符合授予学位条件的，授予学士学位。

2013 年，成立物流工程系。

2014年，高职有49个专业招生：道路桥梁工程技术、公路监理、工程造价、高等级公路维护与管理、地下工程与隧道工程技术、城市轨道交通工程技术、建筑工程技术、建筑装饰工程技术、工程测量与监理、土木工程检测技术、给排水工程技术、建筑设备工程技术、汽车运用技术、汽车整形技术、汽车电子技术、汽车检测与维修技术、汽车技术服务与营销、新能源汽车维修技术、二手车鉴定与评估、工程机械控制技术、工程机械技术服务与营销、数控技术、机电一体化技术、机械制造与自动化、工程机械运用与维护、交通安全与智能控制、航海技术、港口与航运管理、计算机应用技术、软件技术、计算机网络技术、通信技术、物联网技术、地理信息系统与地图制图技术、电脑艺术设计（艺术类专业）、经济信息管理、会计电算化、旅游管理、安全技术管理、酒店管理、市场营销、会展策划与管理、旅游工艺品制作与设计（艺术类专业）、表演艺术（艺术类专业）、公路运输与管理、物流管理、电子商务、连锁经营管理、速递服务与管理。

2015年，该学院共设有道路与桥梁工程系、汽车工程系、机械电子工程系、建筑工程系、信息工程系、管理工程系、物流工程系、航运工程系8个系，基础部、成教部2个部，交通技师学院、驾驶技工学校2个分校，开设有55个高职和中职专科专业。

2016年，城市轨道交通机电技术、城市轨道交通通信信号技术专业开始招生。

2017年，城市轨道交通运营管理专业成为全国高水平示范性专业。

2018年，成立轨道交通工程系。

2019年，学校成教部与长沙理工大学、武汉理工大学联合开办自考本、专科和硕士研究生学历教育的专业有：土木工程（本科函授）、工程管理（本科函授）、道路与桥梁工程技术（自考本科）、建筑工程（自考本科）、道路桥梁工程技术（专科函授）、工程监理（专科函授）、交通运输工程（在职研究生）。同年，土木工程检测技术专业成为国家级骨干专业。

当年，设有8个系、39个高职招生专业。分别是：道路与桥梁工程系的道路桥梁工程技术、道路养护与管理、城市轨道交通工程技术、建设工程监理、安全技术与管理5个专业；汽车工程系的汽车运用与维修技术、汽车车身维修技术、汽车制造与装配技术、新能源汽车技术、汽车营销与服务5个专业；建筑工程系的工程测量技术、建筑设计、建筑工程技术、土木工程检测技术、工程造价5个专业；机械电子工程系的机械制造与自动化、机电一体化技术、工业机器人技术、工程机械运用技术、轮机工程技术5个专业；管理工程系的空中乘务、旅游管理、酒店管理、环境艺术设计、陶瓷设计与工艺、歌舞表演6个专业；信息工程系的计算机网络技术、物联网应用技术、大数据技术与应用、智能交通技术运用、建筑室内设计5个专业；物流工程系的快递运营管理、电子商务、物流管理、会计、市场营销5个专业；轨道交通工程系的城市轨道交通通信信号技术、城市轨道交通机电技术、城市轨道交通运营管理3个专业。

截至2019年，学校已建设有道路桥梁工程技术、汽车运用技术、建筑工程技术、工程机械控制技术4个国家高职高专示范专业；公路监理、旅游、会计电算化、计算机应用技术4个贵州省级高职高专重点专业；还建设有教育部国家教学资源课程11门，国家级、省级精品课程26门。

（二）学校环境与办学成果

2002 年，被批准为国家重点建设职业技术学院。①

2003 年，被列为贵州省第一批职教师资培训基地②。

2004 年，成为教育部汽车专业技能型紧缺人才培养培训基地。同年，王毅荣获省五一劳动奖章。③

2005 年，通过了高职高专人才培养工作水平评估，并获评为优秀；被教育部、发改委等七部委联合表彰为全国职业教育先进集体。

2007 年，学校被遴选成为教育部、财政部重点支持的国家示范性高职院校建设单位；增列为贵州省教育厅高职高专汽车专业师资培训基地。

2010 年，通过国家示范性高职院校项目建设验收，成为全国 100 所国家示范性高职院校之一。④ 同年，首次在全省开展高职院校单独招生改革试点。⑤ 教师王爱红荣获省五一劳动奖章。⑥

2012 年，获批为全国职教师资培养培训基地。⑦

2015 年，学校南、北两个校区总占地面积 1550 亩，建筑面积 50 余万平方米。

2016 年，建筑工程技术专业教学团队成为省级优秀教学团队。

2019 年，土木工程应用技术协同创新中心获批为国家级协同创新中心。学校成功入选全国 56 所中国特色高水平高职院校建设单位。截至 2019 年，学院拥有清镇、阳关两个校区，占地面积共 1680 余亩。

已整体搬迁至清镇校区的图书馆面积 21000 平方米，各类图书 91.5 万册；设有 6 个书库、1 个现刊阅览室、1 个过刊资料室、2 个电子阅览室、5 个自习区、7 个独立研修室、4 个讨论室、1 个读者沙龙厅、1 个影音室；安置有 1100 个阅览座位。

校内建有贵州交通规划勘察设计院第四分院，贵州省国家第二、第八十三职业技能鉴定所，贵州交职院机动车驾驶技能培训分校，贵州交职院试验检测中心，贵阳顺天东风雪铁龙汽车 4S 店，贵州汽车修理公司一汽大众 4S 店，贵阳公交汽车修理厂，贵州交职院骄苑旅行社等面向教学和社会的服务机构。

与全国 141 家企业建立有长期合作、学生顶岗实习校外实训基地。

（三）科研成果

2014 年，建筑工程系“校企合作、工学结合”教学成果荣获国家教学成果二等奖。

---

① 《贵州年鉴》编辑部. 贵州年鉴（2003）［M］. 贵阳：贵州年鉴社，2003：376-377.

② 贵州省地方志编纂委员会. 贵州省志（1978-2010）·教育［M］. 贵阳：贵州人民出版社，2017：51.

③ 《贵州年鉴》编辑部. 贵州年鉴（2005）［M］. 贵阳：贵州年鉴社，2005：500.

④ 《贵州年鉴》编辑部. 贵州年鉴（2011）［M］. 贵阳：贵州年鉴社，2011：389.

⑤ 《贵州年鉴》编辑部. 贵州年鉴（2012）［M］. 贵阳：贵州年鉴社，2012：421.

⑥ 《贵州年鉴》编辑部. 贵州年鉴（2011）［M］. 贵阳：贵州年鉴社，2011：675.

⑦ 《贵州年鉴》编辑部. 贵州年鉴（2013）［M］. 贵阳：贵州年鉴社，2013：370.

2018 年，刘雁等的《“三全覆盖、三一递进”融入创新实践的顶岗实习教学模式改革与探索》、刘焰等的《“校企融合、机制先行”西部山区高职汽车专业校企合作运行机制探索与实践》、刘正发等的《民族地区专本衔接培养中职师资的“四方共育、德能并进”模式探索与实践》荣获省级职业教育教学成果一等奖；刘志等的《土木工程类专业学生助教“自立自主，德技双修”实训教学模式》荣获省级职业教育教学成果二等奖。

（四）学生与教职工数

2000 年，贵州交通职业技术学院成立，翌年正式招生。

2000~2018 年，其学生与教职工数具体变化如表 10-3 所示。

2018 年，贵州交通职业技术学院获得成人教育招生资格。

表 10-3　2000~2018 年贵州交通职业技术学院学生与教职工数　　单位：人

年度末	专科学生								教职工数	专任教师					
	毕业生		招生数		在校生		预计毕业生			合计	教授	副教授	讲师	助教	教员
2000	—		—		—		—		162	82	—	16	40	26	—
2001	—		321		321		—		161	82	—	18	40	22	2
2002	—		227		548		—		334	123	—	26	68	29	—
2004	86		1360		2328		225		395	216	—	45	64	87	20
2005	193		1834		3885		1053		427	236	—	48	71	88	29
年度末	普通	成人	普通	成人	普通	成人	普通	成人	教职工数	合计	正高	副高	中级	初级	未定
2007	1619	—	2235	—	5419	—	1765	—	532	372	—	75	117	151	29
2008	1964	—	2850	—	6437	—	1810	—	627	461	—	96	146	178	41
2009	1858	—	3106	—	7673	—	2147	—	662	499	—	102	157	188	52
2010	2147	—	3404	—	9049	—	2730	—	664	501	5	99	157	188	52
2011	2642	—	3062	—	9380	—	3252	—	659	501	5	99	156	188	53
2012	3160	—	3442	—	9485	—	3055	—	680	521	7	102	161	196	55
2013	3050	—	4017	—	10308	—	2979	—	671	523	8	105	160	250	—
2014	2976	—	4106	—	11396	—	3312	—	710	567	10	113	177	221	46
2015	3239	—	3959	—	12043	—	4035	—	732	589	10	113	175	217	74
2016	3755	—	5597	—	13605	—	4093	—	738	592	12	131	197	237	15
2017	3796	—	4568	—	14080	—	3915	—	747	610	10	127	197	237	39
2018	3561	—	4723	—	15189	918	5786	—	745	616	12	148	191	226	39

资料来源：历年《贵州年鉴》。

2019 年，有在校生 14000 人；教职工 669 名，其中高级职称 222 人，硕士以上学位的 160 人，“双师型”教师 490 人，国家级教学名师 2 名，省部级教学名师 13 人，省管专家、贵州省政府特殊津贴专家 5 人，省部级以上“技能大师”、青年岗位技术能手 8 人。

四、贵州电子信息职业技术学院

2000 年 7 月，贵州省电子工业职工大学、贵州无线电工业学校两校合并组建成立全日制普通高等职业技术学院，名为贵州电子信息职业技术学院。学校位于贵州省凯里市华联路。

（一）院系与专业设置

2000 年，机械专科更名为机电工程系；无线电专科改为电子工程系。

2001 年，应用电子技术、通信技术 2 个高职专业和五年制大专开始招生。同时招有应用电子技术、无线电通信技术三年制中专生。

2002 年，计算机应用、通信工程 2 个专业成为省级示范专业①；模具设计与制造专业入选为教育部第一批国家高职高专精品专业。②

2003 年，增设电气自动化技术专业。同年，入选为贵州省首批“工学结合”试点职业院校。当年，成为贵州省内首家通过国家高职高专办学水平评估的职业高校。

2005 年，增设电子声像技术专业。

2012 年，电子工程系析分出通信工程系，开设应用电子技术、通信技术、电子信息工程技术、移动通信技术、电子声像技术、汽车电子技术、汽车营销与服务专业、医用电子仪器与维护、水利水电工程管理、电气自动化技术、电力系统自动化技术、发电厂及电力系统、供用电技术 13 个专业。

2014 年，财政金融系开设有会计、财务管理、金融管理 3 个专业。

2016 年，学校进行院系与专业调整。以电子工程系为基础重组成立新的电力工程系，开设发电厂及电力系统、供用电技术、电源变换技术与应用、电力系统自动化技术、电气自动化技术、水利水电工程管理 6 个专业；将学校专业重组成立新的汽车工程系，开设汽车运用与维修技术、汽车营销与服务、汽车检测与维修技术、汽车车身维修技术、汽车电子技术 5 个专业；将电子工程系、通信工程系两系部分专业合并成立电子信息工程系，开设电子信息工程技术、通信技术、移动通信技术、通信工程设计与监理、应用电子技术、智能交通运用技术、物联网应用技术 7 个专业。同年，艺术设计系开设有广告设计与制作、视觉传播设计与制作、工艺美术品设计、动漫设计与制作、数字媒体应用技术 5 个专业。

2018 年，视觉传播设计与制作专业更名为建筑室内设计专业，动漫设计与制作专业更名为影视动画专业。

截至 2019 年，学校设有机电工程系、计算机科学系、电子信息工程系、财政金融系、

---

① 《贵州年鉴》编辑部. 贵州年鉴（2003）［M］. 贵阳：贵州年鉴社，2003：376.

② 《贵州年鉴》编辑部. 贵州年鉴（2003）［M］. 贵阳：贵州年鉴社，2003：377.

艺术设计系、电力工程系、建筑工程系、电子商务学院、汽车工程系、继续教育学院、基础教学部、马克思主义学院 12 个院系（部）。

是年，按大类招生，共有 40 专业：机电一体化技术、工业机器人技术、机械设计与制造、数控技术、模具设计与制造、计算机应用技术、计算机网络技术、软件技术、信息安全与管理、云计算技术与应用、大数据技术与应用、移动应用开发、通信技术、移动通信技术、电子信息工程技术、物联网应用技术、应用电子技术、行政管理、旅游管理、物流管理、市场营销、电子商务、汽车检测与维修技术、汽车电子技术、新能源汽车技术、汽车营销与服务、财务管理、会计、金融管理、广告设计与制作、影视动画、建筑室内设计、水利水电工程管理、发电厂及电力系统、供用电技术、电力系统自动化技术、新能源装备技术、建筑工程技术、建设工程管理、工程造价。

（二）学校环境与办学成果

2001 年，新建图书馆，总面积 5226 平方米。

2002 年，在全国职业教育工作会议上，被教育部、国家经济贸易委员会、劳动和保障部联合授予先进单位称号。①

2009 年，学院入选省级示范性高职学院建设行列②。再次入选教育部评定的全国职业院校学生管理 50 强院校。

2011 年，被列为省级示范性高职院校。

2017 年，信息化教学在全国职业院校技能大赛中荣获全国一等奖，实现了贵州省在此赛项一等奖零的突破。

2018 年，被教育部评为全国职业院校实习管理 50 强学校。同年，学院在金砖国家技能发展与技术创新大赛（南非赛区）总决赛物联网赛项中以第一名成绩荣获一等奖。

2019 年，在“一带一路”暨金砖国家技能发展与技术创新大赛之第二届数字化控制技术大赛、物联网技术与技能大赛国内赛暨国外赛区选拔赛中双双荣获一等奖。

截至 2019 年，学院拥有两个校区。老校区位于贵州省凯里市城区，占地面积 400 亩；新校区位于贵州省凯里市高铁经济圈，占地面积 1615 余亩，建筑面积 43 万平方米。

学校固定资产总价值近 2.88 亿元，教学设备价值近 2.2 亿元。建有机电技术、电子技术、计算机技术、汽车维修等实训中心，金工、模具、CAD、数字电路、电子测量、网络技术等 60 余个设备先进的实验室，校外实训基地 115 个，省级“大师工作室”建设项目 2 个，开放实训基地 2 个，协同创新中心 2 个；拥有省级骨干专业建设项目 5 个、省级重点专业群建设项目 3 个；现代学徒制试点 1 个；省级精品在线开放课程建设项目 5 个。

图书馆藏书纸质图书 55 万余册、超星电子图书 15 万余册、万方电子期刊 6000 余种。设置有外借室、工具书库、新书过刊阅览室、学生阅览室、教工阅览室、计算机检索室、电子阅览室；拥有馆员工作、读者检索和信息资源利用的计算机 70 余台。馆内专门开辟

---

① 《贵州年鉴》编辑部. 贵州年鉴（2003）[M]. 贵阳：贵州年鉴社，2003：376.

② 《贵州年鉴》编辑部. 贵州年鉴（2010）[M]. 贵阳：贵州年鉴社，2010：357.

有机电技术、计算机科学技术、电工技术、电子技术、通信技术、无线电技术、管理类、外语等专业书籍和期刊等特色资源收藏电子库。

（三）科研成果

2016 年，黄力获全国机械职业教育实践性教学成果一等奖。

2018 年，曹炯清等的《交换与路由使用配置技术》、严峥晖的《层次递进，二位一体，创新电子信息类专业精英人才培养模式》、高桥金的《数字工匠“一学、二做、三创”人才培养模式构建与实施》获得省级职业教育教学成果奖一等奖。

（四）学生与教职工数

2000 年，贵州电子信息职业技术学院成立，翌年招生。

2001~2018 年，其学生与教职工数具体变化如表 10-4 所示。

表 10-4　2001~2018 年贵州电子信息职业技术学院学生与教职工数　　单位：人

年度末	专科学生								教职工数	专任教师					
	毕业生		招生数		在校生		预计毕业生			合计	教授	副教授	讲师	助教	教员
2001	—		499		499		—		217	135	—	22	59	43	11
2002	—		532		779		—		256	155	—	38	61	35	21
2004	224		1186		2480		486		256	172	—	38	64	36	34
2005	486		1443		3367		938		256	176	—	42	62	52	20
年度末	普通	成人	普通	成人	普通	成人	普通	成人	教职工数	合计	正高	副高	中级	初级	未定
2007	1244	232	2253	62	4716	199	1485	64	497	420	1	84	153	144	38
2008	1485	64	2527	103	5758	238	1295	—	506	430	2	89	166	162	11
2009	1295	—	2292	138	6681	376	2300	73	535	454	2	98	169	159	26
2010	2313	73	1662	34	6314	311	2158	62	525	444	2	99	169	174	—
2011	2113	42	2103	24	6415	299	2543	103	520	440	3	98	177	162	—
2012	2444	28	2858	839	6594	1035	1757	138	511	434	3	101	178	152	—
2013	1725	58	1697	307	6351	1204	1993	58	503	415	3	102	161	134	15
2014	1990	58	2920	240	7226	1386	2684	839	542	448	4	109	173	122	40
2015	2672	839	3167	147	7579	694	1650	307	559	469	6	119	178	144	22
2016	1636	307	3858	338	9670	725	2847	240	569	480	8	121	186	129	36
2017	2832	239	4028	582	10653	1067	3117	147	568	481	9	127	183	143	19
2018	3085	105	4430	294	11735	—	3840	364	565	476	10	126	180	147	13

资料来源：历年《贵州年鉴》。

2019 年，有全日制在校学生 11000 余名；教职工 517 人，其中专任教师 427 人，高级职称 105 人，全国师德标兵 1 人，省级职教名师 5 人，“双师”型教师比率达 69%；省级优秀教学团队 2 个。

五、贵州人民大学

1983 年，创建贵州职业大学，1984 年更名为贵州人民大学，成为贵州改革开放后兴办的第一所综合性专科学校。学校位于贵州省贵阳市香狮路。1993 年，该校整体并入贵州大学。

贵州人民大学的招生对象，主要是通过全省统招生考试的在职青年干部职工、应届高中毕业生和社会青年。学生在校期间以自费、走读为主，学制两年至三年；就业上实行自主择业、国家不包毕业分配原则，在职干部职工则回原单位安排工作，其余毕业生根据用人单位需要，由学校择优推荐。

（一）院系与专业设置

1983 年，设置有行政管理、中国语言文学、外国语言文学、法律、土木建筑、中企业管理 6 个科系，开设秘书、档案、中文、英语、法律、财会、工业企业管理、农业经济、城乡建设、工业与民用建筑 10 个专科专业。同年有秘书、工业企业管理、法律、建筑经济 4 个专业招生，共招 120 人。①

1984 年，招收秘书档案专业学生 29 人、法律专业学生 30 人、英语专业学生 22 人。

1986 年，设有行政管理、中文、财会、企业管理、工业与民用建筑、英语、法律共 7 个专业，学制两年至三年。②

（二）学校环境

学校总建筑面积 1.3 万多平方米（不包含教师宿舍）。有图书约 2 万册，订有报纸杂志约 150 种，仪器设备价值 56 万元。

（三）学生与教职工数

1983 年，贵州人民大学成立。当年有秘书、工业企业管理、法律、建筑经济 4 个专业招生，共招专科学生 120 人。

1984 年，招收学生 81 人。

1985~1993 年，其学生与教职工数变化如表 10-5 所示。

① 《贵州教育志》编纂办公室. 贵州教育年鉴（1949-1984）［M］. 贵阳：贵州人民出版社，1986：87.
② 《贵州教育志》编辑部. 贵州年鉴（1987）［M］. 贵阳：贵州年鉴社，1987：605.

表 10-5 1985~1993 年贵州人民大学学生与教职工数 单位：人

年度末	专科学生			教职工数	专任教师					
	毕业生	招生数	在校生		合计	教授	副教授	讲师	助教	教员
1985	—	—	—	74	45	—	4	15	8	18
1986	81	97	191	41	16	—	—	3	4	9
1987	93	184	281	70	28	—	—	9	2	28
1988	—	390	680	90	43	—	6	20	2	15
1989	276	810	157	100	47	—	6	24	2	15
1990	402	254	660	99	47	—	7	30	6	4
1991	233	97	254	95	47	—	7	28	2	10
1992	140	—	98	89	43	—	7	25	1	10
1993	74	—	24	85	41	—	7	10	1	23

资料来源：历年《贵州年鉴》。

（四）学校历任负责人

名誉校长：徐采栋、刘汉桢。校长：张耿光。党委书记：石开录。党委副书记：张耿光 李云东。副校长：胡太华。

六、金筑大学

1984 年，贵州省政府批准，由贵阳市人民政府创办的贵阳金筑大学正式成立，10 月 6 日正式开学。学校位于贵州省贵阳市文化路。

金筑大学是一所招收自费、走读、不包分配的全日制普通职业大学，学制两年至三年①。首届招生 155 人，全部从统招生中录取。

金筑大学还是贵州省最早成立的独立的高职院校，也是当时全国高等职业技术教育研究会在贵州唯一的地方性常务理事大学。

2004 年 5 月，贵阳师范高等专科学校与金筑大学合并组建为全日制本科院校——贵阳学院。

（一）院系与专业设置

1984 年，成立经济管理系、文法系。开设有秘书档案、商业企业管理、电子计算机

---

① 贵州省地方志编纂委员会. 贵州省志（1978-2010）· 教育［M］. 贵阳：贵州人民出版社，2017.

（软件）3 个专业。①

1985 年，秋季增设新闻、政法、计划统计及工业企业管理 4 个专业，学制两年至三年。招收统招生 250 名，成人干部专修生 300 人。② 设有企业管理、秘书档案、电子计算机、新闻、政法、计划统计 6 个系，还设有马列主义教研室、英语教研室、体育教研室。

1986 年，开设有学制两年至三年的秘书档案、商业企业管理、电子计算机、政法、新闻 5 个专业班。③ 同年，组建轻工系，增设食品分析与检验、食品工程 2 个专业。

1988 年，轻工系增设服装设计与加工专业、包装装潢设计 2 个专业并招生。

1995 年，迁至贵阳市高级技工学校（至龙洞堡）内办学。同年，贵阳市高级技工学校和贵阳红星机床厂并入金筑大学。

1999 年，轻工系增设室内设计专业、服装与表演专业。

1996 年，增设机械制造工艺与设备专业并招生。

截至 2000 年左右，开设有计算机科学系、经济管理系、文法系、轻工系、外语系、机电系，以及基础部、培训部、成教部、驾驶培训学校、高级技工学校、数码中心、远程教育站等教学部门。开设专业有计算机应用、计算机应用与维护、计算机软件、电子技术、办公自动化运行与维护、财会电算化、商务电子、市场营销、市场策划、新闻、法律、商务秘书、秘书档案、食品工程、服装设计、英语、生物治药、服装设计与表演、汽车技术、网络技术与信息处理等 40 多个专业，其中，秘书专业为省级示范专业，服装设计专业为国家示范专业。至 21 世纪初，已为贵州境内专业设置较为齐备的综合性高等专科学校。④

（二）学校环境与办学成果

1984 年，学校占地面积约 7000 平方米，建有校舍建筑总面积 133029 平方米。学校设政治处、教务处、总务处 3 个党政机构，党委办公室、行政办公室、基建办公室、校刊编辑室 4 个办公室，1 个图书馆、1 个服务部。⑤

（三）科研成果

2004 年，金筑大学任钢建的《独具特色的高校领导体制——党委领导下的校长负责制研究》获贵州省高校人文社会科学研究成果三等奖。⑥

（四）学生与教职工数

1985 年，有在校学生 14 个班 622 人（包括成人干部专修科学员 300 人）。④

---

① 《贵州教育志》编纂办公室. 贵州教育年鉴（1949-1984）[M]. 贵阳：贵州人民出版社，1986：82.

②⑤ 《贵州教育志》编纂办公室. 贵州教育年鉴（1949-1984）[M]. 贵阳：贵州人民出版社，1986：489.

③ 《贵州年鉴》编辑部. 贵州年鉴（1987）[M]. 贵阳：贵州人民出版社，1987：605.

④ 贵阳市金筑大学 [EB/OL]. 顺企网，https：//www. 11467. com/guiyang/co/10675. htm.

⑥ 《贵州年鉴》编辑部. 贵州年鉴（2005）[M]. 贵阳：贵州年鉴社，2005：283.

1984 年，金筑大学成立。当年招收专科学生 150 人。

1984~2002 年，其学生与教职工数具体变化如表 10-6 所示。

表 10-6 1984~2002 年金筑大学学生与教职工数 单位：人

年度末	专科学生				教职工数	专任教师					
	毕业生	招生数	在校生	预计毕业生		合计	教授	副教授	讲师	助教	教员
1984	—	150	150	—	179	—	1	5	94	—	—
1985	—	250	622	—	—	—	1	5	94	—	—
1986	—	107	720	—	94	56	—	—	5	26	25
1987	380	241	557	—	144	72	—	6	28	—	38
1988	236	222	536	—	147	80	—	10	28	34	8
1989	174	181	509	—	151	79	—	8	31	39	1
1990	182	153	467	—	146	81	—	13	32	36	—
1991	130	37	137	—	145	79	—	13	29	5	32
1992	55	—	86	—	145	79	—	13	29	5	32
1993	49	—	37	—	129	67	—	10	30	2	25
1994	39	—	—	—	232	108		16	57	35	—
1995	—	104	104	—	233	109	—	23	48	35	3
1997	—	240	537	100	219	114	—	17	54	40	3
1998	100	300	737	197	227	122	—	13	53	38	18
1999	194	478	1054	357	233	129	1	16	59	40	13
2000	357	899	1587	379	252	148	1	16	59	40	32
2001	365	1142	2396	560	554	180	1	18	60	75	25
2002	547	1092	2628	572	584	210	3	29	60	111	7

资料来源：历年《贵州年鉴》。

截至 2004 年，该校专任教师中具有硕士学位的 10 人，攻读博士学位的 2 人，在职研究生进修班 16 人，研究生进修班结业 10 人，还聘请了 27 位专家、教授为学校的客座教授。①

（五）学校历任负责人（1987~2002 年）

金筑大学与贵阳市教师进修学院为两个机构，一套班子。党委书记：刘培元、葛清

① 贵阳市金筑大学［EB/OL］. 顺企网，https：//www.11467.com/guiyang/co/10675.htm.

叶、任钢建。校长：赵西林、刘培元、罗明空。党委副书记：戴国煌、傅成栋、刘培元、罗明空。副校长：戴国煌、杨恩龄、刘培元、傅成栋、汪渝培、周贵发、谷丽应。

七、贵州建筑专科学校

（一）概况

贵州建筑专科学校最早可追溯至1978年贵州工学院创建的建筑专科班。1985年，贵州省政府批准，将贵州工学院建筑专科班、贵州省基本建设干部学校合并成立贵州建筑专科学校，由贵州省建设厅主办。校址在贵阳市花果园。①

1978~1984年，贵州工学院建筑专科班设有工业与民用建筑1个专业（学制三年）。1978年，招收学生106人。1986年，设有学制三年的工业与民用建筑1个专科专业②。

1992年，整体并入贵州工学院。

（二）学生与教职工数

1985年，贵州建筑专科学校成立，当年继续招生。

1986~1991年，其学生与教职工数具体变化如表10-7所示。

表10-7　1986~1991年贵州建筑专科学校学生与教职工数　单位：人

年度末	专科学生			教职工数	专任教师					
	毕业生	招生数	在校生		合计	教授	副教授	讲师	助教	教员
1986	—	100	206	121	63	—	—	9	32	12
1987	56	105	259	147	64	—	—	11	39	14
1988	45	107	317	150	66	—	8	30	26	2
1989	102	100	310	155	68	—	8	30	26	4
1990	96	106	314	135	62	—	8	24	27	3
1991	106	80	289	136	64	—	11	29	3	21

资料来源：历年《贵州年鉴》。

（三）学校历任负责人（1987~1992年）

党委书记：谭鸿斌、崔沧珏。校长：江厥中。副校长：崔跄玉、陆昆、江厥中、酒

① 贵州省地方志编纂委员会编. 贵州省志·教育［M］. 贵阳：贵州人民出版社，1990：327.
② 贵州年鉴编辑部编. 贵州年鉴（1987）［M］. 贵阳：贵州人民出版社，1987：605.

鹏、白酒鹏。党委副书记：王桂生。

八、贵州艺术专科学校

（一）概况

贵州艺术专科学校的历史，可追溯至1955年组建的贵州省电影放映人员训练班，之后贵州省文化艺术干部学校创建。1956年，更名为贵州省戏曲学校。1964年，贵州大学艺术系、贵州省戏曲学校合并组建贵州省艺术学校。

1985年，以贵州省艺校为基础成立贵州艺术专科学校（与艺学合署）。①

1986年，设有音乐、美术2个专科专业。②

1993年，更名为贵州艺术高等专科学校。

1997年5月，并入贵州大学。③

（二）学生与教职工数

1985年，贵州艺术专科学校成立，当年开始招收学生。

1986~1995年，其学生与教职工数具体变化如表10-8所示。

表10-8　1986~1995年贵州艺术专科学校学生与教职工数　　单位：人

年度末	专科学生			教职工数	专任教师					
	毕业生	招生数	在校生		合计	教授	副教授	讲师	助教	教员
1986	—	66	126	128	69	—	—	8	—	61
1987	—	41	167	127	88	—	—	40	—	48
1988	92	102	177	110	66	—	13	27	25	1
1989	34	43	163	115	74	—	13	34	25	2
1990	56	106	187	109	84	—	15	34	25	10
1991	57	110	232	110	85	—	13	27	11	34
1992	69	140	330	110	85	—	13	27	11	34
1993	110	180	396	132	108	—	11	36	34	27
1994	116	110	384	134	105	3	17	36	10	39
1995	168	145	377	138	109	3	15	33	47	11

资料来源：历年《贵州年鉴》。

---

① 贵州省地方志编纂委员会. 贵州省志（1978-2010）·教育［M］. 贵阳：贵州人民出版社，2017：21.

② 《贵州年鉴》编辑部. 贵州年鉴（1987）［M］. 贵阳：贵州人民出版社，1987：605.

③ 贵州省地方志编纂委员会. 贵州省志（1978-2010）·教育［M］. 贵阳：贵州人民出版社，2017：41.

（三）学校历任负责人

党委书记：周世英、邓康明；校长：涂尘野、周世英；副校长：沈健坤、陈敦品；党委副书记：周世英。

九、贵州商业专科学校

贵州商业高等专科学校的历史，可追溯至 1947 年成立的贵阳市尚信高级会计职业学校。1952 年，以尚信高级会计职业学校为基础组建贵州省贸易中等技术学校。20 世纪 60 年代初与贵州省粮食学校合并，名为贵州省商业学校。1980 年，学校被教育部列为国家级重点中等专业学校。

1987 年升格改建为全日制高等专科学校，名为贵州商业专科学校，是一所文理兼容的商科类普通高校。学校位于贵阳市市区。

（一）院系与专业设置

1987 年，设置有经营与管理系，开设有会计、经营管理、市场营销等专业。

1992 年，成立贸易经济系。

1993 年，更名为贵州商业高等专科学校。同年，增设酒店管理专业。

1998 年，成立计算机科学系。

1999 年，增设计算机美术广告设计、旅游管理、电子商务、金融与证券、保险学专业并招生；获准举办高等教育自学考试社会助学班。①

2000 年，成立金融系；经营与管理系更名为工商管理系。同年，增设国际商务专业，经营管理专业更名为工商管理专业。

2001 年，成立社科部。

2002 年，该校市场营销专业获批为第一批国家级高职高专精品专业②，酒店管理专业被教育部列为教育改革试点专业。

2003 年，增设物流管理专业并招生。

2004 年，工商管理专业更名为工商企业管理专业。

2005 年，有 7 个系（部）、23 个专业招生。分别是会计系：会计、资产评估与管理；金融系：金融与证券、税务；工商管理系：工商企业管理、文秘（商务文秘）；旅游系：酒店管理；计算机科学系：计算机信息管理、电脑艺术设计、电子商务；贸易经济系：国际商务、市场营销、营销与策划、广告经营与管理、商务英语；职教部（高职）：会计电算化、旅游管理、计算机信息管理、电脑艺术设计、市场营销、电子商务、导游、文秘。

---

① 《贵州年鉴》编辑部. 贵州年鉴（2000）[M]. 贵阳：贵州年鉴社，2000：357.

② 《贵州年鉴》编辑部. 贵州年鉴（2003）[M]. 贵阳：贵州年鉴社，2003：377.

2006年，增设投资与理财专业并招生。

2010年，增设会展策划与管理专业。同年，有28个专业招生：会计电算化、税务、文秘、保险实务、资产评估与管理、会计与审计、信用管理、投资与理财、金融与证券、工商企业管理、物流管理、房地产经营与估价、连锁经营管理、酒店管理、旅行社经营管理、涉外旅游、会展策划与管理、计算机应用技术、计算机信息管理、电子商务、电子应用技术、市场营销、营销与策划、广告经营与管理、国际商务、电脑艺术设计、装饰艺术设计、表演艺术（声乐方向、器乐方向、舞蹈方向）。同年，思想道德修养与法律基础课程被评为省级精品课程。

2011年，增设人力资源管理专业并招生；酒店管理专业被列入中央财政支持的专业服务产业能力建设项目；电子商务专业被评为省级特色专业。

2013年，增设物联网应用技术、旅游工艺品设计与推广、钢琴调律3个专业并招生。

2014年，有34个专业招生：会计电算化、会计与审计、财务管理、资产评估与管理、信用管理保险实务、金融与证券、投资与理财、税务、公共事务管理、连锁经营管理、物流管理、文秘、人力资源管理、企业管理、物业管理、酒店管理、旅游管理、会展策划与管理、市场营销、商务英语、营销与策划、广告经营与管理、国际商务、计算机信息管理、电子商务、计算机网络技术、汽车电子技术、汽车服务与营销、电脑艺术设计（广告设计）、装饰艺术设计（室内设计）、环境艺术设计、表演艺术（声乐方向、器乐方向、舞蹈方向、学前教育方向）、市场营销、会计电算化。

2015年，升格为全日制普通本科学校，更名为贵州商学院。①

（二）学校环境与办学成果

1992年，在国家高等学校体育课程基础建设水平、课程建设工作、课堂教学质量的检查评估中被评为优秀学校。②

1999年，商专图书馆被评为贵州省高校优等图书馆③。

2002年，商贸管理运作实训基地获批为国家级高职高专学生实训（师资培训）基地建设项目筹建基地。④ 同年，被贵州省政府评为1999~2002年度文明单位。⑤

2009年，贵州省情教学团队被评为省级优秀教学团队。

2011年，学生李庆丰荣获第三届全国道德模范提名奖。⑥

2011年，杨宏涛荣获省第二届青年创新人才奖。⑦

截至2014年，学校占地面积为823.76亩，校舍面积33.09万平方米。教学仪器设备

---

① 《贵州年鉴》编辑部. 贵州年鉴（2016）[M]. 贵阳：贵州年鉴社，2016：488.

② 《贵州年鉴》编辑部. 贵州年鉴（1993）[M]. 贵阳：贵州人民出版社，1993：486.

③ 贵州省地方志编纂委员会. 贵州省志（1978-2010）·教育 [M]. 贵阳：贵州人民出版社，2017：44.

④ 《贵州年鉴》编辑部. 贵州年鉴（2003）[M]. 贵阳：贵州年鉴社，2003：377.

⑤ 《贵州年鉴》编辑部. 贵州年鉴（2003）[M]. 贵阳：贵州年鉴社，2003：74.

⑥ 《贵州年鉴》编辑部. 贵州年鉴（2012）[M]. 贵阳：贵州年鉴社，2012：650.

⑦ 《贵州年鉴》编辑部. 贵州年鉴（2012）[M]. 贵阳：贵州年鉴社，2012：651.

总价值 6182.85 万元。馆藏纸质文献 40 万余册，电子文献 36 万余册。安装有校园网络系统。建有中央财政支持的实训基地 2 个；经济管理实验实训中心、文化艺术实验实训中心、工程技术实验实训中心 3 个实训中心。有实验实训室 90 个，校外实习基地 120 个。

（三）科研成果

2011 年，武鸣等的《"十二五"我省重大生产力战略布局研究》获贵州省第九次哲学社会科学优秀成果二等奖①。

（四）学生与教职工数

1987 年，贵州商业高等专科学校成立，当年招生。

1987~2014 年，其学生与教职工数变化如表 10-9 所示。

表 10-9　1987~2014 年贵州商业高等专科学校学生与教职工数　　单位：人

年度末	本专科学生				教职工数	专任教师					
	毕业生	招生数	在校生	预计毕业生		合计	教授	副教授	讲师	助教	教员
1987	—	117	117	—	116	39	—	3	9	27	—
1988	—	130	247	—	256	113	—	9	38	19	47
1989	—	260	503	—	266	125	—	11	40	53	21
1990	116	270	646	—	263	119	—	15	41	12	51
1991	126	270	784	—	257	117	—	9	40	14	54
1992	248	312	846	—	252	114	—	8	38	7	59
1993	268	360	935	—	250	114	—	9	56	11	38
1994	262	390	1054	—	246	115	—	15	56	7	34
1995	304	440	1190	—	248	117	—	13	57	36	11
1997	418	500	1357	427	247	117	1	11	65	29	11
1998	405	550	1493	488	252	125	1	18	65	36	5
1999	488	1581	2586	545	259	133	1	21	63	41	7
2000	545	2138	4151	482	388	283	1	45	96	80	61
2001	486	2600	5730	1197	483	380	6	90	180	84	20
2002	1197	2353	6077	1449	490	387	6	90	182	102	7
2004	2178	2771	7660	2191	517	410	7	101	199	93	10
2005	2050	2837	8074	2886	536	427	8	103	215	84	17

① 《贵州年鉴》编辑部. 贵州年鉴（2012）[M]. 贵阳：贵州年鉴社，2012：440.

续表

年度末	本专科学生								教职工数	专任教师					
	毕业生		招生数		在校生		预计毕业生			合计	正高	副高	中级	初级	未定
	普通	成人	普通	成人	普通	成人	普通	成人							
2007	3231	820	3357	781	8890	1511	3169	303	434	233	5	51	119	52	6
2008	3205	303	3749	991	9047	2154	3624	856	445	315	7	59	164	78	7
2009	2874	933	2868	635	9057	1378	3320	901	435	311	9	61	164	72	5
2010	3060	1006	3086	461	8993	1193	3192	201	432	314	9	63	166	74	2
2011	3119	397	3271	362	9085	1082	2873	418	427	316	12	86	170	48	—
2012	2658	339	4084	426	10400	1241	3264	334	414	309	12	84	167	46	—
2013	3142	637	2703	217	9796	635	3346	201	413	360	12	124	173	33	18
2014	4220	261	2305	107	7524	421	2934	252	536	425	18	125	107	109	66

资料来源：历年《统计年鉴》。

（五）学校历任负责人（1987~2002年）

校长：谢正强、吴为民；党委书记：张建业、汪绮修、涂经荣；副校长：汪宗坚、游文光、漆钜芬、唐绍春、陈其声、吴为民、陈荣中、陈森龙、武鸣、胡锦明、史毅成；副书记：涂经荣、吴为民、余昌悌。

十、贵州理工职业技术学院

（一）概况

贵州理工职业技术学院的历史，可追溯至1958年成立的贵州冶金学校及贵州冶金工业干部学校。1960年，建贵州省冶金学院，1961年停办。1962年，并入贵州有色金属学校。1973年，贵州有色金属学校改名为贵州省冶金学校。1999年，贵州省冶金职工中等专业学校（1990年，贵州省冶金建筑公司职工中等专业学校、贵阳钢厂职工中等专业学校、贵州钢绳厂职工中等专业学校、遵义铁合金厂职工中等专业学校四校合并组建）并入冶金学校。

2000年，贵州省冶金学校、贵州冶金干部学校合并组建全日制普通高等职业专科学校，名为贵州冶金职业技术学院。学校位于贵州省贵阳市。学院设有机械系、电气系、冶金系、土木工程系等，开设有机械、电气，冶金技术、土木工程等专科专业。当年招收新生256人。

2002年，更名为贵州理工职业技术学院。

2004年，并入贵州师范大学。

2009年，贵州理工职业技术学院撤销建制。

（二）学生与教职工数

2000 年，贵州冶金职业技术学院成立，当年开始招收学生。翌年，更名为贵州理工职业技术学院。

2000~2002 年，其学生与教职工数具体变化如表 10-10 所示。

表 10-10　2000~2002 年贵州理工职业技术学院学生与教职工数　　单位：人

年度末	专科学生				教职工数	专任教师					
	毕业生	招生数	在校生	预计毕业生		合计	教授	副教授	讲师	助教	教员
2000	—	256	256	—	211	120	—	17	60	38	5
2001	—	640	896	—	217	135	—	22	59	43	11
2002	—	662	1403	306	241	163	—	26	69	58	10

资料来源：历年《贵州年鉴》。

十一、贵州警官职业学院

2000 年，贵州公安干部学院、贵州省政法管理干部学院合并组建全日制普通高职专科学校，名为贵州人民警察职业技术学院。翌年更名为贵州警官职业学院。学校位于贵州省贵阳市龙洞堡。

2016 年，贵州警察学院升格改建为全日制本科职业学院，名为贵州警察学院。

（一）院系与专业设置

2002 年，司法文秘专业成为省级第二批高等职业教育示范专业。[①]

2004 年，公文写作课程成为贵州省首个教育部国家级精品课程。

2010 年，案件言语识别课程被公安部列为精品课程。

2014 年，提前批次录取的专业有侦查、经济犯罪侦查、治安管理、治安管理（特警方向）、警察管理、刑事技术、禁毒、警犬技术；普通专业有法律事务、法律文秘、计算机应用技术、社区管理与服务、安全防范技术。共 13 个高职专业。

（二）学校环境与办学成果

2009 年，经贵州省人民政府批准，授予“贵州省人民警察培训学院”和“贵州省公安厅警察训练总队”两个牌子。

① 《贵州年鉴》编辑部. 贵州年鉴（2003）[M]. 贵阳：贵州年鉴社，2003：376.

2012 年，林苇获贵州省五一劳动奖章。①

是年 8 月，学院 4 名参赛教师在公安部首届全国公安院校教学技能大赛中，分获现场专业教学一等奖 1 项、二等奖 2 项、三等奖 1 项。

（三）科研成果

2011 年，刘鹏等的《夯实执政基础，强化社会治理，促进社会和谐——瓮安“6·28”事件分析》获贵州省第九次哲学社会科学优秀成果二等奖。②

2015 年，刘锦涛的《中英创建近代警察制度比较研究》获贵州省第十一次哲学社会科学科研成果一等奖。③

（四）学生与教职工数

2000 年，贵州人民警察职业技术学院成立，翌年正式招收普通高考学生入学。

2001~2016 年，其学生与教职工具体变化数如表 10-11 所示。

表 10-11　2001~2016 年贵州警官职业学院学生与教职工数　　单位：人

年度末	专科学生								教职工数	专任教师					
	毕业生		招生数		在校生		预计毕业生			合计	教授	副教授	讲师	助教	教员
2001	156		985		2177		594		648	180	1	40	93	46	—
2002	598		1085		2710		598		473	262	4	55	119	84	—
2004	1059		1927		4579		1252		482	316	8	88	115	89	16
2005	1083		1971		5467		1724		507	316	11	92	94	95	24
年度末	普通	成人	普通	成人	普通	成人	普通	成人	教职工数	合计	正高	副高	中级	初级	未定
2007	1799	819	2241	320	6936	645	2521	257	527	388	20	107	115	133	13
2008	2403	242	1953	215	6262	603	2595	268	525	390	20	101	115	142	12
2009	2560	268	1022	22	4646	361	1778	284	485	354	21	102	119	112	—
2010	1778	335	1351	—	4219	26	1846	—	474	346	22	104	129	91	—
2011	1846	—	2209	—	4582	26	1022	26	487	290	24	99	113	54	—
2012	1022	26	1758	—	5314	—	1351	—	462	297	25	101	120	39	12
2013	1135	—	1104	—	5067	—	2203	—	439	292	27	107	116	34	8
2014	2168	—	1774	—	4646	—	1758	—	443	300	23	109	113	30	25
2015	1758	—	1711	—	4588	—	1103	—	425	301	23	110	112	29	27
2016	1097	—	1564	—	5052	—	1772	—	450	315	28	112	119	29	27

资料来源：历年《贵州年鉴》。

① 《贵州年鉴》编辑部. 贵州年鉴（2013）[M]. 贵阳：贵州年鉴社，2013：596.

② 《贵州年鉴》编辑部. 贵州年鉴（2012）[M]. 贵阳：贵州年鉴社，2012：440.

③ 《贵州年鉴》编辑部. 贵州年鉴（2016）[M]. 贵阳：贵州年鉴社，2016：525.

（五）学校历任负责人

学校首届负责人为党委书记、院长：赵翔；副院长：刘鹏、申元初、黄守华、陈宝湘。

第二节　2001~2010 年成立的普通高职高专学校

一、黔东南民族职业技术学院

2001 年，贵州省黔东南民族农业学校、黔东南苗族侗族自治州卫生学校（国家级重点中专）、黔东南苗族侗族自治州财贸学校、黔东南苗族侗族自治州民族林业学校四校合并升格组建为全日制普通高等职业学院，名为黔东南民族职业技术学院，翌年正式挂牌。学校位于贵州省凯里市凯开大道。

（一）院系与专业设置

2001 年，农学、牧医、土肥、果树、园艺、植保、生物技术、护理、临床、药学、财务会计、财务管理、市场营销、会计电算化、计算机应用、林学、林业经济管理等专业继续招生。

2004 年，新增临床医学专业。同年，成立医药技术系、旅游与商务管理系。

2005 年，生态工程系、生物工程系合并组建生物与环境工程系。

2007 年，高职护理专业被确定为国家级重点建设专业。

2009 年，增设建筑工程技术专业。

2010 年，增设广告与装潢专业；成立马列主义教研部。

2011 年，医药技术系高职招生专业为药学、口腔医学、口腔医学技术。

2012 年，成立口腔医学系。

2013 年，成立建筑工程系。增设工程造价、水利水电工程管理、电子商务、旅游工艺品设计与制作 4 个专业。

2015 年，黔东南民族职业技术学院与港中旅酒店有限公司共同成立二级学院港中旅旅游学院。是年，口腔医学系开设有口腔医学、口腔医学技术 2 个高职专业，口腔医学技术、口腔修复工艺 2 个中职专业；另开办有口腔护理培训班。

2016 年，建筑工程系增设建筑装饰工程技术专业；广告与装潢专业更名为建筑装饰工程技术专业。同年，药学专业被列为贵州省人才培养质量提升工程省级骨干专业建设立项专业。当年 6 月，护理专业（老年护理方向）被教育部、民政部、国家卫生计生委（现国家卫生健康委员会）确定为首批全国职业院校养老服务类专业示范点。

至2017年，设有护理系、临床医学系、医药技术系、口腔医学系、财经系、生物与环境工程系、民族文化创意产业系、汉天下物联网学院、港中旅旅游学院、大地建筑学院、公共教学基础部、马列主义教研部、技能实训中心、继续教育处、民族职业教育研究所、图书馆、驾驶学校等教学教辅单位。开办有护理、临床医学、药学、口腔医学、会计、旅游工艺品设计与制作、建筑工程技术、汽车检测与维修技术、园艺技术等57个高职专业，其中38个为是年的招生专业。

截至2017年，黔东南民族职业技术学院已建有国家重点建设专业5个、国家示范建设专业1个，省级教学团队3个、省级精品资源共享课1门、省级精品在线课程2门、省级精品课程10门。

2018年，旅游与商务管理系（港中旅旅游学院）增设学前教育、烹调工艺与营养2个专业并招生。同年，成立民族文化创意产业系。

2019年3月，黔东南民族职业技术学院与亚洲创意商业协会、创意商业集团正式合作，在民族文化创意产业系办学基础上共建国内第一家二级学院即民艺学院，实行理事会管理模式。

是年，有生物与环境工程系的园艺技术、农产品加工与质量检测、林业技术、园林技术、畜牧兽医；建筑工程系的建筑工程技术、工程造价、建筑装饰工程技术；物联网技术系的物联网应用技术、电子信息工程技术、计算机应用技术、汽车检测与维修技术、汽车营销与服务、移动互联应用技术；旅游与商务管理系的旅游管理、酒店管理、电子商务、烹调工艺与营养、学前教育；民族文化创意产业系（民艺学院）的服装设计与工艺、工艺美术品设计；财经系的财务管理、会计、审计；临床医学系的临床医学（含定向培养）、康复治疗技术、医学影像技术；口腔医学系的口腔医学、口腔医学技术；护理系的护理、助产；医药技术系的药学、医学检验技术、食品加工技术、药品生产技术共10个系、36个高职专业招生。

截至2019年，黔东南民族职业技术学院还设置有马列主义教研部、继续教育处2个教学部。

（二）学校环境与办学成果

2001年，黔东南民族职业技术学院拥有四个校区，即原四所中专学校校区。

2003年，被教育部等六部委确定为国家护理专业技能型紧缺人才培养培训工程培训基地。

2006年，通过全国高职高专人才培养工作水平评估。

2007年，护理专业成为中央财政支持建设重点实训基地。

2011年，入选为贵州省示范性高等职业技术院校。

2012年，入选为教育部、卫生部全国“3+2”卓越医生培训项目单位。

是年8月，整体搬迁至凯里经济开发区，结束了分四校区办学的历史。新校区占地面积1503亩，总建筑面积34.548万平方米，总投资6.89751亿元。

2013年，成为民政厅贵州省养老护理员培训基地。

2014年，药学专业获中央财政专款支持500万，用于建立贵州省民族医药专业实训基地。

2016 年，入选为全国首批创新创业典型经验 50 强高校。

截至 2019 年，黔东南民族职业技术学院先后被评为全国教育系统先进集体、全省高职高专院校思想政治教育工作优秀单位、全省高校体育工作先进单位、全省高校国家助学贷款先进单位、贵州省特色文化学校建设单位、贵州省学校安全稳定综合治理工作先进单位、贵州省安全文明校园、贵州省安全文化建设示范校园、贵州省文明单位。

建有国家技能型紧缺人才护理专业培养基地、文化部首批中国非物质文化遗产传承人群研修研习培训基地之一、贵州省少数民族传统医药文化研究基地。还建有“黔粹传人（苗侗银饰刺绣蜡染）工作室”“黔东南培生（农业）星创天地”2 个国家级众创空间。学校大学科技园被列为省级大学科技园。

黔东南民族职业技术学院是全国第一批卓越医生教育培养计划项目试点高校、首批全国职业院校民族文化传承与创新示范专业点、贵州省民族民间文化教育项目学校。

黔东南民族职业技术学院民族文化创意产业系（民艺学院）建有计算机辅助设计室、多媒体综合画室、服装设计工作室、服装制作实训室、旅游工艺品设计制作室、金石加工工作室、陶艺工作室、蜡画实训室、刺绣实训室、蜡染坊、银饰加工实训室、装裱工作室、UV 打印工作室、3D 打印实训室、师生作品展示销售厅等教学实践场所。

（三）科研成果

2018 年，闻芳等的《民族地区高职特色旅游人才“一路径、双融入、三引领”培养模式的探索与实践》、陈文祥等的《“以生为本、三元贯通”的民族地区高职院校创新创业教育体系构建与实践》获贵州省职业教育教学成果奖一等奖；刘书华等的《技术契合应用下民族地区高职药学专业产教融合的探索与实践——以黔东南为例》获贵州省职业教育教学成果奖二等奖。

（四）学生与教职工数

2001 年，黔东南民族职业技术学院成立，当年开始招生。

2001~2018 年，其学生与教职工数具体变化如表 10-12 所示。

表 10-12　2001~2018 年黔东南民族职业技术学院学生与教职工数　　单位：人

年度末	专科学生				教职工数	专任教师					
	毕业生	招生数	在校生	预计毕业生		合计	教授	副教授	讲师	助教	教员
2001	—	50	50	—	521	228	—	35	106	87	—
2002	—	263	313	—	494	225	—	26	86	113	—
2004	251	1165	2881	1146	469	277	—	48	154	74	1
2005	1130	1388	3007	949	472	283	—	60	108	66	11

续表

年度末	本专科学生								教职工数	专任教师					
	毕业生		招生数		在校生		预计毕业生			合计	正高	副高	中级	初级	未定
	普通	成人	普通	成人	普通	成人	普通	成人							
2007	794	2	1565	117	4212	135	1528	8	628	418	3	147	185	80	3
2008	1534	6	2249	103	4980	159	1364	7	640	434	4	156	183	70	21
2009	1329	6	1972	21	5308	174	1554	56	507	327	8	69	154	32	64
2010	1639	49	2337	85	6574	210	2028	50	569	376	13	90	149	47	77
2011	2012	50	2469	115	6994	271	2250	48	747	552	18	108	190	74	162
2012	2244	48	3793	105	8470	328	2319	36	770	625	20	130	229	78	168
2013	2299	36	3353	322	9454	613	2369	92	881	736	22	145	249	182	138
2014	2343	92	4156	136	11209	657	3828	113	845	720	21	143	241	177	138
2015	3784	113	4092	51	11391	595	3198	116	840	718	21	145	249	170	133
2016	3177	107	3276	237	11397	725	4101	314	844	722	22	146	257	169	128
2017	4059	314	3226	684	10433	1095	4214	362	727	573	24	168	152	142	87
2018	4174	291	3491	2952	9655	—	3186	286	761	612	24	171	167	145	105

资料来源：历年《贵州年鉴》。

二、遵义职业技术学院

2001 年，遵义农业学校、遵义财贸学校、遵义农业机械化学校、遵义商业技工学校和遵义市农业机械研究所“四校一所”合并组建全日制普通高等职业学院，名为遵义职业技术学院。学院新校区位于贵州省遵义市新蒲新区大学城内。

（一）院系与专业设置

2003 年，成立基础教育部，负责全校高等数学、线性代数、概率论与数理统计、大学语文、应用文写作、实用英语、思政概论、思政基础、贵州省情、心理健康、职业发展与就业指导等公共基础课、思政课的教学和教研任务。

2008 年，成立成人教育处（成教处）。

2014 年，通过贵州省教育厅护理专业复评审定。同年，招生的高职专业有：会计电算化、会计电算化（金融会计方向、嘉信财务会计实操班）、财务管理（投资理财方向、税收筹划方向）、财务管理（ERP 方向）、会计与审计（开元工程造价审计班、开元资产评估班）、汽车检测与维修技术、建筑工程技术、机电技术一体化技术、城镇规划（建筑设计方向）、汽车技术服务与营销、市场营销（连锁经营与超市营销方向）、工商企业管理

（职业经纪人方向）、金融保险（证券经纪人方向）、农业经济管理（村镇管理方向）、旅游管理（红色旅游、乡村旅游、旅游策划方向）、酒店管理（星级饭店连锁经营、餐饮集团连锁经营方向）、动物科学与技术（水产养殖与疾病防治方向，重庆市正品农业发展有限公司订单班）、畜牧兽医（含饲料生产与营销和贵州大北农牧业有限公司订单班）、动物防疫与检疫、动物医学（含宠物养护与疾病防治方向）、食品加工技术（含白酒酿造方向）、计算机应用技术（网站建设方向、智慧物业方向）、计算机信息管理（电子商务方向）、图形图像制作（环境艺术方向、影视后期制作方向）、作物生产技术（含植保方向）、种子生产与经营、园艺技术（含设施农业方向）、园林技术、茶叶生产加工技术。

2015 年，成立了汽车工程系；动物科学系、农学系合并成立现代农业系；经济贸易系、会计系组建成立经济管理系。同年，成人教育处更名为继续教育学院，设有培训中心、成人学历教育科、国家职业技能鉴定站；开设有会计电算化、作物生产技术、畜牧兽医、计算机应用技术等本科、专科成人学历教育；与西南交通大学、中国农业大学、贵州大学、贵州财经大学、贵阳学院等本科院校联合举办成人专科、本科层次的成人学历教育。

截至 2017 年，经济管理系已开设 20 余个专业，每年招生专业根据上一年招生志愿进行动态调整，是年招生的高职专业为财务管理、税务、市场营销、农业经济管理、会计、工商企业管理、审计、投资与理财、金融管理、物流管理 9 个专业。

2018 年，汽车工程系加挂“汽车工程学院”牌子，增设汽车电子技术专业。

2019 年，现代农业系开设有园艺技术、园林技术、绿色食品生产与检验、畜牧兽医、动物医学（宠物医学方向）、宠物养护与驯导、烹调工艺与营养 7 个高职专业；机电与信息工程系开设有计算机网络技术、机电一体化技术、电子商务、室内设计技术、广告设计技术、电梯工程技术 6 个高职专业，机电一体化技术、计算机网络技术、动漫、客户信息服务 4 个中职专业；建筑与艺术设计系开设有建筑工程技术、城乡规划 2 个高职专业（5 个专业方向），建筑工程施工 1 个中职专业；人文旅游系开设有旅游管理、酒店管理（星级饭店连锁方向）、旅行社经营管理、休闲服务与管理、餐饮管理（集团连锁经营）、社区康复（含母婴保健方向）、护理（3+2）7 个高职专业，旅游服务与管理、酒店服务与管理、护理 3 个中职专业。

截至 2019 年，设有经济管理系、现代农业系、汽车工程学院、人文旅游系、建筑与艺术设计系、机电与信息工程系、基础教育教学部、马克思主义学院（思想政治教学部）、技师学院、继续教育学院 10 个教学院系（部）、36 个专业。开办有来自“一带一路”16 个国家的留学生班。

（二）学校环境与办学成果

2006 年，通过贵州省教育厅高职院校基础课教学实验室评估。

2008 年，通过教育部高职院校人才培养工作评估。

2010 年，通过贵州省教育厅高职高专院校思想政治教育工作评估。

2015 年，邱宁宏荣获贵州省五一劳动奖章。① 邱宁宏、刘芬在全国教学设计比赛中荣

① 《贵州年鉴》编辑部. 贵州年鉴（2016）[M]. 贵阳：贵州年鉴社，2016：757-758.

获二等奖。陈德琴、邱宁宏在全国高校（高职高专）微课教学比赛贵州省赛区分别获一、二等奖。

2018 年，邱宁宏获全国五一劳动奖章。

截至 2019 年，遵义职业技术学院规划占地总面积 716 亩。图书馆馆舍面积 2674 平方米，馆藏纸质图书 70 余万册、电子图书 26 万册、现刊 300 余种，包括经济、汽车服务、人文社科、计算机、机电、建筑、畜牧、农业等学科和多种大型工具书及遵义地方文献。馆内设有期刊阅览室、社会科学借阅室、自然科学借阅室、马克思主义文献库、地方特色文献库、教师工具书库、过刊资料室等，阅览座位 1000 个。

遵义职业技术学院有省级优秀教学团队 3 个；建有全国职教联盟红色培训基地——遵义职业技术学院红色培训中心；先后荣获全国献血优秀组织奖、全省文明校园、贵州省社会治安综合治理四创工作先进单位、贵州省五好基层党组织、贵州省五四红旗团委等荣誉。

（三）科研成果

2018 年，李凌等的《校园“彩虹文化”育人》获贵州省职业教育教学成果一等奖。

（四）学生与教职工数

2001 年，遵义职业技术学院成立。2004 年正式招生。

2001～2018 年，其学生与教职工数具体变化如表 10-13 所示。

表 10-13　2001～2018 年遵义职业技术学院学生与教职工数　　单位：人

年度末	专科学生								教职工数	专任教师					
	毕业生		招生数		在校生		预计毕业生			合计	教授	副教授	讲师	助教	教员
2001	—		—		—		—		264	153	—	19	67	37	—
2002	—		—		—		—		252	151	—	20	68	63	—
2004	—		365		547		58		252	153	—	20	67	66	—
2005	58		378		867		224		249	151	—	27	68	56	
年度末	普通	成人	普通	成人	普通	成人	普通	成人	教职工数	合计	正高	副高	中级	初级	未定
2007	620	62	811	35	1269	88	458	53	252	158	2	48	74	40	4
2008	458	53	1093	21	1904	56	413	35	242	167	4	47	79	33	4
2009	413	35	1264	9	2755	30	951	21	254	184	5	43	78	38	20
2010	895	21	1059	43	2865	81	584	29	251	180	5	46	85	38	6
2011	584	23	930	63	3115	121	1203	15	215	171	9	49	70	36	7

续表

年度末	专科学生								教职工数	专任教师					
	毕业生		招生数		在校生		预计毕业生			合计	正高	副高	中级	初级	未定
	普通	成人	普通	成人	普通	成人	普通	成人							
2012	1147	15	1043	30	2880	136	988	43	235	158	10	44	74	30	—
2013	986	43	572	—	2423	93	904	63	246	175	5	53	63	30	24
2014	893	63	1332	—	2783	30	1034	30	261	202	7	57	64	43	31
2015	1027	30	2837	—	4527	—	600	—	278	216	8	64	45	48	51
2016	588	—	2792	—	6620	—	1217	—	286	220	7	61	45	57	50
2017	1183	—	2977	—	8180	—	2695	—	297	222	8	63	46	79	26
2018	2675	—	3692	—	9044	—	2934	—	419	257	8	69	48	87	45

资料来源：历年《贵州年鉴》。

2019年，有在校生11000余人，其中高职生8087人；有教职工535人，其中教授11人，副教授69人，“双师型”教师占专任教师比例为45%，博士8人，硕士147人；有黄炎培职业教育杰出教师1人，全国五一劳动奖章获得者1人，省级劳模1人，省级职教名师5人。

三、贵州城市职业学院

2001年3月，贵州鸿源管理工程职业学院成立，隶属于教育厅。2006年，改制成为贵州省第一所民办高校，更名为贵州亚泰职业学院。① 2014年3月，改制更名为贵州城市职业学院。学院坐落于贵州省贵安新区花溪大学城。

（一）院系与专业设置

2005年，成立城建学院。

2008年，成立预科学院，开设有护理、药品经营与管理、旅游管理、酒店管理、农林经济管理、物流管理、机电一体化、财务管理、国防教育、社会体育等基础学科专业，学制三年。预科学院主要招收初中或相当于初中毕业生的社会青少年，学生入学注册成功后享受国家中等职业教育待遇。

2011年，增设护理专业并招生。

2012年，成立医护学院，开设有护理、药品经营与管理、临床医学3个专业。

2013年，通过贵州省教育厅思想政治教育工作评估和人才培养工作评估。

2014年，电子工程系和计算机系合并组建成立机电学院。同年，招生的院系与高职专

① 贵州省地方志编纂委员会. 贵州省志（1978-2010）·教育［M］. 贵阳：贵州人民出版社，2017：55.

业有：建筑学院的建筑工程技术、工程测量技术、建筑设计技术、城镇规划、建筑工程装饰技术、建筑工程管理、工程造价、房地产经营与估价、物业管理；经济学院的汽车技术服务与营销、资产评估与管理、投资与理财、会计电算化、会计与审计、市场营销、电子商务、财务管理；管理学院的工商企业管理、工商行政管理、商务管理、物流管理、酒店管理、人力资源管理、国土资源管理；医护学院的护理、药品经营与管理、农村临床医学、助产、涉外护理；机电学院的计算机网络技术（城市计算机网络建设）、计算机信息管理（城市信息化管理）、软件技术、应用电子技术（电子产品生产制造方向）、计算机通信（第四代移动通信方向）、汽车电子技术、楼宇智能化工程技术、供用电技术、焊接技术及自动化、汽车培测与维修技术；艺术学院的学前教育、新闻采编与制作、环境艺术设计、广告设计与制作、主持与播音、舞蹈表演。

2015 年，增设社会体育专业并招生。

2017 年，以计算机网络技术专业和软件技术专业为基础成立大数据学院。

2018 年，增设大数据技术与应用、物联网应用技术、城市信息化管理 3 个专业。

2019 年，设有城建、大数据、机电、商务、航空、体育、医护、艺术、预科 9 个教学学院、43 个高职专业。同时开办中职专业教育和职业教育培训。是年，招生的院系与高职专业有：城建学院的城市轨道交通工程技术、城乡规划、工程测量技术、工程造价、建设工程管理、建筑工程技术、建筑设计、建筑装饰工程技术 8 个专业；大数据学院的计算机网络技术、软件技术、大数据技术与应用、物联网应用技术 4 个专业；机电学院的城市轨道交通机电技术、供用电技术、机电一体化技术、汽车检测与维修技术、应用电子技术、工业机器人技术、新能源汽车技术 7 个专业；商务学院的财务管理、电子商务、工商企业管理、国土资源调查与管理、会计、酒店管理、旅游管理、人力资源管理、市场营销、物流管理 11 个专业；航空学院（校企合作）的空中乘务、高速铁路客运乘务 2 个专业；体育学院的社会体育、运动训练 2 个专业；医护学院的护理、药品经营与管理 2 个专业；艺术学院的广告设计与制作、环境艺术设计、舞蹈表演、新闻采编与制作、戏剧影视表演 5 个专业。

（二）学校环境与办学成果

贵州城市职业学院老校区占地面积 10.65 万平方米，校舍面积 12.8 万平方米，建有教学楼、图书馆、学生食堂、学生公寓和运动场及专业实验室。

2010 年，职业教育获全国特色教育二等奖。

2011 年，获全国优秀高职院校称号。同年，开始建设占地面积 1500 亩的花溪大学城新校区。

2014 年，迁入花溪大学城新校区。

2017 年，电子商务荣获全国职业院校技能大赛团队组三等奖。

截至 2019 年，贵州城市职业学院与贵州、深圳、东莞、苏州、常州等省内外 230 多家企业签订了校企合作协议，与贵州饭店、深圳格兰云天酒店、贵州汽车运输集团、中国移动等 40 多家大型企业签订了合作或订单培养人才协议。

（三）学生与教职工数

2001 年，贵州鸿源管理工程职业学院成立，翌年开始招生。

2002~2018 年，其学生与教职工数具体变化如表 10-14 所示。

表 10-14　2002~2018 年贵州城市职业学院学生与教职工数　　单位：人

年度末	专科学生				教职工数	专任教师					
	毕业生	招生数	在校生	预计毕业生		合计	教授	副教授	讲师	助教	教员
2002	—	43	43	—	107	86	5	25	28	20	8
2004	24	420	606	140	120	82	1	9	54	18	—
2005	115	259	579	200	229	119	—	19	42	18	40
年度末	普通	普通	普通	普通	教职工数	合计	正高	副高	中级	初级	未定
2007	189	1505	2689	659	264	181	7	48	95	27	4
2008	561	2410	4312	787	366	267	9	16	162	54	26
2009	787	1605	5008	1444	382	275	9	16	165	56	29
2010	1444	1317	4728	2025	335	240	9	16	164	38	13
2011	2020	1280	3962	1533	334	236	4	20	140	50	22
2012	1508	1848	4287	1209	341	241	5	23	146	41	26
2013	1175	1868	4728	1135	339	249	9	28	122	49	41
2014	1148	3433	7016	1726	452	353	12	33	112	92	104
2015	1705	5002	9939	1757	505	445	11	49	104	123	158
2016	1754	5617	13632	3099	717	646	12	57	146	196	235
2017	3042	4961	15099	4697	737	661	8	58	148	198	249
2018	4434	5508	15566	5253	773	686	7	63	159	207	250

资料来源：历年《贵州年鉴》。

2019 年，该校有专业教师 600 余名，其中高级职称、博士及硕士学位的、“双师型”教师共有 300 余人。

四、黔南民族职业技术学院

2001 年 8 月，经贵州省政府批准，黔南民族行政管理学校（国家级重点中专）、黔南民族财政学校（省级重点中专）、黔南民族农业学校、黔南民族工业学校四所中专学校合并组建成立全日制普通高等职业院校，名为黔南民族职业技术学院。学校位于贵州省都匀市。

（一）院系与专业设置

2001 年，成立汽车工程系、生物工程系。以原黔南民族行政管理学校为基础成立管理系。生物工程系开设畜牧兽医专业、果茶专业。

2002 年，以黔南民族财政学校为基础成立财经系。

2005 年，增设电子商务、市场营销专业。

2006 年，增设物流管理专业。

2008 年，增设财经系投资与理财专业。

2012 年，增设茶叶生产与加工技术专业，招收中职学生。

2014 年，增设茶树栽培与茶叶加工高职专业并招生。同年，招生的高职专业有：会计电算化、市场营销、物流管理、商务英语、计算机信息管理（含信息管理方向、网络技术方向）、建筑工程技术（施工技术方向、工程造价方向）、室内设计技术、旅游管理、文秘（文秘方向、新闻采编与制作方向）、人力资源管理、烹饪工艺与营养、畜牧兽医、园林技术、烟草栽培技术、农产品质量检测、茶叶生产加工技术、汽车检测与维修技术（汽车技术服务与营销方向）、机电设备维修与管理、电气自动化技术、计算机辅助设计与制造、告设计与制作、社会工作。

2016 年，增设宠物养护与驯导高职专业并招生。同年，会计专业被列为中央财政重点支持建设的专业，同时被列为贵州省质量提升工程立项建设项目；家装设计与效果图制作获批为贵州省精品在线开放立项课程。

2017 年，新增财务管理、会计信息管理专业。同年，以计算机科学系、财经系部分专业组建大数据与电子商务系；生物工程系改建为现代山地农业工程系；会计电算化课程被列为贵州省级精品在线开放立项建设课程；建筑室内设计专业获批贵州省骨干立项专业；建筑室内设计专业获批为贵州省现代学徒制立项试点专业；民宿设计课程获批为贵州省精品在线开放立项课程。

2018 年，增设大数据技术与应用专业并招生。同年，大数据与电子商务系开设计算机信息管理、计算机网络技术、大数据技术与应用、电子商务、市场营销、物流管理 6 个高职专业，计算机应用电子商务 2 个中专专业；建筑工程与设计系开设建筑室内设计、建筑工程技术、园林工程技术、工程造价、广告设计与制作 5 个高职专业，建筑装饰、计算机平面设计 2 个中职专业。管理系开设有人力资源管理、旅游管理、烹调工艺与营养、文秘、社会工作 5 个高职专业，旅游服务与管理 1 个中职专业；会计系（原财经系）开设有会计、财务管理、会计信息、审计 4 个高职专业，1 个会计电算化中职专业；汽车工程系开设有机电设备维修与管理、电气自动化技术、汽车检测与维修技术（含汽车营销方向）、新能源汽车 4 个高职专业；现代山地农业工程系开设有畜牧兽医、宠物养护与训导、农产品加工与质量检测、茶树栽培与茶叶加工 4 个高职专业，畜牧兽医、茶叶生产与加工 2 个中职专业。

2019 年，增设汽车制造与装配技术，成立旅游与茶产业系（都匀毛尖茶学院）。招生专业在上一年基础上，增加了山地农业系的动物医学、汽车工程系的汽车制造与装备技术、会计系的审计3个招生专业，减少了电气自动化技术专业。

截至2019年，黔南民族职业技术学院设有管理系、会计系、大数据与电子商务系（黔南互联网营销学院）、现代山地农业工程系、汽车工程系、建筑工程与设计系、旅游与茶产业系（都匀毛尖茶学院）7个系，开设有28个专业。

（二）学校环境与办学成果

2014年，会计电算化专业学生组队在浙江杭州全国高职商科院校会计职业能力竞赛中荣获团体三等奖。

2017年，黔南民族职业技术学院学生代表贵州三队在全国职业院校技能大赛高职组软件测试比赛中荣获团体二等奖。

2018年，何琳获贵州省职教名师称号。黔南民族职业技术学院学生代表贵州二队在全国职业院校技能大赛高职组移动互联网应用软件开发、软件测试2个项目中分别荣获团体三等奖。

截至2019年，图书馆藏书20余万册。黔南民族职业技术学院占地面积1204亩，除生活、教学、办公等建筑外，还建有标准田径场、篮球场、网球场、演艺讲学厅等文化体育设施。建有数控、金工、机电、汽修实训车间，网络技术、艺术设计实训室，会计模拟室，餐饮客房实训室，生物综合实验楼，生物种养殖基地。

黔南民族职业技术学院已成为教育部命名的贵州省首批国防教育特色学校，贵州省士官直招培养基地；贵州省优质高职院校建设立项学校，教育部现代学徒制试点学校；贵州省“都匀毛尖茶手工制作”非遗传承人培训基地，贵州省外派劳务培训基地，贵州省住建厅批准建立的全省第一批建筑“八大员”[①] 培训基地，黔南会计电算化人员培训基地，黔南电子商务人员培训基地。建有第25国家职业技能鉴定所、计算机信息高新技术考试站等。

（三）学生与教职工数

2001年，黔南民族职业技术学院成立，当年开始招生。

2001~2018年，其学生与教职工数具体变化如表10-15所示。

表10-15　2001~2018年黔南民族职业技术学院学生与教职工数　　单位：人

年度末	专科学生				教职工数	专任教师					
	毕业生	招生数	在校生	预计毕业生		合计	教授	副教授	讲师	助教	教员
2001	—	80	80	—	412	226	—	39	110	76	1
2002	—	586	669	—	357	208	—	25	105	78	—
2004	77	526	1643	603	339	207	—	33	109	62	3
2005	573	524	1553	632	335	209	—	38	108	61	2

① 建筑“八大员”，指的是施工员、质量员、安全员、标准员、材料员、机械员、劳务员、资料员。

续表

年度末	本专科学生								教职工数	专任教师					
	毕业生		招生数		在校生		预计毕业生			合计	正高	副高	中级	初级	未定
	普通	成人	普通	成人	普通	成人	普通	成人							
2007	725	31	940	37	1873	64	822	20	328	220	—	43	117	52	8
2008	840	20	1137	4	2109	46	677	33	317	209	2	45	112	48	2
2009	665	32	1182	—	2551	13	580	6	312	206	4	48	107	39	8
2010	572	5	851	—	2791	8	890	8	309	206	4	48	107	39	8
2011	865	8	431	—	2310	—	1072	—	273	192	4	53	96	35	4
2012	1036	—	682	—	1915	—	840	—	261	186	5	56	87	29	9
2013	805	—	402	—	1475	—	443	—	280	193	5	58	81	38	11
2014	437	—	1031	—	2045	—	695	—	269	185	5	63	69	31	17
2015	659	—	1838	—	3183	—	372	—	272	191	6	67	66	38	14
2016	359	—	2588	—	5282	—	1031	—	313	232	7	72	65	38	50
2017	1011	—	2866	—	7044	—	1802	—	345	233	6	71	64	47	45
2018	1802	—	3568	—	8680	—	2363	—	249	266	8	75	88	44	51

资料来源：历年《贵州年鉴》。

2019 年，在校学生近 13000 人；教职工近 700 人，其中专任教师近 300 人，高级职称教师 100 余人，“双师型”教师近 200 人。

五、安顺职业技术学院

2001 年，经贵州省人民政府批准、教育部备案，安顺农业学校、安顺财政学校、安顺卫生学校、安顺工业学校合并，升格组建全日制普通高等职业院校，名为安顺职业技术学院。

（一）院系与专业设置

2005 年，成立护理系。

2009 年，招生专业有园林技术、畜牧兽医、农村行政管理、食品加工、医学影像技术、中药制药技术、护理、计算机应用技术、计算机网络技术、应用电子技术、图形图像制作、会计电算化、文秘（商务方向）、市场营销、工商行政管理、旅游管理、酒店管理、数控技术、模具设计与制造、机电设备维修、机电一体化、汽车检测与维修 22 个专业。

2010 年，增设茶叶生产与加工技术、电子商务 2 个专业并招生。同年，食品加工专业更名为食品加工技术专业。

2011 年，增设金融保险、煤矿开采技术、电力系统自动化技术 3 个专业并招生。应用电子技术、文秘 2 个专业在 2011 年没有招生。

2013 年，增设物流管理、图形图像制作、软件技术、物联网应用技术 3 个专业并招生。同年，机电一体化专业更名为机电一体化技术专业，计算机网络技术更名为计算机网络与安全管理。

2013 年 11 月，经省人民政府批准，成立安顺技师学院。

2014 年，增设药学、医学检验技术、临床医学、金融与证券、工商企业管理、城市园林、建筑工程技术、汽车技术服务与营销 8 个高职专业。

2015 年，新增助产、工程造价、导游 3 个专业。同年，招生的院系（7 个）与高职专业（33 个）有：护理系的护理、助产；应用医药系的临床医学、药学、医学检验技术、医学影像技术、中药制药技术；经济管理系的电子商务、工商企业管理、工商行政管理、会计电算化、市场营销、物流管理、工程造价；旅游系的酒店管理、旅游管理、导游；现代工程系的机电一体化技术、建筑工程技术、矿山机电、汽车技术服务与营销、汽车检测与维修技术、数控技术；农业工程系的茶叶生产加工技术、城市园林、农村行政管理、畜牧兽医、园林技术；信息工程系的计算机网络技术、计算机应用技术、软件技术、图形图像制作、物联网应用技术。

2018 年，招生的高职专业（33 个）为临床医学（含定向）、医学影像技术、医学检验技术、中药学、药学、护理、助产、会计、电子商务、市场营销、物流管理、行政管理、财务管理、工程造价、计算机网络与安全管理、信息安全与管理、计算机应用技术、软件技术、机电一体化技术、建筑工程技术、汽车检测与维修技术、数控技术、医疗设备应用技术、旅游管理、酒店管理、导游、烹调工艺与营养、空中乘务、茶树栽培与茶叶加工、园林技术、农业经济管理、畜牧兽医、动物医学（宠物方向）。

2019 年，增设茶艺与茶叶营销、大数据技术与应用专业。学校设有应用医药系、护理系、经济管理系、旅游系、信息工程系、农业工程系、现代工程系、公共课教学部 8 个教学系（部）。

（二）学校环境与办学成果

2013 年，胡婷娜获贵州省三八红旗手称号。①

截至 2014 年，安顺职业技术学院设有南、北两个校区，占地面积 16.52 万平方米。

2017 年，入选为贵州省优质高职院校建设单位。

2019 年，安顺职业技术学院占地除老校区的 260 多亩外，新增贵安新区安顺西秀产业园区校园面积 1200 亩。同年，学校整体入驻贵安新区安顺西秀产业园区新校区。

新校区校舍面积 40 多万平方米。图书馆面积 15449 平方米。馆藏纸质图书 14.7 万余册、电子图书 17 万册、报刊 300 余种；馆内设有社科阅览室、自科阅览室、书刊阅览室、新书阅览室、电子阅览室和三创自主学习空间等库室，实行开放式藏、借、阅结合。

安顺职业技术学院设有第 98 国家职业技能鉴定所，国家级、省级高技能人才培训基地、省级旅游开放性实训基地等共 19 个。建有 VR 虚拟现实协同创新中心、3D 打印创意

① 《贵州年鉴》编辑部. 贵州年鉴（2014）[M]. 贵阳：贵州年鉴社，2014：603.

中心、智慧农业示范园及 162 个校内实训（验）室。与阿里巴巴集团、富士康集团、黄果树旅游集团公司等企业合作建设了 139 个校外实训基地。实训仪器设备价值达 1.3 亿多元。

（三）科研成果

2018 年，刘霖等的《“四位一体”教学模式在中职技能大赛人才培养中的探索与实践》、陈晓斌等的《“中高衔接、岗课对接的五段式”中职护理专业教学模式探索与实践》获贵州省职业教育教学成果二等奖。

（四）学生与教职工数

2001 年，安顺职业技术学院成立，翌年招生。

2001~2018 年，其学生与教职工数具体变化如表 10-16 所示。

表 10-16　2001~2018 年安顺职业技术学院学生与教职工数　　单位：人

年度末	专科学生								教职工数	专任教师					
	毕业生		招生数		在校生		预计毕业生			合计	教授	副教授	讲师	助教	教员
2001	—		—		—		—		370	235	—	30	109	80	16
2002	—		187		187		—		360	185	—	31	96	58	—
2004	—		859		1584		273		344	236	—	32	97	71	36
2005	263		967		2469		1112		315	252	—	50	110	42	50
年度末	普通	成人	普通	成人	普通	成人	普通	成人	教职工数	合计	正高	副高	中级	初级	未定
2007	974	15	1274	—	2590	—	1005	—	406	312	1	59	111	110	31
2008	962	—	1823	—	3303	—	520	—	401	315	3	60	112	70	21
2009	536	—	1611	—	4325	—	1494	—	413	328	5	73	97	136	17
2010	1517	—	1700	—	4505	—	1334	—	403	324	5	80	112	29	—
2011	1312	—	1951	—	5066	—	1518	—	404	308	5	80	89	124	10
2012	1479	—	2159	—	5625	—	1655	—	404	314	5	79	105	102	23
2013	1582	—	1832	—	5711	—	1914	—	428	352	6	76	136	74	60
2014	1841	—	2450	—	6164	—	2216	—	457	399	6	94	140	74	85
2015	2142	—	3093	—	6963	—	1717	—	361	323	5	93	132	92	1
2016	1657	—	3413	—	8624	—	2630	—	376	337	7	98	150	59	23
2017	2574	—	3423	—	9373	—	3021	—	412	342	6	105	128	68	35
2018	2954	—	3617	—	9857	3756	3345	—	411	334	7	101	144	53	29

资料来源：历年《贵州年鉴》。

2019 年，该校有在校生 14000 多人；教授和副教授、工程师和技能大师、博士和硕士等专兼结合的师资队伍近500人。

六、贵州工业职业技术学院

2002年，经贵州省政府批准，贵州省化工学校独立升格为全日制高等职业院校，名为贵州科技工程职业学院。地址位于贵州省贵阳市观山湖区长岭南路。

2009年，更名为贵州工业职业技术学院。

（一）院系与专业设置

2002年，增设计算机应用技术专业。同年，现代分析测试技术、化学工程与工艺2个专业被列为省级第二批高等职业教育示范专业。①

2011年，招生的高职专业有33个：化学制药技术、有机化工生产技术、材料工程技术、工业分析与检验、精细化学品生产技术、水环境监测与保护、煤炭深加工与利用、生物化工工艺、化工设备维修技术、机电一体化技术、机械制造与自动化、计算机应用技术、电子信息工程技术、生产过程自动化技术、电气自动化技术、应用电子技术、计算机控制技术、建筑工程技术、建筑装饰工程技术、建筑工程管理、汽车运用技术、电子商务、汽车技术服务与营销、房地产经营与估价、酒店管理、旅游管理、公共事务管理、工商企业管理、物业管理、基础工程技术、环境艺术设计、装饰艺术设计、视觉传达艺术设计。

2012年，化学与材料工程学院开设有城市燃气工程技术、城市检测与工程技术、城市水净化技术、技术监督与商检、有机化工生产技术、煤炭深加工与利用、化学制药技术、生物化工工艺、材料工程技术、复合材料加工与应用技术、工业分析与检验、水环境监测与保护、食品分析与检验13个高职专业；经济管理学院开设有工商企业管理（连锁经营管理方向、物流管理方向）、电子商务（网络营销与服务方向）、旅游管理（地导服务方向）、酒店管理（餐饮管理与经营服务方向）、会计电算化、房地产经营与估价（房地产经纪方向）、物业管理（小区物业管理方向、房地产中介方向）、公共事务管理（行政管理方向）、城市管理与监察（社区管理方向）、营销与策划（商业活动策划方向）、会展策划与管理（会务服务与管理方向）、商务经纪与代理（企业基层管理实务方向）11个高职专业；城市建筑学院开设有建筑工程技术、基础工程技术、工程测量与监理、建筑装饰工程技术、建筑工程管理、工程造价、城镇规划、装饰艺术设计、环境艺术设计专业、视觉传达艺术设计（平面设计方向）10个高职专业；电子与信息工程学院开设有计算机应用技术（信息安全方向）、计算机网络技术（移动互联网方向）、广告设计与制作、电子信息工程技术（通信方向）、应用电子技术（3G移动技术方向）、应用电子技术（汽车电器维修方向）、电气自动化技术（建筑电气工程技术方向）、电气自动化技术（电气自动化技术方向）、生产过程自动化技术（自动化管理方向）、计算机控制技术9个高职专业；机械与电气工程学院开设有机电一体化技术、机械制造与自动化、化工设备维修技术、机电

---

① 《贵州年鉴》编辑部. 贵州年鉴（2003）［M］. 贵阳：贵州年鉴社，2003：376.

设备维修与管理、数控技术、机电安装工程、汽车技术服务与营销、汽车运用技术（汽车整形方向）、汽车检测与维修技术 9 个高职专业。

2013 年，城市建设与管理学院更名为城市建设学院。

2015 年，招生的高职专业有 49 个。

2016 年，化学与材料工程学院开设有工业分析技术、应用化工技术、绿色食品生产与检验、材料工程技术、药品生产技术、城市燃气工程技术、精细化工技术、化工生物技术、环境评价与咨询服务 9 个高职专业；机械与电气工程学院开设有机电一体化技术、机械制造与自动化、汽车营销与服务、汽车运用与维修技术（汽车整形方向）、机电设备维修与管理、数控技术、汽车检测与维修技术 7 个高职专业，机电一体化 1 个中职专业；电子与信息工程学院开设有计算机应用技术、计算机网络技术、广告设计与制作、电子信息工程技术、应用电子技术、物联网技术、电气造化技术、城市轨道交通运营管理 8 个高职专业；城市建设学院开设有建筑工程技术、工程测量技术、建筑装饰工程技术、建筑工程管理、工程造价、装饰艺术设计、环境艺术设计、室内设计技术 8 个高职专业；经济管理学院开设有工商企业管理（连锁经营管理方向、物流管理方向）、电子商务（网络营销与客户服务方向）、酒店管理（酒店综合管理方向）、房地产经营与管理（地产经纪方向）、物业管理（物业服务与客户管理方向）、市场营销（营销与客户服务方向）、会计电算化、会计（金融服务方向）8 个高职专业。

2017 年，入选为贵州省优质高职院校立项建设单位。

2019 年，建筑工程技术被确定为省级示范院校骨干专业。至 2019 年，学校设有化学与材料工程学院、机械与电气工程学院、电子与信息工程学院、城市建设学院、经济管理学院、人文社科学院、继续教育学院 7 个学院，开设有 40 个招生专业，其中有国家重点建设专业 2 个，省级重点建设专业 9 个，涵盖了化工、生物制药、机电、电气、计算机、建筑、材料、水利、电力、交通、矿山、电子商务、物流等领域。

（二）学校环境与办学成果

2009 年，被贵州省教育厅确定为首批省级示范高职学院。

2006 年，创办《贵州科技工程职业学院学报》，后更名为《贵州工业职业技术学院学报》。

2011 年，贵州工业职业技术学院迁至贵州省清镇职教城时光校区。

2015 年，贵州工业职业技术学院占地 785 亩，有 5 个二级学院及贵州省化工学校、成人继续教育部和社科部。馆藏图书 38.75 万册，其中纸质图书 19.885 万册，电子图书 23.2 万册。开办有 49 个专科专业。具有博士、硕士研究生学历的教师 119 人、“双师型”教师 148 人。

2017 年，被贵州省安监局增设为危险化学品特种作业考培点。

截至 2019 年，贵州工业职业技术学院拥有观山湖和清镇职教城 2 个校区。

图书馆馆藏纸质图书 19.885 万册，电子图书 23.2 万册；拥有最新万方数据资源（全库），设有阅览室座位近 300 个。

建设有专业实训室 83 个，其中国家级实训基地 4 个，省级开放型实训基地 3 个；实训实验用房 9.5 万平方米；设有贵州省第 44 国家职业技能鉴定所、国家二级资质的贵州省危险化学工业安全技术培训中心。

学校与瓮福（集团）有限公司、中国水环境集团、贵州吉利汽车部件有限公司、贵州燃气（集团）支线管道有限公司、燕京啤酒（贵州）有限公司、贵州茅台生态农业产业发展有限公司等百余家企业达成了长期稳定的合作关系；正与浙江大学、贵州省体育局等合作建设浙大产学研双创基地、山地自行车、素质拓展、攀岩、电竞等赛训基地。

（三）科研成果

2018 年，袁志的《“赛研”结合提升职业学生大型精密分析仪器的实用技能的研究》获贵州省职业教育教学成果一等奖；李秀丽等的《定制式人才培养模式探索与实践——以贵州工业职业技术学院工商企业管理专业为例》获贵州省职业教育教学成果二等奖。

（四）学生与教职工数

2002 年，贵州工业职业技术学院成立。当年招生 169 人。有教职工 197 人，其中专任教师 156 人，副教授 39 人，讲师 70 人，助教 47 人。

2004 年，招收新生 641 人，有在校生 1163 人，预计毕业生 606 人；有教职工 166 人，其中专任教师 132 人，教授 1 人，副教授 27 人，讲师 62 人，助教 38 人，教员 4 人。

2005 年，毕业学生 165 人，招收学生 1273 人；有在校生 2271 人，预计毕业生 606 人；有教职工 179 人，其中专任教师 150 人，教授 1 人，副教授 36 人，讲师 54 人，助教 46 人，教员 13 人。

2002~2018 年，其学生与教职工数具体变化如表 10-17 所示。

表 10-17　2002~2018 年贵州工业职业技术学院学生与教职工数　　单位：人

年度末	专科学生								教职工数	专任教师					
	毕业生		招生数		在校生		预计毕业生			合计	教授	副教授	讲师	助教	教员
2002	—		169		169		—		197	156	—	39	70	47	—
2004	—		641		1163		165		166	132	1	27	62	38	4
2005	165		1273		2271		606		179	150	1	36	54	46	13
年度末	普通	成人	普通	成人	普通	成人	普通	成人	教职工数	合计	正高	副高	中级	初级	未定
2007	703	—	1358	175	3487	175	1201	—	210	164	3	45	59	54	3
2008	1191	—	1913	97	4113	203	1058	—	275	214	3	59	62	76	14
2009	1058	—	2156	127	5202	330	1365	106	338	269	13	67	64	25	100
2010	1365	103	2414	302	5979	529	1669	101	350	276	13	61	65	122	15
2011	1841	101	2787	390	6820	818	1938	126	369	295	9	62	78	125	21
2012	1899	90	3125	384	7941	1124	2088	350	390	321	9	69	87	136	20

续表

年度末	本专科学生								教职工数	专任教师					
	毕业生		招生数		在校生		预计毕业生			合计	正高	副高	中级	初级	未定
	普通	成人	普通	成人	普通	成人	普通	成人							
2013	2066	237	2496	322	8247	1224	2654	518	398	326	7	68	81	153	17
2014	2654	296	4089	226	9582	1032	3067	484	497	425	6	71	128	202	18
2015	2987	296	4074	152	10711	700	2532	322	730	645	9	95	208	299	34
2016	2354	322	4003	29	11912	407	4051	226	723	642	11	95	224	278	34
2017	3497	226	3911	5	11630	178	3955	144	737	653	14	99	227	298	15
2018	3313	85	4273	—	12640	125	4954	8	732	650	17	97	242	294	—

资料来源：历年《贵州年鉴》。

七、贵州电力职业技术学院

2002年，贵州电力学校（国家级重点中专）、贵阳电力技工学校（国家级重点技工学校）合并升格组建为全日制高等职业专科学校，名为贵州电力职业技术学院。主校区位于贵州省贵阳红枫湖畔。

学院是全国首批成立的电力类高等职业技术学院，是南方电网公司（含黔、粤、滇、桂、琼五省区）属内唯一一所电力类高职院校，同时也是贵州省首家经教育部批准实施中外联合办学的高职院校。

（一）院系与专业设置

2002年，发电厂及电力系统、热能与动力工程2个专业成为省级第二批高等职业教育示范专业。①

2013年，招生的高职专业有11个：电气自动化技术（中澳合作办学）、发电厂及电力系统、电厂热能动力装置、火电厂集控运行、供用电技术、高压输配电线路施工运行与维护、用电管理、机电一体化技术、电气自动化技术（含电力远动方向、中澳合作办学）、电力系统自动化技术、电子信息工程技术。

2017年，招生的高职专业有6个：电力系统自动化技术、高压输配电线路施工运行与维护、火电厂集控运行、供用电技术、电厂热能动力装置、电气自动化技术。

2018年，招生的高职专业有7个：电力系统自动化技术、高压输配电线路施工运行与维护、火电厂集控运行、供用电技术、电厂热能动力装置、发电厂及电力系统、电气自动

① 《贵州年鉴》编辑部. 贵州年鉴（2003）[M]. 贵阳：贵州年鉴社，2003：376.

化技术（含电力远动方向、用电管理方向、中澳合作办学）。

2019 年，学院设有动力工程系、电力工程系 2 个系和实践教学部、基础教学训部、培训管理部 3 个教学部。开设有电厂设备运行与维护、电气自动化技术（中外合作办学）、发电厂及电力系统、电厂热能动力装置、电集控运行、供用电技术、高压输配电线路施工运行与维护、机电一体化技术、电气自动化技术、电力系统自动化技术、电子信息、电子信息工程技术 12 个高职专业。

当年，招生专业有 7 个：发电厂及电力系统、供用电技术、电力系统自动化技术、高压输配电线路施工运行与维护、电厂热能动力装置、火电厂集控运行、电气自动化技术（含电力远动方向、用电管理方向、中澳合作办学）。

（二）学校环境与办学成果

2002 年，被贵州省政府评为省级文明单位；被教育部、国家经贸委等五部委表彰为全国职业教育先进单位。

2003 年，被列为贵州省第一批职教师资培训基地。[①]

2006 年，贵州电力职工教育培训中心并入。同年，教育部和贵州教育厅联合在该学院举办贵州省与东部地区联合招生与合作办学洽谈会。[②]

2015 年，教育部首次将贵州省纳入边境省份特例，学院被外交部、教育部批准为首批 10 个国家级“中国—东盟教育培训中心”之一。[③]

截至 2019 年，学校有贵阳市区和红枫湖两个校区，占地面积 22 万平方米，建筑面积 10 万平方米。

（三）学生与教职工数

2002 年，贵州电力职业技术学院成立。当年招生 160 人。有教职工 155 人，其中专任教师 102 人，副教授 26 人，讲师 72 人，助教 4 人。

2004 年，招收新生 744 人，有在校生 1339 人，预计毕业生 161 人；有教职工 152 人，其中专任教师 107 人，副教授 37 人，讲师 68 人，助教 5 人。

2005 年，毕业学生 160 人，招收学生 996 人；有在校生 2156 人，预计毕业生 446 人；有教职工 167 人，其中专任教师 131 人，副教授 37 人，讲师 68 人，助教 21 人，教员 5 人。

2002~2018 年，其学生与教职工数具体变化如表 10-18 所示。

---

① 贵州省地方志编纂委员会. 贵州省志（1978-2010）·教育［M］. 贵阳：贵州人民出版社，2017：51.

② 贵州省地方志编纂委员会. 贵州省志（1978-2010）·教育［M］. 贵阳：贵州人民出版社，2017：54.

③《贵州年鉴》编辑部. 贵州年鉴（2013）［M］. 贵阳：贵州年鉴社，2013：364.

表 10-18 2002~2018 年贵州电力职业技术学院学生与教职工数 单位：人

年度末	专科学生								教职工数	专任教师					
	毕业生		招生数		在校生		预计毕业生			合计	教授	副教授	讲师	助教	教员
2002	—		160		160		—		155	102	—	26	72	4	—
2004	—		744		1339		161		152	107	—	37	68	5	—
2005	160		995		2156		446		167	131	—	37	68	21	5
年度末	普通	成人	普通	成人	普通	成人	普通	成人	教职工数	合计	正高	副高	中级	初级	未定
2007	822	—	450	—	1898	406	1146	214	179	131	—	67	61	2	1
2008	1125	214	632	139	1377	331	505	149	187	115	—	43	53	9	10
2009	504	104	664	35	1534	211	405	38	192	106	—	47	46	6	7
2010	403	38	631	26	1753	206	465	3	200	114	—	47	46	6	15
2011	461	3	712	19	1998	222	657	137	202	121	—	39	47	14	21
2012	650	177	671	55	2008	85	624	11	207	123	—	38	51	17	17
2013	621	8	613	336	1993	410	712	19	206	120	—	38	45	21	16
2014	705	19	722	465	1992	856	650	55	205	120	—	37	45	23	15
2015	649	55	638	100	1959	901	599	336	200	120	—	36	45	26	13
2016	599	304	650	96	2003	661	683	465	198	112	—	34	42	29	7
2017	679	465	516	7	1818	203	653	100	185	105	—	33	45	23	4
2018	653	100	—	22	1165	—	645	96	179	99	—	32	40	23	4

资料来源：历年《贵州年鉴》。

八、六盘水职业技术学院

2002 年 6 月，六盘水市农业学校、六盘水市财经学校、六盘水市卫生学校、六盘水市农业科学研究所、六盘水市林业科学研究所、六盘水市农业机械研究所（“三校三所”）合并升格组建全日制高等职业院校，名为六盘水职业技术学院。学校坐落在贵州省六盘水市梅花山麓德坞湖畔。

（一）院系与专业设置

2011 年，设有会计电算化、电子商务、护理、助产、康复治疗技术、畜牧兽医、发电厂及电力系统、机械设计与制造、园艺技术、烟草栽培技术、煤矿开采技术、煤炭深加工与利用 12 个招生专业。

2013 年，自办会计电算化、计算机技术及应用、护理 3 个成人学历专科专业。与贵阳医学院联合开办护理、临床医学2个成人学历专、本科专业。与贵州大学联合开办法学、计算机科学与技术、会计学、工商管理4个成人学历本科专业，煤矿开采技术、工商企业管理2个成人学历专科专业。

2015年，招生的高职专业有21个：护理、会计、计算机网络技术、建筑工程技术、金融保险、酒店管理、康复治疗技术、汽车检测与维修技术、税务、助产、茶叶生产加工技术、电子商务、广告媒体开发、机电一体化技术、建筑工程技术、老年服务与管理、旅游管理、煤矿开采技术、煤炭深加工与利用、畜牧兽医、园艺技术；中职专业有17个：会计电算化、计算机网络技术、计算机平面技术、学前教育、农村医学、旅游服务与管理、酒店服务与管理、房地产营销与管理、建筑工程施工、电子商务、园林技术、畜牧兽医、茶叶生产与加工、采矿技术、煤炭综合利用、汽车运用与维修、矿山机电。

2017年，医学系开设有康复治疗技术、卫生信息管理2个高职专业；生物工程系开设有畜牧兽医、园艺技术、茶树栽培与茶叶加工、宠物养护与驯导、中草药栽培技术、绿色食品生产与检测、园林工程技术、烟草栽培与加工8个高职专业；工业系开设有汽车检测与维修技术、汽车营销与服务、机电一体化技术、煤矿开采技术、建筑工程技术、发电厂及电力系统、数控技术、煤炭深加工与利用、工业分析与检验、工程测量技术、电气自动化技术、机械设计与制造、智能控制技术、新能源汽车技术14个高职专业；社会科学系开设有社会工作、老年服务与管理、工艺美术品设计、空中服务4个高职专业；商务系开设有电子商务、旅游管理、酒店管理、房地产经营与管理、人力资源管理5个高职专业；护理系开设有护理、助产2个高职专业；财经系开设有会计、保险、税务、物流管理4个高职专业。

2017年招生的专业有17个：园艺技术、畜牧兽医、建筑工程技术、煤矿开采技术、建筑设计、机电一体化技术、汽车检测与维修技术、云计算技术与应用、计算机网络技术、助产、康复治疗技术、电子商务、护理、旅游管理、会计、老年服务与管理、酒店管理。

2018年，信息工程系开设有计算机网络技术、建筑设计、云计算技术与应用、大数据技术与应用、移动互联应用技术。

至2019年，学校设有医学系、护理系、财经系、商务管理系、生物工程系、工业系、社会科学系、信息工程系、继续教育部、马列部10个教学系（部），建有煤矿开采技术、康复治疗技术、会计电算化3个重点专业群共50个专业。同年招生的高职专业有25个：康复治疗技术、卫生信息管理、护理、助产、会计、物流管理、建筑工程技术、汽车检测与维修技术、智能控制技术、新能源汽车技术、旅游管理、酒店管理、电子商务、畜牧兽医、园艺技术、绿色食品生产与检测、宠物养护与训导、老年服务与管理、社会工作、工艺美术品设计、云计算技术与应用、大数据技术与应用、建筑设计、计算机网络技术、移动互联应用技术。

（二）学校环境与办学成果

2003年，设置学校图书室。

2004 年，成立图书馆，藏书 3.2 万册。

2011 年，新图书馆落成使用。新馆建筑面积 9746 平方米，其中书库 1727.73 平方米，报刊阅览室 2893.69 平方米，电子阅览室 1070.01 平方米。

2015 年，图书馆有馆藏纸本文献 40 余万册，纸质期刊 418 种，合订报纸 2000 余册，中文合订期刊 2 万余册，中外文报纸 50 余种，中外文现刊 300 余种，电子图书 65 万余册。设有综合管理办公室和采编部、流通部、阅览部、信息技术部 4 个部门，设置阅览座位 900 余个、电子机位 220 个，实现无线宽带全面覆盖。有馆员 11 人，其中专业技术人员 8 人，本科及以上学历的 2 人，副研究馆员 1 人，副教授 1 人，馆员 3 人，助理馆员 5 人。

2017 年，在全国职业院校技能大赛中，该校高职组荣获大数据技术与应用项目二等奖、计算机网络应用项目三等奖，实现了贵州省六年来该项目奖零的突破。

2018 年，在贵州省职业院校技能大赛中，该校大数据技术与应用、计算机网络应用、沙盘模拟企业经营三个项目高职组均获一等奖；在全国机械职业院校技能大赛中获一等奖。

截至 2019 年，学校占地面积 537 亩。建有康复治疗、护理操作、解剖、会计电算化实训室等一体化教室 36 个；煤质化验实训室、机加工实训室、电子电工电拖实训室、计算机网络实训车间、多媒体实训车间、机电一体化技术实训基地等实训基地 12 个；校企合作共建汽车检测站 1 个、驾驶学校 1 个；相对稳定的校外实习实训基地 90 余个。

（三）学生与教职工数

2002 年，六盘水职业技术学院成立。当年招生 73 人。有教职工 512 人，其中专任教师 240 人，副教授 17 人，讲师 81 人，助教 105 人，教员 37 人。

2004 年，招收新生 233 人，有在校生 510 人，预计毕业生 80 人；有教职工 362 人，其中专任教师 116 人，副教授 10 人，讲师 46 人，助教 60 人。

2005 年，毕业学生 83 人，招收学生 199 人；有在校生 882 人，预计毕业生 238 人；有教职工 374 人，其中专任教师 161 人，副教授 14 人，讲师 59 人，助教 73 人，教员 15 人。

2002~2018 年，其学生与教职工数具体变化如表 10-19 所示。

2019 年，有全日制在校学生 8000 余人；有教职工 462 人，其中，副高以上职称教师 116 人，省级职教名师 2 名。

表 10-19　2002~2018 年六盘水职业技术学院学生与教职工数　单位：人

年度末	专科学生				教职工数	专任教师					
	毕业生	招生数	在校生	预计毕业生		合计	教授	副教授	讲师	助教	教员
2002	—	73	73	—	512	240	—	17	81	105	37
2004	—	233	510	80	362	116	—	10	46	60	—
2005	83	199	882	238	374	161	—	14	59	73	15

续表

年度末	本专科学生								教职工数	专任教师					
	毕业生		招生数		在校生		预计毕业生			合计	正高	副高	中级	初级	未定
	普通	成人	普通	成人	普通	成人	普通	成人							
2007	382	3	678	35	1447	94	601	33	347	173	—	18	65	88	2
2008	590	33	866	19	1700	76	482	22	346	184	—	39	68	74	3
2009	450	15	824	13	2118	74	703	39	350	191	—	42	79	63	7
2010	692	39	823	38	2238	73	780	13	380	215	1	45	77	59	33
2011	762	13	1088	29	2541	89	758	11	381	205	3	49	75	76	2
2012	757	8	1236	23	2982	98	773	27	384	235	3	64	88	70	10
2013	772	27	1131	39	3304	109	1025	40	401	258	3	68	84	69	34
2014	1014	40	1841	—	4065	69	1150	20	405	270	4	76	84	97	9
2015	1149	19	2562	—	5419	45	1087	16	438	303	5	81	84	82	51
2016	1081	16	2820	—	7079	29	1890	29	440	322	4	96	99	66	57
2017	1879	28	2651	—	7675	—	2458	—	449	335	4	95	99	70	67
2018	2452	—	2587	—	7746	—	2812	—	433	322	5	98	103	73	43

资料来源：历年《统计年鉴》。

九、铜仁职业技术学院

2002 年 6 月，经贵州省人民政府批准，铜仁地区农业学校、铜仁地区财政学校、铜仁地区卫生学校、铜仁地区高级职业技术学校、铜仁地区商业职工中等专业学校五校合并升格组建全日制普通高等职业学院，名为铜仁职业技术学院。

（一）院系与专业设置

2002 年，组建生物工程系、医学系、经济系、中文系、继续教育学院。

2003 年，成立计算机科学及应用系。是年，增设计算机应用技术专业。

2004 年，增设计算机网络技术专业。

2005 年，增设医学影像技术专业并招生。同年，成立工学系。

2006 年，组建药学系；增设医学检验技术、旅游管理、文秘专业。

2007 年，增设药品经营与管理、通信技术、音乐（音乐表演方向）专业。同年，护理专业从医学系独立出来成立护理系。

2009 年，药品生产技术专业被评为省级重点示范专业；旅游管理专业成功申报为省级重点专业。

2010 年，经济系更名为经济与管理系。

2011 年，增设临床医学专业。同年，新增为单独招生改革试点院校①；医学检验技术专业成为中央财政支持高等职业学校建设发展专业。

2012 年，增设康复治疗技术专业并招生；生物工程系更名为农学院，护理系更名为护理学院，工学系更名为工学院，计算机及应用系更名为信息工程学院。

是年，与贵州大学联合招收应用型本科学生。招生专业有机械设计制造及其自动化（汽车服务工程方向）、土木工程（道路桥梁应用工程方向）、农学（特种经济作物繁育与推广方向）和动物科学（动物繁育与疫病防控技术）4 个专业。每个专业招生 50 人，学制四年。

2013 年，成立国际教育学院（国际交流中心），开始招收留学生②；与贵阳医学院联办护理本科专业（学制四年）。同年，药学系更名为药学院，经济与管理系更名为经济与管理学院。

当年，药品生产技术专业是国家骨干示范校重点建设专业；医学检验技术专业被列为中央财政支持的国家级重点专业。

2014 年，增设空中乘务专业；旅游管理专业成功申报为省级高技能人才培养基地重点专业。

当年，招生的专业有 35 个：药物制剂技术、中药制药技术、药品经营与管理、药学、环境艺术设计、旅游管理、文秘、音乐表演、畜牧兽医、设施农业技术、园艺技术、茶叶生产加工技术、农产品质里检测技术、水产养殖技术、饲料与动物营养、农村合作金融、会计电算化、营销与策划、电子商务、工程造价、金融保险、资产评估与管理、投资与理财、汽车检测与维修技术、工程测量技术、环境监测与治理技术、水利水电建筑工程技术、城镇规划、建筑工程技术、道路桥梁工程技术、计算机应用技术、计算机网络技术、图形图像制作、呼叫中心服务与管理、旅游英语。

2015 年，增设药物分析专业；康复治疗技术专业群被列为贵州省高等职业院校第一批重点推进建设专业群。

2016 年，药物分析专业更名为药品质量与安全专业。是年增设高速铁路客运乘务专业，翌年招生。

2017 年，药品质量与安全专业被列为省级制药技术重点专业群重点建设专业；会计专业成功申报为省级骨干专业。

2018 年，护理专业获省级骨干专业立项。

2019 年，畜牧兽医专业群被教育部批准为国家首批高水平专业群建设单位。会计专业成功申报为国家级骨干专业。

是年，农学院开设有畜牧兽医、生态农业技术、茶树栽培与茶叶加工、园林工程技

---

① 《贵州年鉴》编辑部. 贵州年鉴（2012）［M］. 贵阳：贵州年鉴社，2012：421.

② 《贵州年鉴》编辑部. 贵州年鉴（2014）［M］. 贵阳：贵州年鉴社，2014：348.

术、动物医学、农产品加工与质量检测、设施农业与装备10个高职专业；药学院开设有药品生产技术（药物制剂）、中药学、药品经营与管理、药学、药品质量与安全、兽药制药技术6个高职专业；医学院开设有临床医学、医学影像技术、医学检验技术和康复治疗技术4个高职专业；护理学院开设护理、助产和老年保健与管理3个高职专业；经济与管理学院开设有会计、电子商务、市场营销、财务管理、工程造价、农村金融6个专业；工学院开设有汽车运用与维修技术、环境工程技术、机电一体化技术、建筑工程技术、水利水电建筑工程、道路桥梁工程技术9个高职专业，汽车运用与维修、建筑工程施工、模具制造技术、机电一体化4个中职专业；信息工程学院开设有计算机应用技术、计算机网络技术、数字媒体应用技术、通信技术、电信服务与管理、物联网应用技术、大数据技术与应用、虚拟现实应用技术、人工智能技术服务9个高职专业；人文学院开设有旅游管理（省级示范专业）、空中乘务、高速铁路客运乘务、社会工作、文秘、环境艺术设计、音乐表演、幼儿发展与健康管理8个高职专业，酒店服务与管理、旅游服务与管理、学前教育3个中职专业；国际学院开设有旅游英语专业班、国际汉语语言培训班；继续教育学院开设有护理、计算机应用技术2个成人学历专科专业，与中国农业大学、贵州大学、贵州医科大学、遵义医学院、贵州财经大学、贵阳中医学院、贵州理工学院、四川大学（现代远程教育）等高校联合举办有农学、动物科学、水利水电工程、临床医学、医学检验、医学影像、护理、康复治疗学、土木工程、工程管理、财务管理等40多个成人学历本科专业。

至2019年，学院设有农学院、药学院、医学院、护理学院、工学院、经济与管理学院、信息工程学院、人文学院、国际教育学院、继续教育学院、马列部、体育部、铜仁市中等职业学校、铜仁市技工学校、铜仁工业学校15个院（部）及二级学校；开设有43个高职专业，其中国家级重点、骨干专业10个、省级重点和骨干专业6个、省级重点专业群3个，建设有国家级精品课程1门、国家资源共享课程1门、省级精品课程和开放课程14门。

（二）学校环境与办学成果

2009年，被列为省级示范性高职学院建设行列。①

2010年，获列为国家骨干高职院校建设单位。② 同年，魏云荣获第二届贵州省高校感动校园十大人物称号。③

2011年，荣获全国毕业生就业典型经验高校称号；新建图书馆建成并投入使用。

2012年，获批为全国事业单位法人治理结构改革试点院校、全国首批教育信息化试点单位。同年，郁建生教授荣获第五届贵州省优秀科技工作者称号。④

2013年，成立博士后工作站。同年，学院“国家级骨干示范学校”通过贵州省教育

① 《贵州年鉴》编辑部. 贵州年鉴（2010）[M]. 贵阳：贵州年鉴社，2010：357.

② 《贵州年鉴》编辑部. 贵州年鉴（2010）[M]. 贵阳：贵州年鉴社，2011：389.

③ 贵州省地方志编纂委员会. 贵州省志（1978-2010）·教育 [M]. 贵阳：贵州人民出版社，2017：60.

④ 《贵州年鉴》编辑部. 贵州年鉴（2013）[M]. 贵阳：贵州年鉴社，2013：598.

厅、贵州省财政厅和教育部、财政部两级验收，获“优秀”等次。①

2014 年，被列为高职、中职国家级双示范院校。同年，院长张景春在全国职业教育工作会议上作典型经验交流发言，会后受到国务院总理李克强亲切接见；郁建生获第六届全国优秀科技工作者称号。②

2015 年，国家民族事务委员会与贵州省人民政府签署共建铜仁职业技术学院协议。学院成为中国南方唯一一所国家民族事务委员会与地方政府省部共建的高职院校。同年，成立贵州省工程技术中心；顾昌华获贵州省五一劳动奖章。③

2016 年，成为全国职业院校教学诊断与改进工作 27 所试点院校之一。

2017 年，成为省级首批优质高职院校立项建设单位；入选教育部第二批全国百所现代学徒制试点高职院校；获批为首批全国新型职业农民培育示范基地，第五批全国民族团结进步创建示范区（单位）。

是年，水利水电建筑工程专业学生李昭文荣获省级职业技能大赛建筑工程识图一等奖。

2018 年，中兽药重点开放实验室获批为国家民族事务委员会重点实验室；入列国家优质高职院校名单；成为国家民族事务委员会人文社会科学重点研究基地；成立国家级“一带一路”国别和区域研究中心。

截至 2019 年，学校占地面积 1411 亩。学院图书馆建筑总面积 1. 8 万平方米；馆藏医学、护理、药学、农学、畜牧兽医、计算机等专业为主的图书、期刊、工具书、特藏书、报纸等纸质藏书共 60 余万册；电子图书 100 万册，各类中文期刊 1400 余种，报纸 100 余种。购置有“中国知网”资源数据库和超星电子图书等电子资源。馆设阅览座位 1400 余个。

学校已成为国家骨干高职院校、中职国家示范学校、省部共建高校（国家民族事务委员会与贵州省人民政府共建）、国家优质高职院校、国家“双高计划”立项建设单位。

建有博士后科研工作站、国家民族事务委员会重点开放实验室（中兽药开放实验室）；民族中兽药分离纯化技术国家地方联合工程研究中心、“一带一路”国别和区域研究中心、贵州省民族中兽药工程技术研究中心、贵州省饲料饲草安全与高效利用工程研究中心；人文社会科学重点研究基地、民族中兽药与生态畜牧业人才基地。设有国家茶产业体系（铜仁）茶叶综合试验站、贵州省中兽药工程研究中心、铜仁市产业发展研究中心、民族兽药研究所等 20 余个研发机构。

有国家级优秀教学团队 1 个、省级优秀教学团队 6 个、省级科技创新人才团队 1 个、省级大师工作室 6 个；有生态农业示范园、药学及药品生产开放性实训基地、NIIT 大数据与软件服务外包实训基地等 198 个实训基地，其中国家开放实训基地 3 个。

与中南民族大学、大连民族大学、贵州大学、贵州师范大学等十余所国内高校签订有联合办学协议；也与美国阿兰特国际大学、韩国国立韩国交通大学、印度尼西亚甘加马达

---

① 《贵州年鉴》编辑部. 贵州年鉴（2014）［M］. 贵阳：贵州年鉴社，2014：354.

② 《贵州年鉴》编辑部. 贵州年鉴（2015）［M］. 贵阳：贵州年鉴社，2015：679.

③ 《贵州年鉴》编辑部. 贵州年鉴（2016）［M］. 贵阳：贵州年鉴社，2016：757-758.

大学、马来西亚沙巴大学等五十余所国外高校联合办学。

（三）科研成果

唐康的《护士资格考试课程教学内容的改革成果》获贵州省教育科学研究优秀成果三等奖。

2018 年，张景春等的《“学创融合、实岗育人、助推脱贫”的高职电商人才培养改革与实践》、徐联等的《“校政合作 集团发展 中高衔接”职业教育集团学校协同育人模式探索与实践》、黄雪飞等的《黔东山地特色高职农牧技术专业群的创新与实践》、郁建生等的《民族中兽药产学研合作平台上的协同创新与育人探索及实践》获贵州省职业教育教学成果一等奖。

截至 2018 年，学校获国家级教学成果奖二等奖三项。

（四）学生与教职工数

2002 年，铜仁职业技术学院成立。当年招生 102 人。有教职工 453 人，其中专任教师 453 人，副教授 44 人，讲师 125 人，助教 82 人。

2004 年，招收新生 408 人，有在校生 759 人，预计毕业生 96 人；有教职工 439 人，其中专任教师 260 人，教授 1 人，副教授 67 人，讲师 112 人，助教 75 人。教员 5 人。

2005 年，毕业学生 74 人，招收学生 678 人；有在校生 1266 人，预计毕业生 588 人；有教职工 436 人，其中专任教师 272 人，教授 2 人，副教授 80 人，讲师 117 人，助教 66 人，教员 7 人。

2002~2018 年，其学生与教职工数具体变化如表 10-20 所示。

表 10-20 2002~2018 年铜仁职业技术学院学生与教职工数 单位：人

年度末	专科学生								教职工数	专任教师					
	毕业生		招生数		在校生		预计毕业生			合计	教授	副教授	讲师	助教	教员
2002	—		102		102		—		453	251	—	44	125	82	—
2004	—		408		759		96		439	260	1	67	112	75	5
2005	74		678		1266		588		436	272	2	80	117	66	7
年度末	普通	成人	普通	成人	普通	成人	普通	成人	教职工数	合计	正高	副高	中级	初级	未定
2007	416	73	1169	60	2340	305	802	116	495	448	7	92	100	88	—
2008	782	116	1531	95	3025	284	855	57	471	326	15	128	110	73	—
2009	782	57	1884	137	4054	364	988	155	466	338	15	129	113	74	7
2010	771	151	2192	176	5290	385	1291	62	503	365	18	98	181	55	13
2011	1288	44	2600	152	6599	475	1873	112	551	422	28	101	211	82	—

续表

年度末	本专科学生								教职工数	专任教师					
	毕业生		招生数		在校生		预计毕业生			合计	正高	副高	中级	初级	未定
	普通	成人	普通	成人	普通	成人	普通	成人							
2012	1807	112	3758	147	8708	510	2286	173	580	456	33	96	207	82	38
2013	2220	178	3687	20	10171	327	2804	193	645	490	40	116	232	85	17
2014	2508	146	5063	—	12265	180	3665	160	677	556	40	145	237	93	41
2015	3674	78	4984	—	13422	81	3593	72	768	628	37	179	264	106	42
2016	3564	72	5003	—	14698	9	4924	9	819	666	36	203	364	132	31
2017	4817	4	4848	—	14416	5	4735	5	864	712	36	218	267	146	45
2018	4667	5	5047	—	14641	—	4929	—	873	719	38	252	254	158	17

资料来源：历年《贵州年鉴》。

2019年，该校有全日制在校学生21432人，其中高职生16030人，中职生5037人，留学生365人；有教职工910人，其中专任教师733人，专业带头人46人，校外兼职、兼课教师558名，高级职称308人，中级职称357人，有硕、博士学位的378人，“双师型”教师618名，全国教书育人楷模1人，省、市管专家5人，“西部之光”访问学者6人，“甲秀之光”访问学者1人。

十、黔西南民族职业技术学院

2004年1月，经贵州省人民政府批准，兴义地区农业学校、兴义地区水利电力学校、兴义地区农业机械化学校、兴义地区财贸学校、兴义地区卫生学校（1974年建）五所中专学校合并升格组建全日制普通高等职业学院，名为黔西南民族职业技术学院。学校位于贵州省兴义市。

（一）院系与专业设置

2004年，成立医药系、机械与电子工程系、商务系、水利电力工程系、生物工程系、继续教育与培训部。同年，增设会计电算化专业。

2005年，增设旅游管理专业。

2008年，贵州省黔西南民族行政管理学校并入该学院。

2011年，成立黔西南技师学院。同年，生物工程系开设有园林技术、烟草栽培技术、中草药栽培技术、种子生产与经营、设施农业、兽医、水产养殖7个高职专业，园林技术、烟草栽培技术、种子生产与经营、环境保护、畜牧兽医、水产养殖技术6个中职专业。

2014年，增设物流管理专业。

2015 年，医药系析分为医药系、护理系。

2016 年，增设电子商务专业。同年，机械与电子工程系开设有机电设备维修与管理、计算机网络技术、汽车服务与营销 3 个高职专业，机电技术与应用、计算机应用、汽车检测与维修 3 个中职专业，汽车维修、计算机应用与维修 2 个技师专业；水利电力工程系开设有电力系统自动化技术、建筑工程技术、电厂设备运行与维护、水利水电建筑工程、工程测量技术 5 个高职专业，供用电技术、建筑工程施工、水电站与水泵站电力设备、工程测量、水利水电工程施工、工程造价 6 个中职专业。

2016 年，招生高职专业有 23 个：茶树栽培与茶叶加工、园林技术、畜牧兽医、工程测量技术、电力系统自动化技术、建筑工程技术、水利水电建筑工程、机电设备维修与管理、药品经营与管理、计算机应用技术、计算机网络技术、护理、助产、药学、康复治疗技术、健康管理、会计、汽车营销与服务、茶艺与茶叶营销、电子商务、物流管理、旅游管理、酒店管理。

2017 年，增设茶树栽培与茶叶加工、计算机应用技术（大数据方向）、食用菌生产与加工、电子商务 4 个高职专业。

2018 年，机械与电子工程系开设有汽车运用与维修、计算机应用技术（大数据方向）、计算机网络技术、汽车技术服务与营销、机电设备维修与管理 5 个高职专业。

2019 年，生物工程系开设有畜牧兽医、园林技术、茶树栽培与茶叶加工、食用菌栽培与加工技术、宠物临床诊疗技术 5 个高职专业，畜牧兽医、园林绿化 2 个中职专业，园林技术、畜牧兽医、园林技术、宠物诊疗技术、茶叶栽培与加工、茶艺与茶叶营销 6 个成人高职专业；医药系开设有药学、药品经营与管理、康复治疗技术、健康管理、医学影像技术、中药学、中草药栽培技术 7 个高职专业，农村医学、药剂 2 个中职专业，与贵州医科大学、遵义医科大学联办有临床医学、药学、影像、麻醉、检验 5 个成人学历本、专科专业；水利电力工程系开设有水利水电建筑工程、电力系统自动化技术、供用电技术、建筑工程技术、建设工程管理、建筑电气工程技术、国土测绘与规划、工程测量技术 8 个高职专业，供用电技术（中高职 3+3 贯通）、建筑工程施工 2 个中职专业，与贵州大学、贵州师范大学等联办有水利水电工程建筑、电力系统自动化、土木工程 3 个成人学历本、专科专业；护理系开设有护理、助产 2 个高、中职专业，与贵州医科大学，遵义医学院联合举办成人护理、助产本科专业函授教育；继续教育与培训部开设有成人教育，涵盖农、工、水电、商、医学 5 个方向的专业；商务系开设有会计、旅游管理、酒店管理、市场营销、物流管理、电子商务、客户信息服务、国际山地旅游 8 个专业。

是年，招生的专业有 22 个：茶树栽培与茶叶加工、园林技术、畜牧兽医、工程测量技术、电力系统自动化技术、建筑工程技术、水利水电建筑工程、机电设备维修与管理、药品经营与管理、计算机应用技术、计算机网络技术、护理、助产、药学、康复治疗技术、健康管理、会计、汽车营销与服务、旅游管理、电子商务、物流管理、酒店管理。

截至 2019 年，学校设有生物工程系、机械与电子工程系、水利电力工程系、商务系、医药系、护理系、保安系、山地旅游系 8 个教学系及继续教育培训部、黔西南民族中等职业学校，开设有畜牧兽医、计算机网络技术、电力系统自动化技术、会计、药学、护理等

23 个高职专业。

（二）学校环境与办学成果

截至 2019 年，学校占地面积 797.32 亩，有两个校区。设有国家级、省级、院级生物技术工程、护理、药学、助产、电力系统自动化技术等校内实训基地 50 个，校外实训基地 67 个。建有第 107 国家职业技能鉴定所、国家科技部和农业部星火学校等；具有贵州省安全培训三级资质、贵州省煤矿安全培训三级资质。

（三）学生与教职工数

2004 年，黔西南民族职业技术学院成立。当年招生 102 人。有教职工 326 人，其中专任教师 326 人，副教授 23 人，讲师 85 人，助教 77 人。

2005 年，招收新生 266 人，有在校生 362 人，预计毕业生 53 人；有教职工 324 人，其中专任教师 156 人，副教授 22 人，讲师 75 人，助教 75 人。教员 6 人。

2004~2018 年，其学生与教职工数具体变化如表 10-21 所示。

表 10-21　2004~2018 年黔西南民族职业技术学院学生与教职工数　　单位：人

年度末	专科学生								教职工数	专任教师					
	毕业生		招生数		在校生		预计毕业生			合计	教授	副教授	讲师	助教	教员
2004	—		102		102		—		326	185	—	23	85	77	—
2005	—		266		362		53		324	156	—	22	75	75	6
年度末	**普通**	**成人**	**普通**	**成人**	**普通**	**成人**	**普通**	**成人**	**教职工数**	**合计**	**正高**	**副高**	**中级**	**初级**	**未定**
2007	212	—	767	4	1395	4	430	—	347	179	—	29	76	70	4
2008	432	—	996	11	1961	15	371	—	423	224	—	49	105	50	20
2009	369	—	1368	363	2944	378	752	4	453	308	1	84	123	61	39
2010	736	4	1262	35	3417	409	837	11	467	278	2	58	114	78	26
2011	837	11	1037	28	3517	426	1039	363	466	280	2	67	120	73	18
2012	1307	341	1571	39	3765	119	1176	34	454	280	2	77	114	71	16
2013	1176	33	3044	—	3629	86	1096	32	454	319	7	94	114	66	38
2014	1063	34	1777	—	4235	58	1514	36	473	359	6	101	138	42	72
2015	1503	36	1939	—	4614	22	1021	22	522	409	19	119	111	120	40
2016	983	22	3012	—	6534	—	1712	—	518	409	8	116	118	60	107
2017	1608	—	2796	—	7544	—	1893	—	558	438	8	112	124	64	130
2018	1823	—	3074	6	8614	—	3033	—	538	420	11	106	141	71	91

资料来源：历年《统计年鉴》。

2019 年，该校有全日制高、中职在校生 12000 人，教职工 477 人，专任教师 373 人，其中硕、博学位的 86 人，正高职称 8 人，副高职称 125 人。

十一、贵州轻工职业技术学院

2004 年 2 月，经贵州省人民政府批准，贵州省第一轻工业学校、贵州省第二轻工业学校合并升格组建全日制普通高等职业学院，名为贵州轻工职业技术学院，贵州省贵阳市花溪大学城。

（一）院系与专业设置

2004 年，成立艺术设计系、轻工化工系、经济管理系、机电工程系。

2006 年，成立信息工程系。

2007 年，开展自考本科衔接工作。[①]

2010 年，成立人文社科系。

2014 年，成立建筑工程系。

2015 年，信息工程系开设有计算机应用技术、动漫设计与制作、软件技术、计算机多媒体技术、网络技术 5 个专业。

2016 年，物流专业获批为贵州省高等职业教育人才培养质量提升工程骨干专业建设项目。

2017 年，怀卡托国际学院获得教育部批准成立，实现贵州高职高专院校中外合作办学机构零的突破。[②] 怀卡托国际学院开设“3+1+1”国际本硕连读项目（IEPP），工商管理、市场营销以及计算机应用 3 个国际联合培养专业。

是年，物流专业获批为贵州省高等职业教育人才培养质量提升工程现代物流重点专业群项目。同年，招生的院系与专业为：机电工程系的机电一体化技术、机械制造与自动化、数控技术、汽车检测与维修技术、汽车营销与服务、新能源汽车技术、工业机器人技术；建筑工程系的建筑工程技术、工程造价、建设工程管理；人文社科系的旅游管理、播音与主持、酒店管理、高速铁路客运乘务；信息工程系的城市轨道交通运营管理、计算机应用技术（含云计算方向）、大数据技术与应用、计算机网络技术（含物联网方向）、软件技术、数字媒体应用技术；艺术设计系的室内艺术设计、动漫设计、服装与服饰设计、工艺美术品设计（装潢艺术设计方向）、广告设计与制作、视觉传播设计与制作；经济管理系的工商企业管理、电子商务、会计、报关与国际货运、物流管理、财务管理、市场管理、市场营销（互联网营销方向）。

2019 年，增设报关与国际货运专业。

是年，轻工化工系开设有酿酒技术、食品生物技术、食品营养与检测、食品质量与安全、烹调工艺与营养、药品生产技术、药品经营与管理、水净化与安全技术 8 个专业；艺

---

① 《贵州年鉴》编辑部．贵州年鉴（2008）［M］．贵阳：贵州年鉴社，2008：344.

② 《贵州年鉴》编辑部．贵州年鉴（2018）［M］．贵阳：贵州年鉴社，2018：519.

术设计系开设有室内艺术设计、服装与服饰设计、工艺美术品设计、视觉传播设计与制作、动漫设计、广告设计与制作 6 个招生专业；机电工程系开设有机电一体化技术、机械制造与自动化、汽车检测与维修技术、新能源汽车技术、工业机器人技术、储能材料技术 6 个专业；信息工程系开设有计算机应用技术、计算机多媒体技术、动漫设计与制作、软件技术 4 个专业；经济管理系开设有会计、财务管理、市场营销、工商企业管理、电子商务、物流管理、报关与国际货运 7 个专业；建筑工程系开设有建筑工程技术、工程造价、房地产经营与估价、建设工程管理、工程测量技术 5 个专业。人文社科系开设有旅游管理、酒店管理 2 个专业；国际学院室内艺术设计（中外合作）、会计（中外合作）、建筑工程技术（中外合作）3 个专业。

截至 2019 年，学校设有经济管理系、信息工程系、艺术设计系、机电工程系、轻工化工系、人文社科系、建筑工程系及基础教学部、思政教学部、中职教学部、国际学院 7 系 3 部 1 院，开设有高职招生专业 40 余个。

（二）学校环境与办学成果

2012 年，获批为全国职教师资培养培训基地。[①]

2017 年，获全国企业经营分析与决策技能大赛高职组二等奖、全国职业院校创业技能大赛企业经营管理沙盘模拟赛项三等奖、全国职业院校技能大赛高职组银行业务综合技能赛项三等奖；获贵州省企业经营分析与决策高职组一等奖、贵州省职业院校技能大赛会计技能赛项三等奖、贵州省职业院校技能大赛电子商务技能赛项二等奖、贵州省职业院校技能大赛暨全国职业院校选拔赛高职组关务技能二等奖。

2018 年，成为全国创新创业典型高校。同年，获第九届全国高等院校企业竞争模拟大赛总决赛一等奖、贵州省职业院校技能大赛银行综合业务技能赛项一等奖、贵州省职业院校技能大赛电子商务技能赛项二等奖、贵州省职业院校技能大赛暨全国职业院校选拔赛高职组关务技能赛项二等奖。

2019 年，获贵州省职业院校技能大赛暨全国职业院校选拔赛高职组关务技能一等奖、贵州省职业院校技能大赛暨全国职业院校选拔赛高职组互联网+国际贸易综合技能赛项二等奖。

截至 2019 年，学校占地面积 1000 亩，建筑面积 39 万平方米。建有中央财政支持建设的校内实训基地 3 个，省级开放实训基地 3 个，校内外实训基地 200 余个。

设有全国职业教育师资培养培训重点建设基地、贵州省第 101 职业技能鉴定所、贵州省普通高等学校山地特色水果及其制品工程研究中心、贵州省普通高等学校石墨烯材料工程研究中心、中国（贵安）创客联盟总部基地、贵州省花溪大学城双创园、贵州省大学生创新创业孵化基地。

学院与贵州师范大学、贵州财经大学、贵州医科大学、贵阳中医学院等高校共享大学城优质教学资源；与新西兰怀卡托理工学院、澳大利亚高登职业技术学院、泰国商会大学、泰国吉拉达学校、马来西亚南方大学学院等开展有国际合作交流。

---

① 《贵州年鉴》编辑部. 贵州年鉴（2013）[M]. 贵阳：贵州年鉴社，2013：370.

（三）学生与教职工数

2004 年，贵州轻工职业技术学院成立。当年招生 231 人。有教职工 204 人，其中专任教师 146 人，副教授 39 人，讲师 69 人，助教 32 人，教员 6 人。

2005 年，招收新生 491 人，有在校生 715 人，预计毕业生 224 人；有教职工 201 人，其中专任教师 145 人，副教授 38 人，讲师 67 人，助教 32 人。教员 8 人。

2004~2018 年，其学生与教职工数具体变化如表 10-22 所示。

表 10-22　2004~2018 年贵州轻工职业技术学院学生与教职工数　　单位：人

年度末	专科学生								教职工数	专任教师					
	毕业生		招生数		在校生		预计毕业生			合计	教授	副教授	讲师	助教	教员
2004	—		231		231		—		204	146	—	39	69	32	6
2005	—		491		715		224		201	145	—	38	67	32	8
年度末	普通	成人	普通	成人	普通	成人	普通	成人	教职工数	合计	正高	副高	中级	初级	未定
2007	491	—	1096	—	1874	—	778	—	212	152	—	54	54	33	11
2008	716	—	1395	—	2442	—	280	—	216	168	—	62	57	27	22
2009	232	—	1563	—	3766	—	1149	—	289	242	1	65	69	50	57
2010	1107	—	1661	—	4253	—	1398	—	316	266	1	73	94	66	32
2011	1266	—	2440	—	5048	—	1234	—	327	274	1	72	95	76	30
2012	1171	—	2667	—	6197	—	1386	—	402	336	2	81	103	95	55
2013	1310	—	3097	—	7851	—	2224	—	482	409	4	81	132	129	63
2014	2074	—	3717	—	9279	—	2648	—	727	615	6	120	191	195	103
2015	2511	—	4306	—	10891	—	2981	—	828	700	7	137	217	222	117
2016	2906	—	4210	—	11985	—	4087	—	865	732	7	142	216	231	136
2017	3848	—	4119	—	11850	—	4697	—	909	751	7	145	213	131	155
2018	4407	—	4085	—	11023	1035	3829	—	906	751	8	146	209	231	157

资料来源：历年《贵州年鉴》。

2019 年，该校有全日制高职在校生约 12000 人；专兼职教师 710 余名，其中具有高级职称的教师占 35%，具有硕、博学位的占 59. 3%；“双师型”教师占 78. 2%。

十二、贵阳护理职业学院

2006 年 1 月，经贵州省人民政府批准、教育部备案，在贵阳市卫生学校办学 70 余年的基础上，成立卫生类高等职业学院，名为贵阳护理职业学院。学校位于贵州省贵阳市观山湖区石林西路。

（一）院系与专业设置

2002 年，护理专业被教育部批准为首批国家级重点建设示范专业。

2007 年，增设医学美容高职专科专业。

2008 年，成立卫生管理系。

2009 年，组建护理系。成立实训教研室、外科五官科教研室。

2011 年，专科招生有院系 4 个、专业 12 个：护理系的护理、涉外护理（英语方向）、康复护理、助产（含计划生育技术方向）、医疗美容技术；药学系的药学、中药学、药物分析技术；检验系的医学检验技术；卫生管理系的公共卫生管理、卫生检验与检疫技术、医学营养。

2012 年，成立文化基础部、康复教研室。

是年，护理（含涉外方向、康复方向）、助产（含计划生育技术方向）、医疗美容技术，药学系的药学、中药学、药物分析技术、医学检验技术、卫生检验与检疫技术、医学营养共 9 个高职专业招生。

2013 年，成立社区护理学教研室。

2014 年，成立医学影像技术教研室。同年，专科招生专业有 11 个：护理（含涉外方向、康复方向、社区方向）、助产（含计划生育技术方向）、医学影像技术、药物分析技术、药学、中药学、医药营销、医学检验技术（含输血方向）、医学营养、卫生检验与检疫技术、公共卫生管理；中职招生专业有 9 个：护理（含康复方向、社区方向）、助产（计划生育技术方向）、医学影像技术、药学、中药学、医学检验技术（含输血方向）、医学营养、卫生检验与检疫技术、公共卫生管理。

2016 年，增设健康管理高职专科专业。

2017 年，护理、助产、药品质量与安全、中药学、药学、医学检验技术、食品检测技术、医学营养、卫生检验与检疫技术、公共卫生管理、健康管理、医学影像技术、药品经营与管理、眼视光技术、康复治疗技术、家政服务与管理、临床医学、药品生产技术 18 个高职专业招生。

2019 年，临床医学系的临床医学、康复治疗技术；护理系的护理（含麻醉方向、社区方向、老年方向、康复方向、涉外方向）、助产；药学系的药品生产技术、中药学、药学、药品质量与安全；医学技术系的医学检验技术、食品检测技术、医学营养、卫生检验与检疫技术、眼视光技术；卫生管理系的公共卫生管理、健康管理、医学影像技术、家政服务与管理 5 个系 17 个专业招生。

截至 2019 年，学校还设置有文化基础部、基础医学部、思政教育部、成人教育培训部等教学单位以及护理、药剂、农村医学 3 个中职专业。

学院高职护理专业毕业生参加出国英语考试达到要求的，可申请以“3+1”“3+2”方式到英国知山大学学习，毕业时可获英国知山大学护理本科毕业证书、英国知山大学护理硕士毕业证书。

（二）学校环境与办学成果

2006 年，贵阳市第一人民医院、金阳医院、贵阳市妇幼保健院划属为贵阳护理职业学院附属医院。

2009 年，图书馆迁至金阳新校区。

至 2011 年，学校占地面积 20.68 万平方米，建筑面积 12 余万平方米，建有教学楼、实验楼、图书馆、食堂、风雨操场、学生公寓等。

建有临床护理、护理（涉外护理方向）、康复护理、药学、中药、药物分析技术、医学检验技术、医疗美容技术、公共卫生管理、卫生检验与检疫技术、医学营养专业实训基地。其中护理专业实训基地是国家级示范性实训基地。

学院还建有全省一流的护理模拟病房、重症监护室、《中国药典》中制剂系列生产线、中药标本室、微生物、免疫检验实训室、检验实训室、美容实训室等。是年，学院通过贵州省高职院校人才培养工作评估。

是年，陈嬢嬢荣获贵州省第二届青年创新人才奖。①

2012 年，通过贵州省大学生思想政治教育工作评估。

2013 年，被列为省级高职示范院校。②

2014 年，被评为省级特色文化学校。

截至 2019 年，学校占地面积 380 亩，建筑面积 24 万平方米，实验实训场所面积达 64361 平方米。建有现代化教学楼、实验实训楼、会堂、操场、标准体育场、学生公寓、食堂、浴室、生命科学体验学习中心、校史馆、社科馆等功能完善、结构合理的基础设施；教学仪器设备 3662 套，价值 10484.36 万元，生均教学仪器设备值 7420.1 万元。

图书馆建筑面积 12928 平方米。有馆藏图书 35 万册，超星电子图书 17.6 万册，“读秀”100 万种，中国知网电子期刊近 4000 余种。设有采编室、人文学科书库、自然学科书库、教学参考书库及贵州省图书馆分馆、电子阅览室、现刊阅览室、过刊阅览室、技术服务部等；放置阅览座位 1100 余个。

学校建有大健康开放实训基地、智能化医学技能中心（涵盖护理开放实训基地、生命科学体验学习中心、药物产业链虚拟实训中心、客观结构化临床考试（OSCE）考试基地、临床技能实训中心、康复实训中心、药物物流实训中心、卫生检验与检疫实训中心）；实训室 332 个。设有贵州省第 15 国家职业技能鉴定站，具有护理保健类、药学类、检验类、公共卫生管理类、美容化妆形象设计类等 45 个工种的鉴定资格。

学校与英国知山大学和中山大学、中南大学，宁波卫生职业技术学院建有友好合作和对口帮扶关系，与泉州医学高等专科学校、辅英科技大学签订有合作协议。

（三）科研成果

2018 年，夏忠玉等的《产教融合促进贵州苗药传承及产业升级》获贵州省职业教育

---

① 《贵州年鉴》编辑部. 贵州年鉴（2012）[M]. 贵阳：贵州年鉴社，2012：650.

② 《贵州年鉴》编辑部. 贵州年鉴（2014）[M]. 贵阳：贵州年鉴社，2014：354.

教学成果二等奖。

（四）学生与教职工数

2006 年，贵阳护理职业学院成立，翌年开始招生。

2007~2018 年，其学生与教职工数具体变化如表 10-23 所示。

表 10-23　2007~2018 年贵阳护理职业学院学生与教职工数　　单位：人

年度末	本专科学生								教职工数	专任教师					
	毕业生		招生数		在校生		预计毕业生			合计	正高	副高	中级	初级	未定
	普通	成人	普通	成人	普通	成人	普通	成人							
2007	—	—	446	—	446	—	—	—	196	146	—	45	44	37	20
2008	—	—	1043	—	1483	—	—	—	205	158	—	46	42	50	20
2009	—	—	1274	—	2670	—	429	—	232	174	—	46	45	81	2
2010	428	—	1536	—	3638	—	1159	—	268	209	2	50	56	70	31
2011	1140	—	1682	—	4150	—	1053	—	278	218	4	44	81	68	21
2012	1053	—	1860	—	4906	—	1546	—	299	228	4	48	70	61	45
2013	1543	—	1652	—	5004	—	1665	—	329	248	8	54	75	64	47
2014	1653	—	1785	—	5070	—	1660	—	337	256	7	56	74	84	35
2015	1656	—	1857	—	5249	—	1616	—	342	261	7	56	79	94	25
2016	1613	—	2801	—	6406	—	1768	—	352	267	7	60	85	104	11
2017	1759	—	2353	—	6933	—	1820	—	358	277	8	58	84	104	23
2018	1814	—	2475	30	7512	1672	2736	—	369	283	8	64	85	115	11

资料来源：历年《统计年鉴》。

2019 年，该校高职在校生近 7000 人，中职在校生 5000 余人；有教职工近 400 名，其中博士 4 人，硕士 150 余人；高职 110 余人，中职 114 余人，“双师型”教师 200 余人。

十三、遵义医药高等专科学校

2006 年 2 月，经教育部批准，遵义卫生学校、遵义中医学校 2 所国家级重点中专合并组建成立全日制普通高等职业学院，名为遵义医药高等专科学校。学校坐落于贵州省遵义市新蒲新区大学城。

（一）院系与专业设置

2006 年，增设中药学专科专业并招生。是年，成立职业成人教育处（职成处），与贵阳医学院联办成人护理、临床2个专业的专、本科班，同时与北京中医药大学远程教育学院联办中医学专业专、本科班，与遵义市正安县职业教育培训中心联办中医学、护理、临床专业专科班。

2007年，以原两校护理教研室成立护理系，开设护理专科专业；成立临床医学系，开设临床医学专科专业；成立中医系、药学系、卫生管理系。

2008年，增设中医学、医学影像、临床医学、护理4个成人学历专科专业。

2011年，增设助产专科专业并招生。

2012年，成立社科部。是年，开设有临床医学（含全科医学方向）、中医学、针灸推拿、康复治疗技术、中药、护理、助产、医学影像技术、医学检验技术、药学、医学营养、卫生管理12个专科专业。

2013年，增设药品经营与管理专科专业并招生。

2014年，职成处与遵义医学院联办成人护理学、临床医学、药学、医学检验、医学影像学、公共事业管理6个专业本科学历班。

2015年，护理系开设有护理、助产2个专科专业，护理1个中专专科及护理成人学历本、专科（含自考）专业；医学技术系开设有医学影像技术、医学技术系、医学检验技术3个专业。是年，职成处与贵阳中医学院联办成人护理学、中医学、中药学专业本科学历班。

2016年，增设口腔医学专科专业，翌年招生。是年，招生专科专业有15个：临床医学、助产、护理、针灸推拿、中医学、康复治疗技术、中医康复技术、医学美容技术、医学影像技术、医学检验技术、医学营养、公共卫生管理、中药学、药学、药品经营与管理。

2017年，招生专科专业有19个：临床医学、助产、护理、针灸推拿、中医学、康复治疗技术、中医康复技术、医学美容技术、医学影像技术、医学检验技术、医学营养、公共卫生管理、中药学、药学、药品经营与管理、食品药品监督管理、卫生检验与检疫技术、口腔医学、预防医学。

2019年，社科部更名为马克思主义学院。同年，招生专科专业有21个：临床医学、助产、护理、家政服务与管理、针灸推拿、中医学、康复治疗技术、中医康复技术、医学美容技术、健康管理、医学影像技术、医学检验技术、医学营养、公共卫生管理、中药学、药学、药品经营与管理、食品药品监督管理、卫生检验与检疫技术、口腔医学、预防医学。药学系开设有中药学、药学、药品经营与管理3个专业。

截至2019年，设有药学系、护理系、中医系、临床医学系、卫生管理系、医学技术系、马克思主义学院、基础教学部6个系、1个学院、1个教学部；所开设的专业中临床医学、口腔医学、预防医学、中医学、针灸推拿5个专业为国控专业；护理、医学影像技术专业是国家财政部重点支持建设的重点专业；药学专业是中央财政以奖代补重点建设专业；中医专业被列为贵州省开放性实训基地建设项目。

临床系已建为省级校企共建基地。

（二）学校环境与办学成果

2010 年，通过教育教学工作合格评估。同年，在贵州省高职高专院校思想政治教育工作评估中被评为优秀。

2012 年，被评为省级示范高等职业学校。① 同年，获贵州省高校网站建设评比第一名、贵州省精神文明建设工作先进单位、贵州省安全稳定综合治理工作先进单位等荣誉。在贵州省职业院校护理技能大赛获得学生高职组团体奖第一名。

2013 年，在贵州省高职高专院校思想政治教育工作评估中被评为优秀。同年，被贵州省民政厅列为省级养老护理员培训基地。

2014 年，学校整体迁入新蒲新区大学城新校区。同年，学校以 2 名教师和 6 名学生组队参加贵州省护理技能比赛，教师获一等奖 1 名、三等奖 1 名，学生获一等奖 1 名、二等奖 3 名、三等奖 2 名。

截至 2019 年，学校占地面积 1394 亩，建筑面积 59.86 万平方米。

图书馆建筑面积 28418.01 平方米；馆藏纸质图书有 10.7 万余种、49.3 万余册，电子图书 30 万册，报刊 467 种；订购有 2 个数据库；安装博看读报机 4 台，电子图书借阅机 2 台，网络资源 24 小时开放。馆内设有采编部、流通部、期刊部、技术部、文献综合部 5 个部门。有工作人员 23 人，其中副研究馆员 2 人，馆员 3 人，助理馆员 6 人；硕士研究生学历的 4 人，本科学历的 10 人。

学校有遵义市一医、遵义市五医 2 所直属附院，遵义市中医院 1 所非直属附院。与上海市第一人民医院、中美医疗卫生互联公司、重庆市肿瘤医院等 180 多家省内外医院、企业开展医教合作和康养人才订单培养，并建有教学实习基地。

建有省级实验用兔养殖基地、国家中药生药Ⅱ级实验室、市级中药民族药新药研究实验室。有省级科技人才培养创新团队 1 个，省级大师工作室 1 个。

学校与贵州医科大学、贵阳中医学院签订联合开展本科教育协议；与北京中医药大学远程教育学院联合开展远程教育；与马来西亚世纪大学、英国知山大学以及我国台湾弘光科技大学、大连医科大学等学校建立了交流合作关系；是上海中医药大学、上海健康医学院的帮扶点。

（三）科研成果

2018 年，邓山等的《传承中华优秀传统文化，培育“大医精诚”人文素养的教学实践与探索》获贵州省职业教育教学成果二等奖。

截至 2019 年，学校累计获得科研经费 471.3 万元；教师共发表论文 490 篇，主编或参编论著（教材）203 部；获贵州省科技进步奖多项。

---

① 《贵州年鉴》编辑部．贵州年鉴（2013）[M]．贵阳：贵州年鉴社，2013：370.

（四）学生与教职工数

2006 年，遵义医药高等专科学校成立，当年开始招生。

2007~2018 年，其学生与教职工数具体变化如表 10-24 所示。

表 10-24　2007~2018 年遵义医药高等专科学校学生与教职工数　　单位：人

年度末	专科学生								教职工数	专任教师					
	毕业生		招生数		在校生		预计毕业生			合计	正高	副高	中级	初级	未定
	普通	成人	普通	成人	普通	成人	普通	成人							
2007	—	—	796	—	1093	—	—	—	273	151	—	50	71	24	6
2008	—	—	1090	—	2129	—	282	—	358	259	—	77	106	38	38
2009	282	—	1269	—	3130	—	757	—	366	267	3	73	108	40	38
2010	753	—	1753	—	4119	—	1104	—	412	292	6	87	84	115	—
2011	997	—	2550	187	5540	187	1263	—	759	657	32	178	240	168	39
2012	1246	—	2710	332	6975	519	1731	—	766	683	33	197	250	192	11
2013	1708	—	2782	348	7958	867	2498	—	788	694	35	200	253	195	11
2014	2489	—	4469	323	9882	1190	2634	187	797	703	35	200	253	206	9
2015	2634	187	4579	117	11776	1178	2754	331	809	705	36	201	255	204	9
2016	2690	331	4090	121	13028	968	4401	347	811	706	36	201	256	206	7
2017	4365	347	4119	346	12698	967	4536	323	812	707	37	203	255	204	8
2018	4325	444	4317	512	12390	30	3989	523	815	711	38	205	256	203	9

资料来源：历年《贵州年鉴》。

2019 年，该校有全日制在校生 12670 人；有教职员工 1105 人（含直属附院），其中硕、博学历的 338 人（校本部 152 人），高级职称 108 人（校本部 17 人），副高职称 288 人（校本部 95 人），省级教学名师 2 人，“双师型”教师比例达 88%。

十四、贵阳职业技术学院

2007 年，经贵州省人民政府批准，教育部备案，贵阳学院所设置的贵阳市高级技工学校、贵阳市兴筑工业学校和职业技术学院三部分拆出，组建全日制高等职业学院，名为贵阳职业技术学院。学校主校区位于贵州省贵阳市观山湖区。

（一）院系与专业设置

2009 年，贵阳市财经学校、贵阳市第一高级技工学校、贵阳市科技学校、贵阳市职工中等专业学校四所中专并入该学院。

2011 年，学院设置有 7 个系、3 个分院，开设有 25 个专科专业。分别是：轨道交通分院的电气化铁道技术、城市轨道交通运营管理、城市轨道交通控制（驾驶与检修方向）、城市轨道交通车辆；装备制造分院的机电一体化技术、数控技术；磷煤化工分院的应用化工技术（定向贵州开磷集团）、非金属矿开采技术（定向贵州开磷集团）；财政经贸系的电子商务、会计电算化、物流管理、文秘；信息科学系的计算机网络技术、软件技术；旅游管理系的旅游管理、会展策划与管理、旅游英语；旅游管理系的生物制药技术、材料工程技术；农林水技术系的园林技术、环境艺术设计；建筑工程系的项目管理、建筑工程技术；艺术系的室内设计技术、广告设计及制作。

2012 年，贵州省地质学校并入该学院。

2013 年，设置并招生的专业有：城市轨道交通车辆、城市轨道交通控制（驾驶与检修方向）、城市轨道交通运营管理、电气化铁道技术、铁道工程技术、铁道机车车辆、铁道通信信号（以上 7 个专业定向铁道部成都铁路局、重庆市轻轨公司、贵阳市轻轨建设项目等）；机电一体化技术、数控技术（以上 2 个专业定向贵阳市小河国家经济开发区小孟工业园、安徽芜湖工业园等）；非金属矿开采技术（采矿工程管理方向）、应用化工技术（氟化工生产技术方向、化学分析技术方向）、化工设备维修技术（化工仪表自动化方向）、机电一体化技术（热发电技术方向）（以上 4 个专业为贵州开磷集团定岗订单招生，办学地点在贵阳市开阳县金钟镇——贵阳职业技术学院磷煤化工分院开阳校区）；汽车制造与装配技术（定向小河国家经济开发区小孟工业园奇瑞汽车生产线）；室内设计技术、广告设计及制作、服装设计、产品造型设计、环境艺术设计（以上 5 个专业为艺术类招生专业）；空中乘务、航空服务、航空机电设备维修（以上 3 个专业为贵州捷星慧旅航空服务有限公司订单培养）；生物制药技术、药学、绿色食品生产与检验（以上 3 个专业为贵州同济堂制药有限公司、贵阳德昌祥药业有限公司、贵州拜特制药有限公司等省内多家药业公司订单培养）；会计电算化、电子商务、文秘、物流管理、市场营销、旅游管理、旅游英语、会展策划与管理、酒店管理、涉外旅游、计算机网络技术、软件技术、物联网应用技术、材料工程技术、园林技术、建筑工程技术、项目管理、工程造价、城镇规划、社区管理与服务、环境规划与管理、工程测量技术、工程地质勘查、钻探技术等 48 个专业。

2015 年，招生的院系与专业有：轨道分院的铁道通信信号、铁道工程技术、电气化铁道技术、铁道机车车辆、城市轨道交通车辆；旅游系的城市轨道交通运营管理、铁道交通运营管理、旅游管理（含铁道客运方向）、酒店管理（含中加合作办学项目）、空中乘务、航空服务；装备分院的机电一体化技术（轨道交通机电设备维修方向、电气自动化设备安装与维修方向）、机械制造与自动化、数控技术（3D 造型与模具制造方向）、汽车制造与装配技术、航空机电设备维修；财经系的物流管理（铁道物流管理方向）、市场营销（铁道客货运管理方向）、会计电算化、文秘（商务文秘方向）、电子商务（跨境电商方向、网站（店）运营方向）、物流管理、市场营销；城乡分院的建筑工程技术、工程监理、工程造价、城镇规划、工程地质勘查、工程测量技术、钻探技术、园林技术、宝玉石鉴定与加工、环境艺术设计、室内设计技术、广告设计及制作、服装设计；信科系的计算机网络技术（含中加合作办学项目）、软件技术（软件开发与应用技术方向）、物联网应用技术（3G/4G 移动通信技术方向）、电信服务与管理；食药分院的生物制药技术（中药与民族药制药方向、药物制剂方向）、药学、绿色食品生产与检测（绿色食品生产方向、绿色食品检验方向）、食品营养与检测、食品加工技术（焙烤食品加工技术方向、功能性食品加工技术方向）；化工分院的化工设备维修技术、应用化工技术。

2018 年，澜湄沿岸国家轨道交通技能人才培训项目入选国家级教育对外交流项目。至 2018 年，学校设有轨道交通、城乡规划建设、财政经贸与信息技术、食品药品与化工、装备制造、旅游与航空服务等 6 个专业群、56 个招生专业，常年招生专业有 35 个。

2019 年，学校招生的院系与专业有：轨道交通分院的铁道机车、铁道供电技术、铁道工程技术、城市轨道交通车辆技术、城市轨道交通运营管理、铁道信号自动控制 6 个专科专业；装备制造分院的汽车检测与维修技术、飞机机电设备维修、机电一体化技术、机械制造与自动化 4 个专科专业；城乡建设规划分院的建筑工程技术、建筑室内设计、工程造价、工程测量技术、园林工程技术、环境艺术设计、服装与服饰设计、宝玉石鉴定与加工 8 个专科专业；财政经贸系的会计（电算化方向）、电子商务（网店 运营方向）、物流管理、市场营销 4 个专科专业；旅游管理系的旅游管理、酒店管理、空中乘务 3 个专科专业；信息科学系的计算机网络技术、计算机网络技术（中外合作办学）、软件技术、大数据技术与应用 4 个专科专业；生化工程系的药品生产技术、药学、绿色食品生产与检验、应用化工技术 4 个专科专业。

同年还招收有行政管理、会计学、人力资源管理、汉语言文学、学前教育、法学、工程管理、信息管理与信息系统、旅游管理、产品设计、交通运输、金融、工商管理 13 个成人自学考试学历本科专业；资源勘查工程、水文与水资源工程、土木工程、测绘工程 4 个成人函授学历本科专业；工商管理、土木工程、会计、药学、金融、轨道交通、电子商务、市场营销 8 个成人多校联合网络学习本科学历专业；机电一体化技术、机械制造与自动化、工商管理、建筑工程技术、工程造价、物流管理、会计、药学、计算机应用技术、电子商务、市场营销 11 个成人函授学历中专专业。

（二）学校环境与办学成果

2011 年，新图书馆落成使用，建筑面积 17200 平方米。

2013 年，开始招收留学生。① 同年，被列为省级示范高职院校。②

2015 年，被教育部列为首批 100 所现代学徒制试点高职院校。

2017 年，成为省级优质高职院校创建学校。

截至 2019 年，学校本部、二戈寨、清镇、乌当 4 校区和息烽学院、西工校区占地面积共 1070 亩，总建筑面积 28.7 万平方米。教学行政用房面积 21 万平方米，学生宿舍 10.9 万平方米。建有运动场、体育馆、大礼堂、食堂、文体活动中心等。教学设备价值

① 《贵州年鉴》编辑部. 贵州年鉴（2014）[M]. 贵阳：贵州年鉴社，2014：348.

② 《贵州年鉴》编辑部. 贵州年鉴（2014）[M]. 贵阳：贵州年鉴社，2014：354.

8885.35 万元。配备有教学用计算机 2468 台。

图书馆面积 1.8 万平方米。馆藏纸质图书 72 万册，电子图书 33 万种，电子期刊 2000 种。设社会科学书库 2 间，自然科学书库 1 间，职业技术文化馆一间。馆内设 300 座位多媒体学术报告厅 1 间，120 座位道德讲堂一间，600 座位自修区 5 个，300 座位电子阅览室 1 间，150 座位报刊阅览室 1 间。内部设办公室、采编部、阅览流通部、信息参考部等服务部门；有馆员 11 人。

学院拥有国家级、省级高技能人才培训基地各 1 个，省级开放性公共实训基地 1 个；产业技术研究院 1 个，市级工程技术研究中心 1 个；是全国工业机器人领域应用人才培养中心、中国铁路总公司电力机车司机培训基地、中国民用航空局维修培训机构（CCAR-147）、大学生微型企业创业孵化培育试点基地；有职教集团 2 个。

建有贵州省第 8、第 66 国家职业技能鉴定所、贵州省安全生产三级培训中心。学校具有 71 个专业工种共计 196 个等级的鉴定资格；拥有开磷集团第 14、第 22、第 42 国家职业技能鉴定所的合作权限。

学校与我国台湾的中州科技大学、东南科技大学以及美国饭店协会教育学院、英国知山大学、加拿大荷兰学院、马来西亚汝来大学、柬埔寨马德望大学建立有战略合作关系。

（三）科研成果

2018 年，罗闯等的《高职铁道机车专业人才培养模式的研究与实践》获贵州省职业教育教学奖一等奖；王方平等的《基于供给侧改革的产教供需双对接高技能人才培养体系的构建与实践》、宋波等的《基于贵州大数据战略背景下信息技术人才培养模式的研究与实践》获贵州省职业教育教学奖二等奖。

（四）学生与教职工数

2007 年，贵阳职业技术学院成立，当年开始招生。

2007~2018 年，其学生与教职工数具体变化如表 10-25 所示。

表 10-25　2007~2018 年贵阳职业技术学院学生与教职工数　　单位：人

年度末	专科学生								教职工数	专任教师					
	毕业生		招生数		在校生		预计毕业生			合计	正高	副高	中级	初级	未定
	普通	成人	普通	成人	普通	成人	普通	成人							
2007	—	—	275	—	275	—	—	—	109	61	—	18	31	9	3
2008	—	—	815	—	1063	—	—	—	108	61	—	26	24	8	3
2009	—	—	1158	—	2178	—	244	—	436	193	—	62	83	43	5
2010	244	—	1402	—	3364	—	805	—	461	231	—	84	98	49	—
2011	752		1804	—	4307	—	1139	—	421	265	—	107	98	37	23

续表

年度末	专科学生								教职工数	专任教师					
	毕业生		招生数		在校生		预计毕业生			合计	正高	副高	中级	初级	未定
	普通	成人	普通	成人	普通	成人	普通	成人							
2012	1139	—	3191	—	6350	—	1362	—	435	280	—	102	92	48	38
2013	1311	—	3492	96	8390	96	1768	—	559	436	3	142	106	79	106
2014	1714	—	4007	33	10604	129	3120	—	602	418	4	149	104	136	25
2015	3007	—	3500	—	10873	129	3506	96	619	441	6	157	117	105	56
2016	3393	77	4058	349	11280	401	3995	52	637	467	8	157	118	123	61
2017	3917	52	3992	493	11193	742	4137	349	639	470	9	175	105	146	35
2018	4067	277	4003	1179	10955	60	4007	493	649	481	11	186	135	93	56

资料来源：历年《贵州年鉴》。

2019 年，该校有高职在校生约 12000 人；有教职工 667 人，其中高级职称 181 人，硕、博学位的教师 144 人，院级教学名师 5 人，专业带头人 15 人，骨干教师 58 人，学术带头人 9 人，学术骨干 13 人。

十五、贵州职业技术学院

2008 年，贵州广播电视大学创办贵州职业技术学院。学校三个校区分别位于贵州省贵阳市观山湖区云潭南路（主校区）、贵阳八鸽岩路、延安西路。

贵州广播电视大学与贵州职业技术学院实行“一套人员，两块牌子”的管理模式，是一所集开放教育、职业教育、终身教育为一体的新型大学。

（一）院系与专业设置

2009 年，成立信息技术系、工程技术系、商业贸易系、经济管理系、艺术系、文法系、基础部。

2010 年，成立能源工程系。

2013 年，招生的院系与专科专业为：工程技术系的建筑工程技术、工程造价、机械制造与自动化、数控方向、室内设计技术；经济管理系的会计、旅游管理、酒店管理、工商企业管理、涉外旅游；能源工程系的煤矿开采技术（含地质方向、矿山机电方向、矿井通风与安全方向）；商业贸易系的市场营销、电子商务、物流管理、商务英语（国际贸易及国际商务单证方向）、物业管理（楼宇智能化方向）、法律事务；信息技术系的计算机网络技术（网络安全与存储方向）、计算机网络技术（网站建设与网络营销方向）、计算机多媒体技术（建筑装饰设计方向、平面设计方向）、软件技术（财务电算方向、软件开发与项目管理方向）、通信技术、交通安全与智能控制；艺术系的艺术设计、音乐表演、广告与会展；文法系的社区管理与服务。

同年，建立校企共建的中兴 NC 学院、兴隆管理学院。中兴 NC 学院开设有计算机网络技术、通信技术 2 个专科专业。

截至 2014 年，学校设有信息技术系、工程技术系、经济管理系、能源工程系、商贸系、艺术系、基础部 7 个系（部）。与建工集团、贵航集团、机场集团等大型国企和中兴、华为等企业共建起中兴 NC 学院、航空乘务学院、奥鹏商学院、兴隆管理学院、讯方通信学院等二级学院。

2015 年，成立国际学院；新增建筑工程管理、建筑设备工程技术、金融管理与实务、移动互联应用技术、物联网应用技术 5 个专业。

是年，学校与企业联合开办的学院与招生专业有：航空乘务学院的航空服务；兴隆管理学院的物业管理（房地产经营与服务）、法律事务（企业法务方向）；奥鹏商学院的网络营销；中兴 NC 学院的计算机网络技术（4G 网络优化方向）、通信技术（4G 移动通信方向）；讯方通信学院的计算机网络与安全管理、移动互联应用技术、物联网应用技术；慧科软件学院的计算机网络技术（互联网运营与管理方向）、软件技术（移动云计算方向）、软件技术（交互式设计方向）。

2016 年，开始招收留学生。同年，获得建筑“八大员”[①] 培训资质。

2017 年，学校设有信息工程、建筑工程、经济管理、商业与贸易、机电与能源工程、艺术与设计、国际学院 7 个学院，基础部、马列部 2 个公共教学部。

是年，招生的专业有：电子商务、市场营销、物流管理、物业管理、法律事务、包装工程技术、建筑工程技术、工程造价、建筑室内设计、建设工程管理、市政工程技术、园林工程技术、计算机网络技术、软件技术、通信技术、移动互联应用技术、物联网应用技术、云计算技术与应用、旅游管理、酒店管理、工商企业管理、金融管理、空中乘务、机械制造与自动化、机电一体化技术、无人机应用技术、工程测量技术、播音与主持、艺术设计、歌舞表演（音乐方向、舞蹈方向）、环境艺术设计、广告设计与制作。

2019 年，招生的院系与专业为：商业与贸易学院的电子商务、市场营销、物流管理、法律事务、包装工程技术、物业管理；建筑工程学院的建筑工程技术、工程造价、建筑室内设计、建设工程管理、市政工程技术、园林工程技术；信息工程学院的计算机网络技术、软件技术、大数据技术与应用、移动互联应用技术、物联网应用技术；经济管理学院的旅游管理、酒店管理、空中乘务、工商企业管理、金融管理、会计；机电与能源工程学院的机械制造与自动化、机电一体化技术、无人机应用技术、工程测量技术；艺术设计学院的播音与主持、艺术设计、歌舞表演（音乐方向）、歌舞表演（舞蹈方向）、环境艺术设计、数字媒体艺术设计。

截至 2019 年，学院设有信息工程、建筑工程、经济管理、商业与贸易、机电与能源工程、艺术与设计、国际学院 7 个学院，基础部、马列部 2 个公共教学部；开设有开放教育本、专科专业 82 个，高职教育专业 33 个。其中电子商务、建筑工程技术、旅游管理、

① 建筑“八大员”，指施工员、质量员、安全员、标准员、材料员、机械员、劳务员、资料员。

软件技术4个为省级骨干专业，艺术设计、机械制造与自动化2个为校级骨干专业，现代商品流通、现代建筑工程、旅游服务与管理3个为省级重点专业群。

（二）学校环境与办学成果

2009年，饶茂阳获贵州省首届青年创新人才奖。①

2012年，被评为省级示范高等职业学校。②

2013年，图书馆拥有20万册藏书和12万种电子图书；建有百兆出口、主干千兆的数字化校园网络。

2014年，成为省级高校人文社会科学研究基地。

2016年，加挂“贵州省社区教育指导服务中心”牌子。

2017年，成为省级终身教育“学分银行”建设省级试点单位、省级优质高职院校立项建设单位。

截至2019年，学校占地面积639.9亩，建筑面积约20万平方米。建有标准体育场、会堂。拥有先进的远程教育信息化平台、交互式教学平台、丰富的在线教学资源和完备的学习支持服务体系。

图书馆拥有41万册藏书和74万册电子图书。

建有校内实训基地19个，校外实习实训基地220个。设有贵州省第100国家职业技能鉴定所，可面向校内外开展67个初、中、高级职业工种鉴定。

多年来，学校先后荣获全国成人高等教育先进学校、全国成人高等教育评估优秀学校、全国电化教育先进学校、全国省级电大教学先进单位、全国文明单位、贵州省绿色大学、贵州省平安文明校园、贵州省大学生思想政治教育优秀学校、贵州省就业先进工作单位等称号。

（三）科研成果

2018年，张涤等的《“贵州省情”课程教学研究及应用》、黄守峰等的《基于“WCD”模式的高职市场营销专业教学改革研究与实践》获贵州省职业教育教学成果二等奖。

（四）学生与教职工数

2008年，贵州职业技术学院成立，翌年开始招生。

2009~2018年，其学生与教职工数具体变化如表10-26所示。

---

① 《贵州年鉴》编辑部. 贵州年鉴（2010）［M］. 贵阳：贵州年鉴社，2010：648.

② 《贵州年鉴》编辑部. 贵州年鉴（2013）［M］. 贵阳：贵州年鉴社，2013：370.

表 10-26 2009~2018 年贵州职业技术学院学生与教职工数 单位：人

年度末	专科学生				教职工数	专任教师					
	毕业生	招生数	在校生	预计毕业生		合计	正高	副高	中级	初级	未定
	普通	普通	普通	普通							
2009	—	1551	1551	—	181	111	9	36	36	13	17
2010	—	1608	3103	—	259	155	15	40	56	16	28
2011	—	1821	4890	1480	355	187	16	46	55	60	10
2012	1452	2640	5997	1560	429	239	18	55	57	105	4
2013	1547	2604	7015	1781	426	249	16	61	66	98	8
2014	1740	2610	7676	2539	456	267	14	55	53	129	16
2015	2415	2805	7831	2467	525	305	13	64	69	105	54
2016	2186	3372	8662	2538	522	366	20	90	69	132	55
2017	2462	4023	10070	2714	492	351	22	100	101	93	35
2018	2448	4177	11323	3622	501	360	25	108	131	72	24

资料来源：历年《统计年鉴》。

2019 年，该校有学生 10 万余人（含广播电视大学学生），其中高职在校生 12950 人；有教职工 493 人，其中高级职称 138 人，博士、硕士 172 人，“双师型”教师 181 人，省级名师 5 名。同时建有 500 余人兼职教师资源库（包括美、英等国的外籍教师）。

十六、毕节职业技术学院

2008 年 2 月，经贵州省人民政府批准、教育部备案，将毕节学院职业技术学院从毕节学院整体剥离，毕节农业学校同时并入，组建全日制普通高等职业技术学院，名为毕节职业技术学院。学校位于贵州省毕节金海湖新区职教城。

（一）院系与专业设置

2008 年，组建电子信息工程系、旅游管理系、农业工程系、财政经济系、基础教育部。

2011 年，增设护理教学部。同年，设有电子信息工程系、工矿建筑系、财政经济系、农业工程系、旅游管理系、艺术设计系、基础部和成人教育部 8 个教学系（部），开设有 22 个高职专业。

当年，招生的院系与专业有：电子信息工程系的计算机网络技术、计算机应用技术、软件技术；农业工程系的畜牧兽医、中草药栽培技术、园林工程技术、观光农业；财政经济系的会计电算化、物流管理、营销与策划；工矿建筑系的煤矿开采技术、建筑工程技术、物业管理、工程造价、矿井通风与安全；旅游管理系的旅游管理、酒店管理；基础教育部的家政服务、护理；艺术系的视觉传达艺术设计。

2013年，组建教育科学系。同年，招生的院系与高职专业有：电子信息工程系的电子信息工程技术（物联网方向）、计算机网络技术（网络建设与管理方向）、软件技术（网站开发与管理方向）、计算机应用技术（广告设计与制作方向）；旅游管理系的酒店管理、旅游管理；财政经济系的会计电算化、财务管理、营销与策划、物流管理、金融保险；艺术设计系的环境艺术设计；工矿建筑系的煤矿开采技术、建筑工程技术、工程造价、矿井通风与安全、矿山机电、汽车制造与装配技术、水利工程；农业工程系的畜牧兽医、园林工程技术、中草药栽培技术、观光农业、农产品质量检测、茶叶生产与加工；基础部的学前教育；护理教学部的护理、医学影像技术。

2014年，教育科学系开设有视觉传达艺术设计、学前教育2个高职专业，学前教育（三年制、五年制、同心工程）、工艺美术2个中职专业。

2015年，加挂“毕节市第一技工学校”牌子。至2015年，学院设有医学护理系、教育科学系、财政经济系、农业工程系、电子信息工程系、旅游管理系、工矿建筑系及基础教育部、继续教育与培训部、思想政治理论教研部10个教学系（部），开设有35个全日制普通高职专业。

2016年，学院与贵州翔弘教育投资有限公司合作共建民用航空类综合二级院校航空学院。

2017年，招生的院系与高职专业有：电子信息工程系的电子信息工程技术、计算机网络技术、软件技术（含校企合作的移动云计算方向和软件开发与项目管理方向）、大数据技术与应用（校企合作）、计算机应用技术（含民族班）、计算机应用技术（校企合作的互联网营销方向）；旅游管理系的酒店管理、旅游管理；财政经济系的电子商务（含市场营销方向、物流管理方向）、电子商务（含校企合作和网络营销方向及移动电商方向）、会计（含民族班）、财务管理；工矿建筑系的煤矿开采技术、建筑工程技术（含民族班）、工程造价、水利工程、汽车检测与维修技术、机械制造与自动化（工业机器人方向）；农业工程系的畜牧兽医、园林工程技术、中草药栽培技术、农产品加工与质量检测；教育科学系的学前教育（含早期教育方向、民族班）；医学护理系的护理（含民族班）、医学影像技术、医学检验技术；航空学院的高速铁路客运乘务（校企合作）、航空物流（校企合作）、机场运行（校企合作）、空中乘务（校企合作）、民航安全技术管理（校企合作）、民航运输（校企合作）。

2019年，招生的院系与高职专业有：电子信息工程系的计算机网络技术、计算机应用技术（含互联网营销方向）、软件技术；旅游管理系的旅游管理、酒店管理；财政经济系的会计、财务管理、物流管理、市场营销、电子商务（含移动电商运营方向）；工矿建筑系的建筑工程技术、工业机器人技术、汽车检测与维修技术、工程测量技术、港口机械与自动控制、工程造价、市政工程技术、水利工程、煤矿开采技术、新能源汽车运用与维修；农业工程系的畜牧兽医、农产品加工与质量检测、中草药栽培技术、茶树栽培与茶叶加工、园林技术、园林工程技术；教育科学系的学前教育；医学护理系的护理、医学检验技术、医学影像技术；航空学院的高速铁路客运乘务、机场运行、空中乘务、民航安全技术管理、飞机机电设备维修、民航空中安全保卫。

截至2019年，学校设有电子信息工程系、旅游管理系、财政经济系、工矿建筑系、农业工程系、教育科学系、医学护理系、基础教育部、继续教育与培训部、思想政治理论教研部、航空学院共7个系、3个部、1个学院，合计11个教学单位，开设有35个高职专业。

（二）学校环境与办学成果

2008年，以原毕节农业学校图书馆图书馆为基础组建学院图书馆。

2011年，彭芙蓉获省五一劳动奖章。①

2014年，学校整体搬迁到毕节市金海湖新区职教城。

截至2019年，学校学校占地面积740亩，建筑面积28.6万平方米。各类实验实训室建筑面积5万多平方米。学校教学仪器设备价值7000余万元。

图书馆建筑面积8000平方米，藏书67万余册，主要以农业、工业、学前教育、计算机、商贸、财政、医药、旅游为主，兼顾其他学科；有职工8人（其中外聘人员4人）。

设有国家级116职业技能鉴定所。建有国家级及省级高技能人才培训基地、毕节市农民讲师培训中心、毕节市大数据云服务外包实训基地、毕节市人力资源服务产业园、毕节职业技术学院保安培训中心。还建有校内实验实训室（中心）87个，校外实习就业基地63个。

（三）学生与教职工数

2008年，毕节职业技术学院成立，当年开始招生。

2008~2018年，其学生与教职工数具体变化如表10-27所示。

表10-27　2008~2018年毕节职业技术学院学生与教职工数　单位：人

年度末	专科学生								教职工数	专任教师					
	毕业生		招生数		在校生		预计毕业生			合计	正高	副高	中级	初级	未定
	普通	成人	普通	成人	普通	成人	普通	成人							
2008	—	—	297	—	297	—	—	—	201	108	—	36	59	13	—
2009	—	—	515	—	803	—	—	—	210	132	1	36	59	36	—
2010	—	—	556	—	1357	—	288	—	226	145	2	37	59	36	11
2011	285	—	730	—	1981	—	513	—	248	185	3	31	35	79	37

① 《贵州年鉴》编辑部. 贵州年鉴（2012）[M]. 贵阳：贵州年鉴社，2012：648.

续表

年度末	专科学生								教职工数	专任教师					
	毕业生		招生数		在校生		预计毕业生			合计	正高	副高	中级	初级	未定
	普通	成人	普通	成人	普通	成人	普通	成人							
2012	513	—	1806	—	3074	—	538	—	288	205	3	31	40	107	24
2013	538	—	1487	48	3994	48	702	—	310	264	5	37	49	104	69
2014	652	—	2199	29	5431	77	1768	—	388	335	3	37	43	145	107
2015	1731	—	2412	—	6036	77	1460	48	329	302	3	45	70	115	69
2016	1840	48	3809	—	8224	29	2460	29	354	327	3	45	70	115	94
2017	2400	29	4354	20	10063	20	3267	—	395	357	6	53	70	128	100
2018	3212	—	3360	40	9996	3364	3760	—	469	431	7	80	75	100	169

资料来源：历年《贵州年鉴》。

2019 年，该校有全日制在校生 10000 多人；教职工 517 人，专任教师 431 人，其中正高职称 7 人，副高职称 80 人，中级职称 75 人，博士学位的 1 人，硕士学位的 81 人，省职教名师 4 人，第五届黄炎培职业教育奖杰出校长奖 1 人。

十七、贵州盛华职业学院

2009 年，华人商界领袖、台湾爱国企业家王雪红、陈文琦夫妇捐资举办的非营利性全日制普通高等职业院校成立，名为贵州盛华职业学院。学校位于贵州省惠水县百鸟河数字小镇。

（一）院系与专业设置

2011 年，组建 GFC 唐人坊非物质文化遗产传承学院。

2012 年，增设旅游工艺品设计与制作中职专业并招生。

2013 年，专科招生专业有 8 个：酒店管理（涉外、会展、餐饮管理、房务管理、葡萄酒品鉴 5 个方向）、商务英语、市场营销（互联网营销与管理方向）、电子商务、计算机应用技术（智能手机精修方向）、应用电子技术、茶叶生产加工技术、英语教育（中英文电子文秘方向）。

2014 年，招生有院系与高职专业为：酒店管理学院的酒店管理、涉外旅游、会展策划与管理；互联网营销学院的市场营销（互联网营销）、电子商务、多媒体设计与制作、营销与策划（互联网营销）、计算机多媒体技术；计算机应用学院的计算机应用技术、应用电子技术、电子信息技术与产品营销；外国语学院的英语教育（学前英语）、商务英语；商学院的会计、会计电算化、财务管理；茶学院的茶叶生产与加工技术。

2016 年，增设康复治疗技术和现代流行音乐 2 个盲人专业并招生。

2019 年，学校设有互联网营销学院的市场营销、网络营销、电子商务、广告策划与营销、数字媒体应用技术、大数据技术与应用、计算机应用技术（大数据应用）7 个高职专业；工商管理学院的酒店管理、餐饮管理、会计、财务管理 4 个高职专业；虚拟现实产业发展学院（简称 VR 学院）的计算机应用技术（虚拟现实技术开发）的计算机应用技术（VR 内容制作）、计算机信息管理、软件与信息服务 4 个高职专业；茶学院的茶树栽培与茶叶加工专业、茶艺表演与茶叶营销专业、文化创意与策划（茶文化方向）3 个高职专业；唐人坊非物质文化遗产传承学院的旅游工艺品设计与制作中职专业；光明天使学院（盲人学院）的针灸推拿（康复治疗方向）、音乐专业 2 个高职专业，针灸推拿（康复治疗方向）中职专业。

截至 2019 年，学校还设有民族文化传承中心、英语教学中心、教育教学指导委员会等教辅机构。

（二）学校环境与办学成果

2012 年，创建民族服饰博物馆。

2015 年，成为贵州省唯一的现代职业教育改革创新试点院校；被列入贵州省政府重点支持职业学院。

截至 2019 年，学校实施校企深度合作，与百度在线网络技术（北京）有限公司、万豪国际酒店管理集团、课工厂[①]、宏达国际电子服务有限公司、用友网络科技股份有限公司、多彩贵州农业生态公司、北京唐人坊公司、中国红十字基金会光明天使基金等建立有合作、实训及签订有就业协议。

学校设董事会进行管理，设监事和督察室负责监察。除 9 个教学教辅单位外，设有学校（招生）办公室（下设接待科）、财务处、教务处（下设教务科、图书档案、汉语教研室、通识教研室）、学生处 4 个教学服务机构；采购招标办公室、人力资源处、网络信息中心、志愿者中心、后勤保卫处（下设保卫科、物业科、机电科）、食堂监管委员会、发展规划处（百鸟河小镇项目办公室）7 个教学服务与管理机构。

（三）科研成果

2018 年，饶舞林等的《扶贫助残，变弱为强——盲人教育实践探索》、孙伟等的《少数民族欠发达地区教育扶贫帮助贫困弱势学生蜕变的探索和实践》、唐燕等的《“非遗文化”改变“农村少女妈妈”现象——贵州民族贫困地区教育扶贫探索》获贵州省职业教育教学成果一等奖；WeiSun（美国籍）等的《面向全球引智服务西部职教：“盛华引智模式”探索与实践》获贵州省职业教育教学成果二等奖。

（四）学生与教职工数

2009 年，贵州盛华职业学院成立。2011 年正式招生。

---

① 课工厂是北京大学青岛集团为大学生提供的工厂就业教育平台。

2011~2018 年，其学生与教职工数具体变化如表 10-28 所示。

表 10-28 2011~2018 年贵州盛华职业学院学生与教职工数 单位：人

年度末	专科学生				教职工数	专任教师					
	毕业生	招生数	在校生	预计毕业生		合计	正高	副高	中级	初级	未定
	普通	普通	普通	普通							
2011	—	170	170	—	175	76	8	4	18	14	32
2012	—	518	681	—	189	76	8	4	18	14	32
2013	—	390	1045	158	184	79	7	7	17	16	32
2014	158	933	1806	490	202	96	8	12	17	18	41
2015	477	1273	2554	353	276	162	9	16	20	28	89
2016	353	1411	3480	870	215	120	4	1	4	7	104
2017	845	1348	3923	1198	272	162	1	5	9	27	120
2018	1198	1503	4195	1337	301	194	1	6	11	37	139

资料来源：历年《贵州年鉴》。

2019 年，该校有在校生 4062 人。

十八、贵州工商职业学院

2010 年，云南爱因森教育投资集团在贵州投资 3 亿元新建一所全日制普通高等院校，名为贵州工商职业学院①。学校位于贵州省清镇市双桥路。

（一）院系与专业设置

2012 年，招生的院系与专科专业有：会计学院的会计（会计与审计、会计电算化方向）、财务管理 2 个专业；建筑工程学院的工程造价、建筑工程技术（工程测量方向、工程监理方向）2 个专业；经济管理学院的工商企业管理、旅游管理 2 个专业；信息工程学院的装潢艺术设计（室内设计、电脑艺术设计方向）、计算机应用技术（信息管理方向）、计算机应用技术（网络工程方向）3 个专业。

2014 年，院系与高职专业招生的有：护理学院的护理（临床护理方向、社区护理方向）、助产；会计学院的会计与审计、会计、财务管理、资产评估与管理；建筑工程技术学院的工程监理、工程测量技术、建筑设计技术；建筑工程管理学院的工程造价、建筑工程技术、安全技术管理；工商管理学院的工商企业管理、旅游管理、电子商务、空中乘

① 贵州省地方志编纂委员会. 贵州省志（1978-2010）·教育［M］. 贵阳：贵州人民出版社，2017：61.

务、市场营销；设计与工程学院的装潢艺术设计（室内设计）、计算机应用技术、汽车技术服务与营销、广告设计与制作、汽车检测与维修技术；体育学院的社会体育（含跆拳道和空手道职业教练方向、中小学体育教育方向）。

2015年，招生的高职专业有：财务管理、会计、会计与审计、助产、护理（临床护理方向、社区护理方向）、药物制剂技术、工程测量技术、建筑设计技术（含项目管理方向）、工程监理、工程造价、水利水电建筑工程、园林工程技术、市政工程技术、道路桥梁工程技术、工商企业管理、空中乘务、社会体育（中小学体育教育方向）、广告设计与制作、装潢艺术设计（室内设计方向）、室内装饰设计、景观设计、汽车检测与维修技术、汽车技术服务与营销。

2016年，有6个系、27个专业专科招生：会计学院的审计、会计、财务管理；护理学院的护理（临床护理方向、社区护理方向）、药品生产技术、助产；建筑工程学院的工程造价、建筑工程技术（项目管理方向、工业与民用建筑方向）、建设工程监理、工程测量技术、建筑设计、道路桥梁工程技术、市政工程技术、园林工程技术、水利水电建筑工程；工商管理学院的电子商务、工商企业管理、市场营销、空中乘务、民航空中安全保卫；体育学院的社会体育（跆拳道与空手道职业教练方向、中小学体育教育方向）；设计与工程学院的室内艺术设计、汽车检测与维修技术、视觉传播设计与制作（室内设计方向）、汽车营销与服务、环境艺术设计、广告设计与制作。

2018年，招生的高职专业有31个：财务管理、审计、会计、互联网金融、护理（临床护理方向）、助产、建筑工程技术（工业与民用建筑方向、项目管理方向）、建设工程监理、工程测量技术、工程造价、道路桥梁工程技术、园林工程技术、水利水电建筑工程、工商企业管理、电子商务、市场营销、旅游管理、空中乘务、城市轨道交通工程技术、城市轨道交通运营管理、广告设计与制作、室内艺术设计、汽车检测与维修技术、建筑设计技术、物联网应用技术、新能源汽车技术、云计算技术与应用、电气自动化技术、大数据技术与应用、社会体育、社会体育（跆拳道与空手道职业教练方向）。

2019年，招生的院系有6个，高职专业有34个：会计学院的会计、财务管理、审计、互联网金融；大健康学院的护理（临床护理方向）；人文体育学院的社会体育（含跆拳道与空手道职业教练方向）、广告设计与制作、室内艺术设计、建筑设计、健身指导与管理；工程学院的建筑工程技术（项目管理方向、工业与民用建筑方向）、建设工程监理、工程测量技术、工程造价、道路桥梁工程技术、水利水电建筑工程、汽车检测与维修技术、城市轨道交通工程技术、新能源汽车技术、新能源汽车运用与维修、消防工程技术；经济与管理学院的工商企业管理、市场营销、空中乘务、城市轨道交通运营管理、酒店管理、旅游管理、高速铁路客运乘务；大数据学院的物联网应用技术、云计算技术与应用、电子商务、大数据技术与应用、计算机网络技术、计算机应用技术。

截至2019年，该学院设有马克思主义学院、会计学院、工程学院、大数据学院、大健康学院、经济与管理学院、人文体育学院7个二级分院，开设有34个专业、37个方向。

（二）学校环境与办学成果

2012年，学校规划占地面积1000亩，已完成建筑面积20万平方米。配备有教学计算机500余台。图书馆藏书16万余册。

2014年，已完成教学楼、学术报告厅、实训楼、图书馆、标准田径场、大学生户外潜能拓展基地、篮球场、学生公寓、食堂、商业楼、校医院等学校设施的建设。教学仪器设备总价值1900余万元。

2014年，获贵州省职业院校技能大赛市场营销技能、护理技能、工程造价技能、数字测图大赛一等奖；获全国职业院校技能大赛ERP企业沙盘模拟经营大赛三等奖、全国职业院校技能大赛市场营销技能大赛二等奖。

2015年，获贵州省职业院校技能大赛ERP企业沙盘模拟经营大赛一等奖、护理技能大赛一等奖；全国职业院校技能大赛ERP企业沙盘模拟经营大赛二等奖；第七届全国大学生广告创意大赛一等奖。

2016年，获贵州省职业院校技能大赛ERP沙盘模拟比赛一等奖、旅游服务一等奖；全国职业院校技能大赛ERP沙盘模拟三等奖。

2017年，获贵州省职业院校技能大赛市场营销技能大赛一等奖、电子商务一等奖、建筑工程识图一等奖、发动机电控系统检测与维修一等奖、车身电气检测与维修一等奖、英语口语大赛一等奖；获"科云杯"全国职业院校财会职业能力大赛（高职组）全国网络赛二等奖；获第八届全国大学生空手道锦标赛混合型组一等奖、空手道锦标赛女子组第一名、空手道锦标赛男子组第二名；获"新文创·聚力量"之第二届民族手工创意设计大赛全国总决赛三等奖。同年，获全国职业院校护理专业教师教学能力大赛三等奖。

2018年，获贵州省高职教育技能大赛（教师组）护理技能一等奖、教学能力比赛高职课堂教学赛项一等奖、电子商务一等奖、非英语专业组英语口语一等奖、（高职组）护理技能一等奖；获"科云杯"全国职业院校财会职业能力大赛（高职组）全国网络赛一等奖；获第四届全国应用型人才综合技能大赛中的匠心职场秀简历精英挑战大赛一等奖；获全国职业院校技能大赛高职组电子商务技能比赛二等奖、高职组护理技能全国二等奖。同年，获第二届全国职业院校护理专业教师教学能力大赛团队一等奖、护理专业教师教学能力大赛个人一等奖。

2019年，获贵州省职业院校技能大赛教师组专业数字影音后期制作技术赛项一等奖、高职组电子商务赛项一等奖；获全国职业院校技能大赛（高职组）市场营销技能（高职组）赛项二等奖、（高职组）英语口语赛项二等奖、（高职组）护理技能赛项三等奖。

截至2019年，图书馆拥有纸质图书30余万册，电子图书150余万册；馆内设置有服务台（图书借还处）、励志阅览室、期刊阅览室、励志放映室、文学藏阅室、自然科学藏阅室、社会科学藏阅室、综合藏书室和2个自修室。

学校与中国人民解放军第四十四医院、贵阳医学院白云附属医院、贵州昂力集团、贵州宏立城集团、贵阳世纪恒通科技有限公司、贵州聚源物流有限公司、贵阳幸福树不动产经纪有限公司、昆明星耀房地产有限公司、云南诺仕达地产有限公司等单位签订了实习实训和人才培养基地协议。

（三）学生与教职工数

2010 年，贵州工商职业学院成立。2012 年正式招生。

2012~2018 年，其学生与教职工数具体变化如表 10-29 所示。

表 10-29　2012~2018 年贵州工商职业学院学生与教职工数　　单位：人

年度末	专科学生								教职工数	专任教师					
	毕业生		招生数		在校生		预计毕业生			合计	正高	副高	中级	初级	未定
	普通	成人	普通	成人	普通	成人	普通	成人							
2012	—	—	1280	—	1280	—	—	—	132	73	10	12	19	15	17
2013	—	—	2905	—	4152	—	—	—	307	208	10	19	146	10	23
2014	—	—	4234	—	8365	—	1227	—	581	441	10	19	272	92	48
2015	1204	—	5100	—	12186	—	2892	—	707	556	10	19	276	157	94
2016	2725	—	5249	—	14085	—	3956	—	957	749	10	19	301	251	168
2017	3664	—	5631	—	15278	—	4692	—	994	779	11	20	310	266	172
2018	4729	—	6227	—	16505	673	4782	—	926	645	9	15	124	242	255

资料来源：历年《贵州年鉴》。

第三节　2011 年后成立的普通高职高专学校

一、贵阳幼儿师范高等专科学校

2012 年，经贵州省政府批准，贵阳幼儿师范学校升格为全日制高等职业专科院校，名为贵阳幼儿师范高等专科学校。学校位于贵州省贵阳市清镇职教城。

（一）院系与专业设置

2013 年，成立学前教育系、艺术系、社会工作系、基础教学部、成人教育部、中专部。同年，获批开办成人教育，备案成立函授站。①

① 《贵州年鉴》编辑部. 贵州年鉴（2014）[M]. 贵阳：贵州年鉴社，2014：354.

当年，招生的高职专业有 3 个：学前教育、早期教育、会展策划与管理。

2014 年，社会工作系增设社会工作高职专业。同年，学前教育、社会工作 2 个专科专业招生。

当年，与西南大学继续教育学院签订联合培养学前教育成人学历本科专业人才协议。自办学前教育专业专升本自学考试助学班和成人大专学历函授班。

2015 年，专科招生专业有 9 个：学前教育、早期教育、会展策划与管理、音乐教育、美术教育、舞蹈表演、社会工作、老年服务与管理、特殊教育。

2016 年，基础教学部开设软件与信息服务高职专业。同年，有 4 个系的 10 个专科专业招生：学前教育系的学前教育、早期教育；社会工作系的特殊教育、老年服务与管理、社会工作；艺术系的音乐教育、美术教育、舞蹈表演、产品艺术设计；基础部软件与信息服务。

2017 年，基础教学部增设体育教育高职专业并招生。

2018 年，学校设有学前教育系（设有民族民间艺术研究中心）、社会工作系、基础教学部、成人教育部、贵州省幼儿师资培训中心、中专部等教学教辅单位。是年，招生的高职专业有 9 个：学前教育（含中外合作办学中澳班）、特殊教育、老年服务与管理、音乐教育、美术教育、舞蹈表演、软件与信息服务、社会工作、产品艺术设计。

2019 年，成立学前教育与特殊教育系，开设学前教育（三年制、五年制）、特殊教育 2 个高职专业及自闭症儿童康复中心。是年，招生的高职专业有 12 个：学前教育、早期教育、特殊教育、社会工作、老年服务与管理、体育教育、音乐教育、美术教育、舞蹈表演、产品艺术设计、环境艺术设计、软件与信息服务。

截至 2019 年，学校设有学前教育与特殊教育系、艺术系、社会工作系、基础教学部、成人教育部、中专部 6 个教学系（部）。

（二）学校环境与办学成果

2013 年，学校被列为澳门基金会、中国宋庆龄基金会“学前教育公益项目”——贵州省幼儿园园长、骨干教师培训实施单位。同年，经国培计划项目招投标申报及评估，学校独立承担了国培计划（2013）“贵州省农村幼儿园‘转岗教师’培训”项目。

2016 年，成立中国—柬埔寨幼儿教师培训中心。

2017 年，成立贵州—新西兰学前教育培训中心汉密尔顿办公室、南京理工大学—贵阳幼儿师范高等专科学校儿童动商研究中心。同年，获全国职业院校技能大赛学前教育专业教育技能赛项（高职组）团体项目二等奖。

2018 年，成立中国—东盟幼儿教师发展中心、“一带一路”职业教育培训联盟、北美—贵阳幼儿师范高等专科学校蒙台梭利研究中心。同年，建成 AMS 蒙台梭利国际师资认证点。

截至 2019 年，学校占地面积 474 亩，其中贵阳清镇校区 453 亩，贵阳忠烈街校区 21 亩。规划总建筑面积 14.10 万平方米。建有实训大楼、琴楼、舞蹈楼、美术楼、音乐厅、演播厅、体育馆、标准化体育场等教学、生活配套设施。

学校两个校区皆建有图书馆。清镇校区图书馆建筑面积1.1万余平方米，馆内设有多媒体学术报告厅、教师之家、空中花园等功能厅室；配有电脑、自助借还机、电子查询机、歌德电子书借阅机等现代化设备；内设图书馆办公室、文献资源部、信息技术部、读者工作服务部、信息服务部5个业务工作部门。忠烈街校区图书馆设有图书室、档案馆、多媒体阅览室、童书馆、精品书屋、综合性书库等功能室，附设有收发室。图书馆共有纸质图书34.7万册、报纸杂志600余种、超星电子图书36.52万册；购置有中国知网信息科技、哲学与人文科学、社会科学Ⅰ辑、会科学Ⅱ辑4个主题数据库。

学校已成为首批国家级语言文字示范学校、贵阳市民族教育示范学校。有贵州省幼儿教师发展中心、贵州省幼儿师资培训中心、贵州省0~3岁早期教育科研培训基地、民汉双语服务基地、贵州省第163国家职业技能鉴定所。学校依托校企联盟、行业协会等建有校外实习实训基地共64个。

（三）科研成果

2018年，孙立枫等的《创新实践“一体两翼三平台”，生涯规划助力学生“职上云霄”》、杨丽等的《三景·三级·四共：学前教育专业实践教学体系创新》获贵州省职业教育教学成果一等奖；张艳等的《高职院校贵州文学校本课程实践教学模式》、赵俊等的《“模块研习 实景精练”提升农村幼儿教师游戏组织与指导水平》获贵州省职业教育教学成果二等奖。

（四）学生与教职工数

2012年，贵阳幼儿师范高等专科学校成立，翌年开始招生。

2013~2018年，其学生与教职工数具体变化如表10-30所示。

表10-30 2013~2018年贵阳幼儿师范高等专科学校学生与教职工数 单位：人

年度末	专科学生								教职工数	专任教师					
	毕业生		招生数		在校生		预计毕业生			合计	正高	副高	中级	初级	未定
	普通	成人	普通	成人	普通	成人	普通	成人							
2013	—	—	478	—	478	—	—	—	171	131	5	38	40	32	16
2014	—	—	2724	—	3196	—	—	—	265	191	4	38	41	31	77
2015	—	—	1960	601	5080	601	466	—	297	207	6	40	49	35	77
2016	462	—	2396	544	6933	1145	2629	—	332	225	6	41	58	71	49
2017	2576	566	2270	688	6521	1407	2267	175	351	242	7	45	66	77	47
2018	2162	407	2137	—	6324	157	2965	315	369	257	7	45	66	77	62

资料来源：历年《贵州年鉴》。

2019年，该校有在编教职工381人，其中专任教师286人，教授9人，副教授45人，讲师112人，国家级普通话测试员2人、国培专家库专家1人、贵州省特级教师2人、贵州省优秀教师1人、省级职教名师4人、省级师德标兵1人、省级培训专家库专家5人、贵阳市优秀校长1人、贵阳市十佳师德标兵1人、贵阳市优秀教师5人、贵阳市优秀教育工作者1人、市级中青年骨干教师10人、市级中青年科技骨干4人。常年聘有来自英、美、加等国外教在校担任专业和语言等方面的教学任务。

二、铜仁幼儿师范高等专科学校

2012年8月，思南师范学校（1919年建）从贵州省铜仁市思南县城整体搬迁至铜仁市碧江区川硐教育园区。同年12月，经贵州省人民政府批准，教育部备案，思南师范学校升格组建为全日制师范高等专科院校，名为铜仁幼儿师范高等专科学校。

（一）院系与专业设置

2013年，招生的高职专业有：学前教育、学前教育管理、音乐教育、美术教育、体育教育、舞蹈教育、英语教育7个专业。

2014年，招收的三年制专业有9个：普通学前教育、学前教育（教育管理方向）、音乐教育、美术教育、体育教育、舞蹈表演、初等教育（文、理、英语、教育管理方向）、装潢艺术设计、多媒体设计与制作；招收的五年制（初中起点）专业有2个：初等教育（文、理、英语方向）、学前教育。

2015年，招生的三年制专科专业有7个：学前教育、初等教育（文、理、英语方向）、特殊教育、音乐教育、美术教育、体育教育、舞蹈教育；五年制专科专业有2个：初等教育（文、理、英语方向）、学前教育。

2016年，招生的系专科专业有：学前教育系的学前教育、特殊教育；初等教育系的小学教育；外语与旅游系的英语教育、旅游管理、酒店管理；艺术与体育教育系的体育教育、音乐教育、美术教育、舞蹈教育。

2018年，专科招生的有4个院系、15个专业：学前教育学院的学前教育、特殊教育、早期教育；初等教育学院的小学教育、语文教育、数学教育、思想政治教育；国际教育学院的英语教育、旅游管理、酒店管理；艺术与体育教育学院的音乐教育、美术教育、舞蹈教育、体育教育、社会体育。

2019年，设有马克思主义学院的思想政治教育，学前教育学院的学前教育、特殊教育、早期教育，初等教育学院的小学教育、语文教育、数学教育，国际教育学院的英语教育、旅游管理、酒店管理，艺术与体育教育学院的音乐教育、美术教育、舞蹈教育、体育教育、社会体育、舞蹈表演，共6个院、16个专科招生专业。

（二）学校环境与办学成果

2012年，学校成立时，已建有教学楼、艺术楼、图书楼、学生餐厅、运动场等学校建筑。配备有多媒体教室、舞蹈教室、学生练琴房、美术教室、钢琴教室、微机室、语音室、电视演播厅、心理咨询室等教学与实训硬件设施。

截至 2019 年，学校占地面积 1000 亩，规划建筑面积 28 万平方米，已完成建筑面积 13 万平方米。

图书馆馆藏文献资源总量 23 万余册，每年订购纸质版中文报刊都在 400 种以上；馆内设有德淮藏书馆、学前教育精品课程资料库、报刊阅览室（现刊）、过报刊阅览室、影像资料室（廉政建设影像库）、绘本制作体验室及电子阅览室和 3 个普通借阅室、1 个工具书和特藏图书阅览室、1 个儿童阅览室等，实现了图书馆数字化、信息化、网络化管理。馆设副馆长 1 名，在编工作人员 5 人，其中馆员 2 人，助理馆员 3 人，助教 1 人；具有硕士学历的 1 人，图书馆专业人员 2 人，英语专业 1 人。

建有省级大师工作室 2 个；省级优秀教学团队 2 个；省级重点专业群 1 个，省级精品在线开放课程 1 门；省级开放实训基地 1 个，省级协同创新中心 1 个。

学校与泰国斯巴顿大学、我国台湾的朝阳科技大学等高校建有学生交流合作关系。与贵州师范大学、贵州师范学院达成有“2+2”专升本及学历提升工程合作模式。与铜仁学院、苏州幼专等高校签订有共享该校教育资源的战略合作办学协议。

与铜仁市的碧江、思南、松桃、沿河等区（县）中职学校构筑起了高、中职联合办学合作机制；与区（县）教育局、城乡村幼儿园共同开展和实施“125 学前教育发展协同创新计划”。

（三）科研成果

2018 年，黄尚霞、安元奎的《本土民间文学开发与建设》获贵州省职业教育教学成果二等奖。

（四）学生与教职工数

2012 年，铜仁幼儿师范高等专科学校成立，翌年开始招生。

2013~2018 年，其学生与教职工数具体变化如表 10-31 所示。

表 10-31　2013~2018 年铜仁幼儿师范高等专科学校学生与教职工数　　单位：人

年度末	专科学生								教职工数	专任教师					
	毕业生		招生数		在校生		预计毕业生			合计	正高	副高	中级	初级	未定
	普通	成人	普通	成人	普通	成人	普通	成人							
2013	—	—	983	—	983	—	—	—	188	150	—	49	44	19	38
2014	—	—	1357	—	2322	—	—	—	266	221	3	60	53	23	82
2015	—	—	2774	298	5063	298	1020	—	389	317	3	65	72	39	138
2016	959	—	3383	265	7323	563	1238	298	419	335	4	65	119	51	96

续表

年度末	专科学生								教职工数	专任教师					
	毕业生		招生数		在校生		预计毕业生			合计	正高	副高	中级	初级	未定
	普通	成人	普通	成人	普通	成人	普通	成人							
2017	1654	—	3395	131	9366	694	3239	298	443	356	3	74	139	73	67
2018	3280	563	3522	26	9430	12	3234	131	489	370	3	83	170	109	5

资料来源：历年《贵州年鉴》。

2019 年，该校有在校学生 1.2 万余人；专兼职教职工 600 余人，其中，高、中级职称人员占专任教师队伍的 65%，硕士学位以上的专任教师占 36%，省级职教名师 4 人，省级骨干专业 3 人。

三、黔南民族幼儿师范高等专科学校

2014 年 3 月，经贵州省政府批准，贵定师范学校升格组建成立全日制公办普通师范高等专科学校，名为黔南民族幼儿师范高等专科学校。学校新校区位于贵州省黔南州贵定县金南社区。

学校以普通高等专科教育为主、中等业教育为辅，同时举办非学历教育。

（一）院系与专业设置

2002 年，贵定师范学校与黔南民族师范学院联办，加挂“黔南师院贵定分院”牌子，开始招收五年制大专生。

2007 年，贵定师范学校与黔南民族师范学院联合招收高中起点三年制大专生。同年，又与贵州师范大学、贵州师范学院联合培养中文教育、英语教育、数学教育、音乐教育、体育教育、美术教育、学前教育成人学历本科自考生。

2014 年，学校成立。有学前教育、语文教育、数学教育、音乐教育、美术教育 5 个专科专业招生，其中学前教育专业同时招收三年制（高中起点）和五年制（初中起点）专科生。

2015 年，增设英语教育、体育教育、舞蹈表演、旅游管理等 5 个专科专业并招生。

2016 年，增设早前教育、美术、家政服务与管理 3 个专科专业并招生。同年旅游管理专业没有招生。

2017 年，高职招生专业有 12 个：早期教育、学前教育、语文教育、数学教育、英语教育、体育教育、旅游管理、音乐教育、美术教育、美术、舞蹈表演、音乐表演。其中学前教育专业同时招收三年制（高中起点）和五年制（初中起点）专科生。

2018 年，招有早期教育、学前教育、语文教育、数学教育、英语教育、体育教育、旅游管理、音乐教育、美术教育、美术、舞蹈表演、音乐表演 12 个三年制专科专业，学前教育 1 个五年制专科专业，学前教育 1 个中专专业学生。

2019 年，有学前教育系的早期教育、学前教育、幼儿发展与健康管理，基础教育系的语文教育、数学教育、英语教育，艺术系的音乐教育、音乐表演、美术教育、美术、舞蹈表演、环境艺术设计，旅游文化系的体育教育共 4 个系、13 个专科专业招生。

截至 2019 年末，学校设有学前教育系、基础教育系、艺术系、体育健康管理系、公共课教学部、中专部（贵定师范学校）6 个教学单位。

（二）学校环境与办学成果

2019 年，学校新校区占地面积 542 亩，建筑面积 10.2 万平方米，其中教学行政使用面积 5.4 万平方米，学生宿舍 4.2 万平方米。设有标准的足球场、篮球场、排球场、羽毛球场等文化体育设施。

学校教室皆安装有多媒体，其中标准舞蹈教室 14 间、画室 10 间、微格教室 1 个；另设理化实验室 4 个、语音实验室 4 间、行为观察实训室 1 间、蒙氏教学实训室 1 间、奥尔夫音乐实训室 1 间、电子钢琴房 9 间；配有教学用计算机 544 台、钢琴 175 台。

学校教学仪器设备总价值达 1700 万元。

学校图书馆有藏书 15.5 万册、电子图书 40 万册。

学校设有附属小学 1 所、幼儿园 1 所；与黔南州 15 所幼儿园、10 所小学、5 所初级中学签订有教育实习基地协议，并已与贵州省内外数十所示范幼儿园建立起长期合作关系。①

（三）科研成果

截至 2019 年，全校教师在贵州省内外报刊上发表文章 800 余篇（部分文章被中国人大报刊复印中心全文转载），主编和参编书刊共 180 多本，个人专著 27 部。

（四）学生与教职工数

2014 年，黔南民族幼儿师范高等专科学校成立，当年开始招生。

2014~2018 年，其学生与教职工数具体变化如表 10-32 所示。

表 10-32　2014~2018 年黔南民族幼儿师范高等专科学校学生与教职工数　单位：人

年度末	专科学生								教职工数	专任教师					
	毕业生		招生数		在校生		预计毕业生			合计	正高	副高	中级	初级	未定
	普通	成人	普通	成人	普通	成人	普通	成人							
2014	—	—	1007	—	1007	—	—	—	177	147	—	47	57	22	21

① 黔南民族幼儿师范高等专科学校［EB/OL］. 中国高校之窗，http：//www.gx211.com/collegemanage/content2408_01.shtml，2019-08-12.

续表

年度末	专科学生								教职工数	专任教师					
	毕业生		招生数		在校生		预计毕业生			合计	正高	副高	中级	初级	未定
	普通	成人	普通	成人	普通	成人	普通	成人							
2015	—	—	1735	—	2720	—	—	—	194	159	—	47	61	36	15
2016	—	—	1833	5	4493	5	979	—	263	233	4	59	72	40	58
2017	980	—	2424	—	5876	5	1676	—	285	242	2	57	83	48	52
2018	1666	—	2681	9	6824	80	2110	3	340	302	2	64	74	40	122

资料来源：历年《统计年鉴》。

2019 年，该校有专任教师 319 人，其中教授 5 人、副教授 59 人，硕博学历的 108 人（在读博士 5 人）。另聘有 10 多位客座教授、10 多位幼儿园园长兼职教师。获曾宪梓教育基金奖的 2 名、贵州省优秀教师及先进教育工作者 13 名，特级教师 7 名，黔南州优秀教师（科技人才）15 名，贵州省中师和五年制师范专科学科带头人 9 名。

四、毕节医学高等专科学校

2014 年 3 月，经贵州省人民政府批准，教育部备案，毕节卫生学校、毕节第二卫生学校（又称毕节撒拉溪卫生学校）合并升格组建医学类全日制普通高等职业专科学校，名为毕节医学高等专科学校。

（一）院系与专业设置

2014 年，建学校图书馆。

2015 年，专科招生专业有 7 个：护理、助产、药学、中药学、医学检验技术、医学影像技术、康复治疗技术。

2016 年，中药学专业更名为中药专业。增设健康管理、中医养生保健、养老保健与管理、中药生产与加工、药品质量与安全 5 个专科专业并招生。

2017 年，专科招生专业有 18 个：临床医学、中医学、针灸推拿、护理、助产、药学、中药学、医学影像技术、医学检验技术、口腔医学技术、眼视光技术、康复治疗技术、健康管理、中医养生保健、医疗器械维护与管理、养老保健与管理、中药生产与加工、药品质量与安全。

2018 年，增加药品经营与管理、口腔医学 2 个专科专业并招生。

2019 年，设有护理系、中医系、医学技术系、药学系、临床医学系、公共教学系、基础医学系、成人教育系 8 个教学系。

至 2019 年，学校已经形成 6 个专业群、22 个专业，分别是护理专业群（护理、助产、养老护理、精神病护理 4 个专业），中医专业群（中医学、针灸推拿学、中医养生保健、康复技术 4 个专业），医学技术专业群（医学检验技术、医学影像技术、医疗器械维护与管理、眼视光技术、口腔医学技术 5 个专业），药学专业群（药学、中药学、药品质量与安全、中药生产与加工 4 个专业），临床医学专业群（临床医学、农村医学 2 个专业），健康促进专业群（健康管理、养老保健与管理 2 个专业）。

（二）学校环境与办学成果

2012 年，成立贵州省第 135 国家职业技能鉴定所。

2015 年 7 月，学校迁入毕节市金海湖新区职教城。新校区占地 507 亩，建筑面积 15 万平方米。

2016 年，被列为中华职教社养老服务人才培养示范基地。

2018 年 7 月，学校接管毕节市大方县奢香古镇的贵州恒大职业学院（东校区），占地 120 亩，建筑面积 4.3 万平方米。同年，药学类（中西药）专业集中在东校区开展教学。

截至 2019 年，学校拥有 2 个校区，占地面积共 627 亩，建筑面积共 19.5 万平方米。有实验室 208 间，实验实训设备仪器 4285 台（套），总值达 4237.4 万元。学校生命科学馆占地 413 平方米，展有大型人体塑化标本 49 件；建有生理、病理、药理、生化、护理、解剖、化学、物理、微寄、内科、外科、妇科、儿科、中医、中药、五官、计算机等实验室。

学校有 2 所附属医院。与北京中康医院、广东中医院和深圳中医院等共 68 家贵州省内外医疗机构和大健康产业机构、毕节市 26 所医院构建有院校合作人才培养工作机制和实习基地，建有基础医学、临床医学、护理、医学技术、药学、中医中药实验实训基地及 82 处校外教学基地。学校有具有中、高级培训鉴定资格的贵州省第 135 国家职业技能鉴定所。

（三）科研成果

截至 2019 年，学校教师发表论文 300 余篇，主编教材及教辅书 30 余种，参编教材及教辅书 100 余种。

（四）学生与教职工数

2014 年，毕节医学高等专科学校成立，当年开始招生。

2014~2018 年，其学生与教职工数具体变化如表 10-33 所示。

表 10-33　2014~2018 年毕节医学高等专科学校学生与教职工数　　单位：人

年度末	专科学生								教职工数	专任教师					
	毕业生		招生数		在校生		预计毕业生			合计	正高	副高	中级	初级	未定
	普通	成人	普通	成人	普通	成人	普通	成人							
2014	—	—	870	—	870	—	—	—	366	309	—	62	59	49	139
2015	—	—	1883	—	2736	—	—	—	405	352	—	68	88	95	101

续表

年度末	专科学生								教职工数	专任教师					
	毕业生		招生数		在校生		预计毕业生			合计	正高	副高	中级	初级	未定
	普通	成人	普通	成人	普通	成人	普通	成人							
2016	—	—	2784	—	5496	—	848	—	430	372	2	75	86	136	73
2017	843	—	2869	—	7469	—	1853	—	444	384	3	72	98	166	45
2018	1834	—	3151	80	8628	—	2702	—	442	365	2	66	92	172	33

资料来源：历年《贵州年鉴》。

2019 年，该校有全日制中职、高职学生万余人；有专兼职教师 516 人，其中在职在编 461 人，专任教师 380 人，高级职称 78 人、中级职称 110 人，“双师型”教师 269 人，硕士、博士学历的教师 95 人；在读博士 3 人，在读硕士 13 人；国家级政府特殊津贴 1 人，毕深教育奖励基金奖 4 人，全国优秀教师 2 人，市管专家 1 人，黄炎培职业教育杰出教师奖 1 人，省级职教名师 3 人，市级职教名师 11 人，毕节市医疗事故鉴定专家库人才 25 人，执业医师考官库 12 人。

五、贵州建设职业技术学院

2014 年，贵州省建设学校升格组建为全日制普通高等职业专科学校，名为贵州建设职业技术学院。学校位于贵州省贵阳市清镇市职教城东区百花路。

（一）院系与专业设置

2014 年，专科招生专业有 5 个：建筑工程技术、室内设计技术、工程造价、工程测量与监理、建筑设备工程技术。

2015 年，招生的高职专业有 21 个：道路桥梁工程技术、地下工程与隧道工程技术、工程测量技术、市政工程技术、给排水工程技术、水利工程施工技术、工程造价、建筑工程管理、工程监理、建筑经济管理、建筑装饰工程技术、艺术设计、园林工程技术、环境艺术设计、建筑设备工程技术、建筑电气工程技术、机电一体化技术、建筑材料工程技术、土木工程检测技术、建筑工程技术、会计电算化。同年，成立建筑设计、建筑艺术与造价、建筑设备与管理、信息工程 4 个分院。

2016 年，有 4 个分院的 38 个专科专业招生：土木工程分院的建筑工程技术、地下与隧道工程技术、建设工程管理、建设工程监理、市政工程技术、给排水工程技术、水利水电工程技术、道路桥梁工程技术、城市轨道交通工程技术、城市轨道交通运营管理、建筑装饰工程技术、风景园林设计；建筑艺术与造价分院的园林工程技术、工程造价、空中乘务、旅游管理、艺术设计、室内艺术设计、环境艺术设计；建筑设备与管理分院的工程测量技术、测绘地理信息技术、建筑材料工程技术、新型建筑材料技术、土木工程检测技术、建筑设备工程技术、建筑电气工程技术、建筑智能化工程技术、机电一体化技术、电梯工程技术、工程机械运用技术、汽车运用与维修技术；信息工程分院的建筑经济管理、物联网应用技术、计算机应用技术、软件技术、数字媒体应用技术、会计、电子商务。同年，学校各分院更名为学院。

2017 年，有 26 个专科专业招生：土木工程学院的建筑工程技术、建设工程管理、道路桥梁工程技术、市政工程技术、给排水工程技术、水利水电工程技术、城市轨道交通工程技术；建筑设计学院的建筑装饰工程技术、工程造价、室内艺术设计、环境艺术设计、园林工程技术；建筑设备学院的建筑电气工程技术、建筑设备工程技术、工程测量技术、测绘地理信息技术、汽车运用与维修技术、土木工程检测技术、新型建筑材料技术、机电一体化技术、电梯工程技术；信息管理学院的计算机应用技术、软件技术、会计、电子商务、建筑经济管理。

2019 年，有 38 个专业招生：建筑工程学院的道路桥梁工程技术、给排水工程技术、建筑工程技术、市政工程技术、水利水电工程技术、建设工程管理、建设工程监理、地下与隧道工程技术；建筑设计学院的建筑装饰工程技术、工程造价、园林工程技术、艺术设计、室内艺术设计、环境艺术设计、展示艺术设计、舞蹈表演、音乐表演；建筑设备学院的建筑设备工程技术、建筑电气工程技术、机电一体化技术、电梯工程技术、建筑材料工程技术、新型建筑材料技术、汽车运用与维修技术、工程测量技术、测绘地理信息技术、土木工程检测技术、消防工程技术；信息管理学院的建筑经济管理、软件技术、数字媒体应用技术、计算机应用技术、物联网应用技术、电子商务、旅游管理、会计、城市轨道交通运营管理、社会体育。

（二）学校环境与办学成果

2015 年，学校规划占地面积 511 亩，建筑面积 22 万平方米。至 2015 年，学校新校区建设项目已完成建筑面积 12 万平方米，投资近 3 个亿；已将德国促进银行贷款的 1.4 亿元人民币投入教学设备采购之中。

截至 2019 年，图书馆拥有纸质图书 30 余万册、数字图书 19 万余种、期刊 300 余种、报刊 30 余种。

学校是国家建筑行业技能型紧缺人才培训基地，建筑工程、BIM 技术、装配式建筑 3 个省级共享开放实训基地，建筑材料工程实训基地，工程测量实训基地，建筑装饰实训基地，建筑设备综合实训基地，信息技术实训基地，公共实训基地；是全国职业院校数学校园建设实验学校、省级优质高职立项建设学校、教育综合素质学分改革省级试点单位。学校还牵头组建了贵州省首批建设职业教育集团（贵州六大职教集团之一）。

设有贵州省高等院校（高职高专）思想政治工作研究中心；省级陶艺大师工作室、木作大师工作室。

学校与加拿大、德国、新加坡、马来西亚、韩国、澳大利亚等国家和我国的香港、台湾地区多个学校与学院达成交流访问、合作办学协议。

学校曾被评为全国职业教育先进单位、黄炎培职业教育优秀学校。

（三）科研成果

2018 年，王昌辉等的《能力来自体验，成长源于感悟——学生“非专业能力”培养课程体系创新与实践》获贵州省职业教育教学成果一等奖。

（四）学生与教职工数

2014 年，贵州建设职业技术学院成立，当年开始招生。

2014~2018 年，其学生与教职工数具体变化如表 10-34 所示。

表 10-34　2014~2018 年贵州建设职业技术学院学生与教职工数　　单位：人

年度末	专科学生				教职工数	专任教师					
	毕业生	招生数	在校生	预计毕业生		合计	正高	副高	中级	初级	未定
	普通	普通	普通	普通							
2014	—	782	782	—	359	231	—	60	37	10	124
2015	—	2245	3007	—	359	231	—	63	39	24	105
2016	—	4181	7170	767	508	355	—	89	152	76	38
2017	753	3725	10057	2862	540	445	—	112	90	142	101
2018	2547	3607	10611	4305	550	455	—	112	90	152	101

资料来源：历年《贵州年鉴》。

2019 年，该校在校高职学生 13659 人、中职学生 3120 人；有教职工近 600 人，其中博硕士学位的教师占比 31%，高级职称教师占比 28%，“双师型”教师占比 62%。

六、贵州工贸职业学院

2015 年，经贵州省人民政府批准，教育部备案，贵州西凯教育投资有限公司投资举办的全日制普通高等专科学校成立，名为贵州工贸职业学院。学校坐落在贵州省威宁彝族回族苗族自治县滨海大道。

学院实行董事会领导下的院长负责制，办学经费由贵州西凯教育投资有限公司负责。

（一）院系与专业设置

2016 年，专科招生专业有 15 个：机械设计与制造、汽车检测与维修技术、服装设计与工艺、工商企业管理、会计、审计、金融管理、财务管理、汽车营销与服务、电子商务、旅游管理、会展策划与管理、物流管理、物流信息技术、广告设计制作。

2017 年，招生专业有 18 个：财经系的会计、审计、财务管理、金融管理、工商企业管理；管理系的电子商务、旅游管理、物流管理、大数据技术与应用、高速铁路客运乘务；设计系的服装设计与加工、广告设计制作、室内艺术设计；机械与汽车系的汽车检测与维修技术、工程造价、供用电技术、智能产品开发、工业机器人技术。

2019 年，招生的有 4 个学院的 23 个高职专业：汽车与机械工程学院的智能产品开发、工业机器人技术、机械设计与制造、建设工程管理、工程造价、汽车电子技术、汽车检测与维修技术；财经学院的财务管理、会计、工商管理、金融管理；管理学院的城市轨道交通运营管理、大数据技术与应用、电子商务、物流管理、高速铁路客运乘务、空中乘务、旅游管理；艺术设计学院的室内艺术设计、数字媒体应用技术、风景园林设计、广告设计与制作、服装设计与工艺。

（二）学校环境与办学成果

截至 2019 年，学校占地面积 750 余亩，建筑面积约 22 万平方米。建有明德楼、启智楼、实训楼、综合楼、行政会议中心、图文信息中心、乐学楼、勤学楼、励学楼、弘毅广场、观海广场等学校设施。建有大学生活动中心、广播电视中心、图文信息中心、体育运动中心、民族艺术中心、学术报告厅。

图书馆馆藏图书 30 余万册。

学校拥有建筑工程、机电工程、电工电子、车辆服务工程、计算机、会计实训、物流实训、艺术实训、航空乘务、高铁乘务等实验实训基地。

（三）学生与教职工数

2015 年，贵州工贸职业学院成立，当年开始招生。

2015~2018 年，其学生与教职工数具体变化如表 10-35 所示。

表 10-35　2015~2018 年贵州工贸职业学院学生与教职工数　　单位：人

年度末	专科学生				教职工数	专任教师					
	毕业生	招生数	在校生	预计毕业生		合计	正高	副高	中级	初级	未定
	普通	普通	普通	普通							
2015	—	481	481	—	128	65	—	22	7	28	8
2016	—	933	1381	—	166	97	—	26	17	32	12
2017	—	985	2375	457	249	128	1	21	29	77	—
2018	434	750	2599	880	274	152	2	25	36	89	

资料来源：历年《贵州年鉴》。

七、贵州工程职业学院

2015 年 5 月，经贵州省政府批准，教育部备案，由贵州西凯恒星教育投资有限公司投资举办的全日制普通高等职业院校成立，名为贵州工程职业学院。学校位于贵州省铜仁市德江县城南大学园区。

（一）院系与专业设置

2015年，交通工程学院开设有汽车制造与维护专科专业。

2016年，专科招生的专业有12个：建筑室内设计（含政府订单班）、建筑工程技术、建设工程管理、工程造价（含政府订单）、汽车检测与维修技术、高速铁路客运乘务、护理（含政府订单班）、药学、会计（含政府订单班）、工商企业管理、汽车营销与服务、电子商务。

2017年，成立健康学院，开设有护理、药学2个专科专业。

是年，专科招生的专业有16个：建筑室内设计、建筑工程技术、建设工程管理、工程造价、汽车检测与维修技术、高速铁路客运乘务（含国际游轮乘务方向）、会计、工商企业管理、汽车营销与服务、电子商务、大数据技术与应用（含安卓软件技术方向）、环境工程技术、空中乘务、市场营销、旅游管理。

2018年，专科招生专业有19个：建筑工程技术、工程造价、建设工程管理、建筑室内设计、建筑设计、会计、高速铁路客运乘务、药学、护理、金融管理、旅游管理、工业机器人技术、工商企业管理、空中乘务、电子商务、市场营销、大数据技术与应用、汽车检测与维修技术、新能源汽车技术。

2019年，继续教育培训中心更名为继续教育学院，下设学历教育中心、职业培训中心、技能鉴定中心3个科室。继续教育学院主要负责成人学历高等教育、高等教育学历自学考试助学与学生的职业技能、GYB创业培训[①]等，并承担政府、银行、金融、建筑、旅游酒店、教育等行业非学历专业技术人员和管理人员培训及开展汽车维修工、电工、育婴员、保育员等工种的鉴定。

是年，专科招生的有院系4个、专业23个：建筑工程学院的建筑工程技术、工程造价、建设工程管理、建筑室内设计、建筑设计、建筑装饰工程技术；经济与管理学院的工商企业管理、会计、电子商务、旅游管理、市场营销、财务管理、金融管理、幼儿发展与健康管理；健康工程学院的护理（含康养方向）、药学；交通工程学院的空中乘务、高速铁路客运乘务、城市轨道交通运营管理、汽车检测与维修技术、大数据技术与应用、计算机网络技术、新能源汽车技术。

截至2019年，学院设有经管工程学院、交通工程学院、健康工程学院、建筑工程学院、思想政治教学部、体育教学部、基础教学部、继续教育培训中心8个教学单位，开设有23个高职专业、27个方向。

（二）学校环境与办学成果

2019年，学校规划总占地面积700亩，已完成建筑面积24.5万平方米，总投资6亿元人民币。建有教学大楼3幢、实训大楼2幢、学生宿舍8幢，行政办公大楼、田径场、

---

① GYB创业培训是“创办和改善你的企业”（Start and Improve Your Business，SIYB）系列培训课程中的一部分。SIYB系列培训课程中包括“企业意识”（Generate Your Business Idea，GYB）、“创办企业”（Start Your Business，SYB）、“改善企业”（Improve Your Business，IYB）和“扩大企业”（Expand Your Business，EYB）四种培训课程。

图书馆、食堂、学生活动中心、体育场馆等。校园网及教学信息网络管理系统全覆盖。学校图书馆拥有纸质图书和电子图书 30 余万册。

学校党群机构有：党委办公室、组织部、宣传部、统战部、工会、团委、学生工作部、武装部、纪律检查委员会。

学校董事会下设校长 1 人、副校长 4 人，负责全校工作。全校设经管工程学院、交通工程学院、健康工程学院、建筑工程学院、思想政治教学部、体育教学部、基础教学部、继续教育培训中心 8 个教学单位和行政办公室、教务处、人事处、招生就业处、学生处、财务处、保卫处、后勤处、资助中心、科研处、创新创业中心、采购中心、职业技能鉴定所、信息与教育技术中心 12 个教学服务部门。

（三）学生与教职工数

2015 年，贵州工程职业学院成立，当年开始招生。

2015~2018 年，其学生与教职工数具体变化如表 10-36 所示。

表 10-36 2015~2018 年贵州工程职业学院学生与教职工数 单位：人

年度末	专科学生				教职工数	专任教师					
	毕业生	招生数	在校生	预计毕业生		合计	正高	副高	中级	初级	未定
	普通	普通	普通	普通							
2015	—	777	777	—	224	172	6	29	56	30	51
2016	—	2044	2809	—	261	204	8	41	73	30	52
2017	—	2090	4822	744	274	211	9	42	74	36	50
2018	737	2893	6860	1969	454	384	15	61	87	42	179

资料来源：历年《贵州年鉴》。

2019 年，该校有全日制在校生 11000 多人；有专任教师 394 人，其中高级职称 76 人，硕博学位的 55 人，“双师型”教师 99 人。

八、毕节幼儿师范高等专科学校

2015 年 3 月 18 日，经教育部批准，毕节市幼儿师范学校升格成立全日制高等专科学校，名为毕节幼儿师范高等专科学校。

（一）院系与专业设置

2015 年，招生有学前教育（含五年制初中起点）、英语教育（幼儿园方向）2 个专科专业，学前教育 1 个中专专业。

2016 年，专科学前教育、早期教育、英语教育 3 个专业招生。

2017 年，招生的专科专业有 11 个：早期教育、英语教育、音乐表演（声乐方向、器乐方向）、歌舞表演（通俗方向）、舞蹈表演、艺术设计、广告设计与制作、环境艺术设计、视觉传播设计与制作、美术、学前教育（含五年制初中起点）。

2018 年，招生的专科专业有 9 个：学前教育、早期教育、英语教育、音乐表演（含儿童歌曲弹唱方向）、舞蹈表演、美术（含儿童绘画与创作方向）、艺术设计、环境艺术设计、广告设计与制作。

2019 年，招生的专科专业有 8 个：学前教育、早期教育、英语教育、音乐表演、舞蹈表演、美术、艺术设计、小学教育。

截至 2019 年，学校设有学前教育、早期教育、英语教育、小学教育、美术、艺术设计、舞蹈表演、音乐表演、环境艺术设计、广告设计与制作 10 个专业。

（二）学校环境与办学成果

截至 2019 年底，学校占地面积 530.24 亩。建有图书馆、多功能学术报告厅、体育馆、标准化的体育场、蒙台梭利实训室、奥尔夫音乐实训室、科学实训室、舞蹈实训室、音乐排练厅、陈鹤琴教育思想研究与推广中心、胡家勋大师工作室、黔西北民族民间音乐舞蹈研究所、黔西北民族民间工艺品研究所、儿童艺术教育研究中心等完善的实训室，建筑面积共 14.23 万平方米。有校外实习基地 120 个。

学校有省级研究中心 1 个，省级学术先锋核心团队 1 个，省级精品课程两门。

与广州大学、贵州工程应用技术学院、徐州幼儿师范高等专科学校、贵阳幼儿师范高等专科学校等国内高校有合作关系；与广州大学、徐州幼儿师范高等专科学校签署了帮扶协议；与深圳市盐田区教育科学院及区内幼儿园签订有“校—政—园”学生见习、跟岗、顶岗、就业、创业合作协议；与以色列奥兰尼教育学院签订战略合作备忘录。

（三）学生与教职工数

2015 年，毕节幼儿师范高等专科学校成立，当年开始招生。

2015~2018 年，其学生与教职工数具体变化如表 10-37 所示。

表 10-37　2015~2018 年毕节幼儿师范高等专科学校学生与教职工数　单位：人

年度末	专科学生				教职工数	专任教师					
	毕业生	招生数	在校生	预计毕业生		合计	正高	副高	中级	初级	未定
	普通	普通	普通	普通							
2015	—	484	484	—	154	131	—	33	41	28	29
2016	—	418	891	—	137	122	—	49	27	45	1
2017	—	793	1665	474	159	137	—	43	29	43	22
2018	477	1310	2458	393	173	158	2	52	49	46	9

资料来源：历年《贵州年鉴》。

2019 年，有在校生 5300 余人。专兼职教师 200 余人，其中高级职称 10 人，副高职称 52 人，硕士学位的 54 人。全国先进工作者 1 人，省级学术先锋 1 人，市管专家 1 人，省市级优秀教师、骨干教师 37 人；学校学科带头人 1 人，学术带头人 3 人，学术骨干 12 人。

九、贵州农业职业学院

2015 年，经贵州省人民政府批准，贵阳市的贵州省农业机电学校、凯里市的贵州省畜牧兽医学校、贵阳市贵州机电学校三校迁入贵州省清镇职教园合并成立全日制普通高等职业院校，名为贵州农业职业学院。

（一）院系与专业设置

2015 年，组建畜牧水产系、茶学系、经济管理系。是年及前，食品加工及管理、畜牧兽医、园林、园艺、农学、农林经济管理 6 个专业招收成人学历专科函授生，动物医学、农学、园艺、农林经济管理 4 个专业招收成人学历本科函授生，畜牧兽医、宠物养护与经营、服装制作与生产管理、农产品保鲜与加工、农业经济综合管理 5 个中专专业招收全日制中专生。

2016 年，组建农艺工程系。学校设有畜牧水产系、机电系、农艺工程系、食品与药品系、茶学系、经济管理系、基础教学部、继续教育部、学报编辑部、实训与技能鉴定中心、现代教学信息中心。共开设 12 个高职招生专业：畜牧兽医、动物医学、饲料与动物营养、生态农业技术、休闲农业、茶树栽培与茶叶加工、食品加工技术、机电一体化技术、机电设备维修与管理、农业装备应用技术、农村金融、电子商务。

2017 年，组建城镇建设与设计系。同年，高职招生专业有 18 个：畜牧水产系的畜牧兽医、动物医学；机电系的饲料与动物营养、宠物养护与训导、机电一体化技术、机电设备维修与管理、农业装备应用技术；农艺工程的系休闲农业、生态农业技术、绿色食品生产与检验；茶学系的茶树栽培与茶叶加工、茶艺与茶叶营销；食品与药品系的食品加工技术、食品营养与检测、食品药品监督管理；园林工程系的园林技术；经济管理系的农村金融、电子商务。

2018 年，增设村镇建设与管理专科专业。

2019 年，专科招生的有院系 7 个、专业 18 个：畜牧水产系的畜牧兽医、动物医学、饲料与动物营养、宠物养护与训导；机电系的机电一体化技术、机电设备维修与管理、农业装备应用技术；农艺工程系的休闲农业、生态农业技术、绿色食品生产与检验；茶学系的茶树栽培与茶叶加工、茶艺与茶叶营销；食品与药品系的食品加工技术、食品营养与检测、食品药品监督管理；园林工程系的园林技术；经济管理系的农村金融、电子商务。

截至 2019 年，学校设有畜牧水产系、机电系、茶学系、农艺工程系、食品与药品系、园林工程系、经济管理系、城镇建设与设计系、信息工程系、基础教学部、继续教育部 11 个教学单位。开设有 25 个专科专业：畜牧水产系的畜牧兽医、动物医学、宠物养护与训导、宠物临床诊疗技术、饲料与动物营养、水产养殖；机电系的机电一体化技术、机电设备维修与管理、农业装备应用技术、汽车检测与维修技术；茶学系的茶树栽培与茶叶加工、茶艺与茶叶营销；农艺工程系的生态农业、休闲农业、绿色食品生产与检测、园林技术、食用菌生产与加工；食品与药品系的食品加工技术、食品营养与检测、食品药品监督管理；园林工程系的园林技术；经济管理系的农村金融、电子商务、市场营销、中小企业创业与经营；信息工程系的大数据技术与应用、计算机网络技术；城镇建设与设计系的村镇建设与管理。

（二）学校环境与办学成果

2019 年，学校组队参加“博导前程杯”贵州省赛区电子商务技能竞赛获得特等奖 1 个、一等奖 1 个，并代表贵州省到浙江参加全国竞赛。荣获第四届全国工商企业管理技能大赛高职组二等奖、“黄炎培杯”全国大学生投资理财技能大赛团队赛三等奖。

截至 2019 年，学院拥有清镇、云岩、乌当、凯里四个校区；在贵阳市乌当区投资数亿元建设的“百宜硅谷”现代农业实训基地（占地 3000 亩）正稳步推进。

主校区清镇职教城占地面积 1000 余亩，已完成建筑面积 23 万多平方米。建有教学楼、实训楼、图书信息楼、学生公寓、食堂、标准运动场等学校设施。

学院同时开展农业行业、生物行业、机电行业技术工种教育培训和职业技术鉴定工作。与国内 20 余所农业类知名大学开展有交流与合作活动，与台湾的国立屏东科技大学签订有联合办学协议。与省内 100 个现代高效农业示范园区和农业类龙头企业深度融合实施多元化办学。

学院主办刊物《种子》被评为第二届国家期刊百种重点期刊、全国优秀科技期刊、第一届贵州省优秀期刊奖，已被列入全国中文核心期刊、中国科技核心期刊、中国农业核心期刊、中国期刊方阵双效期刊行列。

（三）学生与教职工数

2015 年，贵州农业职业学院成立，当年开始招生。

2015~2018 年，其学生与教职工数具体变化如表 10-38 所示。

表 10-38　2015~2018 年贵州农业职业学院学生与教职工数　　单位：人

年度末	专科学生				教职工数	专任教师					
	毕业生	招生数	在校生	预计毕业生		合计	正高	副高	中级	初级	未定
	普通	普通	普通	普通							
2015	—	438	438	—	389	222	—	62	59	101	—
2016	—	364	797	—	288	225	1	72	63	89	—
2017	—	2068	2865	451	286	203	—	52	61	90	—
2018	422	2497	4904	342	409	294	—	58	82	103	51

资料来源：历年《贵州年鉴》。

2019 年，有在编专任教师 295 人，其中正高级职称 6 人，副高级 66 人，中级 86 人，博士 5 人，硕士 96 人，享受国务院政府特殊津贴 1 人，贵州省生态家禽体系首席科学家 1 人。

十、贵州水利水电职业技术学院

2016 年，贵州省水利电力学校升格成立全日制普通高等职业专科学校，名为贵州水利水电职业技术学院。学校位于贵州省清镇职教城。

（一）院系与专业设置

2016 年，设有水利工程系、土木工程系、电力工程系。原商贸与旅游系更名为管理工程系。

2017 年，有水利工程系的工程测量技术、水利水电建筑工程、工程造价（水利工程方向），管理工程系的酒店管理、建筑智能化工程技术、电子商务，土木工程系的工程地质勘查、建筑工程技术、工程造价（建筑工程方向），电力工程系的发电厂及电力系统、供用电技术、电力客户服务与管理，4 个系的 12 个高职专科专业招生。

2018 年，成立国际教育学院。水利工程系更名为水利工程学院，管理工程系更名为管理工程学院，电力工程系更名为电力工程学院，土木工程系更名为土木工程学院。

2019 年，二级学院改分院。同年，有水利工程分院的工程测量技术、水利水电建筑工程、工程造价（水利工程方向）、水利水电工程管理、水务管理，电力工程分院的发电厂及电力系统、供用电技术、建筑智能化工程技术、高压输配电线路施工运行与维护、电气自动化技术、工程造价（电力工程方向）、智能控制技术，土木工程分院的工程地质勘查、建筑工程技术、工程造价（建筑工程方向）、园林工程技术、建筑工程监理、建筑室内设计，管理工程分院的酒店管理、电子商务、大数据技术与应用、旅游管理、物联网应用技术、高速铁路客运乘务，4 个分院的 24 个专科专业招生。

截至 2019 年，学校设有水利工程分院、电力工程分院、土木工程分院、管理工程分院、国际教育分院、继续教育部、基础教育部、中专部 8 个教学单位，开设有 24 高职专科专业。学院还与河海大学、华北水利水电大学、南昌工程学院联合开办有成人专科、本科学历教育。

（二）学校环境与办学成果

截至 2019 年，学校占地面积 600 亩，规划建筑面积 31.4 万平方米。学校配备有标准化多媒体教室、语音教室、视频监控室、专业实验实训室；计算机中心、学术报告厅、学生俱乐部；图书馆、电子阅览室；田径场、足球场、篮球场、排球场、乒乓球场、羽毛球场等实训实验设施和文体活动场所。

学校曾荣获水利部、人力资源和社会保障部共同授予的全国水利系统先进单位称号，全国职业院校技能大赛国家级一等奖、省级二等奖、省级三等奖等奖项。

与贵州水投集团公司、贵州建工集团、中天城投物管公司、帝豪花园酒店等省内外企业签订有开展深度校企合作的协议，并举办订单班，推行“双主体”育人项目化教学课程改革。

学校是全国电工进网作业许可证培训考试基地；拥有贵州省第 11 国家职业技能鉴定站、水利行业特有工种职业技能鉴定站 2 个鉴定站。建有“大禹馆”和“鲁班馆”建筑工程实训中心。

学校与泰国、柬埔寨、马来西亚以及我国的台湾地区等多所高校建有校际合作关系。在柬埔寨有柬埔寨·马德望省理工学院与中国·贵州水利水电职业技术学院共同创办的亚龙丝路学院。在哥斯达黎加与其国家技术研究中心共建了中国·贵州水利水电职业技术学院哥斯达黎加丝路学院。

（三）科研成果

2018 年，程晓慧等的《构建“虚实结合”实训教学体系，打造“产、学、研、用”相结合的产教融合实训基地》、刘幼凡等的《水利水电工程施工三维仿真实训系统》获贵州省职业教育教学成果二等奖。

（四）学生与教职工数

2016 年，贵州水利水电职业技术学院成立，当年开始招生。

2016~2018 年，其学生与教职工数具体变化如表 10-39 所示。

表 10-39　2016~2018 年贵州水利水电职业技术学院学生与教职工数　单位：人

年度末	专科学生				教职工数	专任教师					
	毕业生	招生数	在校生	预计毕业生		合计	正高	副高	中级	初级	未定
	普通	普通	普通	普通							
2016	—	593	593	—	267	195	—	40	37	45	73
2017	—	2415	2992	—	287	225	—	47	43	58	77
2018	—	3948	6772	562	392	272	3	49	60	57	103

资料来源：历年《贵州年鉴》。

2019 年，该校在校学生 1 万余人；教职员工 411 人，其中专任教师 298 人，高级职称教师 72 人，硕、博学位的 111 人。

十一、贵州电子商务职业技术学院

2016 年，贵州省电子商务学校（原贵州省商业学校）升格组建成立全日制普通高等职业专科学院，名为贵州电子商务职业技术学院。学校位于贵州省清镇职教城。

（一）院系与专业设置

2014 年，贵州省电子商务学校招收有会计电算化、电子商务、物流服务与管理、酒店服务与管理、市场营销、计算机应用、房地产营销与管理、室内艺术设计与制作 8 个“3+2”高职大专专业和学前教育 1 个五年制大专专业。

2015 年，贵州省电子商务学校招收有会计电算化、电子商务、物流服务与管理、市场营销、酒店服务与管理、计算机应用 6 个“3+2”高职大专专业。

2016 年，贵州电子商务职业技术学院成立，开设有电子商务、会计电算化、市场营销等 15 个专业。

同年，招生的有会计系的会计电算化，电子商务系的电子商务，物流管理系的物流管理、市场营销，艺术设计与旅游管理系的室内艺术设计、计算机与信息工程系的计算机网络技术 6 个“3+2”大专专业，电子商务、会计电算化、市场营销、商品经营、物流服务与管理、计算机应用、计算机网络技术、电子与信息技术、制冷和空调设备运行与维修、室内艺术设计与制作、广告装潢设计与电脑制作、酒店服务与管理、旅游服务与管理、中餐烹饪、学前教育 15 个中专专业。

2017 年，招生的专科专业有 12 个：大数据技术与应用、计算机网络技术、财务管理、会计（会计电算化方向）、市场营销、电子商务、网络营销、物流管理、电子信息工程技术、数字媒体艺术设计、表演艺术、室内艺术设计。

2018 年，招生的专业有 20 个（含中专专业）：电子信息工程技术、幼儿发展与健康管理、表演艺术、酒店管理、烹调工艺与营养、旅游管理、建筑装饰工程技术、数字媒体艺术设计、室内艺术设计、电子商务、网络营销、物流管理、市场营销、工商企业管理、会计、财务管理、社会体育、计算机应用技术、计算机网络技术、大数据技术与应用。

2019 年，招生的专科专业有 14 个：大数据技术与应用、计算机网络技术、财务管理、会计、市场营销、电子商务、网络营销、物流管理、电子信息工程技术、数字媒体技术、计算机应用技术、软件技术、工商企业管理、连锁经营管理。

至 2019 年，学院设有物流管理系、电子商务系、艺术设计与旅游管理系、会计系、教育科技系、计算机与信息工程系、社科基础部 7 个系（部），开设有电子商务、大数据技术与应用、物流管理、市场营销、会计、室内艺术设计、计算机网络技术、网络营销、数字媒体艺术设计、财务管理、电子信息工程技术、工商企业管理、社会体育、酒店管理、旅游管理、烹饪工艺与营养、连锁经营与管理、建筑装饰工程、计算机应用技术、计算机信息管理、数字媒体应用技术、保险、软件技术、幼儿发展与健康管理、表演艺术、产品艺术设计、舞蹈表演、音乐表演、视觉传播设计与制作、跨境电子商务、移动商务、商务管理、采购与供应管理 33 个高职（专科）专业；电子商务、学前教育、中餐烹饪等 15 个中专专业。

（二）学校环境与办学成果

2016 年，学校位于贵州省贵阳市区花果园，占地 66 亩。同年 9 月，学校整体搬迁到清镇职教城新校区。新校区占地面积 400 余亩，设有图书阅览区、核心教学区、教学实训区、学生宿舍区、体育运动区等教学、服务场地及公共活动区域。

2019 年，新校区图书馆落成使用。图书馆馆藏纸质图书 18.0924 万册，电子图书 11.0135 万册；中文纸质期刊 897 种，外文纸质期刊 4 种，中文报纸 100 种，外文报纸 1 种。馆内置有 2871 个阅览座位，其中电子阅览座位 488 个、阅览沙发座位 650 个；读者阅览电脑 416 台。

截至 2019 年，学校有清镇、花果园、二戈寨三个校区，总占地面积 471.15 亩。校舍建筑面积 15.26 万余平方米，教学及辅助用房 13.8 万余平方米，行政办公 0.35 万平方米，学生宿舍 3.6 万余平方米，校内实训用房 3.5 万平方米，运动场 2.84 万余平方米。学校拥有教学科研设备 5312 台（套），总价值 2318.9 万余元人民币。

学校建有财经、商贸、旅游服务、文化艺术、信息技术、教育 6 大实训基地、79 个实训室；18 个校企共建实训基地；1 个电子商务发展研究中心；59 个校外实训基地。建有贵州省第 32 国家职业技能鉴定所，具有多种职业技能培训及鉴定资质。

学校已与贵州商学院等院校开展联合办学。与贵州省人民政府办公厅机关服务中心、北京华唐集团、贵州东方物流中心、国药集团同济堂（贵州）制药有限公司、贵州中恒信会计师事务有限公司、新道科技股份有限公司、贵州饭店有限责任公司等 94 家行业、企业单位签订有校企合作协议。

（三）学生与教职工数

2016 年，贵州电子商务职业技术学院成立，当年开始招生。

2016~2018 年，其学生与教职工数具体变化如表 10-40 所示。

表 10-40　2016~2018 年贵州电子商务职业技术学院学生与教职工数　单位：人

年度末	专科学生				教职工数	专任教师					
	毕业生	招生数	在校生	预计毕业生		合计	正高	副高	中级	初级	未定
	普通	普通	普通	普通							
2016	—	503	503	—	265	207	—	32	57	86	—
2017	—	1928	2416	—	340	224	—	35	29	86	74
2018	—	2750	5101	479	442	286	—	44	41	149	52

资料来源：历年《贵州年鉴》。

2019 年，该校有在校生 10568 人；教职工 449 人，其中专任教师 284 人，硕士学位的 80 人，副高级职称教师占比 31%，“双师型”教师占比为 59.9%。

十二、贵州应用技术职业学院

2016年3月，经贵州省人民政府批准、教育部备案，全日制普通高等院校贵州应用技术职业学院成立。学校位于贵州省福泉市洒金河畔。

（一）院系与专业设置

2017年，有护理系的护理，汽车工程系的汽车检测与维修技术、汽车营销与服务、汽车改装技术、新能源技术、城市轨道交通运营管理，经济贸易系的会计、电子商务，化学工程系的应用化工技术4个系的9个专科专业招生。

2018年，增设护理系的幼儿发展与健康管理，经济贸易系的财务管理、市场营销，化学工程系的应用精细化工技术、药品生产技术；旅游系的高速铁路客运乘务、空中乘务、旅游管理、城市轨道交通运营管理9个专业并招生。

2019年，增设经济贸易系的物流管理，化学工程系的精细化工技术、安全健康与管理3个专业并招生。同年，汽车工程系与旅游系合并，仍称汽车工程系。

截至2019年末，学校设置有经济贸易系、化学工程系、汽车工程系、护理学前部、基础部、继续教育中心6个教学单位、20个专业，其中有省级重点专业1个，省级精品课程1门。经济贸易系开设有会计、财务管理、电子商务、市场营销、物流管理5个专科专业；汽车工程系开设有汽车检测与维修技术、汽车服务与营销、新能源汽车技术、汽车改装技术、城市轨道交通运营管理、高速铁路客运服务、空中乘务、旅游管理8个专科专业；化学工程系开设有化工应用技术、药品生产技术、精细化工技术、安全健康与管理4个专科专业；护理学前部开设有护理、学前、幼儿发展与健康管理3个专科专业。

（二）学校环境与办学成果

截至2019年，学校建设用地600余亩，建筑面积25万平方米，总投资达8亿元，其中教学设备价值5500余万元。建有教学大楼、现代化图书馆、学生食堂、学生公寓、生态田径运动场、足球场、篮球场、素质拓展场等文化生活、体育场馆等基础设施。

图书馆有纸质图书15万余册，电子图书30万册，期刊150余种。

建有汽车底盘构造、汽车发动机构造、汽车检测与故障诊断技术各4个理实一体化教室；解剖实训室、机能学实训室、形态学实训室、感染与免疫实训室；临床护理实训室、内科实训室、外科实训室、模拟手术室、基础护理实训室、妇产科实训室、儿科实训室、急救实训室、健康评估实训室、康复护理实训室、护理礼仪实训室等基础医学实训室20余间；拥有无机化学、有机化学、分析化学、天平室、化工安全仿真等实训室及真空旋转蒸发仪、原子吸收光谱仪等大型仪器设备。

学校与希望集团、上汽大众汽车有限公司、瓮福集团有限责任公司、川恒化工股份有限责任公司及省内20余家县级医院、100多家企业签订有校企合作共建实训、就业基地协议。

（三）科研成果

截至 2019 年，已编辑出版高等职业教育规划教材 4 部。

（四）学生与教职工数

2016 年，贵州应用技术职业学院成立，当年开始招生。

2016~2018 年，其学生与教职工数具体变化如表 10-41 所示。

表 10-41　2016~2018 年贵州应用技术职业学院学生与教职工数　单位：人

年度末	专科学生				教职工数	专任教师					
	毕业生	招生数	在校生	预计毕业生		合计	正高	副高	中级	初级	未定
	普通	普通	普通	普通							
2016	—	1235	1235	—	198	129	2	2	3	—	122
2017	—	1983	3151	—	253	180	9	27	22	4	118
2018	—	2112	5105	1118	330	214	8	11	16	18	161

资料来源：历年《贵州年鉴》。

2019 年，该校有专任教师 280 多人，其中高级职称教师 60 余人，研究生学历占比超过 35%。

十三、贵州电子科技职业技术学院

2016 年，贵州省电子工业学校升格成立全日制公办普通高职院校，名为贵州电子科技职业学院。学校位于国家级新区贵安新区马场科技新城天矶路。

学校主要招收初中毕业的五年一贯制高职学生和三年制中专生，是一所以高职为主、中专为辅的高职院校。

（一）院系与专业设置

2016 年，开设有电子信息工程技术、电气自动化技术、计算机网络技术、电信服务与管理、数控技术、汽车电子技术、软件技术、电子商务 8 个专科专业。同年，成立中专部。

2017 年，招生的专科专业有 12 个：计算机网络技术（含云计算方向）、软件技术（含虚拟与现实方向、印度 NIIT 班）、电子信息工程技术（含物联网技术方向）、汽车电子技术（含新能源方向、新能源企业订单班）、电气自动化技术（含电梯安装维护方向、工业机器人方向、制冷空调方向）、数控技术（含机电设备维修方向）、电信服务与管理

(含商务管理方向)、电子商务(含华为创新创业方向)、大数据技术与应用(含华为认证方向)、通信技术(含华为技术方向)、汽车营销与服务(包括企业订单班)、物流管理。

2018 年，招生的专科专业有 19 个：计算机网络技术、软件技术(校企合作)、电子信息工程技术、汽车电子技术、电气自动化技术、数控技术、电信服务与管理、电子商务、大数据技术与应用、通信技术、汽车营销与服务、物流管理、工业机器人、数控设备应用与维护、旅游管理、云计算技术与应用(校企合作)、物联网应用技术、制冷与空调技术、新能源汽车技术(校企合作)。

2019 年，招生的专科专业有 23 个：汽车电子技术、汽车营销与服务、新能源汽车技术、汽车检测与维修技术、电气自动化、电梯技术、电子信息工程技术、通信技术、物联网技术、制冷与空调技术、电信服务管理、旅游管理、计算机网络技术、电子商务、云计算技术与应用、大数据技术与应用、软件技术、视觉传播设计与制作、数控技术、数控设备管理与维护、工业机器人技术、物流管理、机械设计与制造。

2019 年，学校计算机与大数据系开设有计算机网络技术、计算机网络技术(信息安全方向)、软件技术、电子商务、电信服务与管理、视觉传播设计与制作、旅游管理 7 个专科专业；华为大数据系开设有大数据技术与应用、云计算技术与应用 2 个专科专业；电气工程系开设有电子信息工程技术、物联网应用技术、电气自动化、通信技术、制冷与空调技术、电梯工程技术 6 个专科专业；机械工程系开设有数控技术、工业机器人技术、数控设备应用与维护、机械设计与制造、物流管理 5 个专科专业；汽车应用技术系开设有新能源汽车技术、汽车电子技术、汽车营销与服务、汽车检测与维修、汽车智能技术 5 个专科专业。学校有 5 个系，开设出 25 个专科专业。

是年，华为大数据系更名为华为大数据学院。

(二) 学校环境与办学成果

2014 年 4 月，与国家服务外包人力资源研究院合作，共同成立了贵州华唐贵电服务外包发展有限公司。创建有贵州省内最大的现代服务业人才培养示范基地——商教两用呼叫培训中心。

2016 年，学校与德国 FESTO 企业合作，共建贵州中德职教集团工业 4.0 实训基地。与印度国家信息技术学院(NIIT)合作建有贵州电子科技职业学院 NIIT 大数据软件学院。与美国思科公司合作创立思科网络技术学院。与德国贵州商会共同创建了贵州中德职教集团。

截至 2019 年，学校占地面积 870 亩，已完成投资 21.6 亿元，建筑面积 40 万平方米。

学校建有 O2O 电商人才孵化基地、电工电子与自动化技术实训基地、电子技术应用实训基地、网络实训基地、广告制作实训基地等。拥有大数据实训室、计算机云计算实训室、虚拟现实体验中心等。

(三) 学生与教职工数

2016 年，贵州电子科技职业学院成立，当年开始招生。

2016~2018 年，其学生与教职工数具体变化如表 10-42 所示。

表 10-42　2016～2018 年贵州电子科技职业技术学院学生与教职工数　单位：人

年度末	专科学生				教职工数	专任教师					
	毕业生	招生数	在校生	预计毕业生		合计	正高	副高	中级	初级	未定
	普通	普通	普通	普通							
2016	—	302	302	—	184	158	—	45	48	38	27
2017	—	2318	2612	—	311	226	1	35	56	61	73
2018	—	3262	5749	275	401	324	—	15	34	54	221

资料来源：历年《贵州年鉴》。

2019 年，该校有教职工 448 人，专职教师近 350 人，其中高级职称占 28%，中级职称占近 46%，“双师型”教师比例达 70%。

十四、贵州航空职业技术学院

2016 年，贵州航空工业职工大学（原为成人职业专科学校）、贵州航空工业技师学校（贵航高级技工学校）、贵航集团职业教育培训三大资源整合成立全日制普通高等职业学院，名为贵州航空职业技术学院。学校位于贵州省贵阳市小孟工业园区。

（一）院系与专业设置

2016 年，创建烹饪系。

2017 年，成立航空机电分院。同年，招生专科专业有 12 个：机械设计与制造、数控技术、模具设计与制造、机电一体化技术、汽车检测与维修技术、汽车电子技术、工业机器人技术、焊接技术与自动化、空中乘务（校企合作）、酒店管理（高铁服务与管理方向）（校企合作）、航空材料精密成型技术 3D 打印方向（校企合作）、无人机应用技术、（校企合作）。

2018 年，学校设有航空机电分院、汽车工程系、现代服务系、幼教艺术系、烹饪系 1 个学院 4 个系。

2018 年，招生的专科专业有 20 个：机械设计与制造、数控技术、模具设计与制造、机电一体化技术、焊接技术与自动化、飞机机电设备维修、工业机器人技术（校企合作）、工程机械运用技术（校企合作）、航空材料精密成型技术（校企合作）、无人机应用技术（校企合作）、汽车电子技术、汽车检测与维修技术（含校企合作）、新能源汽车技术（校企合作）、空中乘务（校企合作）、酒店管理（商务订单班）、酒店管理（校企合作）、计算机应用技术（校企合作）、会计（校企合作）、烹调工艺与营养、表演艺术（校企合作）。

2019 年，艺术系更名为艺术学院。同年，招生的专业有 26 个：航空机电分院的机械设计与制造、数控技术、机电一体化技术、模具设计与制造、工业机器人技术、无人机应用技术（企业订单培养）、航空材料精密成型技术（企业订单培养）、焊接技术与自动化、工程机械运用技术、飞机机电设备维修、消防工程技术（企业订单培养）；艺术学院的音乐（含声乐类的民族唱法、美声唱法、通俗唱法、民族民间唱法，器乐类的西洋乐器、民族乐器、贵州民族民间乐器）、舞蹈（含各类民族民间舞、现当代舞、拉丁舞、街舞）、管乐（委托培养，各类西洋管乐）；现代服务系的酒店管理、空中乘务（企业订单培养）、会计（企业订单培养，金融服务方向）、计算机应用技术（企业订单培养）、大数据技术与应用、高速铁路客运乘务（企业订单培养）；汽车工程系的汽车检测与维修技术、汽车电子技术（企业订单培养）、汽车营销与服务（企业订单培养）、新能源汽车运用与维修（企业订单培养）；烹饪系的烹饪工艺与营养、餐饮管理。

至2019年学院设有航空机电分院、艺术学院、汽车工程系、现代服务系、烹饪系、基础教学部、成人教育处7个教学单位，开设有机械类、航空装备类、电工电子类、运输类、信息类、服务类、文化艺术类等中、高职专业（包括成人学历教育）共80多个。

（二）学校环境与办学成果

2016年，学校具有成人高等教育资质、国家重点技工学校办学资质；是全国首批国家高技能人才培训基地、首批国家高技能人才培养示范基地；建有贵州省第3国家职业技能鉴定所。

截至2019年，学校占地近300亩。

学校与贵州省内外近25家企业签订有订单培养协议。与中国航空工业集团公司在黔企业及贵州省内十数家大型企业合作建立了校外实训基地。校内设有2个国家级技能大师工作室、2个省级技能大师工作室。

（三）学生与教职工数

2016年，贵州航空职业技术学院成立，当年开始招生。

2016~2018年，其学生与教职工数具体变化如表10-43所示。

表10-43　2016~2018年贵州航空职业技术学院学生与教职工数　单位：人

年度末	专科学生								教职工数	专任教师					
	毕业生		招生数		在校生		预计毕业生			合计	正高	副高	中级	初级	未定
	普通	成人	普通	成人	普通	成人	普通	成人							
2016	—	1364	308	1327	308	2951	—	1297	393	299	1	59	97	80	62
2017	—	954	1138	2239	1416	4078	—	1371	361	247	1	61	87	53	45
2018	—	959	2076	103	3387	—	270	2724	436	274	3	68	90	77	36

资料来源：历年《贵州年鉴》。

2019 年，学院拥有全日制高职、中职在校生 16000 余人，成人学历教育在校生 4000 余人；教职员工 400 余人，中高级职称教师占比 85%以上，“双师型” 教师占比 80%以上。

十五、贵州健康职业学院

2017 年 2 月，经贵州省政府批准，铜仁市政府创建的全日制普通高等职业院校贵州健康职业学院正式成立。学校位于贵州省铜仁市川硐教育园区。

（一）院系与专业设置

2018 年、2019 年，招生的专科专业有 7 个：护理（含老年护理方向）、药学、中药学、康复治疗技术、健康管理、卫生信息管理、医学美容技术。

2019 年，学院设置有护理系、健康管理系、药学系、健康医学系、医学技术系、继续教育部、基础医学部、人文基础部 8 个系（部），护理、药学、康复治疗技术、健康管理、护理（老年方向）、中药学、卫生信息管理、中药生产与加工、医学美容技术 9 个专业。

（二）学校环境与办学成果

学校占地面积 1000 亩，建筑面积 32 万平方米。建有教学楼、图书馆、体育馆、大学生活动中心、田径运动场、大会堂等教学等基础设施，总投资 24 亿余元。

学校与铜仁市人民医院、铜仁市妇幼保健院、苏州百佳惠瑞丰大药房、雷允上药业集团等机构和企业签署有合作协议，开展订单式人才培养模式。与重庆医科大学、苏州大学护理学院、苏州工业职业技术学院、苏州卫生职业技术学院、天津医专等签订有合作协议。与菲律宾圣保罗大学建立有合作关系。

（三）学生与教职工数

2017 年，贵州健康职业学院成立，当年开始招生。

2017~2018 年，其学生与教职工数具体变化如表 10-44 所示。

表 10-44 2017~2018 年贵州健康职业学院学生与教职工数 单位：人

年度末	专科学生				教职工数	专任教师					
	毕业生	招生数	在校生	预计毕业生		合计	正高	副高	中级	初级	未定
	普通	普通	普通	普通							
2017	—	463	463	—	162	108	—	8	7	—	93
2018	—	2034	2490	—	248	165	—	8	66	60	31

资料来源：历年《贵州年鉴》。

十六、贵州装备制造职业学院

2017 年，经贵州省人民政府批准，教育部备案，贵州省教育厅主办的全日制普通高等院校贵州装备制造职业学院成立。学院位于贵州省贵阳市清镇职教城。

（一）院系与专业设置

2018 年，招生的专科专业有 14 个：机械制造与自动化、数控技术、药品生产技术、工业设计（含艺术）、电梯工程技术、工业机器人技术、城市轨道交通机电技术、计算机应用技术、汽车制造与装配技术、新能源汽车技术、建筑工程技术、工程造价、物流管理、会计。

2019 年，招生的院系有 5 个，共 20 个专科专业：机械工程系的机械制造及自动化、数控应用技术、药品生产技术、工业设计、医疗设备应用技术；电气自动化系的电梯工程技术、工业机器人技术、城市轨道交通机电技术、计算机应用技术、大数据技术与应用、智能控制技术、机电一体化、信息安全与管理；汽车工程系的汽车制造与装配技术、新能源汽车技术、汽车检测与维修技术；建筑工程系的建筑工程造价、建筑工程技术；经济管理系的物流管理、会计。

学院下设机械工程系、电气自动化系、汽车工程系、建筑工程系、经济管理系、贵州省机械工业学校（中专部）、成人教育部 7 个教学单位。

（二）学校环境与办学成果

学校占地面积 500 余亩，建筑面积 21.5 万平方米。学校是中国机械行业骨干职业院校，贵州装备制造职教集团的理事长单位，贵州省职业院校装备制造项目技能大赛的主要承办单位。

学校还引进了几十家贵州省内外知名企业参与学院办学和实训基地建设，与贵州省内多家本科院校组成了智能制造人才培养联盟。

建有国家第 75 职业技能鉴定站，数控、汽车 2 个国家级实训基地。

在全国职业院校现代制造业技能大赛中曾荣获过一、二、三等奖。

（三）学生与教职工数

2017 年，贵州装备制造职业学院成立，当年开始招生。

2017~2018 年，其学生与教职工数具体变化如表 10-45 所示。

2019 年，该校有各类在校学生 11000 余人；专兼任教师 400 余人，其中高级职称 63 人，“双师型” 教师 140 人，硕士学位的 97 人，全国机械中高职教育专业教学指导委员会副主任委员 2 名、委员 12 名，国家级、省级技能大赛裁判员 27 名。

表 10-45　2017~2018 年贵州装备制造职业学院学生与教职工数　单位：人

年度末	专科学生				教职工数	专任教师					
	毕业生	招生数	在校生	预计毕业生		合计	正高	副高	中级	初级	未定
	普通	普通	普通	普通							
2017	—	616	616	—	222	176	—	27	38	90	21
2018	—	1899	2509	—	266	206	—	31	47	92	36

资料来源：历年《贵州年鉴》。

十七、贵州食品工程职业学院

2017 年，贵州省贸易经济学校升格组建成立全日制高等职业专科院校，名为贵州食品工程职业学院。

（一）院系与专业设置

2018 年，招生的专科专业有 14 个：粮油储藏与检测技术、食品质量与安全、食品贮运与营销、食品加工技术、绿色食品生产与检验、食品生物技术、物流管理、会计、电子商务、财务管理、物联网应用技术、数字媒体艺术设计、机械制造与自动化（食品机械方向）、建筑工程技术，计划招收新生 4000 人。

2019 年，增设酿酒技术、食品生物技术、市场营销、工程造价、大数据技术与应用、舞蹈表演、音乐表演招生 7 个专科专业并招生。

是年，学校食品工程系开设有粮油储藏与检测技术、食品质量与安全、食品贮运与营销、食品加工技术、绿色食品生产与检测、食品生物技术、粮食工程技术、酿酒技术 8 个高职专业；财经商贸系开设有会计学、财务管理、电子商务、市场营销、物流管理 5 个高职专业；文化艺术系开设有音乐表演、舞蹈表演 2 个高职专业；信息工程系开设有数字媒体艺术设计、大数据技术与应用、物联网技术与应用 3 个高职专业；机电与建筑工程系开设有机械制造与自动化、建筑工程技术、工程造价、新能源汽车技术 4 个高职专业。中职开设粮油储运与检验技术、会计电算化、物流服务与管理、建筑工程施工、电子商务、计算机平面设计、数字媒体技术应用、建筑装饰、物联网应用技术、学前教育、民族音乐与舞蹈、汽车运用与维修 12 个专业。

学校设有食品工程系、信息工程系、机电与建筑工程系、财经商贸系、文化艺术系、黔菜学院、金沙白酒学院、马克思主义教学部、基础部、继续教育部、中专部 11 个教学单位，开设 22 个高职专业，12 个中职专业。

学校还与华东理工大学、贵州大学、贵州师范大学等高校联合开办有成人学历函授、自学考试；与贵州省内高校合作开展有“3+2”专升本学历教育。

（二）学校环境与办学成果

至2019年，有3个校区，总占地面积614亩。其中清镇职教城主校区514亩、贵阳北校区70亩、贵阳南校区30亩。校舍面积25.5万平方米。清镇校区建有现代化的教学实训楼、信息大楼、图书馆（下设采编部、流通部、期刊部、技术部、情报部5个单位）、田径运动场、体育馆、学生活动中心等基础设施，可容纳在校学生10000余人。

学校建有黔菜研究院、乡村振兴研究院2个科研机构和贵州省职业教育师资培训基地。与清镇市人民政府、兴仁市人民政府、贵州黔菜出山餐饮管理有限公司、贵州沃涵餐饮管理有限公司、贵州省储备粮管理总公司、中央储备粮贵阳直属库等120余家政府及企事业单位签订有合作协议，已建成38个实训室及40余家校外实训基地。

学校具有国家粮食和物资储备局、贵州省财政厅、贵州省教育厅、贵州省人社厅确定的职业技能培训及职业鉴定资格。具有面向社会开展农产品检验、仓储管理、会计、计算机高新技术等各种长短期培训资质。

学校还先后荣获全国职业教育先进单位、全国粮食系统先进集体、全国群众体育先进单位；贵州省文明单位、贵阳市文明单位、贵州省德育工作先进单位、贵州省体育卫生工作先进单位等荣誉称号。

（三）学生与教职工数

2017年，贵州食品工程职业学院成立，当年开始招生。

2017~2018年，其学生与教职工数具体变化如表10-46所示。

表10-46　2017~2018年贵州食品工程职业学院学生与教职工数　单位：人

年度末	专科学生				教职工数	专任教师					
	毕业生	招生数	在校生	预计毕业生		合计	正高	副高	中级	初级	未定
	普通	普通	普通	普通							
2017	—	533	533	—	218	183	—	72	35	76	—
2018	—	1010	1536	—	210	151	—	63	29	58	1

资料来源：历年《贵州年鉴》。

2019年，该校有在校生6200人（包括中专生）；教职工300余人，其中专任教师183人，高级职称占比38.8%，硕士占比26%，“双师型”教师占比48.1%，全国教学名师1人，全国优秀教师及优秀教育工作者5人，省级优秀教师4人。

十八、贵州经贸职业技术学院

2017 年，贵州省经济学校（贵阳）、贵州省茶技术茶文化中等专业学校（贵阳）、贵州省内贸学校（都匀）三校合并组建全日制高等职业院校，名为贵州经贸职业技术学院。主校区位于贵州省都匀市绿茵湖产业园区。

学院隶属于贵州省供销合作社联合社，业务上接受教育厅的管理和指导。

（一）院系与专业设置

2017 年，成立茶学系、建筑工程系、会计金融系。有会计、金融管理、茶艺与茶叶营销、电子商务、旅游管理、建筑装饰工程技术 6 个高职专业招生。

2018 年，组建教育科学系。与华为技术有限公司合作成立华为 ICT 学院，开设大数据技术与应用、云计算技术与应用 2 个高职专业。同年，增设财务管理、大数据技术与应用、市场营销、酒店管理、建筑室内设计、汽车应用与维修技术、茶树栽培与茶叶加工 7 个高职专业并招生。

2019 年，增设幼儿发展与健康管理、物联网应用技术、建设工程管理、汽车检测与维修技术、新能源汽车技术、汽车运用与维修技术、城市轨道交通运营管理 7 个专业并招生，以及建筑装饰工程专业。

截至 2019 年，学校设有茶学系、会计金融系、商贸物流系、旅游管理系、建筑工程系、信息工程系、机电工程系、教育科学系、基础教学部 9 个教学系（部），开设高职专业 21 个。

茶学系（贵州都匀毛尖茶学院）开设有茶艺与茶叶营销、茶树栽培与茶叶加工 2 个高职专业；会计金融系开设有金融管理、会计、财务管理 3 个高职专业；商贸物流系开设有电子商务、市场营销、物流管理 3 个高职专业；旅游管理系开设有旅游管理、酒店管理 2 个高职专业；建筑工程系开设有建筑装饰工程技术、建筑室内设计、建设工程管理 3 个高职专业；信息工程系（华为 ICT 学院）开设有大数据技术与应用、云计算技术与应用、物联网应用技术 3 个高职专业；机电工程系开设有汽车运用与维修技术、汽车检测与维修技术、新能源汽车技术、城市轨道交通运营管理 4 个高职专业；教育科学系开设有幼儿发展与健康管理 1 个高职专业。

（二）学校环境与办学成果

2017 年，图书馆正式开馆外借图书。

2018 年，华为 ICT 学院成立后，拟建华为大数据实训室、华为云计算实训室、华为软件开发云实训室及华为数据通信实训室。

截至 2019 年，学院有 3 个校区。主校区位于都匀市绿茵湖产业园区，规划用地 1020 亩，已完成建筑面积 15 万平方米；白云校区为原贵州省经济学校和贵州省茶技术茶文化中等专业学校校园，占地面积 201 亩；都匀剑江河畔校区为原贵州省内贸学校校园，占地面积 130 亩。

图书馆面积 4000 余平方米。馆藏纸质图书 1 万余册，电子图书 10 万余册，订购有中文期刊 200 多种、报刊 20 种，形成了以经济类、学科职业教育为主、兼及人文社科的综合性藏书体系。馆内开通有维普中文期刊服务平台；设有阅览区、自习室、现刊室、过刊室、有声图书馆。

学校建有都匀市螺丝壳实训基地，占地面积 102 亩；贵定县云雾镇实训基地，占地面积 154 亩。学院与华为技术有限公司合作共建有华为 ICT 学院。

（三）科研成果

截至 2019 年，会计金融系近 5 年共在期刊上发表论文 50 余篇，编写出版校本教材 8 部。

（四）学生与教职工数

2017 年，贵州经贸职业技术学院成立，当年开始招生。

2017~2018 年，其学生与教职工数具体变化如表 10-47 所示。

表 10-47　2017~2018 年贵州经贸职业技术学院学生与教职工数　　单位：人

年度末	专科学生				教职工数	专任教师					
	毕业生	招生数	在校生	预计毕业生		合计	正高	副高	中级	初级	未定
	普通	普通	普通	普通							
2017	—	420	420	—	198	178	—	47	61	70	—
2018	—	1786	2192	—	325	248	—	35	84	116	13

资料来源：历年《贵州年鉴》。

2019 年，该校有在校学生 12303 人，其中高职生 5530 人，中职生 6773 人；教职工 468 人，其中专任教师 330 人，高级职称的 51 人，硕、博学位的 65 人，“双师型”教师 153 人。

十九、贵州护理职业技术学院

2017 年，贵州省人民医院护士学校升格改建为全日制高等专科职业院校，名为贵州护理职业技术学院。

（一）院系与专业设置

2017 年，开设有护理、助产、康复技术 3 个高职专业。

2018 年，开设有护理、助产、康复技术 3 个高职专业。

2019 年，开设有护理（含五年一贯制专科）、助产、康复治疗技术、医学美容技术、眼视光技术、生殖健康服务与管理、健康管理、中医康复技术、药学 9 个高职专业。当年计划招生 1296 人。

（二）学校环境与办学成果

2019 年，学校占地面积 462 亩，建筑面积 16.8 万余平方米，教学仪器设备总价值 2469 万元。

学院建有解剖、护理、内科、外科、急救、妇科、儿科、产科、康复科 9 大实训基地。设置有建筑面积 1.19 万余平方米的全国先进、贵州省内一流的护理实训中心，设标准化实训室 67 间。建有贵州省人民医院研究生培训基地、贵州省人民医院全科医学技能培训基地、贵州省人民医院住院医师规范化培训技能培训基地、贵州省人民医院护士技能培训基地、贵州医科大学—贵州省人民医院临床技能综合培训中心。

与贵州省人民医院、贵阳市第一人民医院、贵航集团 303 医院等 15 家二级医院签有合作协议，建立有校外实训基地。

学院是贵州省职教学会副会长单位、贵州省护理职业教育集团理事长单位、贵州省职教学会医护类专业委员会主任委员单位、贵州省康复医学会护理专业主任委员单位。

（三）学生与教职工数

2017 年，贵州护理职业技术学院成立，当年开始招生。

2017~2018 年，其学生与教职工数具体变化如表 10-48 所示。

表 10-48　2017~2018 年贵州护理职业技术学院学生与教职工数　单位：人

年度末	专科学生				教职工数	专任教师					
	毕业生	招生数	在校生	预计毕业生		合计	正高	副高	中级	初级	未定
	普通	普通	普通	普通							
2017	—	649	649	—	201	152	2	7	16	79	48
2018	—	1802	2410	—	423	161	2	9	30	67	53

资料来源：历年《贵州年鉴》。

2019 年，该校有专任教师 180 人，其中专业课教师 153 人，公共课教师 27 人，本科及以上学历的 173 人，其中硕士 49 人，博士 18 人，“双师型”教师 141 人。

二十、六盘水幼儿师范高等专科学校

2018 年，六盘水幼儿师范学校（六盘水市民族职业技术学校，1986 年建）升格改建为全日制普通师范高等专科学校，名为六盘水幼儿师范高等专科学校。学校位于贵州省六盘水市双水城区以朵教育城。

（一）院系与专业设置

2018 年，有幼儿发展与健康管理、美术、舞蹈表演 3 个高职专业招生。

2019 年，增设学前教育、现代教育技术 2 个高职专业。同年，计划招生专业有学前教育、现代教育技术、幼儿发展与健康管理、计算机应用技术、艺术设计、舞蹈表演、美术 7 个专业。

（二）学校环境与办学成果

至 2019 年，学校占地面积 934.17 亩，建筑面积 24 万平方米，总投资 11.7 亿元。建有教学楼、实训楼、行政办公楼、图书楼、食堂、风雨操场、学生宿舍、教师通勤用房、学生活动中心、浴室、锅炉房、水泵房、学生成果展示室、附属用房、垃圾站、运动场等学校基础设施。

学校与北京师范大学、南京师范大学达成尝试合作办学。

（三）学生与教职工数

2018 年，六盘水幼儿师范高等专科学校，当年开始招生。

2018 年该校学生与教职工数如表 10-49 所示。

表 10-49　2018 年六盘水幼儿师范高等专科学校学生与教职工数　　单位：人

<table>
<tr><th rowspan="3">年度末</th><th colspan="4">专科学生</th><th rowspan="3">教职工数</th><th colspan="6">专任教师</th></tr>
<tr><th>毕业生</th><th>招生数</th><th>在校生</th><th>预计毕业生</th><th rowspan="2">合计</th><th rowspan="2">正高</th><th rowspan="2">副高</th><th rowspan="2">中级</th><th rowspan="2">初级</th><th rowspan="2">未定</th></tr>
<tr><th>普通</th><th>普通</th><th>普通</th><th>普通</th></tr>
<tr><td>2018</td><td>—</td><td>370</td><td>370</td><td>—</td><td>141</td><td>127</td><td>—</td><td>9</td><td>25</td><td>72</td><td>21</td></tr>
</table>

资料来源：历年《贵州年鉴》。

2019 年，该校在校生规模 3000 人左右；有在编教师 300 人，硕、博学位的 40 人，高级职称的 49 人。

二十一、毕节工业职业技术学院

2018 年，经贵州省人民政府批准，教育部备案，全日制普通高等职业院校毕节工业职业技术学院成立。学校位于贵州省毕节市金海湖新区。

（一）院系与专业设置

2019 年，计划招生的高职专业有 8 个：机电设备维修与管理、机电一体化技术（机器人方向）、汽车运用与维修技术、大数据技术与应用、数字媒体应用技术、建筑工程技术、工程测量技术、道路桥梁工程技术。

是年，学院设有机电工程系、汽车工程系、土木工程系、信息工程系、社会服务系、公共教学部（马克思主义教学部）、继续教育部、中专部（毕节市工业学校、毕节市水电技工学校）8个教学机构，开设有15个高职专业。土木工程系开设有建筑施工技术、工程测量技术、道路桥梁技术、工程造价、水务管理、安全技术与管理6个高职专业，建筑工程施工、建筑装饰2个中职专业；汽车工程系开设有汽车运用与维修技术1个高职专业；机电工程系开设有机电设备维修与管理、机电一体化技术2个高职专业；信息工程系开设有大数据技术与应用、数字媒体应用技术2个高职专业，计算机网络技术、电子商务、计算机应用3个中职专业；社会服务系开设有电子商务、旅游管理、物业管理、酒店管理等专业。

（二）学校环境与办学成果

截至2019年，学校占地面积452亩，已完成建筑面积12.5万平方米，其中教学、实训、行政办公、会议、体育馆用房7.18万平方米。在建建筑面积7.3万平方米。建有信息技术、工矿建筑、机电、汽修等6大类校内专业实训基地，配备了与各专业相适应的实训设备设施，总价值近亿元。

图书馆馆舍面积约550平方米。馆内藏书74248册，期刊杂志合订本8544册，电子图书25万册，形成了文、理、史、工、农相结合，以机械、电子、计算机、生物、文史、经管等为主的多学科综合性藏书体系。馆内设有电子阅览室（安放计算机48台）、阅览室、期刊室、校史馆、VR体验室、数据检索资源库、图书室；图书馆内设有办公室，业务科、流通部、信息采编部4个服务部门。

学校还建有贵州省名校长工作室1个、省级大师工作室1个、省级优秀教学团队1个。

（三）学生与教职工数

2018年，毕节工业职业技术学院成立，当年开始招生。

2018年该校学生与教职工数如表10-50所示。

表10-50　2018年毕节工业职业技术学院学生与教职工数　　单位：人

年度末	成人专科学生								教职工数	专任教师					
	毕业生		招生数		在校生		预计毕业生			合计	正高	副高	中级	初级	未定
	普通	成人	普通	成人	普通	成人	普通	成人							
2018	—	—	190	—	190	2827	—	—	178	178	1	54	41	34	48

资料来源：历年《贵州年鉴》。

2019年，学院有中、高职在校生795人；教职工232人，其中专任教师185人，硕、博学位的50人，正高职称的5人，副高职称的65人，“双师型”教师81人。

参考文献

［1］费孝通．大学的改造［M］．北京：商务印书馆，2017.

［2］《贵州教育志》编纂办公室．贵州教育年鉴（1949-1984）［M］．贵阳：贵州人民出版社，1986.

［3］《贵州年鉴》编辑部．贵州年鉴（1987）［M］．贵阳：贵州人民出版社，1987.

［4］《贵州年鉴》编辑部．贵州年鉴（1988）［M］．贵阳：贵州人民出版社，1988.

［5］《贵州年鉴》编辑部．贵州年鉴（1989）［M］．贵阳：贵州人民出版社，1989.

［6］《贵州年鉴》编辑部．贵州年鉴（1990）［M］．贵阳：贵州人民出版社，1990.

［7］《贵州年鉴》编辑部．贵州年鉴（1991）［M］．贵阳：贵州人民出版社，1991.

［8］《贵州年鉴》编辑部．贵州年鉴（1992）［M］．贵阳：贵州人民出版社，1992.

［9］《贵州年鉴》编辑部．贵州年鉴（1993）［M］．贵阳：贵州人民出版社，1993.

［10］《贵州年鉴》编辑部．贵州年鉴（1994）［M］．贵阳：贵州年鉴社，1994.

［11］《贵州年鉴》编辑部．贵州年鉴（1995）［M］．贵阳：贵州年鉴社，1995.

［12］《贵州年鉴》编辑部．贵州年鉴（1996）［M］．贵阳：贵州年鉴社，1996.

［13］《贵州年鉴》编辑部．贵州年鉴（1998）［M］．贵阳：贵州年鉴社，1998.

［14］《贵州年鉴》编辑部．贵州年鉴（1999）［M］．贵阳：贵州年鉴社，1999.

［15］《贵州年鉴》编辑部．贵州年鉴（2000）［M］．贵阳：贵州年鉴社，2000.

［16］《贵州年鉴》编辑部．贵州年鉴（2001）［M］．贵阳：贵州年鉴社，2001.

［17］《贵州年鉴》编辑部．贵州年鉴（2002）［M］．贵阳：贵州年鉴社，2002.

［18］《贵州年鉴》编辑部．贵州年鉴（2003）［M］．贵阳：贵州年鉴社，2003.

［19］《贵州年鉴》编辑部．贵州年鉴（2005）［M］．贵阳：贵州年鉴社，2005.

［20］《贵州年鉴》编辑部．贵州年鉴（2006）［M］．贵阳：贵州年鉴社，2006.

［21］《贵州年鉴》编辑部．贵州年鉴（2008）［M］．贵阳：贵州年鉴社，2008.

［22］《贵州年鉴》编辑部．贵州年鉴（2009）［M］．贵阳：贵州年鉴社，2009.

［23］《贵州年鉴》编辑部．贵州年鉴（2010）［M］．贵阳：贵州年鉴社，2010.

［24］《贵州年鉴》编辑部．贵州年鉴（2011）［M］．贵阳：贵州年鉴社，2011.

［25］《贵州年鉴》编辑部．贵州年鉴（2012）［M］．贵阳：贵州年鉴社，2012.

［26］《贵州年鉴》编辑部．贵州年鉴（2013）［M］．贵阳：贵州年鉴社，2013.

［27］《贵州年鉴》编辑部．贵州年鉴（2014）［M］．贵阳：贵州年鉴社，2014.

［28］《贵州年鉴》编辑部. 贵州年鉴（2015）［M］. 贵阳：贵州年鉴社，2015.
［29］《贵州年鉴》编辑部. 贵州年鉴（2016）［M］. 贵阳：贵州年鉴社，2016.
［30］《贵州年鉴》编辑部. 贵州年鉴（2017）［M］. 贵阳：贵州年鉴社，2017.
［31］《贵州年鉴》编辑部. 贵州年鉴（2018）［M］. 贵阳：贵州年鉴社，2018.
［32］《贵州年鉴》编辑部. 贵州年鉴（2019）［M］. 贵阳：贵州年鉴社，2019.
［33］贵州省地方志编纂委员会. 贵州省志·教育［M］. 贵阳：贵州人民出版社，1990.
［34］贵州省地方志编纂委员会. 贵州省志（1987-2010）·教育［M］. 贵阳：贵州人民出版社，2017.
［35］贵州省统计局. 贵州六十年（1949-2009）［M］. 北京：中国统计出版社，2009.
［36］贵州省招生考试院. 贵州教育考试史［M］. 贵阳：贵州教育出版社，2012.
［37］《贵州通史》编委会. 贵州通史（第1卷）：远古至元代的贵州［M］. 北京：当代中国出版社，2003.
［38］《贵州通史》编委会. 明代的贵州（第2卷）：明代的贵州［M］. 北京：当代中国出版社，2003.
［39］《贵州通史》编委会. 贵州通史（第3卷）：清代的贵州［M］. 北京：当代中国出版社，2003.
［40］《贵州通史》编委会. 贵州通史（第4卷）：民国时期的贵州［M］. 北京：当代中国出版社，2003.
［41］《贵州通史》编委会. 贵州通史（第5卷）：当代的贵州［M］. 北京：当代中国出版社，2003.
［42］黄达人，等. 大学的根本［M］. 北京：商务印书馆，2015.
［43］孔令中，贵州教育史［M］. 贵阳：贵州教育出版社，2004.
［44］［美］劳伦斯·维赛. 美国现代大学的崛起［M］. 栾鸾，译. 北京：北京大学出版社，2015.
［45］李工真. 大学现代化之路［M］. 北京：商务印书馆，2013.
［46］李培根. 认识大学［M］. 北京：商务印书馆，2015.
［47］钱颖一. 大学的改革（第一卷·学校篇）［M］. 北京：中信出版社，2017.
［48］孙培青. 中国教育史（第三版）［M］. 上海：华东师范大学出版社，2009.
［49］［英］约翰·亨利·纽曼. 大学的理念［M］. 高师宁等，译. 北京：北京大学出版社，2016.
［50］［美］约翰·赛林. 美国高等教育史（第二版）［M］. 孙益，林伟，刘冬青，译. 北京：北京大学出版社，2015.
［51］余立. 中国高等教育史（下）［M］. 上海：华东师范大学出版社，1994.
［52］郑登云. 中国高等教育史（上）［M］. 上海：华东师范大学出版社，1994.

后　记

历时两年半有余，终于完成了《贵州高等教育史》的编著。2017 年国庆节，我与家人畅游赤水时，侯长林教授专程电话问我愿不愿意开展一些有关贵州高等教育史方面的研究，令我备感惶恐。我与侯教授相处时间也不短了。1988 年，我就读铜仁师范专科学校时，侯教授当时为中文系团总支书记。1991 年，我在铜仁师范专科学校英语系任秘书和团总支书记时，侯教授正好任校团委书记，不仅工作多有往来，而且他作为师长时常关心我的成长。2004 年，我从北京硕士毕业后回到铜仁师范高等专科学校，侯教授已为铜仁师范高等专科学校副校长，不久便到铜仁职业技术学院担任院长之职，每次相逢他都不忘过问我的教学与科研、家庭与生活。侯教授返回铜仁学院任院长后，这次专门电讯，邀我编著《贵州高等教育史》，自是心中惶恐不安。

以 2017 级学生肖莉、邓倩、何金拉、王小梅为成员，草草申报，依然难辞。只好带着几位学生赶赴贵阳，搜罗材料；赶读《中国高等教育史》《中国教育史》《大学的改造》《大学现代化之路》《大学的根本》《认识大学》《大学的理念》《美国高等教育史》《美国现代大学的崛起》等，以期真正了解和认识大学。

然而一年时间过去，仍难扼其要，只在贵州省教育厅、贵州省档案馆、贵州省文化馆、年鉴社之间来来去去，反反复复，不知所以然。幸得省城兄弟高应昶，帮我们一次次与相关人士联系；又去贵州省教育厅、档案馆帮助抄录材料，寻求各类文献；一道探讨撰写的框架与内容；梳理贵州各高校的历史脉络；相互交流观点，终可称入门。又值兄弟执笔草就四五篇贵州高等教育的研究论文，兄弟切磋，方使脉络清晰起来。

每完成一章，长林师长必细审详批，嘱予修改。史料爬梳经年，时遇新冠肺炎疫情居家，终写就成稿。

值此收笔之际，首先感谢我的师长铜仁学院侯长林教授，其次感谢寒暑与我在筑查抄史料的肖莉、邓倩、何金拉三位学生，更得感谢贵州教育厅、贵州省档案馆、贵州省年鉴社相关的老师们的支持和帮助。还得感谢铜仁学院 2019 级历史班学生曾莹、王娅、黄太娟、岑海丹、谢瑶、王萍同学细心地校稿。

当然，弥漫于心的，是家人的理解与支持。

高应达

2020 年 5 月 29 日